Hundert Jahre
„Versorgungshaus" Nonntal

Hundert Jahre „Versorgungshaus" Nonntal

Zur Geschichte der Alters- und Armenversorgung der Stadt Salzburg

Mit Beiträgen von

Christiane Bahr
Josef Ehmer
Sabine Falk-Veits
Franz Fuxjäger
Peter Gutschner
Peter F. Kramml
Josef Kytir
Gerhard Plasser
Thomas Weidenholzer
Alfred Stefan Weiß

Herausgeber:
Thomas Weidenholzer und Erich Marx

Schriftenreihe des Archivs der Stadt Salzburg Nr. 9

Die Deutsche Bibliothek – CIP-Einheitsaufnahme

Hundert Jahre „Versorgungshaus Nonntal" : Zur Geschichte der Alters-
und Armenversorgung der Stadt Salzburg /
mit Beitr. von Christiane Bahr ...
Hrsg.: Thomas Weidenholzer und Erich Marx . –
Salzburg : Informationszentrum der Landeshauptstadt, 1998
   (Schriftenreihe des Archivs der Stadt Salzburg ; Nr. 9)
   ISBN 3–901014–56–X
NE: Weidenholzer, Thomas ; Marx, Erich [Hrsg.] ; Bahr, Christiane ;
   Archiv ⟨Salzburg⟩: Schriftenreihe des Archivs ...

Schriftenreihe des Archivs der Stadt Salzburg Nr. 9

© 1998 by Stadtgemeinde Salzburg
Sämtliche Rechte vorbehalten.
Druck: Salzburger Druckerei
ISBN: 3–901014–56–X

Inhaltsverzeichnis

Vorwort 7

Der alte Mensch in der Geschichte – Einleitung

JOSEF EHMER
Das Alter im historischen Wandel 11

PETER GUTSCHNER
Von der kommunalen Armenpflege zur staatlichen Versicherung
Altersversorgung im 19. und 20. Jahrhundert 31

Die städtischen Versorgungshäuser

ALFRED STEFAN WEISS und PETER F. KRAMML
Das Bürgerspital
Lebensbedingungen in einem bürgerlichen Versorgungshaus und
„Altenheim" 67

PETER F. KRAMML
Das Bruderhaus zu St. Sebastian
Vom spätmittelalterlichen Armenhaus und Hospital zum Versorgungs-
und Altenheim des 19. Jahrhunderts 111

GERHARD PLASSER
Das Erhardspital in Nonntal
Zur höheren Ehre des Domkapitels 161

THOMAS WEIDENHOLZER
Das Kronhaus – ein vergessenes Salzburger Armenhaus 191

Die „Vereinigten Versorgungsanstalten" Nonntal

THOMAS WEIDENHOLZER
Vom Pfründner-Spital zu den „Vereinigten Versorgungsanstalten"
Aspekte einer Geschichte des Alters in Salzburg im 19. Jahrhundert 199

GERHARD PLASSER
Zur Baugeschichte der „Vereinigten Versorgungsanstalten" 257

SABINE FALK-VEITS
Alltag im „Versorgungshaus" in den ersten Jahren seines Bestehens
Zwischen Tradition und Fortschritt 283

FRANZ FUXJÄGER
Das „Versorgungshaus" in den zwanziger und dreißiger Jahren
Erinnerungen eines damals Zehnjährigen 307

THOMAS WEIDENHOLZER
Vom „Versorgungshaus" zur Seniorenbetreuung 315

Aktuelle Situation und Perspektiven

CHRISTIANE BAHR
Das Leben der Bella G. im Heim
Ein Fallbeispiel 347

CHRISTIANE BAHR
Aspekte der „Institutionalisierung" älterer Menschen im
ausgehenden Jahrtausend 361

JOSEF KYTIR
Der Blick ins nächste Jahrtausend
Demographische Alterung und absehbare Konsequenzen 369

Anhang

Abbildungsnachweis 391
Abkürzungsverzeichnis 393
Autorenverzeichnis 395
Schriftenreihe des Archivs der Stadt Salzburg 397

Vorwort

Das 100-Jahr-Jubiläum des (heutigen) Seniorenheimes Nonntal hat das Archiv der Stadt Salzburg zum Anlaß genommen, sich mit der Geschichte der Altersversorgung in der Stadt Salzburg auseinanderzusetzen. Dabei zeigt sich, daß die Geschichte des Alters für eine große Mehrheit der Bevölkerung eine Geschichte der Armut gewesen ist.

Im Herbst 1898, vor hundert Jahren, wurden die „Vereinigten Versorgungsanstalten" in Nonntal feierlich ihrer Bestimmung übergeben. Die Presse lobte den imposanten Neubau dieser *Humanitätsanstalt*. Die „Vereinigten Versorgungsanstalten" waren aus dem Zusammenschluß der alten städtischen „Versorgungshäuser" Bürgerspital, Bruderhaus, Erhardspital und Kronhaus entstanden.

Diese „Spitäler" waren zum Teil jahrhundertealte Stiftungen. Das Bürgerspital (1327) und das Bruderhaus (1496) wurden von Bürgern der Stadt fundiert. Legate und Stiftungen statteten diese „milden Orte" mit Besitz und Vermögen aus. Sie dienten der Unterkunft und Versorgung von Pilgern, alten und armen Bürgerinnen, Bürgern und Inwohnern der Stadt Salzburg. Das Erhardspital war dagegen ursprünglich eine Stiftung des Domkapitels für dessen alte Dienstboten. Mitte des 19. Jahrhunderts wurde es in städtische Verwaltung übernommen. Für das Kronhaus – zwischen Getreide- und Griesgasse gelegen – bestand keine Stiftung. Seine Kosten trug die Stadt aus dem laufenden Haushalt. Im Kronhaus hatten die Ärmsten eine letzte Bleibe.

Neben diesen städtischen Einrichtungen gab es eine Reihe weiterer Institutionen in der Stadt Salzburg, die sich der Armen- und Altenpflege annahmen. Das vorliegende Buch behandelt „nur" jene vier städtischen Versorgungshäuser ausführlich, die schließlich 1898 in den „Vereinigten Versorgungsanstalten" im Nonntal aufgingen. So konnte nicht auf die Geschichte etwa der kirchlichen „Spitäler" des Mittelalters oder des Leprosenhauses, des St.-Johanns-Spitals in Mülln, aber auch nicht auf bürgerliche Gründungen wie das Weisersche Armenhaus in Nonntal eingegangen werden. Soweit Einrichtungen wie zum Beispiel das Asyl der Barmherzigen Schwestern in der Riedenburg, das Domkapitelspital St. Johann an der Kaigasse, das Siechenhaus des Klosters Nonnberg, das Irrenhaus beim Bruderhaus u. a. oder die Tätigkeit kirchlicher und privater Vereine für einzelne Beiträge dieses Buches eine Rolle spielten, fanden sie in diesen Berücksichtigung.

Einige Beiträge verwerten zum erstenmal bisher nichtzugängliche Archivalien in mühevoller Detailarbeit. Gänzlich unbekannt war bisher Archivmaterial zur Geschichte des Bruderhauses.

Noch bis ins beginnende 20. Jahrhundert war Alter für die unteren Sozialschichten ein existentielles Problem. Erst den gesamtgesellschaftlich organisierten und staatlich garantierten Pensionsversicherungen ist es weitgehend gelungen, Armut von Alter zu trennen und den Ruhestand als garantiertes Recht zu ermöglichen.

Die Anstalten der „geschlossenen Armenpflege" waren bis weit ins 20. Jahrhundert hierarchisch und autoritär organisiert und ihnen haftete das Odium von „Armenhäusern" an. Die materielle und kulturelle Lage älterer Menschen hat sich mit dem Ausbau des Sozialstaates seit den fünfziger Jahren entscheidend verbessert. Diese Entwicklung ist auch an den Altenheimen nicht spurlos vorübergegangen, und diese haben – nicht ganz konfliktfrei – darauf reagiert. Der Versuch, älteren Menschen mehr Autonomie und Selbstbestimmung zu ermöglichen, rückte in den Mittelpunkt von Reformbestrebungen. „Aktivierende Pflege" mit Ergotherapie, Sprachtherapie und Animation bildeten die Neuerungen.

Angesichts der demographischen Perspektiven sind gerade die Kommunen gefordert, sich den neuen Herausforderungen zu stellen. Ihnen obliegt es, menschenwürdige Formen des Lebensendes zu ermöglichen. Von uns allen hängt es ab, ob wir künftig in einer „grauen" oder einer „altersbunten" Gesellschaft leben werden.

Die Beschäftigung mit der Geschichte der Alters- und Armenversorgung in der Stadt Salzburg sollte unseren Blick auf die künftigen Probleme des Alters schärfen. Dieser Band versteht sich daher auch als Beitrag zu den aktuellen Diskussionen über unser Sozialsystem.

Den Autorinnen und Autoren sei an dieser Stelle für ihre engagierten Beiträge zu diesem Buch besonders gedankt.

Die Herausgeber

Der alte Mensch in der Geschichte – Einleitung

Das Alter im historischen Wandel

von Josef Ehmer

In den hundert Jahren seit der Gründung der „Vereinigten Versorgungsanstalten" in der Stadt Salzburg haben sich die Lebensverhältnisse der älteren Menschen schneller und stärker verändert, als jemals zuvor in der Geschichte. Vieles von dem, was uns heute als selbstverständlich erscheint, überstieg am Ende des vorigen Jahrhunderts noch die Vorstellungskraft der Zeitgenossen. Jubiläen können den Anlaß bieten, sich das Ausmaß des historischen Wandels bewußt zu machen und sich zu vergegenwärtigen, wie neuartig vieles Gewohnte in unserer Gesellschaft ist. Der folgende Beitrag konzentriert sich auf drei Themenbereiche, die grundlegend für die Geschichte des Alters sind: die Trennung der Armut vom Alter durch gesamtgesellschaftlich organisierte und staatlich garantierte Pensionsversicherungen; die Entstehung des Ruhestandes als Massenphänomen und normaler Bestandteil des Lebenslaufs; und schließlich die Auswirkungen beider Prozesse auf die Wohnverhältnisse älterer Menschen im Spannungsfeld zwischen Autonomie, Familiennetzwerk und Altenheim. In allen diesen drei Themenkreisen werden die gegenwärtigen Verhältnisse in Österreich dargestellt und ihre historischen Wurzeln skizziert. Der historische Überblick soll eine ungewöhnliche Erfolgsgeschichte sichtbar machen, zugleich aber unsere Sensibilität für weiterhin bestehende und zukünftig zu bewältigende Probleme des Alters erhöhen.

Alter und Armut

Erst vor wenigen Jahrzehnten hat das Leben im Alter die Schrecken der Armut verloren. Die staatlich organisierten Renten- und Pensionsversicherungen ermöglichen es heute, auch im Ruhestand den gewohnten Lebensstandard aufrecht zu erhalten. Bis es dazu kam, war allerdings ein langwieriger historischer Prozeß, der bis heute noch nicht völlig abgeschlossen ist.

Die ersten Ideen zu einer gesamtgesellschaftlichen Sicherung des Alters entstanden in Europa im Zeitalter der Revolutionen. Der Engländer Thomas Paine veröffentlichte im Jahr 1791 sein berühmtes Buch über die „Rechte des Menschen" („The Rights of Man"), das die Ideen der Französischen Revolution propagiert und – in Millionenauflage verbreitet – großen gesellschaftlichen Einfluß ausübte. Paine entwarf darin ein umfassendes System staatlicher Altersversorgung. Nach seiner Meinung ließen die Körperkraft und damit der Verdienst des alternden Menschen ab fünfzig nach, und mit dem sechzigsten Lebensjahr *sollte seine Arbeit, wenigstens für die Sicherung des allernotwendigsten, vorbei sein.* Der Staat sollte ab diesem Alter den unselbständig Beschäftigten, aber auch den bedürftigen kleinen Landwirten, Handwerkern und Geschäftsleuten eine Pension gewähren, und zwar *nicht aus Gnade oder Gunst, sondern von Rechts wegen*[1].

Die französische Verfassung des Jahres 1793 erklärte die staatlich garantierte soziale Sicherung zu einem Grundrecht der Bürger, und im Frankreich Napoleons III. wurde 1850 eine Rentenkasse geschaffen, die mit staatlichen Garantien und Subventionen die Arbeiter und kleinen Handwerker ermuntern sollte, in Sparvereinen für die Absicherung ihres Alters Vorsorge zu tragen. In Deutschland entwarf zu Ende des Revolutionsjahres 1848 der „Centralverein für das Wohl der arbeitenden Klassen" den Plan einer „Allgemeinen Preußischen Altersversorgungsanstalt"[2]. Die meisten dieser Ideen blieben aber noch auf dem Papier bzw. waren wenig erfolgreich.

Das erste tatsächlich funktionierende Modell einer gesetzlichen Rentenversicherung wurde im Deutschen Reich auf Initiative Otto von Bismarcks im Jahre 1889 eingeführt. Es unterwarf alle Arbeiter, Gesellen, Dienstboten und kleinen Angestellten einer Versicherungspflicht und garantierte ihnen umgekehrt im Falle der Invalidität oder nach dem Überschreiten des 70. Lebensjahres eine Rente. Wenn dieses Gesetz zunächst auch nur einen kleinen Teil der alten Menschen erfaßte, und die Renten nur einen Bruchteil der Arbeitereinkommen ausmachten, so wies es doch in die richtige Richtung: Die deutsche „Invaliditäts- und Altersversicherung der Arbeiter" kann als der große Anreger und Vorläufer der europäischen Sicherungssysteme unseres Jahrhunderts betrachtet werden[3].

Österreich gehörte zu den Nachzüglern dieser Entwicklung. In der Habsburgermonarchie gab es zwar eine weit zurückreichende Tradition von Pensionssystemen, allerdings nur für kleine soziale Gruppen, vor allem für Beamte und andere Staatsdiener. Das sogenannte „Pensions-Normale" Josefs II. aus dem Jahr 1781 war das erste zusammenfassende Pensionsgesetz des deutschen Sprachraums, dessen Grundzüge bis heute das Pensionsrecht der Beamten prägen[4]. Von den Beschäftigten der Privatwirtschaft wurden 1906 nur die Angestellten – die „Privat-Beamten", wie sie damals genannten wurden – in eine Altersversicherung einbezogen, nicht aber die Arbeiter. Die Erste Republik führte zwar 1927 eine umfassende gesetzliche Altersrentenversicherung ein, die aber aus budgetären Gründen nie realisiert wurde. Deshalb brachte erst der „Anschluß" an das nationalsozialistische Deutschland 1938 und die Einbeziehung in das deutsche, auf Bismarck zurückgehende Versicherungssystem viele ältere Österreicher in den Genuß einer Rente[5].

Auch am Beginn der Zweiten Republik spielte die Alterssicherung in der österreichischen Sozialpolitik keine große Rolle. Während England, Frankreich und die meisten skandinavischen Länder schon in den Jahren 1946 und 1947 einheitliche gesamtgesellschaftliche Sicherungssysteme schufen, blieb Österreich – ebenso wie die Bundesrepublik Deutschland – zunächst zurück. Das materielle Niveau der Renten hatte sich im Vergleich zur Zwischenkriegszeit noch nicht wesentlich erhöht, und Inflation und Währungsreform verschlechterten zusätzlich das Lebensniveau der Rentner und Pensionisten. 1950 lagen in Österreich die durchschnittlichen Renten immer noch unter einem Drittel der durchschnittlichen Löhne. Der Gleichklang von „Alter" mit „Armut" und „materieller Not" prägte nach wie vor die Lebensverhältnisse und ihre Wahrnehmung. Auch für Österreich trifft zu, was deutsche Demoskopen in den Nachkriegsjahren heraus fanden, nämlich eine unter Arbeitnehmern weit verbreitete, „fast panische Angst vor dem Rentenalter"[6]. Erst im „Wirtschaftswunder" der fünfziger Jahre begann ein beispielloser Ausbau des Sozialstaates in Österreich, in dem der sozialen Sicherung im Alter ein besonderer Stellenwert zukam. Das „Jahrhundertwerk" des Allgemeinen Sozialversicherungsgesetzes (ASVG) leitete 1955 nicht nur das „goldene Zeitalter" des österreichischen Sozialstaates insgesamt ein, sondern im besonderen auch eine außergewöhnliche Erfolgsgeschichte des Pensionssystems[7]. Die rasche Entwicklung der sozialen Sicherung im Alter fand in vielen Bereichen ihren Ausdruck. Zunächst ist die Deckungsbreite der gesetzlichen Renten- und Pensionsversicherungen anzuführen: Noch 1910 waren in Österreich nicht mehr als zwei Prozent der Erwerbstätigen in die Pflichtversicherung einbezogen, 1920 vier Prozent, 1940 40 Prozent, und noch 1951 mit 51 Prozent erst knapp mehr als die Hälfte. Die Pensionsversicherung für selbständige Gewerbetreibende (1957), für Bauern (1969) und für Freiberufler (1978) weitete den Kreis der Personen, die in gesamtgesellschaftliche Systeme der Absicherung im Alter eingebunden waren, beträchtlich aus. Schon 1970 war die Deckungsbreite auf knapp 80 Prozent gestiegen. 1996 waren in Österreich mehr als drei Millionen Erwerbstätige in gesetzlichen Pensionsversicherungen erfaßt. Zusammen mit den rund 300.000 öffentlich Bediensteten, für die Ruhestandsregelungen bestehen, macht das mehr als 90 Prozent aller Erwerbstätigen aus[8]. Damit genießt heute fast die gesamte erwerbstätige Bevölkerung soziale Sicherung im Alter.

Ebenso wichtig war die immer bessere materielle Ausstattung der Renten und Pensionen. Die Sozialpolitik der fünfziger Jahre setzte sich in Österreich – wie auch in den meisten anderen europäischen Staaten – das Prinzip der „Einkommenssicherung" zum Ziel. Die gesetzliche Rentenversicherung sollte es jedem Staatsbürger ermöglichen, den Lebensstandard, den er während seiner Erwerbstätigkeit erreicht hatte, im Ruhestand weiterzuführen und auf diese Weise seinen sozialen Status auch im Alter beizubehalten. Die Höhe der Renten wurde damit an die Höhe des vorhergegangenen Verdienstes angebunden und in eine bestimmte Relation zu diesem gesetzt. Als sozialpolitisches Ziel wurde eine maximale Rente von 79,5 Prozent des letzten Bruttoverdienstes angesehen, was die Renten der Arbeiter und Angestellten eng an den traditionellen Höchstwert der Beamten von 80 Prozent heranführte[9]. Man ging dabei von der Überlegung aus, daß dies ungefähr dem vorhergegangenen Lohnniveau entsprechen würde, da für Rentner und Pensionisten bestimmte Sozialversicherungsbeiträge und berufsbedingte Ausgaben wegfielen[10].

Ein wesentlicher Mechanismus, um die angestrebte Einkommenssicherung dauerhaft zu gestalten, bestand in der sogenannten „Dynamisierung" der Altersrenten. Sie sollte gewährleisten, daß Renten und Pensionen nicht nur vor inflationären Entwertungen der Kaufkraft geschützt wurden, sondern darüber hinaus an den Steigerungen der Realeinkommen der Erwerbstätigen teilhatten. In Österreich wurde 1965 die „Dynamisierung" der Pensionen eingeführt. Seitdem werden sie jährlich an das veränderte Preis- und Lohnniveau angepaßt.

Einkommenssicherung und Dynamisierung haben in den letzten drei Jahrzehnten zu einem starken Ansteigen der Pensionen nicht nur absoluter, sondern auch in relativer Hinsicht geführt. Die Pensionen sind nicht nur schneller gestiegen im Vergleich zu den Preisen, sondern auch im Vergleich zu den Einkommen der Erwerbstätigen. In den Jahren 1970 bis 1996 stiegen die Pensionen in Österreich um 316 Prozent an, der Verbraucherpreisindex aber nur um 211 Prozent[11]. Die Kaufkraft der Pensionisten ist damit deutlich gestiegen, und das Lebensniveau der älteren Menschen hat sich dem der gesamten Gesellschaft weiter angenähert. Der jahrhundertelange Zusammenhang zwischen Alter und Armut wurde in einem dynamischen Prozeß innerhalb weniger Jahrzehnte aufgebrochen – zweifellos ein wesentlicher Ausdruck der sozialpolitischen Erfolgsgeschichte der Zweiten Republik.

Die Daten der aktuellen Statistiken lassen die Ergebnisse dieses Trends deutlich sichtbar werden (vgl. Tabelle 1). Dabei ist allerdings zu beachten, daß die Erhebung des Einkommens ein sehr schwieriges Gebiet der Statistik ist und weniger exakte Werte, als vielmehr ungefähre Größenordnungen zu liefern vermag. Die in Tabelle 1 zusammengestellten Durchschnittsangaben der Brutto- und Nettogehälter sowie der Alterspensionen von Arbeitern, Angestellten und Beamten entstammen unterschiedlichen Quellen und beruhen auf unterschiedlichen Berechnungsmethoden, sind also nur bedingt miteinander zu vergleichen. Trotzdem ergeben die Daten wichtige Anhaltspunkte zur Beurteilung der Einkommenssicherheit beim Übertritt in den Ruhestand.

Die mittleren Nettogehälter der Angestellten liegen gegenwärtig in Österreich sehr nahe den durchschnittlichen (Brutto-)Alterspensionen, die jetzt in den Ruhestand Tretende zu erwarten haben. Auch bei den Beamten liegen die durchschnittlichen Pensionen in der Nähe der durchschnittlichen Gehälter, in den gehobenen Gehaltsgruppen sogar deutlich darüber. Darin kommt die traditionelle Einkommensstruktur des öffentlichen Dienstes zum Ausdruck, die von sehr niedrigen Anfangsgehältern, einer aufgrund der Pragmatisierung kontinuierlichen Berufslaufbahn und durch Biennalsprünge mit zunehmendem Alter steigende Einkommen geprägt ist. Während bei den unteren Beamtengruppen die Lebensverdienstkurve nur sehr langsam und schwach ansteigt, ist in den höheren Verwendungsgruppen die Schere zwischen Anfangs- und Endgehältern groß. Da die Normalpension im öffentlichen Dienst bisher 80 Prozent des Endgehaltes ausmacht, befinden sich die Pensionen häufig auf einem Niveau, von dem junge Berufsanfänger nur träumen können. Bei Arbeitern sind dagegen die durchschnittlichen Pensionen deutlich niedriger als die Durchschnittsgehälter, und bei Arbeiterinnen ist der Rückgang des Einkommens mit der Pensionierung extrem.

Tabelle 1: Pensionen und Gehälter im Vergleich, Österreich 1996

		Mittlere Bruttoverdienste[12]	Mittlere Nettoeinkommen[13]	Durchschnittliche Alterspension brutto[14]	
				Zugänge 1996	Gesamt
Arbeiter	M	24.410,-	14.900,-	11.714,-	12.110,-
	F	15.537,-	11.100,-	6.533,-	6.147,-
Angestellte	M	34.999,-	19.700,-	19.627,-	18.726,-
	F	21.147,-	14.000,-	12.791,-	11.226,-
Beamte[15]	M	27.836,- bis 46.075,-			32.759,-
	F	21.557,- bis 41.153,-			31.108,-

Diese Ergebnisse der Statistik müssen differenziert beurteilt werden. Sie zeigen zum einen, daß heute viele Arbeitnehmer tatsächlich die Chance auf eine Pension haben, die zumindest in die Nähe ihres Erwerbseinkommens kommt, und ihnen im Alter die Kontinuität ihres Lebensstandards sichert. Allerdings wird diese Chance nur unter einer bestimmten Bedingung Realität, nämlich bei einer „normalen" und langdauernden Berufslaufbahn. Wer wegen Invalidität oder Arbeitslosigkeit frühzeitig in den Ruhestand tritt oder wer seine Berufslaufbahn unterbrochen hat, kann nicht mit einer Pension in ungefährer Höhe seines Erwerbseinkommens rechnen. Invaliden- und Frühpensionen liegen deutlich unter dem Niveau der durchschnittlichen Alterspensionen, die in Tabelle 1 angeführt werden. In besonderem Maß trifft dieses Problem auf Frauen zu, die häufig eine unterbrochene Berufslaufbahn aufweisen und eine geringe Anzahl von Versicherungsjahren erreichen. Dies trifft auf Arbeiter stärker zu als auf Angestellte oder Beamte, da die Gesundheitsschäden durch körperliche Schwerarbeit oder Schichtarbeit eher ein frühzeitiges Ausscheiden aus dem

Arbeitsprozeß erzwingen. Hier liegt ein strukturelles Problem unseres so erfolgreichen Systems der sozialen Sicherung im Alter, das direkt nur Erwerbstätige einbezieht und sein höchstes Leistungsniveau nur bei langdauernder und ununterbrochener Erwerbstätigkeit erreicht.

Am gravierendsten kommen diese Probleme zum Ausdruck, wenn sich zwei Dimensionen sozialer Ungleichheit überlagern: Arbeiter zu sein, und Frau zu sein. Hinter den in Tabelle 1 dargestellten Durchschnittswerten steht eine starke Streuung, die an einem Beispiel illustriert werden kann: Die untersten zehn Prozent der 1996 in den Ruhestand gegangenen männlichen Arbeiter erhielten eine Pension von weniger als 1321 Schilling, die obersten zehn Prozent von mehr als 25.000 Schilling[16].

Pensionierte Arbeiterinnen haben heute am wenigsten an der materiellen Absicherung des Ruhestandes teil. Die durchschnittliche Pension für neu in den Ruhestand tretende Arbeiterinnen von 6533 Schilling (1996, vgl. Tabelle 1) liegt jedenfalls unterhalb der Schwelle der Armutsgefährdung, die in Österreich 1994 mit einem Pro-Kopf-Einkommen von 7750 Schilling berechnet wurde[17]. Die Mehrzahl der Arbeiterinnenpensionen liegt in Österreich unter dem gesetzlichen Existenzminimum[18].

Die Mehrheit der älteren Frauen in Österreich, rund 60 Prozent, beziehen heute eine Alters- oder Invalidenpension, die auf eigener Erwerbstätigkeit beruht. Aufgrund der zunehmenden Erwerbstätigkeit von Frauen ist dieser Anteil im Steigen begriffen. Der Unterschied in der Pensionshöhe zwischen Männern und Frauen ist aber immer noch enorm.

1996 betrug die durchschnittliche Alterspension der Männer in der gesetzlichen Pensionsversicherung (also ohne Beamte) 14.318 Schilling, jene der Frauen nur 8237 Schilling. Rund 40 Prozent der weiblichen Pensionen entfallen auf Witwenpensionen, die sich aus der Erwerbstätigkeit des Ehemannes ergeben. Sie liegen mit durchschnittlich 5940 Schilling (1996) noch deutlich unter den Alterspensionen der Frauen. Die große Mehrheit der älteren Frauen ist auch auf eine einzige Pension angewiesen. Nur 20 Prozent der Pensionistinnen beziehen eine zweite Pension und kommen in diesem Fall – etwa durch die Verbindung einer Alters- und einer Witwenpension – an die durchschnittlichen Männerpensionen heran[19].

Daraus geht nicht notwendigerweise hervor, daß die älteren Arbeiterinnen tatsächlich in Armut leben. Diese Daten machen aber klar, daß pensionierte Arbeiterinnen in der Regel nicht aus eigener Kraft, aufgrund selbst erworbener rechtlicher Ansprüche ein materiell abgesichertes Alter erleben, sondern auf staatliche Hilfe in Form von „Ausgleichszulagen" oder auf die Unterstützung von Ehegatten, anderen Haushaltsmitgliedern oder Verwandten angewiesen sind. Der Lebensstandard der älteren Arbeiterinnen ist damit nach wie vor nicht nur von der gesetzlichen Pensionsversicherung bestimmt, sondern auch von ihrem Familienstand und ihren Verwandtschaftsbeziehungen abhängig. Alleinstehende ältere Arbeiterinnen befinden sich nach wie vor in einer schwierigen Lage.

Die Gesamtheit der Lebenslage älterer Menschen wird nicht nur von den Daten über ihr Einkommen beleuchtet. Erhebungen über die Ausgaben ergeben ein Bild, in dem die tatsächlich vorhandenen materiellen Ressourcen vielleicht sogar deutlicher zum Ausdruck kommen. Derartige Erhebungen beruhen allerdings auf Haushaltsbüchern, die in Österreich von rund 7000 Haushalten geführt werden. Dies allein verzerrt das statistische Ergebnis. Haushaltsbücher über eine längere Periode zu führen sind in der Regel nur solche Menschen in der Lage, die in geordneten und zumindest einigermaßen materiell abgesicherten Verhältnissen leben. Trotz dieser Einschränkungen deutet die auf Haushaltsbüchern beruhende Konsumerhebung des Österreichischen Statistischen Zentralamts aus dem Jahr 1993/94 darauf hin, daß sich der Lebensstandard von Erwerbstätigen und Pensionisten gegenwärtig nicht mehr voneinander unterscheidet. Die Haushalte unselbständig Erwerbstätiger gaben pro Kopf der Haushaltsangehörigen monatlich 16.700 Schilling aus, die Haushalte Selbständiger 16.000 Schilling, die Haushalte von Pensionisten ebenfalls 16.000 Schilling. Auch alleinlebende pensionierte Frauen gaben im Durchschnitt 15.600 Schilling aus[20]. Dies weist auf eine außerordentlich hohe Homogenität hin. Natürlich ist zu bedenken, daß es sich dabei auch hier wiederum um Durchschnittsangaben handelt, hinter denen sich eine große Streuung, oder – anders formuliert – eine hohe soziale Ungleichheit verbergen kann.

Das Grundprinzip der Einkommenssicherung hatte insgesamt überaus positive Wirkungen auf das Lebensniveau der Pensionisten im Vergleich zu den Erwerbstätigen ausgeübt. Zugleich strebte dieses Prinzip aber nicht soziale Gleichheit an. Ganz im Gegenteil führt es dazu, die in der Arbeitswelt vorhandene soziale Ungleichheit auch im Ruhestand fortzuführen und zu bewahren. Der ungeheure Ausbau des Systems der sozialen Sicherung in Österreich in den letzten Jahrzehnten hat nicht dazu geführt, daß Armut insgesamt als soziales Problem verschwunden wäre. Auch ältere Menschen sind nach wie vor von Armut bedroht, insbesondere dann, wenn sie Frauen sind, während ihrer Erwerbstätigkeit Arbeiter waren, oder durch Krankheit und Invalidität frühzeitig aus dem Arbeitsleben ausscheiden mußten. Neu in unserer Gesellschaft ist allerdings, daß Alter kein spezielles Armutsrisiko mehr bedeutet. Die Gefahr, in Armut zu geraten, scheint gegenwärtig für ältere Menschen sogar geringer zu sein als für jüngere, insbesondere dann, wenn diese mehrere Kinder zu versorgen haben. Untersuchungen des Statistischen Zentralamts führten zu der Schätzung, daß 1994 in Österreich rund fünf Prozent der Bevölkerung in Armut lebten. Wird dieser Durchschnittswert sozial differenziert, dann waren acht Prozent der Kinder von Armut betroffen, fünf Prozent der erwachsenen Erwerbstätigen, aber nur zwei Prozent der Pensionisten und Pensionistinnen. „Die Gefahr in Armut zu geraten ist bei Kindern wesentlich höher als bei älteren Menschen

[…]. Die starke Erhöhung der Ausgleichszulagenrichtsätze in der Pensionsversicherung, der gestiegene Anteil älterer Menschen mit Pensionsanspruch und die generell verbesserten Lebensbedingungen der älteren Menschen bewirkten, daß ältere Menschen in immer geringerem Ausmaß zu den ärmeren Haushalten gehören", lautet die Schlußfolgerung im Bericht des Sozialministeriums[21].

Das vor 200 Jahren ideell entworfene Projekt einer gesamtgesellschaftlich organisierten und staatlich garantierten sozialen Sicherung im Alter, das vor gut 100 Jahren zur sozialpolitischen Praxis wurde und sich ab 1955 enorm beschleunigte, hat den jahrhundertelangen Zusammenhang von Armut und Alter erfolgreich aufgelöst.

Zu fragen ist allerdings, wie dauerhaft dieser Erfolg sein wird, und ob das Alter für alle Zukunft den Geruch der Armut verliert. In den letzten Jahren hat in Österreich – wie auch in den meisten anderen westlichen Staaten – ein sozialpolitischer Kurswechsel stattgefunden.

Nun geht es nicht mehr darum, die soziale Sicherung im Alter weiter auszubauen und das Niveau der Pensionen weiter zu erhöhen, sondern darum, die Kosten des Sozialsystems zu senken. Die ersten Ansätze zu Pensionsreformen gingen eindeutig in die Richtung, das Niveau der Pensionen langfristig zu senken und sie nicht mehr automatisch mit dem allgemeinen Lohn- und Preisniveau steigen zu lassen. Welche konkreten Auswirkungen diese Maßnahmen haben werden, ist gegenwärtig schwer abzuschätzen. Auf jeden Fall kündigen sie einen Wandel des sozialpolitischen Klimas und der gesellschaftlichen Diskurse an. Der erreichte Stand der sozialen Sicherung im Alter wird nicht mehr nur als Erfolgsgeschichte verstanden, sondern immer mehr auch als „Belastung" des Sozialsystems.

Dazu kommt, daß die im Versicherungsprinzip angelegten Widersprüche eine neue Bedeutung erlangen. Schon bisher führte die Bindung der Pensionen an das Einkommen in der Phase der Erwerbstätigkeit und insbesondere an die Dauer und Regelmäßigkeit der Erwerbsarbeit zu einer starken Differenzierung der materiellen Ausstattung älterer Menschen, und schon bisher vermochte dieses System bei allen seinen Erfolgen Restzonen der Armut im Alter nicht völlig zu beseitigen. Die gegenwärtige Entwicklung der Arbeitsmärkte in den hochentwickelten Industriestaaten verleiht diesem Problem eine neue Aktualität. Die zunehmende Erosion von „Normalarbeitsverhältnissen" durch Teilzeitbeschäftigung, Unterbrechungen der Erwerbsbiographien durch Arbeitslosigkeit, Dauerarbeitslosigkeit im höheren Alter und anderes mehr könnten die Pensionsansprüche in den kommenden Jahrzehnten beträchtlich vermindern. Es ist nicht auszuschließen, daß unser in Zeiten eines ungebremsten Wirtschaftswachstums und der Vollbeschäftigung so erfolgreiches System der gesetzlichen Pensionsversicherung in der Zukunft zu einer neuen Quelle der Armut im Alter wird.

Die Entstehung des Ruhestands

Ein zweiter großer Wandel in der Geschichte des Alters betraf die Erwerbstätigkeit. Bis vor wenigen Jahrzehnten arbeiteten die meisten Menschen, solange sie konnten, in vielen Fällen bis an ihr Lebensende. Nur wenigen Vermögenden war es vergönnt, sich in jungen Jahren „zur Ruhe" zu setzen. Die abnehmende Arbeitsfähigkeit im Alter und die zunehmende Schwierigkeit, einen Arbeitsplatz zu finden, gehörten bis in das frühe 20. Jahrhundert zu den wichtigsten Ursachen der Armutsgefährdung für ältere Menschen[22].

In den letzten Jahrzehnten ist dagegen der Ruhestand zum wichtigsten Merkmal des Alters geworden. Wenn man versucht, das Alter als eigene Lebensphase abzugrenzen, dann bietet sich das Ausscheiden aus der Erwerbsarbeit und der Übertritt in den Ruhestand als geeignetes Kriterium an. In unserer gegenwärtigen Gesellschaft ist es üblich geworden, drei Phasen eines normalen Lebenslaufs zu unterscheiden: die Phase der Ausbildung, die Phase der Erwerbstätigkeit, und die Phase des Ruhestandes[23]. Der Ruhestand als gesellschaftlicher Normalfall und als Massenphänomen ist erst im Lauf der letzten hundert Jahre entstanden. In den letzten Jahrzehnten hat er sich beträchtlich verlängert. Die Menschen scheiden immer früher aus dem Erwerbsprozeß aus, und die Zunahme der Lebenserwartung auch für die älteren Jahrgänge trägt am anderen Ende des Ruhestands zu seiner Verlängerung bei. In Österreich kommt dieser internationale Trend ganz besonders deutlich zum Ausdruck. Bis in die fünfziger Jahre waren noch relevante Anteile der über 65jährigen und die große Mehrheit der über 60jährigen Männer erwerbstätig. Seitdem ist die Erwerbstätigkeit in der Altersgruppe über 65 Jahre fast völlig verschwunden und in der Altersgruppe von 60 bis 65 drastisch zurückgegangen. Seit den siebziger Jahren scheiden nun auch zunehmend die 55–60jährigen aus dem Erwerbsleben aus (vgl. Tabelle 2). Bei den Frauen geht der Trend – auf einem von vornherein niedrigeren Niveau – in dieselbe Richtung[24]. Die österreichischen Werte liegen deutlich unter denen aller anderen europäischen Staaten.

Tabelle 2: Erwerbstätigkeit im Alter, Österreich 1961–1996[25]

	Erwerbsquoten					
	Männer			Frauen		
	55–59	60–64	ab 65	55–59	60–64	ab 65
1961	87,0	66,0	15,1	40,1	19,8	7,2
1971	83,7	44,9	8,0	37,2	14,1	3,4
1981	77,3	23,3	3,1	32,4	9,5	1,8
1991	64,3	14,1	2,2	24,5	5,8	0,8
1996	61,5	12,2	2,0	22,1	5,6	0,6

In der journalistischen Darstellung dieses Phänomens kommt dies in Schlagzeilen wie „Volkssport Frühpension" oder „Pensions-Europameister Österreich" zum Ausdruck[26].

Was bedeutet diese Entwicklung für die Länge des Ruhestandes? 1996 lag das durchschnittliche Pensionsantrittsalter der Frauen bei 56,7, der Männer bei 58,2, bei beiden Geschlechtern zusammen bei 57,4 Jahren. Die Lebenserwartung, mit der Männer und Frauen in diesem Alter rechnen können, liegt gegenwärtig bei 79 bzw. 83 Jahren. Männer können also beim Antritt ihrer Pension mit einer durchschnittlichen Ruhestandsphase von 22 Jahren, Frauen von 26 Jahren rechnen[27]. Es handelt sich also schon jetzt um eine Lebensphase von beträchtlicher Dauer. Der Begriff des „dritten Alters" für diese von Erwerbsarbeit befreite und zugleich mit einem gesicherten Lebensstandard ausgestattete Lebensphase ist durchaus berechtigt. Wenn diese auch heute zur Selbstverständlichkeit geworden ist, so sollte trotzdem nicht vergessen werden, daß es sich dabei um ein erst seit kurzem bestehendes und historisch völlig neuartiges Phänomen handelt.

Die Entstehung des „dritten Alters" ist eng mit der Entwicklung der Pensionssysteme verbunden, die im vorhergegangenen Abschnitt beschrieben wurde. Zugleich bilden sie aber nur einen Faktor in einem komplexen Ursachenbündel, das dem Rückgang der Erwerbstätigkeit im Alter zugrunde liegt. Seit der zweiten Hälfte des 19. Jahrhunderts, in dem die staatlichen Bevölkerungs- und Berufsstatistiken immer umfassender und präziser wurden, verfügen wir für fast alle westlichen Industriestaaten über Daten zur Erwerbsbeteiligung älterer Menschen. Sie erlauben uns, einen historischen Trend über mehr als 100 Jahre nachzuzeichnen und ihn auf die jeweiligen Rahmenbedingungen vor allem im Bereich der Wirtschafts- und der Sozialpolitik zu beziehen[28]. Wenn man versucht, die Ergebnisse derartiger Untersuchungen in wenigen Thesen zusammenzufassen, dann ergibt sich das folgende Bild.

Die Erwerbstätigkeit älterer Menschen ging in den letzten 120 Jahren, seit wir über gesicherte und vergleichbare Daten verfügen, in allen mittel- und westeuropäischen Staaten und in den USA massiv zurück. Wir können von einem säkularen und internationalen Trend abnehmender Erwerbstätigkeit im Alter sprechen. Dieser Trend erfaßte zunächst die Altersgruppen über 65 Jahren, die am Ende des 19. Jahrhunderts noch in ihrer großen Mehrheit erwerbstätig waren, am Ende des 20. Jahrhunderts aber in fast allen westlichen Industriestaaten nur mehr in verschwindendem Ausmaß. Erst durch diese Entwicklung wurde der Ruhestand zu einem normalen Abschnitt im Lebenslauf der Menschen und zu einem selbstverständlichen Teil ihrer Biographie.

In den letzten 30 Jahren hat der säkulare Rückgang der Erwerbstätigkeit auf jüngere Altersgruppen übergegriffen. Etwa von den sechziger Jahren an setzte in ganz Westeuropa und in den USA ein rascher Rückgang der Erwerbstätigen im Alter von 60–64 Jahren ein, in den siebziger Jahren allmählich der Rückgang der 55–59jährigen. Dieser Trend abnehmender Erwerbstätigkeit erfolgte im großen und ganzen in der gesamten von uns überblickbaren Periode. In seiner Grundstruktur verlief er relativ unabhängig – wenn auch nicht unbeeinflußt – von wirtschaftlichen Konjunkturen und sozialpolitischen Maßnahmen. Er setzte überall schon vor der Entstehung staatlicher Pensionssysteme ein, die dem Trend eher nachfolgten, als daß sie ihn hervorgerufen hätten. Die Wirtschaftskrisen der zwanziger und der dreißiger Jahre beschleunigten den Rückgang der Erwerbstätigkeit im Alter enorm. Gerade in der Zwischenkriegszeit wurden Pensionssysteme erstmals auch als Mittel der Arbeitsmarktpolitik gebraucht. In vielen Staaten wurde in dieser Periode das Pensionsantrittsalter herabgesetzt, in der Hoffnung, durch die Pensionierung der Älteren Arbeitsplätze für die Jüngeren frei zu machen. In der Nachkriegskonjunktur wurde der langfristige Trend abnehmender Erwerbstätigkeit verlangsamt, aber letztlich haben ihn die Wirtschaftszyklen weder hervorgebracht noch umgedreht.

Wie es scheint, wirkten vor allem zwei Faktorenbündel als Motoren des Trends[29]. Zum einen ist die langfristige Verschiebung der Wirtschaftssektoren zu bedenken, vor allem der Rückgang der Landwirtschaft und des produzierenden Kleingewerbes. Damit war auch eine Abnahme der Selbständigen und eine Zunahme der Unselbständigen verbunden. Unselbständig Beschäftigte waren und sind auf Arbeitsmärkte angewiesen. Auf diesen bestanden und bestehen aber – dies ist der zweite Faktor – Wettbewerbsnachteile für ältere Menschen. Man kann dabei zwischen realen und kulturell bedingten Nachteilen unterscheiden. Reale Nachteile ergeben sich aus der ungeheuren Dynamik von Rationalisierung, Intensivierung und technischem Fortschritt, die den industriellen Kapitalismus der letzten beiden Jahrhunderte prägt. Diese Dynamik ist mit einer kontinuierlichen Entwertung vorhandener Qualifikationen und Kenntnisse verbunden, und ebenso mit einem raschen Verbrauch des Arbeitsvermögens. Soweit das Bildungssystem in der Lage ist, den neuen technischen und wirtschaftlichen Erfordernissen entsprechende Kenntnisse zu vermitteln, richtet es sich ebenfalls überwiegend an die jüngere Generation. Ein kultureller Wettbewerbsnachteil für ältere Arbeitnehmer leitet sich aus den in unserer Gesellschaft eine lange Tradition aufweisenden negativen Altersbildern und -stereotypen ab. Das Alter erscheint als eine Periode des Verfalls und des Niedergangs, des Verlusts geistiger und körperlicher Kräfte. Ebenfalls vorhandene positive Elemente in unseren Vorstellungen vom Alter, wie Erfahrung und soziale Kompetenz, fallen demgegenüber weniger ins Gewicht.

Die Entwicklung der staatlichen Pensionsversicherungen schuf einen Rahmen, in dem der Druck des Arbeitsmarkts sozial abgefedert wurde. Seit mehr als hundert Jahren nutzen vor allem Großbetriebe die Chance, mittels Frühpensions- oder Vorruhestandsregelungen ältere Angehörige ihrer Belegschaften auf sozial verträgliche Weise los zu werden. Wer auf einen neuen Arbeitsplatz angewiesen ist, hat es aber – unabhängig von seiner individuellen Verfassung –

im fortgeschrittenen Alter enorm schwer, auf dem Arbeitsmarkt eine neue Stelle zu finden.

Interessanterweise lief in den letzten Jahrzehnten das immer frühere Ausscheiden aus der Arbeitswelt parallel zu einer Verschiebung in der gesellschaftlichen Wahrnehmung und in der Selbstdefinition der älteren Menschen. Die Lebensphase des Alters wird immer weniger als defizitäre Lebensphase gesehen. Das Bild des siechen Greises verblaßt zugunsten des Bildes vom aktiven und tatkräftigen Senior. Die Entwicklung läuft auf ein ausgesprochenes Paradoxon zu: Je gesünder, aktiver und selbstbewußter die älteren Menschen – in ihrer Gesamtheit – werden oder sich fühlen, desto früher scheiden sie aus dem Erwerbsleben aus!

In den letzten Jahren versuchen alle westeuropäischen Staaten, genauso wie Österreich, durch sozialpolitische Maßnahmen das durchschnittliche Alter des Ausscheidens aus dem Erwerbsleben wieder zu erhöhen, um die Pensionsversicherungen finanziell zu entlasten. Bisher scheinen diese Maßnahmen aber wenig erfolgreich zu sein. In Österreich steigt die Zahl der Frühpensionisten Jahr für Jahr. Es deutet auch nichts darauf hin, daß der säkulare Trend abnehmender Erwerbsbeteiligung im Alter in absehbarer Zeit sein Ende erreicht hätte. Die Faktoren, die ihn seit mehr als 100 Jahren vorantreiben, sind weiterhin wirksam. Erhöhungen des gesetzlichen Regelpensionsalters oder Verschlechterungen der Rentenversorgung würden den Trend aller Voraussicht nach nicht wesentlich beeinflussen. Sie würden allerdings die materielle Ausstattung des Alters verschlechtern, die Unfreiwilligkeit des Ausscheidens aus der Arbeitswelt steigern und mehr ältere Menschen in die Armut oder in die peripheren Grauzonen der Arbeitsmärkte abdrängen. Der gerade erst überwundene Zusammenhang von Armut und Alter könnte eine Auferstehung feiern.

Allerdings sind wir dem langfristigen Trend abnehmender Erwerbstätigkeit im Alter nicht hilflos ausgeliefert. Flexible Formen des Übergangs in den Ruhestand, verstärkte Möglichkeiten der Aus- und Weiterbildung für Arbeitnehmer in ihren mittleren und höheren Jahren könnten wirkungsvoll sein. Von einer innovativen und phantasievollen Sozialpolitik ist hier wesentlich mehr zu erwarten als von einer bloßen gesetzlichen Veränderung der Pensionsaltersgrenzen.

Wohnen im Alter

Was bedeuten diese Entwicklungen für die Wohnverhältnisse im Alter? Das immer frühere Ausscheiden aus dem Arbeitsprozeß und die Sicherung des Lebensstandards im Ruhestand begünstigen ohne Zweifel die Neigung, auch im „dritten Alter" autonom und selbständig zu leben. Leopold Rosenmayr hat dieses Grundbedürfnis älterer Menschen als Wunsch nach „Intimität auf Distanz" beschrieben: das Bedürfnis, zwar in der Nähe und in engem Kontakt mit Verwandten, Kindern und Enkelkindern zu leben, zugleich aber so weit wie möglich den eigenen Haushalt und die eigene Wohnung beizubehalten. Dieses Bedürfnis ist keine Entwicklung der Moderne, sondern hat in der europäischen Geschichte eine lange Tradition[30]. Im vorindustriellen Europa konnte es sich in den Städten leichter und früher verwirklichen, als auf dem Land, wo der Wohnraum und die materielle Versorgung der Alten wie der Jungen an Bauernhof oder Kleinhäusl gebunden waren. Im österreichischen Raum war das Zusammenleben der Generationen auf dem Land vom „Ausgedinge" geprägt, das den Älteren sowohl Einbindung und Versorgung wie auch eine bestimmte Selbständigkeit und Autonomie auf dem Anwesen garantierte, das ihr Nachfolger übernommen hatte. In den Städten dagegen führten schon in der frühen Neuzeit zwischen 80 und 90 Prozent der über 60jährigen ihren eigenen Haushalt[31]. Im 19. Jahrhundert wurde es schwieriger, den Wunsch nach Unabhängigkeit im höheren Alter zu verwirklichen. Der Wohnungsmangel in den rasch wachsenden Städten und die Armut der unteren Schichten führte dazu, daß auch im städtischen Milieu viele ältere Menschen bei Verwandten lebten bzw. als Untermieter oder Bettgeher ihr Leben fristeten. Nur mehr zwei Drittel der über 60jährigen vermochten es im Zeitalter der Industrialisierung und der Urbanisierung, einen eigenen Haushalt zu führen. Erst im 20. Jahrhundert, im Zusammenhang mit der Herausbildung des Ruhestandes und der sozialen Sicherung der Alters, wurde der eigene Haushalt für ältere Menschen wieder zur Selbstverständlichkeit.

Das Bedürfnis nach „Intimität auf Distanz" findet gegenwärtig in einer großen Bandbreite von Wohn- und Haushaltsformen seinen Ausdruck[32]. Am meisten verbreitet ist das Zusammenleben von Ehepartnern oder Lebensgefährten ohne weitere Verwandte oder Mitbewohner. Rund 40 Prozent der über 60jährigen leben in dieser Form des Zweipersonenhaushalts. Rund 30 Prozent der älteren Menschen führen allein ihren eigenen Haushalt, und rund 25 Prozent leben zusammen mit Kindern oder Enkelkindern, sei es im gemeinsamen Haushalt oder in getrennten Haushalten unter demselben Dach. Die restlichen fünf Prozent leben zusammen mit nichtverwandten Personen oder in Alters- und Pflegeheimen[33].

Die jeweiligen Haushaltsformen sind in hohem Maß von drei Faktoren abhängig: vom Geschlecht, vom Unterschied zwischen Land und Stadt, und vom Alter. Das Zusammenleben mit einem Partner ist vor allem bei den älteren Männern die weithin vorherrschende Lebensform. Ältere Männer sind häufiger verheiratet als ältere Frauen, und aufgrund der Unterschiede in der Lebenserwartung und auch des üblichen Altersunterschiedes zwischen Ehemann und Ehefrau haben Männer gute Chancen, bis an ihr Lebensende mit einer Partnerin zusammenzuleben. Unter den Einpersonenhaushalten überwiegen dagegen ganz deutlich die Frauen. Sie stellen mit 85 Prozent die große Mehrheit der gegenwärtig etwa 450.000 Einpersonenhaushalte der über 60jährigen. Das Zusammenleben von älterer und jüngerer Generation herrscht in den ländlichen Gemeinden Österreichs vor. Hier dominieren Höfe sowie Ein- und Zwei-Familien-Häuser, und hier leben rund 60 Prozent der älteren Menschen mit Kindern oder Enkelkindern unter einem Dach. Der Einfluß des Alters auf das Zusammenleben zwischen den Generationen macht sich auf gegensätzliche Weise geltend. Bei den „jungen Alten" bis etwa 75 nimmt das Zusammenleben mit Kindern und Enkelkindern ab, bei den Hochbetagten nimmt es aber wieder zu. „Mehr als vier von zehn über 85jährigen leben (wieder) mit Kindern bzw. Schwiegerkindern zusammen."[34]

Die Wahl der Lebensform im Alter spiegelt in erster Linie die Bedürfnisse der älteren Menschen wider, aber sie ist abhängig vom Vorhandensein eines Partners, von Kindern oder Verwandten, von den sozialen Traditionen im jeweiligen Milieu, vom Angebot an Wohnraum, und nicht zuletzt vom Ausmaß an Selbständigkeit oder Hilfsbedürftigkeit der älteren Menschen. Die Daten über Haushaltsstrukturen sagen außerdem nicht automatisch etwas über soziale Beziehungen und Kontakte aus. In ganz verschiedenen Wohnformen sind die familialen Kontakte sehr hoch. Mehr als die Hälfte aller über 60jährigen, die eigene Kinder haben, haben mit diesen nahezu täglich Kontakt, weitere 20 Prozent zumindest einmal in der Woche[35]. Das Fehlen von Kindern, der Tod des Partners, oder verschiedene Behinderungen, die soziale Kontakte schwierig machen, können ältere Menschen aber tatsächlich in soziale Isolierung und Vereinsamung führen. Dieses Problem bedroht ganz überwiegend Frauen, und dabei wiederum vor allem Frauen in den Städten. „In den größeren Landeshauptstädten Österreichs leben 37 Prozent aller Frauen über 75 Jahre völlig alleine; in Wien sogar 52 Prozent."[36]

Welche Bedeutung kommt unter diesen Bedingungen den Formen der „geschlossenen Altenhilfe" zu, wie sie einst Armen- und Versorgungshäuser und heute Alten- und Pflegeheime darstellen? Haben mit der sozialen Sicherung des Alters und mit der Auflösung der einst so mächtigen Bindung von Armut und Alter Institutionen wie das vor hundert Jahren in Salzburg gegründete „Versorgungshaus" ihre Funktion verloren? Wenn man die historische Entwicklung der sogenannten „geschlossenen Altenhilfe" betrachtet, scheint dies nicht der Fall zu sein. Ganz im Gegenteil setzte in den sechziger und siebziger Jahren in Österreich parallel zur Verbesserung des materiellen Lebensniveaus älterer Menschen auch ein Ausbau von Alten- und Pflegeheimen ein. Dieser Ausbau war quantitativer und qualitativer Art. Er vermehrte die Zahl der Heimplätze für ältere Menschen beträchtlich, erhöhte vor allem aber die Wohn- und Versorgungsqualität in den Heimen.

In Wien wurde zu Beginn der sechziger Jahre ein Programm zum Bau von Heimen entwickelt, die sich auf dem neuesten Wohnungsstandard befinden sollten. Um sie auch begrifflich vom alten „Armenhaus", „Altersheim" oder „Versorgungsheim" abzugrenzen, wurde der Begriff des „Seniorenheims" oder „Pensionistenheims" eingeführt. 1963 wurde das erste Wiener Seniorenheim eröffnet, dessen hoher Standard allgemeine Anerkennung fand und als Vorbild für ganz Österreich wirkte[37].

In Salzburg leitete ebenfalls 1963 der erste „Landesaltenplan" den Ausbau und die qualitative Verbesserung von Alten- und Pflegeheimen ein[38]. In Oberösterreich wurde 1972 ein Landesaltenplan erstellt und das Landessozialhilfegesetz von 1973 bildete die Grundlage für den Neubau und die Modernisierung von Heimen. Allein im Bezirk Gmunden wurden zwischen 1975 und 1985 sechs Heime neu gebaut und weitere sechs völlig renoviert[39]. Auch in den anderen Bundesländern wurden in dieser Periode nicht nur die Landes- und Bezirkshauptstädte, sondern auch die Landgemeinden mit einem Netz von Alten- und Pflegeheimen überzogen. Zu Ende der achtziger Jahre hatte in Österreich die „geschlossene Altenhilfe" mit rund 50.000 Plätzen in Altenheimen und rund 21.000 Pflegebetten einen hohen Stand erreicht[40].

Im Vergleich mit den 1,5 Millionen Österreicherinnen und Österreichern im Alter über 60 Jahren ist dies allerdings nicht sehr viel. Die große Mehrheit der älteren Menschen steht trotz des neuen Standards und des neuen Namens den Pensionisten- oder Seniorenheimen mit Skepsis oder Ablehnung gegenüber. Wie es scheint, trägt vor allem die Tradition der „Anstalt" zum negativen Image auch der modernen Pensionistenheime bei: „Das Altersheim hatte [...] nicht nur die Funktion einer Betreuungsstätte, wie offiziell stets betont wurde. Es war vielmehr auch Symbol öffentlicher Gewalt, das selbst noch alten Menschen Anpassung und Subordination als lohnende Ziele vor Augen führte [...] Im Sozialgebilde Anstalt haben sich bis in die Gegenwart – mehr oder minder verdeckt – zahlreiche archaische, historisch gewachsene Organisationsstrukturen erhalten."[41] Dazu kommt, daß Heime die alten Menschen in bestimmter Hinsicht tatsächlich isolieren. Sie bieten zwar die Möglichkeiten zu Kontakten in ihrem Inneren, zwischen den Heimbewohnern, grenzen aber die gesamte Gruppe nach außen ab. So wichtig die vollständige Betreuung und Versorgung durch das Heim in vielen Fällen ist, so schränkt sie doch zugleich die Aktivitäten der älteren Menschen ein und führt zu einer erzwungenen Untätigkeit, die auch das Selbstbild und das Selbstbewußtsein negativ verändert. Der alltägliche Tagesablauf ist für viele Heimbewohner von Langeweile, Resignation und Deprimiertheit geprägt, vom Warten darauf, daß „die Zeit vergeht"[42]. Für den Wiener Sozialgerontologen Gerhard Majce ist das Altenheim ein „negativ besetztes Antimodell unserer Gesellschaft" schlechthin[43]. Während unsere Gesellschaft immer stärker die Werte des Individualismus, der Freiheit und der Aktivität betont, erscheint das Heim als Ort von Reglementierung, Massenbetrieb und Zwang zur Untätigkeit. Damit steht es im Gegensatz zum Idealbild der rüstigen Senioren, die den Ruhestand als „späte Freiheit" genießen und mit Freizeitaktivitäten wie Reisen und Sport ausfüllen. Das immer frühere Ausscheiden aus der Arbeitswelt und die materielle Absicherung des Ruhestandes haben die Werte der Individualität und der Aktivität auch in das Idealbild des

Lebens im „dritten Alter" integriert und den Konflikt zwischen diesem Ideal und der Realität des Altenheimes verschärft.

Alters- und Pflegeheime werden denn auch nur von einer kleinen Minderheit in Anspruch genommen und gewinnen erst bei den Hochbetagten eine steigende Bedeutung. Gegenwärtig leben in Österreich rund drei Prozent der über 60jährigen, sieben Prozent der über 70jährigen und 15 Prozent der über 85jährigen in „Anstaltshaushalten", wie die Terminologie der Statistiker lautet[44]. Die große Mehrheit der Heimbewohner ist über 75 Jahre alt. Auch der weitaus größte Teil der hilfs- und pflegebedürftigen älteren Menschen lebt aber in Privathaushalten bzw. wird im Familienverband betreut. Allerdings muß man davon ausgehen, daß rund ein Viertel der Menschen ihre letzte Lebensphase in Heimen verbringt und mindestens drei Viertel in Anstalten sterben[45]. Sind Altenheime damit heute Einrichtungen zur Bewältigung des „vierten Alters" geworden, wie man die Phase des Rückgangs der körperlichen und geistigen Kräfte und der Zunahme der Hilfs- und Pflegebedürftigkeit bezeichnet, in der die Nähe des Todes spürbar wird?

Auch diese Antwort würde der Vielfalt der Beweggründe, in ein Altenheim zu ziehen, nicht gerecht[46]. Als wichtigster Grund werden in der Regel „gesundheitliche Probleme" genannt. Dahinter verbergen sich meistens aber nicht dauerhafte und irreparable Behinderungen, sondern eher die Angst, sich in Notfällen nicht ausreichend helfen zu können. Im Durchschnitt scheinen die Bewohner von Altenheimen gesundheitlich nicht besser oder schlechter gestellt zu sein, als ihre Alterskollegen in privaten Haushalten. Häufig bietet der Tod des Ehepartners den Anlaß zur Übersiedlung in ein Altenheim. Der Tod des Partners bedeutet nicht nur einen abrupten Einschnitt im bisherigen Leben, verbunden mit finanziellen Einbußen und mit Einsamkeit, sondern auch den Verlust einer psychischen und physischen Stütze im Krankheitsfall.

Die Motivation zur Übersiedlung in ein Altenheim wird aber oft auch noch mit „schlechten Wohnverhältnissen" begründet. Ältere Menschen leben in höherem Maß als jüngere in schlecht ausgestatteten Wohnungen, die dem gegenwärtigen hygienischen und sanitären Standard nicht mehr entsprechen. Die Bezieher kleiner Pensionen haben oft auch keine Möglichkeit, den Standard zu verbessern. Für arme oder armutsgefährdete ältere Menschen bedeutet das Altenheim immer noch eine wesentliche und dauerhafte Verbesserung ihres Lebensstandards. „Der Mutti wär's zu Haus ja nie so gut gegangen, wie hier", ist ein häufig zu hörender Kommentar, der in vielen Fällen nicht der Realität entbehrt[47].

Das Altenheim unserer Gegenwart ist also ein komplexes Phänomen, das ambivalente Gefühle weckt. Die wesentlichen historischen Entwicklungslinien auf sozialpolitischem und kulturellem Gebiet laufen in Richtung auf eine Verbesserung der materiellen Situation, auf zunehmende Autonomie, Selbstbestimmung und Selbstbewußtsein der älteren Menschen. Enge Verwandtschafts- und Familienbeziehungen bilden nach wie vor ein ganz wichtiges soziales Netz, wenngleich sich hier in den kommenden Jahrzehnten – mit zunehmender Kinderlosigkeit und abnehmender Stabilität der Ehe – Änderungen anzubahnen scheinen. Trotz aller gesellschaftlichen und privaten sozialen Netze ist die „geschlossene Altenhilfe" für viele individuelle Problemsituationen aber unverzichtbar geblieben. Altenheime haben in den letzten Jahrzehnten ihre Standards beträchtlich erhöht und bieten vielen ihrer Bewohnerinnen und Bewohner eine Verbesserung ihrer materiellen Lebensverhältnisse. Zugleich verkörpern sie aber, in der Tradition der „Anstalt" stehend, immer noch einen Verlust an Autonomie. Je mehr die Werte der Individualität, Freiheit und Aktivität auch zum Leitbild des Lebens im Alter gehören, desto stärker wird dieser Widerspruch. Um ihn aufzulösen, wird es darauf ankommen, möglichst vielfältige Wohn- und Lebensformen zu entwickeln, die der Vielfalt der Bedürfnisse und Wünsche der älteren Menschen gerecht werden.

Anmerkungen

1 THOMAS PAINE, Die Rechte des Menschen, hg. von W. MÖNKE, Berlin/DDR 1983, S. 328 ff.
2 Vgl. GERHARD A. RITTER, Entstehung und Entwicklung des Sozialstaates in vergleichender Perspektive, in: Historische Zeitschrift 243 (1986), S. 25.
3 Vgl. dazu JOSEF EHMER, Sozialgeschichte des Alters, Frankfurt/M. 1990, S. 93 ff., 102 ff.
4 Vgl. dazu BERND WUNDER, Die Institutionalisierung der Invaliden-, Alters- und Hinterbliebenenversorgung der Staatsbediensteten in Österreich 1748–1790, in: Mitteilungen des Instituts für österreichische Geschichtsforschung 92 (1984), S. 341–406.
5 NORBERT ORTMAYR, „Oarbeits, sunst kemts ins Quartier". Alter und Armut am Land im frühen 20. Jahrhundert, in: HELMUT KONRAD und MICHAEL MITTERAUER (Hg.), „...und i sitz' jetzt allein". Geschichte mit und von alten Menschen, Wien 1987, S. 71–92, hier S. 83.
6 EHMER, Sozialgeschichte (wie Anm. 3), S. 121.
7 Vgl. dazu EMMERICH TALOS, Der Sozialstaat – Vom „goldenen Zeitalter" zur Krise, in: REINHARD SIEDER, HEINZ STEINERT und EMMERICH TALOS (Hg.), Österreich 1945–1995. Gesellschaft – Politik – Kultur, Wien 1995, S. 537–551.
8 Vgl. Bericht über die soziale Lage (Sozialbericht 1996), hg. vom Bundesministerium für Arbeit, Gesundheit und Soziales, Wien 1997, S. 95.
9 Zu berücksichtigen ist allerdings, daß in der Pensionsversicherung der Arbeiter und Angestellten eine Höchstpension vorgesehen ist. 1996 lag der Maximalwert bei öS 27.573. Die am besten verdienenden Angestelltengruppen können damit – im Unterschied zu den Beamten – ihren Lebensstandard im Ruhestand nicht allein aus der gesetzlichen Pensionsversicherung aufrecht erhalten, sondern sind auf zusätzliche Privat- oder Firmenpensionen angewiesen.
10 Vgl. hier und im folgenden EHMER, Sozialgeschichte (wie Anm. 3), S. 125 ff.
11 Sozialbericht 1996 (wie Anm. 8), S. 11.
12 Einschließlich Sonderzahlungen; Berechnung: 50 Prozent verdienen im Monat weniger als die angeführten Werte. (Sozialbericht 1996, wie Anm. 8, Datenband, S. 146).
13 Standardisiertes Medianeinkommen 1995 (Vierzehntel des Jahreseinkommens ohne Beihilfen und Freibeträge). (Sozialbericht 1996, wie Anm. 8, Datenband, S. 149). Die mittleren Nettoeinkommen der Gesamtheit der Bundesbeamten sind nicht verfügbar, da der Bereich Unterricht und Forschung nicht in die Ermittlung einbezogen wurde.
14 Nur Alterspensionen, d.h. ohne Invaliditäts- und Witwenpensionen; erste Spalte: nur 1996 neu in Pension getretene Personen; zweite Spalte: Gesamtheit der Pensionisten der PVA der Arbeiter und der Angestellten, d.h. ohne Beschäftige des Bergbaus und der Eisenbahnen. (Sozialbericht 1996, wie Anm. 8, Datenband, S. 107 ff.; zu den Ruhebezügen der Bundesbeamten ebenda, S. 127 f.).
15 Durchschnittliche Bruttobezüge der Beamten des Bundes, wobei die erste Zahl die nach dem neuen Gehaltsgesetz eingestuften Beamten betrifft, die zweite Zahl die nach dem Gehaltsgesetz 1956 eingestuften Beamten. Der – nicht ausgewiesene – Durchschnittswert aller Bundesbeamten liegt also zwischen den beiden Werten. Nicht enthalten ist die große Gruppe der Vertragsbediensteten des Bundes, deren Durchschnittsgehälter deutlich unter denen der Beamten liegen (Männer: öS 24.957; Frauen: öS 20.944; Sozialbericht 1996, wie Anm. 8, Datenband, S. 160 ff.). Nicht enthalten sind weiters die Beamten der Länder und Gemeinden. Die Bruttopensionen betreffen die Ruhebezüge der Bundesbeamten nach beiden Gehaltsgesetzen (ohne ÖBB und PTV).
16 Sozialbericht 1996 (wie Anm. 8), S. 109.
17 Sozialbericht 1996 (wie Anm. 8), S. 182.
18 INGE ROHWANI, Feminisierung der Armut, in: KARL S. ALTHALER und SABINE STADLER (Hg.), Risse im Netz. Verwaltete Armut in Österreich, Wien 1988, S. 67.
19 Sozialbericht 1996 (wie Anm. 8), S. 10 f., 97 f., Datenband S. 86–88.

20 Sozialbericht 1996 (wie Anm. 8), Datenband S. 169. Die hier wiedergegebenen Pro-Kopf-Ausgaben sind gewichtet, d. h. daß für mitlebende Erwachsene oder Kinder geringere Ausgaben angenommen werden als für die erste – oder einzige – erwachsene Person.
21 Sozialbericht 1996 (wie Anm. 8), S. 183.
22 Beispiele dafür in den Beiträgen von Thomas Weidenholzer, Vom Pfründner-Spital zu den „Vereinigten Versorgungsanstalten". Aspekte einer Geschichte des Alters in Salzburg im 19. Jahrhundert, und Peter Gutschner, Von der kommunalen Armenpflege zur staatlichen Versicherung. Altersversorgung im 19. und 20. Jahrhundert, in diesem Band.
23 Vgl. dazu Martin Kohli, Die Institutionalisierung des Lebenslaufs, in: Kölner Zeitschrift für Soziologie und Sozialpsychologie 37 (1985), S. 1–29.
24 Sozialbericht 1996 (wie Anm. 8), S. 13 ff.; Ehmer, Sozialgeschichte (wie Anm. 3), S. 137–142.
25 Sozialbericht 1996 (wie Anm. 8), S. 14 f.; Ehmer, Sozialgeschichte (wie Anm. 3), S. 137, 142.
26 So etwa in Profil, 18. 9. 1995.
27 Berechnet nach Sozialbericht 1996 (wie Anm. 8), Datenband, S. 88, 90 ff.
28 Vgl. etwa Christoph Conrad, Die Entstehung des modernen Ruhestandes. Deutschland im internationalen Vergleich 1850–1960, in: Geschichte und Gesellschaft 14 (1988), S. 417–447.
29 Vgl. dazu Martin Kohli u. a., The Social Construction of Ageing through Work: Economic Structure and Life-world, in: Ageing and Society 3 (1983), S. 24–42.
30 Vgl. dazu Peter Laslett, Das Dritte Alter. Historische Soziologie des Alterns, Weinheim 1995, insbes. S. 153 ff.
31 Vgl. Josef Ehmer, Zur Stellung alter Menschen in Haushalt und Familie. Thesen auf der Grundlage von quantitativen Quellen aus europäischen Städten seit dem 17. Jahrhundert, in: Helmut Konrad (Hg.), Der alte Mensch in der Geschichte, Wien 1982, S. 62–103.
32 Vgl. zur Haushaltsstellung nach Altersjahrgängen das Statistische Jahrbuch für die Republik Österreich 1996, S. 23.
33 Vgl. dazu Josef Kytir und Rainer Münz, Hilfs- und Pflegebedürftigkeit im Alter. Eine österreichische Untersuchung, in: Arthur E. Imhof (Hg.), Leben wir zu lange? Die Zunahme unserer Lebensspanne seit 300 Jahren – und die Folgen, Köln 1992, S. 81–103, hier S. 88 ff.; Josef Kytir, Familiennetzwerke und familiale Lebensformen älterer Menschen: Ausgewählte Aspekte für Österreich, in: Josef Ehmer und Peter Gutschner (Hg.), Alter und Generationenbeziehungen im Übergang. Historische und sozialwissenschaftliche Beiträge für Deutschland und Österreich, Wien 1998 (im Druck).
34 Kytir/Münz, Hilfs- und Pflegebedürftigkeit (wie Anm. 33), S. 89.
35 Vgl. dazu Kytir, Familiennetzwerke (wie Anm. 33).
36 Kytir/Münz, Hilfs- und Pflegebedürftigkeit (wie Anm. 33), S. 90.
37 Vgl. Gottfried Pirhofer und Kurt Plöckinger, Die Wege des Alters. Städtische Lebensweisen in den späten Jahren, Wien 1989, S. 131–138.
38 Vgl. dazu den Beitrag von Thomas Weidenholzer, Vom „Versorgungshaus" zur Seniorenbetreuung, in diesem Band.
39 Franz Hufnagel, Vom Josephinischen Pfarrarmeninstitut zum Sozialhilfeverband Gmunden von heute, in: Der Bezirk Gmunden und seine Gemeinden, Gmunden (o. J.), S. 591–596, hier S. 594.
40 Kytir/Münz, Hilfs- und Pflegebedürftigkeit (wie Anm. 33), S. 81. Nach anderen Angaben wird aber die Gesamtzahl der älteren Menschen in Alten- und Pflegeheimen auf nur 55.000 geschätzt; vgl. ebenda, S. 95, Tabelle 11.
41 Hannes Stekl, Vorformen geschlossener Altenhilfe in Österreich – ihre Entstehung und Entwicklung von Joseph II. bis zur Ersten Republik, in: Konrad, Der alte Mensch (wie Anm. 31), S. 122–134.

42 Pirhofer/Plöckinger, Wege des Alters (wie Anm. 37), S. 135.
43 Gerhard Majce, „Geschlossene" Altenhilfe – Probleme der Heimunterbringung, in: Leopold Rosenmayr und Hilde Rosenmayr (Hg.), Der alte Mensch in der Gesellschaft, Hamburg 1978, S. 261–297, hier S. 267.
44 Kytir, Familiennetzwerke (wie Anm. 33).
45 Vgl. dazu Helga Reimann und Horst Reimann (Hg.), Das Alter. Einführung in die Gerontologie, Stuttgart 1983, S. 104.
46 Ebenda, S. 105 ff.
47 Gottfried Pirhofer und Kurt Plöckinger, Innovationen in der Wohnungspolitik für alte Menschen, ungedruckter Projektbericht an das Bundesministerium für wirtschaftliche Angelegenheiten, Wien 1988, S. 139.

Von der kommunalen Armenpflege zur staatlichen Versicherung

Altersversorgung im 19. und 20. Jahrhundert

von Peter Gutschner

Auch der junge Mensch, er sogar besonders,
wünscht lange zu leben. Aber selten ist darin der
Wunsch enthalten, ein Alter zu sein, er wird wenig geübt.[1]

Einleitende Bemerkungen zur Thematik Alter

1828 bat ein bereits 77 Jahre alter Taglöhner in der Stadt Salzburg um die Zuerkennung eines wöchentlichen Almosens. Er gab an, fast ohne Kräfte zu sein und kaum mehr Arbeit zu finden. Verschiedene Arbeitgeber bescheinigten ihm fleißiges und ordentliches Betragen und empfahlen ihn der Gnade einer Unterstützung aus dem Armenfonds[2].

1820 verkaufte ein Salzburger Handelsmann seine Seidenhandlung und setzte sich 34jährig zur Ruhe. Als er schließlich im Alter von 58 Jahren starb, hinterließ er ein beachtliches Vermögen[3].

Diese beiden Beispiele illustrieren zwei Pole der städtischen Gesellschaft am Beginn des 19. Jahrhunderts hinsichtlich mehrerer Aspekte. Zum einen zeigt sich, daß „Alter" eine kaum festzumachende Größe darstellte. Der Handelsmann mag fleißig gearbeitet haben, ebenso wie der Taglöhner. Für den einen begann der Rückzug vom Geschäft mit 34 (!) Jahren, der andere mußte arbeiten, solange es seine Kräfte erlaubten, und solange er noch Arbeit fand. Ohne Rückhalt durch familiäre oder sonstige Netzwerke blieb ihm nur die städtische

Armenversorgung. Ein verbürgtes Recht auf ein Almosen hatte er allerdings nicht. Die Behörden prüften, ob der 77jährige noch arbeitsfähig war oder nicht und entschieden darüber hinaus, ob der Taglöhner in einer der Verpflegungsstätten, Versorgungshäuser genannt, aufgenommen wurde oder eine wöchentliche finanzielle Unterstützung erhielt. Alt – gemessen an der Lebenserwartung des ausgehenden 20. Jahrhunderts – war der eine mit 34 Jahren wohl noch nicht, der andere mit 77 Jahren freilich schon. Das Alter besaß für den vermögenden Handelsmann aber sichtlich keine Bedeutung, es oblag alleine ihm, wie und wann er sich von seinen Geschäften zurückzog. Es entzieht sich unserer Kenntnis, wie er die 24 Jahre bis zu seinem Ableben verbrachte. Der Tagelöhner konnte sich zu keiner Zeit von „seinen Geschäften zurückziehen", ihm blieb die tägliche Arbeit, unterbrochen durch viele Phasen der Arbeitslosigkeit, wie es die Regel, nicht die Ausnahme war, in diesem Fall bis zu seinem 77. Lebensjahr.

Zwischen diesen beiden extremen Polen existierten viele Variationen von „Alter" und der damit verbundenen alltäglich zu bewältigenden Problemzonen. Eines aber zeigt sich deutlich: Lange vor der staatlichen Sozialgesetzgebung war „Alter" in erster Linie ein existentielles Problem der unteren Schichten, die im 19. Jahrhundert aus den traditionellen Lebenswelten herausfielen, über keinen Grund und Boden mehr verfügten und auch nicht in der Lage waren, Ersparnisse für Notzeiten zurückzulegen. Die Lebensrealität des vermögenden „würdigen Greises", der im Kreise seiner Familie einen geruhsamen Lebensabend verbrachte, traf dagegen nur auf eine verschwindende Minderheit der Bevölkerung zu.

Das Hauptinteresse dieses Beitrags richtet sich daher auch auf die Situation der Handwerker, Arbeiterinnen und Arbeiter sowie Taglöhnerinnen und Taglöhner in der Phase abnehmender, verminderter oder völliger Arbeitsfähigkeit, womit im übrigen „Alter" für den quantitativ größten Bevölkerungsanteil präzise umrissen wäre.

Schärfer noch als heute dominierten arbeitsethische Motive das Selbstverständnis weiter Teile der Gesellschaft. Lebenslange Arbeitsleistung wurde in durchwegs von bürgerlichen Honoratiorengruppen geführten Diskursen um Probleme der Armut vorausgesetzt, zumal von jenen, die als gesellschaftliche Unterschichten bezeichnet wurden. Die Honoratioren wußten um die Wichtigkeit von Arbeit: *Ein jeder muß arbeiten, nach allen seinen Kräften arbeiten, das ist das Los seines Daseyns. Aber der Kranke, der Schwächere und Betagte verdient Schonung, Mitleid.*[4] Schonung und Mitleid wurde den Betagten zwar zugestanden, aber nur, wenn sie zu gar keiner Arbeit mehr imstande waren. Das chronologische Alter spielte im Rahmen dieser Überlegungen keine Rolle.

So schwierig es ist, einen eigenständigen gesellschaftlichen Diskurs über „das Alter" für das 19. Jahrhundert auszumachen, so zeigt sich doch, daß das schmale Band des Diskurses über das glückliche Altern in erster Linie an Besitzende gerichtet war und von Besitzenden handelte. Wer nicht bis an sein Lebensende erwerbstätig sein konnte, fiel in der Regel den Armenversorgungen „zur Last".

So waren denn auch für die überwiegende Mehrheit der Menschen Alter und Armut im 19. Jahrhundert untrennbar miteinander verbunden. Nicht-Besitzende wurden unter Umständen auch alt, freilich seltener als wohlhabende Bürger. Für erstere galten aufgrund schwerer körperlicher Beanspruchungen, schlechter Ernährung und ungesunder Wohnbedingungen andere Kategorien von Alter. Die Figur des „würdigen Greises" als Leitfigur des Altersdiskurses bezieht sich eben nicht auf alte Handwerker, Tagelöhner, Industriearbeiter, „hier überlagert die Qualifizierung ‚arm' die Einordnung ‚alt'"[5].

Alter war Teil der Versorgung der Armen im Bereich der offenen wie der geschlossenen Armenpflege. Die geschlossene Armenpflege umfaßte die Unterstützung (mit teilweiser Arbeitsverpflichtung) in Versorgungshäusern, die offene Armenpflege eine (zumeist partielle und temporäre) Unterstützung, wobei die Klienten in ihrem bisherigen Umfeld weiterleben konnten. Die überkommenen Systeme der Armenpflege waren durch die gesellschaftlichen Umbrüche und die damit einhergehende Verelendung während des 19. Jahrhunderts weit überfordert.

Auch in der Stadt Salzburg wurde, wie überall anders auch, der aussichtslose Versuch unternommen, zwischen „würdigen" und „unwürdigen" Unterstützungsbedürftigen zu unterscheiden. „Würdig" einer Unterstützung waren zwar Alte prinzipiell, doch nur, wenn sie gar nicht mehr oder nur eingeschränkt „arbeitsfähig" waren. Die Diskussionen über die Zuerkennung von Unterstützung blieben vage und erstaunlich oberflächlich hinsichtlich der gesellschaftlichen Problematik von Armut und Alter, von Industrialisierung und Wirtschaftskrisen. Armen- und Alterspflege schien ausschließlich eine Sache der Verwaltung zu sein.

Gesamtgesellschaftliche Zusammenhänge, die über kommunale Maßnahmen hinausreichten, fanden nur geringe Resonanz. Beispielhaft hierfür ist die Auseinandersetzung des Arztes und Kommunalpolitikers Josef Pollak mit der Armenversorgung der Stadt Salzburg. Dieser kritisierte zurecht das geltende Heimatrecht und stellte auch vage fest, daß es unter den herrschenden Umständen durchaus unverschuldete Armut gebe[6].

Gleichzeitig vermutete Pollak unter der „bettelnden Schar" in erster Linie Motive des Mißbrauchs: *Heute kann man in Salzburg leben, ohne einen Finger zur Arbeit rühren zu müssen, gibt es ja doch genug Vereine, Klöster, Institute, wo man etwas erhält, dann extra noch der Freitagsbettel. [...] Immer ziehen dieselben Weiber, womöglich mit Kindern, herum.*[7] Die *eigenen* Bettler, wie Pollak schrieb, gingen ja noch an, aber *das größte Kontingent stellen nicht Zuständige, sondern Fremde, besonders von Gnigl, Liefering, Maxglan, Kleingmain, ja selbst Kuchl und Puch lohnen sich noch*[8]. Dahinter stand ein seit der Frühen Neuzeit verfochtenes moralisches Ideal, das „stille Armut", die demütig hingenommen wird, lobte. *Die verschämten Armen, die wirklich in Noth und Elend schmachten, die betteln nicht. Man darf sich nur die Leute anschauen, die z. B. am Freitag in ganzen Schaaren von Gasse zu Gasse ziehen, das sind entweder Inwohner des Kronhauses, die Geld auf Schnaps brauchen, oder selbst Pfründner aus den Versorgungshäusern.*[9]

Diese Denkfigur ist nicht zufällig, entspricht auch nicht unbedingt nur einer gesellschaftspolitischen Kurzsichtigkeit: „Es ist genau dieser Topos der Polarisierung, der sich jener dichotomischen Begriffspaarungen bedient, die aus den ideologischen Systemen des späten 19. Jahrhunderts entwickelt wurden, wie den verschiedenen Hygienebewegungen, dem Sozialdarwinismus und u. a. den rassebewußt-kulturkritischen Philosophien. Deren Dichotomisierungen ‚wert/unwert', ‚gesund/krank' und ‚produktiv/unproduktiv' verbanden sich mit jenen Paaren, die der frühneuzeitlichen Institutionengeschichte entstammten, wie ‚würdig/unwürdig'"[10].

Mit Alter und Armut war ein moralisches Konzept verbunden, das in sich widersprüchlich war und darum nie aufgelöst werden konnte. Einerseits wurden die Unterstützungen so gering gehalten, daß sie ausdrücklich unter dem Existenzminimum lagen, andererseits beklagte man, wie oben deutlich wurde, daß die Insassen der Versorgungshäuser betteln gingen. Die geringen Versorgungssätze entsprangen der Angst, daß die Armen Almosen als ein ihnen zustehendes Recht oder zumindest als Selbstverständlichkeit begreifen könnten.

In der christlichen Gesellschaft war das Ritual der Almosenvergabe ein symbolischer Tauschakt: Der Spender gab aus Nächstenliebe und um seines Seelenheils willen. Dafür erwartete er vom Empfänger Dankbarkeit, und daß dieser um das Seelenheil des Spenders beten möge. Bis weit in das 20. Jahrhundert hinein verhallten zum Leidwesen der Salzburger Stadtverwaltung deren Appelle ungehört, man möge den Bettlern keine Almosen geben.

Selbst Personen hohen Alters erhielten in der Regel nie eine Unterstützung auf „Lebenszeit". Diese Herangehensweise bedeutete eine unaufhörliche „Kontrolle unter der Prämisse, daß sich immer, auch im hohen Alter, alle Einkommensverhältnisse ändern können und daß sich die Betroffenen um Verbesserung ihrer Lebensverhältnisse bemühen müssen"[11].

Vorindustrielle Systeme sozialer Sicherungen

Die in Kontinentaleuropa im 19. Jahrhundert einsetzende industrielle Transformation veränderte die soziale Struktur der Gesellschaft entscheidend. Die bis dahin dominanten Sozialformen der Hausgemeinschaft, deren vorrangiges Ziel die Subsistenzwirtschaft war, bildeten eine „Gemeinschaft von unmittelbaren Produzenten und arbeitsunfähigen Konsumenten (wie Alte, Kinder)"[12]. Dort, wo die Familie ihre Funktion als Produktions- und Versorgungsgemeinschaft einbüßte, wurde die Rolle der alten, nicht mehr erwerbsfähigen Menschen zunehmend problematisch.

Systeme sozialer Sicherung existierten auch schon lange vor der staatlichen Sozialgesetzgebung des 19. und 20. Jahrhunderts. Sie betrafen jedoch in der Regel nur einen eingeschränkten Personenkreis.

Im Bereich des H a n d w e r k s , des in vorindustrieller Zeit nach der Landwirtschaft zweitgrößten Wirtschaftssektors, war lebenslanges Arbeiten die Normalität, sofern die Gesellen oder Meister körperlich dazu noch in der Lage waren.

Vor allem für alte Gesellen, die keine Meisterstelle besetzen konnten, bedeutete Alter einen schwierigen Lebensabschnitt. Das zeigte sich vor allem in jenen Bereichen des Handwerks, in denen schwere körperliche Arbeit geleistet werden mußte, wie etwa im Baugewerbe, also bei Maurern, Zimmerleuten, Dachdeckern und Steinhauern. Die Klagen der Gesellen über ihre gefährdete Stellung im Alter waren zahlreich: *sonderheitlich wann wür auf das Alter kommen, nichts als den bitteren Bettel zu gewarten haben, dann ja so die maiste auff dem bilgerhauß, oder in dem Spittal, oder sonsten miserabel sterben*[13]. Gesellen vieler Handwerksbereiche waren bis ins hohe Alter auf ihre Arbeitsfähigkeit angewiesen. War diese nicht mehr gegeben, mußten sie sich im Taglohn verdingen oder gerieten in das System der Armenpflege. Handwerksmeister konnten ebenfalls im Alter in bedrohliche Situationen geraten. Das hing entscheidend von der jeweiligen Sparte ab, wie weit der Meister allein arbeitete, ob er seine Werkstatt an einen Sohn übergeben konnte und auch, wie stark ihm sein Beruf bislang zugesetzt hatte[14]. Unterschiedlich gestaltete sich auch die Lage der Handwerkerswitwen. Zum Teil führten sie den Betrieb eigenständig weiter, manchmal begaben sie sich in ein Bürgerspital. Besonders in den ärmeren Handwerksbereichen waren Witwen zu einer schnellen Wiederverheiratung geradezu gezwungen, manchmal aber auch zur Aufgabe des Gewerbes[15].

Ein wesentlicher Zweck der Zünfte lag in der Unterstützung von Mitgliedern in Krisensituationen. Eine Krise bedeutete „das Alter" für einen Handwerker dann, wenn er gebrechlich, invalid oder nicht mehr voll erwerbsfähig war. Viele Zünfte trugen zur Altersversorgung durch „Naturalleistungen, Unterbringung in Hospitälern und später auch durch Zahlung von Renten bei"[16].

Begräbnis- und Sterbekassen entstanden oft dort, wo Alter und Armut eher die Regel waren, wie bei den Schuhmachern und Schneidern. Auch Gesellen, die keine Chance auf eine Meisterstelle hatten und verheiratet waren, gründeten seit dem 17. Jahrhundert Kranken- und Sterbekassen[17].

Eine lange Tradition sozialer Sicherungen bestand im Bereich des B e r g b a u s . Schon im Mittelalter wurden Versorgungskassen oder Bruderladen eingerichtet. Im Lauf der Zeit wurden die Bruderladen ausschließlich für die Bergknappen relevant. Geregelt wurden die Bruderladen durch die obrigkeitlichen Bergordnungen, in denen Rechte und Pflichten der Bergleute aufgelistet waren.

1854 versuchte man durch das Allgemeine Berggesetz, das Bruderladenwesen zu vereinheitlichen. Jeder Bergwerksbesitzer war verpflichtet, eine Bruderlade zu errichten. Allerdings verloren die Knappen bei einem Wechsel des Arbeitgebers alle bis dahin geleisteten Zahlungen. Eine Reform des Gesetzes im Jahre 1889 brachte die Trennung der Bruderladen in Krankenkassen und Provisionskassen. Im Fall der Invalidität, also der Erwerbslosigkeit wegen eines Unfalls, einer Krankheit oder wegen hohen Alters, hatten die Knappen Anspruch auf eine Provision (Rente), „die ausgezahlten Pensionen jedoch waren so gering, daß ein zeitgenössischer Autor sie als ‚unzureichendes Almosen' bezeichnete"[18].

Diese Pensionskassen für eine bestimmte Gruppe der Lohnarbeiter sollten über lange Zeit eine Ausnahmeerscheinung bleiben. Die breite Masse der Lohnabhängigen verfügte über keinerlei Sicherungen im Alter.

Die E i n l a g e war eine Art der Altersversorgung, die über lange Traditionslinien verfügte, auf dem Lande praktiziert wurde und dadurch die Stadt Salzburg im hier behandelten Zeitraum nicht direkt betrifft. Dennoch soll sie, nachdem sie weit verbreitet war, kurz skizziert werden. Ältere Formen der Einlage bestanden darin, daß die Armen von Hof zu Hof zogen und dort über eine bestimmte Zeitspanne hinweg verpflegt wurden. Die Unterkunftgeber erhielten einen Geldbetrag von der Gemeinde, die Verpflegsgebühr. Es kam zum oft kritisierten „Armenlizitieren": „Die Gemeinden vergaben die Einleger an diejenigen Gemeindemitglieder, die die niedrigsten Verpflegskosten verlangten. Ob die Aufnahme aus Nächstenliebe oder wegen der billigen Arbeitskräfte erfolgte (nach dem Armengesetz waren die Einleger zu einer ihren Kräften angemessenen Arbeit verpflichtet), bleibt dahingestellt."[19] Obwohl der Salzburger Landtag seit 1905 wiederholt versuchte, die Institution der Einlage zu verbieten, scheiterten diese Bemühungen am nachhaltigen Widerstand der Gemeinden. Im Jahre 1901 gab es im Land Salzburg 546 Einleger, 1918 noch immer 254[20]. Ein Ende fand diese Form der Altersversorgung durch die Anpassung der österreichischen Sozialgesetzgebung an jene des nationalsozialistischen Deutschlands mit 1. April 1939.

Staatliche Pensionssysteme: Unerreichte Vorbilder

Der Diskurs über Alter hat eine grundlegende, gleichermaßen pragmatische wie sozialdisziplinierende Komponente aufzuweisen, deren Wurzel in der Herausbildung bzw. Verfestigung der absolutistischen Staatsapparate und Verwaltungssysteme liegt. Die am Ende des 18. Jahrhunderts aus dem Problemfeld der Versorgung alter, invalider und dienstunfähiger Soldaten entstandenen staatlichen Pensionsentwürfe waren erstmals unabhängig vom Gedanken der Armen

(Alters-)versorgung vom Kriterium der Bedürftigkeit – wie immer diese auch zu interpretieren ist – abgekoppelt. So war das unter Josef II. geschaffene Pensions-Normale „von 1781 das erste zusammenfassende Pensionsgesetz im deutschen Sprachraum. Es legte klare und einheitliche Grenzen für Anspruchsberechtigung und Leistungshöhe fest."[21] 1896 wurde auf Basis dieses staatlichen Pensionsgesetzes eine gleitende Regelung für das Erreichen einer bestimmten Pension eingeführt: „Nach zehn Dienstjahren gebührten den Beamten nun 40% ihrer Bezüge, für jedes weitere Dienstjahr um zwei Prozent mehr, so daß sich nach 40 Jahren eine Pension in voller Höhe des letzten Gehalts ergab. 1907 wurde die Steigerungsrate sogar auf 2,4 Prozent erhöht, demnach war die volle Bezugshöhe bereits mit 35 Dienstjahren erreichbar."[22] Der Kreis der Begünstigten beschränkte sich auf Beamte im engeren Sinn und schloß Arbeiter sowie Tagelöhner, die bei Behörden oder in staatlichen Betrieben tätig waren, aus. In starker Anlehnung an die an patriarchalen Mustern orientierten Gnadengaben für alte Menschen in Industriebetrieben oder im Rahmen des sogenannten „Ganzen Hauses" wurden Arbeiterinnen und Arbeitern, die in Diensten des Staates standen, lange Zeit nur Gnadenversorgungen zugestanden.

Ausgehend von für die Aufrechterhaltung des Staatswesens als wichtig eingestuften Betrieben rückten aber auch Teile der Arbeiterschaft im Laufe des ausgehenden 18. und frühen 19. Jahrhunderts als Pensions-Anspruchsberechtigte den Beamten nach, wenngleich der Abstand erheblich blieb. „Im Staatsdienst stehende Arbeiter bildeten die ersten Gruppen subalterner und manueller Lohnarbeiter, die überhaupt in den Genuß kalkulierbarer Pensionen kamen."[23] Unterschieden wurde zwischen Pensionen, die den Beamten zuerkannt wurden, und *Provisionen*, die Arbeitern und Tagelöhnern zustanden: So heißt es, es seien nur staatliche Bedienstete, *deren Bedienstung auch Nachsinnen und Anstrengung des Geistes erfordert, als wirkliche Beamte pensionsfähig; jene aber, deren Verrichtungen nur mechanisch und körperlich sind, und auch weniger Geistesgaben fordern, sollen nur zur Provisionierung geeignet sein*[24].

Im 19. Jahrhundert erweiterte sich der Kreis der Personen, die in staatliche Pensionssysteme einrückten, um jene, die im Schulwesen, im Bereich der Post und der Eisenbahn beschäftigt waren. „In Österreich wurden schon im späten 18. Jahrhundert die Lehrer der Universitäten, Gymnasien und staatlichen Haupt- und Normalschulen pensionsberechtigt, mit dem Reichsvolksschulgesetz von 1869 sämtliche Lehrer auch der nichtstaatlichen Anstalten."[25]

Die Anziehungskraft der staatlichen Pensionssysteme auf Angestellte führte schließlich in Österreich zur Angestellten-Pensionsversicherung von 1906, während die im privaten Sektor beschäftigten Arbeiterinnen und Arbeiter, trotz intensiver Agitation christlichsozialer Vereine und der Sozialdemokratie, auf eine Alters- und Invalidenversicherung noch lange warten mußten.

Die Beamten im Salzburger Landesdienst erhielten unter dem letzten regierenden Erzbischof, Hieronymus Colloredo, allerdings kein Pensionsrecht. Ihre

Altersversorgung „wurde im wesentlichen durch Gnadengaben (Gnadenpension) zumindest in bescheidenem Umfang sichergestellt, wofür 1760 bis 1803 zwischen 5 und 9 Prozent des Hofkammerbudgets ausgegeben wurden"[26]. Für den Bereich des Bergbaus allerdings erließ Colloredo 1791 das *Staatliche Pensionsnormale für alle im Bergbau Beschäftigten* [... und] *die zum Salz-, Berg- und Münzwesen gehörigen Arbeiter und ihrer Familien*[27].

Altsein in der Stadt Salzburg im 19. Jahrhundert

Der Beginn des 19. Jahrhunderts brachte für die Stadt und den Großteil ihrer Bewohner Zeiten des Niedergangs mit sich[28]. Die wechselvollen Ereignisse im Gefolge der Napoleonischen Besetzungen, einer kurzen habsburgischen Regierung, der bayerischen Herrschaft zwischen 1810 und 1816 und schließlich die endgültige Eingliederung in den habsburgischen Reichsverband 1816 hinterließen deutliche Spuren. „Zahlreiche zeitgenössische Zustandsschilderungen vermitteln das Bild einer ‚Siechzeit', gekennzeichnet von politischer Kirchhofsruhe und wirtschaftlichem Niedergang. An dieser Sicht änderte sich bis zur Jahrhundertmitte nur wenig."[29] Der Verlust der Residenzfunktion, der zu einer Abwanderung zahlreicher Beamtenfamilien und dem Verlust von vielen Arbeitsplätzen im Dienstleistungsbereich sowie einem allgemeinen Rückgang des Konsums führte, zog weitreichende Folgen nach sich: „Zwischen 1810 und 1817 verringerte sich die einheimische Bevölkerung der Stadt um 15 Prozent von 12.953 auf 11.014. Obwohl damit ein absoluter Tiefpunkt erreicht war und die Bevölkerung danach wieder langsam zunahm, blieb die Stadt im Vergleich zur übergeordneten Provinzialhauptstadt Linz in ihrem Wachstum weit zurück."[30]

Zur extremen Teuerung zwischen Ende 1816 und September 1817 kam noch *der grosse Brand im Jahre 1818, welcher binnen wenigen Stunden 74 Wohngebäude einäscherte und 298 Familien mit 1154 Personen ihrer Habe beraubte*[31].

Die soziale Schichtung der Bevölkerung wies ein starkes soziales Gefälle auf. Adel, höhere und mittlere Beamte sowie Kaufleute umfaßten etwa 20 Prozent, Handwerker und niedere Beamte bildeten die untere Mittelschicht von 35 Prozent.

Die breite Unterschicht, bestehend aus Taglöhnern, Handwerksgesellen, Dienstboten und Pfründnern machte an die 45 Prozent der Bevölkerung aus[32]. Im Wirtschaftsleben spielte nach wie vor der Handel eine bedeutende Rolle. Auf das Handwerk wirkte sich der Verlust der Residenzfunktion verheerend aus. „Zahlreiche Professionisten waren genötigt, ihre Gesellen zu entlassen, so daß zum Leidwesen der Polizei mehr arbeitslose Handwerksburschen im Land umherzogen als je zuvor."[33]

Die veränderten Produktionsverhältnisse im Gefolge der industriellen Revolution setzten dem Salzburger Handwerk allerdings nicht direkt zu. Salzburg war alles andere als eine Industriestadt. „Die wenigen Fabriken beschäftigten insgesamt nur einige hundert Arbeitskräfte, so daß es vor 1914 nur ansatzweise zur Ausbildung eines Industrieproletariats kam."[34] Die Gewerbeordnung von 1859 bedeutete aber für das alte, zünftische Handwerk einen entscheidenden Schlag. Besonders schlecht war die Lage bei den Schneidern und Schuhmachern.

In den siebziger und neunziger Jahren des 19. Jahrhunderts setzte durch Zuwanderung ein starkes Wachstum der städtischen Bevölkerung ein. Die stärksten Zuwachsraten verzeichneten die damals noch eigenständigen Gemeinden Maxglan und Gnigl. Itzling, das zu dieser Zeit der Gemeinde Gnigl angehörte, etwa war ein typisches Eisenbahnerviertel, hier wuchs an der Grenze zur Touristen- und Handelsstadt Salzburg, die seit 1861 auch wieder einen Landtag besaß, die „soziale Frage" geradezu stürmisch heran.

In der Landeshauptstadt dagegen dominierten die Mittelschichten. Bis zum Ersten Weltkrieg kam es zur „Ausformung eines relativ breiten, überwiegend lohnabhängigen Mittelstandes. [...] Bemerkenswert hoch war in Salzburg allerdings der Anteil von Einkommen aus Kapitalvermögen. Die ‚Saisonstadt Salzburg' erfreute sich bei wohlhabenden ‚Rentiers' offenbar großer Beliebtheit."[35]

Die immer deutlichere Positionierung Salzburgs als ausgesprochene Fremdenverkehrs- und Saisonstadt brachte auch die Notwendigkeit mit sich, für ein „gepflegtes Ambiente" der Straßen, Gassen und Plätze zu sorgen, um die zahlungskräftige Klientel nicht zu verschrecken. 1895 konnte man in der Fremden-Zeitung lesen: *Die öffentliche Gesundheits- und Armenpflege ist mustergiltig organisiert: man hört nichts von Epidemien und begegnet im ganzen Stadtgebiet keinem Bettler*[36]. Das dürfte allerdings einem Wunschdenken entsprungen sein, denn die Wirklichkeit sah ganz anders aus.

Alter als Teil der Armenversorgung

Die Geschichte der Armenpflege in Salzburg ist seit kurzem sehr gut dokumentiert.[37] Obwohl alte Menschen Teil der Armenversorgung waren, sind die Quellen dazu eher spärlich. Das bezieht sich nicht nur auf Salzburg, sondern auf den gesamten mitteleuropäischen Raum. Weder gehörten die Alten zu den dokumentierten Grundproblemen der Armenpflege, noch existierte im Bereich der Armenpflege ein eigenständiger Diskurs über das Alter und die sich daraus ergebenden Probleme. „Das Stichwort ‚Alter' existiert nicht in [...] Handbüchern der Armenpflege. Damit läßt sich für die Armenpflege das konstatieren, was auch für andere Gesellschaftsbereiche gilt: Alter wird nie als solches thematisiert, Alter kommt immer nur vor im Kontext anderer Themen."[38] Das führt zu der paradoxen Situation, daß die Alten zwar kein Problem im Rahmen des Diskurses darstellten, jedoch innerhalb der Unterstützungsbedürftigen den größten Anteil ausmachten. Die Statistiken der Armenpflege wiesen nur selten alte Menschen aus. In einem ausführlichen Bericht aus dem Jahr 1904 wurde lediglich zwischen Kindern und Erwachsenen unterschieden, alte Menschen fanden keine Erwähnung und waren demzufolge keine eigenständige Kategorie, die benannt werden mußte. Diese Tatsache ist deshalb markant, weil zu Beginn des 20. Jahrhunderts eine gesellschaftspolitische Diskussion um die Einführung einer Alters- und Invalidenversicherung für die Lohnarbeiterschaft seit mehreren Jahren geführt wurde.

Aufgrund der forschungspraktischen Problematik, Alter aus dem Gesamtkomplex Armenversorgung herauszulösen, ist die Beschäftigung mit Alter im 19. Jahrhundert nur im Rahmen einer Auseinandersetzung mit der Armenversorgung möglich und kann letztlich nur eine Annäherung sein[39].

Bettelwesen

Eines der wesentlichen Ziele der Armenordnungen seit der Frühen Neuzeit war die Abschaffung des Bettels. Mittels Gesetzen, Erlässen und zahllosen Verordnungen versuchte man die Bettler aus der jeweiligen Stadt, dem Landkreis oder gar dem Staat zu vertreiben.

In einer für die Stadt Salzburg erlassenen Verordnung vom 17. April 1754 wurde das Betteln auf den Gassen, in Häusern und Kirchen verboten. Wiederholtes Betteln erlaubte den Bettelrichtern und Gerichtsdienern *nochmals Betretene des ihnen ausgeworfenen Almosens zu berauben, die in ihrem Ungehorsam Verharrende aber von dem Lande zu schaffen* [...][40]. Es wäre zu beachten, heißt es weiter, *daß keiner, welcher über 14 Jahre alt ist, oder das 60. Jahr noch nicht erreichet hat, des Almosens fähig* sei. Wer meint, hierin eine anerkannte Altersgrenze (im Sinne einer Pensionsgrenze) von 60 Jahren erkennen zu können, irrt allerdings. Das Kriterium für Unterstützung ist in jedem Fall die Arbeits(un)fähigkeit: *Bey jenen Bettlern, die zwar das 14te Jahr noch nicht erreichet, doch aber zur Arbeit schon fähig, oder die das 60te Jahr hinterleget, jedoch von so starker Complexion sind, daß sie mit der Arbeit ihr Brod gewinnen können, soll das Almosen wo nicht völlig aufgehoben, doch gemindert werden*[41].

Diese Verordnung aus der Mitte des 18. Jahrhunderts trug bereits jene Grundlinien der Argumentation in sich, die mindestens 150 Jahre (und länger) wiederholt für den Bereich der Armenversorgung vorgebracht werden sollten. Auch zeigt sich, daß der Versuch, die Stadtbevölkerung von der Almosenvergabe an bettelnde Menschen abzuhalten, zu dieser Zeit ebenfalls schon formuliert wurde: *Soll niemand den Bettlern vor der Thür, vor oder in Kirchen und auf den Gassen einiges Almosen reichen, oder durch die Seinigen reichen las-*

sen[42]. Die Angesprochenen haben sich hartnäckig diesen Anordnungen damals – wie auch in Zukunft – widersetzt.

Die Verschlechterung der wirtschaftlichen Lage am Vorabend des 19. Jahrhunderts führte zu einer weiteren Zunahme des Bettelwesens, sodaß unter Erzbischof Colloredo mehrere Maßnahmen hinsichtlich der Armenversorgung getroffen wurden. Eine Armenbeschreibung zu Anfang der siebziger Jahre ergab *260 ganz erwerbsunfähige, 1332 minder arbeitsfähige Arme und 88 zu unterstützende eheliche und uneheliche Kinder (bei einer auf 17.000–18.000 Seelen geschätzten Bevölkerung),* die Zahl der in den Versorgungsanstalten befindlichen Personen belief sich auf 371[43].

Die wirtschaftlich schwierigen Verhältnisse am Beginn des 19. Jahrhunderts zeigen sich auch in den Klagen über das grassierende Bettelwesen: *Wie ehedem wurde man in den Wohnungen von einer Schaar Bettler überfallen, auf allen Gassen standen diese „Schandsäulen der Polizei" und heulten die Vorübergehenden an. Die Kirchen und Gasthäuser waren besonders der Tummelplatz dieses Unfuges. Wöchentlich dreimal zog, angeführt von zwei Bettelvögten ein grosser Schwarm Bettler unter den Augen und mit Erlaubniss der Polizei in der Stadt herum, stellte sich vor den Häusern auf und lallte ein Vaterunser herab, worauf dann der Hausherr erschien und das Almosen an die mit eigenen und entlehnten Kindern reichlich untermischte Bettelschaar öffentlich austheilte.*[44] Diese Beschreibung zeigt deutlich, daß jeder Kommentar über die Verhältnisse des Bettel- und Armenwesens davon ausging, daß sich stets viele Betrüger unter den Bettlern befanden. Die Logik dieses Denkens mag sicherlich für einen Teil der Bettelnden zutreffen, ist aber in sich nicht stimmig, wird doch gleichzeitig von dem wirklich *entsetzlichen Nothstande*, dem gegenüber *alle Anstrengungen ohnmächtig*[45] waren, berichtet.

Die kurze Zeit der bayerischen Herrschaft brachte eine Unterstellung des Armeninstituts unter das Polizeioberkommissariat, eine Vermehrung der Polizeiwache sowie vermehrte Präsenz der Garnison und Nationalgarde. Freilich konnte dies an den Umständen nicht viel ändern.

„1815 belief sich der Anteil der als ‚arm' zu qualifizierenden Unterschichte in der Stadt Salzburg auf mindestens 50 Prozent der Gesamtbevölkerung und zwar ohne Einbeziehung der zahlreichen am Rande der Existenzmöglichkeit lebenden Handwerkerfamilien. Auch die Nachlässe dieser Zeit belegen ein hohes Ausmaß von Armut und Besitzlosigkeit, denn beinahe 60 Prozent aller Verstorbenen hinterließen keinerlei Besitz."[46]

Zu Beginn der sechziger Jahre wurde abermals versucht, dem Straßen- und Hausbettel auf Verordnungswege ein Ende zu bereiten. Neben der Anlegung einer Gemeindematrikel zwecks Feststellung der Heimatberechtigten begegnete man dem finanziellen Bedarf der Armenversorgung mit Maßnahmen wie der Erhöhung der Hundesteuer sowie der verstärkten Anbringung von Sammelbüchsen in Gast- und Bräuhäusern. Als 1866 die k. k. Polizeidirektion aufgehoben wurde, errichtete die Stadtgemeinde eine städtische Sicherheitswache, die auch für die polizeiliche Handhabung des Armen- und Heimatrechts zuständig war[47].

Der Versuch, das Bettelwesen mittels polizeilicher Maßnahmen zu lösen, war auch auf Landesebene unternommen worden. Ende der sechziger Jahre wurde seitens eines vom Landtag eingesetzten Komitees ein Maßnahmenkatalog vorgeschlagen, der unter anderem die behördliche Überwachung der Handwerksgesellen, Tagelöhner und Arbeiter sowie eine Vermehrung der Polizeiorgane als sinnvoll erachtete[48]. Diese polizeilich-obrigkeitliche Herangehensweise mußte zwangsläufig scheitern, blieb sie doch einem Denken verhaftet, das die realen Gegebenheiten, die gesellschaftlichen Umwälzungen und das dadurch entstandene Elend eines Großteils der unteren Schichten ignorierte: „Die Armengesetzgebung des Vormärz, beruhend auf den heimatrechtlichen Normen, aus denen das Aufenthaltsrecht und das Recht auf Armenversorgung erwuchs, trug den gesellschaftlichen Veränderungen, wie beispielsweise dem Pauperismus, nicht Rechnung"[49].

Im Anschluß an das neue Heimatrecht beschloß der Salzburger Landtag 1866, ein Armengesetz zu erarbeiten. Dieses trat schließlich am 30. Dezember 1874 in Kraft. Die Vorbilder dafür bildeten das böhmische Armengesetz von 1868, das Steirische Armengesetz von 1873 sowie die Salzburger Almosenordnung von 1754. „Materiell brachte das Salzburger Armengesetz wenig Neues, es wurde wie auch bei den meisten übrigen Landesarmengesetzen ‚alter Wein in neue Schläuche gefüllt', das heißt, die älteren zahlreichen Bestimmungen der Gemeinde- und Pfarrarmenpflege als Angelegenheiten der Selbstverwaltung erklärt und neu gefaßt."[50]

Das Armengesetz räumte der Stadt Salzburg eine Sonderstellung ein, *zur Regelung der in ihren Wirkungskreis fallenden Armenpflege innerhalb der Bestimmungen dieses Gesetzes ein besonderes Statut zu erlassen*[51]. 1893 trat die Armenordnung der Stadt schließlich in Kraft.

Das Salzburger Armengesetz legte das Ende der Erwerbsfähigkeit mit 65 Jahren fest. Diese grundsätzliche Verordnung blieb freilich in der Praxis wirkungslos, da selbst in den verschiedenen Versorgungshäusern von den Insassen noch tätige Mithilfe erwartet wurde. Weiters unterschied das Gesetz gänzliche oder teilweise Armut: *Erstere tritt mit dem gänzlichen Mangel eines Vermögens und der Arbeitsfähigkeit, letztere aber dann ein, wenn der nothwendige Lebensunterhalt nicht ausreichend gedeckt ist*[52].

Unpräzise Formulierungen ermöglichten eine subjektive Beurteilung. Gänzliche Arbeitsunfähigkeit wurde nur selten zugestanden. Kriterien hinsichtlich einer Definition von Invalidität oder Alter tauchen in den Verordnungen nie auf. Es blieb den zuständigen Behörden bzw. Armenpflegern überlassen, sich diesbezüglich eine Meinung zu verschaffen. Das ergab dann auch den Spielraum zwischen würdig und unwürdig, der seinerseits von den um Almosen bittenden ein bestimmtes Verhaltensmuster erwartete. Es darf nicht verwundern, daß die Betroffenen, die aufgrund der katastrophalen Zunahme des Massenelends in ausweglose Situationen gerieten, dieses würdige Verhaltensmuster reflektierten und in diesem „unwürdigen" Spiel ums Überleben ihre Rolle möglichst gut zu spielen versuchten.

Das Betteln von Haus zu Haus ist die Schule des Müßiggangs für jene Kinder, welche, um Mitleid zu erregen mitgezerrt werden; es ist für die Bettelnden selbst Veranlassung zur Lüge und zum Betrug mittelst erheuchelter Gebrechen; es gewährt Gelegenheit zum Diebstahle; leichter wie jeder andere neigt sich der Gewohnheitsbettler zu den Verbrechen aus Gewinnsucht hin, weil sein Ehrgefühl bereits abgestumpft ist. Diesen Mängeln kann nur dadurch abgeholfen werden, daß die Betheiligung mit Almosen von Seite der Gemeinde selbst in die Hand genommen wird. Denn die Gabe, welche den Armen aus der Hand des Armen-Vorstandes zukommt, wird erstens denselben zur rechten Zeit gegeben, also nicht vergeudet werden; zweitens sie wird den zeitweiligen Bedürfnissen mehr entsprechen, also wirksamer sein; drittens sie wird an den rechten Mann kommen, also nicht den Unwürdigen zu Theil werden; viertens sie wird endlich von den versorgenden Gemeinden gegeben, also das Ehrgefühl unverletzt lassen.[53]

Hinter diesen Aussagen stand die Überzeugung, nur von der Gemeinde bestellte Personen könnten zwischen würdigen und unwürdigen Bettlern unterscheiden sowie die Annahme, durch „rationale" Maßnahmen das Bettler- und Armenproblem lösen zu können.

Bis in das 20. Jahrhundert dauerte letztlich die Auseinandersetzung zwischen den städtischen Behörden und den „privaten" Gaben an Arme und Bettler an. Die Maßnahmen der Stadtverwaltung versuchten auch die Schulen miteinzubeziehen: *Es wurden ferner die Lehrer ersucht, schon den Kindern die Verwerflichkeit des Bettelns und den Nutzen und Werth der Arbeit, sowie des eigenen Erwerbes einzuprägen*[54]. Was aber, so fragt sich der Beobachter des 20. Jahrhunderts, vermochte die tiefe Einsicht in Wert und Nutzen der Arbeit zu bewirken, wenn man *aber auch nicht übersehen* [darf], *daß der Hunger damals viele zum Betteln trieb*[55].

Die Behörden versuchten besonders Kinder unter 14 Jahren auf verschiedenste Weise zu rechtschaffenen und nützlichen Menschen zu machen. Das ging auf Kosten der Alten: *Viele waren darüber aufgebracht, daß für uneheliche Kinder mehr gethan werde, als für alte Dienstboten und entkräftete Arbeiter*[56].

Nicht nur Arme und Bettler waren prinzipiell verdächtig, auch die Salzburger Bevölkerung wurde mißtrauisch beobachtet: *Anstatt die Bestrebungen der Behörden – den Haus- und Straßenbettel möglichst einzudämmen – durch Zeichnung freiwilliger Beiträge und Abweisung der herumziehenden Bettler an den Thüren und auf der Straße zu unterstützen, ziehen es leider noch Manche vor, ihre Gaben den ihnen ganz unbekannten Bettlern, welche oft in Scharen aus der*

Umgebung von Salzburg oder von noch weiter her in die Stadt ziehen, selbst zu verabreichen, ohne Rücksicht darauf, ob dieselben einer Gabe würdig sind oder nicht, und kommt es sogar nicht selten vor, daß sich Einzelne ein Vergnügen daraus machen, die Organe der Sicherheitswache an der Verfolgung und Verhaftung von Bettlern durch allerlei Manöver zu verhindern[57].

Der sozialpolitische Blick: Josef Pollak

Eine ausführliche Auseinandersetzung mit der Armenversorgung der Stadt Salzburg findet sich bei Josef Pollak und enthält als beinahe einzige derzeit zugängliche Quelle genaue Altersangaben über unterstützte Personen:

Tabelle 1: Altersstruktur der durch die Armenversorgung beteilten Personen 1890[58]

Altersgruppe	m	w	Summe
15–20	2	4	6
20–25	0	1	1
26–30	3	1	4
41–35	2	3	5
36–40	1	12	13
41–45	1	15	16
46–50	9	21	30
51–55	2	37	39
56–60	7	58	65
61–65	20	69	89
66–70	11	57	68
71–75	10	29	39
76–80	7	12	19
über 80	3	5	8
Summe	78	324	402
in Prozent	19,5	80,5	

Laut Pollak gehörten in die Gruppe der bis 40jährigen *fast ausschließlich nahezu ganz oder halb Blöde oder mit Körpergebrechen Behaftete, die sich ihren Lebensunterhalt nie vollständig verdienen konnten*[59].

Die meisten Armen hatten das 56. Lebensjahr überschritten. Dabei handelte es sich um jene Jahre, *in welchen die Arbeitskraft in Folge der vielen Anstrengungen, der mangelhaften Kost, der mancherlei Entbehrungen, der schlechten Wohnung überhaupt nachläßt, in welchen auch die Gelegenheit zum Erwerbe geringer wird, da Niemand mehr gerne einen abgerackerten, 56–70 Jahre alten Arbeiter nimmt, weil ja genug junge Arbeitskräfte zur Verfügung stehen*[60].

Pollak kam zu folgenden Schlüssen: *Die geringe Zahl der Männer erklärt sich aus der frühzeitigen Erwerbsunfähigkeit derselben, das Ueberwiegen der Weiber aus der im Allgemeinen leichtern Arbeit derselben und daraus, daß ein Theil derselben den größten Theil des Lebens in geordneten Verhältnissen (Dienst) lebte*[61]. Offenkundig wird an diesem Ausschnitt, daß Pollak zwar bemüht ist, Einsichten in die Verhältnisse der Arbeiterinnen und Arbeiter zu gewinnen, über weite Strecken jedoch über Vorurteile und Stereotypen nicht hinauskommt. Deutlich zeigt sich auch die bürgerliche Vorstellung von „geordneten Verhältnissen".

Zurecht meinte Pollak, es hätte *vielleicht auch einigen Werth, zu untersuchen, aus welchen Ständen und Berufskreisen sich die Unterstützten rekrutieren. Wenn auch kein Stand, keine Lebensstellung absolut vor dem verschuldeten oder unverschuldeten Armwerden im Vorhinein schützt, so gibt es doch einzelne Kreise, in denen man sich überhaupt zu keinem Ersparnis, das im Alter vor Noth bewahrt, empor arbeiten kann, oder in denen es leichter möglich ist, zu verarmen.*[62] Die Unterstützten wurden in vier Klassen eingeteilt:

Tabelle 2: Einteilung der durch die Armenversorgung unterstützten Personen nach Klassen und Geschlecht im Jahre 1890

	m	w	Summe	Prozent
1. Klasse: geistige Arbeiter (Beamte, Lehrer, Advokaten…)	1	16	17	4,4
2. Klasse (Handwerker)	49	101	150	37,3
3. Klasse (versch. Geschäfte)	10	20	30	7,4
4. Klasse (in Dienst oder Arbeitsverhältnis stehend)	19	186	205	50,9

Interessant sind nun die von Pollak gezogenen Schlüsse aus dieser von ihm erstellten sozialen Klassifizierung. Für die Angehörigen der ersten Klasse meint er, daß von den Männern nur so wenige unterstützungsbedürftig wären, weil sie einerseits besser verdienten und andererseits *durch Pension für das Alter vorgesorgt ist. Die Frauen, welche hieher zählen, sind fast ausschließlich Frauen von nicht definitiv angestellten Hilfsbeamten, die nach dem Ableben ihrer Männer wohl alle in große Noth geraten*[63].

Die Klasse der Handwerker setzt sich zu 49 Prozent aus alten Gesellen und zu 51 Prozent aus verarmten Meistern zusammen, *die ihr Geschäft aufgaben und nur hie und da noch bei andern Meistern etwas verdienen (besonders Schneider und Schuster)*[64]. Unter den 101 Frauen befanden sich 68 Prozent Witwen. Die geringe Anzahl von Männern in der vierten, der – wie Pollak an anderer Stelle bemerkte – „dienenden Klasse", erklärt er dadurch, *weil aus dieser Klasse so viele vor dem erreichten unterstützungsfähigen Alter sterben. Der große Prozentsatz der Weiber dagegen erklärt sich daraus, daß, wie früher gesagt, diese Klasse am wenigsten für ihr Alter sorgen kann, umsomehr, als ja fast ausschließlich nur ledige Personen, Dienstboten, Handarbeiter, Näherinnen, Fabriksarbeiterinnen hieher gehören, welche fast alle noch uneheliche Kinder hatten, für die sie allein sorgen mußten und von denen sie im Alter in der Regel keine Unterstützung erhalten können, weil dieselben zumeist selbst nichts haben und [...] ihr eigenes Fortkommen mühsam fristen.*[65]

Der sozialpolitische Blick erkennt durchaus Tatsachen, wie etwa die häufigere Sterblichkeit in den lohnabhängigen Bevölkerungsschichten. Er berücksichtigt jedoch nicht, daß Armenhilfe seit jeher grundsätzlich an Arbeitsunfähigkeit geknüpft wurde. Nicht alle alten Arbeiterinnen und Arbeiter sind aber *durch ein gütiges Geschick, d. i. ein frühzeitiger Tod*[66] (sic!) vor der Armenkommission verschont geblieben. Offenkundig war die prekäre Situation lediger Arbeiterinnen und Arbeiter, deren Erwerbsfähigkeit nicht mehr gegeben war. Nicht alle wurden von der Armenhilfe versorgt und manchen blieb nur mehr die pure Verzweiflung, wie ein Beispiel aus Niederösterreich zeigt: „Der Fabrikarbeiter Franz S., 1819 in Wien geboren und nach Wiener Neustadt zuständig, wanderte im Alter lange Zeit ergebnislos auf der Suche nach Arbeit umher: ‚Die letzte Eintragung des Arbeitsbuches stammt vom 18. Februar 1891. Kurz zuvor hatte sich S., inzwischen 72 Jahre alt, im Wiener Neustädter Armenhaus in hierortiger Pflege befunden. Im März 1891 erhielt schließlich der Stadtrat die Verständigung, Franz S., Fabrikarbeiter, laut Arbeitsbuch Z. 377 dorthin Heimatzuständig gewesen, hat sich in der Nacht vom 9. Auf den 10. d. Ms. Im Pferdestall des Gasthauses Nr. 40 – hier gelegentlich Übernachtung – durch Erhängen ein Ende gemacht'."[67]

Systeme der Versorgung

Grundsätzlich fielen alte Menschen – sofern sie einer Unterstützung für würdig erachtet wurden – in den Bereich der geschlossenen Armenpflege, soweit sie nicht mehr erwerbstätig waren: [...] *wenn Alter oder sonstige Verhältnisse eine bleibende Erwerbsunfähigkeit hervorrufen, so erübrigt wohl meistens nur die Unterbringung im Krankenhaus*[68]. War partielle Erwerbstätigkeit gegeben, kam dagegen die offene Armenpflege in Betracht.

Den Anfang der „geschlossenen" Armenversorgung bildeten im Mittelalter die sogenannten „Milden Orte". Es handelte sich um Spitäler, die eine Verbindung von Armenhaus, Altenheim, Pilgerunterkunft und Krankenpflegestätte darstellten.

Die geschlossene Armenversorgung umfaßte nur einen sehr geringen Teil der versorgungsbedürftigen Menschen. Die Anstalten waren nach sozialen Kriterien gestaffelt. Diese Anstalten erlebten in der zweiten Hälfte des 19. Jahrhunderts einen allmählichen Niedergang. Die Stadt reagierte langsam und verspätet und errichtete erst in den späten neunziger Jahren das Versorgungshaus im Nonntal. Dieses zentrale städtische Versorgungshaus nahm ab 1898 die Insassen des Bürger- und Erhardspitals sowie des Bruder- und Kronhauses auf.

Ab 1893 wurde die „offene Armenpflege" in der Stadt Salzburg nach dem Elberfelder System durchgeführt. Dieses blieb – mit einigen Modifikationen – bis zum Jahre 1938 aufrecht. Die Stadt wurde in vier Armenbezirke eingeteilt und die Armen nach dem Grad der Bedürftigkeit klassifiziert. 58 ehrenamtliche Armenräte kümmerten sich um das leibliche Wohl und die Sittlichkeit der Armen. Die Unterstützten gliederten sich im Jahre 1893/94 in 51 Prozent Arbeiter, 37 Prozent Handwerker, vier Prozent Geistige Arbeiter und sieben Prozent Geschäftsleute. Nach dem Inkrafttreten des neuen Heimatrechts im Jahre 1901 stieg die Zahl der unterstützten Personen schnell an[69].

Im Jahre 1904 umfaßte die Einwohnerzahl der Stadt 35.215 Personen. Die Gesamtausgaben für das städtische Armenwesen beliefen sich auf 271.449 Kronen. Davon entfielen auf die geschlossene Armenpflege 137.604 Kronen. Versorgt wurden davon 252 Personen[70].

Eine Sonderstellung nahm Salzburg hinsichtlich seines Stiftungswesens ein. Die Stadt zehrte noch lange Zeit vom ehemaligen Charakter eines geistlichen Fürstentums, in dem sich ein ausgedehntes Fonds- und Stiftungswesen durchgesetzt hatte.

Die Auswirkungen des Heimatrechts auf die Alten- und Armenversorgung

Als erste Regelungen hinsichtlich eines Heimatrechts können die Resolution unter Maria Theresia vom 16. November 1754 sowie das Konskriptions- und Rekrutierungspatent unter Franz I. vom 25. Oktober 1804 gesehen werden. In Salzburg erlangten diese Regelungen jedoch erst mit der Angliederung an den habsburgischen Reichsverband Gültigkeit. Die ursprünglichen Intentionen lagen zunächst vor allem in Fragen der Rekrutierung für das Militär.

Grundsätzlich garantierten diese Bestimmungen jenen Personen, *welche sich in einer Gemeinde ansässig gemacht, das Bürgerrecht ordentlich erworben, oder als unbehauste Inwohner ihr Gewerbe oder Profession getrieben, und so nachgestaltig bis zur erfolgten Mühseligkeit die gemeine Last mitzutragen geholfen haben, ab aerario communis civitatis (von der Stadt oder Ortsgemeinde) oder wo Spitäler vorhanden sind, in solchen verpflegt* zu werden[71]. Jedenfalls erwarb man durch einen ununterbrochenen zehnjährigen Aufenthalt in einer Gemeinde deren Heimatrecht und damit den Anspruch auf Versorgung im Verarmungsfall beziehungsweise auf Verpflegung in einer Versorgungsanstalt[72].

Der provisorische Gemeindegesetz des Jahres 1849 verkürzte den für die Erwerbung des Heimatrechts notwendigen Aufenthalt auf vier Jahre. Ein kaiserliches Patent des Jahres 1859 erschwerte die Aufnahme in einen Heimatrechtsverband, indem sie diese von der Zustimmung der Ortsgemeinde abhängig machte.

Das Heimatrechtsgesetz des Jahres 1863 hob die Möglichkeit der Ersitzung des Heimatrechtes gänzlich auf. Die Gemeinde entschied nun – ohne Berufungsmöglichkeit für den Bewerber – über die Aufnahme[73]. Den Gemeinden war damit gerade in der Phase der Industrialisierung ein regressives „sozialpolitisches" Instrument in die Hand gegeben worden.

Das Salzburger Stadtrecht unterschied nach den Bestimmungen des Gemeinderechts[74] zwischen *Gemeinde-Genossen*, *Gemeinde-Angehörigen* und *Gemeinde-Bürgern*[75].

G e m e i n d e - G e n o s s e n waren jene Einwohner, welche in der Stadt zwar einer Beschäftigung nachgingen oder über Besitz verfügten, aber nicht das Heimatrecht besaßen. Demzufolge hatten sie keinerlei Anspruch auf Armenunterstützung bei Erwerbsunfähigkeit. In der Regel wurden sie in ihre Heimatgemeinde abgeschoben. G e m e i n d e - A n g e h ö r i g e besaßen das Heimatrecht und hatten Anspruch auf Unterstützung im Verarmungsfall. B ü r g e r hatten darüber hinaus das Recht, die Leistungen jener Stiftungen und Fonds in Anspruch zu nehmen, die explizit für sie bestimmt waren, wie etwa die Pfründe des Bürgerspitals.

Auswirkungen hatten diese Bestimmungen auch auf das Heiratsverhalten. Nachdem eine Frau durch Heirat das Heimatrecht des Mannes erwarb, gab es nur selten Heiraten von heimatberechtigten Frauen mit Männern, die nach einer anderen Gemeinde zuständig waren.[76] Dazu heißt es etwa in der „Salzburger Chronik": *Wie häufig kommt es auch vor, daß solche Leute ihren eigenen Herd und Familien gründen, und wenn sie nicht mehr arbeiten können, mit Frau und Kind in die Heimatgemeinde unerbittlich abgeschoben werden und daselbst der Armenversorgung zur Last fallen. Oder kommt es nicht sehr häufig vor, daß ledige Frauenspersonen fern von ihrer Heimat und ihren Angehörigen ohne Scheu in sträflichen Concubinaten leben, in gewissenloser Weise Kinder in die Welt setzen und die Sorge hiefür der Heimatgemeinde überlassen?*[77]

Die Bestimmungen des Heimatrechtsgesetzes von 1863 trugen der enormen Mobilität der Arbeitskräfte nicht Rechnung. Die Gemeinden waren zwar zur Armenversorgung verpflichtet, durch eine rigorose Handhabung des Heimatrechts konnten die Kosten dafür allerdings minimiert werden. In der Folge kam es zu einem starken Rückgang des Anteils der Heimatberechtigten in allen Gemeinden, besonders aber in jenen, die an den Veränderungen des industriellen Zeitalters partizipierten[78]. Eine wahre Beschwerdeflut an das Abgeordnetenhaus und auch an die Regierung war die Folge. Der Hauptgrund für die Beschwerden lag darin, daß die selbständige Erwerbung des Heimatrechts erheblich erschwert worden war. „Zahlreichen Zuwanderern blieb trotz jahrzehntelangen Aufenthaltes in einer Gemeinde und ohne diesen Gemeinden wirtschaftlich zur Last zu fallen, die Aufnahme in den Heimatverband derselben verwehrt"[79].

Für das alltägliche Leben in der Gemeinde, in welcher man der Arbeit nachging, spielte das Heimatrecht solange keine entscheidende Rolle, bis der Zustand der Verarmung eintrat, sei es, weil man keine Arbeit mehr fand, erkrankte oder durch die gerade im industriellen Bereich häufigen Arbeitsunfälle zum Invaliden wurde. Ein Ansuchen um Zuerkennung des Heimatrechts hatte jedoch in diesem Stadium überhaupt keine Chance.

In allen Kronländern zeigte sich in der zweiten Hälfte des 19. Jahrhunderts ein starker Trend der Zunahme von Nicht-Heimatberechtigten: Auf 100 Heimatberechtigte kamen 1869 25,5 Fremde in den im Reichsrat vertretenen Königreichen und Ländern. 1880 waren es 41,2 und 1890 bereits 53,6.

Auch in Salzburg stieg der Anteil jener Personen, die nicht in der Stadt heimatberechtigt waren, seit der Jahrhundertmitte kontinuierlich an. „In keiner anderen Stadt in der österreichischen Reichshälfte war der Anteil der ‚Einheimischen' im übrigen so gering wie in Salzburg. 1910 machten die gebürtigen Stadt-Salzburger nur mehr 27,2 Prozent der Einwohnerschaft aus"[80].

Als Grundübel wurde empfunden, daß durch die Bestimmungen des Heimatgesetzes zahllose Menschen, die jahre- oder jahrzehntelang in einer Gemeinde gelebt und gearbeitet hatten, oft in ihre ursprünglichen Gemeinden zurückgeschickt wurden, nach denen sie zuständig waren. Dort waren sie nach langer Zeit der Abwesenheit wiederum fremd und zudem absolut unerwünscht, weil sie der Gemeinde bzw. der Armenversorgung zur Last fielen. *Die Leute wandern nach der Stadt oder nach einem Industrialorte aus, sie stellen ihre Arme und ihre Arbeit in die Dienste eines anderen, sie helfen mit an dem Erwerbe und dem Reichthume ihrer Brotgeber und Arbeitsherren, – und wenn sie ausgenützt, siech und schwach sind, werden sie als alte Leute oder Krüppel der Heimatsgemeinde zur Armenversorgung zurückgestellt*[81]. Ein Blick auf die Anzahl und Altersstruktur der von den Gemeinden abgeschobenen Personen in der Habsburgermonarchie zeigt die Dimensionen des Problems. Die Gesamtzahl der Abgeschobenen im Jahre 1897 betrug etwa 68.000 Personen. Darunter befanden sich 25.977 Handwerker und Fabriksarbeiter, 8381 landwirtschaftlich Beschäftigte und Dienstboten, 23.761 Menschen ohne bestimmten Beruf und 9000 „Sonstige"[82].

Das Heimatrechtsgesetz geriet allerdings zunehmend unter massive Kritik[83]. Die Absicht der österreichischen Regierung, das Heimatrecht zu reformieren, die Entscheidungsrechte der Gemeinden über die Aufnahme in den Gemeindeverband zu beschneiden und wieder eine Art Ersitzungsrecht einzuführen, wurden von diesen allerdings heftig bekämpft. Auch in Salzburg führte dies zu intensiven Auseinandersetzungen. Obwohl Josef Pollak die Ungerechtigkeiten des bisherigen Heimatrechts prinzipiell erkannte[84], wies er 1894 im Gemeinderat auf die finanziellen Belastungen für die Stadt Salzburg bei einer allfälligen

Reform hin. Diese Novellierung würde das Verhältnis zwischen Fremden und Heimatberechtigten geradezu umdrehen. Dann würden *nur ca. 25% Fremde ca. 75% Einheimischen* gegenüberstehen[85]. Auch wenn die obligatorische Arbeiterversicherung und *in der Zukunft gewiß auch die Altersversicherung* die finanziellen Auswirkungen auf den städtischen Haushalt etwas milderten, so würden doch die Armenlasten bedeutend steigen. Pollak kritisierte vor allem den Verlust des Entscheidungsrechtes über die Aufnahme für die Gemeinden und sah darin einen Angriff auf die Gemeindeautonomie. Darüber hinaus sei die Dauer der Ersitzungsfristen viel zu kurz. Kein Tagelöhner könne in zehn Jahren soviel zum Nutzen der Gemeinde beigetragen haben, um den Anspruch auf Versorgung bei Erwerbsunfähigkeit und im Alter zu verdienen. Der Salzburger Gemeinderat – wie der anderer Städte auch – beschloß schließlich eine ablehnende Petition an das Ministerium des Inneren[86]. Der vom konservativen Reichsratsabgeordneten Viktor von Fuchs eingebrachte Entwurf einer Reform des Heimatrechtes, welcher die Rechtswirksamkeit des Gesetzes auf 1891 zurückdatierte[87], wurde vom Gemeinderat einstimmig als noch schädlicher als der Regierungsentwurf abgelehnt[88].

Im Landtag wünschte sich der Obmann des liberalen „Deutschen Vereines" Julius Haagn eine *möglichst konservative* Reform des Heimatgesetzes. Der deutschliberale Reichsratabgeordnete für die Stadt, Franz Keil, hielt eine Reform des Heimatrechtes vor einer gesamtstaatlichen Regelung der Armen- und Altersversorgung für verfrüht. Die gegenwärtige Regierungsvorlage sei ein Angriff auf die Autonomie der Gemeinden und zwinge diese, für die *Jedlacek, Panicek oder Novsky* vorzusorgen[89].

Auch wenn der konservative Abgeordnete Viktor von Fuchs in der im Staatsgrundgesetz garantierten Freizügigkeit einen *Krebsschaden* der neuen Zeit erblicken wollte, verteidigte er die Regierungsvorlage. Es könne nicht hingenommen werden, daß *die Menschen aus den gewohnten, vielfach lieb gewordenen Verhältnissen [...] herausgerissen und unbarmherzig in ihre Heimat abgeschoben* werden[90].

Hinter diesen Vorstellungen standen aber auch die (finanziellen) Interessen der ländlichen Gemeinden. Die konservative „Salzburger Chronik" warf den großen Städten vor, sie würden die *gesunden ländlichen Arbeitskräfte an sich ziehen, dieselben in allen Arten von Diensten und Arbeiten ausnützen,* um sie dann, wenn sie *in Folge von Krankheiten oder Alter dienstuntauglich werden, nicht etwa selbst versorgen, sondern den bäuerlichen Heimatgemeinden zur Armenversorgung zurückstellen*[91].

Die Städte versuchten vergeblich, die Reform zu verhindern beziehungsweise Heimat- und Armenrecht zu entkoppeln[92]. 1896 beschloß der Reichsrat – trotz zum Teil heftigen Widerstands der Gemeinden – die Novellierung des Heimatgesetzes von 1863. 1901 wurden den ersten Gesuchstellern nach zehnjährigem ununterbrochenen Aufenthalt das Salzburger Heimatrecht verliehen[93].

Es räumte – unter bestimmten Voraussetzungen – allen österreichischen Staatsbürgern ein Recht auf Aufnahme in den Heimatverband der Gemeinde ein und damit auch das Recht auf Versorgung im Verarmungsfall: *Die ausdrückliche Aufnahme in den Heimatverband kann von der Aufenthaltsgemeinde demjenigen österreichischen Staatsbürger nicht versagt werden, welcher nach erlangter Eigenberechtigung durch zehn der Bewerbung um das Heimatrecht vorausgehende Jahre sich freiwillig und ununterbrochen in der Gemeinde aufgehalten hat*[94]. Einer der dennoch vorhandenen Sperriegel gegen eine Aufnahme betraf die Armenversorgung: *Der Bewerber darf ferner während der festgesetzten Aufenthaltsfrist der öffentlichen Armenversorgung nicht anheimfallen*[95].

Die enormen Auswirkungen der Novelle werden auch am Beispiel der Stadt Salzburg deutlich. Aufgrund der neuen Verordnungen reduzierte sich der Anteil der nicht-heimatberechtigten Einwohner von 70 Prozent im Jahre 1900 auf 57 Prozent im Jahre 1910. Im ersten Jahr der Möglichkeit, in den Gemeindeverband aufgenommen zu werden, stieg die Zahl der neu Heimatberechtigten um 2797 an. An Inländern wurden 2773, an Ausländern 24 aufgenommen. Freiwillig verliehen wurde das Heimatrecht nur an eine männliche Person[96]. Die Zahl der gesamten Bevölkerung der Stadt Salzburg betrug Ende 1900 31.136 Zivil- und 1931 Militärpersonen. Nach dem Sprung von 1901 gingen die Zahlen der Aufnahmen deutlich zurück. 1902 waren es insgesamt 694 Personen, 1903 533 und 1904 577[97].

Selbsthilfe, Unterstützungskassen und Vereine

Das Vereinsgesetz von 1867 ermöglichte die legale Gründung von Arbeitervereinen auf breiter Basis. Hilfskassen, dazu gehörten gewerbliche Kassen, Fabriks- und Vereinskassen, erfreuten sich in der zweiten Hälfte des 19. Jahrhunderts regen Zuspruchs. Sie dienten der gegenseitigen Unterstützung der Teilhaber. Fabrikskassen dagegen waren bei der Arbeiterschaft unbeliebt. „Die Arbeiter besaßen meistens keinen Einfluß auf die Verwaltung der Kasse, [...], auch Entlassungen alter Arbeiter kamen vor, damit die Fabrikskasse nicht belastet wurde. Außerdem fiel dem Arbeiter, der oft unregelmäßig beschäftigt oder längere Zeit arbeitslos war, die Beitragsleistung schwer."[98]

Besonders im Zuge der Weltwirtschaftskrise 1873 kam es zu einem wahren Gründungsboom von branchenspezifischen Selbsthilfekassen. Auch berufsübergreifende Unterstützungskassen wurden ins – oft nur kurzweilige – Leben gerufen: „Bereits in den 1860er Jahren sollte ein ‚Kranken- und Beerdigungs-Unterstützungs-Verein in Salzburg' zur Linderung der sozialen Not beitragen. Ähnlich wirkte der in den 1870er Jahren gegründete Salzburger ‚Unterstützungs-Verein für mittellos aus dem Spitale Entlassene'"[99]. 1870 wurde der „Allgemeine Kranken-Unterstützungs-Verein für das Kronland Salzburg" gegründet, dessen Ziel ein überregionaler Zusammenschluß war. Das Schicksal dieses Vereins scheint symptomatisch für das kurze Leben und die auftauchenden Probleme derartiger Konzeptionen zu sein: Der Höchststand an Mitgliedern betrug 1549 Personen, aber schon ab 1876 kam es zu einem sukzessiven Mitgliederschwund. Alte hatten auch in diesem Verein einen schweren Stand. Die Mitglieder wurden in drei Klassen aufgeteilt und die Beiträge danach gestaffelt. Die Höhe der Gebühr richtete sich in jeder Klasse nach dem Alter[100]. Die Folge dieser Bestimmungen war eine krasse Benachteiligung älterer Arbeiterinnen und Arbeiter, deren Lage ohnehin durch nachlassende Kräfte gegenüber jüngeren Personen schwierig war. Analysen aus dem Bereich der Industrie zeigen, daß die Lebensverdienstkurve der Arbeiter spätestens mit dem 40. Lebensjahr stagnierte oder zumeist schon abfiel. So lautete eine Frage der Untersuchungen, die der „Verein für Sozialpolitik" durchführte: *Was soll mit den Arbeitern geschehen, die über 40 Jahre alt sind?*[101] Hier zeigt sich auch der entscheidende Schwachpunkt aller Selbsthilfeorganisationen, die im 19. Jahrhundert gegründet wurden. Es fehlte an der grundlegenden Sicherheit von stabilen Beschäftigungsverhältnissen, die erst – in vielerlei Hinsicht – „Berechenbarkeit" ermöglicht hätten. Sowohl für das 19., aber auch bis weit in das 20. Jahrhundert hinein kann nicht von einer durchgehenden Erwerbsbiographie des (zumeist immer männlich gedachten) Arbeiters gesprochen werden[102]. Die Regel war ein durch immer wieder auftretende Phasen der Erwerbslosigkeit geprägtes Arbeitsdasein, das viele Unwägbarkeiten enthielt. Dazu kam ein Lohnniveau, das oft unter dem Existenzminimum lag und den Gedanken der Selbsthilfe, in guten Zeiten Geld zur Seite zu legen, konterkarierte. So wußten die Arbeiter zwar um die kritische Phase des Alters, verfügten jedoch nur über wenige Möglichkeiten, dieser prekären Situation gegenzusteuern.

1887 wurde auf Gemeindeebene eine Dienstbotenkrankenkasse errichtet, aber nur auf dem Lande, nicht in der Stadt Salzburg. Zwar war diese Salzburger Dienstbotenkrankenkasse eine Pionierleistung[103], allerdings ließ die Zahlungsmoral zu wünschen übrig, ein Umstand, der nicht weiter verwundern kann, denn 80 Prozent der Beiträge mußten von den Dienstnehmern bezahlt werden.

Einen Vorläufer der Katholischen Arbeiterbewegung stellte der 1852 gegründete „Katholische Gesellenverein" Salzburgs dar. Das Musterstatut gründete auf dem Gedanken, *daß die bessergestellte Klasse der Gesellschaft dem gesunkenen Gesellenstande in christlicher Weise Hülfe leisten müsse*[104].

In den neunziger Jahren gründeten Ortsseelsorger katholische Arbeitervereine. Sie sollten Schutz vor der Sozialdemokratie bieten, die *bereits an vielen Orten manche Jünger geworben*[105] hatte. In diesem Umfeld entstand 1888 eine „Allgemeine Arbeiterkrankenkasse und Unterstützungskasse", die jedoch, nachdem es wiederholt zu *tumultuarischen Vorgängen in den Mitgliederversammlungen gekommen war*[106], 1897 von den Sozialdemokraten übernommen wurde.

Im 19. Jahrhundert wurden auch zahlreiche private Fürsorgevereine ins Leben gerufen. Sie richteten sich in erster Linie an Kinder, deren Erziehung und Hygiene das zentrale Augenmerk der bürgerlichen Gesellschaft galt. Vereine, die auch Erwachsene unterstützten, gab es in allen größeren Städten. Sie veranstalteten Theateraufführungen, Bälle und Sammlungen, um Mittel für ihre Tätigkeit aufzubringen.

Anläßlich der Ankündigung eines Konzerts für die Hausarmen Salzburgs zu Gunsten des Vinzenz-Vereins 1895 wurde folgendes veröffentlicht:

Nicht den zudringlichen Gewohnheitsbettlern, sondern den stillen Duldern, den verschämten Hausarmen, ist der zu erhoffende Ertrag dieses Konzertes bestimmt, [...]. Der Verein widmet sich ausschließlich der praktischen Bethätigung der Nächstenliebe, erstreckt seine Hilfeleistung auf alle Nothleidenden ohne Unterschied des Glaubensbekenntnisses und kennt für sein Wirken kein anderes Hinderniß, als die absolute Unwürdigkeit der Armen [...]. Die Armen werden statutengemäß von den thätigen Mitgliedern des Vereines wöchentlich mindestens einmal persönlich besucht. Die materielle Unterstützung besteht in der Regel in der zweckmässigen Form der Verabreichung von Lebensmitteln, Beschaffung von Kleidern, Bettzeug [...], Brennmaterialien, mitunter auch Zinsbeiträgen. Geld als solches wird den Armen nur in seltenen Ausnahmsfällen ausgefolgt.[107]

Der in den achtziger Jahren gegründete katholische Meisterverein (125 Mitglieder) hatte unter anderem *die Errichtung einer Spar- und Vorschußkasse, eventuell auch Altersversorgung der Mitglieder*[108] zum Ziel, aber, wie im folgenden Ausschnitt deutlich wird, in den turbulenten Zeiten sozialer Umwälzungen einen schweren Stand:

Geehrte Versammlung! Wir leben in einer schweren, verhängnisvollen Zeit. Der Geist der Auflehnung und Unbotmäßigkeit ist in die Werkstätten eingedrungen [...]. Wer wägt die Druckerschwärze, und mißt die Tinte, wer sammelt all die geistreichen Reden, welche das soziale Fragezeichen beleuchtet haben. Wir werden die Antwort unter den Menschen vergeblich suchen. Aber Gott wird sie lösen diese Frage, früher oder später, darauf können wir uns verlassen.[109]

Mitte der neunziger Jahre bildete sich in Salzburg ein „Verein für Sozialreform", der *keinerlei politische Tendenzen verfolgt und keiner wie immer Namen habenden Parteirichtung angehört*[110].

Die Versammlung des „Salzburger Gewerbe-Genossenschafts-Verbandes" im Jahre 1898, an der von 1200 Gewerbetreibenden der Stadt lediglich 40 Mitglieder teilnahmen, beschloß anläßlich des Kaiser-Jubiläums die Gründung einer „Meister Altersversorgungs- bzw. Unterstützungskasse" in Angriff zu nehmen: *Dieser Gedanke, zielbewußt durchgeführt, könnte zu einer wahren Wohlthat sich ausgestalten; dies umsomehr, als in dem gegenwärtigen harten Kampfe um das tägliche Brot es nur wenigen Gewerbetreibenden gelingt, einen Sparpfennig für das Alter zurückzulegen und sich so vor Noth und Sorge zu schützen*[111].

Die Zahl der Arbeitervereine belief sich in Cisleithanien im Jahr 1890 auf 1596. Die Arbeiter-Kranken- und Leichenvereine zählten davon 697, die Arbeiter-Versorgungsvereine 19. Die Zahl der Arbeiter-Wohltätigkeitsvereine belief sich auf 41, Arbeiter-Spar- und Vorschußvereine gab es insgesamt 16. Das Kronland Salzburg konnte lediglich acht Kranken- und Leichenvereine aufweisen und rangierte nach der Anzahl aller Vereine (Bildungsvereine, Genossenschaften usw.) gerade noch vor Krain und Dalmatien an drittletzter Stelle[112].

Die soziale Frage und der Beginn staatlicher Sozialpolitik

Mag es im speciellen Falle Schuld des Einzelnen sein, wenn er sich für das Alter nichts bei Seite legt; die als Massenerscheinung auftretende Armuth der Altersschwachen ist aber gewiß die Folge äußerer Verhältnisse, welche sich der fürsorglichen Thätigkeit und Einflußnahme des Einzelmenschen entziehen.[113]

Eine der grundlegenden Diskussionen des 19. Jahrhunderts war die Auseinandersetzung um die „soziale Frage". Die Transformation der gesellschaftlichen Verhältnisse überforderte die Gemeinden, denen durch das Heimatrecht von 1863 die Last der Armenversorgung aufgebürdet worden war. Alter wurde zwar als Teil des versicherungstechnischen wie gesellschaftspolitischen Diskurses thematisiert, aber nur vordergründig behandelt. Das Problem alter versorgungsbedürftiger Menschen war letztlich ein untergeordneter Bestandteil des gesamten Komplexes, der sich mit der Bewältigung der „sozialen Frage" beschäftigte[114].

Im Folge der Weltwirtschaftskrise von 1873, die wesentlich der liberalen Politik angelastet wurde, verloren die Liberalen im Habsburgerreich ihre politische Führungsrolle an das Bündnis aus katholisch-konservativen Großagrariern und dem industriefeindlichen Kleinbürgertum.

Hatte das liberale Industrie- und Finanzkapital die „soziale Frage" weitgehend ignoriert, wandten sich nun christliche Konservative der Arbeiterfrage zu und gewannen Einfluß auf Maßnahmen der Regierung bzw. des Staates. Die konservative Regierung Taaffe orientierte sich am deutschen Vorbild. Repressive Maßnahmen gegen die organisierte Arbeiterbewegung gingen Hand in Hand mit staatlichen Sozialmaßnahmen. So meinte der konservative Abgeordnete Ritter von Bilinsky: *Ich bin nämlich der Ansicht, daß dieses Gesetz im Verein mit den weiter nachfolgenden Gesetzen über Unfall-, Kranken-, eventuell Invalidenversicherung berufen ist, gewissermaßen ein notwendiges Pendant zu den großen Vollmachten, welche der Regierung in den Ausnahmeverordnungen gegeben wurden, zu bilden. Gegen diejenigen extremen Arbeiter, welche nur die Revolution predigen, welche kein Vaterland und keine Religion kennen, welche sich auflehnen gegen den Staat, das Eigentum und die Familie, kann man nicht anders als im Wege des physischen Zwanges vorgehen; den gemäßigten aber, welche zweifelsohne noch die Majorität bilden, muß man die Gewähr geben, daß sie auf die Erfüllung ihrer gerechten Wünsche seitens des gegenwärtigen Staates rechnen können.*[115]

Als Zielgruppe der staatlichen Sozialpolitik stand die stark anwachsende Lohnarbeiterschaft im Vordergrund der Diskussionen. Allerdings handelte es sich in erster Linie um die industrielle Lohnarbeiterschaft, die zu diesem Zeitpunkt noch eine Minderheit darstellte, aber als (mehr oder weniger) homogene Gruppe im Zentrum der sozialdemokratischen Agitation stand. Der erstarkenden Arbeiterbewegung galt es den Boden zu entziehen und die Gesellschaft zu befrieden bzw. den „sozialen Bau" aufrechtzuerhalten. Die politische Dominanz der industriefeindlichen und feudalagrarischen Interessen hatte allerdings zur Folge, daß auch Schutzmaßnahmen für das Kleinbürgertum und die Agrarier durchgesetzt wurden[116], wie Einschränkung der Gewerbefreiheit, Einführung des Befähigungsnachweises für handwerksmäßige Gewerbe und die Einführung des Genossenschaftszwanges in der Gewerbenovelle von 1883[117].

Die Debatten der achtziger Jahre des 19. Jahrhunderts kreisten stets um die „Erhaltung des sozialen Baues". Erstes Ziel der Bestrebungen war die Zurückdrängung der Arbeiterbewegung: *Die moderne Arbeiterbewegung, deren Welle mit bedrohlicher Brandung an die Kulturstaaten schlug, nöthigte die Regierungen derselben sich auf legislativem Wege mit der Frage des Arbeiterschutzes zu befassen und mit Hilfe der Gesetzgebung das unzweifelhaft harte Los der arbeitenden Klasse zu mildern*[118]. Bis Ende der siebziger Jahre beschränkten sich die staatlichen Aktivitäten im wesentlichen auf Kinderschutzmaßnahmen[119]. Als wesentlichen, wenngleich nur ersten Schritt hin zu einer staatlichen Sozialgesetzgebung können erst die unter der Regierung Taaffe verabschiedeten Gesetze[120] bezeichnet werden. Im Gegensatz zur Sozialgesetzgebung des Deutschen Reiches, blieb in Österreich ein „Alters- und Invalidengesetz für Lohnarbeiter" ausgeklammert.

Eine wichtige Rolle im Rahmen der Propagierung und der Durchführung der staatlichen Sozialgesetzgebung spielten die christlichen Sozialreformer. Im Mittelpunkt ihrer Politik stand der Schutz des „kleinen Mannes", der Handwerker, Bauern und Arbeiter gegen Großindustrie und Handelskapital.

Rund um die Sozialgesetzgebung der achtziger Jahre entspann sich eine breite Diskussion um das Für und Wider einer Alters- und Invalidenversicherung. Auch Vorschläge, daß der Staat die Agenden der Armenversorgung den Gemeinden entziehen solle, wurden unterbreitet. *Daß nur der Staat die Mittel besitze, die Verarmung zu bekämpfen, soweit dies nach menschlichen Begriffen überhaupt zulässig erscheint, versteht sich von selbst. […] Desgleichen ist es nur dem Staate möglich, die Armenfrage als ein Ganzes aufzufassen und orga-*

nisch zu behandeln, während die Gemeinde, insbesondere die kleine Gemeinde, sich in Einzelbehandlungen zersplittern und dadurch ihre Mittel unwirthschaftlich vergeuden muß. [...] Zur Lösung der socialen Frage läßt sich nicht schreiten, so lange die Armenpflege in der Hand der Gemeinden bleibt.[121] In der katholischen „Salzburger Chronik" wurde gegen derlei Ansinnen vehement protestiert: *Wenn der Staat die Armenversorgung in die Hände nehmen würde, dann würde der Staat unbarmherzig ausgeplündert werden. Da gäbe es Staatspensionäre in Hülle und Fülle, welche der Staat nie und nimmermehr befriedigen könnte. Mit einer Rücksichtslosigkeit würden diese Art von Staatspräbendäre die Staatskassen in Anspruch nehmen, daß den Steuerträgern wohl bald der Athem ausgehen möchte.*[122]

Die Forderungen nach Einführung einer Alters- und Invalidenversicherung wurden sowohl von Christlichsozialen, Deutschnationalen und Sozialdemokraten mehrfach erhoben. Im Jahre 1899 wurden im Abgeordnetenhaus insgesamt elf verschiedene Anträge auf Einführung dieser Versicherung eingebracht.

Hatte die Sozialdemokratie in ihren Anfängen noch den Sturz der bestehenden gesellschaftlichen Verhältnisse zum Ziel[123], schlug sie nach einer turbulenten Phase innerparteilicher Auseinandersetzungen einen gemäßigten Kurs ein, der auf Parlamentarismus und Partizipation an der Staatsmacht setzte[124]. Der revolutionäre Gedanke wurde – in der politischen Praxis – sukzessive zurückgedrängt.

Der staatlichen Sozialgesetzgebung stand die Sozialdemokratie ursprünglich ablehnend gegenüber. Zudem war sie – im Gegensatz zu christlichen Vereinen – vom Gesetzgebungsprozeß ausgeschlossen. Hinsichtlich der Einführung einer Alters- und Invalidenversicherung agitierten die Sozialdemokraten zwischen 1901 und 1903 intensiv, wobei sie das Prinzip der Selbstverwaltung forderten: *Eine Kardinalforderung, die wir hinsichtlich der zu schaffenden Alters- und Invaliditätsversicherung stellen, ist die Verwaltung der Versicherungsaufgaben durch die Interessenten [...]*[125]. Gleichzeitig wurden Forderungen an „den Staat" gestellt: *Wir verlangen, daß der Staat, dem die Arbeiter direct und indirect dienen, dem sie mehr als 21 Percent der Steuereingänge verschaffen, für die Kosten der Altersfürsorge mitaufkommt. Der altgewordene Bürger hat ein unveräußerliches Recht darauf*[126].

Nachdem alte, erwerbsunfähige Menschen ausschließlich über die Armenversorgung „behandelt" wurden und diese die Gemeinden überforderte, unterstützten schließlich 1242 Gemeindevertretungen, knapp 600.000 Unterschriften, sowie 1137 Vereine den sozialdemokratischen Dringlichkeitsantrag im Jahre 1901, dem eine intensive Phase der Agitation vorhergegangen war: *Darum heraus, ihr Arbeitergreise und Krüppel, ihr Insassen der Armenhäuser, ihr städtischen Pfründner, ihr Ausgedinger und Einleger, ihr Ueberzähligen! Heraus, ihr Arbeitsinvaliden in Stadt und Land, als auch ihr heute noch arbeitsfähigen Proletarier, fordert Euer Recht!*[127]

Schließlich wurde unter der Regierung Koerber ein grundsätzliches Programm ausgearbeitet, ein Gesetzesentwurf kam jedoch nicht zustande. 1908 wurde unter der Regierung Beck endlich eine Regierungsvorlage eingebracht. In der Zwischenzeit war 1906 ein Pensionsgesetz für Privatbeamte beschlossen worden. Eine Realisierung der Alters- und Invaliditätsversicherung war jedoch noch immer nicht in Sicht. Es sollte noch bis weit in die Erste Republik hinein dauern, ehe ein Altersgesetz für Arbeiter beschlossen wurde. Selbst zwischen 1918 und 1920, den Jahren des sozialpolitischen Booms[128], kam kein Altersgesetz für Lohnarbeiter zustande. Am 19. Oktober 1926 „gab Seipel in der Regierungserklärung bekannt, daß es der Wunsch der Regierung sei, die Arbeiterversicherung noch von diesem Nationalrat zu erledigen. Dies geschah auch, allerdings in der bereits bekannten Form der Abhängigkeit des Inkrafttretens von dem ‚Wohlstandsindex'"[129].

Tatsächlich trat die Versicherung in der Ersten Republik nicht mehr in Kraft. Durch die Anpassung der österreichischen Sozialversicherungsgesetze an das geltende deutsche Recht wurde schließlich ab 1. Jänner 1939 eine „Invaliden-, Alters- und Hinterbliebenenversicherung" eingeführt.

Die Lage alter Arbeiterinnen und Arbeiter

Die Sozialversicherungsgesetze der achtziger Jahre des 19. Jahrhunderts konnten vorerst nur eine bescheidene Wirkung entfalten. So waren im Jahre 1890 bei einer Gesamtbevölkerung von 23,7 Millionen nur 1,5 Millionen Menschen krankenversichert[130]. Wie aber lebten und überlebten alte Arbeiterinnen und Alter, sofern sie nicht von der Armenfürsorge verpflegt wurden? Eine zeitgenössische Quelle nennt das grundsätzliche Problem: *Leider müssen wir aber eingestehen, dass wir über das Leben, das Einkommen, die Arbeits- und Wohnverhältnisse, die Anschauungen, die politischen und socialen Gesinnungen des österreichischen Arbeiters nur lückenhaft unterrichtet sind. […] unsere officielle Statistik reicht nicht bis dahin, unsere Verwaltung ist in keiner andern Verbindung mit dieser Welt, als durch den Polizeicommissar, unsere große politische Presse wirft nur hie und da einen Seitenblick dahin […].*[131]

Aufgrund der eher dürftigen Quellenlage sind präzise Angaben über den „Verbleib" alter Arbeiterinnen und Arbeiter in der Phase eingeschränkter oder unmöglicher Erwerbsfähigkeit nur schwer möglich. Es zeigt sich jedoch, daß das Leben im Familienverband der beste Garant für eine Versorgung im Alter war. Weiter oben wurde bereits auf die prekäre Lage jener alten Lohnarbeiter hingewiesen, die ohne familiären Rückhalt auskommen mußten. Familiäre Netzwerke und in proletarischen Wohngebieten auch nachbarschaftliche Kontakte stellten eine zentrale Säule des Überlebens im Alter dar. In der Regel wurden alte Arbeiterinnen und Arbeiter von ihren Kindern in deren Haushalt aufgenommen und verpflegt[132].

Im Bereich der Produktion dagegen finden sich konträre Verhaltensweisen. *Es gibt unter den Arbeiterinnen solche, die 50, 60 Jahre alt sind. Zu diesen sagt der Polier du, und beschimpft werden sie genug. Selbst gestoßen und geschlagen werden sie, zwar nicht vom Polier, aber von den Arbeitern.*[133] Alte Arbeiterinnen und Arbeiten hatten in den Betrieben ohne Zweifel einen schweren Stand: *Da heißt es gleich: Ihr alten Mistviecher. Wenn man schon alt ist, muß man schauen, daß man die Arbeit behält, da kann man keine Antwort geben.*[134]

Es zeigt sich, daß der Familienverband vor dem Versorgungshaus – soweit es nur ging – zu schützen versuchte. Nachdem es im staatlichen Bereich auch für Lohnarbeiter Pensionsansprüche – so gering sie auch waren – gab, versuchten viele, in diesen Tätigkeitsbereichen unterzukommen. Im Umkreis von Salzburg wären hier etwa u. a. die Tabakarbeiterinnen in Hallein zu nennen. *Eine Krankheit, eine Kette von Unglücksfällen zehrt oft in kurzer Zeit die jahrelangen Ersparnisse auf. Und wie bald werden die Arbeiter alt! Mit 50 Jahren ist so ein Proletarier ausgequetscht wie eine Zitrone, wird hinausgeworfen und verdirbt mit seiner Familie. Der Staat entlohnt „seine" Arbeiter in den staatlichen Unternehmungen (Tabakfabriken, Eisenbahn, Saline, Forst) gewiß sehr schlecht, fast schlechter als mancher Privatunternehmer. Aber wie sehr sehnen sich die Arbeiter um einen Posten im Staatsdienste, weil sie eben daselbst nach einer gewissen Zeit berechtigt sind, eine Altersunterstützung im Bedarfsfalle zu erhalten.*[135] Die Arbeiterin Katharina F. wurde *über Verbindungen (die Schwiegermutter) in die Tabakfabrik aufgenommen. Sie dachte nie daran, die Arbeit dort aufzugeben und sagte zu ihrem Mann: Stö da vor, waun ma amoi beide a Renten haum […]*[136]. Sofie E., deren Mutter schon ihre Schwester in die Fabrik gebracht hatte, schrieb ihr, *daß sie – wei's 8 Kinder ghobt hot – eben no a zweite Tochter in die Fabrik einibringan kaun. Und do woar i froh, wei i woit jo gern in die Fabrik, wei's a sichere Stelle woar – a Staatsbetrieb – und ma hot daun jo a a Pension ghobt.*[137]

Nur wenige hatten jedoch letztlich die Chance, einen derartigen Posten übernehmen zu können.

Ausblick

Der Armen- und damit auch der Altersversorgung des 18. und 19. Jahrhunderts ging es um begrenzte Hilfsmaßnahmen für all jene, die zeitweise oder gänzlich erwerbsunfähig waren. Arbeitsfähigkeit, egal in welchem Alter, bedeutete die Streichung oder Verminderung des ohnehin geringen Umfangs an Armenunterstützung. Der österreichische Wohlfahrtsstaat des 20. Jahrhunderts schraubte seit dem Beginn der siebziger Jahre den Anteil der Versicherten auf 99 Prozent der Bevölkerung hinauf. Die Rechtssprache hat mittlerweile den Begriff der Armenfürsorge durch das Wort „Sozialhilfe" ersetzt. Damit ist grundsätzlich ein Recht auf ein – wie immer zu umreißendes – menschenwürdiges Leben verbunden[138].

Alter ist heute auch für die lohnabhängige Bevölkerung beinahe nur mehr in den Begriffen Ruhestand, Ende des Erwerbslebens und Anspruch auf eine staatlich garantierte Rente denkbar. Hierbei handelt es sich zu einem wesentlichen Teil um Errungenschaften des „Goldenen Zeitalters", also des Zeitraums zwischen der Mitte der fünfziger und der achtziger Jahre. Der Postfordismus sowie das Ende der industriellen Arbeitsgesellschaft, die Herausbildung einer Zweidrittelgesellschaft beginnen viele sozialpolitische Errungenschaften und Regelungen – kaum sind auf breiter Basis wirksam geworden – schon wieder in Frage zu stellen.

Anmerkungen

1 ERNST BLOCH, Das Prinzip Hoffnung. Bd. 1, Frankfurt/M. 1993, S. 38.
2 AStS, StStA, Johann Steiner an Magistrat, 11. 2. 1828. Diese Akten werden derzeit bearbeitet. Eine Signatur kann daher nicht angegeben werden.
3 SLA, Bezirksgericht Salzburg, Verlässe Nr. 10.333/1844; Vgl. den Beitrag von THOMAS WEIDENHOLZER, Vom Pfründner-Spital zu den „Vereinigten Versorgungsanstalten". Aspekte einer Geschichte des Alters im 19. Jahrhundert, in diesem Buch.
4 WILCKE 1792, zit. n. GERD GÖCKENJAN, „Solange uns die Sonne leuchtet, ist Zeit des Wirkens". Zum Wandel des Motivs: Leistung im Alter, in: GERD GÖCKENJAN und HANS-JOACHIM VON KONDRATOWITZ (Hg.), Alter und Alltag, Frankfurt/M. 1988, S. 67ñ99, hier S. 78.
5 GÖCKENJAN, Solange uns die Sonne leuchtet (wie Anm. 4), S. 76.
6 JOSEF POLLAK, Zur Reform der öffentlichen Armen-Pflege in Salzburg, Salzburg 1891, S. 5.
7 Vgl. ebenda, S. 27.
8 Ebenda, S. 28.
9 Ebenda. Bei den „verschämten Armen" handelt es sich um „Personen, die – im Idealfall – nicht um Hilfe bitten, aber ohne diese verkommen, die keine Hilfe annehmen, es sei denn, auch die Gabe versteckt sich als eine anonyme oder als Vorschuß auf eine Gegenleistung. Verschämte ‚Armut' kann so nur Gegenstand der privaten Wohltätigkeit sein": GERD GÖCKENJAN, Alter und Armut. Armenpflege für alte Leute im 19. Jahrhundert, in: DERSELBE (Hg.), Recht auf ein gesichertes Alter? Studien zur Geschichte der Alterssicherung in der Frühzeit der Sozialpolitik (Beiträge zur Sozialpolitik-Forschung 5), Augsburg 1990, S. 105–141, hier S. 135.
10 HANS-JOACHIM VON KONDRATOWITZ, Das Alter – eine Last. Die Geschichte einer Ausgrenzung, dargestellt an der institutionellen Versorgung des Alters 1880–1933, in: Archiv für Sozialgeschichte 30 (1990), S. 105–144, hier S. 109.
11 GÖCKENJAN, Alter (wie Anm. 10), S. 122.
12 CHRISTEL DURDIK und PETER FELDBAUER, Vor- und Frühformen sozialer Sicherung, in: Beiträge zur historischen Sozialkunde 2 (1978), S. 26–30, hier S. 26.
13 Zit. n. REINHOLD REITH, Altersprobleme und Alterssicherung im Handwerk der frühen Neuzeit, in: GÖCKENJAN (Hg.), Recht auf ein gesichertes Alter? (wie Anm. 9), S. 14–34, hier S. 18.
14 Vgl. dazu REITH, Altersprobleme (wie Anm. 13), S. 21–24.
15 Zur Situation der Witwen im Handwerk siehe den Beitrag von ANNEMARIE STEIDL, „…Trost für die Zukunft der Zurückgelaßenen…". Die Funktion der Witwenpensionskassen im Wiener Handwerk im 18. und 19. Jahrhundert, in: JOSEF EHMER und PETER GUTSCHNER (Hg.), Alter und Generationenbeziehungen in Österreich und Deutschland. Historische und Sozialwissenschaftliche Perspektiven (in Druck).
16 DURDIK/FELDBAUER, Vor- und Frühformen (wie Anm. 12), S. 26.
17 Vgl. REITH, Altersprobleme (wie Anm. 13), S. 30 f.
18 DURDIK/FELDBAUER, Vor- und Frühformen (wie Anm. 12), S. 29.
19 ELISABETH MAYER, Sozialhilfe in Salzburg. Gesetzgebung und Praxis in der Zeit der ausgehenden Monarchie, in: Jahrbuch der Universität Salzburg 1979/81, S. 52–72, hier S. 57.
20 Vgl. ebenda, S. 59.
21 JOSEF EHMER, Sozialgeschichte des Alters, Frankfurt/M. 1990, S. 41.
22 Ebenda, S. 43 f.
23 Ebenda, S. 45.
24 Österreichische Lottoverwaltung 1795, zit. n. EHMER, Sozialgeschichte (wie Anm. 21), S. 54.

25 EHMER, Sozialgeschichte (wie Anm. 21), S. 46 f.
26 WALTER W. VOGL, 1200 Jahre Salzburger Sozialpolitik. Die Entwicklung des Sozialwesens im Land Salzburg, in: Salzburg Geschichte und Politik. Mitteilungen der Dr.-Hans-Lechner-Forschungsgesellschaft 2/1992, S. 113–225, hier S. 120 f.
27 Ebenda, S. 121.
28 Ausführliche Darstellungen finden sich etwa bei: ROBERT HOFFMANN, Die Stadt Salzburg in Vormärz und Neoabsolutismus (1803–1860), in: HEINZ DOPSCH und HANS SPATZENEGGER (Hg.), Geschichte Salzburgs. Stadt und Land. Bd. II/4, Salzburg 1991, S. 2241–2280; DERSELBE, Die Stadt im bürgerlichen Zeitalter (1860–1918), in: ebenda, S. 2281–2375.
29 HEINZ DOPSCH und ROBERT HOFFMANN, Geschichte der Stadt Salzburg, Salzburg–München 1996, S. 399.
30 Ebenda, S. 403.
31 ERNST MISCHLER, Armenwesen, in: Österreichisches Städtebuch. Statistische Berichte der größeren österreichischen Städte, 2. Jg., Wien 1888, S. 18.
32 Vgl. DOPSCH/HOFFMANN, Geschichte (wie Anm. 29), S. 403 f.
33 Ebenda, S. 411.
34 Ebenda, S. 467.
35 Ebenda, S. 449.
36 Zit. n. Ebenda, S. 476.
37 Vgl. dazu vor allem: SABINE VEITS-FALK, Armut in einer Zeit des Umbruchs und der Stagnation. Das Beispiel Salzburg von der Aufklärung bis zum Liberalismus, GW-Diss., Salzburg 1997, S. 131–134; ALFRED STEFAN WEISS, „Providum imperium felix." Glücklich ist eine voraussehende Regierung. Aspekte der Armen- und Gesundheitsfürsorge im Zeitalter der Aufklärung, dargestellt anhand Salzburger Quellen ca. 1770–1803, Wien 1997.
38 GÖCKENJAN, Recht auf (wie Anm. 9), S. 105 f.
39 Die Schwierigkeit, Alter in dem Gesamtkomplex Armut ausfindig zu machen, zeigt sich auch bei den beiden neuen grundlegenden Arbeiten zur Armenproblematik, bei VEITS-FALK, Armut (wie Anm. 37) und WEISS, Providum imperium felix (wie Anm. 37).
40 AStS, Generalia, Erneuerte Almosen-Ordnung der Erz-Bischöflich-Hochfürstlichen Haubt- und Residenzstadt Salzburg, Salzburg 1754, S. 4 f. Gegenüber den Bestimmungen etwa aus 1709 nehmen sich diese Absichten geradezu human aus: Auswärtige Bettler wurden auf Galeeren gebracht und zu Kriegsdiensten nach Ungarn geschickt, „liederliches Gesindel" (was auch immer darunter verstanden wurde) konnte, wenn es auf Anruf nicht stehenblieb, von Jägern angeschossen werden; vgl. MISCHLER, Armenwesen (wie Anm. 31), S. 12.
41 Almosenordnung 1754 (wie Anm. 40), S. 7 f.
42 Ebenda, S. 11.
43 Vgl. MISCHLER, Armenwesen (wie Anm. 31), S. 13.
44 Jahresbericht des kgl. Bayerischen Polizeicommissariates für 1814/15, zit. n. MISCHLER, Armenwesen (wie Anm. 31), S. 16.
45 MISCHLER, Armenwesen (wie Anm. 31), S. 17.
46 DOPSCH/HOFFMANN, Geschichte (wie Anm. 29), S. 430.
47 LUDWIG PEZOLT, Zur Geschichte des Armenwesens der Stadt Salzburg, in: Österreichisches Städtebuch. Statistische Berichte der grösseren österreichischen Städte, Jg. 2, Wien 1888, S. 7–30, hier S. 19.
48 Vgl. MAYER, Sozialhilfe (wie Anm. 19), S. 56.
49 EMMERICH TALOS, Staatliche Sozialpolitik in Österreich. Rekonstruktion und Analyse, Wien 1981, S. 18.
50 MAYER, Sozialhilfe (wie Anm. 19), S. 54.
51 Armen-Gesetz vom 30. Dezember 1874, Schlußbestimmungen, § 102, in: Die Landes-Gesetze für das Herzogtum Salzburg. Bd. 1, Salzburg 1911, S. 257 f., hier S. 258.

52 Ebenda, § 4, hier S. 258.
53 Salzburger Zeitung, 26. 9. 1863, S. 3.
54 POLLAK, Reform (wie Anm. 6), S. 26 f.
55 Ebenda, S. 26.
56 Ebenda, S. 39.
57 Salzburger Tagblatt, 23. 2. 1897, S. 5.
58 POLLAK, Reform (wie Anm. 6), S. 52 f.
59 Ebenda, S. 53.
60 Ebenda.
61 Ebenda, S. 55.
62 Ebenda, S. 57.
63 Ebenda.
64 Ebenda, S. 58.
65 Ebenda.
66 Ebenda, S. 61.
67 SYLVIA HAHN, Fabrikordnung. Zu den Bedingungen industrieller Arbeit und berufsspezifischen Bewußtseins. Am Beispiel der Wiener Neustädter Lokomotivfabrik und der Daimler-Motoren-Gesellschaft 1890–1914. Phil. Diss. (masch.), Wien 1984, S. 262.
68 Salzburger Zeitung, 26. 9. 1863, S. 3
69 Zit. nach HANNS HAAS, Salzburg in der Habsburgermonarchie, in: HEINZ DOPSCH und HANS SPATZENEGGER (Hg.), Geschichte Salzburgs. Stadt und Land. Bd. II/2, Salzburg 1988, S. 661–1056, hier S. 958.
70 Vgl. Österreichisches Städtebuch 11 (1906), S. 214–220.
71 JOHANN TETTINEK, Das Domizil oder Heimathsrecht hinsichtlich der Armenversorgung, Salzburg 1844, S. 7.
72 Ebenda, S. 13 f.
73 RUDOLPH KORB, Die Nothwendigkeit einer Reform des österreichischen Heimatsrechtes, in: Oesterreichische Zeitschrift für Verwaltung, 27. 10. 1881, S. 177–179, hier S. 177.
74 Vgl. Reichs-Gemeindegesetz, 5. 3. 1862, in: Reichs-Gesetzblatt 18/1862, S. 36–41.
75 Gemeinde-Statut für die Landeshauptstadt Salzburg 1869, § 2-4, in: Gesetze und Verordnungen für das Herzogthum Salzburg, 41/1869, S. 205–227, hier S. 206 f.
76 Vgl. ANDREAS RUDIGIER, Ein Beitrag zur rechtlichen Stellung der trentinischen und italienischen Migranten: Staatsbürgerschaftsrecht und Heimatrecht. Theorie und Praxis mit besonderer Berücksichtigung von Bludenz, in: KARL HEINZ BURMEISTER und ROBERT ROLLINGER (Hg.), Auswanderung aus dem Trentino – Einwanderung nach Vorarlberg. Die Geschichte einer Migrationsbewegung mit besonderer Berücksichtigung der Zeit von 1870/80 bis 1919, Sigmaringen 1995, S. 168 f.
77 VIKTOR VON FUCHS, Ueber die Aenderung des Heimats-Gesetzes. Rede vor dem katholisch-politischen Volksverein, in: Salzburger Chronik, 27. 5. 1895, S. 1.
78 Vgl. TALOS, Sozialpolitik (wie Anm. 49), S. 20.
79 RUDIGIER, Migranten (wie Anm. 76), S. 171.
80 DOPSCH/HOFFMANN, Geschichte (wie Anm. 29), S. 445.
81 VIKTOR VON FUCHS, Ueber die Aenderung des Heimats-Gesetzes, in: Salzburger Chronik, 25. 5. 1895, S. 1.
82 Vgl. LEO VERKAUF, Heraus mit der Invaliditäts- und Altersversicherung, der Witwen- und Waisenversorgung der Arbeiter! Ein Beitrag zur Reform der Arbeiterversicherung, Wien 1902, S. 9.
83 Vgl. RUDOLPH KORB, Die Grundzüge des österreichischen Heimatsrechts, in: Oesterreichische Zeitschrift für Verwaltung, 14. Jg. (1881), Nr. 49; Nr. 50; 15. Jg. (1882), Nr. 5–7.
84 Vgl. POLLAK, Reform (wie Anm. 6), S. 14 f.

85 AStS, Gemeinderatsprotokolle, 26. 11. 1894, S. 2331–2350.
86 Vgl. Das neue Heimatsgesetz, in: Salzburger Volksblatt, 20. 10. 1894, S. 10.
87 Vgl. [VIKTOR VON FUCHS], Referenten-Entwurf über das Heimatsrecht, in: Salzburger Chronik, 10. 5. 1895, S. 1 f.
88 Vgl. AStS, Gemeinderatsprotokolle, 13. 5. 1895, S. 915 ff.; 10. 6. 1895, S. 1099 f.
89 Verhandlungen des Salzburger Landtages, 24. 1. 1896, S. 739–742; Dr. Keil gegen das Heimatsgesetz, in: Salzburger Volksblatt, 20. 10. 1896, S. 1–3.
90 VIKTOR VON FUCHS, Ueber die Aenderung des Heimats-Gesetzes. Rede vor dem katholisch-politischen Volksverein, in: Salzburger Chronik, 25. 5. 1895; 27. 5. 1895; 28. 5. 1895.
91 Gemeindevorstehungen aufgepaßt!, in: Salzburger Chronik, 9. 1. 1896, S. 1.
92 Vgl. Dr. Keil gegen das Heimatsgesetz, in: Salzburger Volksblatt, 20. 10. 1896, S. 1–3.
93 Vgl. ARTHUR POLZER, Die Heimatgesetznovelle vom 5. Dezember 1896. Zum Gebrauche für politische Behörden und Gemeindeämter, Wien 1907.
94 Gesetz vom 5. Dezember 1896, wodurch einige Bestimmungen des Gesetzes vom 3. Dezember 1863, betreffend die Regelung der Heimatverhältnisse, abgeändert werden, in: Die Landes-Gesetze (wie Anm. 51), S. 252–256, hier S. 252 f.
95 Ebenda, S. 253.
96 Vgl. Österreichisches Städtebuch 10 (1904), S. 227; Die Geltendmachung der Ersitzung durch den Aufnahmswerber betrug 875, jene der Ersitzung durch die Heimatgemeinde 236 Personen. An Frauen und Kinder folgten den in den Gemeindeverband Aufgenommenen 1664 Personen.
97 Vgl. Österreichisches Städtebuch 11 (1906), S. 207.
98 DURDIK/FELDBAUER, Vor- und Frühformen (wie Anm. 12), S. 30.
99 THOMAS HELLMUTH, „Alle für Einen, Einer für Alle!" Das liberale Konzept der Selbsthilfe am Beispiel der Salzburger Unterstützungsvereine, in: HANNS HAAS (Hg.), Salzburg zur Gründerzeit. Vereinswesen und politische Partizipation im liberalen Zeitalter (Salzburg Archiv 17), Salzburg 1994, S. 139–168, hier S. 145.
100 Vgl. die ausführliche Darstellung bei HELLMUTH, Das liberale Konzept der Selbsthilfe (wie Anm. 99), S. 148–159.
101 Verhandlungen des Vereins für Sozialpolitik in Nürnberg 1911, Leipzig 1912, S. 150 und S. 167.
102 Die Normbiographien, die etwa mit den Lebenslaufphasen Ausbiidung, Erwerb und Ruhestand umrissen werden können, stellen für die Mehrheit der lohnabhängigen Menschen eine Erscheinung der zweiten Hälfte des 20. Jahrhunderts dar. Zentral ist dabei die Annahme, daß Menschen einen Beruf erlernen bzw. Eine Ausbildung durchlaufen und nach einer bestimmten Zeit der Berufstätigkeit in dem erlernten Beruf in den Ruhestand treten. Mittlerweile ist auch diese Phase, die wohl in etwa die Zeit zwischen den fünfziger und achtziger Jahren umfaßt, zu Ende.
103 Vgl. HAAS, Habsburgermonarchie (wie Anm. 69), S. 955.
104 Zit. n. ebenda, S. 981.
105 Zit. n. ebenda, S. 983.
106 Salzburger Tagblatt, 23. 2. 1895, S. 17.
107 Salzburger Chronik, 11. 1. 1895, S. 3.
108 Salzburger Chronik, 11. 2. 1895, S. 3.
109 Aus der Vereins-Chronik, in: Salzburger Chronik, 12. 2. 1895, S. 3.
110 Salzburger Volksblatt, 3. 2. 1894, S. 11.
111 Salzburger Volksblatt, 5. 10. 1898, S. 4.
112 Vgl. die Angaben bei JOSEPH MARIA BERNREITHER, Socialreform in Österreich, in: Zeitschrift für Volkswirtschaft, Socialpolitik und Verwaltung. Organ der Gesellschaft Österreichischer Volkswirte. Bd. 1, Prag–Wien–Leipzig 1892, S. 11–42, hier S. 34.

113 ANTON SCHALKHAMMER, Ist die facultative oder die obligatorische Altersversicherung für Österreich wünschenswerth?, in: Salzburger Volksblatt, 10. 9. 1898, S. 17.
114 Vgl. dazu FRANCOIS EWALD, Der Vorsorgestaat, Frankfurt/M. 1993.
115 Stenographisches Protokoll des Abgeordnetenhauses, IX. Session, 372. Sitzung, 12.868. Zit. n. EMMERICH TALOS, Staatliche Sozialpolitik im 19. Jahrhundert, in: Beiträge zur Historischen Sozialkunde Nr. 2, 1978, S. 31–35, hier S. 33.
116 Vgl. TALOS, Staatliche Sozialpolitik (wie Anm. 115), S. 34.
117 Vgl. TALOS, Sozialpolitik (wie Anm. 49), S. 43.
118 LOUIS LINDNER, Centralisation auf dem Gebiete der Krankenversicherung. Ein Beitrag zur Reform des Krankenversicherungsgesetzes, Wien 1896, S. 3.
119 Vgl. dazu TALOS, Staatliche Sozialpolitik (wie Anm. 115), S. 35.
120 Gewerbeinspektorengesetz 1883, Gewerbeordnungsnovelle 1883, Bergarbeitergesetz 1884, Gewerbeordnungsnovelle 1985, Unfallversicherungsgesetz 1887, Krankenversicherungsgesetz 1888.
121 MAXIMILIAN STEINER, Zur Reform der Armenpflege in Oesterreich, Wien 1880, S. 6 ff.
122 VIKTOR VON FUCHS, Ueber die Aenderung des Heimats-Gesetzes, in: Salzburger Chronik, 27. 5. 1895, S. 1.
123 „Die österreichische Arbeiterpartei erstrebt im Anschluß an die Arbeiterbewegung aller Länder die Befreiung des arbeitenden Volkes von der Lohnarbeit und der Klassenherrschaft durch Abschaffung der modernen privatkapitalistischen Produktionsweise." in: Parteitag von Neudörfl 1874, zit. n. TALOS, Staatliche Sozialpolitik (wie Anm. 115), S. 32.
124 Vgl. dazu PETER LACHNIT, Staatliche Sozialpolitik für und gegen die Arbeiterschaft. Arbeiterbewegung und Sozialversicherung in Österreich von den Anfängen bis 1918, GW-Diss., Wien 1989, S. 182.
125 Salzburger Wacht, 11. 1. 1901, S. 1.
126 Salzburger Wacht, 4. 1. 1901, S. 1.
127 Salzburger Wacht, 19. 7. 1901, S. 1.
128 Vgl. ERNST BRUCKMÜLLER, Aspekte der Entwicklung sozialer Sicherheit in der Ersten Republik, in: Beiträge zur Historischen Sozialkunde Nr. 2, 1978, S. 36–41, hier S. 36 f.
129 TALOS, Sozialpolitik (wie Anm. 49), S. 184.
130 Vgl. TALOS, Sozialpolitik (wie Anm. 49), S. 102.
131 BERNREITHER, Socialreform (wie Anm. 112), S. 32.
132 Vgl. dazu PETER GUTSCHNER, „Was nennen Sie alte Arbeiterin?" Bemerkungen zur Problematik von Alter und Generationenbeziehungen im Arbeitermilieu um 1900, in: EHMER/ GUTSCHNER, Alter und Generationenbeziehungen (wie Anm. 15).
133 Expertin 94, in: Die Arbeits- und Lebensverhältnisse der Wiener Lohnarbeiterinnen. Ergebnisse und stenographisches Protokoll der Enquete über Frauenarbeit, abgehalten in Wien vom 1. März bis 21. April 1896, Wien 1897, S. 331.
134 Expertin 108, in: ebenda, S. 383.
135 Salzburger Wacht, 24. 5. 1901, S. 1.
136 Archiv Karl-Steinocher-Fonds, Projekt Arbeiterkultur und Arbeiteralltag in Salzburg, Interview mit Katharina F., geb. 1900, S. 9.
137 Archiv Karl-Steinocher-Fonds, Projekt (wie Anm. 136), Interview mit Sofie E., geb. 1903, S. 13.
138 Vgl. MAYER, Sozialhilfe (wie Anm. 19), S. 52.

Die städtischen Versorgungshäuser

Bürgerspital
Bruderhaus
Erhardspital
Kronhaus

Das Bürgerspital

Lebensbedingungen in einem bürgerlichen Versorgungshaus und „Altenheim"

von Alfred Stefan Weiß und Peter F. Kramml

„Wer sich heute ein Bild von der Entwicklung der alten Hospitäler und Krankenhäuser in Salzburg machen will, wird vor großen Schwierigkeiten stehen."[1] Diese einleitenden Worte zu einer Überblicksdarstellung des Medizinhistorikers und exzellenten Kenners des „europäischen Hospitals" Dieter Jetter aus dem Jahr 1980 haben bis heute, nicht nur allgemein, sondern – trotz einer inzwischen erschienenen Monographie[2] – auch für die ersten Jahrhunderte des Bestandes des Salzburger Bürgerspitals ihre Gültigkeit behalten. Eine fundierte Gesamtauswertung des umfangreichen, im Archiv der Stadt Salzburg erhaltenen Quellenbestandes[3] steht bis heute aus. Angesichts dieser Forschungslage[4] ist es im Rahmen des folgenden Überblicks[5] nicht möglich, die mehr als 550-jährige Geschichte dieses Salzburger Vorsorgungs- und Altenheimes abgerundet darzustellen. Vielmehr wird versucht, noch immer offene Fragen der Spitalgeschichte aufzuzeigen und ein Bild der Lebensbedingungen im Salzburger „Bürgerspital" im Lauf der Jahrhunderte zu zeichnen.

Vom ersten Spitalhaus zum „Bürgerspital"

Die Anfänge von Armenfürsorge und Krankenpflege in der Stadt Salzburg lassen sich bis in das 12. Jahrhundert zurückverfolgen. Zunächst nahmen sich fast ausschließlich die Klöster und das Domkapitel der karitativen Fürsorge und der Verwirklichung des Hospitalgedankens an. Sie errichteten Herbergen für Pilger, Reisende sowie Arme und Versorgungshäuser für ihre kranken und pflegebedürftigen Bediensteten und Eigenleute[6]. Zur Absonderung von „Aussätzigen" von der übrigen Bevölkerung wurde zudem im späten 12. oder frühen 13. Jahrhundert vor den Toren der Stadt in Mülln ein „Sundersiechenhaus" errichtet[7], das „Schwache und Lepröse" (so im urkundlichen Erstbeleg von 1298) beherbergte.

Zeitlich später als in vielen anderen deutschen Städten, in denen die Existenz von kommunalen Gründungen oder „kommunalisierten" Spitälern bereits um 1300 den Regelfall darstellte[8], nahm sich am Beginn des 14. Jahrhunderts auch die Salzburger Bürgerschaft der Armenfürsorge und Krankenpflege an[9]. Schon vor 1322 bestand im heutigen Haus Klampferergasse 3, wo damals die Stadtbrücke die Salzach überquerte, eine erste einfache Zufluchtsstätte für Kranke und Bedürftige[10], das sogenannte *Spitalhaws an der Prukken*[11]. Im Februar 1322 bestätigte der Salzburger Erzbischof Friedrich III., daß der einer der angesehensten Patrizierfamilien der Stadt entstammende Kuno von Teising dieses Haus bei der Brücke, *daz man da heizzet das Spitalhous,* als Spital für kranke und bedürftige Leute (*sichen leuten und dürftigen*) gestiftet hatte[12]. Der Erzbischof hielt für den Fall, daß an einem anderen Ort der Stadt *ein gemainez Spital* errichtet würde, den Wunsch des Stifters fest, daß dann das „Spitalhaus" der neuen Gründung zufallen sollte.

Diese Formulierung läßt darauf schließen, daß die Errichtung eines kommunalen Spitals unmittelbar bevorstand oder gerade in Angriff genommen worden war. Im Oktober und November 1322 verliehen der Bischof von Lavant und Erzbischof Friedrich III. all jenen Ablässe, die zum Neubau des Spitals in Salzburg Beiträge leisteten[13]. Am 21. März 1323 bestätigte der Salzburger Erzbischof dem *Newen Spital* Güter, die der Salzburger Bürger Berthold Ratgeb gewidmet hatte, um den *arm Leuten di dar inne sind ze helfen*[14].

Die Situierung des neu gegründeten Spitals können wir der erzbischöflichen Bestätigung des Erwerbs von Einkünften aus dem Brücken- und Marktzoll durch die Bürger der Stadt zugunsten des *Newen Spital* im Juli 1323 entnehmen, Einkünfte, die *ze nerung der dürftigen, die dar inne sind* Verwendung finden sollten[15]. Es war *bei dem gerichtshous* (Gerichtshaus am Waagplatz 1) gelegen, also jene Liegenschaft (Waagplatz 2)[16], die dem Erzbischof vier Jahre später als Tauschobjekt für seine Stiftung diente. Dieses kurzlebige kommunale Spital, das auch bereits über eine eigene Kapelle verfügt haben dürfte (1322)[17], stand damit nicht nur an einem belebten Platz inmitten der Stadt, sondern auch in der Nachbarschaft des Dombezirkes.

Während der Anstoß zur Gründung des ersten kommunalen Spitals und dessen Dotierung von den Salzburger Bürgern ausgegangen war, ergriff Erzbischof Friedrich III. (1315–1338) im Jahr 1327 selbst die Initiative und verlegte dieses Spital bzw. stiftete es neu. Zu diesem Zweck tauschte er vom Kloster Admont gegen zwei Häuser, ein Stein- und ein Holzhaus an der Pforte (Waagplatz 2), ein im Winkel hinter der Blasiuskapelle beim Westtor (inneres Klausentor) gelegenes Grundstück mit „öden" Gebäuden ein, das er zur Errichtung eines städtischen Spitals bestimmte[18]. Zwei Tage nach dem Tauschgeschäft, am 17. Juli 1327, stellte der Erzbischof die Stiftungsurkunde aus[19], in der er – ohne das zuvor gegründete Gemeindespital für Arme und Sieche zu erwähnen – die Motive seiner „Neugründung" in drastischen Worten darstellte:

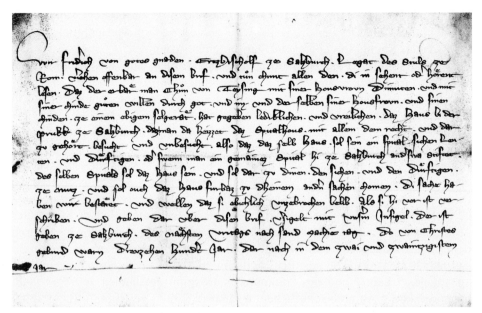

*Abb. 1: Die erste Nennung des an der damaligen Stadtbrücke gelegenen „Spitalhauses"
in einer Urkunde vom 26. Februar 1322.*

„Es gab bisher in unserer Stadt kein allgemeines Spital (Gemeindespital), in
das die Kranken hätten aufgenommen werden können, so daß das Unglück
grausam und unmenschlich an den Tag trat. Um nur einiges anzuführen: oft
werden Erfrorene auf den Gassen tot aufgefunden, ohne Beistand sterben sie
und niemand kümmert sich um ihr Begräbnis; gebärende Frauen schreien in
ihren Schmerzen, ohne daß ihnen eine Hebamme zur Seite steht. Kranke beiderlei Geschlechts liegen auf kümmerlichen Betten vor den Türen des Domes und
besudeln durch großen Unrat und Schmutz zum Ärgernis und Ekel der Vorübergehenden die Zugänge".[20]

In Anbetracht des großen Elends der Armen in der Stadt Salzburg habe der
Erzbischof mit Zustimmung und Rat des Domkapitels und zugesicherter Unterstützung der Bürgerschaft „einen Grund bereitgestellt, der einst dem Abt und
Kloster von Admont gehörte und neben der Kapelle des Hl. Blasius beim Eingang in die erwähnte Stadt an dem Tor liegt, das nach Westen gerichtet ist. Auf
diesem Grund haben wir [der Erzbischof] ein neues Spital gestiftet und errichtet. Zugleich haben wir angeordnet, daß die Kapelle des Hl. Blasius einbezogen
und dem Spital für immer angeschlossen und dessen Bestandteil bleibe. Auch
einen Friedhof haben wir der genannten Kapelle angeschlossen".[21]

Der Stiftsbrief bestimmte, daß ein eigener Spitalgeistlicher, dessen Einsetzung
dem Stadtpfarrer oblag, aus Spitalmitteln zu unterhalten war. Er sollte beim
Spital wohnen, in der Kapelle die Messe feiern und an Sonntagen beim Her-

bergsraum der Armen und Siechen (*hostium domus*), diesen zugewandt, eine Andacht abhalten. Der bei der Kapelle gelegene Friedhof war lediglich für die Insassen des Spitals sowie dessen Dienstboten bestimmt.

Im Spital sollten so viele Personen verpflegt werden, wie dies die Einkünfte erlaubten. Es wurde gestattet, an sechs Sonntagen im Dom und in der Stadtpfarrkirche Tafelsammlungen für das Spital abzuhalten. Spitalboten durften in der Stadt frei um Almosen und Lebensmittel betteln. Die Verwaltung des Spitalvermögens und die Leitung des Spitals sollten einem dafür geeigneten Laien obliegen, der jährlich rechnungspflichtig war, und dessen Bestellung sich der Erzbischof selbst vorbehielt. Der Stiftsbrief beurkundete auch die erzbischöfliche Erlaubnis, im Falle einer Vergrößerung des Spitals die bestehende Kapelle zu erweitern oder sie an einer anderen Stelle des Spitalareals neu aufzubauen.

Der Stiftsbrief weist den Salzburger Erzbischof als eigentlichen Stifter des „Bürgerspitals" aus und man hat daher – analog zur Entwicklung in anderen deutschen Städten – fälschlich angenommen, daß zunehmender „Kommunalisierungsdruck" auf diese geistliche Stiftung „die episkopale Gründungsinitiative abgelöst" habe[22] und ein kommunales Hospital entstanden sei. Fest steht aber, daß das vom erzbischöflichen Stadtherrn 1327 „gestiftete" Bürgerspital der direkte Rechtsnachfolger der ersten bürgerlichen Gründung gewesen ist und daher auch über dessen Ausstattungsgut verfügte. Die ältesten Urbare führen ausdrücklich und an vorderster Stelle den Besitz des von Kuno von Teising gestifteten „Spitalhauses" an der Brücke sowie die damals erworbenen Einkünfte aus dem Brückenzoll auf. Auch die Titulierung der Neugründung weist diese von Anfang an als kommunales Spital, als Spital der Bürger, aus. Erzbischof Friedrich III. sprach zwar 1333 vom Armen- und Krankenspital des Hl. Blasius (*pauperum et langwidorum hospital sci. Blasii*) und bestätigte im Folgejahr eine Schenkung an *di arm siehen in dem Spital datz sand Blasi*[23], doch zeitgleich wird bereits ausdrücklich der Terminus „Bürgerspital" verwendet. Ruprecht Aufner übergab 1332 einen Garten *in der purger spitale pei der chlause*[24], behielt sich aber die Rückgabe an seine Familie für den Fall vor, daß die Siechen durch Hunger, Krieg oder andere Krankheiten wieder „abgehen" würden. Nach mehrfacher Verlegung des Spitals galt also dessen Bestand an der neuen Stelle noch nicht unbedingt als gesichert. Ein Jahr später erfolgte eine Schenkung des Bürgers Chunrad der Pölle an *der Purger Spital datz sant Blasii*[25], eine Titulierung, die in der Folge häufig auftritt und auch vom Stadtherrn übernommen wurde. Am 16. Februar 1340 bestätigte Erzbischof Heinrich von Pirnbrunn die Schenkung eines Bürgers *in der purger spital*[26]. Daß sich der Erzbischof die Einsetzung der Spitalpfleger und damit die Oberaufsicht über die Stiftung vorbehalten hatte, ist angesichts seiner noch immer weitgehend unangefochtenen Stadtherrschaft nicht weiter verwunderlich, wurden doch auch die Ratsgenannten und die – erst nach 1370 belegten – Bürgermeister vom jeweiligen Erzbischof bestellt[27].

Die große Bedeutung, die dem Bürgerspital von Anfang an beigemessen wurde, wird durch die Namen der ersten – zunächst waren es zwei kollegiale – „Spitalpfleger" dokumentiert. Unter Leitung der angesehenen Bürger Martin Speher[28], Peter Keutzl, Ruprecht Aufner und Vital Köllerer[29] erlebte das Armen- und Krankenhospital einen raschen Aufschwung. Reiche Schenkungen des landsässigen Adels und der Salzburger Bürger führten zu einem beachtlichen Anwachsen des Spitalbesitzes[30]. Die ältesten Bürgerspitalurbare aus dem 14. Jahrhundert (1368 bzw. 1399) verzeichnen jährliche Reichnisse von 94 verschiedenen Gütern, die teils geschenkt, teils aus dem „Spital-Pfennig" erkauft worden waren. Die Einnahmen betrugen die Summe von 92 Pfund 4 Schilling 17 Pfennig, ferner Naturalleistungen wie 58 Ellen Tuch, vier Rinder, 26 Hühner, 566 Käse (jeweils im Wert von 3 Pfennig), 360 Eier, einige Schaff Korn und fünf Schaff Hafer. Der Wein kam aus den eigenen Weinbergen in Niederösterreich[31].

Diese materielle Grundlage ermöglichte einen Ausbau des Bürgerspitals, über dessen anfängliche baulichen Ausmaße wir weder durch archäologische noch schriftliche Quellen unterrichtet sind. Jedenfalls bot die – nur vordergründig schlechte – Lage des Spitals[32] beim westlichen Stadttor am Fuß des Mönchsberges die notwendigen Erweiterungsmöglichkeiten. Zudem entsprach die Situierung der Stiftung den damals üblichen Standortkriterien von Hospitälern, die bevorzugt in einer Randlage (an der Stadtmauer und in Stadttornähe) sowie an Ausfallsstraßen – im Fall des Bürgerspitals an der Hauptverkehrsroute nach Bayern – errichtet wurden[33].

Von der bisherigen Forschung wird unisono angenommen, daß mit einem Neubau der Kirchenherberge St. Blasius nach 1335 begonnen und dieser 1350 fertiggestellt worden sei[34]. Im Jahr 1335 gewährte der Salzburger Erzbischof dem Spital auch das Recht, Wasser zuzuleiten, um den steigenden Bedarf des Hauses zu decken[35]. Die Bürger erbauten in den folgenden Jahren den städtischen Arm (Bürgerspitalarm) des Almkanales, der Wasser aus der Königsseeache vom Hauptkanal durch die Riedenburg und durch einen Stollen im Mönchsberg zum Bürgerspital führte.

Am 6. Juni 1350 schließlich weihte Erzbischof Ortolf im Beisein der Bischöfe von Chiemsee und Seckau sowie „einer unabsehbaren Menge von Gläubigen" die Blasiuskapelle des städtischen Spitals und zwei Altäre zu Ehren der Hll. Blasius und Stephan bzw. Anna und Elisabeth[36]. Aufgrund dieses Weihedatums wird allgemein angenommen, daß der Bau der noch heute erhaltenen Bürgerspitalkirche 1350 abgeschlossen und diese älteste gotische Hallenkirche in unserem Raum[37] ursprünglich Krankensaal gewesen und Kirche sowie Herberge unter einem Dach vereinigt habe. Erst in den Jahren 1410 bis 1428 sei die tiefe, sich über die westlichen vier Joche erstreckende Empore eingezogen worden[38], wodurch die Westhälfte des Baukörpers zweigeschoßig wurde. Man habe dadurch eine doppelte Herbergsfläche gewonnen und im Untergeschoß Durchreisende kurzfristig aufnehmen können. Pfründner hätten dadurch auf der Empore dem Gottesdienst beiwohnen können[39].

Diese bisher angenommene Baugeschichte der Bürgerspitalkirche ist allerdings mit den urkundlichen Quellen nicht in Einklang zu bringen, die größere Baumaßnahmen und eine deutliche Aufstockung der Belegungszahlen des Hospitals erst nach der Jahrhundertwende anzeigen (siehe unten). Die aufstrebende Bürgerschaft besaß wohl erst um die Wende vom 14. zum 15. Jahrhundert die ökonomischen und machtpolitischen Möglichkeiten, einen derartig aufwendigen Neubau durchzuführen[40]. Der Salzburger Erzbischof als „Stifter" des Spitals ist aufgrund der langjährigen katastrophalen Folgen seiner Kriege mit Bayern (1322) wohl ebenfalls als Auftraggeber und Finanzier einer großzügigen Kirchenherberge auszuschließen. Auch aus stilistischen Gründen ist die Annahme eines späteren Neubaus der Blasiuskirche mit einer mächtigen Westempore vertretbar. Gegen den angenommenen nachträglichen Einbau der *Porkirchen*[41] scheint zudem der Umstand zu sprechen, daß deren 1636 geplante Herausnahme deshalb scheiterte, weil diese ohne Aufstellung neuer Säulen nicht möglich gewesen wäre[42].

Über das Leben in der Spitalherberge in der zweiten Hälfte des 14. Jahrhunderts wissen wir angesichts des unzureichenden Forschungsstandes[43] bislang nicht allzu viel. Belegt ist, daß bereits zwei Spitalgeistliche vorhanden waren und Spendenstiftungen zur zusätzlichen Verteilung von Naturalien an die Siechen ebenso erfolgten (1348)[44], wie die Stiftung eines „Seelbades"[45]. Am 21. Juli 1353 übertrugen Hartneid von Kuchl und Lienhard von dem Türen dem Spital zwei Güter unter der Auflage, zwei *siechen in dem Spital ewickleich zu erhalten*[46]. Das Bürgerspital stand damals – in Ermangelung anderer Versorgungsstätten – wohl noch jedem Bedürftigen und Notleidenden, Fremden wie Einheimischen, offen. Die Aufenthaltsdauer im Hospital – bezeichnenderweise zeigt das Hauszeichen des „Bürgerspitals" eine Krücke[47] – war kurz, und erfolgte bei Krankheit nur für die Dauer der Pflegebedürftigkeit[48].

Angesichts der Aufgabe der Versorgung von Armen und Siechen und deren ständiger Präsenz wird es auch verständlich, daß sich das Salzburger Bürgerspital im Spätmittelalter nicht wie viele andere kommunalisierte Hospitäler zu einer regelrechten bürgerlichen Versorgungsanstalt, zu einem Pfründhaus, entwickelte, in das man sich durch entgeltliche Verpfründung zur Absicherung des Lebensabends einkaufte[49]. In diesen Altenstiften gab es je nach Höhe der Einkaufssumme mehrere Klassen von Pfründner mit unterschiedlicher Verpflegung und Unterbringung. „Herrenpfründner" besaßen gesonderte Wohn- und Schlafräume in den oberen Stockwerken, während die unentgeltliche Aufnahme von Hilfsbedürftigen nur mehr für eine begrenzte Aufenthaltsdauer in der meist im Erdgeschoß situierten Armenstube erfolgte.

Das Salzburger Bürgerspital hingegen blieb auch nach der Stiftung von Pfründplätzen durch Salzburger Bürger in der ersten Hälfte des 15. Jahrhunderts eine Armen- und Versorgungsanstalt, in die ein Einkauf nur in Ausnahmefällen vorkam, und wo die für ihren Lebensabend aufgenommenen „gemeinen Pfründnerinnen und Pfründner" keinerlei Ansprüche auf besondere Unterbringung oder Verpflegung besaßen[50]. Allerdings wurden spätestens seit dem ausgehenden Mittelalter Salzburger Bürger bei der Aufnahme in das Spital bevorzugt, wenngleich der Besitz des Bürgerrechts noch nicht generelle Aufnahmebedingung war.

Die Spitalherberge St. Blasius – ein Neubau Salzburger Bürger?

Entgegen der bisher angenommenen Baugeschichte des Bürgerspitales möchte der Verfasser mit guten Gründen eine einheitliche Entstehung des Spitalkirchenbaues im ersten Dezennium des 15. Jahrhunderts annehmen. Es fällt dies in jene Zeit, in der sich nach den machtbewußten Erzbischöfen Pilgrim von Puchheim und Gregor Schenk von Osterwitz das in ihrem wirtschaftlichen Aufschwung wurzelnde Selbstbewußtsein der Bürger in reichen Stiftungen manifestierte und in dem gegen den Landesherrn gerichteten Zusammenschluß von Adel und Städten (Igelbund 1403) und auch dem großzügigen Ausbau der Stadtpfarrkirche (ab 1408) seinen Höhepunkt erlebte[51]. Der entscheidende Ausbau des Bürgerspitals in dieser „Zeit der Morgendämmerung bürgerlichen Selbstverständnisses" (A. Rohrmoser)[52] ist untrennbar mit dem Namen zweier reicher Salzburger Bürger und deren großzügigen Stiftungen verbunden. Es war dies zunächst Martin Aufner, Salzburger Bürgermeister 1381 und 1404, der im Jahr 1403 zu den Sieglern der Igelbundurkunde gezählt hatte, und als reicher Bergwerkspächter auch dem Salzburger Erzbischof namhafte Geldsummen vorstreckte. Ihm zur Seite steht der Gewerke, erzbischöfliche Wechsler und Geldleiher Ulrich Samer, Salzburger Bürgermeister des Jahres 1389, der sein erstaunliches Vermögen dem Handel mit Venedig verdankte[53].

Der geplante Neubau der Spitalkirche um 1400 läßt sich nach Ansicht des Autors mit jenen vier Ablaßbriefen in Verbindung bringen, die in den Jahren 1398 bis 1401 von Papst Bonifaz IX. dem Bürgerspital gewährt wurden und all jenen Ablässe in Aussicht stellten, die die Kapelle St. Blasius besuchten und Almosen stifteten[54]. In dem 1513 vom damaligen Spitalmeister Sebastian Waginger angelegten Verzeichnis aller Urkunden des Bürgerspitals können wir zudem nachlesen, daß der päpstliche Ablaß des Jahres 1399 auch jenen galt, die das *gegenwurtig gotshaws* besuchten und mit *steuer zu dem paw daselb* oder zur *aufenthaltung* der Armen beitrugen[55].

Nachdem der Neubau zu Beginn des ersten Dezenniums des 15. Jahrhunderts zum Abschluß gekommen war, galt die besondere Obsorge Martin Aufners zunächst der kirchlichen Ausstattung von St. Blasius. Der Papst gestattete dem

Salzburger Bürger am 3. Juli 1403 die Stiftung eines Altars *in capella hospitale pauperum*, also in der Kapelle des Armenhospitals[56]. Im September 1403 erhielt er vom Papst zudem die Erlaubnis, trotz verhängten Interdikts die Messe feiern zu lassen[57].

Am 7. Oktober 1407 stiftete Aufner eine ewige tägliche Messe auf dem St. Anna Altar in der Bürgerspitalkirche und bestellte dafür einen Kaplan, dem er ein eigenes Haus in Spitalnähe zur Verfügung stellte[58]. Diese tägliche Messe wurde im Mai 1411 gemeinsam mit Stiftungen für die Pfarrkirche nochmals beurkundet[59]. Zu diesem Anlaß wurde vom Stifter jenes prunkvolle Ziborium mit der Jahreszahl „MCCCCXI" im Spruchband übergeben, das noch heute erhalten und als ältester bekannter Kunstgegenstand der Bürgerspitalkirche anzusehen ist[60]. Kurz darauf – wohl noch 1411/12 – stiftete er einen Jahrtag *auff den obern altar awff der porkirchen zw S. Elspeten* (erwähnt 1432), sowie eine tägliche Vigil, die die beiden Spitalkapläne und *sein Caplan* ausrichten sollten[61]. Ebenfalls noch zeitlich vor der bisher angenommenen Errichtungszeit des Emporenaltares (1428)[62] besiegelte Martin Aufner im Juli 1427 eine Dotierung der damals bereits bestehenden täglichen Messe auf der Empore (*hie in der purger spital ze Saltzburg auf sand Elspeten alltar oben auf der porchirichen*) durch Magdalena, die Witwe des Bürgermeisters Heinrich Dankl[63].

Außer diesen geistlichen Stiftungen galt die besondere Obsorge Aufners und auch jene von Ulrich Samer der ausreichenden Dotierung der Versorgung der Spitalinsassen und der nun errichteten, zahlenmäßig fixierten und auf Lebenszeit verliehenen Pfründplätze. Ulrich Samer legte 1409 in Venedig die ungeheure Summe von 11.000 Dukaten zugunsten des Bürgerspitals an, das dadurch in den jährlichen Genuß von Zinsen in der Höhe von durchschnittlich 112 Dukaten oder 154 Gulden kam[64]. Ebenfalls zu einer deutlichen Aufbesserung der Pfründen stiftete Aufner im März 1412 50 in Venedig angelegte Gulden sowie drei Kufwerke in Reichenhall[65]. Trotzdem sahen sich der Bürgermeister der Stadt Salzburg und der Spitalmeister zu Jahresende 1412 dazu veranlaßt, mit einem Sammelbrief an die Geistlichkeit um Almosen für das Spital zu bitten, das die Menge der Bedürftigen nicht mehr fassen könne[66].

Drei Jahre später, 1415, stiftete Ulrich Samer Renten zur Finanzierung von zwölf ständigen Pfründplätzen im Bürgerspital[67]. Man sollte diese zwölf Personen *auf dem obern Gmach stiften und inen davon gmach und stuben pauen*. Samer kaufte auch neun Betten mit Bettzeug für das Spital an und ließ sogar ein Privatbett aus Linz anliefern. Er bedachte auch die Siechen, stiftete ein Seelbad sowie zusätzliches Geld zum Kleiderkauf für die Spitalarmen.

Auch Martin Aufner, der im Jahr 1420 selbst als Spitalmeister das von ihm reich beschenkte Spital leitete[68], trug zum Ausbau der Spitalgebäude wesentlich bei. Er ließ ein neues Haus (*new haws*) und die Spitalmühle errichten, veranlaßte die Beheizung der „großen Stube" und sorgte für die Aufnahme aller Pilger, die man über Nacht im Neubau beherbergen sollte[69].

Das Salzburger Bürgerspital, das außer diesen Großstiftungen zahlreiche weitere, umfangreiche Schenkungen erhielt[70], versorgte als Armen- und Versorgungsanstalt dem Urbar von 1429 zufolge in diesem Jahr auf Dauer 72 Personen[71]. Der für dieses Jahr erhaltene Wirtschaftsplan listet für diese folgenden Jahresverbrauch auf: 34–36 Schweine, 3½ Schaff Bohnen, 3 Schaff Erbsen, 3½ Zentner Öl (auch für gestiftete Lichter), um 15 Pfund Pfennig Milch, um 54½ Pfund Pfennige Brot, um 50 Pfund „grünes" Fleisch, um 22 Pfund Brennholz, 100 Ellen Leintuch, Rupfen und Zwilch für die Betten und um 12 Schilling Stroh.

Um die Mitte des 15. Jahrhunderts umfaßte der Spitalkomplex die Spitalherberge, das von Aufner errichtete Nebenhaus sowie die eigene Spitalmühle mit Pfisterei (Bäckerei). Im 15. Jahrhundert beherbergte das Spital ständig etwa 80–85 Personen, zum Großteil Pfründner[72]. Die Zahl von 72 Pfründplätzen blieb von den zwanziger bis in die ausgehenden siebziger Jahre des 15. Jahrhunderts konstant. Erst im September 1478 stiftete Hans Elsenheimer *zu den zwain und sibentzig personen, so yetz in dem bemelten Spital sein,* die Dotation, um zusätzliche *funff arm lewntig* [gut beleumundete] *manß person [...] mit allen sachen in dem beruertem Spital* [zu] *halden.* Er behielt sich lebenslänglich vor, *die bemelten funff personen in das Spital zegeben,* und vakante Stellen nachzubesetzen[73]. Zu Beginn des 16. Jahrhunderts (1512/13) beherbergte das Spital in der Regel inklusive Dienstboten 80 Pfründner sowie maximal 24 Unpfründner[74], auch „ledige" Pfründner genannt, die als Anwärter auf einen eigentlichen Pfründnerplatz bereits im Hause wohnten, aber lediglich gewisse Zuwendungen und Spendengelder erhielten.

Im Jahr 1513 standen insgesamt 78 Kammern (Schlafkojen) für Pfründner zur Verfügung[75], die meisten davon – durch ein Gitter (*Gätter*) räumlich abgetrennt – im hinteren Kirchenschiff. Unter der Empore waren hier 34 Kammern, 19 gassenseitig und 15 Richtung Mönchsberg, eingebaut. Auch auf der Empore (*Porkirchen*) trennte ein *Gätter* den Wohnbereich vom Elisabeth-Altar. Innerhalb des Gatters waren, durch einen Mittelgang getrennt, sowohl Richtung Berg als auch straßenseitig je 16 Kammern (insgesamt also 32) eingebaut. Die „obere Stube" – wohl im leicht abgewinkelten Trakt hinter der Kirche, zwischen Klausentor und Mönchsberg – war zugleich Wohn- und Schlafraum und beherbergte zehn Kammern (fünf bergseitig und weitere fünf an der Seite der Gastkammer). Weitere Pfründnerkammern gab es noch *bei der Stiegen hervor bey der Gastkammer.* Die „untere Stube" hatte keine Kammereinbauten und diente unter Aufsicht von zwei Obfrauen als Siechenstube[76]. Für Gäste, wohl Pilger, stand eine Gaststube mit neun Betten zur Verfügung.

Das Bürgerspital entwickelte sich im Spätmittelalter zum bedeutendsten Wirtschaftskörper im Besitz der Gemeinde und verfügte über reiche Güter. Neben den Einnahmen aus Geldstiftungen bezog das Spital auch solche aus seinem großen liegenden Besitz, der in mustergültig geführten Urbaren verzeichnet wurde[77]. Zu diesem zählten zahlreiche Häuser, Brot- und Fleischbänke sowie Gewerbebetriebe in der Stadt Salzburg (Burgrecht des Bürgerspitals), Güter am Stadtrand und in der Umgebung der Stadt, aber auch im gesamten Land und darüber hinaus. Die größten Einkünfte bezog das Spital auch von Gütern und Rechten in Reichenhall und von den Weingütern in Arnsdorf in der Wachau[78].

Dem bedeutenden Spitalvermögen und der wichtigen Rolle, die das Bürgerspital im Selbstbewußtsein der Bürger spielte, entsprach es auch, daß die angesehensten Bürger das Amt des Spitalpflegers bzw. Spitalmeisters übernahmen[79] und dieser nun vom Rat gewählt, und nicht mehr vom Erzbischof eingesetzt wurde. Spitalmeister Hans Knoll erwähnt in seinem mit Michaeli 1477 begonnenen ersten Rechnungsbuch[80] – diese sind in der Folge fast lückenlos erhalten – ausdrücklich seine „Wahl" zum Spitalmeister, und auch sein Nachfolger, Hans Gaugsberger, wurde 1498 trotz gegenteiligem Befehl des Erzbischofs Leonhard von Keutschach, der sich unter Berufung auf die Stiftungsurkunde die Bestellung vorbehalten wollte, vom Stadtrat zum Spitalmeister gewählt und installiert[81]. In der Stadt- und Polizeiordnung von Erzbischof Matthäus Lang (1524) wurde der errungene Rechtsstand schriftlich fixiert[82]. Der erzbischöfliche Stadtrichter, Bürgermeister und Rat sollten *sonnderlich auf solh Spital Ir getrewes, vnd fleissigs aufsehen haben* und die Verwaltung einem Bürger übertragen, der zur jährlichen Rechnungslegung und bei der Amtsübernahme zur Erstellung eines Inventars verpflichtet wurde. Bezüglich der Hinterlassenschaft (*Parschaft und fahrende habe*) von im Spital verstorbenen „armen Leuten" wurde ausdrücklich festgehalten, daß diese gänzlich dem Spital zufallen sollte, damit die *anzall der Armen leut gemert* und sie besser versorgt werden könnten. Der Spitalmeister wurde auch mit der Verwaltung des von Konrad Strochner 1489 gestifteten Armenbadspitals in Badgastein, das – seit 1513 – *unter versehung der Stadt* stand, beauftragt[83].

Das Leben im Spital um 1500

Im Jahr 1512 übernahm der Salzburger Bürger Sebastian Waginger als Spitalmeister für eineinhalb Dezennien die Verwaltung des Bürgerspitales, die er auch während seines vierjährigen Wirkens als Salzburger Bürgermeister nicht abgab[84]. Waginger legte neue Bürgerspitalurbare und Verzeichnisse aller Urkunden an und hat penibelst über alle Ausgaben und Einnahmen Buch geführt und dabei bisweilen sogar die jährlichen Durchschnittskosten eines *pfrüntner Spitaler* errechnet[85]. Insbesondere in seinem ersten Rechnungsbuch hat Waginger für die Spitalgeschichte wichtige Details, wie die älteste überlieferte Spitalordnung[86], Belegungszahlen, Aufnahmebedingungen und Namenslisten aller Insassen hinterlassen. Wir verdanken dies wohl nicht nur dem Umstand, daß er als neuer Verwalter beim Amtsantritt eine Bestandsaufnahme gemacht hat, sondern auch dem städtischen Bestreben, nach dem Gewaltstreich Erzbischof

Abb. 2: Titelblatt des von Spitalmeister Sebastian Waginger angelegten Bürgerspital-Urbars von 1512. Das kolorierte Blatt (seit 1945 verschollen) zeigt unterhalb des Stadtwappens das Spitalzeichen mit Krücke und „S" (für Salzburg) sowie das Spruchband „Hoc Signum Hospitalis est". Ganz unten wird ein Armer mit Brot beteilt.

Leonhards von Keutschach, mit dem dieser 1511 die bürgerlichen Freiheitsrechte wieder stark zurückgedrängt hatte, die in den letzten eineinhalb Jahrhunderten errungenen Rechte zu dokumentieren.

Es war – wie Waginger 1512/13 ausführt – damals im Bürgerspital üblich, 80 Personen täglich zu *pfruenntten*, wobei in dieser Zahl in der Regel auch fünf Dienstboten eingerechnet waren, die die gesamte Hausarbeit zu erledigen hatten[87]. Eine namentliche Aufstellung der Pfründner vom 27. Mai 1513 weist allerdings insgesamt sieben „Ehehalten" auf. Der Untermeister wohnte als ständiger Vertreter des Spitalmeisters im Haus und hatte als „Hausvater" und „Hauswirt" die Aufsicht über die gesamte Hauswirtschaft und die Versorgung der Armen über[88]. Alle Dienstboten waren ihm unterstellt, so der Unterknecht, der mit Büchsen und dem Almosenkorb in der Stadt für das Spital sammelte, sowie die Spitalköchin und eine „Unterdirn". Der Spitalpfister betreute mit seiner Gattin Mühle und Bäckerei. Dem Spitalmesner oblag die Kirchenbetreuung und später auch das Stellen der Kirchenuhr[89].

Von den weiteren 73 Pfründnerinnen und Pfründnern übten vier – wie in der ältesten Hausordnung bestimmt[90] – kraft Bestellung durch den Spitalmeister besondere Funktionen aus. Ein *ehrbar, vernüftig und bescheiden* Obmann sowie eine Obfrau sorgten für Ruhe und Ordnung in der „oberen Stube". Zwei weiteren Obfrauen kam diese Aufgabe in der „unteren Stube" zu, wobei sie auch besonders dafür Sorge zu tragen hatten, daß den Kranken *mit atzen, dringkhen, heben und legen, wischen und waschen und sauber zuhallten* „aufgewartet" werde. Man wird diese „untere Stube" daher zurecht als Siechenstube ansprechen können. In der ältesten, 1512 aufgezeichneten Spitalordnung wird der Krankenbetreuung auch besonders gedacht: *Die den krangken aufwarten, sollen es freundlich und gutweillig tun.*

Von diesen Pfründnern besaßen nur wenige eine eigene Pfründkammer in der „oberen Stube", die meisten hatten diese Kammern auf und unter der Empore im hinteren, durch ein Gitter abgetrennten Bereich der Blasiuskirche[91]. Außer den 80 Pfründnern beherbergte das Bürgerspital im Normalfall (*gewondlich*) bis zu 24 Unpfründner, *die leding, so in dem Spital auf die pfrunndt wartten*[92].

Es bestand – nach Waginger – der alte Brauch, nach dem Ableben eines Pfründners die frei gewordene Pfründe demjenigen Bürger zu verleihen, der bereits am längsten auf diese wartete. Jeder der in das Spital aufgenommen wurde, sollte sich seine eigene „Bettstatt" und auch eine „Sitzstatt" (um in der unteren oder oberen Stube zu sitzen) mitbringen und den Platz einnehmen, der ihm vom Spitalmeister zugewiesen wurde. Stand kein Bürger auf der Warteliste, so wurde der älteste im Spital befindliche Nichtbürger für die Pfründe berücksichtigt[93].

Diese Darstellung verblüfft bereits auf den ersten Blick, da bisher – durch eine Rückprojezierung der frühneuzeitlichen Spitalstruktur – auch für das Spätmittelalter angenommen worden ist, das der Besitz des Bürgerrechtes oder die

Abstammung von einem Salzburger Bürger, Armut, Unbescholtenheit und vorgerücktes Alter der Bewerber, Voraussetzung für eine Aufnahme in das Bürgerspital gewesen waren[94].

Obwohl demnach die Aussicht eines Nichtbürgers auf eine Pfründe bei größerem Andrang aus der Bürgerschaft nicht allzu groß war, vermittelt die von Waginger zum Stichtag 27. Mai 1513 überlieferte Personenstandsliste (80 Pfründner) des „Bürgerspitals"[95] das Bild einer Versorgungsanstalt mit einer durchaus „gemischten" Insassenstruktur. Von den sieben Dienstboten gehörten der Untermeister sowie die Spitalköchin dem Bürgerstand an, die restlichen fünf waren Nichtbürger. Unter den Pfründnern befanden sich inklusive Obmann 13 Bürger, darunter mehrere Handwerker (Beutler, Goldschmied, Bäcker, Nestler, Schmied und Zimmermann). Deutlich höher war die Zahl der Bürgerinnen, meist verwitwete Handwerksmeisterinnen. Zu den 33 Bürgerinnen zählten alle drei Obfrauen sowie fünf Schusterswitwen, zwei Schlosserinnen und je eine Bäckerin, Schneiderin, Gürtlerin und Taschnerin. Insgesamt gehörten 48 von 80 Bepfründeten dem Bürgerstand an. Bei den immerhin 32 Nichtbürgern war der Frauenüberschuß noch deutlicher. 22 (mit Personal 24) Frauen standen fünf (bzw. acht) Männer gegenüber. Unter den nicht dem Bürgerstand angehörenden Pfründnerinnen befand sich auch *Anna, des Zacherl diern*, und Margreth, eine *Plaichknechtin*, sowie eine Frau, die aus der Rauris stammte. Es wurden also auch Auswärtige sowie Dienstboten aufgenommen, deren Versorgung später ausschließlich dem Bruderhaus St. Sebastian oblag[96].

Anstatt der 24 möglichen Unpfründner befanden sich damals nur 13, darunter sechs aus dem Bürgerstand im Haus. Wohl für Pilger standen damals in der von einer Obfrau mitverwalteten Gastkammer neun Federbetten zur Verfügung[97].

Jeder neu Aufgenommene wurde zur Einhaltung der Spitalordnung (Hausordnung)[98], zu Gehorsam gegenüber seinen Vorgesetzten, zu Verträglichkeit gegenüber Mitbewohnern und einem ehrbaren Lebenswandel verpflichtet, der der Vorstellung Rechnung trug, daß ein Spital eine *gaistlich haußung* sei. Dementsprechend nahmen religiöse Verpflichtungen im Tagesverlauf eine wichtige Rolle ein. Gemeinschaft und gemeinsames Gebet wurden besonders gepflegt. Wer in der Lage war, zu gehen, war zum täglichen Gottesdienstbesuch in der Spitalkirche verpflichtet. Besonders das Gebet für die Wohltäter des Spitals gehörte zur selbstverständlichen Pflicht. Die Beichte war fünfmal im Jahr vorgeschrieben und der Empfang der Kommunion wurde zu bestimmten Festen erwartet. Nachlässigkeiten hatten als Sühnemaßnahme den Verpflegungsentzug am Tag des Vorfalls zur Folge.

Wer durch Unehrbarkeit, Unfug, Schelten und Lästern, Neid oder Haß dem erwarteten Lebenswandel nicht entsprach, konnte auf Zeit der Pfründe verlustig erklärt, in eine Gefängniszelle (*Köterl*) gesperrt oder für immer aus dem Spital verwiesen werden. Ausdrücklich verboten war auch der Aufenthalt in Wein- und Bierhäusern.

Für Ruhe und Ordnung in den Kommunstuben sowie die Krankenpflege in der Siechenstube sorgten ein Obmann und drei Obfrauen. Wer sich ihnen widersetzte, konnte in die *Kewchen* gelegt[99], also eingesperrt werden. Das Unruhestiften zwischen den Dienstboten sowie diesen und dem Untermeister wurde ebenso geahndet wie Raufhändel unter den Insassen. Sollten sich zwei *bekriegen*, so wurden sie eingesperrt oder ihnen die Pfründe entzogen. Die vorgeschriebene Ruhe zur gewöhnlichen Schlafenszeit konnte lediglich durch Beten durchbrochen werden. Verpönt war es auch, die *haimlichen gemach*, also die Toilettanlagen zu verunreinigen, worauf schwere Strafen und Pfründenentzug standen.

Besonders geschützt wurde auch das persönliche Eigentum, besonders die Leibwäsche, deren Vertauschung ausdrücklich verboten war. Jeder Pfründner hatte sein Hab und Gut in das Spital einzubringen, wo er es selbst zur Aufbesserung seiner Pfründe verwenden konnte. Für eine allfällige Pflege durften allerdings nur Kleinigkeiten zum Geschenk gemacht werden. Die Hinterlassenschaft fiel dem Spital zu. Es war daher streng untersagt, nach dem Ableben eines Pfründners an seiner Bettstatt irgendwelche Veränderungen vorzunehmen. Im Falle einer *Dieberey* reichte die Sanktionspalette von der Verweisung über das *Köterl* bis zum Pfründenentzug. Strafweise entzogene Essenspfründen wurden für besonders Bedürftige oder jenen, die über keine Pfründe verfügten, verwendet. Auch wenn jemand seine Essenspfründe verkaufen wollte, so hatten die *jämmerlichen und elenden Leute* im Haus Vorrang. Nur wenn kein Interessent vorhanden war, durfte man die Pfründe außerhalb des Spitals veräußern[100].

Das Salzburger Bürgerspital war um 1500 noch mehr ein Armen- und Versorgungsheim für betagte oder körperlich und geistig arbeitsbehinderte Menschen als bürgerliches Altenstift oder Spital im heutigen Sinne. Die Name „Bürgerspital" steht in dieser Zeit für ein v o n Bürgern errichtetes Armenhospital und bedeutet noch nicht ein Spital f ü r verarmte Bürger.

Ein Einkauf in die Pfründe kam nur fallweise vor, wenn die Aufnahmebedingungen nicht erfüllt wurden oder der Bewerber behindert war[101]. So zahlte etwa 1513 Ursula, die Tochter des Hanns Pellen, die nicht dem Bürgerstand angehörte, 18 Pfund Pfennig für ihre Aufnahme als Pfründnerin[102]. Die durch die Liste des Jahres 1513 möglichen Aussagen zur Sozialstruktur des Bürgerspitals werden durch die Personendaten jener 55 Pfründner bestätigt, die bei Vakanzen auf die nächsten frei werdenden Stellen nachgerückt waren. Rund die Hälfte von diesen waren erneut Nichtbürger, darunter auch die *unsinnig Cilli von Walls*[103].

Da die Zahl der Pfründnerstellen auch in den folgenden Jahrzehnten nicht erhöht wurde[104], standen für Neubesetzungen jeweils lediglich die Stellen der Verstorbenen, im Jahresschnitt fünf bis sieben Personen[105], zur Verfügung. Ausnahmen bildeten Seuchenjahre. So raffte die Pest von September 1541 bis September 1542 im Bürgerspital 37 Personen, darunter 28 Pfründner, hinweg. Eine eingelieferte Frau verstarb bereits nach wenigen Stunden Aufenthalt[106].

Angesichts dieser geringen Fluktuation verstarben am Beginn des 16. Jahrhunderts noch bedeutend mehr Unpfründner im Haus – denen es nicht gelungen war, eine Pfründe zu erlangen – als Pfründeninhaber. Schon ab den 1520er Jahren schwindet ihre Zahl[107] jedoch deutlich und es ist anzunehmen, daß die ins Haus genommene Zahl an „Exspektanten" deutlich reduziert worden ist. Nunmehr wurde die gewohnheitsrechtliche Aufnahme zum Spitalpfründner durch eine formelle Bewilligung durch den Stadtrat abgelöst. Nun wurden vor allem verarmte Bürger aufgenommen. Die Rechnungsbücher der Jahre 1594 und 1595 verzeichnen lediglich einen einzigen Verstorbenen, der Bargeld hinterließ. Alle anderen besaßen nur ihr Bett und die persönliche Leibwäsche[108].

Eine entscheidende Änderung der Hausstruktur, die Trennung der Einheit von Kirche und Schlafräumen, brachten jene entscheidenden Erweiterungsbauten und Verbesserungen am Gebäude des Bürgerspitals, die in der Mitte des 16. Jahrhunderts vorgenommen wurden[109]. Nach Errichtung des wahrscheinlich im Jahr 1562 vollendeten dreigeschoßigen Arkadentraktes entlang der Mönchsbergwand standen hier auf zwei Stockwerke verteilt je 15 in den Felsen gehauene, gleich große Pfründnerzellen zur Verfügung. Diese Kammern ermöglichten eine bescheidene eigenständige Lebensgestaltung, eine Rückzugsmöglichkeit, allerdings unter Verzicht auf hygienische Vorteile, wie ausreichende Belüftung und Belichtung (lediglich die Eingangstüren verfügten über kleine Fenster)[110]. Nun konnte die Zahl der Kammern auf der Empore auf 17 und unter dieser im hinteren Kirchenschiff auf sieben verringert werden[111]. Dadurch kam es zu keiner Erhöhung der Belegungszahlen. Die Seelenbeschreibung des Jahres 1569 verzeichnet im Bürgerspitalareal 77 Pfründnerinnen und Pfründner sowie weitere 19 Personen, die Dienstboten mit ihren Familien[112].

Das Ende der alten „Spitalherberge" kam erst gegen Ende des Jahrhunderts, als Erzbischof Wolf Dietrich von Raitenau die Spitalkirche zum barocken Gotteshaus umgestalten ließ. Nun wurden auch die Zellen unter der Empore aufgelassen und ab 1595 belegen die Rechnungsbücher des Bürgerspitales einen regen Verkauf von Sitzplätzen (Kirchenstühlen) in der Blasiuskirche an prominente Salzburger Bürgerinnen und Bürger[113]. Das städtebauliche Konzept des Raitenauers beendete durch die Neuanlage des Straßenzuges Kapitelgasse–Kapitelplatz–Domplatz–Hofstallgasse–Frauengarten–Bürgerspital auch die Stadtrandlage des Bürgerspitalkomplexes, der nun nicht nur mehr gegen die Getreidegasse, sondern auch Richtung Fürstenstadt ausgerichtet war.

Vom 18. September 1595 datiert schließlich auch eine vom Stadthauptmann erstellte neue Ordnung für den Untermeister sowie eine neue Spitalordnung, die am 8. Oktober 1595 in der „oberen Stube" allen „Spitalern" verlesen wurde[114]. Die neue Hausordnung stand in der Tradition der älteren von 1512 und nahm nur in wenigen Bereichen Modifizierungen vor. Die „untere Stube" war noch immer für die Betreuung der Kranken bestimmt und ein Obmann sowie Obfrauen sorgten für Ruhe und Ordnung unter den Insassen. Zum gültigen Verbot des Besuchs von Wein- und Bierhäuser gesellte sich nun auch jenes von Metstuben. Auch das Aufsuchen der *Spilplätz* zum Würfel- oder Kartenspiel war untersagt. Die mißbräuchliche Nutzung der neuen Räumlichkeiten im Arkadentrakt machten zusätzliche Sanktionsandrohungen notwendig. So wurde verboten, *wie bis dato oftmalen beschehen*, sich in den Kammern oder an anderen heimlichen Orten vollzutrinken. Da es insbesondere um die Zuteilung der „Zimmer und Gemach" der Pfründner oft heftigen „Zank" und „Hader" gegeben hatte, schrieb die neue Ordnung fest, daß jeder Pfründner mit der vom Spitalmeister zugewiesenen Unterkunft zufrieden sein oder aber das Haus verlassen sollte. Die neue Ordnung wurde quartalweise verlesen und auch *in der gemainen Wohnstuben auf ainer Taffel angehenngt*.

Aufnahmebedingungen in der Frühen Neuzeit

Domherr Friedrich Graf Spaur (1756–1821)[115], mehrjähriger Leiter der städtischen Armenkommission und bestens vertraut mit den Fragen des zeitgenössischen sozialen Elends, hielt im Jahr 1805 in seinen „Nachrichten über das Erzstift Salzburg" wenig schmeichelhafte Worte über die damalige Situation im Salzburger Bürgerspital fest: *Dieses Spital ist für alte, abgelebte und abgehauste Bürger bestimmt, und dermalen sind über 70 Pfründner, die in demselben freye Wohnung, Kleidung, Nahrung und Medicin erhalten. Die Kost dieser Greise war ehevor schlecht, ihre Wohnungen sind feucht und ungesund, und alles was ich in dem Umfange dieses Spitals erblickte, war nicht sehr tröstlich. Die Zellen der Pfründner sind größtentheils in den feuchten Felsen des Mönchsberges gebaut, an den der größte Theil dieses Spitals und seine sehr alte unförmliche Kirche angelehnt ist. Die beßten Quartiere gegen die Gasse zu sind an Handwerker vermiethet.*[116] Diese Handwerker waren auch der Grund dafür, daß es sogar um die Ruhe der alten und kranken Heimbewohner schlecht bestellt war, denn eine Steinschleifmühle und eine Steinsäge, mehrere Stampfen, eine Lederwalk sowie die Spitalmühle sorgten im frühen 19. Jahrhundert für eine entsprechende Lärmkulisse[117]. Im ersten Jahrzehnt dieses Säkulums strömten überdies viele Arme in das Bürgerspital, weil im zweiten Stock des Altbaus die sogenannte Rumfordsuppe, eine typische Armenspeise, ausgeschenkt wurde. Von diesem Personenkreises befürchtete man auch Diebstähle, so daß man den Getreidekasten vorsorglich mit einem *Hangschloß* sichern ließ[118].

Um überhaupt in dieses Versorgungs- und Altersheim aufgenommen zu werden, hatten die Interessenten bestimmten Kriterien zu genügen: Sie mußten unverschuldet verarmte Bürger der Stadt Salzburg oder verarmte bzw. „mißgebildete" Söhne oder Töchter Salzburger Bürger sein, sie sollten ein höheres Alter sowie einen ordentlichen Lebenswandel aufweisen und jahrzehntelang gearbeitet haben[119]. Bisweilen hatte auch das Hauspersonal nach einer zumindest zehnjährigen Dienstzeit als *alt herkömliche Wohltat* den Anspruch auf die

Aufnahme in eine Pfründe, doch war dies bis ins frühe 19. Jahrhundert noch nicht statutengemäß geregelt[120]. Jeder in das Bürgerspital Aufgenommene hatte etwas Wäsche und Bekleidung, vor allem aber sein eigenes Bett und Bettzeug sowie eine Sitzgelegenheit selbst mitzubringen[121]. Zusätzlich sollte jeder Pfründner *nach altem Herkommen* dem jeweiligen Untermeister ein Eintrittsgeld (nach 1800 meist drei Gulden) übergeben, welches dem Personal zustand[122]. Neben den Pfründnern fanden auch sogenannte Unpfründner Unterkunft im Spital, die zwar freie Herberge genossen, jedoch auf geregelte finanzielle Unterstützung verzichten mußten. Nach einer nicht voraussagbaren Wartezeit wurde ihnen bei Tod oder Ausscheiden von Pfründnern aus der Versorgungsanstalt deren freiwerdende Pfründe zugeteilt[123]. Als Dank für ihre leibliche Versorgung und spirituelle Betreuung bis zu ihrem Tod wurde von den Insassen der tägliche Besuch der sogenannten „Hospitalmesse" und die Verrichtung zahlloser Dankgebete für die Wohltäter der Stiftung erwartet[124].

Obwohl die Bewohner des Spitals aufgrund der Lage an der steinschlaggefährdeten Mönchsbergwand – im Jahr 1651 beschädigte ein Felsstück die große Stube[125] – weitgehend auf „Luft, Licht und Sonne"[126] verzichten mußten, könnte dennoch diese Salzburger Einrichtung dem berühmten Juliusspital in Würzburg, welches in den Jahren 1576 bis 1580 erbaut worden war, als Vorbild gedient haben. Der Gründer Bischof Echter von Mespelbrunn dürfte auf seinen Rom-Reisen in Salzburg Rastpausen eingelegt und hier den erst wenige Jahre zuvor errichteten Arkadenflügel des Bürgerspitals besichtigt haben[127].

Bürgerinnen und Bürger, deren Existenzbasis vernichtet war oder die sich nicht mehr selbst versorgen konnten, richteten in der Regel eine Bittschrift an den Magistrat und ersuchten um ihre Aufnahme in das Bürgerspital. Ein „Einkaufen" in diese Institution war normalerweise nicht üblich, kam jedoch in Ausnahmefällen vor. So wollte der Magistrat beispielsweise 1820 die 53jährige Josepha Probst – sie galt als *blödsinnig und sich selbst zu besorgen nicht im Stande*[128] –, Tochter des bürgerlichen Hutmachermeisters Philipp Lueger, der bereits nach dreimonatigem Aufenthalt im Spital starb, als Pfründnerin aufnehmen, da sie der Institution 450 Gulden einbringen sollte. Hinsichtlich der Berufsstruktur überwog die Gruppe der verwitweten Handwerksmeister und der Meisterswitwen, darunter mehrfach Weber, Schuster, Schneider, Steinmetze, Lederer, Binder etc.; vom zahlenmäßig starken städtischen Kaufmannsstand fanden hingegen nur wenige den Weg in das Salzburger Bürgerspital. Die Töchter und Söhne von Handwerkern, die bereits in jungen Jahren eine Pfründe erhielten, waren üblicherweise unverheiratet, und litten an schwereren körperlichen Gebrechen, die sie an einer Berufsausübung hinderten. Da nicht nur alte und gebrechliche Personen aufgenommen wurden, läßt sich kein aussagekräftiger Durchschnitt über die im Heim verbrachten Lebensjahre ermitteln. Die Dauer konnte zwischen einigen Wochen und mehr als 40 Jahren schwanken. Üblicherweise hielten sich mehr Frauen als Männer im Hospital auf[129].

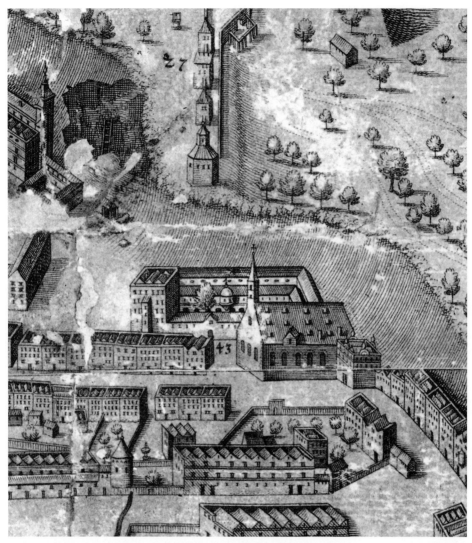

Abb. 3: Der Ausschnitt aus dem Stich von Philipp Harpff, 1643, zeigt in der Bildmitte den gesamten Bürgerspital-Komplex mit der Blasiuskirche.

Bittschriften zur Erlangung einer Pfründe

In ihren Bittgesuchen verwiesen die Bürger und Bürgerinnen stets auf ihre problematische soziale Situation und appellierten an das Mitleid des Stadtrats. Im März 1736 baten beispielsweise der bürgerliche Webermeister Johann Mayrhofer und seine Gattin um Aufnahme und betonten, daß sie *alters vnd ander leibs Zueständt halber des ganzen tags mit der Handarbeith ein mehrers nit als drey Kreüzer [...] [zu] verdienen*[130] in der Lage wären. Bereits knapp ein Jahr zuvor hatte das Ehepaar wegen des *Vor Augen schwebenten pettl* um Versorgung ersucht, da sie auch der *vnweltleiffige Stieff Sohn*, er war vermutlich geistig zurückgeblieben, nicht unterstützen konnte. Wenige Jahre zuvor, 1727, begehrte die *arm vnd preßhafte Wittib* Christine Ruggenstötterin, deren Mann als Nagelschmied tätig gewesen war, eine Pfründe. Sie war ungefähr 80 Jahre alt, litt an den Folgen eines Schlaganfalles und hatte die ererbte Meisterstelle bereits an den jüngeren Sohn übergeben[131]. Konnten Personen aus dem Bürgerstand nicht sofort oder in absehbarer Zeit in das Bürgerspital aufgenommen werden, erhielten sie in Einzelfällen neben einer finanziellen Unterstützung aus dem „Armensäckl" auch eine Brotunterstützung seitens des Hospitals[132]. Um sich eines *umbrauchsamben Mensch* zu entledigen, versuchte Christoph Posch 1691 sein *Pflög Söhnl* Johann Henz, Sohn eines Zinngießers, der am *rechten Ärmbl ganz khrump* war, im Bürgerspital unterzubringen. Im Falle der dauerhaften Versorgung sollte das *armbe Khripl* wie auch andere Spitalbewohner mit seinem *armen gebeth lebens Zeit* Dank abstatten[133].

Manche der aufgenommenen Personen übernahmen bei Arbeitsfähigkeit im Spital noch wichtige Funktionen und erhielten dafür neben der Pfründe zusätzliche Vergünstigungen (z. B. ein höheres Taggeld, ausgiebigere Brotzuteilungen etc.). So übte der bürgerliche Wagnermeister Johann Möltner bis zum Sommer 1819 das Amt des Hausknechts aus, bis ihm der behandelnde Arzt seine künftige Dienstunfähigkeit bestätigen mußte. Da er dem „Altenheim" keinen Nutzen mehr brachte, sollte er aufgrund seiner Erkrankungen – er litt an der Wassersucht und *Lähmung der Urinblase mit fortwährenden Abgang des Harns* – in eine andere Institution überstellt bzw. abgeschoben werden. Das k. k. Kreisamt hielt dazu in mitleidlosem Amtsdeutsch fest: *Sobald sich dessen Krankheits-Zustand in der Weise verschlimmert, daß er wegen Eckelhaftigkeit nicht mehr unter den übrigen Pfründnern des Bürgerspitales belassen werden kann, ist derselbe gleichwohl in das Leprosenhaus zu transferiren, und alldort auf Kosten des Bürgerspitales gleich den übrigen Leprosen zu verpflegen, wogegen seine Pfründe dem Bürgerspitale zurückfällt.*[134] Möltner wurde damit aus seiner gewohnten Umgebung entfernt und es bestand für ihn auch keinerlei Hoffnung, jemals wieder in das Bürgerspital zurückzukehren.

Der Sohn eines Bauern aus dem Wiestal, Franz Eibel, erhielt nunmehr Möltners Stelle als Hausknecht, doch wies man ihn mit Nachdruck darauf hin, daß ihm *eine Anwartschaft auf eine Pfründe im Bürgerspital* nicht zugesichert werden könne. Bei eintretender Arbeitsunfähigkeit sollte er – wie auch andere Dienstboten – im Bruderhaus in der Linzer Gasse[135] seinen Lebensabend verbringen dürfen. Da er bereits als Vorgänger von Möltner mehr als zehn Jahre im Bürgerspital gedient und während der Besetzung des Landes durch die Franzosen Mißhandlungen erdulden hatte müssen, hatte er allerdings auf die spätere Aufnahme in das Bürgerspital große Hoffnungen gesetzt[136].

Versprachen selbst kranke oder behinderte Aufnahmewerber, im Versorgungshaus noch Handlangerdienste verrichten zu wollen, dürften sie bevorzugt behandelt worden sein. Obwohl der 35jährigen Schneidermeisterstochter Antonia Reitlechner ärztlicherseits ihre gänzliche Arbeitsunfähigkeit bestätigt wurde, begründete sie ihr Ansuchen um Unterbringung als Unpfründnerin mit dem überzeugenden Argument, ihren Vater, der als Untermesner im Spital tätig war, unterstützen zu wollen. Da *er zu seiner Wart- und Pflege niemand um sich hat, so würde durch meine gnädigste Aufnahme auch ihm eine grosse Erleichterung zugehen und nicht gedrungen seyn, bey seinen Obliegenheiten in der Kürche Jemand fremden zu lohnen, der für ihn zu Hause für seine Bequemlichkeit sorgt.*[137]

Visitationen

Die Hoffnung der älteren Heiminsassen, die *noch wenige Lebens-Täg in Ruhe* zu beschließen und *alldorthen guldene Täg zu haben*[138], erfüllte sich nur in den wenigsten Fällen, wie auch die Berichte über die Visitationen in den Jahren 1637 und 1795 nur allzu deutlich belegen. Kann dabei die Visitation von 1637 einer Konsolidierungsphase während der Regierung des Fürsterzbischofs Paris Graf Lodron (1619–1654) zugeordnet werden, so fiel die spätere Visitation in eine Zeit umwälzender Reformen hinsichtlich neuer religiöser und sozialer Zielsetzungen[139]. Für die Durchführung der Generalvisitation war das Konsistorium (bis zum Ende des geistlichen Fürstenstaates 1803) aufgrund der erzbischöflichen Stiftung des Jahres 1327[140] zuständig; diesem mußten auch die jeweiligen Rechnungsbücher zur Ratifikation vorgelegt werden[141].

1637 lebten 63 Personen im Bürgerspital, darunter 44 Frauen. Neben den Pfründnern wurde auch das Personal befragt, die Unpfründner (zwölf Personen) konnten hingegen ihre Kritikpunkte nicht zur Diskussion stellen. Bezüglich der Versorgung mit Nahrung gab es schon damals handfeste Klagen. So bezeichneten zwei Drittel der Befragten das Essen als schlecht, das ausgeteilte Fleisch sogar als ungenießbar. Die Milch sei im Sommer oft sauer, die Fleischportionen häufig zu gering und zur Fastenzeit gäbe es zu viele Suppen. Kritik fand auch der eintönige, stets wiederkehrende Wochenspeisezettel. Zufriedenheit äußerte man hingegen mit der Tätigkeit des Unter- und Spitalmeisters, die als unbestechlich galten. Die Almosenverteilung erfolgte gerecht und auch für die Versorgung der Kranken fanden die Spitaler lobende Worte[142].

Im Juni 1795 wurden sämtlichen Insassen (66 Pfründner und Pfründnerinnen, wobei auch zu diesem Zeitpunkt die Frauen überwogen) mehr als 20 Fragen zur Beantwortung vorgelegt. Wiederum beklagten sich die Heimbewohner über die mangelhafte Verpflegung: Die Suppe sei beispielsweise so schlecht bzw. dermaßen entfettet, daß nur mehr reines Wasser übrigbleibe, das Fleisch sei zu hart gesotten und das gereichte Kraut sauer. Die Schuld für diese Misere wurde der meist betrunkenen Köchin angelastet, die zusätzlich mit dem Vorwurf konfrontiert wurde, ihre Freunde in der Stadt Reichenhall mit Lebensmitteln aus den Vorratskellern des Bürgerspitals zu versorgen[143]. Man führte auch Beschwerde darüber, daß etliche Lebensmittel- oder Geldstiftungen abgekommen wären und daß auch keine Geldausteilung aus dem Legat des im Jahr 1787 verstorbenen Salzburger Handelsmannes Sigmund Haffner (20.000 Gulden)[144] erfolge. Hinsichtlich der Wohnmöglichkeiten wurde kritisiert, daß die nach Mitte des 16. Jahrhunderts errichteten Arkadenkammern im Winter äußerst kalt waren. Einige der älteren Insassen mußten auch zu dieser Jahreszeit aufgrund des Platzmangels in den großen Stuben in ihren feuchten und kalten Zellen bleiben. „Wer in der großen, geheizten Stube sein will, müsse sich mit 45 Kreuzern förmlich einkaufen. Diese Anschuldigung des Einkaufs fand sich weder in einem der Jahresrechnungsbücher noch sonst in einer anderen Quelle bestätigt. Belegt ist, daß vor der kalten Jahreszeit die betagten, in den Arkaden wohnenden Pfründner in der ebenerdigen Männerkommunstube des Altbaus, die Pfründnerinnen in der Weiberkommunstube (heute Gotischer Saal) eine Bettstatt bekamen. Wer bettlägerig war, blieb überhaupt in einer der Stuben."[145] Befragt wurde auch der Spitalgeistliche und Stadtkaplan Kaspar Gmachl, von dem das Konsistorium aufgrund seiner Tätigkeit eine gewisse Überwachungsfunktion erwartete. Dieser beklagte die Nichteinhaltung der Spitalstatuten, disziplinäre Schwierigkeiten und den schlechten Besuch der Frühmesse, wobei er die Verantwortung dafür dem Untermeister anlastete, da dieser seiner Aufsichtspflicht nicht in genügendem Ausmaß nachkomme. Die Klagen der Spitaler hinsichtlich der mangelhaften Verpflegung und der ungeeigneten Unterbringung bestätigte der Priester teilweise[146].

Anweisungen des Konsistoriums

Nach Empfang der Schreiben des Spitalverwalters Christian Zezi und des Stadtmagistrats[147] erging am 13. November 1795, also mehrere Monate nach der Visitation, ein Dekret des Konsistoriums an den Stadtsyndikus, den Bürgermeister und den Rat der Stadt Salzburg, wobei vier Punkte abgehandelt wurden: die häusliche Zucht und Ordnung (erster Absatz), die Verpflegung der Spitaler (zweiter Absatz), die Versorgung der kranken Heiminsassen (dritter Absatz) und die Arbeitsverrichtungen der Spitalbewohner (vierter Absatz)[148]. In einem Begleitschreiben forderten die Mitglieder des Konsistoriums die Weiterleitung an die Spitalverwaltung und die Befolgung der getätigten Vorschläge. Der Stadtkaplan sollte den Inhalt des Visitationsdekretes überdies den Heiminsassen bekannt machen, doch dürfte er dieser Aufforderung lange Zeit oder überhaupt nicht nachgekommen sein[149].

Mit diesem abschließenden Schreiben verlangte das Konsistorium im Sinne der Sozialdisziplinierung die *genaue Beobachtung* der Statuten oder Satzungen – diese galten als *ein unentbehrliches Bedürfniß* und sollten jeweils in den Monaten Jänner und Juli verlesen werden – und verpflichtete den Untermeister zu einer *wachbaren Oberaufsicht* sowie zur täglichen Kontrolle der Stuben bzw. Kammern. Außerdem sollte er über *Zänker und Trinker immer ein wachbares Aug haben*[150]. Wer gegen die Statuten verstieß, mußte mit Strafen bzw. Einbußen hinsichtlich seiner Pfründe rechnen oder konnte bei mehrmaligen Verstößen sogar aus dem Versorgungshaus ausgeschlossen werden.

Trotz des angedrohten harten Vorgehens mußten die Mitglieder des Konsistoriums aber zugleich auch ihre eigene eingeschränkte Handlungsfähigkeit aufgrund der eingerissenen Mißstände eingestehen: *Nichts ist in Spitälern und anderen dergleichen milden Stiftungshäusern gewöhnlicher, als daß, wenn es an der gebührenden Verpflegung fehlt, auch die Häusliche Zucht und Ordnung nie mit gehörigem Nachdrucke betrieben werden könne, indem die Pfründner jeder auch noch so billigen Ahndung immer sogleich den Vorwurf ihrer schlechten Verpflegung entgegen setzen.*[151] Um dieses situationsangepaßte Verhalten der Spitaler zu unterbinden, sollte es [s]*tets eine der wichtigsten Angelegenheiten für die Verwaltung seyn, möglichst dafür so sorgen, daß überhaupt die vorgeschriebene Kost jederzeit mit gehörigen Fleiße gekochet, und zubereitet, den Spitalsgenossen alle Male in geziemmender Qualität und Quantität ausgetheilt, und hierin den Dienstbothen und Küchenmägdchen nie eine zu freye Hand und Willkühr gelassen werde. [...] Insonderheit aber ist [...] Mittels genauester Aufsicht unnachläßlich darauf zu dringen, daß die Spitaler das Fleisch und Kraut, dann die Suppe, als ihre Hauptnahrung immer in solcher Güte erhalten, daß auch alte Leute sie gedeihlich genüssen können.*[152] Die angestellte Köchin wurde angewiesen, das gereichte Fleisch nicht zu einem *harten ungenüßbaren Klotz* zu verkochen und die wenig schmackhafte Gerste mit erspartem Fett, welches sie zuvor angeblich unter der Hand verkauft hatte, anzureichern. Die Durchführung dieser Anordnung sollte künftig strengstens überwacht werden, um den Spitalern, deren Leben ohnedies trist verlief, wenigstens die Freude eines bekömmlichen Essens zu gewähren[153].

An barem Geld sollten den Bewohnern des Bürgerspitals wöchentlich 14 Kreuzer zuteil werden; diese Summe war 1786 erhöht worden, da ein Konsistorialdekret im Februar dieses Jahres die weitere Austeilung der bis zu diesem Zeitpunkt üblichen Schmalz- und Eierspenden untersagte. Den Spitalern wurde damit eine wesentlich bessere Lebensversorgung als den nichtbürgerlichen städtischen Armen oder auch den ländlichen Armen geboten[154]. Zusätzlich erhielten die Pfründner für den Besuch der jährlichen „Lobämter" für den regierenden Fürsterzbischof Hieronymus Graf Colloredo und den großen Stifter Sigmund Haffner – er galt als *Tröster der Wittwen, Vater der Waisen, Retter der Bedrängten, Helfer der Nothleidenden* [und] *Unterstützer des armen Verdienstes*[155] – je sechs Kreuzer auf die Hand ausgeteilt[156].

Besonderes Augenmerk wandte das Konsistorium überdies der Unterbringung und Verpflegung der erkrankten Heimbewohner zu. Schon in der Spitalordnung

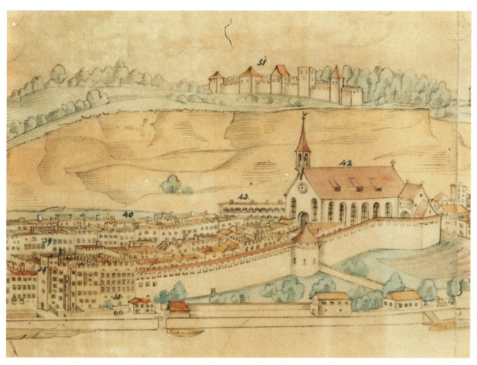

Abb. 4: Ausschnitt aus der Stadtansicht von 1565. Kopie nach dem verschollenen Holzschnitt in der Erzabtei St. Peter. An der Mönchsbergwand ist der wenige Jahre zuvor fertiggestellte Arkadentrakt des Bürgerspitals zu erkennen.

von 1512 hieß es unmißverständlich: *Die den krangken aufwarten, die sollen mit ine freundlich und gutwillig handeln, willig und geduldig mit ine sein. So kumbt in solche mue und arbait zu grossen verdiensten und belonen bey got dem allmechting.*[157] Sterbende, Kranke und Gesunde lagen gemeinsam in den großen Kommunstuben, wie von den Verantwortlichen und den Betroffenen geklagt wurde. Mußten auf der einen Seite die Kranken den Lärm und das *stete Getöse* in den großen Räumen erdulden, so hatten auf der anderen Seite die Gesunden die *Eckelhaftigkeit* und die unvermeidlichen Gerüche der Siechen zu ertragen. Man versuchte, die Kranken in ein kleineres Zimmer zu verlegen, um vor allem auch in den Wintermonaten zusätzliche Liegeplätze in den Kommunstuben zu haben. Eine Magd, die man speziell für die „Wartung" der Erkrankten aufnehmen wollte, sollte diesen Tag und Nacht zur Seite stehen. Damit versuchte man die übliche Praxis zu unterbinden, daß das Personal für die Pflege der schwächlichen Spitaler eine unerlaubte, zusätzliche Entlohnung forderte. Durch die in Vorschlag gebrachte Absonderung der Kranken wollte man überdies die weitere Ausbreitung des Ungeziefers verhindern und vermehrt auf die hygienischen Zustände im Spital achten[158].

Abb. 5: Große Küche im Bürgerspital, Aquarell von Georg Pezolt, 1861.

Die erwünschte Lösung ließ sich in den folgenden Monaten realisieren, doch entsprach das ausgewählte Zimmer nicht den gestellten Anforderungen. Dieser Raum erwies sich zu eng für fünf bis sechs Kranke, *ungeachtet die Bettstätten mehr für Kinder als für Erwachsene Zugerichtet, so ist doch das Zimmer damit so voll gefüllt, daß man bey jedem Schritte schon wieder an eine Bettstätte, Stuhl oder Tisch anstößt [...]*[159]. Die Kammer war feucht, die Nachtstühle verursachten einen unerträglichen Gestank und die Wärterin zog sich aufgrund der untragbaren hygienischen Verhältnisse sogar einen langwierigen Ausschlag zu. Außerdem klagte man über Verstöße gegen das Schamgefühl der Erkrankten: *Sind in diesem engen Zimmer Männer und Weiber so nahe aneinander, daß die Säuberung der einen nothwendig von den anderen allzeit gesehen werden muß.*[160] Künftig sollten Männer und Frauen durch einen Vorhang voneinander getrennt werden. Überdies dachten die Verantwortlichen unter Einbeziehung eines weiteren Pfründnerzimmers an die Erweiterung dieser „Kammer".

Im Jahr 1819 mußte sich die Verwaltung des Bürgerspitals erneut mit diesem Problem auseinandersetzen, da sich die Zahl der Insassen durch die Wiederaufnahme von Unpfründnern innerhalb von fünf Jahren um 25 Personen vermehrt hatte (1814: 53 Pfründner und Pfründnerinnen, 1819: 64 Pfründner und Pfründnerinnen und 14 Unpfründner und -pfründnerinnen)[161]. Durch diese vermehrten

Abb. 6: Kleine Kommunstube mit zwei Pfründnerinnen, Rudolf Alt, 1862.

Abb. 7: Bürgerspital-Pfründnerin, Ende 18. Jahrhundert (Kuenburg-Sammlung).

Aufnahmen waren *meistens lauter alte und gebrechliche Personen*[162] in das Spital gekommen, d. h. das Bürgerspital entwickelte sich immer mehr zu einem Altenheim. Aufgrund der eindeutigen Zunahme der kränklichen und kranken Insassen mußte ab Mai 1819 erneut eine junge Frau, die zuvor als Dienstbotin im Bruderhaus in der Linzer Gasse tätig gewesen war, als Aushilfskrankenwärterin beschäftigt werden. Kreisphysikus Johann Joseph von Barisani und Hausarzt Wolfgang Oberlechner begrüßten diese Maßnahme und stimmten der obrigkeitlichen Aussage zu, daß den *durch hohes Alter und Gebrechlichkeiten aller Art gänzlich entkräfteten Personen die Wohlthat einer solchen Pflege in ihren körperlichen Leiden nicht entzogen* [werden sollte][163]. Der Jahreslohn und das Kostgeld für die „Wärterin" – insgesamt mehr als 100 Gulden – sollte durch die Umwidmung einer Pfründnerstelle finanziert werden.

In den früheren Jahrhunderten kümmerten sich nur die Dienstmägde oder andere Heiminsassen um die kranken Pfründner, eine Behandlung durch einen Bader oder einen Arzt bildete vor dem Zeitalter der Aufklärung unter Erzbischof Hieronymus Graf Colloredo eher die Ausnahme. Dennoch mehrten sich die Ausgaben für Arztbehandlung, Apothekerwaren[164] – allein die Kosten für Bruchbänder machten meist einige Gulden aus[165] – und Bäder kontinuierlich; im Jahr 1800 betrugen sie knapp 190 Gulden, 1805 173 Gulden. Zusätzlich erhielt der Stadtphysikus Franz Michael Steinhauser nunmehr 40 Gulden als Besoldung für den regelmäßigen Besuch der Erkrankten[166]. Das Spital verfügte über eine eigene Hausapotheke in einem beheizbaren Raum, die stets von einer Pfründnerin betreut wurde. Da diese Apotheke nicht „fachmännisch" geführt wurde, wollte die staatliche Medizinalbehörde, das sogenannte Collegium medicum, im Oktober 1802 diese Hausapotheke auflassen. Es sollten künftig nur mehr Hausmittel gegen *Nervenkrämpfungen, Unverdaulichkeiten, Blähungen, und Verstopfungen* vorrätig sein. Weiters meinte man: *Was aber die Pharmazeutischen Gefäße belanget, diese können verkauft, und der dafür erworbene Betrag zur Errichtung eines warmen Bades verwendet werden; bey besseren Zeiten ist auch bessere Kost anzurathen, wodurch viele Krankheiten würden vermieden werden.*[167] Allerdings konnte sich die jeweilige „Apothekerin" noch bis 1815 ihre privilegierte Stellung sichern, bis schließlich im November dieses Jahres auf Anweisung der bayerischen Regierung die restlichen Medikamente an die Apotheke des St.-Johanns-Spitals abgegeben werden mußten[168].

Das vom Collegium medicum in Vorschlag gebrachte sogenannte warme Bad sollte im Jahr 1803 mit Gesamtkosten in der Höhe von ca. 350 Gulden verwirklicht werden und den Kranken Linderung bringen bzw. deren Gesundheit wiederherstellen. Außerdem sollte bei den Pfründnern *durch öftere Reinigung ihrer Cörper das Ungeziefer nicht so sehr anwachsen und überhand nehmen*[169]. Die Kriegsjahre und die Zeitumstände dürften vermutlich die Realisierung dieser sinnvollen Einrichtung verhindert haben. Sofern die Kranken noch in der Lage waren, eine mühsame Reise zu erdulden, erhielten sie bisweilen auch die

Bewilligung, das heilkräftige Bad in Gastein, welches vom jeweiligen Spitalmeister des Salzburger Bürgerspitals mitverwaltet wurde[170], zu besuchen[171]. Bis ins frühe 19. Jahrhundert hatten die Heiminsassen außerdem die Möglichkeit, das bereits 1336 erstmals erwähnte Spitalbad – dieses erhielt das benötigte Wasser vom Spitalarm des Almkanals – am Ende der Getreidegasse aufzusuchen, für welches im Jahr 1415 der Gewerke, Wechsler, Fernhändler und Bürger der Stadt Salzburg, Ulrich Samer, ein vierteljährliches Seelbad gestiftet hatte. Diese Armeleute-Bad-Stiftung und andere mildtätige Widmungen sicherten den Pfründnern in diesem Haus jahrhundertelang zu festgesetzten Zeiten ein Schwitzbad mit Schröpfen oder Aderlaß und mit Haar- und Bartschneiden zu. Nach dem Besuch dieses Schwitzbades erhielten die Badenden zusätzlich jeweils zwei Eier oder einen halben Pfennig[172].

Zählte das Baden bei den meisten Insassen zu den erwünschten Vergnügungen, so versuchten die Spitaler den übertragenen Arbeiten möglichst rasch und unauffällig zu entkommen. Aber sogar die Mitglieder des Konsistoriums mußten in ihrem Gutachten konzedieren: *Daß Spital soll seinem Hauptzwecke nach für arme, betagte, entkräftete, oder sonst ihrer Leibsgebrechen halber zur Arbeit unfähige Personen in ihren alten Tägen ein Erquickungs- und Ruheort seyn, wo sie zwar, um nicht müssig zu gehen, zu geringeren, und ihren Leibeskräften angemessenen Beschäftigungen angewiesen, aber mit schwereren Strapatzen und Arbeiten nicht mehr geplagt werden sollen.*[173] Wer über 60 Jahre alt war oder eine ärztliche Bescheinigung vorweisen konnte, durfte künftig zu unbeliebten Arbeiten wie Holztragen, Kirchenreinigung oder Betreuung der Mitbewohner nicht mehr herangezogen werden. Vor allem das vorerwähnte *Kirchenbutzen* führte immer wieder zu Zwistigkeiten unter den Frauen, so daß es mittels eines Nachtrags zur erneuerten Bürgerspitalordnung (1803) im Mai 1808 definitiv geregelt werden mußte. Vier Frauen hatten alle 14 Tage den Kirchenraum gründlich zu reinigen und erhielten dafür jährlich einen Gulden, beim alljährlichen Großputz sollten hingegen alle gesunden Pfründnerinnen und Stubenmägde mithelfen. Die Männer hatten ihrerseits für das Auffüllen der *Dachpottinger* mit Wasser zu sorgen, damit im Brandfalle rasch Abhilfe geleistet werden konnte[174]. Personen, die noch kräftiger oder wesentlich jünger als andere Spitaler waren, sollten sich diesen ständig anfallenden Arbeitsverrichtungen nicht entziehen können. Das Konsistorium beschloß seine Stellungnahme mit der unmißverständlichen Aufforderung an die Bewohner des Spitals, *gute Zucht* und *Sittlichkeit* sowie einen *rechtschaffenen christlichen Wandel* zu bewahren[175].

Ein gottesfürchtiges Leben mit Gebet für die Angehörigen und die Wohltäter des Bürgerspitals diente den Heiminsassen nach zeitgenössischer Ansicht auch der Vorbereitung auf ihren absehbaren Tod[176]. Da die Pfründner im Falle einer ernsteren Erkrankung meist nur wenig Vertrauen in die Kunst des behandelnden Chirurgen oder Arztes setzten, verlangten sie wiederholt den Empfang der hl. Sakramente, wie der Spitalgeistliche zu berichten wußte[177]. Aufgrund der jährlichen Sterberate von durchschnittlich fünf bis sieben Personen[178] – in den Jahren 1782 bis 1794 konnten daher insgesamt 83 Personen (43 Männer und 40 Frauen) neu aufgenommen werden[179] – läßt sich im Spital auch eine gewisse Fluktuation hinsichtlich der Insassen feststellen. Nach ihrem Hinscheiden durch Altersschwäche, Schleimschlag, Brustwasser-, Herz- oder Lungensucht, Abzehrung, Entkräftung etc.[180] wurden sie von einer *Dürn* in das Totentuch eingenäht[181], welche für diesen letzten Dienst zwei Kreuzer erhielt, und nach dem Requiem, an dem alle Bewohner des Versorgungshauses verpflichtend teilzunehmen hatten, üblicherweise am kleinen Friedhof bei St. Blasius (Spitalfriedhof) beigesetzt. Das Gedankengut der Aufklärung brachte die Auflassung dieses Gottesackers vermutlich Ende des 18. Jahrhunderts mit sich; nach dem Jahr 1820 durften die Verstorbenen auch nicht mehr im St.-Elisabeth-Emporenraum der Blasius-Kirche aufgebahrt werden, sondern man mußte diese nach der Totenbeschau sofort in das Totenzimmer zu St. Sebastian überführen[182]. Die anfallenden Kosten für die Bestattungen wurden von der Verwaltung des Instituts übernommen und sie scheinen auch in den jährlichen Bürgerspitalrechnungen als gesonderter Eintrag auf[183].

Spitalordnung 1803

Das Zusammenleben in dieser milden Stiftung für Bürger wurde durch die jeweilige Spitalordnung geregelt, die bis zur Übersiedlung ins neue Versorgungshaus im Jahr 1898 in den wesentlichen Punkten Gültigkeit behielt[184]. Diese ausführliche Ordnung des Jahres 1512 mit ihrer sozialdisziplinierenden und das tägliche Leben reglementierenden Zielsetzung mußte mehrfach erneuert werden, da die Bewohner des Hospitals die zahlreichen Vorschriften nicht allzu genau beachteten. Im Frühjahr 1803 wurden den Pfründnern und Dienstboten die nunmehr gültige *Ordnung und Gebothe*[185] (insgesamt 20 Artikel) verlesen, und die Insassen mit Nachdruck darauf hingewiesen, *alle unzüchtig und bösen Handlungen, Haß und Neid, Gotteslästerungen und andere Scheltworte Spiel Zank und Uneinigkeiten und was immer einem ehrbaren und gottgefälligen Wandel zuwider ist*[186], zu unterlassen. In weltlichen Dingen hatten die Pfründner und Unpfründner dem Untermeister bzw. dem Verwalter Gehorsam zu leisten, dem sie auch ihr Vermögen und ihre Erbschaften anzuzeigen hatten, in spiritueller Hinsicht sollten sie hingegen ihr Vertrauen in das Wirken des Spitalgeistlichen setzen. Noch im frühen 19. Jahrhundert zählten die tägliche Frühmesse, der mittägliche Rosenkranz, die abendliche Litanei sowie die sogenannten „Stundgebete" zu den vorgeschriebenen religiösen Übungen, deren regelmäßiger Besuch vom Hauspersonal auch entsprechend kontrolliert wurde. *Wer also hiebey nicht erscheint, dem wird für jede Ausbleibungszeit, nach der von Herrn Verwalter zu machenden Bestimmung an seiner wochentlichen*

Geldspend ein Abzug geschehen, und dieser den übrigen ihrer Schuldigkeit fleißiger nachkommenden Pfründnern zu getheilet werden.[187] Zumindest sechsmal jährlich mußten die Heimbewohner auch die Beichte ablegen und die vorgesehenen Bußübungen verrichten[188].

Um Diebstähle zu vermeiden, mußte die Frau des Untermeisters darauf achten, daß bei Hinscheiden eines Pfründners das Personal dessen Kammer- und Truhenschlüssel in der Kanzlei ablieferte. Die Heiminsassen, die als arme Leute angesehen wurden und an bestimmten Tagen auch das Almosen einsammeln durften – das übliche Betteln war ihnen allerdings schärfstens untersagt – hatten Gasthausbesuche zu unterlassen. Sie durften sich lediglich *einen mässigen Trunk nach Hause hollen*[189]. Als unschicklich galten überdies das *Dobak schmauchen* oder ein nächtliches Fernbleiben vom Hospital[190]. Wert legte die Verwaltung auch auf das äußere Erscheinungsbild der Heimbewohner und auf ein Minimum an Hygiene. [S]*ollen die* [Pfründner] *zu Ausrottung und Verhütung des so lästigen Ungeziefers der Läuse, womit dermal fast die Meisten im Spitale beladen sind, alle Woche ein neu gewaschenes Hemd anlegen, und alle 4 Woche*[n] *die Bettwäsche wechseln, Nebenbey aber auch bey müssigen Stunden sich angelegen seyn lassen, sowohl Bett als Kleidungsstücke von solch darinen sich aufhaltenden Ungeziefer immer mehr und mehr zu reinigen [...].*[191] Vermutlich war das Alleinsein-Dürfen in den kleinen Räumen mit dem Verzicht auf große hygienische Vorteile erkauft worden, denn die Pfründnerzellen konnten kaum gelüftet werden und verfügten außerdem nur über wenig Licht. Man konnte sie überdies nicht heizen und alles Wasser mußte vom Brunnen im Hof zu den Höhlungen im Fels hinaufgetragen werden[192].

Die Einhaltung der Ordnung hatten der jeweilige Untermeister und dessen Gattin zu kontrollieren, deren Tätigkeitsfeld mittels einer eigenen Instruktion (zehn Artikel) im Jahr 1807 geregelt wurde. Sie hatten Streitigkeiten unter den Insassen zu schlichten, deren Interessen und Eigentum zu schützen sowie darauf zu achten, daß der Hausknecht die Zugänge zum Spital im Sommer um acht und im Winter um fünf Uhr verschloß. Ferner mußte die Qualität und Quantität der Speisen von ihnen überprüft werden, wobei bei der nachfolgenden Austeilung des Essens *Gleichheit und Unpartheylichkeit* zu beobachten waren. Auch die Überwachung notwendiger Reparaturen fiel in den Kompetenzbereich des Untermeisters[193].

Trotz dieser Vorschriften waren *mürrische Reden*[194] und Beschwerden seitens der Pfründner und Unpfründner keine Seltenheit und belegen deren oftmalige Unzufriedenheit mit den Lebensbedingungen in diesem typischen Hospital mittelalterlicher Prägung mit seinen im Laufe der Jahrhunderte verkrusteten Strukturen. So klagte beispielsweise im Oktober 1765 die Pfründnerin Maria Leederhasin, Gattin eines Sattlermeisters in der Linzer Gasse, daß sie vom Bürgerspitalverwalter und Wirt Franz Mosshammer hintergangen worden sei. Sie hatte gemäß ihren schriftlichen Ausführungen der Institution ein Haus im Wert von 3000 Gulden und weitere 14 Taler übergeben, wofür sie als Gegenleistung ihre *noch wenige Lebens-Täg in Ruhe*[195] beschließen wollte. Da die vorhandenen Schulden den tatsächlichen Marktwert ihres Hauses überstiegen, wurden ihre Anschuldigungen als *sehr keck* eingestuft. Der Verwalter beschrieb sie haßerfüllt als ein *80-jähriges Weib, bereits mit ainen fueß in Grab*[196], das ihm seine Ehre beschnitt. Er erreichte, daß sie zu Bürgermeister Johann Christian Pauernfeind vorgeladen wurde. Die Pfründnerin galt *sowohl Leibs als der Seelen versorget*[197] – so erhielt sie jährlich 37 Gulden an barem Geld, bewohnte ein sauberes *Stibl* und hatte eine eigene *Wartherin* – und sollte sich daher künftig ruhig verhalten.

Im Dezember 1819 brachte das Unpfründner-Ehepaar Joseph Roder und dessen Gattin mehrere Beschwerden vor, die genauer geprüft werden mußten. Da Unpfründner lediglich aufgrund ihres Alters und ihrer Gebrechlichkeit eine Pfründe erhalten konnten, fühlten sie sich benachteiligt und zurückgesetzt. Barbara Rodler, Tochter eines bürgerlichen Fellfärbers, führte auch Klage darüber, daß sie von einer Magd des Bürgerspitals geschlagen worden sei. Zuvor hatte sie allerdings diese des Diebstahls bezichtigt, worauf ihr die *Magd im Eifer des ihr angethanenen Unrechts*[198] mit einem Kochlöffel einen Streich versetzte. Weitere Beschwerden des Ehepaars wurden vom Tisch gewischt und als „Unfug" abgetan. Barbara Rodler hatte den besonderen Ruf, eine Unruhestifterin zu sein, welche die *Wohlthat des Spitals* nicht erkennen wollte. Sie war erst 48 Jahre alt, gesund und daher arbeitsfähig; außerdem hatte sie angeblich gemeinsam mit ihrem Mann ein ererbtes Vermögen in der Höhe von 1000 Gulden vergeudet. Die Administration des Versorgungshauses rang sich daher schließlich zu der Ansicht durch, *daß es kein sicheres Mittel zur Beruhigung solcher Individuen gebe, als ersters sie auf das ernstlichste zu ermahnen, daß sie selbst ruhig und ordentlich in dem Spitale – nach den Vorschriften der ersten Gesetze von 1595* [sic! eigentlich 1512] *sich benehmen, und Gott für die Wohlthat des Genußes der freyen Unterkunft, Holz, Licht, Medizin und ärztliche Hilfe danken sollten, und zweytens, wenn sie forthin mit solchem, was ihnen alldort hochgnädig zugetheilet ist, nicht begnügen und zufrieden stellen wollen, sie vom Spitale entlassen werden und ihre Unterkunft und kleinen Verdienst selbst suchen sollen.*[199]

Schwierige Zeiten

Neben der Unzufriedenheit der Bewohner mit den Verhältnissen im Bürgerspital hatte die Verwaltung vor allem mit organisatorischen und wirtschaftlichen Problemen zu kämpfen, die Ende des 18. Jahrhunderts deutlich zunahmen. Trotz des Reichtums der Stiftung – Ende des Jahres 1805 wurde das Vermögen an Realitäten und Kapitalien auf 205.700 Gulden veranschlagt[200] – mußte aufgrund der Zeitumstände die Anzahl der Heiminsassen deutlich reduziert werden (im Jahr 1780 betrug daher die Zahl der Pfründner nur mehr 60 Personen[201]). Auch das seitens der Heiminsassen übergebene Vermögen verringerte sich um 1800 drastisch: Übertrugen in den Jahren 1796 bis 1801 24 neu aufgenommene Pfründner dem Bürgerspital noch 1950 Gulden, so konnten die in Jahren 1802 bis 1808 eintretenden 47 Personen dem Versorgungshaus hingegen nur mehr 300 Gulden vermachen[202]. Da zu dieser Zeit eine neuerliche Reduktion der Pfründnerzahl seitens der Spitalleitung angestrebt wurde, übernahm vorübergehend Stadtrat Triendl die Bezahlung des Verpflegungsbeitrages für drei Personen (jährlich immerhin 240 Gulden)[203].

Diese Notjahre spiegeln sich auch in den jeweiligen Bürgerspitalrechnungen. Während der europäischen Hungerjahre 1770 bis 1772 überstiegen die Ausgaben deutlich die verbuchten Einnahmen[204], so daß auch der Kapitalstand eine Einbuße erlitt. Im Kriegsjahr 1800 vermehrte sich der finanzielle Aufwand für die Versorgung mit Rind- und Kalbfleisch deutlich, *weil den Pfründtnern, die wegen* [militärischer] *Einquartirung ausser dem Spital sich aufhalten musten, ausser dem Brod, für die übrige Kost grössere Fleisch-Portionen abgereicht worden sind*[205]. Die neuerliche Einquartierung von Soldaten im Bürgerspital im Jahr 1809[206] führte auch dazu, daß die Heimbewohner zu Weihnachten *wegen mißlichen Verhältnissen keine Würste* und zu Allerheiligen kein *Brattl*[207] erhielten. Bereits im September dieses Jahres ersuchte die Bürgerspitalverwaltung die französische Landesadministration um eine Aushilfe in der Höhe von 2000 Gulden, damit die Pfründner auch weiterhin versorgt werden könnten. Diesem Ansuchen wurde nicht entsprochen, so daß im Februar 1810 der Magistrat einen Aufruf an die Bevölkerung mit der Bitte um finanzielle Unterstützung verfügen mußte. Außerdem vermietete das Bürgerspital in diesem Jahr mehrere Räumlichkeiten, um die Mieteinnahmen des Versorgungshauses zu steigern[208]. Zu Einbußen trug überdies der Verlust an Kapitalien in Form der sogenannten „Banko-Zetteln" bei, die auf Anregung des Landesherrn in den späten achtziger Jahren des 18. Jahrhunderts bei der Wiener Stadtbank angelegt worden waren. Der österreichische Staatsbankrott des Jahres 1811 entwertete die vor allem noch bei den Stiftungskassen liegenden Wiener-Stadtbank-Obligationen fast gänzlich[209]. Ungeachtet der wirtschaftlichen Misere mußten aufgrund der schwierigen Zeitumstände ab 1815 erneut Unpfründner aufgenommen werden, welche die Zahl der Spitaler um ca. ein Fünftel vermehrten. Ende Dezember 1815 zählte das Bürgerspital wiederum 69 Insassen (21 Pfründner, 31 Pfründnerinnen, fünf Unpfründner, neun Unpfründnerinnen, zwei Stubenmägde und einen Hausknecht)[210]. Im selben Jahr führte die Spitalleitung auch das System der Eigenversorgung ein und ließ den Bewohnern täglich 14 Kreuzer Kostgeld sowie ein wöchentliches Brotgeld auf die Hand austeilen[211].

Neben den Vermächtnissen seitens der Pfründner – so übergab beispielsweise die Buchbinderwitwe Anna Rumlin Ende des 18. Jahrhunderts 2500 Gulden an das Spital[212] – war die Institution stets auf Legate und Schenkungen angewiesen. 1782 spendete Erzbischof Colloredo aus seiner Schatulle 4000 Gulden und übertrug wenige Jahre später dem Bürgerspital die Zinseinkünfte mehrerer Fonds (Liebesbund, Kreuzbruderschaft, Volkensdorfer Messenstiftung)[213]. Abgesehen von zusätzlichen Vermächtnissen – Gotthard Bayrhammer stiftete in den Jahren 1852 bis 1878 mehrere Pfründenplätze und spendete überdies Geld zur besseren Beheizung des Bürgerspitals sowie des Bruderhauses[214] – erwies sich der Stiftsbrief des Salzburger Kaufmannes Mathias Bayrhammer, mit dem im Dezember 1844 25 neue Pfründen geschaffen werden konnten[215], als besonders wichtig für das weitere Gedeihen des Salzburger Bürgerspitals. Der Stifter verfügte zusätzlich, daß die seit 1815 geltende Kostgeldregelung abgeschafft und die Gemeinschaftsverpflegung – dies entsprach ebenso wie das verlangte gemeinsame Gebet mittelalterlich-frühneuzeitlichen Traditionen – wiederhergestellt werden sollte[216], ein Vorhaben, welches jedoch erst im Jahr 1892 realisiert wurde[217].

Aufgrund der Vermietung der zum Bürgerspital gehörigen Realitäten und der neu gestifteten Pfründen erwies sich dieses „Altenheim" in der zweiten Hälfte des 19. Jahrhunderts als viel zu klein und es mußte jedes *Loch* ausgenützt werden, wie dies ein *keineswegs klerikaler Mann Salzburgs*[218] bemängelte. Er meinte weiters: *Das sind wohl traurige Zustände für eine so vornehme Stadt wie Salzburg ist, in der für Luxus und andere Bauten soviel Geld verwendet wurde und wird. Es ist daher dringend zu wünschen, daß den armen Bürgern, die ja doch auch mitgezahlt haben, um das zustande zu bringen, was Salzburg geleistet hat, endlich ein Heim gegründet wird, das ihnen auch gebührt.*[219] Das erwünschte *neue Bürgerheim*, in welchem die Bewohner des Bürgerspitals, des Bruderhauses, des Erhard-Spitals und des Kronhauses gemeinsam untergebracht wurden, konnte schließlich vor nunmehr 100 Jahren, im Herbst 1898, den Benützern übergeben werden[220].

Die Insassen des ehemaligen Bürgerspitals genossen allerdings auch in der neuen Anstalt noch in den folgenden Jahrzehnten bis zur Vernichtung der vorhandenen Fonds durch die Inflation nach dem Ersten Weltkrieg eine bevorrechtete Stellung aufgrund ihrer sozialen Definition, die sich in ihrer Wohnlage – die beiden Flügel links und rechts der Kirche –, im ausgeteilten Handgeld (17 Kreuzer täglich) und in der besseren, d. h. kostenintensiveren Verpflegung widerspiegelte[221].

Anmerkungen

1 DIETER JETTER, Hospitäler in Salzburg, in: Sudhoffs Archiv. Zeitschrift für Wissenschaftsgeschichte 64 (1980), S. 163–186, hier S. 163; zur Geschichte des Hospitals vgl. auch DERSELBE, Geschichte des Hospitals. Bd. 1: Westdeutschland von den Anfängen bis 1850 (Sudhoffs Archiv, Beiheft 5), Wiesbaden 1966; DERSELBE, Das europäische Hospital. Von der Spätantike bis 1800 (DuMont-Dokumente), Köln 1986, S. 64 f. (zum Salzburger Bürgerspital).

2 GEORG STADLER, Das Bürgerspital St. Blasius zu Salzburg, Salzburg 1985. Es handelt sich dabei um eine zusammengefaßte und überarbeitete Fassung von zwei Beiträgen des Autors, die zuvor in den Jahresschriften des Salzburger Museums C. A. erschienen waren: DERSELBE, Das alte Salzburger Bürgerspital. 1. Teil: Von der Gründung 1327 bis zur Zeit der Aufklärung, in: Jahresschrift des Salzburger Museums C. A. 25–26 (1979–1980), Salzburg 1981, S. 1–142; DERSELBE, Das alte Salzburger Bürgerspital und Kirche St. Blasius. Teil 2: Von der Aufklärungszeit bis zur Gegenwart (1772–1982), in: Jahresschrift der Salzburger Museums C. A. 27–28 (1981–1982), Salzburg 1985, S. 209–323; vgl. auch DERSELBE, St.-Blasius-Kirche und Bürgerspital (Christliche Kunststätten Österreichs 13), Salzburg 1960; DERSELBE, Das Salzburger Bürgerspital Sankt Blasius, in: Bastei. Folge 5, 1983, S. 3–5.

3 AStS, Stif 10–729 (Bürgerspital St. Blasius mit Nebenfonds, St. Primus-Spital in Gastein und Volkensdorfer Messe); AStS, Bürgerspitalurkunden (nur teilweise durch Regesten erschlossen); AStS, StStA, Bürgerspitalakten (derzeit in Bearbeitung). Zu den Beständen vgl. auch: FRANZ MARTIN, Die archivalischen Bestände des städtischen Museums Carolino-Augusteum in Salzburg. Sonderabdruck aus den Mitteilungen des k. k. Archivrates. Bd. 2, Heft 2, Salzburg 1916, S. 29–41.

4 Zum Bürgerspital vgl. bisher: STADLER, Bürgerspital (wie Anm. 2); FRANZ MARTIN, Das Salzburger Bürgerspital (Zum 600-jährigen Jubiläum), in: Salzburger Volksblatt, 16. 7. 1927, S. 4–6; JETTER, Hospitäler in Salzburg (wie Anm. 1), S. 165–171; LUDWIG PEZOLT, Salzburg. Statistischer Bericht über die wichtigsten demographischen Verhältnisse (= Sonderabdruck aus: Oesterreichisches Städtebuch. II. Jg. 1888), Wien 1888, darin: Zur Geschichte des Armenwesens der Stadt Salzburg, hier S. 8; CHRISTIAN GREINZ, Die fürsterzbischöfliche Kurie und das Stadtdekanat zu Salzburg, Salzburg 1929, S. 281–287; Die kirchlichen Denkmale der Stadt Salzburg (mit Ausnahme von Nonnberg und St. Peter) bearbeitet von HANS TIETZE mit archivalischen Beiträgen von FRANZ MARTIN (Österreichische Kunsttopographie 9), Wien 1912, S. 219–235; HEINZ DOPSCH und PETER M. LIPBURGER, Die Rechtliche Entwicklung, in: HEINZ DOPSCH und HANS SPATZENEGGER (Hg.), Geschichte Salzburgs. Stadt und Land. Bd. I/2, Salzburg 1983, S. 675–746, hier S. 723–726; HEINZ DOPSCH und ROBERT HOFFMANN, Geschichte der Stadt Salzburg, Salzburg–München 1996, S. 208–211; zahlreiche Einzelbelege bei FRANZ VALENTIN ZILLNER, Geschichte der Stadt Salzburg. 2 Bde., Salzburg 1885–1890, Ndr. Salzburg 1985, bes. Bd. 2, S. 290–292 (zu den Spitalmeistern).

5 Die frühe Spitalgeschichte bis zum Ausgang des 16. Jahrhunderts wurde von Peter F. Kramml, jene ab dem Kapitel über die Aufnahmebedingungen in der Frühen Neuzeit von Alfred Stefan Weiß bearbeitet.

6 Zusammenfassend vgl. DOPSCH/LIPBURGER, Die rechtliche und soziale Entwicklung (wie Anm. 4), S.720–723; DOPSCH/HOFFMANN, Geschichte der Stadt Salzburg (wie Anm. 4), S. 207.

7 Zur Datierung des Siechenhauses vgl. DOPSCH/HOFFMANN, Geschichte der Stadt Salzburg (wie Anm. 4), S. 207. Der urkundliche Erstbeleg durch eine Schenkung Gottschalks von Unzing am 25. 4. 1298 bei: FRANZ MARTIN, Die Regesten der Erzbischöfe und des Domkapitels von Salzburg 1247–1343. 3 Bde., Salzburg 1928–1934, hier Bd. 2, Nr. 373; vgl. auch ZILLNER, Geschichte der Stadt Salzburg (wie Anm. 4). Bd. 1, S. 107 f. u. Bd. 2, S. 262 ff.

8 Zum folgenden zusammenfassend EBERHARD ISENMANN, Die deutsche Stadt im Spätmittelalter, Stuttgart 1988, S. 183–187 (mit Lit. S. 206 f.); HARTMUT BOOCKMANN, Die Stadt im späten Mittelalter, München 1986, S. 240–253; vgl. auch: BRIGITTE POHL-RESL, Rechnen mit der Ewigkeit. Das Wiener Bürgerspital im Mittelalter (Mitteilungen des Instituts für Österreichische Geschichtesforschung, Erg.-Bd. 33), Wien 1996; sowie allgemein: MARIE-LUISE WINDEMUTH, Das Hospital als Träger der Armenfürsorge im Mittelalter (Sudhoffs Archiv, Beiheft 36), Stuttgart 1995.

9 DOPSCH/LIPBURGER, Die rechtliche und soziale Entwicklung (wie Anm. 4), S. 723.

10 So bereits PEZOLT, Armenwesen (wie Anm. 4), S. 8. Aus der Bezeichnung „Spitalhaus" geht eindeutig hervor, daß dieses Haus schon vor der Stiftung als Spital benützt wurde. DOPSCH/LIPBURGER, Die rechtliche und soziale Entwicklung (wie Anm. 4), S. 723; vgl. auch Anm. 11.

11 So der Rückenvermerk auf der Or.-Urkunde: AStS, Bürgerspitalurkunde vom 26. 2. 1322. Der Name war noch in der Mitte des 15. Jahrhunderts gebräuchlich: Am 22. 12. 1458 wurde eine Fleischbank, *in dem Spitalhaws an der prucken* verkauft (AStS, Bürgerspitalurkunde vom 22. 12. 1458).

12 AStS, Bürgerspitalurkunde vom 26. 2. 1322; Salzburger Urkundenbuch. Bd. 4: Ausgewählte Urkunden bearb. von FRANZ MARTIN, Salzburg 1928, Nr. 294; MARTIN, Regesten (wie Anm. 7). Bd. 3, Nr. 307; DERSELBE, Archivalische Bestände (wie Anm. 3), S. 29, Nr. 162; vgl. auch ZILLNER, Geschichte der Stadt Salzburg (wie Anm. 4). Bd. 1, S. 211.

13 MARTIN, Regesten (wie Anm. 7). Bd. 3, Nr. 336; FRANZ MARTIN, Salzburger Archivberichte. Teil 1: Stadt Salzburg, Landkreis Salzburg-Umgebung und Hallein (Veröffentlichungen aus dem Reichsgauarchiv Salzburg 1), Salzburg 1944, S. 15 (nach Or. vom 14. 10. u. 6. 11. 1322 in der Stadtpfarre St. Blasius).

14 AStS, Bürgerspitalurkunde vom 21. 3. 1323; MARTIN, Regesten (wie Anm. 7). Bd. 3, Nr. 353; DERSELBE, Archivalische Bestände (wie Anm. 3), S. 29, Nr. 163.

15 AStS, Bürgerspitalurkunde vom 14. 7. 1323; Salzburger Urkundenbuch. Bd. 4 (wie Anm. 12), Nr. 299; MARTIN, Regesten (wie Anm. 7). Bd. 3, Nr. 370; DERSELBE, Archivalische Bestände (wie Anm. 3), S. 29, Nr. 164.

16 Zum Haus Waagplatz 2 vgl.: ZILLNER, Geschichte der Stadt Salzburg (wie Anm. 4). Bd. 1, S. 277; JOSEF WIERER, Das haws an der Porten, auch das Drugsazz- und Admunthaws, später das Stumpfen- und Ruedolphhaws benannt, nunmehr Waagplatz 2 und Rudolfsquai 32 zu Salzburg, Salzburg 1900. Das Haus Waagplatz 2 ist durch eine spätere, im Archiv des Klosters Admont erhaltene Urkunde eindeutig als Spitalhaus nachgewiesen. Am 30. 4. 1454 bestätigte der Salzburger Goldschmied Vincenz Plab dem Abt von Admont die Ablösung und Neuverleihung des Erbrechts auf dem Haus an der Porten, „so ehemals ein Spitalhaus gewesen ist" (WIERER, ebenda, S. 8 f.; nach JACOB WICHNER, Geschichte des Benedictinerstiftes Admont. Bd. 3, S. 192).

17 Da Sebastian Waginger in seinen 1513 aufgezeichneten Bürgerspitalurkunden ausdrücklich Ablaßurkunden von 1322 zugunsten der *Capell im Spital* ausweist (AStS, Stif 11, Nr. 497 u. 494) und diese nicht auf die Blasiuskapelle bezogen werden können, scheint diese Annahme gerechtfertigt. Jedenfalls besitzt die Hauskapelle des Hauses Waagplatz 2 (nachgewiesen 1517, um 1818 aufgelassen) eine lange Tradition. Vgl. GREINZ, Stadtdekanat (wie Anm. 4), S. 209; KARL ROLL, Die Kapelle in der Freysaufbehausung, in: Salzburger Chronik, 23. 9. 1926, S. 4.

18 MARTIN, Regesten (wie Anm. 7). Bd. 3, Nr. 618 (15. Juli 1327), Gegenurkunde des Abtes von Admont ebenda, Nr. 626, abgedruckt in: Salzburger Urkundenbuch. Bd. 4 (wie Anm. 12), Nr. 326.

19 Or.-Urkunde im Haus-, Hof- und Staatsarchiv Wien, danach Abdruck in: Salzburger Urkundenbuch. Bd. 4 (wie Anm. 12), Nr. 324; MARTIN, Regesten (wie Anm. 7). Bd. 3, Nr. 619; DERSELBE, Archivalische Bestände (wie Anm. 3), S. 30, Nr. 166; Abdruck und deutsche Übersetzung auch bei STADLER, Bürgerspital (wie Anm. 2), S. 17–21 (mit Datierung 23. 7.

1327); vgl. zusammenfassend DOPSCH/LIPBURGER, Die rechtliche und soziale Entwicklung (wie Anm. 4), S. 724.

20 Zit. nach MARTIN, Das Salzburger Bürgerspital (wie Anm. 4), S. 4; Text nach STADLER, Bürgerspital (wie Anm. 2), auch bei DOPSCH/LIPBURGER, Die rechtliche und soziale Entwicklung (wie Anm. 4), S. 723 f.

21 Zit. nach STADLER, Bürgerspital (wie Anm. 2), S. 19.

22 JETTER, Hospitäler in Salzburg (wie Anm. 1), S. 165.

23 AStS, Bürgerspitalurkunde vom 27. 7. 1334.

24 AStS, Bürgerspitalurkunde vom 25. 2. 1332; MARTIN, Archivalische Bestände (wie Anm. 3), S. 30, Nr. 169.

25 AStS, Bürgerspitalurkunde vom 11. 11. 1333; MARTIN, Archivalische Bestände (wie Anm. 3), S. 30, Nr. 170.

26 AStS, Bürgerspitalurkunde vom 16. 2. 1340; MARTIN, Archivalische Bestände (wie Anm. 3), S. 32 f., Nr. 190.

27 Vgl. zusammenfassend DOPSCH/HOFFMANN, Geschichte der Stadt Salzburg (wie Anm. 4), S. 173 ff.

28 AStS, Bürgerspitalurkunde vom 12. 12. 1354 mit Nennung Mertein des Spehers als Pfleger des Bürgerspitals.

29 DOPSCH/HOFFMANN, Geschichte der Stadt Salzburg (wie Anm. 4), S. 724. Eine Gesamtzusammenstellung der Spitalmeister bei STADLER, Bürgerspital (wie Anm. 4), S. 244 und ZILLNER, Geschichte der Stadt Salzburg (wie Anm. 4). Bd. 2, S. 290–292. Zu Einzelbelegen vgl. auch AStS, Bürgerspitalurkunden vom 21. 3. 1358 (Peter Keutzl und Mertein der Speher), 29. 6. 1361 (Vital Köllerer) und 14. 2. 1362 (Peter Keutzl und Vital Köllerer).

30 Vgl. MARTIN, Regesten (wie Anm. 7). Bd. 3, Nr. 875, 930, 1028, 1046, 1183, 1185; STADLER, Bürgerspital (wie Anm. 2), S. 29 ff.

31 PEZOLT, Armenwesen (wie Anm. 4), S. 8, Anm. 4; AStS, Bürgerspitalurkunde vom 22. 8. 1336 (Heinrich von Lampoding übergibt Weingärten zu Arnsdorf an das Spital). Der Weinerlös betrug 1576 – nach Pezolt – 415 Eimer.

32 So JETTER, Hospitäler in Salzburg (wie Anm. 1), S. 167 f.

33 Vgl. ISENMANN, Die deutsche Stadt im Spätmittelalter (wie Anm. 8), S. 185; vgl. auch ULRICH CRAEMER, Das Hospital als Bautyp des Mittelalters, Köln 1963.

34 Vgl. STADLER, Bürgerspital (wie Anm. 2), S. 22; DOPSCH/LIPBURGER, Die rechtliche und soziale Entwicklung (wie Anm. 4), S. 324; FRANZ FUHRMANN, Die bildende Kunst, in: Geschichte Salzburgs (wie Anm. 4). Bd. I/2, S. 1107–1136, hier S. 1125; DERSELBE, Kirchen in Salzburg, Wien 1949, S. 36; TIETZE/MARTIN, Die kirchlichen Denkmale (wie Anm. 4), S. 220; FRANZ MARTIN, Kunstgeschichte von Salzburg, Wien 1925, S. 28; LIESELOTTE VON ELTZ-HOFFMANN und OSKAR ANRATHER, Die Kirchen Salzburgs, Salzburg 1993, S. 64–67; vgl. auch die Lit. in Anm. 37. – Aus dieser Zeit (1330, 1340 und 1345) liegen mehrere Ablässe für die Kapelle St. Stephan und Blasius beim Spital der Stadt (von zwölf Bischöfen, dem Salzburger Erzbischof sowie dem Bischof von Seckau) vor. Vgl. MARTIN, Archivberichte (wie Anm. 13), S. 8.

35 Druck: Salzburger Urkundenbuch. Bd. 4 (wie Anm. 12), Nr. 354; zum Bau des Bürgerspitalarms vgl. DOPSCH/LIPBURGER, Die rechtliche und soziale Entwicklung (wie Anm. 4), S. 324, mit weiterer Lit. in Anm. 376.

36 Weihebrief datiert vom 3. August 1350. Nach Or. in der Stadtpfarre St. Blasius Regest bei MARTIN, Archivberichte (wie Anm. 13), S. 9.

37 Vgl. oben Anm. 34 sowie MARTIN, Das Salzburger Bürgerspital (wie Anm. 4), S. 4; JETTER, Hospitäler in Salzburg (wie Anm. 1), S. 168; STADLER, Bürgerspital (wie Anm. 2), S. 22; TIETZE/MARTIN, Die kirchlichen Denkmale (wie Anm. 4), S. 220; vgl. auch Dehio-Handbuch. Die Kunstdenkmäler Österreichs: Salzburg. Stadt und Land, Wien 1986, S. 558: „Kirche 1350 geweiht, 1410–1428 Emporeneinbau (?)".

38 Die Annahme geht auf ZILLNER, Geschichte der Stadt Salzburg (wie Anm. 4) zurück, der den Erstbeleg der „Porkirche" für 1428 angibt und für die Jahre 1410 bis 1428 die Führung eines Kirchenbaues vermutet (Bd. 1, S. 229). An anderer Stelle (Bd. 2, S. 291) gibt er für den Bau der Spitalkirche die Jahre 1419 bis 1422 an.
39 Vgl. STADLER, Bürgerspital (wie Anm. 2), S. 23.
40 Zum Verhältnis von Stadt und Stadtherr vgl. die Ausführungen des Verfassers anläßlich des Vortrages „Der Erzbischof und seine Residenzstadt Salzburg" beim Kongreß „1200 Jahre Erzbistum Salzburg" am 12. 6. 1998 in Salzburg, dessen Veröffentlichung für den Tagungsband vorgesehen ist.
41 So STADLER, Bürgerspital (wie Anm. 2), S. 22 und TIETZE/MARTIN, Die kirchlichen Denkmale (wie Anm. 4), S. 220, beide für die Jahre 1410–1428 (vgl. auch Anm. 38). Die „frühere Existenz einer solchen Empore" (bei Metzger) läßt sich – nach TIETZE/MARTIN (ebenda) – „nicht mit voller Sicherheit annehmen".
42 GREINZ, Stadtdekanat (wie Anm. 4), S. 282. Alle bisherigen Publikationen zur Blasiuskirche bilden – basierend auf TIETZE/MARTIN, Die kirchlichen Denkmale (wie Anm. 4), S. 226 – einen regelmäßigen Grundriß der Hallenkirche ab. Ältere Pläne, wie ein Grundriß (mit Querschnitt) aus dem 18. Jahrhundert (abgebildet ebenda, S. 225), zeigen jedoch deutliche Abweichungen, die wohl aus Rücksichtnahmen auf ältere Bauten oder zu deren Einbeziehung notwendig gewesen waren. An der nördliche Außenmauer der Kirche ist noch heute (zwischen dem zweiten und dritten Fenster von Osten gesehen) ein leichter Knick der Mauerführung erkennbar.
43 Der umfangreiche Urkundenbestand dieser Zeit und die frühesten Urbare wurden bislang noch nicht erschöpfend ausgewertet. Vgl. auch die Angaben bei ZILLNER, Geschichte der Stadt Salzburg (wie Anm. 4). Bd. 2, S. 291, die allerdings der Belegstellen entbehren (so erwähnt er zu 1367 die „Siechen im Kobl").
44 AStS, Bürgerspitalurkunden vom 15. 3. 1348 und 3. 2. 1377; ZILLNER, Geschichte der Stadt Salzburg (wie Anm. 4). Bd. 2, S. 290 f.
45 1393 übergab der Spitalmeister Virgil Sappel dem Bürgerspital sein Haus am Markt, dafür sollte die „Gemeine Statt" den Siechen im Bürgerspital ewig alle 14 Tage ein „Seelbad" ausrichten.
46 AStS, Bürgerspitalurkunde vom 21. 7. 1353.
47 Vgl. das auch in diesem Beitrag abgebildete Titelblatt des Bürgerspitalurbars von 1512.
48 Vgl. ISENMANN, Die deutsche Stadt im Spätmittelalter (wie Anm. 8), S. 184.
49 Zur allgemeinen Entwicklung ISENMANN, ebenda, S. 184. Von STADLER, Bürgerspital (wie Anm. 2), S. 23, wurde die Situation in Altenstiften einfach auf Salzburg übertragen und daher eine Ausbildung des Pfründsystems ab Ende des 14. Jahrhunderts angenommen. Oben auf der Empore seien höhergestellte, bürgerliche Pfründner und im darunterliegenden Herbergsraum Pilger und Reisende untergebracht gewesen. Die aus dem 15. Jahrhundert bekannten Angaben zur Raumnutzung und Spitalsbelegung widerlegen diese Vermutung.
50 Vgl. dazu unten die auf Angaben des Spitalmeisters Sebastian Waginger und der ältesten, 1512 niedergeschriebenen Spitalordnung basierenden Ausführungen.
51 Vgl. DOPSCH/LIPBURGER, Die rechtliche und soziale Entwicklung (wie Anm. 4), S. 187; zu den Bürgern als Auftraggeber in der Kunst vgl. ALBIN ROHRMOSER, Das Salzburger Bürgertum als Auftraggeber in der Kunst, in: Vom Stadtrecht zur Bürgerbeteiligung. Festschrift 700 Jahre Stadtrecht von Salzburg hg. von HEINZ DOPSCH (Jahresschrift des Salzburger Museums C. A. 33), Salzburg 1987, S. 75–91.
52 ROHRMOSER, ebenda, S. 80.
53 Zu den beiden vgl. DOPSCH/LIPBURGER, Die rechtliche und soziale Entwicklung (wie Anm. 4), S. 724 f.; STADLER, Bürgerspital (wie Anm. 2), S. 29–31.
54 Regesten nach den Or.-Ablaßbriefen vom 18. 10. 1398, 2. 5. 1399, 9. 2. 1401 und 22. 2. 1401 in der Stadtpfarre St. Blasius bei MARTIN, Archivberichte (wie Anm. 13), S. 9. Die Indulgenz für die *Capella hospitale pauperum ss. Blasii et Stephani* von 1398 nach den

päpstlichen Registern auch in: Repertorium Germanicum. Bd. 2: Verzeichnis der in den Registern und Kameralakten Urbans VI., Bonifaz IX., Innocenz VII. und Gregors XII. vorkommenden Personen, Kirchen und Orte des Deutschen Reiches, seiner Diözesen und Territorien 1378–1415 bearb. von GERD TELLENBACH, Ndr. der Ausgabe 1933–1938, Berlin 1961, Sp. 1038.

55 AStS, Stif 11, Register aller Urkunden des Bürgerspitals, angelegt von Sebastian Waginger 1513, hier Nr. 491.
56 Repertorium Germanicum (wie Anm. 54), Sp. 847.
57 Ebenda, Sp. 847 zum 1. 9. 1403.
58 AStS, Bürgerspitalurkunde vom 7. 10. 1407 (Abschr.), mit dem Rückenvermerk, daß sich diese Stiftung auf den St.-Anna-Altar bezogen habe. Stadler (S. 29) kennt diese Urkunde nicht und folgert aus der Stiftungsbestätigung von 1411 (siehe Anm. 59), daß die erste tägliche Messe erst 1411 gestiftet worden sei.
59 AStS, Bürgerspitalurkunde vom 4. 5. 1411 (Abschr.); Druck bei: ADAM DOPPLER, Auszüge aus den Original-Urkunden des fürsterzbischöflichen Consitorial-Archives zu Salzburg 1401–1440, in; MGSL 13 (1873), Nr. 63, S. 45–47.
60 ROHRMOSER, Salzburger Bürgertum (wie Anm. 51), S. 79, mit Farb-Abb. S. 78; FRANZ WAGNER, Goldschmiedekunst, in: Katalog der Ausstellung „Spätgotik in Salzburg – Skulptur und Kunstgewerbe" (Jahresschift des Salzburger Museums C. A. 21), Salzburg 1976, S. 75–103, hier S. 93, Kat.-Nr. 86; TIETZE/MARTIN, Die kirchlichen Denkmale (wie Anm. 4), S. 231 f., Abb. 267.
61 Diese Stiftung wird in einem von Waginger abschriftlich überlieferten Geschäftsbrief Aufners aus dem Jahr 1432 erwähnt, in dem dieser alle zwischen 1407 und 1432 für das Spital getätigten Stiftungen auflistet (AStS, Stif 11, fol. 96–98). Der am Emporen-Altar zu haltende Jahrtag wird dabei nach der Stiftung von 1407/11 und noch vor den gestifteten Pfründenaufbesserungen des Jahres 1412 (siehe Anm. 65) genannt, was eine Datierung auf 1411/12 nahelegt.
62 So nach ZILLNER (vgl. Anm. 38) STADLER, Bürgerspital (wie Anm. 2), S. 30.
63 AStS, Bürgerspitalurkunde vom 10. 7. 1427.
64 DOPSCH/LIPBURGER, Die rechtliche und soziale Entwicklung (wie Anm. 4), S. 724 f. (meist übernahmen Salzburger Kaufleute, die in Venedig Geschäfte abwickelten, die jährlichen Gelder für das Spital).
65 AStS, Bürgerspitalurkunde vom 24. 3. 1412; erwähnt auch in AStS, Stif 11, fol. 96–98.
66 Schreiben vom 21. 12. 1412 bei: MARTIN, Archivberichte (wie Anm. 13), S. 10, ebenda ein weiteres Unterstützungsschreiben für das Almosensammeln vom 11. 3. 1413.
67 STADLER, Bürgerspital (wie Anm. 2), S. 30 f. (mit Belegstellen).
68 DOPSCH/LIPBURGER, Die rechtliche und soziale Entwicklung (wie Anm. 4), S. 724; vgl. STADLER, Bürgerspital (wie Anm. 2), S. 29 f.
69 Erwähnt im Geschäftsbrief Aufners von 1432 (vgl. Anm. 61): AStS, Stif 11, fol. 99; vgl. auch ZILLNER, Geschichte der Stadt Salzburg (wie Anm. 4), S. 292.
70 Vgl. STADLER, Bürgerspital (wie Anm. 2), S. 32, hier auch zu den Stiftungen von Ulrich Elsenheimer (1440) sowie Hans Elsenheimer (vgl. unten Anm. 73).
71 AStS, Stif 17, Bürgespitalurbar 1429, fol. 38 u. 40 ff.; danach MARTIN, Das Salzburger Bürgerspital (wie Anm. 4), S. 5.
72 DOPSCH/LIPBURGER, Die rechtliche und soziale Entwicklung (wie Anm. 4), S. 725, vgl. STADLER, Bürgerspital (wie Anm. 2), S. 56 ff.
73 AStS, Bürgerspitalurkunde vom 26. 9. 1478; vgl. auch LUDWIG PEZOLT, Die Elsenheimer von ihrem ersten Auftreten in Salzburg bis zum Ende des Mittelalters. Eine Studie zur Geschichte der Salzburger Geschlechter, in: MGSL 40 (1900), S. 155–248, hier S. 173.
74 AStS, Stif 108, fol. 120; vgl. dazu unten S. 78 die ausführliche Darstellung.
75 Vgl. die Darstellung Wagingers aus dem Jahr 1512 in: AStS, Stif 108, fol. 119.

76 Dies ergibt sich aus der 1512 niedergeschriebenen Spitalordung, AStS Stif 108, fol. 125–135. MARTIN, Das Salzburger Bürgerspital (wie Anm. 4), S. 5 erwähnt ohne Belegstelle, daß die Kranken (Siechen) im „hintern Stöckl", also einem eigenen Gebäude, untergebracht gewesen sind.

77 Der Gesamtbesitz wurde seit 1368 in den mustergültig angelegten Urbaren des Bürgerspitals festgehalten: AStS, BU 1a; AStS, Stif 14–42.

78 DOPSCH/LIPBURGER, Die rechtliche und soziale Entwicklung (wie Anm. 4), S. 725; ZILLNER, Geschichte der Stadt Salzburg (wie Anm. 4). Bd. 1, S. 378 ff. (Burgrecht Bürgerspital); STADLER, Bürgerspital (wie Anm. 2), S. 98–142.

79 Neben Martin Aufner werden auch Jakob Gaumüller, der Bürgermeister der Igelbundurkunde 1403, und die bedeutenden Kaufleute Virgil und Ruprecht Venediger als Spitalmeister genannt (DOPSCH/LIPBURGER, ebenda).

80 AStS, Stif 92, Bürgerspitalrechnung 1477, fol. 1.

81 AStS, BU 2, Stadtbuch des Christian Reuter, fol. 22; danach KARL LACKERBAUER, Der Kampf der Stadt Salzburg gegen die Erzbischöfe 1481–1524 (Phil. Diss., Salzburg 1973), Salzburg 1982, S. 39 (fälschlich auf den Brudermeister von St. Sebastian bezogen).

82 FRANZ VIKTOR SPECHTLER und RUDOLF UMINSKY (Hg.), Die Salzburger Stadt- und Polizeiordnung von 1524 (Göppinger Arbeiten zur Germanistik 222, Frühneuhochdeutsche Rechtstexte I), Göttingen 1978, S. 91–97.

83 Ebenda, S. 96 f.; FRITZ GRUBER, Die Strochner-Stiftung Anno 1489 und die ältere Geschichte des Armenbadspitals in Badgastein, in: 500 Jahre Badehospiz Badgastein (Schriftenreihe des Landespressebüros, Serie „Salzburg Dokumentationen" 99), Salzburg 1989, S. 11–79. Vereinzelte Badereisen von Pfründnern des Bürgerspitals und der Dienstboten belegt ab 1580 STADLER, Bürgerspital (wie Anm. 2), S. 70 f.

84 Zu seiner Person STADLER, Bürgerspital (wie Anm. 2), S. 98 u. 122.

85 AStS, Stif 108 u. 109, Bürgerspitalrechnung 1512, fol. 120.

86 AStS, Stif 108 u. 109, Bürgerspitalrechnung 1512, fol. 125–135; Druck bei: STADLER, Bürgerspital (wie Anm. 2), S. 49–53 (mit Transkriptionsfehlern). Die *Ordnung der armen lewt unnd dinstpoten in der Burger Spital hie zu Saltzburg* ist nicht datiert und kann durchaus älter sein als die Erstaufzeichnung im Jahr 1512 (das Rechnungsbuch beinhaltet auch Nachträge zum Jahr 1513). Seit Stadler gilt diese älteste bekannte Hausordnung aber als „Spitalordnung von 1512".

87 AStS, Stif 108, Bürgerspitalrechung 1512, fol. 120.

88 So die älteste, 1512 erstmals niedergeschriebene Spitalordnung (vgl. Anm. 86), Druck bei STADLER, Bürgerspital (wie Anm. 2), S. 52.

89 Erwähnt in AStS, Stif 189, Bürgerspitalrechnung 1594, fol. 94. Hier werden als Dienstboten der Untermeister, ein Bäcker, der Mesner, ein Fuhrknecht, die Köchin sowie eine „Unterdirn" und eine „Stubendirn" genannt.

90 STADLER, Bürgerspital (wie Anm. 2), S. 50.

91 Vgl. die bereits oben S. 75 ausgewertete Schilderung Wagingers (1512/13) in: AStS, Stif 108, Bürgerspitalrechnung 1512, fol. 119.

92 Ebenda, fol. 143.

93 Ebenda, fol. 142. Zur Zuweisung des Platzes durch den Spitalmeister vgl. die 1512 aufgezeichnete Spitalordnung.

94 So nach STADLER (Bürgerspital, wie Anm. 2, S. 53 u. 60 ff.); zuletzt DOPSCH/LIPBURGER, Die rechtliche und soziale Entwicklung (wie Anm. 4), S. 725.

95 AStS, Stif 108 u. 109, Bürgerspitalrechnung 1512, fol. 122 (*Eehallten*), fol. 123–124 (Pfründner). Vgl. dazu STADLER, Bürgerspital (wie Anm. 2), S. 57, der die Liste auf 1512 bezog und die nachträglichen Namenseinträge (bei Vakanz trug Waginger den neuen Pfründner in seiner Liste nach) für seine Auswertung mit einbezog, so daß er zu anderen Schlußfolgerungen gekommen ist.

96 Zur Geschichte des Bruderhauses vgl. nunmehr den Beitrag des Verfassers „Das Bruderhaus zu St. Sebastian. Vom spätmittelalterlichen Armenhaus und Hospital zum Vorsorgungs- und Altenheim des 19. Jahrhunderts" in diesem Buch S. 111 ff.
97 AStS, Stif 108, Bürgerspitalrechung 1512, fol. 143 (*leding*) und fol. 151 (zur Gaststube).
98 AStS, Stif 108, fol. 125–133; Druck bei STADLER, Bürgerspital (wie Anm. 2), S. 49–53.
99 So der richtige Text nach AStS, Stif 108, fol. 127. Bei STADLER, Bürgerspital (wie Anm. 2), S. 50 verlesen auf „in dy Kürchen gelegen".
100 Man durfte die Essenspfründe, nicht aber den Pfründplatz (vgl. DOPSCH/LIPBURGER, Die rechtliche und soziale Entwicklung, wie Anm. 4, S. 725) weiterverkaufen.
101 Beispiele für Einkaufen in die Pfründe aus 16. Jahrhundert bringt STADLER, Bürgerspital (wie Anm. 2), S. 54.
102 AStS, Stif 110, Bürgerspitalrechnung 1513, fol. 83, genannt als Nichtbürgerin in der Liste der Pfründner 1513: AStS, Stif 108, fol. 123.
103 AStS, Stif. 108, fol. 124 u. 153.
104 1557 wurden 85 Pfründner und 1595, so wie bereits 100 Jahre zuvor, zumeist 80 Pfründner – die Frauen hatten unter diesen ein deutliches Übergewicht – versorgt. Vgl. AStS, Stif 149, Bürgerspitalrechnung 1557, fol. 65 u. AStS, Stif 190, Bürgerspitalrechnung 1595 (wöchentliche Geldspenden an 74–81, zumeist 80 Personen).
105 AStS, Stif 110, Bürgerspitalrechnung 1513, fol. 83: Von 20 Verstorben waren nur 6 Pfründnerinnen. 1523 verstarben 11 Personen, davon waren 7 Pfründner und 4 „Ledige". AStS, Stif 119, Bürgerspitalrechung 1523. Durchschnittsangaben auch bei STADLER, Bürgerspital (wie Anm. 2), S. 57.
106 AStS, Stif 133, Bürgerspitalrechnung 1541/42, fol. 54.
107 Vgl. die für die Jahre 1513 und 1523 vorliegenden Angaben (siehe Anm. 105).
108 AStS, Stif 189, Bürgerspitalrechung 1594, fol. 49; AStS, Stif 190, Bürgerspitalrechnung 1595, fol. 61. 1582 wird einer Frau ihre Supplik um Aufnahme in das Bürgerspital vom Stadtrat bewilligt und ihr gestattet, sich beim Spitalmeister anzumelden. AStS, BU 33, Ratsprotokolle 1582, unpag.
109 Vgl. zusammenfassend HEINZ DOPSCH und PETER M. LIPBURGER, Das 16. Jahrhundert – Von Leonhard von Keutschach zu Wolf Dietrich von Raitenau (1519–1587), in: Heinz DOPSCH und HANS SPATZENEGGER (Hg.), Geschichte Salzburgs. Stadt und Land. Bd. II/4, Salzburg 1991, S. 2015–2070, hier S. 2029:
110 JETTER, Hospitäler in Salzburg (wie Anm. 1), S. 171.
111 1560/61 wurde die Zahl der Zellen deutlich verringert. STADLER, Bürgerspital (wie Anm. 2), S. 37 f. kommt hingegen zu dem falschen Schluß, in den bislang unabgeteilten Bereichen auf und unter Empore seien erst jetzt Brettenverschläge errichtet worden. Zur vom Stadtrat 1562 beschlossenen Errichtung mehrerer „Kötterl" im Bürgerspital vgl. das Protokoll der Ratssitzung vom 15. 4. 1562: AStS, BU 26, Ratsprotokolle 1562, fol. 19.
112 STADLER, ebenda, S. 42. Zu einer Kirchenrenovierung in den Jahren 1576/77 vgl. TIETZE/MARTIN, Die kirchlichen Denkmale (wie Anm. 4), S. 220 (mit Abdruck der entsprechenden Quellenstellen).
113 Zur Umgestaltung unter Wolf Dietrich vgl. bes. STADLER, ebenda, S. 83–86. Zum Verkauf der Kirchenstühle AStS, Stif 190, Bürgerspitalrechnung 1595, fol. 63–64. Als *Empfang wegen der Stüel in der Spittall Khierchen* werden für den Verkauf von 28 Kirchenstühlen 14 Gulden verzeichnet
114 AStS, Bürgerspitalurkunden vom 18. September 1595 (Abschriften der Spitalordnung sowie der Untermeisterordnung); AStS, StStA, Bürgerspitalakten (undatierte Abschrift). Der Ratsbeschluß vom 3. 10. 1595 erwähnt in: AStS, BU 41, Ratsprotokolle 1595/96, fol. 77; danach Protokollauszug in: AStS, StStA, Bürgerspitalakten.
115 ALFRED STEFAN WEISS, „Providum imperium felix." Glücklich ist eine vorausssehende Regierung. Aspekte der Armen- und Gesundheitsfürsorge im Zeitalter der Aufklärung, dargestellt

anhand Salzburger Quellen ca. 1770–1803 (Kulturgeschichte der namenlosen Mehrheit 1), Wien 1997, S. 29–31.
116 FRIEDRICH GRAF SPAUR, Nachrichten Ueber das Erzstift Salzburg nach der Säkularisation. In vertrauten Briefen. Bd. 2, Passau 1805, Ndr. Salzburg 1985, S. 36.
117 Stadler spricht sogar von einem „kleinen Industriezentrum" – STADLER, Bürgerspital (wie Anm. 2), S. 196.
118 Ebenda, S. 195; ALFRED STEFAN WEISS, Das Projekt der Rumfordsuppe in Salzburg. Ein Beitrag zur Geschichte der „naturalen" Armenversorgung, in: MGSL 134 (1994), S. 399–408, hier S. 401 und 404.
119 STADLER, Bürgerspital (wie Anm. 2), S. 53 f.; vgl. ANSELM MARTIN, Die Kranken- und Versorgungs-Anstalten in Wien, Baaden, Linz und Salzburg, München 1832, S. 216.
120 AStS, StStA, Schreiben des k. k. Kreisamtes an die Stiftungsadministration der Wohltätigkeit in Salzburg, 3. 9. 1819. Das Städtische Stiftungsarchiv ist derzeit in Bearbeitung. Es können daher keine Signaturen angegeben werden. Vgl. auch AStS, Stif 404, Bürgerspitalrechnung 1. 11. 1809–30. 9. 1810, pag. 322–328; JOHANN ERNEST TETTINEK, Die Armen-Versorgungs- und Heilanstalten im Herzogthume Salzburg, Salzburg 1850, S. 44.
121 STADLER, Bürgerspital (wie Anm. 2), S. 60; TETTINEK, Armen-Versorgungs- und Heilanstalten (wie Anm. 120), S. 46. Bisweilen baten verarmte Verwandte verstorbener Spitaler um Rückstellung des Bettes, welches stets einen gewissen Wert besaß. Vgl. z. B. AStS, StStA, Pfründnernachlässe, Schreiben an das Kaiserlich Königliche Kreisamt, 13. 11. 1816.
122 AStS, StStA, Schreiben an die k. k. Administration der Wohltätigkeitsstiftungen, 12. 9. 1817.
123 Vgl. dazu den Beitrag von THOMAS WEIDENHOLZER, Vom Pfründner-Spital zu den „Vereinigten Versorgungsanstalten". Aspekte einer Geschichte des Alters im 19. Jahrhundert, in diesem Buch.
124 LORENZ HÜBNER, Beschreibung der Hochfürstlich-erzbischöflichen Haupt- und Residenzstadt Salzburg und ihrer Gegenden verbunden mit ihrer ältesten Geschichte. Bd. 2, Salzburg 1793, Ndr. 1982, S. 533.
125 STADLER, Bürgerspital (wie Anm. 2), S. 139.
126 MARTIN, Das Salzburger Bürgerspital (wie Anm. 4), S. 6.
127 JETTER, Das europäische Hospital (wie Anm. 1), S. 118–122; DERSELBE, Hospitäler in Salzburg (wie Anm. 1), S. 170 f.; ALFRED WENDEHORST, Das Juliusspital in Würzburg. Bd. 1, Würzburg 1976, S. 43.
128 AStS, StStA, Aufnahmen und Pfründenverleihung im Bürgerspital 1820.
129 STADLER, Bürgerspital (wie Anm. 2), S. 60 f.; DERSELBE, Die Generalvisitation des Salzburger Bürgerspitals St. Blasius unter Fürsterzbischof Hieronymus Graf Colloredo 1795. Ein kultur- und sozialgeschichtlicher Beitrag, in: MGSL 131 (1991), S. 137–161, hier S. 141.
130 AStS, StStA, Bitte um Aufnahme in das Bürgerspital, März 1736.
131 AStS, StStA, Bitte an den Stadtmagistrat, 1727.
132 AStS, StStA, Bitte an den Stadtmagistrat, 1692.
133 AStS, StStA, Bitten an den Stadtmagistrat, 1690, 1691.
134 AStS, StStA, Schreiben des k. k. Kreisamtes an die Stiftungsadministration der Wohltätigkeit in Salzburg, 3. 9. 1819.
135 Vgl. dazu den Beitrag über das Bruderhaus zu St. Sebastian (wie Anm. 96) in diesem Buch.
136 AStS, StStA, Schreiben des k. k. Kreisamtes an die Stiftungsadministration der Wohltätigkeit, 3. 9. 1819.
137 AStS, StStA, Verzeichnis der im III. Quartale eingegangenen Bittschriften um Aufnahme in das Bürgerspital zu Salzburg, 1817/1818.
138 AStS, StStA, Schreiben des Konsistoriums, 30. 10. 1765.
139 STADLER, Generalvisitation (wie Anm. 129), S. 38.

140 Vgl. dazu oben S. 68–70.
141 STADLER, Bürgerspital (wie Anm. 2), S. 75, 196; CHRISTIAN GREINZ, Das sociale Wirken der katholischen Kirche in der Erzdiöcese Salzburg (Das sociale Wirken der katholischen Kirche in Oesterreich 5), Wien 1898, S. 197. AStS, Stif 394, Bürgerspitalrechnung 1800. Bereits im September 1801 wurde die Rechnung des vorhergehenden Jahres vom „Senatu civico" und nicht mehr vom Konsistorium geprüft.
142 STADLER, Bürgerspital (wie Anm. 2), S. 75–79.
143 Ebenda, S. 176 f.; DERSELBE, Generalvisitation (wie Anm. 129), S. 143 f.; AStS, StStA, Bürgerspitals-General-Visitations Akt von 1795.
144 WEISS, Providum imperium felix (wie Anm. 115), S. 96 f.; HÜBNER, Beschreibung Salzburg (wie Anm. 124), S. 533; KARL HÖLLER, Das erste Jahr im neuen städtischen Versorgungshause zu Salzburg, Salzburg 1900, S. 4; GEORG MUSSONI, Fonde und Stiftungen der Landeshauptstadt Salzburg, Salzburg 1890, S. 6; BENEDIKT PILLWEIN, Das Herzogthum Salzburg oder der Salzburger Kreis (Geschichte, Geographie und Statistik des Erzherzogthums Oesterreich ob der Enns und des Herzogthums Salzburg 5), Linz 1839, Reprint Salzburg 1983, S. 207; FRANZ XAVER WEILMEYR, Salzburg, die Hauptstadt des Salzach-Kreises. Ein Hand- und Addreß-Buch für Jedermann, Salzburg 1813, S. 193.
145 STADLER, Bürgerspital (wie Anm. 2), S. 144.
146 Ebenda, S. 146–148.
147 Zahlreiche Vorschläge des Stadtmagistrats wurden in die Stellungnahme des Konsistoriums wortwörtlich übernommen. Vgl. dazu STADLER, Generalvisitation (wie Anm. 129), S. 157–159.
148 AStS, StStA, Bürgerspitals-General-Visitations Akt von 1795, Visitationsdekret des Konsistoriums vom 13. 11. 1795. Dieses Dekret galt in der Forschung bislang als verschollen und konnte daher auch nicht von Georg Stadler eingesehen werden. Vgl. STADLER, Generalvisitation (wie Anm. 129), S. 159.
149 STADLER, Bürgerspital (wie Anm. 2), S. 159.
150 AStS, StStA, Bürgerspitals-General-Visitations Akt von 1795, Visitationsdekret des Konsistoriums vom 13. 11. 1795.
151 Ebenda.
152 Ebenda.
153 Ebenda.
154 Vgl. dazu WEISS, Providum imperium felix (wie Anm. 115), S. 122–130.
155 FRANZ XAVER HUBER, Zum Andenken des seligen Menschenfreundes Sigmund Hafner Edlen von Imbachhausen, Salzburg 1787, S. 24.
156 AStS, StStA, Bürgerspitals-General-Visitations Akt von 1795, Visitationsdekret des Konsistoriums vom 13. 11. 1795; vgl. AStS, Stif 403, Bürgerspitalrechnung 1809, pag. 211.
157 Zitiert nach STADLER, Bürgerspital (wie Anm. 2), S. 51.
158 AStS, StStA, Bürgerspitals-General-Visitations Akt von 1795, Visitationsdekret des Konsistoriums vom 13. 11. 1795.
159 AStS, StStA, Bericht des Konsistoriums, 9. 10. 1798.
160 Ebenda.
161 AStS, StStA, Krankenzimmer und Krankenwärterin, 1819.
162 Ebenda.
163 Ebenda.
164 Laut eines Konsistorialdekretes mußten die Spitaler zeitweise ihre Medikamente selbst bezahlen. AStS, StStA, Decretum in Consistorio, 12. 5. 1741.
165 AStS, Stif 412, Bürgerspitalrechnung 1818, pag. 147.
166 STADLER, Bürgerspital (wie Anm. 2), S. 68; AStS, Stif 394, Bürgerspitalrechnung 1800, pag. 149; Stif 399, Bürgerspitalrechnung 1805, pag. 210 und 232.

167 AStS, StStA, Gutachten des Collegium medicum vom Oktober 1802; SLA, Geheime Hofkanzlei XXI/11 c; WEISS, Providum imperium felix (wie Anm. 115), S. 166; STADLER, Bürgerspital (wie Anm. 2), S. 199.
168 AStS, Stif 410, Bürgerspitalrechnung 30. 9. 1815–1. 11. 1816, pag. 129.
169 AStS, StStA, Schreiben der Bürgerspitaloberverwaltung an das Konsistorium, 24. 5. 1803; Schreiben des Konsistoriums, 25. 6. 1803; STADLER, Bürgerspital (wie Anm. 2), S. 214 f.
170 GRUBER, Die Strochner-Stiftung Anno 1489 (wie Anm. 83), S. 29 f.
171 Vgl. AStS, StStA, Schreiben an die Landesregierung, 22. 8. 1809; STADLER, Bürgerspital (wie Anm. 2), S. 70 f.
172 STADLER, Bürgerspital (wie Anm. 2), S. 69 f.; FRIEDRICH R. BESL, Die Entwicklung des handwerklichen Medizinalwesens im Land Salzburg vom 15. bis zum 19. Jahrhundert. Teil 2, in: MGSL 138 (1998), S. 103–296, hier S. 108–114; HERBERT KLEIN, Die Sauna in Altsalzburg, in: MGSL 112/113 (1972/73), S. 118–123, hier S. 122; ZILLNER, Geschichte der Stadt Salzburg (wie Anm. 4). Bd. 1, S. 382.
173 AStS, StStA, Bürgerspitals-General-Visitations Akt von 1795, Visitationsdekret des Konsistoriums vom 13. 11. 1795.
174 AStS, StStA, Nachtrag zur Bürgerspitalordnung, 22. 5. 1808.
175 AStS, StStA, Bürgerspitals-General-Visitations Akt von 1795, Visitationsdekret des Konsistoriums vom 13. 11. 1795.
176 STADLER, Bürgerspital (wie Anm. 2), S. 80.
177 Ebenda, S. 177; DERSELBE, Generalvisitation (wie Anm. 129), S. 148.
178 STADLER, Bürgerspital (wie Anm. 2), S. 57, 72.
179 AStS, StStA, Verzeichnis der unter Verwalter Christian Zezi aufgenommenen Pfründner 1782–1794.
180 AStS, StStA, Verzeichnis der Pfründner und Unpfründner, ca. 1837.
181 AStS, Stif 366, Bürgerspitalrechnung 1772, pag. 63.
182 STADLER, Bürgerspital (wie Anm. 2), S. 72–74, 172 f.; TETTINEK, Armen-Versorgungs- und Heilanstalten (wie Anm. 120), S. 36.
183 Vgl. z. B. AStS, Stif 366, Bürgerspitalrechnung 1772, pag. 63 – 5 fl 4 kr; AStS, Stif 394, Bürgerspitalrechnung 1800, pag. 151 – 51 fl 20 kr.
184 STADLER, Bürgerspital (wie Anm. 2), S. 53.
185 AStS, StStA, Bürgerspitalordnung.
186 AStS, StStA, Bürgerspitalordnung 1803, Art. 1; vgl. TETTINEK, Armen-Versorgungs- und Heilanstalten (wie Anm. 120), S. 40; STADLER, Bürgerspital (wie Anm. 2), S. 49; DERSELBE, Generalvisitation (wie Anm. 129), S. 137.
187 AStS, StStA, Bürgerspitalordnung 1803, Art. 4. Bezeichnenderweise wurde auch das neue Versorgungshaus im Nonntal wiederum mit einer Kirche ausgestattet.
188 Vgl. STADLER, Bürgerspital (wie Anm. 2), S. 80 f.
189 AStS, StStA, Bürgerspitalordnung 1803, Art. 13.
190 Ebenda, Art. 16 und 17.
191 Ebenda, Art. 18.
192 JETTER, Hospitäler in Salzburg (wie Anm. 1), S. 171.
193 AStS, StStA, Instruktion für den Untermeister und die Untermeisterin 1807, Art. 3, 4, 6, 7, 9.
194 Ebenda, Art. 1.
195 AStS, StStA, Schreiben des Konsistoriums, 30. 10. 1765.
196 Ebenda.
197 Ebenda.
198 AStS, StStA, Beschwerde Joseph Rodlers, Dezember 1819; Gutachten zu den „vorgefallenen Mißhelligkeiten".
199 Ebenda.

200 AStS, PA 674; SLA, Landesausschuß 135, Übersicht über die Schul-, Kranken, Armenversorgungs-, Besserungs- und allgemeine Wohltätigkeitsanstalten, 31. 12. 1805. Im Jahr 1801 zählte das Bürgerspital überdies mehr als 700 Grundholden. Dazu: Intelligenzblatt von Salzburg 31. 12. 1801, Sp. 830–836, hier Sp. 835.
201 HÜBNER, Beschreibung Salzburg (wie Anm. 124), S. 533. Angeblich wurde die Zahl der Pfründner bereits im Jahr 1690 mit 60 Personen festgeschrieben, doch hielt man sich in der Folgezeit zumindest nicht an diese Festlegung. Dazu: AStS, StStA, Bürgerspitals-General-Visitations Akt von 1795.
202 AStS, StStA, Schreiben an den Magistrat, 24. 7. 1809.
203 Ebenda.
204 AStS, Stif 364, Bürgerspitalrechnung 1770, pag. 54 und 109; AStS, Stif 365, Bürgerspitalrechnung 1771, pag. 61 und 119; AStS, Stif 366, Bürgerspitalrechnung 1772, pag. 55 und 109.
205 AStS, Stif 395, Bürgerspitalrechnung 1801, pag. 149.
206 AStS, Stif 404, Bürgerspitalrechnung 1. 11. 1809–30. 9. 1810, pag. 253.
207 Ebenda, pag. 191.
208 GEORG ABDON PICHLER, Salzburg's Landes-Geschichte. Allgemeine Geschichte, Salzburg 1865, S. 965; GÜNTNER, Heil- und Wohlthätigkeitsanstalten, in: Beiträge zur Kenntniss von Stadt und Land Salzburg. Ein Gedenkbuch an die 54. Versammlung deutscher Naturforscher und Aerzte, Salzburg 1881, S. 248–288, hier S. 274.
209 Vgl. dazu CHRISTIAN DIRNINGER, Staatliche Finanzwirtschaft im Erzstift Salzburg im 18. Jahrhundert, in: HEINZ DOPSCH und HANS SPATZENEGGER (Hg.), Geschichte Salzburgs. Stadt und Land. Bd. II/1, 2., verb. und erw. Aufl., Salzburg 1995, 537–576, hier S. 575 f.; DERSELBE, Staatliche Finanzpolitik im Erzstift Salzburg im 18. Jahrhundert. Bd. 2, phil. Habil. (masch.), Salzburg 1997, S. 280 f., 289.
210 AStS, Stif 410, Bürgerspitalrechnung 30. 9. 1815–1. 11. 1816, pag. 194.
211 Ebenda, pag. 124; STADLER, Bürgerspital (wie Anm. 2), S. 196; vgl. WEIDENHOLZER, Pfründner-Spital (wie Anm. 123).
212 AStS, StStA, Verzeichnis der unter Verwalter Christian Zezi aufgenommenen Pfründner 1782–1794.
213 HÖLLER, Versorgungshaus (wie Anm. 144), S. 4 f.; MUSSONI, Fonde und Stiftungen (wie Anm. 144), S. 8 f.; GREINZ, Sociales Wirken (wie Anm. 141), S. 196 f.; WEISS, Providum imperium felix (wie Anm. 115), S. 26.
214 MUSSONI, Fonde und Stiftungen (wie Anm. 144), S. 6.
215 SABINE FALK-VEITS, Mathias Bayrhammer. Auf den Spuren eines Wohltäters 150 Jahre nach seinem Tod, in: Salzburg Archiv 20 (1995), S. 185–208, hier S. 191; DIESELBE, Armut in einer Zeit des Umbruchs und der Stagnation. Das Beispiel Salzburg von der Aufklärung bis zum Liberalismus. Phil. Diss. (masch.), Salzburg 1997, S. 282; STADLER, Bürgerspital (wie Anm. 2), S. 205 f.; GÜNTNER, Heil- und Wohlthätigkeitsanstalten (wie Anm. 208), S. 274; TETTINEK, Armen-Versorgungs- und Heilanstalten (wie Anm. 120), S. 42–44.
216 VEITS-FALK, Armut (wie Anm. 215), S. 282.
217 Vgl. dazu den Beitrag von WEIDENHOLZER, Pfründner-Spital (wie Anm. 123) in diesem Buch.
218 Salzburger Chronik, 24. 5. 1895, S. 3.
219 Ebenda.
220 Vgl. WEIDENHOLZER, Pfründner-Spital (wie Anm. 123).
221 Vgl. HÖLLER, Versorgungshaus (wie Anm. 144), S. 19–22.

Das Bruderhaus zu St. Sebastian

Vom spätmittelalterlichen Armenhaus und Hospital zum Versorgungs- und Altenheim des 19. Jahrhunderts

von Peter F. Kramml

Das 1496 gegründete Bruderhaus zu St. Sebastian in der Linzer Gasse war nach dem Bürgerspital das zweite kommunale Hospital der mittelalterlichen Stadt Salzburg, das 1898 in den „Vereinigten Versorgungsanstalten" aufgegangen ist. Es steht der älteren Gründung an Bedeutung kaum nach und war im Gegensatz zu dieser eine rein bürgerliche Stiftung ohne Beteiligung des Erzbischofes, die in jener kurzen Zeitspanne entstanden ist, in der sich die alte Bischofsstadt nach Erteilung des Großen Ratsbriefes (1481) einer weitgehend uneingeschränkten kommunalen Selbstbestimmung erfreute. Dennoch hat die inzwischen mehr als 500 Jahre alte Stiftung, abgesehen von kurzen Darstellungen in der älteren Literatur[1], bis dato keine umfassende Würdigung erfahren[2]. Ein Grund dafür lag wohl in der – vermeintlich – schlechten Quellenlage[3], da von der Forschung bislang hauptsächlich nur die seit dem 16. Jahrhundert erhaltenen Rechnungsbücher und Urbare herangezogen werden konnten[4]. Die folgende Darstellung basiert auf den bisher unzugänglichen Bruderhausakten[5] sowie dem erhalten gebliebenen Bestand der „Bruderhausurkunden"[6], also umfangreichen, neu erschlossenen Materialien, die es ermöglichen, ein erstes ausführlicheres Bild des städtischen Armenhauses und Hospitales zu zeichnen.

Eine städtische Stiftung

„Das städtische Bruderhaus St. Sebastian in der Linzer Gasse [...] wurde 1496 vom späteren Bürgermeister Virgil Fröschlmoser erbaut und von dessen Bruder Leonhard Fröschlmoser, dem Pfarrer von Thalgau, erweitert"[7]. Diese knappe Aussage in der jüngsten „Geschichte der Stadt Salzburg" faßt – basierend auf der älteren Literatur und mit fälschlichen Personenzuweisungen – den äußerst dürftigen Wissensstand zusammen, den wir in Ermangelung eines Stiftsbriefes[8] oder anderer zeitgenössischer Aufzeichnungen über die Anfänge dieser städtischen Stiftung bisher besaßen.

Eine genaue Sichtung der erhalten gebliebenen und nunmehr geschlossen zugänglichen Archivalien der Stiftung ermöglicht es – im Gegensatz zu Vermutungen der älteren Literatur – die Frühgeschichte dieser städtischen Versorgungseinrichtung weitgehend aufzuhellen.

Bruderhaus und Garten wurden einem späteren Urbar[9] zufolge, *erkauft und angefangen 1496 zu Catharina*. Den Startschuß bildete der Kauf des gegenüber dem sogenannten Glimpfenbrunnen gelegenen Burgrechtshauses, der Hofstatt und des Gartens mit einem Stadel von der Fleischhauerswitwe Dorothea Glimpf am St. Katharinenabend (24. November) 1496. Sie verkaufte diesen in der „Linzerstraße", zwischen dem Oster- und dem Galgentor (also in der Vorstadt zwischen dem inneren und äußeren Stadttor) gelegenen Besitz, da Bürgermeister und Rat der Stadt Salzburg – mit ausdrücklich erwähnter Zustimmung („Gunst und Übung") des Erzbischofs – hier *von gemeins nutz willen, der leuff und pestilentz halben betracht, ain stifft und newe grebnus auch ain capellen des gotzdinst und hausung kranckhen leutten desselben brechen darzue zepawen und ain besondren stat und end zu sölichen aufzurichten furgenummen haben*[10].

Der Baubeginn erfolgte noch 1496 durch den Salzburger Bürger und Gewerken Virgil Fröschlmoser (gest. 1502), vermutlich der Vater des gleichnamigen nachmaligen Salzburger Bürgermeisters[11]. Dies dokumentiert auch das älteste Stift- und Gültverzeichnis (mit Inventar und Hausordnung) von 1512 auf seiner ersten Textseite: *sannd Sebastian enhalb der brucken new paw gemainer stat Salltzburg bruederhaws* sei durch Virgil Fröschlmoser *säliger burger alhie erstlich zu pawen [...] angefangen* worden[12]. Im Zuge des Bruderhausbaues wurden mehrere ältere Häuser auf dem Areal abgebrochen[13].

1505 legte Jörg Saurer den Grundstein zur Kirche St. Sebastian, für deren Bau er als (Bruderhaus-)Verwalter von den führenden Salzburger Bürgern, wie den Bürgermeistern Virgil Schwaiger, Hans Gaugsberger und Hans Matsperger Zahlungen erhielt[14]. Zudem ließen sich Salzburger Bürger zugunsten des Bruderhauses Gülten (Abgaben) auf ihren Häusern eintragen (ab 1507)[15] und die Stiftung erhielt erste Realitäten geschenkt. Ritter Jakob von Haunsberg übergab für einen Jahrtag und ein ewiges Licht das Gut Tettenhausen in der Pettinger Pfarre und Andreas Frauendienst stiftete das Gut Kolbisenstatt in der Pfarre Teisendorf[16]. Als besonderer Zustifter wurde Leonhard Fröschlmoser (gest. am 1. März 1520)[17], der Pfarrer von Thalgau, ein „Abstämmling" des Stifters[18], nicht aber – wie immer angegeben wird – dessen Bruder, mit einem Grabstein verewigt. Bei der 300-Jahr-Feier 1796 wurde er sogar als eigentlicher Stifter des Hauses verehrt.

Die Kirchenglocke und das Kreuz wurden 1509 gefertigt, die Empore (*Porkirche*) schuf der bekannte Baumeister und Steinmetz Peter Inzinger im Jahr 1511. Der Kirchenbau wurde am 25. März 1512 vollendet[19] und am Sonntag nach Philipp und Jacobi (2. Mai) 1512 durch Bischof Berthold Pürstinger von Chiemsee zu Ehren des Hl. Sebastian eingeweiht[20]. Neben dem Hochaltar zu Ehren des Kirchenpatrons hatte die Kirche St. Sebastian zwei Seitenaltäre sowie zwei Altäre auf der Empore[21]. Eine Meßstiftung der Margareth Stupperin (1494) für die Pfarrkirche wurde 1508 ebenso nach St. Sebastian übertragen, wie die vom ehemaligen Bürgermeister Hans Knoll in der Bürgerspitalkirche errichtete ewige tägliche Messe. Für diese und die 1511 neu gestiftete tägliche Messe des Bürgers Ruprecht Waginger wurden eigene Kapläne bestellt[22]. Waginger, dessen Familie mehrere Salzburger Bürgermeister entstammten – stiftete auch das nötige Kirchengerät, einen Kelch mit seinem Wappen, Leuchter, ein Meßbuch sowie Meßgewänder mit seinen Wappenschildern. Weitere Kirchengerätstiftungen erfolgten durch Jörg Saurer, Hans Ritzinger, Christoff Scheller, Christoff Strasser und Mitglieder der Familien Pfluger und Zändl[23].

Der *sannt sebastian freythof* ist bereits in einer Verkaufsurkunde von 1508 erwähnt[24] und wurde wenige Monate vor der Kirche, am 10. Dezember 1511, vom Gurker Weihbischof Nikolaus Kaps eingesegnet.

Auch das Bruderhaus selbst wurde ausgebaut, so 1507 um eine Stube[25]. Das Areal umfaßte 1512 das Bruderhaus, den Garten, Stall und Holzstadel, die Kirche sowie zwei Wasserstuben, ober- und unterhalb der Kirche, und einen öffentlichen Schöpfbrunnen[26]. Das für das Bruderhaus nach dem Tod des ersten namentlich bekannten Verwalters (Untermeisters) Peter Öfferl und der Übergabe an seinen Nachfolger, den Metzger Gilg Mörl[27], angelegte erste Inventar (1512)[28] nennt neben Hausrat und einer Fleischkammer auch die für die Unterbringung vorhandenen Räumlichkeiten, nämlich eine Gastkammer mit neun Federbetten sowie die „Armeleutestube" mit 14 Betten.

1508 wurden benachbarte Objekte an der Linzer Gasse hinzugekauft[29]. Das Haus an der großen Wasserstube und ein direkt anschließendes wurden abgebrochen *und zw ainem pad zw bemelten bruederhaus zemachen furgenomen*[30]. Dieses stadtauswärts oberhalb der Kirche gelegene Bruderhausbad (Linzer Gasse 43) wurde zu Erbrecht an einen Bader vergeben.

1512 wurde ein erstes Verzeichnis der Gülten und Stiften, der gestifteten Gottesdienste und ein Inventar niedergeschrieben sowie eine erste Bruderhausordnung erlassen, die auch den Stiftungszweck deutlicher werden läßt.

Hintergründe und Stiftungszweck

Als aktuelle Motivation zur Errichtung des Bruderhauses werden in der Kaufurkunde von 1496 die „(Zeit-) Läufe und Pest" angeführt, also jene große Seuche, die in den achtziger und neunziger Jahren auch in Salzburg tausende Tote gefordert hatte[31]. Damals entstand am Salzburger Dom auch die St.-Sebastian-Bruderschaft, die einen der beiden Pestpatrone zu ihrem Schutzheiligen wählte. Auch das Jahr 1495 war ein ausgesprochenes Pestjahr und veranlaßte den neu gewählten Erzbischof Leonhard von Keutschach (1495–1519), der Salzburg wegen der Seuche verlassen hatte, erst ein Dreivierteljahr nach seiner Wahl im April 1496 zurückzukehren und feierlich von seiner Residenzstadt Besitz zu ergreifen[32].

Die Errichtung einer neuen, noch dazu in der Vorstadt gelegenen „Hausung" für Kranke, besonders Pestbefallene, und auch Pilger sowie Arme entsprach dem Entwicklungsgang in anderen deutschen Städten. Mit der Kommunalisierung der Bürgerspitäler und deren Strukturwandel hin zu Pfründneranstalten entstanden – zusätzlich zu den für ansteckende Krankheiten erbauten Siechenhäusern – auch spezielle Elendenherbergen (Hospizien) für fremde Reisende, Pilgerhäuser sowie Armenhäuser für ärmere Hilfsbedürftige und Obdachlose[33]. Die – wie auch beim Bruderhaus gegebene – Situierung in einer Randlage der Stadt, an einer Ausfallstraße und vor dem Stadttor (in Salzburg außerhalb des inneren Ostertores, aber innerhalb des äußeren Galgentores und des Schanzgrabens) boten die Möglichkeit, Reisende auch noch nach Einbruch der Nacht aufzunehmen.

Die ursprüngliche Bestimmung des Bruderhauses als Pilgerhaus, Elenden- und Armenherberge wird durch die älteste, von den beiden Bürgermeistern erlassene Hausordnung aus dem Jahr 1512 deutlich. Dieser zufolge sollte das Bruderhaus arme Leute und Wallfahrer über Nacht beherbergen, mangels Dotation allerdings auf deren eigene Kosten, wobei Ausnahmen bei ganz armen Personen möglich waren. Es war zur Aufnahme erkrankter „Ehehalten" (*eehalten*)[34], also Dienstboten, Salzburger Bürger bis zu deren Heilung verpflichtet, wobei der jeweilige Bürger seinem Dienstboten des Essen beistellen oder sich mit dem Brudermeister über die Kosten von Essen und Betreuung (*speis und wardt*) einigen konnte. Zudem wurde durchreisenden verarmten und „preßthaften" Personen (*arm durchstreichend lewtt, schadhaft und krangkh*) auf die maximale Dauer von acht Tagen Aufenthalt und Reichung des Almosens gewährt, eine Verlängerung war nur bei *ehhafter not* und ohne Kosten für das Haus möglich[35]. Eine weitere Hauptaufgabe der Stiftung war die Erhaltung der zum Haus gehörenden Sebastianskirche.

Der Hauptzweck der städtischen Stiftung zur Versorgung armer Leute und Pilger sowie zur Aufnahme erkrankter Dienstboten wird auch durch die Bezeichnungen des Hauses als *armes (Brueder-)Hauß*[36] oder – wie im Urbar 1531 – *Bruederhaus und Spital zu Sand Sebastian*[37] deutlich. Auch das Bruderhauszeichen (belegt ab 1512) mit Pilgerstab und Pfeil ist ein beredtes Zeugnis der ursprünglichen Bestimmung. Der mit dem Pilgerstab gekreuzte Pfeil ist das Zeichen des Hl. Märtyrers Sebastian, der gemeinsam mit dem Hl. Rochus als Pestpatron gilt[38].

Das Bruderhaus war von Anfang an eine städtische Stiftung und unterstand dem Schutz- und Verwaltungsrecht von Bürgermeister und Rat der Stadt Salzburg. Es war keinesfalls eine ursprünglich „kirchliche Stiftung" (so Greinz) und auch von einer Mitwirkung der St.-Sebastian-Bruderschaft bei der Gründung erfahren wir nichts[39]. Die Stiftung fiel genau in jene Zeit, in der sich die Stadt nach dem Großen Ratsbrief (1481) auf dem Höhepunkt ihrer Selbständigkeitsbestrebungen gegenüber dem Erzbischof befand[40]. Zu ihren Hauptförderern zählten jene Salzburger Bürgergeschlechter, die zu den Hauptexponenten in dieser Auseinandersetzung zählten. In dem neu gewählten Erzbischof Leonhard von Keutschach sollte der Stadt aber ein Widersacher erwachsen, der schließlich 1511 die errungenen Freiheitsrechte mit einem Gewaltakt beseitigte. Dennoch wurde auch von ihm und seinem Nachfolger, Kardinal Matthäus Lang, das Bruderhaus als rein städtische Institution anerkannt.

Die erste Bruderhausordnung

In der wochen Katherine 1512 wurde von den beiden Bürgermeistern Virgil Waginger und Sebastian Klaner *ain furnemen gethan*, eine erste Ordnung für das Bruderhaus bzw. Instruktion für den Brudermeister erlassen[41].

Zur Leitung sollte die Stadt einen frommen Bürger als Brudermeister bestellen. Diesem oblag die Verwaltung der Kirche St. Sebastian samt Kirchenschatz und Friedhof sowie des Bruderhauses mit Garten, Stadel und Holzstadel, zwei Wasserstuben ober- und unterhalb der Kirche sowie eines Schöpfbrunnens. Er war für die Beherbergung armer Leute und Wallfahrer und die Aufnahme erkrankter Dienstboten verantwortlich.

Dem Brudermeister oblag die Aufnahme des im Bruderhaus wohnenden Untermeisters, als *nachgesetzter obman* über die kranken und armen Leute, für die dieser zu sorgen hatte. Dem Untermeister war auch die Arbeitsorganisation im Hause anvertraut. Er wurde vom Mesnerknecht und einem Unterknecht, der mit einem Korb in der Stadt das Almosen sammelte und auch die Beerdigung der Verstorbenen vornahm, unterstützt. Der Untermeister beaufsichtigte die Köchin, die „Dirn" und einen Knecht, damit für die armen Leuten gekocht, für sie gewaschen, *peth* (gebetet) und ihnen aufgewartet werde. Gemeinsam mit dem Brudermeister hatte er dafür Sorge zu tragen, daß für Kranke und bettlägerige Personen Hilfe beigestellt wurde. Die Dienstboten und die armen Leute waren zwar dem Untermeister Gehorsam schuldig, sie alle unterstanden aber der Disziplinargewalt des Brudermeisters. Wer von den Hausbewohnern dessen Gebote nicht befolgte oder sich ungebührlich benahm, konnte von diesem bestraft werden. Die Strafen gingen vom Einsperren in das „Kötterl", über das Vorenthalten der Pfründe und Speisen bis zur „Beurlaubung" aus dem Bruderhaus.

Der Brudermeister mußte über seine Einnahmen und Ausgaben sowie anfallenden Baukosten jährlich der Stadt Rechnung legen. Jeder Insasse durfte allfälliges Privatvermögen frei für seine Bedürfnisse verwenden. Es sollte aber niemand, der im Bruderhaus verstarb und vom Almosen ernährt worden war, berechtigt sein, ein Testament (*geschäft*) zu hinterlassen. Denn Personen, die im Bruderhaus verstarben, wurden auf dem Friedhof St. Sebastian beigesetzt und ihre Hinterlassenschaft – *es sey wenig oder vil* – verfiel der Stiftung.

Diese Bruderhausordnung, über weite Strecken eigentlich eine Instruktion für den Verwalter, blieb rund hundert Jahre in Gültigkeit. Auch in der Stadt- und Polizeiordnung von 1524 wurden der Stadt die Oberaufsicht über das Bruderhaus – Stadtrichter, Bürgermeister und Rat sollten das Bruderhaus zu St. Sebastian *in getrewem bevelh haben* – und die Bestellung des Brudermeisters, der sich an der Verwaltung des Spitalmeisters orientieren sollte[42], zugestanden.

Die ersten „Pfründner"

Hauptaufgabe der neuen Stiftung war zunächst Gewährung des zeitweiligen Unterstandes für arme und kranke Menschen sowie für Pilger. In der Bestimmung über die Aufnahme- und Behaltepflicht von erkrankten Dienstboten bei Übernahme der Verpflegungs- und Unterbringungskosten wurzelte aber eine Entwicklung, die binnen weniger Jahre das Bruderhaus – so wie das Bürgerspital – zu einer Pfründnerinstitution, nunmehr nicht für Bürger, sondern für alte gebrechliche oder arbeitsunfähige Dienstboten, Gesellen etc. werden ließ.

Hausordnung und Inventar von 1512 belegen für das Bruderhaus eine Gastkammer mit neun Betten und die Arme-Leute-Stube mit 14 *pettl dorauf die armen lewt ligen* und sehen noch keine förmliche Verpflegung an Kost und sonstigen Lebensbedürfnissen vor. Zu Sebastiani, Ostern und am Kirchweihtag 1519 wurde Suppe und 15 Mäßl Wein „an die armen Leute" (15 Personen) ausgegeben[43]. Die Verpflegung und Genußansprüche beschränkten sich auf nicht genau fixierte Almosen, zu denen sich bald zusätzliche, gestiftete „Spenden" in Geld- und Naturalform gesellten. Andreas Frauendienst verfügte (vor 1512), daß bei seinem Jahrtag jeder Arme einen Pfennig auf die Hand erhalten sollte und 1513 bedachte ein Heiratsbrief letztwillig das Bruderhaus *und die armen ellenden Personen, so darein genommen werden*[44].

Durch weitere großzügige Schenkungen, Legate und die Möglichkeit, sich durch Zahlung eines Geldbetrages auf Dauer in das Haus einzukaufen, entstanden erste Pfründplätze, deren Inhaber Anspruch auf genau fixierte Gegenleistungen (wie Unterkunft, Verpflegung, Bad, Krankenpflege) hatten.

Bereits im Jahr 1510 kauften sich zwei Frauen, eine davon stammte aus St. Gilgen, um je 30 Gulden in das Bruderhaus ein. Auch 1518/19 wurden zwei Pfründnerinnen für eine Zahlung von je 32 Gulden in das Bruderhaus aufgenommen[45]. 1522 vollzogen die Erben des Dr. Wolfgang Pachamer seine Stiftung von zwei ewigen Pfründen. Seine Witwe und seine Tochter übergaben stiftungsgemäß einen Zehent mit drei Häusern in Liefering sowie ein Gut in

Bayern, wofür – über die gewöhnliche Anzahl armer Leute hinaus – *zwo arm Personen nufüran ewigklichen in demselben Bruderhaus zu halten* waren. Sie sollten mit Herberg, Speis und anderer Notdurft gepfründet werden. Die Stifter behielten sich bis zur nächstfolgenden Generation das Benennungsrecht der Pfründner vor[46]. Die damals übliche Aufnahmegebühr von 32 Gulden begegnet erneut 1523, als sich Peter Westner mit ausdrücklichem Wissen des Bürgermeisters als Pfründner einkaufte. Bei geringeren Zahlungen war eine Aufnahme gegen die zusätzliche Verpflichtung, im Haus zu arbeiten, möglich. So wurde auch der Bruderhausköchin Elsbeth Ruegerin gegen Schenkung von 42 Gulden für den Zeitpunkt ihrer Arbeitsunfähigkeit eine Pfründe zugesagt[47].

Die Zahl dieser Pfründner war zunächst noch gering. Für 1534/38 sind zwölf Pfründner, 1540 zehn und 1542 elf Pfründner belegt. Sie waren in der „Pfründ Stube" (1535) im ersten Stock des Bruderhauses untergebracht und konnten dadurch auf der Empore dem Gottesdienst beiwohnen. Die Pfründnerstube wurde 1535 ausgebaut, 1536/37 erfolgte die Errichtung einer neuen Stube und neuer Kammern, also wohl Zellen für die Pfründner[48].

Vereinzelt traten auch Salzburger Bürger in das Bruderhaus ein. Einen Sonderfall bildete die Aufnahme des langjährigen Brudermeisters Wolfgang Endl, eines bekannten Salzburger Metzgers[49]. Er hatte 1523 jenem Stadtrat angehört, der sich im „Lateinischen Krieg" Kardinal Matthäus Lang auf Gnade und Ungnade ergeben hatte müssen und sich auch am Aufstand des Jahres 1525 beteiligte[50]. Gegen Übergabe seines Haus- und Grundbesitzes an der Linzer Gasse beim Sebastianstor und dem städtischen Schanzgraben erhielt er 1540 eine lebenslängliche Pfründe im Bruderhaus, wobei ihm im „oberen Gaden" (erster Stock) auf der Pfründnerstube (Richtung Linzer Gasse) eine eigene versperrbare neue Stube, mit Kammerl und Vorhaus (*Mueßhäusl*) gezimmert wurde[51]. Er konnte so seinen Lebensabend in seiner Wirkungsstätte und direkten Nachbarschaft seines Hauses verbringen. Seinem Sohn Hans Endl wurde eines der beiden übertragenen Häuser (Richtung Bad) zur Nutzung überlassen.

Eine „gewöhnliche Pfründe" kostete 1541 den Bäcker Hans Khlar 44 Gulden. Was darunter zu verstehen war, erfahren wir, als im selben Jahr die Pfründnerin Katharina am Heuberg 30 Gulden in die Aufbesserung ihrer Pfründe investierte[52]. Sie war hinkünftig nicht mehr verpflichtet, Arbeiten und Robotdienste zu leisten und wurde von jeglicher Krankenpflege befreit. Im Krankheitsfall hatte sie Anspruch auf eine Wärterin und anläßlich des vierzehntägigen Badetages der Armen[53] wurden ihr zwei Eier gewährt. Die bessere Verpflegung schlug sich in zwei „Köchsel" (Kochbares, besonders Gemüse), einer Milchsuppe, einem zusätzlichen Stück Fleisch, einem dritten Brotwecken pro Woche (die anderen Pfründner erhielten nur zwei) sowie einer Befreiung vom Fasttag nieder.

Die Aufnahme in das Bruderhaus erfolgte durch Beschluß des Stadtrates. Der Brudermeister referierte über die Ansuchen und berichtete über die Antragsteller, wonach die Aufnahme oder Ablehnung ausgesprochen oder der Fall zur weiteren Prüfung zurückgestellt wurde. Bei der Ratssitzung am 15. Dezember 1614 etwa referierte der Brudermeister zwölf Aufnahmeansuchen, sechs davon wurden angenommen (ein Pfründner kaufte sich um 100 Gulden ein), ein Fall wurde zurückgestellt und fünf Bewerber abgewiesen, einer davon ausdrücklich, weil er noch „stark und jung" war. Für 1604 ist eine Aufnahme in die „obere Stube" gegen Zahlung von 160 Gulden belegt[54].

Der „Austritt" aus einer Pfründe erfolgte im Normalfall durch das Ableben, sonst nur in Ausnahmefällen und dann nicht ohne Spannungen, waren es doch meist finanzielle Interessen von Verwandten, die zu einer Herausnahme aus dem Bruderhaus führten. 1561 entspann sich ein Streit zwischen dem Brudermeister und Heinrich Feldner, der seine „Mumme" nach drei Jahren Aufenthalt und Unterhaltung „ausschaffte", nachdem sie eine Erbschaft gemacht hatte. Man verglich sich um die Kosten[55]. 1791 wurde dem Pfründner Martin Haberlander nach längeren Verhandlungen der Austritt gewährt. Er hatte darüber geklagt, daß ihm die *Fleischkost nicht tauget* und der *Aufenthalt im Bruderhause* seiner *Gesundheit überhaupt, und den Augen insbesondre sehr schädlich* gewesen sei. Die 200 Gulden, mit denen sich der *wankelmütige Kopf* zwölf Jahre zuvor eingekauft hatte, waren verfallen, seine Fahrnisse wurden ihm zurückgegeben[56].

Die Armen in der „unteren Stube"

Im Gegensatz zu den Pfründnern im „oberen Gaden", waren die „armen Leute" in der „unteren Stube" untergebracht. Für sie ist mit Bärbl 1534 eine erste eigene Krankenwärterin[57] belegt. Der Domherr Paulus Stadler spendete 38 Gulden ausdrücklich für die Armen, die in der „unteren Stube" lagen[58] und eine Bürgerin stiftete 1550 ein ewiges Nachtlicht *in der armen siechenstuben*[59].

Die Zahl der aufgenommenen Armen belief sich 1540 auf 21 und verdoppelte sich angesichts neuer Seuchen 1542 auf 41 Personen[60]. Die Stadt begann daher mit einem Erweiterungsbau des Bruderhauses[61]. Die Zahl der Gesamtbelegung stieg weiter: 1557 wurden bereits 66 Personen im Bruderhaus versorgt.

Angesichts dieser Entwicklung wurden nur mehr alte und/oder arbeitsunfähige Frauen und Männer aufgenommen, Armut alleine reichte als Aufnahmekriterium auch für eine zeitweilige Herberge nicht mehr aus. Zahlreiche Bittsteller wurden deshalb abgewiesen und mit Almosen und Geld abgefertigt, wie mehrere Schwangere, die zumindest bis zur Niederkunft um ihre Aufnahme gebeten hatten, darunter eine „Dirne" des städtischen Frauenhauses (1539). Diese Personen wurden nun durch die – schon vor 1544 eingeführte – Salzburger Armenkasse, das „Gemeine Stadtalmosen"[62] *hausarmer leudt*, das seine Einnahmen aus milden Gaben, Legaten, Sammelbüchsengeldern und Strafgeldern erhielt, unterstützt.

Zahlreiche Aufnahmeansuchen in das Bruderhaus wurden in der Folge unter Hinweis auf das „Stadtalmosen" zurückgewiesen. Eine Antragstellerin erhielt 1583 lediglich ein Almosenzeichen, obwohl sie selbst nicht mehr in der Lage war zu sammeln, aber über eine Tochter verfügte, die dies an ihrer Stelle tun konnte. „Junge" und „Starke" wurden generell abgewiesen und 1623 bescheinigte man einem Antragsteller um Pfründe, er sei *zwar armesellig*, aber noch *jung und guet an füeßen*. Er erhielt daher lediglich das Stadtzeichen, das zum Almosensammeln berechtigte[63].

Nun kaufte man sich auch in die Armenherberge ein, ohne dadurch die Ansprüche eines Pfründners zu erlangen. 1543 erwarb Ursula Schneiderin aus Itzling, ein *arm prechthafft Weib* mit einem schlimmen Schenkel für 25 Gulden lebenslänglich Herberge und Unterhaltung in der „unteren Stube"[64].

„Einfältige", „Sinnlose" und „Corrumpierte"

Die frühen Rechnungsbücher belegen auch jene Ausgaben, die für die ärztliche Versorgung der Bruderhäusler durch den Bader sowie für durchreisende Kranke geleistet wurden. So bestritt der Brudermeister etwa 1540 die Ausgaben für die Bruderhausköchin Elsbeth Ruegerin, die von einer Kuh getreten worden war. Bei Auswärtigen war es üblich, das Geld für die Pflege zu hinterlegen. Hans von Bern zum Beispiel, der 1557 nach einem Jahr und zehn Wochen Pflege im Haus verstarb, hatte dafür 25 Gulden hinterlegt.

Nicht in Pflege aufgenommen wurden Aussätzige und Epileptiker. 1685 wurde eine Frau mit einem *abscheulichen leibsdefekt* in das Siechenhaus verwiesen und 1781 der „Hundsauspeitscher" in der Domkirche, der bereits Bruderhausunpfründner war, wegen Aussatz in das Leprosenhaus verwiesen. Auch die Aufnahme von Personen mit der *ellenden hinfallenden sucht* wurde verweigert[65].

Aufgenommen wurden dagegen junge „unweltläufig" Personen, also Pfründner mit körperlicher und/oder geistiger Behinderung[66], wobei für deren Unterbringung hohe Kosten zu zahlen waren. Der Gewerke Isaak Zott schenkte dem Bruderhaus für die Versorgung seiner beiden behinderten Töchter Maria und Eva zwölf Grundholden im Pongau[67]. Ein Vater aus dem Hüttensteiner Gericht erlegte für die Aufnahme seines *unweltleiffigen* Sohnes 1719 500 Gulden und ein Jahr später verpflichte sich der Hofgärtner von Laufen für die Beherbergung seiner beiden behinderten Schwestern zur Zahlung von 200 Gulden, Beistellung von Bett und Kasten sowie von drei Gulden monatlichem Kostgeld[68].

Bereits die Bruderhausordnung von 1512 erwähnt die Existenz eines „Kötterls" für störrische Insassen (die Bezeichnungen „Kötterl", „Koder", „Kotter" oder auch „Käfich" stehen für Gefängnis bzw. Narrenkäfig oder -häuschen). 1562 beschloß der Stadtrat, weitere „Kötterl" im Bruderhaus und auch im Bürgerspital für *unrichtige leutte,* aber auch als Gefängnis für säumige Schuldner, errichten zu lassen[69]. Auch in anderen deutschen Städten waren im ausgehenden 15. und im 16. Jahrhundert erste „Irrenhäuser" mit Zellen für Irre und Einzelkammern für Tobsüchtige entstanden. In Salzburg übernahm nun das städtische Bruderhaus für mehr als zweieinhalb Jahrhunderte diese Sonderaufgabe und es kann daher auch gleichsam als „Urzelle der späteren Salzburger Irrenanstalten"[70] bezeichnet werden.

Ab 1563 sind in den Rechnungsbüchern fünf, ein Jahr später sechs „einfältige und unerzogen" Kinder verzeichnet, für deren Unterbringung teilweise gesonderte Zahlungen erfolgten. Die Einfältigen und (Haus-) Kinder waren der Obsorge einer Obfrau unterstellt, die ihre Almosen entgegennahm und in einer in der Untermeisterstube angebrachten Büchse verwahrte. Diese Spendengelder flossen wieder in die Hauptrechnung ein. Auch 1676 wurden zwei vakante Stellen mit *einfältigen* Waisenkindern besetzt[71].

Über die Aufnahme von *sinnlosen und betrüebten Leuthen* liegen ab den letzten Dezennien des 17. Jahrhunderts vermehrt Nachrichten vor. 1680 regte das Konsistorium an, zusätzliche *Köterl für corrumpierte Personen* herzurichten. 1699 stand nur mehr eine Zelle im Bruderhaus für Notfälle und Einheimische zur freien Verfügung. Nach dem Versuch des Konsistoriums, auch Geisteskranke aus den Landgerichten einzuweisen, antwortete der Verwalter 1717, das Bruderhaus sei nicht für alle *im Kopf verrückten Personen* des ganzen Landes zuständig, sondern nur für jene der Stadt und des Stadtgerichtes[72]. Folgerichtig wurde der *allhier gebürtigen* Maria Leitlin, einer *im Kopf verrückten sinnlosen* Stieftochter eines städtischen Gropperknechtes, als Hauskind zwar eine Bruderhauspfründe gewährt, sie aber ohne Anrecht auf Spendengelder in das „Kötterl" gesperrt. Eine auswärtige *sünlose Weibsperson* wurde zwei Jahre später gegen Zahlung von wöchentlich einem Gulden – ein Betrag der in der Folge beibehalten wurde – eingeliefert[73].

Die Räumlichkeiten für Geisteskranke, sechs „Koder", waren im 18. Jahrhundert in einem eigenen „Irrenhaus", einem Anbau an das Bruderhaus – 1818 wird dieser in Unterscheidung zum neuen Irren- bzw. „Tollhaus" der Colloredozeit „altes Irrenhaus" tituliert – untergebracht[74]. Der 1778 verstorbene Bader Augustin Paulus, Ratsherr, Stadtbaumeister und langjähriger Bruderhausverwalter stiftete testamentarisch 4000 Gulden *pro Furiosis*, also einen eigenen Irrenfonds, der nach der Errichtung des neuen „Tollhauses" durch Erzbischof Hieronymus Graf Colloredo (siehe unten) erst ab 1800 für den unentgeltlichen Unterhalt von maximal vier verarmten Geisteskranken Verwendung finden konnte[75].

Die alten Irrenhauseinrichtungen beschreibt 1793 auch Lorenz Hübner:[76] *An diesem Hospitale befinden sich mehrere Kefichte, oder Koder für Wahnsinnige, welche aber, seitdem das neue Narrenhaus bald nach dem Anbeginne der gegenwärtigen Regirung erbauet worden ist, leer stehen, und ihre Einwohner in die neuen geräumigen Narrenbehältnisse abgegeben haben.*

Syphilis und Pest

Auch die ärztliche Versorgung ansteckender Krankheiten wurde im Bruderhaus vorgenommen, so die Behandlung der Syphilis, einer Krankheit, die sich unter der Bezeichnung „mala Franzosa" seit dem ausgehenden 15. Jahrhundert in Europa verbreitete. So wurden 1541 eine Arme im Bruderhaus gegen diese Seuche behandelt und geheilt. Man hatte sie „in die Schmier gelegt", also eine Schmierkur mit Quecksilber in Salbenform praktiziert. Ein Patient aus Weildorf verstarb 1560 nach dieser Behandlung. 1578 wurde eine eigene „Schmierstube" zur Behandlung der Syphilis im Bruderhaus eingerichtet[77].

Im Dezember 1541 erging der Auftrag an den Brudermeister *in sterbenden Löufen*, also wegen der Pest, ein hölzernes Lazaretthaus für Pestkranke zu bauen, damit sich die Bruderhäusler nicht anstecken würden[78]. Dieses Pesthaus befand sich – nachgewiesen 1553 und 1582 – auf der Schanz beim späteren St.-Sebastian- bzw. Linzertor und am Rand des Bruderhausgartens. Erst 1597 wurde ein Contumazhaus in der Riedenburg, aus dem 1625 das Pestspital St. Rochus hervorging, errichtet[79], womit die Sonderbestimmung von St. Sebastian als Pestspital endete.

Den Alltag und das Sterben in einem Seuchenjahr spiegelt das Verzeichnis der im Jahr 1562 im Bruderhaus Verstorbenen (mit Angabe hinterlassenen Bargeldes) wider[80]. Unter den 26 Toten, von denen weit mehr als die Hälfte mittellos verstarb (das hinterlassene Bargeld betrug 54 Gulden zwei Schilling neun Pfennig), befanden sich auch der Untermeister des Bruderhauses, Familienmitglieder des Barbiers und die Köchin des Pesthauses. Auch 1573 sind 23 Personen im Bruderhaus verstorben, darunter ein Schüler, zwei weitere Knaben und ein Landsknecht[81].

Der Brudermeister

Als von der Stadt eingesetzter Verwalter des Bruderhauses stand diesem der „Brudermeister", auch „Bruderherr" (später Bruderhausverwalter) genannt[82], vor, dessen Wirkungskreis bereits in der ersten Hausordnung von 1512 genau umschrieben wurde. Ihm oblag die Leitung des Hauses, die Verwaltung von Kirche und Friedhof, die Bestellung des Untermeisters sowie die Rechnungslegung über sämtliche Einnahmen und Ausgaben. Über Aufnahme der Bruderhäusler sowie größere Baumaßnahmen, Erwerbungen und Veräußerungen von Liegenschaften wurde im Stadtrat beraten und entschieden. Auch der Brudermeister selbst wurde vom Stadtrat gewählt[83].

Erster namentlich bekannter Brudermeister war Jörg Saurer (1505–1513), der auch den Grundstein der Kirche St. Sebastian gelegt hat. Nach der Fertigstellung der Bauarbeiten am Haus sowie der Kirche legte er bei einer Ratssitzung am 21. April 1513 seine Funktion und symbolisch auch die Hausschlüssel zurück. Nach Bedenkzeit erklärte er sich bereit, noch für die Leitung von Ausbauarbeiten und der Errichtung eines kleinen hölzernen Bades für die Armen zur Verfügung zu stehen[84].

Sein Nachfolger, der Metzger Wolf Endl (Brudermeister in den Jahren 1518–1532, eventuell noch 1534), einer der führenden Salzburger Ratsbürger, trat 1540 nach Übergabe seines Besitzes an das Bruderhaus selbst als Pfründner ein (siehe oben). Auch die Namen seiner Nachfolger, Christoph Riß (1534/35) und Hans Zach, genannt Gnigler (1539–1543), die beide Salzburger Bürgermeister werden sollten, belegen, welche Bedeutung der jungen Stiftung beigemessen wurde. Die neue Bruderhausordnung von 1610 schrieb für den Verwalter die Pflicht zu einer wöchentlichen Visite im Bruderhaus vor, um die Einhaltung der erlassenen Ordnung zu überprüfen. Ab 1611 entstammten alle Bruderhausverwalter ausnahmslos dem Stadtrat[85].

Durch die Zustiftungen von Erzbischof Wolf Dietrich und die dadurch entstandenen neuen Nebenfonds wurden die Agenden des Bruderhausverwalters zusätzlich zur Kirchenverwaltung auch um jene des Kreuzgang- und Gabrielskapellenverwalters erweitert. Dadurch stieg auch der Einfluß des erzbischöflichen Hofes und des Konsistoriums auf die städtische Stiftung und den Brudermeister[86].

In einer „Instruktion für den Brudermeister" vom 29. März 1651[87]. erhielt dieser besondere Anweisungen für die Obsorge auf die Kirche, Jahrtage und das Kircheninventar sowie die Verwaltung und Verzeichnung sämtlicher Einnahmen. Sein Handlungsspielraum bei Baumaßnahmen wurde auf maximal zehn Gulden beschränkt, und er war verpflichtet, sämtliche Einkäufe zu beaufsichtigen und gesonderte Rechnungen für den „Kasten" (Vorratslager) und den „Zehrgaden" (Speisekammer) zu führen. Der Brudermeister sollte den „Hauptzehrgaden" führen und lediglich den Wochenbedarf an den Untermeister und die Köchin, die einen „Sonderzehrgaden" verwaltete, weitergeben. Dem Brudermeister standen für seine aufwendigen Arbeiten die Nutzung des Bruderhausgartens sowie die Hälfte dessen Obstertrages zu.

Angesichts der zeitaufwendigen Verwaltungsarbeiten und einer weiteren hochfürstlichen Resolution vom 17. Mai 1709, die den Brudermeister für Fehler bei der Verwaltung haftbar machte[88], wird es verständlich, daß gewählte Brudermeister, wie der Gastwirt Kaserer, diese Wahl ablehnten oder vorzeitig in ihrem Amt resignierten.

Zahlreiche Brudermeister haben sich durch Stiftungen in St. Sebastian verewigt (siehe etwa oben S. 120 zum Irrenfonds des Augustin Paulus). Der Stadtrat, Stadtbaumeister und nachmalige Bürgermeister Bartolomä Bergamin, der auch 22 Jahre als Bruderhausverwalter gewirkt hatte, stiftete 1694 als Familiengrablege an der Westseite der Sebastianskirche zu Ehren des Philippus Neri eine Kapelle, die er mit einem eigenen Fonds ausstattete, dessen Überschuß dem Bruderhaus zugute kam[89].

Untermeister und Dienstboten

Der dem Brudermeister *nachgesetzte obman* über alle Bruderhausbewohner war der Untermeister, der gemeinsam mit seiner Gattin im Bruderhaus wohnte und selbst eine Pfründe innehatte. Ihm oblag die Aufsicht über den gesamten Hausbetrieb und alle Dienstboten. Erster namentlich bekannter Untermeister war der Wirt am Platzl, Peter Öfferl, nach dessen Ableben 1512 dem Metzger Gilg Mörl, als *gesetzer über die armen lewt,* das Inventar des Bruderhauses *zu verwesen ubergeantwort* wurde[90].

Die Bestellung des Untermeisters oblag zunächst dem Brudermeister (Ordnung 1512), danach erfolgte bis 1717 die Bestellung durch den Stadtrat, wobei Personen bevorzugt wurden, die Erfahrung mit der Führung eines größeren Wirtschaftsbetriebes hatten. Mehrfach kamen daher ehemalige Wirte und Gasthauspächter zum Zug[91]. Sie hatten bei der Amtsübernahme eine Kaution in der Höhe von 150 bis 200 Gulden zu erlegen. Der Untermeister war zugleich Obermesner von St. Sebastian. Der Posten des Untermeisters war durchaus begehrt: 1732 gingen zehn Ansuchen um diese Stelle ein[92]. Im ausgehenden 18. Jahrhundert stand dem Untermeister eine vierfache Pfründe zu[93].

1717/18 griff das Konsistorium auch in das alte städtische Recht der Bestellung des Untermeisters erfolgreich ein: Nachdem der Untermeister Johann Georg Payrhammer 1717 seine Stelle resigniert hatte, bestellte die Stadt den ehemaligen bürgerlichen „Gastgeb" Johann Pabenpichler zum Untermeister und nahm ihn mit Gattin und Kindern in das Bruderhaus auf. Das Konsistorium verlangte daraufhin Aufklärung kraft welcher „Autorität" dies erfolgt sei und schlug seinerseits den Hoftischler Simon Judas Thaddäus Paldauf als Untermeister vor. Obwohl der Bruderhausverwalter entsprechende Dokumente bei einer hochfürstlichen Audienz vorlegte und sämtliche Bruderhäusler eine Petition für die Weiterbelassung des „gottesfürchtigen" Pabenbichler unterzeichneten, mußte der Stadtrat Paldauf nach Vorlage eines Konsistorialdekretes 1718 als Untermeister aufnehmen und die Familie Pabenpichler das Bruderhaus wieder verlassen[94].

In den Anfangszeiten des Bruderhauses wurde der Untermeister bei seiner Tätigkeit lediglich von einem Mesnerknecht für St. Sebastian sowie einem Unterknecht, der mit einem Korb in der Stadt das Almosen einsammelte und zugleich als Totengräber fungierte, unterstützt. Weiters gab es eine Köchin sowie eine „Stubendirn" (1512). Mit dem Ausbau des Bruderhauses stieg auch die Zahl der Dienstboten. Man benötigte eine Krankenwärterin (1534) und eine eigene „Viehdirn" (1538). Im Jahr 1564 wird erstmals auch eine Obfrau („Anfrau", „Ohnfrau") genannt, der die Obsorge über einfältige Kinder oblag und deren Wirken in der Hausordnung von 1610 genau beschrieben wird. Jeder Stube wurde aus dem Kreis der Pfründnerinnen eine *ohnfrau* verordnet, die für *Einigkeit, Ruhe und Fried unter den Armen* zu sorgen und die gerechte Verteilung der Pfründe zu gewährleisten hatte. Für jede Stube wurde zudem eine eigene „Dirn" (Dienstmagd) angestellt (1610). Der „Stubendirn" oblag die Beheizung und das Heben und Legen der Schwachen.

Später zählte die Obfrau ebenfalls zu den Dienstboten und wurde – wie die „Stubendirnen" – jeweils neu angestellt und nicht den vorhandenen, meist betagten Pfründnerinnen entnommen, wenngleich in den Personenstandslisten auch das Dienstpersonal zur Zahl der Pfründner gerechnet wurde. Nach längerer Dienstzeit stand den Obfrauen und „Stubendirnen" eine „echte" Pfründe zur Versorgung zu. Im Juli 1815 wurde die vormalige Obfrau Anna Roiderin Pfründnerin, die „Dirn" Gertraud Eckhartin rückte als Obfrau nach und an ihrer Stelle wurde eine neue Dienstmagd aufgenommen[95]. Der jeweiligen Krankenwärterin oblag ab 1805 auch die Besorgung der benötigten Medizin in der St.-Johanns-Spital-Apotheke, wofür ihr jährlich ein zusätzliches Paar Schuhe zugestanden wurde[96].

1750 standen dem Untermeister ein Hausknecht, eine Köchin, ein „Kuchlmensch", sechs Obfrauen und sechs „Stubenmenschen" (Dienstmägden), also insgesamt 15 Dienstboten als Hilfskräfte zur Verfügung, eine Zahl die man bis zur Aufhebung der Naturalverpflegung im Hause (1826) nicht mehr überschritt[97]. Dadurch wurde auch die Köchin entbehrlich, und die Zahl der Dienstboten sank in den 1830er Jahren auf zehn und in den 1850er Jahren schließlich auf acht Personen[98].

Einkünfte und Besitz des Bruderhauses

Über die Einkünfte des Bruderhauses unterrichten die ab 1505 bzw. 1518 erhaltenen Rechnungsbücher des Brudermeisters, welche die sich verändernden Posten und steigenden Einnahmen aber auch Aufwendungen eindrucksvoll belegen[99].

Zu den fixen Einnahmeposten des Hauses zählten die Gülten und Zinsen aus dem Grundbesitz, dessen Vermehrung besonders in den ersten Bestandsjahrzehnten durch Ankäufe und insbesondere den in den Seuchenzeiten für die junge Stiftung reich fließenden Zuwendungen Salzburger Bürger möglich war. Einnahmen aus dem Grundbesitz lieferten die bereits erwähnten, gestifteten Höfe in Bayern sowie der Zehent in Liefering. Man erwarb ein Gut in Anthering (1513), das Sulferlehen in Itzling (1516), das Gut Obertraxl bei Bergheim (1524) und zwei Höfe zu Wonneberg bei Waging (1538). Als Stiftung für einen Jahrtag übergab 1524 Ruprecht Druchsäß zwei Höfe zu Pinswang im Gericht Haunsberg[100].

In den folgenden Jahrhunderten wurde aber zahlreicher Grundbesitz wieder verkauft und das Bargeld gegen Zinsen verliehen. Die erste verzinsliche Kapitalanlegung erfolgte 1573[101]. Im Jahr 1600 waren erst 400 Gulden (mit 15 Gulden Zinsen) verliehen, 1677 waren es immerhin 143 ausgegebene Schuldbriefe

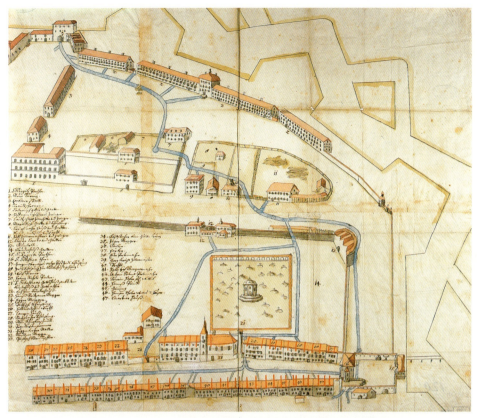

Abb. 8: Ein Wasserleitungsplan von Anfang des 18. Jahrhunderts dokumentiert auch den Bauzustand im Bereich der oberen Linzer Gasse und das nördlich davon innerhalb der Stadtbefestigung gelegene Areal. Die Bildlegende weist u. a. den Liegenschaftsbesitz des Bruderhauses aus. Links der Sebastianskirche steht das Bruderhaus und etwas abgerückt dahinter der alte Meierhof.

im Gesamtwert von 59.425 Gulden[102]. Im Jahr 1700 kamen zu den 3309 Gulden Kapitalzinsen weitere Einnahmen von 532 Gulden an Mietzinsen[103].

In der Stadt Salzburg konzentrierte sich der Hausbesitz vor allem auf die obere Linzer Gasse[104]. 1801 besaß das Bruderhaus noch sechs Häuser in der Stadt sowie den sogenannten Bruderhaushof in Schallmoos (Bayerhamerstraße 14), eine Schenkung des Stadtrates und Handelsmannes Alexander Fuchs (gest. 1632)[105]. Nach Veräußerung dieser Realitäten beschränkte sich der Liegenschaftsbesitz zur Mitte des 19. Jahrhunderts auf das Bruderhaus, die Kirche mit Kreuzgang und die Kapelle Lugau in der oberen Gnigl (mit einem Opferstock)[106].

Auf zahlreichen Häusern in der Stadt waren Gülten (Abgaben) zugunsten des Bruderhauses eingetragen[107]. So stiftete Nikolaus Kaps, der Weihbischof von

Abb. 9: Titelblatt des Verzeichnisses der „Stiften und Gülten" des Bruderhauses aus dem Jahr 1512 mit Stadtwappen und Bruderhauszeichen.

Gurk, 1512 eine Gült auf einem Haus in der Goldgasse. Häufig verbunden waren diese Abgaben mit der Stiftung von Messen, zumeist zu den Jahrtagen, zu denen zusätzliche Spenden an die Pfründner, Unpfründner, Waise oder Arme ausgegeben wurden. Einer Aufstellung der Messen und Spenden aus dem Jahr 1821 zufolge wurden bis zu diesem Zeitpunkt insgesamt 164 Stiftungen errichtet[108]. Besondere, in den Rechnungsbüchern extra ausgewiesene Stiftungen waren die Lassersche Spende, eine quartalsweise ausgegebene Weinspende (Einnahme jährlich 20 Gulden vom Lasserhaus am Platzl, das dem Brückenneubau gewichen war), und die Baumgartnerspende. Ludwig Paungartner (Baumgart-

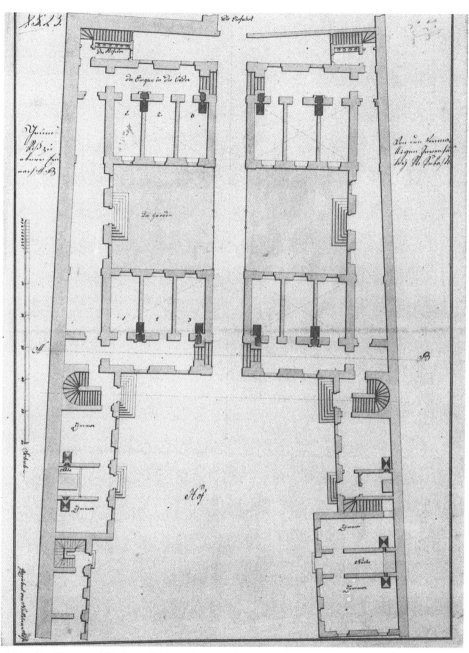

Abb. 10: Ein von Nikolaus Höß zu Beginn des 19. Jahrhunderts gezeichneter Grundriß der Gebäude am Areal des heutigen „Bruderhofes" dokumentiert das im rückwärtigen Trakt errichtete „Tollhaus" der Colloredo-Zeit. Die Zellen der Insassen sind als „Coder" ausgewiesen.

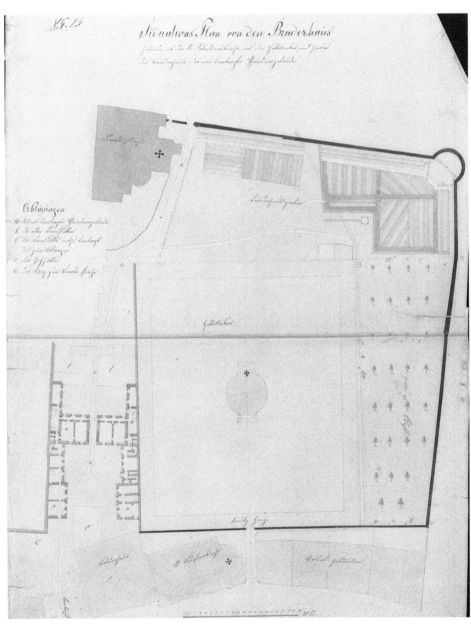

Abb. 11: Situationsplan des Bruderhausareals von Georg Laschensky mit Eintragung der Brandruinen des Stadtbrandes 1818 und eines neu geplanten Pfründnergebäudes. Dieses sollte durch den linksseitigen, dem Pauernfeindtstöckl nachgebildeten Vorbau ein weitgehend symmetrisches Aussehen erhalten. Der 1832 genehmigte Neubau verzichtete auf diesen Annex, hingegen wurde nun auch der hintere, 1818 abgebrannte Flügel (ehem. Irrenhaus) wiedererrichtet.

ner) hatte für eine wöchentliche Spende von Naturalien und Geld Gülten und ein Haus am Marktplatz gestiftet, das 1541 für 1300 Gulden verkauft wurde. Mit seinem Stiftungskapital wurden jahrhundertelang wöchentlich 16 bzw. 22 Hausarme und später auch Unpfründner unterstützt[109]. Auch die Gülten der St.-Sebastian-Bruderschaft (zu dieser siehe unten) wurden gesondert ausgewiesen.

Zugunsten des Bruderhauses wurden wöchentliche Sammlungen mit Sammelkörben und „Butten" mit dem Abzeichen der Anstalt in der Stadt durchgeführt (die Einnahmen betrugen 1600 immerhin 122 Gulden). Opferstöcke und eine Spendentruhe standen zu St. Sebastian, und bis zu Beginn des 19. Jahrhunderts wurden an sechs Sonntagen des Jahres beim Pfarrgottesdienst Geldbeträge für das Bruderhaus gesammelt[110].

Einen nicht unbeträchtlichen Einnahmeposten machten insbesondere in den ersten Stiftungsjahrzehnten Legate und Geldschenkungen aus. Neben hohen Beträgen waren auch solche prominenter Persönlichkeiten zu verzeichnen, wie von Bischof Berthold Pürstinger von Chiemsee (1522) oder von Theophrast von Hohenheim, genannt Paracelsus, der 1541 den Armen zehn Gulden vermachte und seine letzte Ruhestätte im Friedhof der Bruderhäusler fand[111]. Seine 1749 gehobenen Gebeine und sein 1752 in die Kirchenvorhalle verlegtes Grab gelten seit frühen Reiseberichten als besondere Anziehungspunkte der Salzburg-Besucher[112]. Die dem Haus gemachten Legate beliefen sich 1558/59 auf 425 Gulden und im Jahr 1600 auf 844 Gulden[113]. Der Seckauer Bischof Wenzel Freiherr von Hofkirchen (gest. 1679) vermachte dem Bruderhaus die große Summe von 7000 Gulden[114].

Außer jenen Zahlungen, mit denen sich ein Pfründner in das Haus einkaufte, kamen der Stiftung dessen gesamte Hinterlassenschaft, wie bares Geld, die Bekleidung und Mobiliar (die Betten wurden beim Eintritt jeweils mitgebracht) zugute. Seit 1651 bestand für den Bruderhausverwalter die Pflicht, über die Verlassenschaft verstorbener Bruderhäusler Aufzeichnungen zu führen. Abgesehen von Ausnahmefällen waren größere Hinterlassenschaften rar. 1562 fand man bei 26 Verstorbenen insgesamt ca. 54 Gulden[115], im Jahr 1600 betrug die hinterlassene Barschaft 73 Gulden. Trotz der in den Bruderhausordnungen von 1512 und 1610 gemachten Auflage, die gesamte Hinterlassenschaft *einverleibter Pfriendter* habe dem Bruderhaus zuzufallen, wurde bei größeren Erbschaften eine Hälfte jeweils an die Erben ausbezahlt, so bereits 1541, als die oben erwähnte, nur kurz Zeit verpfründete vormalige Bruderhausköchin Elsbeth Ruegerin immerhin 93 Gulden und Hans Pachmaier 115 Gulden hinterließen[116]. Diese Teilung des hinterlassenen Vermögens zwischen dem „milden Ort" und den Erben wurde 1673 auch per Generale anbefohlen[117]. 1754 erging schließlich deshalb eine Verordnung, derzufolge Bruderhäusler angehalten wurden, ihren Letzten Willen beizeiten dem Verwalter anzuzeigen oder aber in ihrem Kasten verwahrt zu hinterlegen[118]. Im Jahr 1810 erhielt das Bruderhaus von 15 Verstorbenen 244 Gulden[119].

Gänzlich dem Bruderhaus zugute kam der Verkauf der Habe, insbesondere des Gewandes der Verstorbenen. Für den sogenannten „Plunder" wurden im Jahr 1600 14 Gulden eingenommen. Auch Naturalien sowie Häute und Fleisch des im Bruderhof gehaltenen Viehs wurden zugunsten des Hauses verkauft.

Die Ausgaben für Ankäufe, Passivgülten, Gottesdienste, den Unterhalt der Armen sowie die Dienstboten waren anfangs noch äußerst gering. 1518/19 standen Einnahmen von 360 Gulden Ausgaben von 281 Gulden gegenüber. Im Jahr 1600 wurden 2690 Gulden eingenommen und 2873 Gulden ausgegeben. Bei den Ausgaben schlagen 261 Gulden für die Verpflegung der Pfründner, 37 Gulden zusätzlicher Lohn für Dienstboten und 32 Gulden für die Krankenpflege eher gering zu Buche[120].

1650 standen Einnahmen von 5960 Gulden, Ausgaben von 4990 Gulden gegenüber. Unter der nun einsetzenden Oberaufsicht des Konsistorium wurden Einsparungen versucht, so wurde 1651 die *Gasterei* anläßlich des Kirchweihtages abgeschafft, um unnötige Ausgaben durch die Verköstigung nicht Bedürftiger zu vermeiden[121]. Genau 100 Jahre später (1750) beliefen sich die Einnahmen auf 11.951 Gulden, die Ausgaben auf 7619 Gulden und das Gesamtvermögen (ohne Gebäude) auf 112.029 Gulden. Bis 1800 stieg das Gesamtvermögen auf rund 150.000 Gulden an. Mehr als 85 Prozent davon war in verliehenen Kapitalien angelegt, die rund 5000 Gulden Zinsen pro Jahr einbrachten. Die gesamten jährlichen Einnahmen wurden 1801 auf rund 12.500 Gulden geschätzt[122].

Die St.-Sebastian-Bruderschaft

Bereits in den achtziger Jahren des 15. Jahrhunderts wurde am Salzburger Dom in den Zeiten der Pest eine dem Pestheiligen geweihte St.-Sebastian-Bruderschaft errichtet[123], deren Vermögensverwaltung[124] gemeinsam mit jener des Bruderhauses erfolgte. Einnahmen und Ausgaben für Jahrtage und Messen wurden gesondert aufgelistet und Überschüsse dieses Fonds in die Bruderhaus-Hauptrechnung eingebracht[125].

Angesichts der Pest des Jahres 1625 traten zahlreiche Bürger der St.-Sebastian-Bruderschaft neu bei, worauf Erzbischof Paris Graf Lodron diese Bruderschaft mit Stiftungsurkunde vom 12. November 1629[126] als St.-Sebastian- und Rochus-Bruderschaft neu stiftete und bestätigte. Die Bruderschaft nahm Frauen und Männer auf und trug als Bruderschaftsbekleidung dunkelrote Sackkleider sowie schwarze „Bilgramsleder" über Schulter und Achsel. Durch neue Statuten (1648) wurde die Gabrielskapelle zum Versammlungslokal bestimmt.

Über eine ursprüngliche Dotation der Bruderschaft ist nichts bekannt. Die Einnahmen bestanden aus den Kollekten der Mitglieder sowie aus Meßstiftungen (26 Stiftungen ab 1488)[127].

Das Vermögen der Bruderschaft wurde stets als eigener Fonds (Nebenstiftung) betrachtet[128], es belief sich im Jahr 1850 auf 9278 Gulden CM. Auch nach dem Ende des Bestandes der Bruderschaft wurde dieser Nebenfonds gesondert verrechnet und Zinsüberschüsse nach Auslagen für Andachten und Messen für das Bruderhaus verwendet[129].

Wolf Dietrich als „zweiter Stifter"

Die unter der Regierung von Erzbischof Wolf Dietrich (1587–1612) erfolgte Umgestaltung Salzburgs zu einer barocken Residenzstadt bezog auch die Rechtsstadt und insbesondere des Bruderhausareal mit ein. 1597 wurde das Pestspital aus die Stadt hinaus verlegt, und der Raitenauer begann nach Auflassung des alten Domfriedhofes mit der Erweiterung des Friedhofes von St. Sebastian, der nach italienischem Vorbild zu einem Campo Santo umgestaltet wurde. Bis 1600 entstand ein Kreuzgang mit 88 Grüften. In den Jahren 1598–1602 wurde die Gabrielskapelle in der Mitte des nun wichtigsten Salzburger Stadtfriedhofes als Grablege des Erzbischofes erbaut.

Mit seinem Stiftsbrief vom 1. September 1603[130] schenkte Wolf Dietrich den neu errichteten Friedhof und Kreuzgang unter der Auflage dem Bruderhaus, beim Neuerwerb von Grabstätten durch Salzburger Bürger Gebühren einzuheben[131] und diese zur Erhaltung von Friedhof und Kreuzgang zu verwenden. Diese Einnahmen bildeten eine Nebenstiftung, den sogenannten „Kreuzgang-Fonds", dessen Überschuß auf ausdrücklichen Wunsch des Stifters für die Zwecke des Bruderhauses Verwendung finden sollte.

Im Jahr darauf stiftete der Erzbischof den „Gabrielskapellen-Fonds"[132], den er mit einem Schuldbrief über 8000 Gulden dotierte, dessen Zinsen für den Unterhalt der Kapelle sowie von zwei Kaplänen, die täglich eine Messe für den Stifter und seine Familie halten sollten, sowie eines Ministranten und Mesners verwendet wurden. Die jährlichen Zinserträge wurden beim Brudermeister hinterlegt, der über die Einnahmen und Ausgaben des Nebenfonds Rechnung legen mußte. Der 1605 angefallene, nicht für die Beleuchtung und bauliche Erhaltung verwendete Überschuß wurde in einer dritten Stiftung, der „Gabriels-Fabriks-Stiftung"[133] angelegt. Die übliche Abführung der Überschüsse des Gabrielskapellen-Fonds an das Bruderhaus wurde 1786 in ihrer Höhe beschränkt[134].

Nachdem der Erzbischof das Bruderhaus durch diese reichliche *zuestiftung und ansechlichen Schanckungen [...] gebessert und mit jährlichen Einkommen vermehret* – ein weiterer Donationsbrief über 5200 Gulden datiert vom 22. Dezember 1609[135] – hatte, wurde 1610 eine neue *Ordnung und Gebott, welcher massen sich sowohl die armen leith alß dienstboten in dem lobl. Bruederhaus bey St. Sebastian allhier zu verhalten haben* erlassen[136]. In dieser mit Ergänzungen bis 1850 gültigen Ordnung standen im Gegensatz zu 1512 religiöse Pflichten und strenge Verhaltensregeln der Bewohner des Bruderhauses im Vordergrund. Sie sollten im täglichen Gebet *zuforderist* des Erzbischofs und dann aller anderen Stifter und Wohltäter gedenken und dazu der täglichen Messe in der Gabrielskapelle mit gebührender Andacht beiwohnen. Die armen Leute sollten sich *aller leichtfertigkeit, unzucht, schelten, fluchen, haaß und Neid untereinander* enthalten, ehrbar, fromm und gottselig sein und mindestens fünf mal im Jahr zur Beichte gehen. Dem Bruderhausverwalter und auch seinem Vertreter, dem Untermeister, waren sie Gehorsam und Untertätigkeit schuldig sowie verpflichtet, sämtliches Vermögen, das damals noch gänzlich dem Bruderhaus zufallen sollte, anzuzeigen[137]. Sie mußten die gebotenen Feiertage halten und Vigilien und Seelenmessen beiwohnen. Auch nach Reichung des Almosens hatten sie die Kirche aufzusuchen, um für alle Wohltäter und Stifter zu beten. Pfründner und Arme mußten, so sie dazu in der Lage waren, bei der täglichen Reinigung von Kreuzgang, Kirche und Bruderhaus sowie auch sonst im Haus mitarbeiten. Ansonsten sollte jeder in seiner Stube und seinem Platz verbleiben, arbeiten oder *gottseligen gesprächen und dem gebett auswarthen*. Neben dem vorgeschriebenen ruhigem Betragen gab es strenge Vorschriften zur Vermeidung der Feuergefahr. Eigenes Licht in den Kammern war verboten, in der Stube durfte unter Aufsicht bei Kerzenlicht bis maximal 8 Uhr abends gearbeitet werden. Das Feuer wurde von den „Stubendirnen" gehütet und kochen durfte man nur zu bestimmten Zeiten. Weitere Auflagen verboten den Bewohnern, ohne Wissen des Verwalters über Nacht außer Haus zu bleiben. Im Sommer wurde das Haustor um 7 Uhr und im Winter um 5 Uhr nachmittags versperrt. Der Aufenthalt in Wirtshäusern war generell untersagt und die Mitnahme von mehr als einem Mäßl Wein in das Haus verboten.

Auch die innere Hausorganisation und die Aufgaben der Dienstboten wurden durch die neue Ordnung spezifiziert. Die neue Bruderhausordnung war viermal jährlich im Beisein des Verwalters öffentlich zu verlesen und ihre Einhaltung sollte vom Brudermeister wöchentlich überprüft werden. Die strengen Strafen bei Übertretung der Ordnung sahen beim ersten Mal eintägigen Pfründenentzug und im Wiederholungsfall das Einsperren in der „Keuschen" vor. Half alles Ermahnen nichts, konnten Ungehorsame mit Wissen des Stadtrates *aus dem haus geschaft werden*.

Ein Jahr nach der neuen Ordnung wurde das Bruderhaus 1611 um ein auf Kosten des Ratsherrn und Bürgers Wolf Pauernfeindt erbautes Stöckl erweitert[138]. Das Pauernfeindtstöckl wurde 1654 um ein Stockwerk erhöht und damit um drei Kammern erweitert[139]. Später hieß es auch Verwalter- bzw. Direktorstöckl.

Der damalige Gebäudekomplex des Bruderhauses, das seit der Errichtung des St.-Sebastians- bzw. Linzertores (1613/14) und dem Abriß des alten Ostertores (1616)[140] innerhalb der Stadtbefestigungen und nicht mehr in einem Vorstadtbereich lag, wird durch ein Inventar des Jahres 1638 deutlich[141].

Außer dem Bruderhaus und dem Pauernfeindtstöckl gab es ein Meierhaus (mit Meierstube) in dem der Knecht und die „Viehdirn" wohnten und folgenden Viehbestand betreuten: Im Kuhstall standen zehn Melkkühe, ein Kalb und zwei Stiere, im Roßstall zwei braune Pferde. Zudem gab es einen Hahn und 33 Hennen. Weitere funktionale Einrichtungen waren eine Wagenhütte, die Fleischbank, das Bad sowie mehrere Küchen, ein Krautkeller und Krautgewölbe, das Speisgewölbe, die Brotkammer und der „Zehrgaden".

Für die Pfründner standen die „obere Pfründ-Stube" (ein Bett), die „hintere Stube auf der Erde" (15 schlechte Betten) und die „heruntere vordere Stube" (22 Betten) sowie eine Gastkammer mit vier Betten zur Verfügung. Für die Beherbergung von Pilgern war nun das St.-Johanns-Spital (gegründet 1695) zuständig, das bis 1790 die große Zahl von rund 60.000 Pilgern für jeweils zwei Tage aufnahm[142]. Später wurde auch der Roßstall des Bruderhauses zur Unterbringung von Pfründnern verwendet. In der ungeheizten „Roßstallstube" befand sich 1805 eine *abgesonderte Schwätzerin,* 1814 beherbergte sie eine Obfrau mit „Dirn" und fünf Pfründnerinnen (der Stall wurde nach dem Stadtbrand 1818 abgerissen)[143].

Abb. 12: Der Ausschnitt aus dem Stich von Philipp Harpff, 1643, zeigt das Bruderhaus mit der Sebastianskirche.

Oberaufsicht des Konsistoriums

Mit den Zuwendungen Erzbischof Wolf Dietrichs griff der geistliche Stadt- und Landesherr erstmals entscheidend in die Geschicke dieser bislang rein städtischen Stiftung ein. Die Folge seiner Zustiftungen und errichteten Nebenfonds war eine verstärkte Beaufsichtigung und Einflußnahme des Konsistoriums, die schließlich ab 1650 dazu führte, daß Pfründen und Unpfründen nur mehr nach Genehmigung des Konsistoriums vergeben werden durften.

Diese Entwicklung bahnte sich sofort nach dem Sturz Wolf Dietrichs an. Die Bruderhausrechnung des Jahres 1613 wurde – so wie auch alle folgenden – erstmals *in Consistorio Salisburgensi* approbiert (16. Juni 1615). Gleichzeitig erging auch der Befehl, daß alles, was dem Bruderhaus zum Vor- oder Nachteil gereiche, im Konsistorium *befürdert* werden sollte[144].

Von seiten des Konsistoriums nahm man nun auch auf die Belegungszahlen und Haushaltsführung Einfluß. 1619 erging an die Stadt die Aufforderung, hinkünftig nicht mehr als 50 oder höchstens 60 Personen in das Bruderhaus aufzunehmen. Die Stadtväter wiesen dies wegen der *teglich zuetragenden not* als nicht praktizierbar zurück, da niemand anderer diesen Männern und Frauen Hilfe leiste[145]. Fünf Jahre später warnte das Konsistorium angesichts der die Einnahmen deutlich übersteigenden Ausgaben und rückläufiger Legate vor dem „Abhausen" und erteilte den Auftrag, sich außer in Ausnahmefällen, keine Gesunden, sie seien alt oder jung, in das Bruderhaus einkaufen zu lassen. Lediglich kranke, „schadhafte", in äußerster Not befindliche Personen sollten aufgenommen werden[146].

1650 erging schließlich ein endgültiges Aufnahmeverbot ohne vorherigen Konsens des Erzbischofs[147]. Ab diesem Zeitpunkt erfolgte die Aufnahme der Pfründner nach Antragstellung an den Stadtrat und eingeholtem Gutachten der Bruderhausverwaltung (dieses wurde im Stadtrat referiert) durch das erzbischöfliche Konsistorium. Erst nach Erhalt des entsprechenden Konsistorialdekretes konnte die Aufnahme durch den Verwalter – seine sonstigen Agenden wurden 1651 durch eine „Instruktion" ebenfalls neu geregelt – vollzogen werden.

Trotz dieser neuen Aufnahmeprozedur stiegen die Bewohnerzahlen des Bruderhauses weiter an. Hatte man 1645 noch 84 Personen gezählt, so waren es 1664 bereits 90. In den Jahren 1670 und auch noch 1681 lebten inklusive Dienstboten 105 „wirkliche Pfründner" im Bruderhaus, wozu noch drei gegen Kostgeldverrechnung kamen[148]. 1685 waren dann erneut einige Pfründen, darunter *ein Stibl* für ein Ehepaar frei, und bisweilen gab es lange Wartezeiten[149].

Außer den Pfründnern lebten im Bruderhaus auch „Herbergsleute" (Unpfründner), Personen, *welche in diesem armen Ort ohne Genießung der Pfründe Unterkommen und Herberge* hatten (1693). Sie erhielten weder Pfründe noch Spendengelder, sie besaßen ihre eigenen Liegebetten und bekamen die geheizte Stube zur Verfügung gestellt. Unkosten für Bader, Apotheker und Begräbniskosten wurden von ihrer Verlassenschaft abgezogen (Ratsbericht vom April 1699)[150]. Nun waren diese von der Stadt aufgenommen „Herbergsleute" dem Konsistorium ein Dorn im Auge, während der Stadtrat daran erinnerte, daß das Bruderhaus *haubtsächlich für die armen gestüfft* worden und es ein Werk der Barmherzigkeit sei, Fremde und Notleidende zu beherbergen. Schließlich erging 1699 ein Konsistorialdekret, demzufolge alle „Herbergsleute" bei ihrem Eintritt eine Erklärung abzugeben hatten, ihr Vermögen dem Bruderhaus zu vermachen. Im Weigerungsfall wurde ihnen die Aufnahme verwehrt und ihnen geraten, sich eine Herberge bei ihren künftigen Erben zu suchen[151]. Auch für die Aufnahme als Unpfründner oder als „Herbergsleute" war nun die Genehmigung durch das Konsistorium nötig.

Laufende Auseinandersetzungen zwischen den weltlichen und geistlichen Stellen gab es über die „Fundationsbedingungen" und die daraus abzuleitenden Rechte. Die Stadt wollte in das Bruderhaus als „Lokalinstitution" lediglich kranke „Ehehalten" der Bürger sowie arme Personen aufnehmen, während das Konsistorium auch zahlreiche Aufnahmedekrete für *extraneo Personen* aus anderen Landgerichten gewährte[152]. Im Streit um das Besetzungsrecht der Untermeisterstelle setzte sich das Konsistorium, das auch von seinem Visitationsrecht mehrfach Gebrauch machte[153], ebenfalls 1717/18 gegen die Stadt durch.

Das Bruderhaus in der Krise

Spätestens seit dem beginnenden 18. Jahrhundert befand sich das Haus in einer wirtschaftlichen Krise[154]. Der Bruderhausverwalter Martin Lohrer, der dem Haus 20 Jahre vorstand, resignierte krankheitshalber 1712, nachdem er selbst für Verluste haftbar gemacht worden war. Der zu seinem Nachfolger gewählte Gastwirt Georg Kaserer trat mit Hinweis auf sein eigenes „großes Hauswesen" – in Wirklichkeit aber wohl angesichts der Wirtschaftslage des „abgehausten" Bruderhauses – sein Amt gar nicht an[155]. 1715 wurde dem Bruderhaus die Landschaftsdezimation nachgelassen und Geld aus anderen Institutionen vorgestreckt. Doch bereits im Folgejahr beklagte der neue Verwalter, der Handelsmann Martin Zaininger, den *schlechten Zustand des Bruderhauses* und drohte im Falle ausbleibender Hilfe mit seiner Resignation[156]. Ab 1742 stand man dann bei der Hofkammer mit 7000 Gulden in der Kreide, eine Schuld, die erst 1780 durch Erzbischof Hieronymus Graf Colloredo zugunsten des Bruderhauses getilgt wurde[157].

Von seiten des Konsistoriums betrieb man in dieser Situation eine deutliche Verringerung der Pfründnerzahlen. 1715 befahl man, die Zahl der *etlich und neunzig Pfründner* auf 70 „absterben" zu lassen und obwohl im Oktober 1716 noch 88 Personen am Leben waren, erging per Konsistorialdekret vom 8. Oktober 1717 die Auflage, die Pfründnerzahl durch natürlichen Abgänge auf 50 Personen zu reduzieren. Die Realität sah jedoch anders aus: 1718 lebten 79 und

1729 noch 63 Pfründner im Bruderhaus, obwohl man sich nun auf den Rechtsstandpunkt stellte, das Haus würde über lediglich 50 „gestiftete Pfründplätze" verfügen[158]. Fünf Jahre später, 1734, gab es sogar wieder 90 Pfründnerinnen und Pfründner im Bruderhaus[159].

Die Neuaufnahmen beschränken sich nun weitgehend auf Personen, die sich mit entsprechenden Summen einkaufen konnten: 1715 wurde sowohl Johann Weyerer, Stiefsohn eines „Gastgebs" um 500 Gulden samt seinem künftigen Erbe als auch eine „hohe Standesperson" um 300 Gulden aufgenommen. 1718 wurde Ruepp Taz für 300 Gulden nur deshalb als Pfründner akzeptiert, *weillen mann ohne dem an mans personen mangl hat.* 1720 wies man Erntraud Hauserin aus Seekirchen, die 150 Gulden und ihr Bett einbringen wollte, ab, da man *bey bekhanter unvermögenheit des Brüederhauß und noch würkhlich übersetzten Pfriendten niemandt umb ein solich gelt einnemben* könne. Zwei Jahre zuvor hatte Philipp Rumplmayr nicht einmal gegen Schenkung seines Hauses und Gartens für sich, seine Gattin und die *unweltleiffige* Tochter eine Pfründe erhalten. Er sollte seine Immobilien verkaufen, mindestens 800 Gulden in den „milden Ort" einbringen und dafür für sich und seine Tochter eine Pfründe, für die Gattin bis zum Ableben des Gatten oder der Tochter aber nur eine Unpfründe erhalten[160].

Für die zusätzliche Zahlung von wöchentlich einem Gulden 30 Kreuzer wurde 1732 der Maria Clara Fritschin nicht nur Bruderhauspfründe und Spendgeld, sondern auch das Wohnzimmer des Verwalters eingeräumt. Allerdings sollten die jährlich Faschings- und Kirchtagskrapfen weiter im Wohnzimmer zubereitet und ausgeteilt werden[161].

Das jährliche Kostgeld einer Bruderhauspfründe wurde damals mit 50 Gulden veranschlagt. Ein dem Stadtrat vertraulich bekanntgegebener Bedienter eines Herrn, der sich 1719 für 700 Gulden „einverleiben" wollte, mußte daher folgender Regelung zustimmen: Wollte er das Haus vor Ablauf von 14 Jahren wieder verlassen, so sollten ihm pro Jahr 50 Gulden Kostgeld verrechnet und nach Ablauf der 14 Jahre der eingebrachte Betrag verfallen sein[162].

Ausnahmen wurden für Bruderhausbedienstete gemacht: 1721 erhielt die „Stubendirn" Maria Wiesinger, die 27 Jahre treu und fleißig im Bruderhaus gedient hatte, eine Pfründe, wurde aber verpflichtet, weiterhin soviel zu arbeiten, wie es ihre Kräfte zuließen. Ebenso erging es 1732 dem „Kuchlmensch" des Hauses, Gertraud Moserin, die darüber hinaus noch 100 Gulden einzahlte. Dem Ministranten des Bruderhauses wurde wegen *armseliger Leibsbeschaffenheit* kostenlos eine Pfründe gewährt[163].

Obwohl die Stiftung für *die alhießige arme presthafft und außgearbeithe Leuth und nit vor frembte* errichtet worden war, wurden zudem von Konsistorium auch immer wieder Personen aus anderen Gerichten sowie solche, die im Hofdienst gestanden waren, für Pfründen vorgeschlagen[164]. Ein besonders eklatanter Fall erregte 1732 die Gemüter des Stadtrates, als auf ausdrücklichen

Abb. 13: Franz Anton Danreiter, Kirche St. Sebastian mit Bruderhaus, Stich um 1735.

Wunsch des Erzbischofs ein erst 14jähriger Geselle aus Schlesien, den ein im St.-Johanns-Spital verstorbener Pilger zurückgelassen hatte, aufgenommen werden mußte[165].

Nun wurde auch den „armen Herbergsleute" (Unpfründner) die bisher gewährte freie Unterkunft und damit verbunden kleine Spenden nicht mehr unentgeltlich gewährt. Man nahm bevorzugt Personen auf, die über „Gnadengelder" verfügten[166], ansonsten war für die Aufnahme die Zahlung von 100 Gulden üblich[167]. Schon beim geschilderten Fall der Familie Rumplmayr (1718) war der Gattin das Nachrücken von der Unpfründe auf einen Pfründplatz in Aussicht gestellt worden. 1734 nahm man erstmals eine Frau ausdrücklich so lange als Unpfründnerin auf, bis eine Pfründe vakant würde. Diese später beibehaltene Vorgangsweise führte dazu, daß Unpfründner auch als „Exspectanten auf eine Pfründe" bezeichnet wurden. Im Jahr 1750 gab es im Bruderhaus insgesamt 26 Unpfründnerinnen und Unpfründner[168].

Kirchenneubau und 300-Jahr-Feier

Die Finanzen des Bruderhauses wurden auch durch den ab 1748 geplanten und am 26. Mai 1754 mit der Einweihung durch Erzbischof Sigismund Graf Schrattenbach abgeschlossenen Neubau der Kirche St. Sebastian belastet. Von den Gesamtkosten von 63.991 Gulden kamen 11.763 vom Bruderhausfonds, 29.500 Gulden vom Gabrielskapellen- und Fabrik-Fonds sowie 6000 Gulden von der St.-Sebastian- und Rochus-Bruderschaft. Der zu Bauende auftretende

Geldmangel führte 1753 zur Resignation des Bruderhausverwalters Andre Mayr, der sich noch im Folgejahr zu mehreren Rechnungsposten der Schlußrechnung verantworten mußte[169].

Anläßlich der Kirchenfertigstellung stiftete der Bierbrauer Franz Dietrich Popp 1754 ein 40stündiges Gebet zu Ostern, das mit einer späteren Zustiftung der Anna Popp (1777) im Jahr 1907 auf Allerheiligen verlegt wurde. Das Kirchenpatrozinium wurde 1786 auf den Sonntag nach dem Sebastianstag transferiert. Zu diesem Termin fand nun auch die Prozession vom Dom nach St. Sebastian statt[170].

Im Zuge der Reformen des Erzbischofs Hieronymus Graf Colloredo wurde das Bruderhaus, wie auch das Siechenhaus, Ortszwecken gewidmet. Als Lokalstiftung waren Auswärtige nur mehr gegen Vergütung der Kosten aufzunehmen[171]. Im Mai 1787 wurde die Administration der „Milden Orte", der Fürsorgeeinrichtungen, vom Konsistorium getrennt und einer Kommission bestehend aus je zwei Vertretern des Konsistoriums, des Hofrates, der Hofkammer und des Magistrats übertragen[172]. Ebenfalls im Jahr 1787 kam das Bruderhaus in den Genuß eines Legates von 15.000 Gulden, die Sigmund Haffner von Immenbach im Zuge seiner großzügigen Schenkungen für soziale Einrichtungen der Institution hinterlassen hatte[173].

1792 wird von Lorenz Hübner das *4 und ein Mezzanin Geschosse hohe Gebäude* des Bruderhauses St. Sebastian, das damals 60 Pfründner und 40 Unpfründner beherbergte und auch das zu Beginn des Regierung Colloredos errichtete „neue Narrenhaus" (zu diesem siehe unten) beschrieben[174].

Im Jahr 1796 wurde auf Anregung des zuständigen Pfarrers[175] der dreihundertjährige Bestand des Bruderhauses gefeiert. Eine Tagebucheintragung von Anton Korbinian Rauchenbichler vermerkt zum 8. September 1796: *Zu S. Sebastian ist das Jubiläum von 300 Jahren gehalten worden*[176]. Besonders erinnerte man sich des vermeintlichen Stifters Leonhard Fröschlmoser. Über der Kirchentüre waren Sinnsprüche angebracht und über dem Bruderhauseingang war folgender Flugzettel mit einem Chronogramm zu lesen:[177] *Wie gut und schön ist / wen Bryder in liber / eintracht bey einander wohnen.*

Das „Tollhaus"

Das Bruderhaus nahm bereits seit dem 16. Jahrhundert Geisteskranke auf, für die – wie bereits ausgeführt – mehrere eigene Narrenkäfige zur Verfügung standen und aufgrund deren Existenz der Bruderhausverwalter Augustin Paulus testamentarisch einen Irrenfonds einrichtete.

Erzbischof Hieronymus Graf Colloredo stiftete aus Anlaß der 1200-Jahr-Feier Salzburgs 1782 weitere 4000 Gulden für diesen Fonds und ließ 1783 im rückwärtigen Trakt des Bruderhauses das neue Irren- oder „Tollhaus" (Linzer Gasse 39) errichten[178]. Das von außen nicht sichtbare, hohe und geräumige zweigeschoßige Gebäude wird von Lorenz Hübner (1792) als *beynahe zu schönes Narrenhaus* geschildert.

In das „Tollhaus" sollten – laut Dekret von 1800 – „nur solche Unglückliche aufgenommen werden, welche rasend und daher dem Leben und den Gütern der übrigen in der Gesellschaft lebenden Menschen gefährlich sind"[179]. Das „Tollhaus" wurde als Lokalanstalt der Stadt Salzburg vom Bruderhaus mitverwaltet, von dessen Bediensteten betreut und die Insassen auch zum Personenstand des Bruderhauses gezählt. Als städtische Lokalanstalt wurden Bewohner der Stadt Salzburg, Bewohner aus dem Land aber nur gegen Zahlung (ein Gulden pro Woche) aufgenommen[180].

Als 1784 ein Bauernsohn aus Wals, er hatte die „hinfallende Krankheit" und war *etwas narrisch* um Aufnahme in das Bruderhaus ansuchte, wurde er bereits für das „Tollhaus" vorgeschlagen, da dieses auch für Auswärtige zur Verfügung stehe[181]. Insgesamt gab es später 18 „Koder", zwölf im neuen und sechs im alten Gebäude, zwölf Plätze waren für städtische und sechs für Geisteskranke vom Land vorgesehen[182]. Von diesen sechs Kodern durften immer nur vier besetzt werden, um zwei für unvorhergesehene Fälle zur Verfügung zu haben.

Eine medizinische Versorgung und Betreuung gab es nicht, die Pflege der „Tollhausinsassen" erfolgte durch zwei alte Obfrauen des Bruderhauses. Sowohl der Leibarzt Colloredos, Silvester Barisani, als auch Stadtphysikus Michael Steinhauser wiesen wiederholt auf die Mängel der Unterbringung und Versorgung hin und erarbeiteten Verbesserungsvorschläge[183].

Über die Belegung des Hauses sind wir aus bayerischer Zeit genau unterrichtet. 1811 wurden zwischen elf und 13 Insassen (davon nur drei Frauen), 1812 elf bis 14 Insassen, 1813 14 bis 17, 1814 und 1815 17 bis 20 und 1816 18 bis 20 Geisteskranke in Verwahrung gehalten[184].

Für Ende September 1814 liegen exakte Namenslisten auf, die die folgenden Aussagen ermöglichen. Von den 19 im Irrenhaus verwahrten Personen (neun Männer und zehn Frauen) stammten neun aus der Stadt Salzburg und je eine aus Morzg bzw. Rott. Nicht bei allen sind Altersangaben möglich. Die Insassen waren zwischen 20 und 75 Jahre alt, ab dem 19. Lebensjahr in das „Tollhaus" gekommen und im Schnitt (bei 15 Angaben) 43,9 Jahre alt. Die meisten verweilten nicht lange im „Tollhaus", nur einer war seit sieben und ein weiterer seit sechs Jahren im Haus, alle anderen kürzer, die meisten zwischen einem und drei Jahren[185]. Dies erklärt sich daraus, daß zahlreiche Patienten – weit mehr als im Haus verstarben – wieder entlassen wurden oder zumindest „auf Probe" das Haus verließen.

Beim großen Stadtbrand 1818 wurde das „Toll- oder Irrenhaus" in St. Sebastian weitgehend zerstört, worauf die Institution nach Mülln in den Kammerlohrhof beim St.-Johanns-Spital übersiedelte[186]. Damit war – nach der Verlegung des Pestspitals im ausgehenden 16. Jahrhundert – auch die letzte Sonderverwendung des Bruderhauses zu Ende gegangen.

Verwaltung durch die Regierung

Nach dem Ende des geistlichen Staates übernahm im Jahr 1803 die Regierung die Verwaltung der weltlichen Stiftungen[187]. Das Bruderhaus, dessen Vermögen damals durch die Verteuerung der Viktualien, die Verminderung der Zinsen und die Bezahlung von Dezimationen abgenommen hatte, verpflegte rund 100 Personen, 60 Pfründner, die mit allen Bedürfnissen versorgt wurden und ca. 40 Unpfründner, die freie Wohnung hatten[188].

Die Rekrutierung der Pfründner erfolgte nun weitgehend durch Übertritte aus den Unpfründnern[189], entsprechend groß war daher der Andrang auf eine Unpfründe. 1808 wurden zwölf Frauen, die über 70 Jahre waren, für eine Aufnahme gereiht, darunter befanden sich Frauen mit 51, 46 und 42 Dienstjahren. 57 weitere Anwärterinnen wurden vorgemerkt, mehr als die Hälfte von ihnen war zwischen 60 und 70 Jahre alt. Als 1809 vier Plätze frei waren, wurde „nach Norm" entschieden und die ältesten, eine 78jährige und drei 71jährige Dienstboten berücksichtigt[190].

14 arme Dienstboten wurden zudem durch die „Triendlstiftung" unterhalten, bis sie in das Bruderhaus aufgenommen werden konnten. Stadtrat und Handelsfaktor Sigmund Triendl hatte dafür im Nebenstöckl im Neugebäude des Bruderhauses und im Armenhaus im Nonntal (im Haus Nonntaler Hauptstraße 23 bzw. 23a) Plätze zur Verfügung gestellt. 1807 machte er acht Bewohnerinnen des Stöckl im Bruderhaus für Pfründen namhaft, die älteste war 87, drei hatten schwere Augenkrankheiten und eine Anwärterin lag *ellendig im Beth*. 1813 übernahm die Stiftungs-Administration die Verpflegung der Armen der „Triendlstiftung"[191].

Für die bayerische Zeit liegen für das Bruderhaus exakte Personenstandslisten und zum Teil monatlich geführte Belegungslisten vor, die auch die Namen und Gründe für Neuein-, Über- oder Austritte exakt verzeichnen.

Der Personenstand im September 1814

Eine Personenstandsliste des Bruderhauses mit Stand Ende September 1814 verzeichnet für das gesamte Bruderhaus insgesamt 113 Bewohner, davon waren 74 Frauen und 39 Männer. 51 „Köpfe" fielen in die Kategorie Pfründner, zu denen auch der 61jährige Untermeister Mathias Spöckner und seine 39jährige Gattin Anna sowie 14 Dienstboten gerechnet wurden. 43 „Köpfe" waren Unpfründner, 19 Männer und Frauen im Irrenhaus verwahrt.

Die nach Abzug der Untermeisterfamilie und der Dienstboten verbleibenden „echten" 35 Pfründnerstellen verteilten sich auf 13 Männer und 22 Frauen. Die Frauen hatten einen Altersdurchschnitt von 67,4 Jahren und wiesen ein durchschnittliches Eintrittsalter von 59,7 Jahren auf. 15 der 22 Frauen kamen vom Land, nur drei aus der Stadt und je zwei aus Bayern bzw. Österreich. Von den

13 Männern (Durchschnittsalter 63,7 Jahre, durchschnittliches Eintrittsalter 53,6 Jahre) stammten knapp die Hälfte (sechs) aus der Stadt Salzburg, fünf vom Land und zwei aus Bayern. Fünf Männer waren in den Jahren 1785, 1787 (je zwei) und 1793 im jugendlichen Alter zwischen 18 und 22 Jahren in das Bruderhaus gekommen und lebten – wohl aufgrund ihrer körperlichen Behinderungen – unter Aufsicht einer Krankenpflegerin im zweiten Stock des Hauses. Zwei dieser Einzelschicksale ließen sich näher ermitteln. Josef Ruefhofer aus Salzburg war am 14. Januar 1785 im Alter von 21 Jahren in das Bruderhaus eingetreten. Er hatte sich mit 416 Gulden eingekauft, lebte noch 45 Jahre im Bruderhaus und verstarb am 14. April 1830[192]. Ebenfalls mit 21 Jahren kam am 14. Juli 1787 Friedrich Machheim ins Haus. Der gräflich Dietrichsteinsche Läufersohn konnte den erlernten Schneiderberuf wegen *krumpper Füsse* nicht ausüben, wollte sich aber als Ministrant und durch gelegentliche Schneiderarbeit dienlich machen. Der Salzburger Domkanonikus Graf Dietrichstein erlegte 600 Gulden für die Aufnahme des Sohnes seines Bediensteten[193].

Auch bei den Unpfründnern waren die Frauen deutlich in der Mehrheit. Die 28 Frauen hatten ein Durchschnittsalter von 69,2 Jahren, die jüngste von ihnen war 38, die älteste 82. Das durchschnittliche Eintrittsalter lag bei 66,8 Jahren. Bei den 15 Männern war der jüngste 43, der älteste 77 (Durchschnittsalter 63,7 Jahre). Das durchschnittliche Eintrittsalter lag – deutlich niedriger als bei den Frauen – bei 61,4 Jahren. Bei den Unpfründnern stammten nur fünf Männer und sieben Frauen aus der Stadt Salzburg. Unter ihnen finden war auch die Registratorengattin N. Weilmayrin (aufgenommen am 16. August 1814) und den Sproß einer geadelten Salzburger Beamtenfamilie. Der damals 43jährige, blind geborene Josef von Koflern wurde nach dem Tod seiner Mutter als „blödsinnig" in das Bruderhaus gegeben (Eintritt 11. November 1812), wo er 1838 verstarb[194].

Die 14 Dienstboten waren fünf Obfrauen im Alter zwischen 39 und 63 Jahren (sie waren zwischen vier und 15 Jahren im Haus), fünf „Dirnen" im Alter von 20 bis 39 Jahren, die erst sehr kurz (maximal zwei Jahre) im Bruderhaus arbeiteten, die 59jährige Köchin (seit 22 Jahren im Haus), eine Küchenmagd (46 Jahre alt, sechs Jahre im Haus) sowie – erst im laufenden Jahr neu eingetreten – eine Krankenwärterin (38 Jahre) und der Hausknecht (35 Jahre).

Die Belegung des Hauses verteilte sich wie folgt: Erdgeschoß: eine Obfrau, eine „Dirn", der Hausknecht, zwei Pfründnerinnen, vier Unpfründnerinnen. Erster Stock: Untermeister, seine Gattin, eine Obfrau, die Köchin mit der Küchenmagd, eine „Dirn", sechs Pfründnerinnen, zehn Unpfründnerinnen. Zweiter Stock: eine Obfrau, eine „Dirn", die Krankenwärterin, 15 Pfründnerinnen und Pfründner, zwölf Unpfründner. Dritter Stock: eine Obfrau, eine „Dirn", sieben Pfründnerinnen, neun Unpfründnerinnen und Pfründner.

Roßstallstube: eine Obfrau, eine „Dirn", fünf Pfründnerinnen, zwei Unpfründnerinnen. Nebenstöckl: sechs Unpfründnerinnen.

Anfang 1815 lebten im Bruderhaus – ohne Geisteskranke – 98 Personen (inklusive Dienstboten), im Juli 1816 – ebenfalls ohne die Irrenhausbelegung – 94 Personen.

Das Ende der Naturalverpflegung

Mit dem endgültigen Übergang Salzburgs an Österreich übernahm 1816 die k.k. Stiftungs-Administration die Verwaltung der Stiftung. Die Besetzung der erledigten Pfründen und Unpfründen nahm daher nun die „hohe Landesstelle" vor. Eine Eingabe des Magistrats, dieses Besetzungsrecht wieder – so wie vor 1650 – selbst ausüben zu dürfen, blieb 1832 ohne Ergebnis[195].

Der große Stadtbrand des Jahres 1818 verheerte auch das Bruderhaus und zerstörte die Kirche St. Sebastian, die unter Leitung und großem finanziellen Einsatz des bürgerlichen Eisenhändlers Anton Haslauer wiederhergestellt und 1821 neu geweiht wurde[196]. 1825 wurde auf Antrag der Stadtgemeinde die große Anzahl der alten Stiftungen und damit der zu haltenden Messen aus Ersparnisgründen reduziert[197].

In der Zeit der wirtschaftlichen Depression nach dem Verlust der Eigenstaatlichkeit Salzburgs und auch seiner Residenzfunktion und angesichts erlebter Preissteigerungen für Lebensmittel tätigte Pfarrer Mathias Reiter 1822 eine „Getreideschenkung" für das Bruderhaus. Das Getreide sollte im Falle großer Teuerungen verbacken werden, wurde es nicht benötigt, sollte aus dem jeweiligen Verkaufserlös immer wieder neues Getreide angeschafft werden. Diese komplizierte Vorgangsweise wurde schließlich durch Anlegung des Verkaufserlöses ersetzt, so daß das Kapital der „Mathias Reiterschen Getreideschenkung" 1887 bereits auf 6987 Gulden angewachsen war. Die Zinsen wurden weiter dem Fonds zugeschlagen, um diesen noch zu vermehren[198]. An weiteren Stiftungen dieser Zeit sind die Schenkung des ehemaligen Oberkellners von St. Peter, Zacharias Lang in der Höhe von 12.798 Gulden RW (1831) und die Stiftung von zwei neuen Pfründplätzen durch Ottilia Poschinger (1832) zu erwähnen[199].

Im Jahr 1826 wurde im Bruderhaus die Naturalverpflegung aufgehoben und dafür ein Kostgeld eingeführt, mit dem in Küche des Hausaufsehers die Verpflegung gekauft werden konnte. Der Untermeister erhielt nun jährlich 212 Gulden, die Dienstboten und Pfründner für Kost täglich zehn Kreuzer und die Unpfründner für ihre tägliche Morgensuppe, ein Wochenbrot sowie Salz monatlich 30 Kreuzer[200]. Diese Reform wirkte sich auch auf die Zahl der Dienstboten aus, die auf zehn (1830) bzw. acht in den 1850er Jahren absank.

Das Bruderhaus hatte sich spätestens seit dem ausgehenden 18. Jahrhundert zu einem reinen Alten- und Versorgungsheim gewandelt, bei dem der Einkauf in eine Pfründe keine Rolle mehr spielte. Bezüglich auswärtiger alter und gebrechlicher Dienstboten und Taglöhner wurde – schon um 1830 – eine mindestens zehnjährige Dienstzeit in der Stadt Salzburg verlangt. 1830 hatten von 13

Pfründnern (im Alter zwischen 34 und 85 Jahren) und 38 Pfründnerinnen (zwischen 40 und 90 Jahren) nur mehr zwölf ihr Vermögen in das Haus eingebracht. Neun Jahre später lebten von 57 Pfründnerinnen und Pfründnern (17 Männer und 40 Frauen) noch ganze vier (drei Männer und eine Frau) die sich durch Geldzahlungen eingekauft hatten[201]. Unter den Unpfründnerinnen, die teils ein sehr hohes Alter aufwiesen (1830 war die älteste 91), befanden sich 1839 hauptsächlich alte Dienstmägde (18 von 31). Jüngere Pfründner und Unpfründner, die noch fallweise begegnen, wurden ausnahmslos aufgrund von Behinderungen versorgt[202].

Ein Regierungsdekret vom 12. Juni 1840 anerkannte die Widmung des Bruderhauses als Lokalinstitution. Es war nun „ein Lokalinstitut im strengsten Sinne des Wortes und als solches zur Aufnahme und Pflege verarmter und erwerbsunfähiger Mitglieder der Stadtgemeinde Salzburg ohne Unterschied des Geschlechts oder sonstiger Verhältnisse bestimmt"[203].

Das „Bruderspital" 1832

Ein zeitgenössisches Bild des Salzburger „Bruderspitales" (so die dortige Überschrift) bietet eine im Jahr 1832 in München erschienene Veröffentlichung von Anselm Martin[204]:

> In diesem Hause werden alte, gebrechliche Dienstmägde, Taglöhner u.s.w., welche in der Stadt Salzburg durch wenigstens zehn Jahre ununterbrochen gedient haben, unterhalten und ernährt. Im ganzen Institute können 103 dieser Individuen untergebracht werden. Die Zimmer daselbst sind nicht sehr geräumig und mit Meubeln aus allen Jahrhunderten ausgerüstet, da sich jeder Versorgte damit versehen muß. In jedem Zimmer liegen 6–18 Versorgte, je nachdem der Raum des Zimmers eine größere oder geringere Anzahl zuläßt. Statt der Verpflegung wird täglich jedem Pfründtner zehn Kr. R. W. gegeben, wofür er sich in der Küche des Hausaufsehers das Nöthige kaufen kann. Erkrankt ein Versorgter, so wird er in der Anstalt selbst von dem Stadtphysikus behandelt. Zur Pflege und Wart der Kranken und gebrechlichen und schwachen Alten befinden sich im Spitale eigens angestellte Wärterinnen. Die Administration des Instituts leitet und besorgt die Verwaltung des Bürgerspitals. Als Merkwürdigkeit dieses Instituts muß ich noch bemerken, daß der Hausaufseher daselbst die Gebeine des berühmten Theophrastus Paracelsus, der im Jahre 1541 zu Salzburg gestorben ist, aufbewahrt und vorzeigt. Das Grabmal desselben befindet sich in einer Kapelle der Spitalkirche."

Die Bayrhammer-Stiftung

Der gebürtige Seekirchner Mathias Bayrhammer, der es in Salzburg vom Hausknecht zum reichen Handelsmann gebracht hatte und in der Linzer Gasse ein Haus bewohnte, stiftete 1844 in seinem Testament eine beachtliche Summe, um *55 armen, gebrechlichen und erwerbsunfähigen Gemeindemitgliedern der Stadt Salzburg für immerwährende Zeiten den Unterhalt zu sichern und um damit die Stadt Salzburg zu entlasten*[205]. Dem Bürgerspital sollten 25 neue Pfründen zugute kommen.

Am 1. Mai 1844 stiftete Bayrhammer (beurkundet per Stiftsbrief der städtischen Stiftungsverwaltung vom 13. Dezember 1844)[206] unter bestimmten Auflagen 30 neue Pfründen im Bruderhaus St. Sebastian[207] und übergab dafür Privatschuldurkunden in der Höhe von 52.800 Gulden RW. Die 30 neu gestifteten Pfründen mit allen Bezügen der Pfründner sollten die bisherigen Unpfründen ersetzen und das Besetzungsrecht ausschließlich dem Stadtmagistrat zustehen, der die Besetzungsvorschläge mit Einverständnis des zuständigen Pfarrvorstandes zu erstellen hatte.

Die am Institut befindliche „Tracteurie", also die Gastwirtschaft des Hausaufsehers, sollte gänzlich abgeschafft und das gewöhnliche Auskochen durch die Obfrauen wieder eingeführt werden. Sämtliche Pfründner, außer den Kranken, wurden verpflichtet, an Sonntagen die Kirche zu besuchen. Die Betten der Verstorbenen, die bislang, da jeder beim Eintritt das eigene Bett mitbrachte, veräußert wurden, sollten hinkünftig Weiterverwendung finden. Anfallende Zinsen der Stiftung sollten für die Pfründner verwendet und nicht zum Kapitalstock geschlagen werden. Die verliehenen Kapitalien durften nicht über vier Prozent verzinst, und rückgelöste Gelder mußten wieder in Grund und Boden angelegt werden.

Nun wurden die Unpfründner- in Pfründnerstellen umgewandelt und die seit einigen Jahrzehnten ebenfalls im Bruderhaus-Neubau untergebrachte Armenkommunstube für die Stadtarmen 1844 in das Kronhaus verlegt[208].

Mathias Bayrhammer verstarb am 11. Oktober 1845. Sein Neffe und Haupterbe Gotthard Bayrhammer stiftete nach Vorbild seines Onkels 1846 acht weitere Pfründen im Bruderhaus[209].

1846 zählte das Haus inklusive Dienstboten 98 versorgte Personen. Das Gesamtvermögen des Hauses belief sich auf 295.064 Gulden, der Wert der Realitäten auf 25.399 Gulden. Das hauptsächlich verzinslich angelegte Kapital brachte jährlich 7654 Gulden Zinsen ein[210]. Sowohl bezüglich Vermögen als auch der Zahl der Versorgten übertraf damit das Bruderhaus die traditionelle bürgerliche Stiftung, das Bürgerspital.

Am 19. Dezember 1850 beschloß der Gemeinderat eine neue Bruderhausordnung und erließ neue Instruktionen für den Untermeister, der direkt dem Bürgermeister unterstellt war. In die Hausordnung, die vom Pfarrer von St. Andrä revidiert worden war, flossen die Auflagen der Bayrhammerschen Stiftung ein. Sie sollte jährlich vom Pfarrer verlesen werden[211].

In der Präambel der neuen Statuten des Bruderhauses wird der Zweck der Anstalt darin gesehen, die Grundlage dafür zu schaffen, damit die *Pfründpersonen ruhig und ohne Sorge ihres Alters pflegen und der Gottseligkeit leben* können. Strenge Verhaltensmaßregeln blieben aufrecht. Den Pfründnern wurden ausdrücklich häufige Wirtshausbesuche, Bettelei, die Lotterie und Spiele um Geld verboten. Bezüglich ererbten Vermögens galten alte Vorschriften über die Ansprüche des Bruderhauses weiter. 1872 wurde diese Bruderhausordnung durch eine vom Gemeinderat für alle städtischen Versorgungsanstalten erlassene Hausordnung ersetzt[212].

Die letzten Jahrzehnte im alten „Bruderhaus"

Aufgrund der Bayrhammerschen Stiftung endete im Bruderhaus das Institut der Unpfründner und alle Versorgten hatten als Pfründner Anspruch auf folgende Bezüge (1850)[213]:
1. Freie Unterkunft, Beheizung und Beleuchtung;
2. Jahrtagsalmosen und Spenden pro Kopf neun Gulden 22¾ Kreuzer CM WW;
3. Freie ärztliche Pflege und Medikamente;
4. Bettstroh aus dem Naturalzehent des Bruderhauses;
5. Reinigung der Bett- und Leibeswäsche;
6. Beistellung des Wärter- und Dienstpersonals;
7. Bett, Leibwäsche und Bekleidung;
8. Für Kost ein Relutum von zehn Kreuzer RW, also mit Spende (Zuschuß zur eigentlichen Pfründe) jährlich 72 Gulden RW;
9. Leichenkosten.

Aufnahmekriterien waren Erwerbsunfähigkeit, Unterstandslosigkeit und mehrjähriger Aufenthalt im Stadtgebiet von Salzburg. Als stiftungsgemäße Obliegenheit galt es – wenngleich auch nicht selten Ausnahmen gemacht wurden – besonders alte und gebrechliche Dienstboten, die in Salzburg geboren waren und durch 10 Jahre in Salzburg ordentlich und treu gedient hatten, zu berücksichtigen. Die Erledigung einer Pfründe wurde öffentlich bekanntgegeben. Die Stiftungsverwaltung sammelte die Gesuche und erstellte den Antrag, der Magistrat ernannte die Bayrhammer-Pfründner unbeschränkt und legte die übrigen der Kreisstelle zur Bestätigung vor[214]. Nach der Errichtung einer gemeinderätlichen Armensektion beschloß der Gemeinderat nach deren Anhörung die Verleihung der Pfründen[215]. Aus der Mitte des Gemeinderates wurden jährlich die Hausinspektoren gewählt. Die unmittelbare Aufsicht hatte weiter der aus dem betreffenden Fonds bezahlte Untermeister über[216].

1888, zehn Jahre vor der Übersiedlung in die „Vereinigten Versorgungsanstalten", zählte das Bruderhaus 100 Pfründplätze, von denen 95 besetzt waren[217]. Zur Beschaffung ihrer in der Anstalt beigestellten Kost erhielten die Pfründner täglich 24 Kreuzer ausbezahlt. 1892 wurde in allen städtischen Versorgungseinrichtungen wieder die Verköstigung in Eigenregie eingeführt und den Bruderhäuslern nach Abzug der Verpflegungskosten nur mehr ein Handgeld ausbezahlt[218].

Ende 1889 belief sich das Gesamtvermögen des Bruderhausfonds – ohne Nebenfonds mit eigener Verwaltung, deren Überschüsse an den Hauptfonds abgeführt wurden – 340.952 Gulden 79½ Kreuzer[219].

Vielfältige Nutzung des Hauses – Ausklang

Das große Areal des Bruderhofes wurde bereits vor der Übersiedlung der Pfründner in die neuen Versorgungsanstalten vielfältig genutzt. 1837 überließ man die „Ruinen der früheren Irrenanstalt" dem Verein „Museum" zur Errichtung einer Arbeitsanstalt[220]. Diese „Lokalversorgungs- und Beschäftigungsanstalt" im rückwärtigen Trakt des „Neugebäudes" wurde Universalerbe des Eisenhändlers Anton Haslauer, der seine Hinterlassenschaft für die Erziehung armer Waisenkinder widmete. Dadurch war eine Erweiterung des Arbeitsanstalt möglich, der man – nach Übersiedlung der „Kommunstübler" in das Kronhaus – den Neubau und einen Teil des Bruderhausgartens überließ[221]. Die 1844 eröffnete „Beschäftigungs- und Mädchenerziehungsanstalt" wurde 1850 zunächst in die alleinige städtische Verwaltung übernommen, zwei Jahre später die Leitung aber den Barmherzigen Schwestern vom hl. Vinzenz übertragen. 1899 erwarb dieses „Mädchen-Erziehungsinstitut zu St. Sebastian" vom Bruderhausfonds das alte Bruderhausgebäude und das Direktorstöckl[222].

In den 1850er Jahren fanden auch die „Weibliche Dienstboten-Bildungsanstalt", der 1852 von Joseph Schöpf gegründete „Katholische Gesellenverein", der „Salzburger Gewerbeverein" und die von ihm getragene „Gewerbeschule", sowie ab 1863 eine „Schulknabenbewahranstalt" in den Bruderhausrealitäten eine zeitweilige Bleibe[223].

Auch bald nach der Übersiedlung der „Kommunstübler" in das Kronhaus im Jahr 1844 gab es – bis 1898 – in den hinteren Trakten von St. Sebastian wieder eine Kommunstube für die Stadtarmen[224]. Die Kosten für Bettwäsche, Brennholz, Seife sowie Lohnkosten für die ebenfalls vorhandene „Armenbadeanstalt" trug der Lokalarmenfonds[225]. Bei der Wiedereinführung der gemeinschaftlichen Verköstigung 1892 wurde den „Kommunstüblern" im Bruderhaus im Gegensatz zu den Pfründnern lediglich ein Kostgeld zugestanden.

Am 10. November 1898 übersiedelten die Bruderhauspfründner samt den „Kommunstüblern" aus „dem lieb gewordenen Heim" an der Linzer Gasse in die neu erbauten „Vereinigten Versorgungsanstalten"[226]. Die Pfründner wurden im eigenen „Bruderhaustrakt" untergebracht, der auch die Erhardspitalpfründner aufnahm. Aus dem weiter bestehenden Bruderhausfonds[227] wurde den Bruderhauspfründnern freie Unterkunft, Beheizung und Beleuchtung, Krankenpflege, Bedienung und ein Pfründengeld in der Höhe von 50 Heller pro Kopf und Tag gewährt (1901)[228]. Wie sehr die alten Vorstellungen auch im neuen Haus weiterlebten, zeigt exemplarisch die „Anna Huemersche Bruderhauspfründen-Stiftung" des Jahres 1908[229], mit der ein neuer Pfründenplatz beim

Bruderhausfonds geschaffen wurde. Der jeweilige Inhaber wurde verpflichtet, *alljährlich am Sterbetage der Frau Anna Huemer zum Gedenken an die edle Wohltäterin einer heiligen Messe beizuwohnen und für das Seelenheil der Verstorbenen zu beten. Desgleichen hat der jeweilige Pfründen-Inhaber am Allerheiligen- und Allerseelentage das Grab der hochherzigen Stifterin am Kommunalfriedhof zu besuchen und während der heiligen Prozession ihrer im Gebete zu gedenken.*

Anmerkungen

1 JOHANN ERNEST TETTINEK, Die Armen-Versorgungs- und Heilanstalten im Herzogthume Salzburg, Salzburg 1850, S. 55–83; LUDWIG PEZOLT, Salzburg. Statistischer Bericht über die wichtigsten demographischen Verhältnisse (= Sonderabdruck aus: Oesterreichisches Städtebuch. II. Jg. 1888), Wien 1888, darin: Zur Geschichte des Armenwesens der Stadt Salzburg, hier S. 8 f., 21 und zum Bruderhausfonds S. 23; GEORG MUSSONI, Fonde und Stiftungen der Landeshauptstadt Salzburg, Salzburg 1890, S. 11–19; CHRISTIAN GREINZ, Die fürsterzbischöfliche Kurie und das Stadtdekanat zu Salzburg, Salzburg 1929, S. 270 sowie S. 245–251; zahlreiche Einzelbelege bei FRANZ VALENTIN ZILLNER, Geschichte der Stadt Salzburg. 2 Bde., Salzburg 1885–1890, Ndr. Salzburg 1985.

2 Zuletzt vgl. HEINZ DOPSCH und PETER M. LIPBURGER, Die Rechtliche Entwicklung, in: HEINZ DOPSCH und HANS SPATZENEGGER (Hg.), Geschichte Salzburgs. Stadt und Land. Bd. I/2, Salzburg 1983, S. 675–746, hier S. 726; HEINZ DOPSCH und ROBERT HOFFMANN, Geschichte der Stadt Salzburg, Salzburg–München 1996, S. 211; HERBERT DORN, Spurensuche in Salzburg, Salzburg 1996, S. 69–71; eine kurze Zusammenfassung auch bei: DIETER JETTER, Hospitäler in Salzburg, in: Sudhoffs Archiv. Zeitschrift für Wissenschaftsgeschichte 64 (1980), S. 163–186, hier S. 165.

3 So TETTINEK, Armen-Versorgungs- und Heilanstalten (wie Anm. 1): Die Entwicklung der Anstalt lasse sich „in Ermangelung anderer Urkunden nur einzig und allein aus den bezüglichen Rechnungen entnehmen" (S. 64). – Viele wichtige Nachrichten enthalten die ab 1512 lückenhaft und 1575 geschlossenen erhaltenen städtischen Ratsprotokolle (AStS, BU 20 ff.). Inventare und Akten 1572–1844 verwahrt auch das KAS (21/79, 5/75, 5/76).

4 Bisher waren der Forschung zum Bruderhaus und seinen Nebenfonds folgende buchförmige Archivalien im AStS (bis 1994 im SMCA) zugänglich: Verzeichnis der Stiften, Gülten und Stiftungen, Bruderhausordnung, Inventar 1512 (AStS, Stif 742, 742a, 743); Rechnungsbücher 1506/11 und 1519–1865 (Stif 741 u. 744–1061); Urbare, Stiftungs- und Kapitalienverzeichnisse (Stif 730–740, 1061a, 1069, 1070); Notl- und Kopialbücher (Stif 1062–1068) sowie Inventare (Stif 1070a–1070f); Urbare und Rechnungen der Gabrielskapelle und Fabrik 1607–1819 (Stif 1071–1285); Donationsbrief, Kataster und Rechnungen des Kreuzgang-Fonds 1603–1891 (Stif 1286–1367b, 1285b); Rechnungen der Philipp Neri Kapelle 1780–1811 (Stif 1368–1400); St. Sebstians- und Rochus-Bruderschaft 1560, 1746–1819 (Stif 1401–1475a, 1285c). Hinzu kommen im Bestand Neuere städtische Akten (NStA): Bruderhaus- und Untermeisterordnung 1850 (NStA 146a); Pfründenverleihungen 1872–1899 (NStA 250, früher auch NStA 208), Bruderhausfonds 1852–1937 (NStA 268), Stiftsbriefe 19. Jh. (NStA 266).

5 Der Bestand wurde 1994 ungeordnet und unverzeichnet vom SMCA in das AStS übernommen und befindet sich derzeit in Bearbeitung (AStS, StStA). Für die Darstellung besonders relevant waren u.a: Bruderhausordnung vom 23. 8. 1610 (Abschr. 18. Jh., mit zeitgenössischen Nachträgen); Instruktion des Brudermeisters 29. 3. 1651 (Or.); Ratsprotokollextrakte 1512–1580; Verzeichnis der Bruderhausurkunden; Kirchenbau 1754–1760; Bittschriften um Aufnahme in das Bruderhaus 1768–1808; Gottesdienste und Spenden 1776–1806; Monatliche Personalstandslisten 1811–1816; Kasten- und Zerkastenrechnungen; Vollständiger Ausweis aller gestifteten u. pfarrlichen Gottesdienste, dann Spenden bey dem Bruderhause zu Salzburg und den dort gelegenen Cultus-Gebäuden, Jahresschluß 1821; Repertorium des Archivs der Gemeinde Stiftungs-Verwaltung, Akten zum Verkauf des Bruderhaushofes in Schallmoos (1844).

6 Es handelt sich um ca. 180 erhaltene Or.-Perg.-Urkunden (ab 1403), die bislang nicht durch Regesten erfaßt waren.

7 DOPSCH/HOFFMANN, Geschichte der Stadt Salzburg (wie Anm. 2), S. 211; so auch DOPSCH/LIPBURGER, Die rechtliche und soziale Entwicklung (wie Anm. 2), S. 726 mit Anm. 391 und 392.

8 So aber fälschlich DOPSCH/LIPBURGER, Rechtliche und soziale Entwicklung (wie Anm. 2), Anm. 392 (danach „Stiftsbief" bei TETTINEK, Armen-Versorgungs- und Heilanstalten, wie Anm. 1). Ebenda (S. 726) wird von einem „1512 ausgestellten Stiftsbrief des Erzbischofs Leonhard" gesprochen, den es aber nie gegeben hat!

9 AStS, Stif 733 (Urbar).

10 Or.-Perg.-Urkunde vom S. *Katharinen Abend hl. Jungfrau 1496*: AStS, Bruderhausurkunden.

11 Virgil Fröschlmoser der Ältere starb 1502 vgl. MICHAEL WALZ, Die Grabdenkmale von St. Peter und Nonnberg, in: MGSL 14 (1874), S. 479 u. 513; Virgil Fröschlmoser d. J. war 1511, 1513, 1514, 1517, 1519 und 1522 Bürgermeister und verstarb 1548 (WALZ, ebenda, S. 513). Zu den Fröschlmosern, einer bedeutenden Bürger- und Gewerkenfamilie vgl. ZILLNER, Geschichte der Stadt Salzburg (wie Anm. 1). Bd. 2, S. 618–620; HEINZ DOPSCH, Die wirtschaftliche Entwicklung, in: DOSPCH/SPATZENEGGER, Geschichte Salzburgs (wie Anm. 2). Bd. I/2, S. 757–835, hier S. 827; G. A. VON TAMMANN, Schwäbische Spitznamen. Die Salzburger Fröschlmoser in Memmingen, in: Südwestdeutsche Blätter für Familien- und Wappenkunde 12/2 (1966), S. 37–49.

12 Libell von 1512: AStS, Stif 742 (mit Nachträgen von Stiftungen bis 1604), 742a (Abschr. ohne Nachträge), hier fol. 2; Abdruck bei TETTINEK, Armen-Versorgungs- und Heilanstalten (wie Anm. 1), S. 55–62 (mit schweren sinnentstellenden Transkriptionsfehlern; zudem fehlt das Inventar im Abdruck); Vid. von 1723 in KAS 5/76. Als Stifter wird Fröschlmoser auch erwähnt: AStS, BU 82, Ratsprotokolle 1700, fol. 613.

13 AStS, Stif 730, Urbar 1531: *von etlichen heusern, so zum bruederhaus sind abgebrochen worden.*

14 AStS, Stif 741, Sawrer Rechnung an Sant Sebastian 1505–1511.

15 Vgl. AStS, Stif 742 von 1512, fol. 6 ff. sowie Stif 733, Urbar.

16 AStS, Stif 742, fol. 8 und 11; Stif 733, Nr. 8 u. 9.

17 AStS, Stif 741 (32 fl zu 1509 verbaut). Der Text des Grabsteines und eine ältere deutsche Übersetzung bei LORENZ HÜBNER, Beschreibung der hochfürstlich-erzbischöflichen Haupt- und Residenzstadt Salzburg. Bd. 1 und 2, Salzburg 1792/93, hier Bd. 1, S. 346 f.

18 So noch richtig: JUDAS THADDÄUS ZAUNER, Chronik von Salzburg. Bd. 4, Salzburg 1800, S. 240; Hübner übersetzt richtig, daß seine „Voreltern" die Stifter waren: HÜBNER, Beschreibung (wie Anm. 17). Bd. 1, S. 347.

19 AStS, Stif 742a, fol. 15. Diese Kirche war genordet (Stadtansicht 1553) und hatte einen kleinen Turm mit Spitzdach. Eine Stadtansicht aus der ersten Hälfte des 17. Jahrhunderts zeigt die Kirche gegen Osten ausgerichtet.

20 AStS, Stif 742a, fol. 15.

21 AStS, Stif 742a, fol. 19–20 (mit Verzeichnis der jeweiligen Reliquien).

22 Vertrag aus dem Jahr 1508 zur Meßstiftung der Margareth Stupperin 1494 (zum Neubau verwendet): KAS 5/76; vgl. auch AStS, Stif 1070. Die tägliche Messe des Hans Knoll, zur Bürgerspitalkirche errichtet und dann transferiert, wurde 1758 auf 52 Sonntagsmessen reduziert. Zeitgenössische Auszüge aus dem Stiftsbrief Wagingers in: AStS, Stif 18a (mit koloriertem Wappen des Stifters).

23 AStS, Stif 742a, fol. 13–15 (Urbar von 1512 mit Verzeichnis der Kirchengeräte).

24 AStS, Bruderhausurkunden, Verkaufsurkunde von Wolfgang Fuchspeck, Trumetter, 29. 9. 1508. Zur weiteren Geschichte des Friedhofes vgl. CONRAD DORN, Der Friedhof zum Heiligen Sebastian in Salzburg, Salzburg 1969.

25 Virgil Schwaiger stiftete 1507 13 fl für den Bau der Stube: AStS, Stif 741.

26 AStS, Stif 733, Urbar.

27 Er ist „Gesetzter über die armen Leute", „Oberster über das Bruderhaus", also Brudermeister, ist zur gleichen Zeit Georg Saurer.

28 AStS, Stif 472, 472a, fol. 16–19.

29 AStS, Bruderhausurkunden, Verkaufsurkunde vom 29. 9. 1508. Laut Urbar *oben an der kirichen sand Sebastian bey der klainen wasser stubn ain hawsel, höfl, garten und stadel* (AStS, Stif 472, fol. 6). Zu zwei weiteren Häusern siehe Anm. 30. Ein Verzeichnis über die Stiftungs- und andere Urkunden des Bruderhauses (AStS, StStA) nennt 20 nicht näher angegebene Kaufbriefe über Häuser und Gründe des Bruderhausareals.

30 AStS, Stif 472, fol. 8: Die zuvor angeführten zwei Häuser, das sind 1. das *heusl hinnder dem bruederhaws bey der grossen wasserstube* sowie 2. das *haus zenagst daran* (erworben von Metzger Reytzhamer) seien für das Bad abgebrochen worden. Der Umbau der beiden zu einem Haus (es war ursprünglich für die zwei Kapläne sowie zur Unterbringung eines Badeknechts und einer hölzernen Badstube bestimmt) wird auch erwähnt in: AStS, BU 20, fol. 111 u. 115 (Ratssitzungen vom 21. 4. und 7. 6. 1513).

31 ZILLNER, Geschichte der Stadt Salzburg (wie Anm. 1). Bd. 2, S. 352.

32 Vgl. dazu PETER F. KRAMML, König Maximilians erster Versuch der Bestellung eines Koadjutors für Leonhard von Keutschach (1496), in: Salzburg Archiv 2 (1986), S. 33–52,

33 Vgl. zusammenfassend EBERHARD ISENMANN, Die deutsche Stadt im Spätmittelalter, Stuttgart 1988, S. 185.

34 *eehalten, ehallten* = Ehehalten, Dienstboten, Gesinde. Vgl. Deutsches Wörterbuch von JAKOB und WILHELM GRIMM. Bd. 3, Ndr. der Ausg. Leipzig 1862, München 1984, Sp. 43. In der Ausgabe bei TETTINEK, Armen-Versorgungs- und Heilanstalten (wie Anm. 1), S. 56 sind die „ehallten" mißverstanden und als „erhalten" verschrieben. Daraus resultiert wohl der Fehler bei DOPSCH/HOFFMANN, Geschichte der Stadt Salzburg (wie Anm. 2), S. 211, wo von einer Unterbringungspflicht für Bürger, nicht aber für Dienstboten gesprochen wird.

35 AStS, Stif 742, fol. 3–4; Stiftungszweck richtig zusammengefaßt bei TETTINEK, Armen-Versorgungs- und Heilanstalten (wie Anm. 1), S. 63.

36 So etwa noch in den Ratsbüchern 1642–47 (AStS, BU 48) und der Brudermeisterinstruktion 1651.

37 AStS, Stif 730, Urbar 1531.

38 OTTO WIMMER, Kennzeichen und Attribute der Heiligen, Innsbruck–Wien 1993, S. 258 f.

39 GREINZ, Die fürsterzbischöfliche Kurie (wie Anm. 1), S. 270.

40 Zu Beginn der Auseinandersetzungen stand 1498 ein Streit über die Besetzung des Spitalmeisters, nicht aber des Brudermeisters von St. Sebastian, so aber fälschlich: KARL LACKERBAUER, Der Kampf der Stadt Salzburg gegen die Erzbischöfe 1481–1524 (Phil. Diss., Salzburg 1973), Salzburg 1982, S. 39.

41 AStS, Stif 742, fol. 3–6 (Ordnung); Druck bei: TETTINEK, Armen-Versorgungs- und Heilanstalten (wie Anm. 1), S. 55–58.

42 FRANZ VIKTOR SPECHTLER und RUDOLF UMINSKY (Hg.), Die Salzburger Stadt- und Polizeiordnung von 1524 (Göppinger Arbeiten zur Germanistik 222, Frühneuhochdeutsche Rechtstexte I), Göttingen 1978, S. 97.

43 AStS, Stif 744, 1519, unpag.

44 AStS, Bruderhausurkunde von 1513; vgl. auch Stif 742.

45 AStS, Stif 741, Rechnung 1505–1511, unpag. (zu 1510); Stif 744, Rechnung 1518/19, unpag.

46 Stiftsbrief vom 20. 5. 1522: AStS, Bruderhausurkunden; vgl. auch AStS, Stif 733 (Urbar).

47 AStS, Stif 746, 1523; Stif 753, 1539/40.

48 AStS, Stif 748–756, Bruderhausrechnungen 1534–42, unpag. (Pfründnerzahl nach Anzahl der verrechneten Pfründsemmeln).

49 Zu ihm vgl. Bruderhausrechnungen AStS, Stif 744–747 (1519–1524); KAS, Urkunde A 242 vom 19. 8. 1522; ZILLNER, Geschichte der Stadt Salzburg (wie Anm. 1). Bd . 2, S. 611.

50 JOHANN SALLABERGER, Kardinal Matthäus Lang von Wellenburg (1468–1540). Staatsmann und Kirchenfürst im Zeitalter von Renaissance, Reformation und Bauernkriegen, Salzburg–München 1997, S. 245. Ein Verwandter des Hans Endl, nämlich Wilhelm Endl, studierte ab 1512 in Wittenberg (ebenda).

51 AStS, Bruderhausurkunde vom 20. 4. 1540; AStS, Stif 754, Rechnung des Brudermeister 1540 (Zimmerrechnung).
52 AStS, Stif 755, Bruderhausrechnung 1541/42.
53 Noch 1570 wird ein 14tägiges Bad erwähnt (AStS, Ratsprotokollextrakte 1512–1580). Die Bruderhausordnung von 1610 (AStS, StStA) sieht vor, das Bad alle vier Wochen zum Schröpfen zu heizen. Wegen Holzmangels wurde dieser Passus im 18. Jahrhundert gestrichen. Später besaß man ein eigenes Bad- und Waschhaus (erwähnt etwa AStS, Stif 1039, Baurechnung 1818–20).
54 AStS, BU 43, Ratsprotokolle 1613–1616, fol. 85; BU 42, Ratsprotokolle 1600–1605, pag. 249.
55 AStS, BU 25, Ratsprotokolle 1561, pag. 19.
56 KAS 21/79 Akten.
57 AStS, Stif 748 (1534).
58 AStS, Stif 749 (1535).
59 AStS, Bruderhausurkunden, Urkunde vom 17. 3. 1550.
60 Als Quelle dienen die Bruderhausrechnungen (AStS, Stif 754–756 u. 771). Die „Armen Leute" und Pfründner erhielten an den Quatembersonntagen je 1 Mäßl Wein: 1540: 31 Personen (davon 10 Pfründner); 1541: 36 Personen, später 46 Personen; 1542: 52 Personen (davon 11 Pfründner); 1557: 66 Personen.
61 AStS, Stif 756: *vorgenommener bau von gemeiner Statt,* begonnen 17. 3. 1542. Es gibt 1558 eine hintere Stube im „Neubau", hier stirbt am 14. 12. 1558 die alte „Auerin": AStS, Stif 772.
62 PEZOLT, Armenwesen (wie Am. 1), S. 9; GERHARD AMMERER, Notizen zur städtischen Wirtschaft, Gesellschaft und Verwaltung in der frühen Neuzeit, in: DOPSCH/SPATZENEGGER, Geschichte Salzburgs (wie Anm. 2). Bd. II/4, Salzburg 1991, S. 2071–2159, hier S. 2144. Das Stadtalmosen unterstützte um 1800 630 Personen (ebenda, S. 2146). Die Rechnungsbücher des Gemeinen Almosens von 1544–1809: AStS, Stif 1866–1946.
63 AStS, BU 34, Ratsprotokolle 1583, fol. 72; BU 24, Ratsprotokolle 1617–1623, fol. 317 zum 10. 7. 1623.
64 AStS, Stif. 757, Bruderhausrechnung 1543/44, unpag.
65 AStS, BU 67, Ratsprotokoll zum 23. 5. 1685; StStA, Bruderhausakten, Aufnahmegesuche; BU 111, Ratsprotokolle 1729, fol. 21.
66 „Unweltläufig" steht mundartlich für „krüppelhaft, blödsinnig" vgl. GRIMM, Deutsches Wörterbuch (wie Anm. 34). Bd. 24, Sp. 2183.
67 Vgl. AStS, BU 1070; Stif 1061a, fol. 67; Stif 1061a, Urbar 1764 (Vermerk über den Grund der am 26. 1. 1646 eingeräumten Grundholden); AStS, StStA, Verzeichnis über die Stiftungs- und andere Urkunden des Bruderhauses; AStS, Stif 735, Urbar- und Stiftbuch der Zottischen Untertanen 1586 bis 1649, mit dem Vermerk auf der ersten Seite, daß diese 1646 zum Bruderhaus kamen; vgl. auch Bruderhausurkunden, erzbischöfliche Lehenbriefe über ehem. Zottische Lehen ab 30. 12. 1654 (mit Erwähnung der Belehnung der Töchter Zotts 1625), jeweilige Bestätigungen bis 24. 4. 1839.
68 AStS, BU 101, Ratsprotokolle 1719, pag. 77; BU 102, Ratsprotokolle 1720, pag. 2.
69 Ratssitzung vom 15. 4. 1562: AStS, BU 26, fol. 19 und StStA, Bruderhausakten, Ratsprotokollauszüge 1512–1580. Zu den Bezeichnungen des Kotter vgl. GRIMM, Deutsches Wörterbuch (wie Anm. 34). Bd 11, Sp. 1899 f.
70 JETTER, Hospitäler in Salzburg (wie Anm. 2), S. 165.
71 AStS, Stif 777 und 778 (zu 1563/64); BU 59, Ratsprotokolle 1676, fol. 67; bis 1672 sind die Einnahmen in den Bruderhausrechnungen als extra Rechnungsposten ausgewiesen, danach werden nur mehr Büchseneinnahmen verzeichnet. Die Rechenbücher verzeichnen noch 1700 ausdrücklich Büchseneinnahmen für die einfältigen Kinder bzw. Hauskinder.

Vgl. auch die Vorschriften in der Bruderhausordnung von 1610 und der Verwalterordnung 1651 (beide AStS, StStA).

72 AStS, BU 67, Ratsprotokolle 1685, fol. 34, vgl. auch StStA, Bruderhausakten zu diesem Vorgang; eine Aufnahme vom 18. 2. 1685; BU 62, Ratsprotokolle 1680, fol. 81, 12. 7. 1680; BU 81, Ratsprotokolle 1699, pag. 237; BU 89, Ratsprotokolle 1707, pag. 50, 19. 1. 1707.

73 AStS, BU 98, Ratsprotokolle 1716, pag. 246 u. 275 zu Leitlin; BU 100 Ratsprotokolle 1718, pag. 430.

74 ZILLNER, Geschichte der Stadt Salzburg (wie Anm. 1). Bd. 2, S. 598; DERSELBE, Salzburgisches Irrenwesen, in: Allgemeine Zeitschrift für Psychiatrie 27 (1871), S. 138–143; JETTER, Hospitäler in Salzburg (wie Anm. 2), S. 180; vgl. AStS, Stif 1039, 1818–1820 (über altes Irrenhaus). Vgl. auch Pläne im SMCA aus der Zeit vor dem Stadtbrand, in denen im vorderen Flügel des Bruderhofes (Linzergassenseitiger Quertrakt) die Koder eingezeichnet sind (freundliche Mitteilung von Dr. Wilfried Schaber, Altstadtamt).

75 IGNAZ HARRER, Das Irrenwesen im Herzogthum Salzburg, in: MGSL 42 (1902), S. 1–48, hier S. 9, zu Paulus hier S. 7 sowie FRIEDRICH R. BESL, Der Chirurg Augustin Paulus (1695–1777) als Bruderhaus- und St.-Sebastian-Kirchenverwalter, in: Salzburger Beiträge zur Paracelsusforschung 29, Wien 1996, S. 75–85.

76 HÜBNER, Beschreibung (wie Anm. 17). Bd. 2, S. 535.

77 Bruderhausrechnungen 1541 und 1560: AStS, Stif 755 u. 774; ZILLNER, Geschichte der Stadt Salzburg (wie Anm. 1). Bd. 2, S. 495; HEINZ DOPSCH und PETER M. LIPBURGER, Das 16. Jahrhundert – Von Leonhard von Keutschach zu Wolf Dietrich von Raitenau (1519–1587), in: DOPSCH/SPATZENEGGER, Geschichte Salzburgs (wie Anm. 2). Bd. II/4, S. 2015–2070, hier S. 2054.

78 AStS, BU 22, Ratsprotokolle 1541, fol. 33, 9. 12. 1541; ZILLNER, Geschichte der Stadt Salzburg (wie Anm. 1). Bd. 2, S. 475; DOPSCH/LIPBURGER, Das 16. Jahrhundert (wie Anm. 77), S. 2054.

79 ZILLNER, Geschichte der Stadt Salzburg (wie Anm. 1). Bd. 2, S. 352 u. 354; GEORG ABDON PICHLER, Salzburg's Landes-Geschichte, Salzburg 1865, S. 383; JETTER, Hospitäler in Salzburg (wie Anm. 2), S. 165.

80 Zum Seuchenjahr vgl. ZILLNER, Geschichte der Stadt Salzburg (wie Anm. 1). Bd. 2, S. 352. Die Liste der 1562 im Bruderhaus Verstorbenen und des hinterlassenen Bargeldes (AStS, Stif 777, 1562) lautet:

3. 1.:	Wolff Meissl, Bäckerknecht	1 fl 2 ß 9 d
16. 5.:	Hans, Messerschmidgeselle	4 ß 9 d
12. 6.:	Hans Pichler	nichts
14. 6.:	Zenz Pinfuessin	5 fl 2 ß 20 d
19. 6.:	Sebastian Kästl, war 8 Tage im Bruderhaus, sein Bruder gibt für seine schlechten Kleider	4 ß 20 d
3. 7.:	Margrett Hampergerin	7 ß 26 d
8. 8.:	Dirn aus Tittmoning	nichts
10. 8.:	Eine Naterin	nichts
21. 8.:	Einfältiger Stummer, genannt der Vetter	nichts
21. 8.:	Urban Schärdinger	nichts
22. 8.:	Margret Höpflin	nichts
24. 8.:	Erhartt, Sohn der Büchsenmeisterin	nichts
24. 8.:	Altes Weib, ab der Gestetten	nichts
6. 9.:	Lucas Gepinger, Untermeister	Nachlaß erhalten Frau und Sohn
8. 9.:	Junge Dirn, von Oittner hineingetragen	nichts
15. 9.:	Meindl, Bote	nichts
20. 9.:	Warbl, der Gastmeisterin Schwester	4 ß
23. 9.:	Eva, Köchin auf der Schanz	nichts
24. 9.:	Ein Knecht, von Pock Schneider hineingetragen	nichts
1. 10.:	Hans, Amessters Diener	nichts

3. 10.:	Urschl, des Kräl Schmit Mairin	2 ß 1 d
6. 10.:	Eurothea Mischlin, ehem. Viehmairin	42 fl 1 ß 16 d
10. 10.:	Alt Treindl aus Werfen	7 ß 10 d
24. 10.:	Junger Panzermacher auf der Schanz	nichts
31. 10.:	Hausfrau des Achatz Palbierer auf der Schanz	nichts
4. 11.:	Steuff Techterl des Achatz Palbier	nichts

81 AStS, Stif 787, 1573.
82 ZILLNER, Geschichte der Stadt Salzburg (wie Anm. 1). Bd. 2, S. 269, hier S. 611 f. auch eine Liste der Brudermeister. Ergänzt und verbessert nach Ratsprotokollen, Bruderhausrechnungen und Urbaren sind folgende Salzburger (Rats-) Bürger als Brudermeister nachweisbar: Georg Saurer (1505–1513); Wolfgang Endl (1518–1532, belegt zuletzt AStS, Stif 733, 1532, durch einen Ankauf, eventuell bis 1534); Christoph Riß (1534/35); Hans Zach, genannt Gnigler (1536/1539–1543); Sebastian Nerlinger (1543–1558); Hans Etlinger (1558–1559); Valentin Kirchperger (1560); Hans Schaidinger (1561); Wolf Eder (1562); Andree Han (1563–1564); Wolf Schingl (1566–1587); Hans Schreiner (1588–1596); Ruepp Schiffer (1596); Hans Grien (1597–1605); Wolf Sailer (1606–1610); Wolf Mayrhauser (1611–1634); Wolfgang Hölzl (1635; seine Erben führen bis 1637 die Rechnungsbücher); Georg Frimbl (1638–1649); Johann Heß (1650–1670); Bartolomä Bergamin (1671–1692); Martin Lohrer (1692–1712); Martin Zaininger (1713–1742); Andre Mayr (1742–1753); Augustin Paulus (1753–1777); Joseph Günther (1777–1786); Franz Joseph Rauchenbichler (1787–1806); Kaspar Zaunrith (1807–1810).
83 Vgl. etwa die Wahl 1712: AStS, BU 94, Ratsprotokolle 1712, pag. 527.
84 Vgl. die Ratssitzungen vom 21. 4. und 7. 6. 1513, AStS, BU 20, Ratsprotokolle 1512–1514, fol. 111 u. 115; AStS, StStA, Extrakt aus Stadtratsprotokollen 1512–1580.
85 ZILLNER, Geschichte der Stadt Salzburg (wie Anm. 1). Bd. 2, S. 611 f.; Bereits 1596 waren nach der Resignation des Verwalters zwei Vorschläge für die Nachfolge an den Hof eingesandt und der Brudermeister durch hochfürstlichen Befehl „aufgetragen" worden (AStS, BU 41, Ratsprotokolle 1595/96, pag. 120).
86 Vgl. dazu unten. Schon 1558 wurde erstmals eine Rechnung des Brudermeisters mit Vorwissen und Bewilligung des Landesherrn geprüft (15 Raitungen rückwirkend). In der Folge wurde vom Stadtschreiber im Auftrag des Landesherrn geprüft (jährlich).
87 AStS, StStA, Bruderhausakten, Instruktion vom 29. 3. 1651, erlassen für Johann Heß und seine Nachfolger, mit folgenden Punkten: 1. Obsorge für Kirche, Jahrtage und Kircheninventar; 2. Anweisungen über Entleerung der Sammelbüchsen im Dom, zu St. Sebastian und die Verwahrung und Verzeichnung der Einnahmen; 3. Verzeichnung der Verlassenschaft verstorbener Bruderhäusler; 4. Anweisungen über die Verwendung von Geldern der Einfältigen und Kinder (eigene Truhe in unterer Stube); 5. Beaufsichtigung der Einkäufe; 6. Führung einer eigenen Kasten- und Zergadenrechnung; 7. Verwaltung des Hauptzergadens und Weitergabe des wöchentlichen Bedarfs an den Untermeister und die Köchin; 8. Sorge für den Hausfrieden; 9. Obsorge für gute Verwaltung der um Zinsen ausgegebenen Gründe, keine Ausführung von Baumaßnahmen über 10 fl; 10. Vorlage der Amtsrechnung; 11. Aufhebung von Kirchtag und Gasterei; 12. Nutzung des Bruderhausgartens durch den Verwalter.
88 AStS, BU 95, Ratsprotokolle 1713, pag. 99, zum 22. 2. 1713 erwähnt. Bereits 1711 mußte der Verwalter den Getreideabgang begründen oder gutmachen (AStS, BU 93, Ratsprotokolle 1711, pag. 336).
89 Zur Philipp Neri-Kapellenstiftung (Stiftsbrief 26. 4. 1684) und dessen Fonds (1830 Zustiftung der Anna von Kambyse) vgl. TETTINEK, Armen-Versorgungs- und Heilanstalten (wie Anm. 1), S. 73. Das Gesamtvermögen des Fonds betrug 1850 1119 fl 50 kr CM.
90 AStS, Stif 742, fol. 19 u. 16. Zu Öfferl vgl. ZILLNER, Geschichte der Stadt Salzburg (wie Anm. 1). Bd. 1, S. 416.

91 Vgl. AStS, BU 99, Ratsprotokolle 1717, pag. 465; BU 114, Ratsprotokolle 1732, pag. 416. Zur Kaution: BU 99, Ratsprotokolle 1717, pag. 453 f. (1717: 150 fl Kaution), BU 115, Ratsprotokolle 1733, pag. 13 (1733: 200 fl).

92 AStS, BU 115, Ratsprotokolle 1733, pag. 13, 1733; GREINZ, Die fürsterzbischöfliche Kurie (wie Anm. 1), S. 249 (der Mesner hatte eine doppelte Bruderhauspfründe mit Freiwohnung, der Untermesner eine einfache Pfründe); BU 114, Ratsprotokolle 1732, pag. 416.

93 HÜBNER, Beschreibung (wie Anm. 17). Bd. 2, S. 535.

94 AStS, BU 99, Ratsprotokolle 1717, pag. 465 und 508 f.; BU 100, Ratsprotokolle 1718, pag. 87 u. 177 (Ratssitzung vom 21. 4. 1718).

95 AStS, StStA, Bruderhausakten, Personenstandsliste 1815.

96 AStS, Stif 1035 (1818), damals betreuten Obfrauen mit je einer „Dirn", und drei Obfrauen ohne „Dirn" und eine Krankenwärterin, die von einer „Dirn" unterstützt wurde, die Insassen. Entschließung vom 4. 7. 1805 zur Arzneiabholung in AStS, StStA, Bruderhausakten.

97 AStS, Stif 966, S. 148 (1750); StStA, Bruderhausakten, Personenstandslisten, Dezember 1812: 14 Dienstboten, davon fünf Anfrauen, acht Dienstmägde, ein Hausknecht; 1814: 14 Dienstboten, davon fünf Anfrauen, fünf Dirnen, eine Köchin, eine Küchenmagd, eine Krankenwärterin, ein Hausknecht; Juli 1815: 15 Dienstboten, davon ein Knecht, der Rest weibliche Dienstboten (Zuwachs durch neue Stubenmagd „in der neuen Stube").

98 1830: 10 Dienstboten, davon ein Hausknecht, eine Krankenwärterin, drei Obfrauen, vier Dirnen, eine Küchenmagd; 1839: zehn Dienstboten (AStS, Stif 1055); 1853–1855: acht Dienstboten. Laut TETTINEK, Armen-Versorgungs- und Heilanstalten (wie Anm. 1), S. 71, soll es aber 1850 nur vier Dienstboten gegeben haben.

99 AStS, Stif 744 ff.; vgl. die Aufstellung der Rechnungsbücher in Anm. 4.

100 AStS, Stif 733.

101 TETTINEK, Armen-Versorgungs- und Heilanstalten (wie Anm. 1), S. 64; danach: PEZOLT, Armenwesen (wie Anm. 1), S. 9.

102 Vgl. die Rechnungen 1666: 138 Schuldbriefe zu 53.480 fl (AStS, BU 53, Ratsprotokolle 1666/67, pag. 116), 1709: 70 Schuldbriefe zu 49.290 fl (BU 93, Ratsprotokolle 1711, pag. 337).

103 TETTINEK, Armen-Versorgungs- und Heilanstalten (wie Anm. 1), S. 66.

104 Hier besaß man zeitweilig und größtenteils auch noch im 18. Jh. außer dem Bruderhaus (Linzer Gasse 41, 1. Sebastianshaus) mit Nebengebäuden und Bruderhausgarten (zwischen dem Friedhof und dem Hexenturm) das Haus stadteinwärts vor dem Bruderhaus (Fischwässererhaus, Linzer Gasse 35), das Bruderhausbad (Linzergase 43, mehrfach verkauft), das 2. Sebastianshaus (Linzer Gasse 45, 1655 verkauft), die beiden Häuser beim Galgen- nachmals Linzer- bzw. Sebastianstor, die man 1540 von Wolfgang Endl gekauft hatte (3. und 4. Sebastianshaus, Linzer Gasse 47 und 49), das kleine Häusl am Galgentor, auch Totengräberhaus genannt (5. Sebastianihaus, Linzer Gasse 51, 1560 gekauft) sowie die 1767 auf Exekutionsweg erworbenen französischen Hutmacher bzw. Huttererhäuser (Linzer Gasse 56 und 58). 1718 wurde ein Haus an der Kapuzinerstiege wieder verkauft und das sogenannte Glimpf- oder Leyerbrunnhaus (Linzer Gasse 52) gegenüber St. Sebastian erworben (AStS, BU 100, Ratsprotokolle 1718, pag. 284). Zum Hausbesitz vgl. die Urbare, bes. Stif 742, fol. 6 ff. (zu 1512) und Stif 733 sowie ZILLNER, Geschichte der Stadt Salzburg (wie Anm. 1). Bd. 1, S. 421 f.

105 AStS, Pezoltakten 96, Vermögensstand 1801. Zum Besitz 1810: AStS, Stif 1027. 1818 besaß man nur mehr 3 Häuser (Bründlhaus, beide Hutmacherhäuser = Huttererhäuser), Stif 1035. Zum Bruderhaushof (auch Theimer- oder Schreinerhof) und A. Fuchs: TETTINEK, Armen-Versorgungs- und Heilanstalten (wie Anm. 1), S. 67; ZILLNER, Geschichte der Stadt Salzburg (wie Anm. 1). Bd. 1, S. 347; Bd. 2, S. 508, 511; WALZ, Grabdenkmale (wie Anm. 11), S. 500. Zum Verkauf des Bruderhaus- oder Schreinerhofes 1844 an den Lohnkutscher Benedikt Pichler vgl. AStS, StStA, Akten Bruderhaushof.

106 Stand 1850: TETTINEK, Armen-Versorgungs- und Heilanstalten (wie Anm. 1), S. 70 f.
107 Gülten auf Salzburger Häusern, gestiftet ab 1507: AStS, Stif 733, Urbar.
108 AStS, StStA, Bruderhausakten, Verzeichnis der Gottesdienste und Spenden 1821 (164 Nummern). Nach GREINZ, Die fürsterzbischöfliche Kurie (wie Anm. 1), S. 246 wurden bis 1892 insgesamt 166 Stiftungen errichtet. Zu den ersten gestifteten Gottesdiensten vgl. AStS, BU 1070 und Testament Magdalena Briefer, 1518: Or. in KAS 5/76.
109 Vgl. AStS, Stif 733, BU 1070 und Verkaufsurkunde 1541. Eigenes Rechenbuch von 1560/1: AStS Stif 1401; ansonsten in den Bruderhausrechnungen als Extraposten ausgewiesen.
110 Vgl. ZILLNER, Geschichte der Stadt Salzburg (wie Anm. 1). Bd. 2, S. 264.
111 AStS, StStA, Verzeichnis über die Stiftungs- und andere Urkunden des Bruderhauses; Stif 745, 1522; Stif 756, fol. 19.
112 Zu Paracelsus und St. Sebastian vgl. PETER F. KRAMML, Paracelsus in Salzburg – Das Ende eines Mythos?, in: HEINZ DOPSCH und PETER F. KRAMML, Paracelsus und Salzburg (MGSL, Erg.-Bd. 14), Salzburg 1994, S. 175–200, bes. S. 175, 180 und 190; PETER F. KRAMML, Zwischen Rezeption, Kult, Vermarktung und Vereinnahmung – Die Paracelsus-Tradition in der Stadt Salzburg, ebenda, S. 279–346, bes. S. 281–285; BESL, Augustin Paulus (wie Anm. 75).
113 Vgl. die entsprechenden Bruderhausrechnungen 1558/59: AStS Stif 772; TETTINEK, Armen-Versorgungs- und Heilanstalten (wie Anm. 1), S. 64 f.
114 MUSSONI, Fonde und Stiftungen (wie Anm. 1), S. 12.
115 Vgl. oben Anm. 80.
116 AStS, Stif 755.
117 Der Bruderhausverwalter Lohrer referierte am 23. 10. 1706 über den Widerspruch zwischen dem Gerichtsbefehl vom 11. 12. 1673 und der geltenden Bruderhausordnung von 1610 (AStS, BU 88, Ratsprotokolle 1706, pag. 459, 23. 10. 1706). Das Generale von 1673 ist auch erwähnt in: KAS 21/79 (Bruderhausakten, 2. 4. 1788).
118 AStS, StStA, Bruderhausordnung 1610, Verordnung vom 1754 Mai 24 in die Abschrift aus dem 18. Jahrhundert eingearbeitet.
119 AStS, Stif 1027, zu 1810.
120 AStS, Stif 744; TETTINEK, Armen-Versorgungs- und Heilanstalten (wie Anm. 1), S. 64 f.
121 Wie oben Anm. 87 (Verwalterordnung). Die Armen sollten zur Kirchweih aber die Gaben wie bisher und der Kaplan und Brudermeister je einen Reichstaler erhalten.
122 TETTINEK, Armen-Versorgungs- und Heilanstalten (wie Anm. 1), S. 66: Im Jahr 1800: Aktiv-Kapitalien 132.592 fl, Zinsertrag 4935 fl, Einnahmen 14.141 fl, Ausgaben 11.363 fl, Gesamtvermögen ohne Gebäude 150.937 fl; 1801: Jährliche Einnahmen ca. 12.500 fl, Kapital: 151.933 fl (AStS, Pezoltakten 96). Obwohl der Vermögensstand 1803 abgenommen hatte (TETTINEK, S. 66) betrugen 1810 (AStS, Stif 1027) die verliehenen Kapitalien 130.502 fl und die Zinsen 4916 fl.
123 Die St. Sebastian-Bruderschaft wurde 1482 zur Zeit einer Pestepidemie im Dom errichtet, die erste Gottesdienststiftung erfolgte 1488 durch Christoph und Georg Scheller: GREINZ, Die fürsterzbischöfliche Kurie (wie Anm. 1), S. 248.
124 Gült der Bruderschaft St. Sebastian 1524/25: AStS, Stif 747. Eigenes Rechnungsbuch für 1560/61: AStS, Stif 1401. Vgl. Urbar AStS, Stif 733, demzufolge eine Behausung hinter der St. Andräkirche für einen Jahrtag der St. Sebastian-Bruderschaft gestiftet worden war und dann an das Bruderhaus kam; ebenda fol. 100 ff.: Hausbesitz der St. Sebastian-Bruderschaft im Dom (Mitte 16. Jh.). Einnahmen und Ausgaben sind in den Bruderhausrechnungen ausgewiesen.
125 Rechnung 1600: TETTINEK, Armen-Versorgungs- und Heilanstalten (wie Anm. 1), S. 65 f.: Einnahmen 19 fl, Ausgaben für Gottesdienste der Bruderschaft 7 fl.
126 Text bei: TETTINEK, Armen-Versorgungs- und Heilanstalten (wie Anm. 1), S. 74–75. Zu den Bruderschaftspfennigen vgl. KARL ROLL, Bemerkungen zu den Salzburger Bruderschaftspfennigen, in: Mitteilungen der Österreichischen Gesellschaft für Münz- und Medaillen-

kunde Bd. 9 (1915), hier S. 54; wiederabgedruckt in: PETER F. KRAMML und GÜNTHER ROHRER (Hg)., Ausgewählte Aufsätze des Salzburger Numismatikers Karl Roll (Salzburg Archiv 8), Salzburg 1989, S. 177–208, hier S. 184 f.

127 AStS, StStA, Verzeichnis Messen und Stiftungen 1821. Nach Greinz erfolgten 1488 bis 1766 19 Stiftungen: GREINZ, Die fürsterzbischöfliche Kurie (wie Anm. 1), S. 248.

128 Eigene Rechnungsbücher, vom Brudermeister geführt, haben sich ab 1746–1816 erhalten: AStS, Stif 1402–1474.

129 Vgl. TETTINEK, Armen-Versorgungs- und Heilanstalten (wie Anm. 1), S. 76; GREINZ, Die fürsterzbischöfliche Kurie (wie Anm. 1), S. 248.

130 Brief bei TETTINEK, Armen-Versorgungs- und Heilanstalten (wie Anm. 1), S. 82 f.; vgl. auch: Zur Geschichte des St. Sebastiansfriedhofes, in: MGSL 44 (1904), S. 362.

131 Beim Neuerwerb einer gewölbten Gruft waren 100 fl, beim Erwerb eines Epitaphs an der Wand und eines Grabstein in der Erde 30 fl zu zahlen. Wer im Kreuzgang liegen wollte zahlte 15 fl, alle anderen konnten frei bestattet werden. Die Grüfte, Gruftplätze sowie Grabstätten wurden auch in den folgenden Jahrhunderten verkauft. Das Fondsvermögen betrug 1850: 460 fl 14 kr CM WW. TETTINEK, Armen-Versorgungs- und Heilanstalten (wie Anm. 1), S. 83.

132 Am 26. 4. 1604 von Wolf Dietrich gestiftet, Text bei TETTINEK, Armen-Versorgungs- und Heilanstalten (wie Anm. 1), S. 76–78.

133 Gabriels Fabriks-Stiftung vom 14. 10. 1605. Text bei TETTINEK, Armen-Versorgungs- und Heilanstalten (wie Anm. 1), S. 80 f.

134 MUSSONI, Fonde und Stiftungen (wie Anm. 1), S. 14. Kapitalsstand 1850 nach TETTINEK, Armen-Versorgungs- und Heilanstalten (wie Anm. 1), S. 79: Kapellenfonds: 30.730 fl Kapital, jährliche Einkünfte 930 fl 50 kr; Fabrik-Stiftung: 4149 fl.

135 AStS, StStA, Verzeichnis der Stiftungsurkunden des Bruderhauses.

136 AStS, StStA, Bruderhausordnung vom 23. 8. 1610 (Abschr. 18. Jh.); Zusammenfassung bei TETTINEK, Armen-Versorgungs- und Heilanstalten (wie Anm. 1), S. 62 f. (mit falscher Datierung 1618).

137 In die Abschrift der Bruderhausordung aus dem 18. Jh. ist die hochf. Verordnung vom 24. Mai 1754 eingearbeitet, wonach die Hälfte des Vermögens an das Bruderhaus und die zweite Hälfte an Erben fiel.

138 Inschriftentafel mit Text *Gott dem Allmechtigen Zw Lob vnd dan den Armen Brueder-haußLeuthen zu Nutz* bei DORN, Spurensuche (wie Anm. 2), S. 68.

139 Nach einer Visitierung durch den Stadthauptmann vgl. AStS, BU 50, Ratsprotokolle 1651–1655, fol. 232, 21. 1. 1654.

140 ZILLNER, Geschichte der Stadt Salzburg (wie Anm. 1). Bd. 2, S. 512.

141 KAS 5/75, Inventar des Bruderhauses, 1638.

142 AMMERER, Notizen zur städtischen Wirtschaft (wie Anm. 62), Anm. 551.

143 AStS, Pezoltakten 292; AStS, StStA, Bruderhausakten, Personalstandsverzeichnis.

144 AStS, Stif 827, von 1613.

145 AStS, BU 44, Ratsprotokolle 1617–1623, fol. 116, Ratssitzung vom 18. 1. 1619.

146 Ratssitzung vom 10. 6. 1624 (Konsistorium an Stadtrat): AStS, BU 45, Ratsprotokolle 1623–1631, fol. 62.

147 Konsistorialprotokoll vom 23. 3. 1650 erwähnt in: KAS 5/76: Schreiben vom 22. 8. 1832 (!) mit Protokollauszug von 1650.

148 1645: 84 Personen, AStS BU 48, Ratsprotokolle 1641–1647, fol. 236, 10. 5. 1645; 1664: 90 Personen, AStS, Stif 878; 1670: 105 Pfründner, Stif 885, pag. 247; 1673: samt Bedienten im Bruderhaus 105 und 3 gegen Kostgeldverrechnung; 1681: 105 Pfründner, Stif 888.

149 Am 18. 2. 1685 berichtet der Bruderhausverwalter über freie Pfründe: AStS, BU 67, Ratsprotokolle 1685, fol. 34. 1688 wartete eine Feldwaiblstochter „mit ganz schlechtem

Gesicht" schon zehn Jahre auf eine Aufnahme (AStS, BU 70, Ratsprotokolle 1688, pag. 735).

150 Ein Konsistorialdekret vom 14. 10. 1693 orderte eine ordentliche Beschreibung aller Pfründner und Herbergsleute an. Die Stellungnahmen des Brudermeisters in den Ratssitzungen: AStS, BU 75, Ratsprotokolle 1693; BU 76, Ratsprotokolle 1694, pag. 16; 8. 1. 1694; BU 81, Ratsprotokolle 1699, pag. 176–178, 24. 4. 1699.

151 Stellungnahme des Rates: AStS, BU 81, Ratsprotokolle 1699, pag. 176–178, 24. 4. 1699; Konsistorialdekret vom 30. 9. 1699 erwähnt: AStS, BU 81, Ratsprotokolle 1699, pag. 422; KAS 21/79, Bruderhausakten.

152 Bericht des Stadtrates: AStS, BU 82, Ratsprotokolle 1700, pag. 613.

153 Vgl. z. B. die Visitationsankündigung 1732: AStS, BU 114, Ratsprotokolle 1732, pag. 308.

154 Bereits in früheren Zeiten hatten Brudermeister Privatgelder für das Bruderhaus vorstrecken müssen. Die Ratssitzung vom 8. 8. 1575 erwähnt, Wolf Schinagl habe 200 Gulden aus Privatgeldern vorgestreckt, die er nun benötige. AStS, StStA, Ratsprotokollextrakt 1512–1580.

155 AStS, BU 93, Ratsprotokolle 1711, pag. 336 (Abgänge 1711); BU 94, Ratsprotokolle 1712, pag. 527 (20. 12. 1712); BU 95, Ratsprotokolle 1713, pag. 5 (4. 1. 1713).

156 AStS, BU 99, Ratsprotokolle 1717, pag. 363 u. 412.

157 Erzbischof Hieronymus schenkte am 17. 2. 1780 dem Bruderhaus zahlreiche Schuldbriefe zur Tilgung der seit 24. 2. 1742 ausstehenden Beträge. AStS, StStA, Bruderhausakten (Abschr.)

158 Konsistorialbefehl vom 27. 9. 1715 erwähnt: AStS, BU 97, Ratsprotokolle 1715, pag. 429 f. (Ratssitzung 16. 10. 1715); BU 98, Ratsprotokolle 1716, pag. 444 (Ratssitzung 21. 10. 1716); Konsistorialdekret vom 8. 10. 1717 erwähnt in: AStS, Stif 935, Rechnungsbuch 1719, fol. 47; AStS, BU 100, Ratsprotokolle 1718, pag. 251 (15. 6. 1718: 79 Pfründner); BU 111, Ratsprotokolle 1729, pag. 21.

159 AStS, BU 116, Ratsprotokolle 1734, pag. 311 und 328.

160 AStS, BU 97, Ratsprotokolle 1715, pag. 533); BU 100, Ratsprotokolle 1718, pag. 366; BU 102, Ratsprotokolle 1720, pag. 365; BU 100, Ratsprotokolle 1718, pag. 385.

161 AStS, BU 114, Ratsprotokolle 1732, pag. 32.

162 AStS, BU 101, Ratsprotokolle 1719, pag. 156.

163 AStS, BU 103, Ratsprotokolle 1721, pag. 14; BU 114, Ratsprotokolle 1732, pag. 134 u. 224.

164 Als 1734 die Zahl von 90 Pfründner erreicht war, wurde trotzdem ein 70jähriger Hofmaurer wegen hohen Alters aufgenommen (AStS, BU 116, Ratsprotokolle 1734, pag. 311 u. 328).

165 Da das Haus über keinen „Zuchtvater" oder „Zuchtmutter" verfügte, bestand die besondere Angst, daß *wan derselbe [der neu Aufzunehmende] in seinen Jahren khommte undter so villen Bruederhaußweibern verschiedene scandala causieren* würden. Zu diesem Fall vgl. AStS, BU 114, Ratsprotokolle 1732, pag. 248, 280, 294 u. 331.

166 1716 erhalten zwei Schwestern gegen 40 kr WW. Gnadengeld die Herberge (AStS, BU 98, Ratsprotokolle 1716, pag. 75). Erstbeleg der „Unpfründner"-Bezeichnung (zwei Frauen wurden für Gnadengeld aufgenommen): AStS, BU 100, Ratsprotokolle 1718, pag. 337.

167 1719 kostete die Herberge (= Unpfründner) Felix Semler 100 fl: AStS, BU 101, Ratsprotokolle 1719, pag. 7.

168 AStS, BU 116, Ratsprotokolle 1734, pag. 5; Stif 966, 1750, fol. 141; vgl. TETTINEK, Armen-Versorgungs- und Heilanstalten (wie Anm. 1), S. 72: Unpfründner oder „Exspectanten auf eine Pfründe". Die damaligen geringen Bezüge waren: Unterkunft und Spentgroschen, pro Kopf jährlich 9 fl CM.

169 Vgl. BESL, Augustin Paulus (wie Anm. 75), S. 80–85; Zu den Problemen bei der Kirchenabrechnung und die Resignation Mayrs vgl. AStS, BU 135, Ratsprotokolle 1753, pag. 657; BU 136, Ratsprotokolle 1754, pag. 3, 65 u. 576. Vgl. auch GREINZ, Die fürsterzbischöfliche Kurie (wie Anm. 1), S. 246 (mit anderen Zahlangaben).

170 AStS, StStA, Bruderhausakten, Stiftungsverzeichnis 1821; GREINZ, Die fürsterzbischöfliche Kurie (wie Anm. 1), S. 247.
171 Zur Widmung für Lokalzwecke 1784: ZILLNER, Geschichte der Stadt Salzburg (wie Anm. 1). Bd. 2, S. 596.
172 Das Dekret Colloredos vom 9. und 16. 5. 1787 erwähnt in: AStS, BU 169, Ratsprotokolle 1787, pag. 204; vgl. AMMERER, Notizen zur städtischen Wirtschaft (wie Anm. 62), S. 2147.
173 HÜBNER, Beschreibung (wie Anm. 17). Bd. 2, S. 534; ZILLNER, Geschichte der Stadt Salzburg (wie Anm. 1). Bd. 2, S. 598; TETTINEK, Armen-Versorgungs- und Heilanstalten (wie Anm. 1), S. 66.
174 HÜBNER, Beschreibung (wie Anm. 17). Bd. 2, S. 535.
175 KAS 21/79, Anregung durch den Pfarrer am 5. 7. 1796.
176 AStS, PA 1129, Tagebuch Rauchenbichler zum 8. 9. 1796.
177 AStS, StStA, Bruderhausakten, Abschriften der angebrachten Texte.
178 Zum folgenden vgl. HARRER, Irrenwesen (wie Anm. 75), S. 7–17. Zur Situierung des Tollhauses (anstelle des heutigen – von der Linzer Gasse aus gesehen – hinteren Bruderhofquerflügels auf der Höhe der Gabrielskapelle): 1784 beschwert sich die Stadt, durch das neue Tollhausgebäude entgehe dem Bruderhaus der Stall und die Fleischbank (AStS, BU 166, Ratsprotokolle 1784, fol. 285). In den Baurechnungen nach dem Stadtbrand 1818 werden das „alte Irrenhaus" (gehörte ganz Bruderhaus) und das „Gebähr- oder neue Irrenhaus" genannt (AStS, Stif 1039, Baurechnung 1818–20).
179 Zitat aus dem erzbischöflichen Dekret von 1800, zit. nach HARRER, Irrenwesen (wie Anm. 75), S. 9.
180 Vgl. ZILLNER, Geschichte der Stadt Salzburg (wie Anm. 1). Bd. 2, S. 598.
181 AStS, BU 166, Ratsprotokolle 1784, pag. 200.
182 ZILLNER, Geschichte der Stadt Salzburg (wie Anm. 1). Bd. 2, S. 598.
183 AMMERER, Notizen zur städtischen Wirtschaft (wie Anm. 62), S. 2147; HARRER, Irrenwesen (wie Anm. 75), S. 15.
184 AStS, StStA, Bruderhausakten, Personalstandslisten.
185 Eintrittsjahre in Irrenhaus: 1807: 1; 1808: 1; 1809: 2; 1810: 3; 1811: 2; 1812: 2; 1813: 3; 1814: 5.
186 HARRER, Irrenwesen (wie Anm. 75), S. 17.
187 Laut Bericht vom 22. 8. 1832 wurden die bis 1803 reichenden Bruderhausakten 1804 vom Konsistorium an die Regierung abgegeben. Erwähnt in: KAS 5/76, Bericht vom 22. 8. 1832.
188 AStS, Pezoltakten 96 (zu 1801).
189 So sind etwa 1812 drei Unpfründner in die wirkliche Pfründe übergetreten.
190 AStS, StStA, Bruderhausakten, Bittschriften um Aufnahme in das Bruderhaus aus den Jahren 1768 bis 1808.
191 TETTINEK, Armen-Versorgungs- und Heilanstalten (wie Anm. 1), S. 70. Ab August 1814 sind in den Bruderhauslisten auch die Frauen des Armenhauses in Nonntal (9 Personen) inkludiert: AStS, StStA, Bruderhausakten, Personalstandslisten.
192 AStS, Stif 1046, 1830.
193 AStS, BU 169, Ratsprotokolle 1787, pag. 205.
194 FRANZ MARTIN, Kofler, in: MGSL 78 (1938), S: 156–158, hier S. 157.
195 Das Konsistorium sprach sich dagegen aus. Konsistorium an Kreisamt vom 22. 8. 1832: KAS 5/76.
196 TETTINEK, Armen-Versorgungs- und Heilanstalten (wie Anm. 1), S. 68.
197 GREINZ, Die fürsterzbischöfliche Kurie (wie Anm. 1), S. 247.
198 MUSSONI, Fonde und Stiftungen (wie Anm. 1), S. 17–19.
199 TETTINEK, Armen-Versorgungs- und Heilanstalten (wie Anm. 1), S. 68; MUSSONI, Fonde und Stiftungen (wie Anm. 1), S. 12; AStS, NStA 266a-2.

200 21. 7. 1826, Aufhebung der Naturalverpflegung durch die Landesregierung: erwähnt AStS, Stift 1046, 1830, pag. 182; vgl. TETTINEK, Armen-Versorgungs- und Heilanstalten (wie Anm. 1), S. 68.
201 AStS, Stif 1046, 1830; Sti 1055, 1839.
202 Ebenda: 1830 war der jüngste Pfründner 34, die jüngste Pfründnerin 40. In der Kategorie Unpfründner war 34 Jahre die untere Grenze. 1839 befand sich unter den Unpfründnerinnen eine 28jährige „blödsinnige" Dienstmagd.
203 MUSSONI, Fonde und Stiftungen (wie Anm. 1), S. 11 f.
204 ANSELM MARTIN, Die Kranken- und Versorgungs-Anstalten zu Wien, Baaden, Linz und Salzburg in medizinisch-administrativer Hinsicht, München 1832, S. 218. Zu einem 1831/32 neu beantragten Pfründnergebäude im vorderen Flügel (zur Linzer Gasse) des Bruderhofes haben sich im SMCA die Pläne erhalten (freundliche Mitteilung von Dr. Wilfried Schaber, Altstadtamt).
205 SABINE FALK-VEITS, Mathias Bayrhammer. Auf den Spuren eines Wohltäters 150 Jahre nach seinem Tod, in: Salzburg Archiv 20 (1995), S. 185–208, hier S. 191.
206 Stiftsbrief (Or.) vom 13. 12. 1844 (!) in: AStS, NStA 266a-2; Druck bei TETTINEK, Armen-Versorgungs- und Heilanstalten (wie Anm. 1), S. 68–70 (mit falschem Datum 1845).
207 Druck: TETTINEK, Armen-Versorgungs- und Heilanstalten (wie Anm. 1), S. 68–70.
208 AStS, Stif 2199, Lokalarmenfonds, Rechnung Bürgersäckel, pag. 38.
209 Gotthard Bayrhammer stiftete 18.229 fl 10 kr, der Stiftbrief wurde von der Stiftungsverwalt am 1. 3. 1852 genehmigt: MUSSONI, Fonde und Stiftungen (wie Anm. 1), S. 12; Abschr. in: NStA 266a-2.
210 Tabellen (Stand 1846) im Anhang von TETTINEK, Armen-Versorgungs- und Heilanstalten (wie Anm. 1), vgl. auch S. 70 f.: damals 46 Pfründner, 48 Pfründnerinnen und vier Dienstboten, zusammen 98 Personen.
211 AStS, BU 245, Gemeinderatsprotokolle 1850, fol. 142 (Sitzung vom 19. 12. 1850). Bruderhausordnung und Instruktion des Untermeisters datieren vom 22. 12. 1850 und sind erhalten in: AStS, NStA 146a.
212 Gemeinderatsbeschluß vom 23. 9. 1872: PEZOLT, Armenwesen (wie Anm. 1), S. 21; AStS, NStA 246 und 146a.
213 TETTINEK, Armen-Versorgungs- und Heilanstalten (wie Anm. 1), S. 72.
214 Ebenda, S. 71 f.
215 Zu den Pfründenverleihungen 1872–1899: AStS, NStA 250 (früher auch NStA 208).
216 PEZOLT, Armenwesen (wie Anm. 1), S. 21.
217 Ebenda.
218 AStS, BU 1492/2, pag. 2057 ff., Gemeinderatssitzung vom 17. 10. 1892; vgl. dazu ausführlicher den Beitrag von THOMAS WEIDENHOLZER, Vom Pfründner-Spital zu den „Vereinigten Versorgungsanstalten". Aspekte einer Geschichte des Alters im 19. Jahrhundert, in diesem Buch.
219 MUSSONI, Fonde und Stiftungen (wie Anm. 1), S. 13.
220 Zur damaligen Situation im Bruderhaus vgl. das Inventar von 1837: AStS, Stif 1070b.
221 AStS, BU 237, Beschluß in der Ratssitzung vom 20. 12. 1843.
222 TETTINEK, Armen-Versorgungs- und Heilanstalten (wie Anm. 1), S. 70; GREINZ, Die fürsterzbischöfliche Kurie (wie Anm. 1), S. 270.
223 Diese Nutzungen sind in einem Plan des Bruderhausareals von 1857 verzeichnet: AStS, NStA 266a-2; zur Schulknabenbewahranstalt vgl. den Eintrag in: Salzburger Chronik, Bausteine, zum 19. 10. 1863.
224 TETTINEK, Armen-Versorgungs- und Heilanstalten (wie Anm. 1), S. 70; erwähnt: 1850: AStS, BU 245, fol. 142, Gemeinderat vom 19. 12. 1850; Stif 2207, pag. 101, 1852 und in einem Plan aus dem Jahr 1857 (NStA 266a-2). Zum Armenhaus im städtischen Kronhaus

vgl. den Beitrag von THOMAS WEIDENHOLZER, Das Kronhaus – ein vergessenes Salzburger Armenhaus, in diesem Band.
225 AStS, Stif 2207, 1852, fol. 117.
226 Salzburger Chronik, Bericht vom 12. 11. 1898, S. 4.
227 Die Gülten zum Bruderhaus wurden erst 1923 abgelöst: NStA 268, zum 22. 10. 1923.
228 Die Auszahlung der Pfründen erfolgte halbmonatlich. Die Verköstigung kostete 32 h pro Tag und wurde von der Pfründe abgezogen, das Handgeld belief sich daher auf täglich 18 h. Vgl. Übersicht über den Vermögensstand der städt. Fonde und Stiftungen für das Jahr 1901, Salzburg 1902, S. 4 f.
229 AStS, NStA 266a-2, Stiftungsbestätigung vom 5. 2. 1909.

Das Erhardspital in Nonntal

Zur höheren Ehre des Domkapitels

von Gerhard Plasser

Dieser Beitrag kann keine noch zu schreibende Geschichte des Erhardspitals ersetzen. Das Erhardspital gehörte zum Salzburger Domkapitel, kam erst nach der Säkularisation des Erzstiftes unter staatliche Verwaltung und wurde 1862 bei der Teilung der „wohltätigen" Stiftungen der Stadtgemeinde zugesprochen. Hier werden die vorhandenen Forschungsergebnisse zusammengefaßt und einige aufs erste vielleicht ungewohnte Betrachtungsweisen versucht[1].

Kajetan Siegmund Koellersperger – Eine Karriere im Schutze des Domkapitels

Der Historiograph des Erhardspitals und des Salzburger Domkapitels, Kajetan Siegmund Koellersperger, ist selbst Landeshistorikern kein Begriff mehr[2]. Seine nur als Handschrift 1789 vorgelegte „Abhandlung von der Reihe Der Dom-Pröbste, Dom-Dechante, und Dom-Herrn Des Hochen Erzstifts Salzburg; Wie auch Von Ihren Aemtern, und Beschwornen Adels-Proben. Nebst Historischen Nachrichten von dem Domkapitl[lischen] Spitale, und der H[eiligen] Erhards-Kirche In der Salzburg[ischen] Vorstadt Nonnthal" umfaßt 1057 Seiten[3]. Da er Zugang zum Archiv des Domkapitels hatte, und somit Urkunden und die Domkapitelprotokolle auswerten konnte, schuf er eine detailreiche Abhandlung mit Aufstellungen der Domherrn, der Pfarrkuraten von Nonntal sowie der Verwalter und Untermeister des Erhardspitals. Seine Abhandlung reichte Koellersperger beim Domkapitel ein. Domherr Friedrich Graf Spaur, mit der Begutachtung beauftragt[4], hatte einiges am Stil und der Darstellung auszusetzen, was Koellersperger zu einer umfänglichen, nicht immer „devot" gehaltenen Erwiderung veranlaßte[5]. Neben den unruhigen Zeitläufen – die Französische Revolution begann – war das wohl der Hauptgrund, wieso es zu keiner Drucklegung kam.

Lorenz Hübner griff in seiner Beschreibung des Erzstiftes Salzburg auf diese Vorarbeiten zurück, ohne Koellersperger genauer zu zitieren[6].

Der Vater Kajetan Siegmunds, Joseph Koellersperger, wurde 1746 domkapitlischer Kastengegenschreiber, 1751 Urbarkommissär und 1760 erster Rentmeister des Domkapitels und schließlich 1763 Spitalverwalter des Erhardspitals. Er verstarb am 18. Dezember 1769[7].

Sein Sohn Ernst nannte sich als Priester Kajetan Siegmund und feierte seine Primiz 1781. Zwei Jahre später trat er eine Stelle als Koadjutor in Siezenheim und 1786 die eines Koadjutor in Nonntal an. Das Konsistorium bestätigte ihn als Kurat am 14. Juni 1787. In den zwei darauffolgenden Jahren muß er sein Werk über das Erhardspital verfaßt haben.

Die von Koellersperger in barocker Pracht geplante Feier zum hundertjährigen Kirchweihjubiläum St. Erhards 1787[8] lehnte das Konsistorium aus Kostengründen ab. Der gewünschte vollkommene Ablaß hätte der Genehmigung Roms bedurft. Ein solches Ansuchen widersprach aber den Grundsätzen des Emser Kongresses, den Erzbischof Colloredo gefördert hatte[9]. Darüberhinaus wandte das Konsistorium ein, daß *überhaupts bey derley feyerlichen Jubiläen die wahre Andacht wenig beförters* würde, und sich bei dem *ungestümen Volcks-Gedräng* auch *Misbrauchen und Entheiligungen* einschleichen würden. Die Feier solle daher *ohne zu ausladender grosser Feyerlichkeit begangen* werden[10].

Der Lebensweg des Kuraten von St. Erhard, Koellersperger, ist eng an das Domkapitel gebunden. 1792 ist Koellersperger Pfarrer von Siezenheim, einer Pfarre des Domkapitels[11]. Das Erhardspital stellte im 18. Jahrhundert nicht nur für die Pfründnerinnen und Pfründner einen Lebensmittelpunkt dar, sondern auch für die zur Wirtschaftseinheit Domkapitel gehörenden Personen.

Die Anfänge des Erhardspitals

Das Erhardspital in Nonntal hat zwei Wurzeln. Einerseits das alte domkapitlische Spital, das Wolf Dietrich 1603 von der Kaigasse in die Vorstadt Nonntal verlegte und andererseits das Siechenhaus des Klosters Nonnberg bei der Erhardkapelle, das bereits zu Wolf Dietrichs Zeiten nicht mehr bestand und dessen Gebäude an Private verliehen worden war.

Die alten sozialen Versorgungseinrichtungen im Früh- und Hochmittelalter wurden von der Kirche und deren Institutionen getragen. Die älteste Nachricht zur Unterbringung von Armen in der Stadt Salzburg stammt aus dem Jahr 817, als Kaiser Ludwig der Fromme die Ergebnisse der Aachener Kirchenversammlung (816) allen Bischöfen zur Umsetzung empfahl. Eine Regel forderte die Errichtung von „Spitälern". Die Kirchenvorsteher sollten eine eigene Wohnung zur Aufnahme von Armen errichten und für deren Verpflegung hinreichende Einkünfte bestimmen, die Kanoniker aber den zehnten Teil ihres Zehents zu diesem Armenhaus geben. Ob diese Regeln umgesetzt wurden, ist nicht bekannt, aber nicht unwahrscheinlich[12].

„Spital" meint im Sprachgebrauch des Mittelalters jenes Gebäude in einem Kloster, in denen die Fremden untergebracht wurden. Dabei unterschied man Leute von Stand und „schlechte Pilger und Reisende"[13]. Erst mit dem Wachstum der Städte traten die Bürgergemeinden als Erhalter von Spitälern in Erscheinung. In Salzburg sind etwa die kirchlichen Spitäler von St. Peter (1122), und des Domkapitels (1143) zu erwähnen. Das Bürgerspital und das Bruderhaus entstanden erst im 14. bzw. 15. Jahrhundert[14], die Siechen- und Leprosenhäuser, später Pestspitäler, lagen am Rande der Stadt. In der Neuzeit verstand man unter einem Spital ein Gebäude, eine Institution, in der Menschen in tiefer Armut, von hohem Alter oder von schwerer Leibskrankheit, die nicht mehr arbeitsfähig waren, lebten[15].

Domkapitelspital St. Johann

Auf Erzbischof Konrad I. von Abenberg (1106–1147) geht die Gründung einer Reihe von Augustiner-Chorherrenstifte im Salzburger Metropolitansprengel zurück. Weiters förderte er den Ausbau von Burgen und Städten, insbesondere von Salzburg, Laufen und Friesach. Innerhalb der Städte sorgte er neben dem Bau von Kirchen auch für die Errichtung und Unterstützung von Spitälern. Diese Einrichtungen wurden mit beträchtlichem Vermögen ausgestattet[16].

1110 gründete Erzbischof Konrad I. ein Spital bei der Kapelle des Hl. Johannes an der Kaigasse[17]. 1122 übergab er das Spital dem Kloster St. Peter, von dem er es 1130 wieder zurücktauschte[18]. 1143 bestätigte er es als Spital des Domkapitels[19]. St. Peter baute daraufhin ein eigenes Spital im Bereich des heutigen Krankenhauses der Barmherzigen Brüder. Von diesen hochmittelalterlichen Spitalbauten hat sich nichts erhalten. Nur über die mit dem Domkapitelspital verbundene St.-Johanns-Kirche an der Kaigasse sind einige Nachrichten überliefert.

Da die domkapitlische Spitalkirche am 7. September 1295 vom Bischof von Chiemsee, Adalbert II. von Fohnsdorf, zu Ehren der Hll. Johannes Baptist und Johannes Evangelist wieder geweiht worden war, ist ein Umbau zu vermuten[20]. Vom Dompropst Kaspar von Stubenberg, der hier 1478 verstarb, erhielt die Kirche den Namen St. Johann in Stubenberg[21]. Das Spital bestand – wie die Ansicht der Stadt Salzburg von 1553 bezeugt – aus mehreren Gebäuden zwischen der heutigen Kai- und der Kapitelgasse, der Kirche mit Friedhof und dem Spitalgarten mit einem Kellergebäude. 1584 erwähnt ein „Beschauprotokoll" unter anderem: eine Herrenstube, einen Saal, eine Gesindestube, ein Meierhaus mit Roß- und Kuhstall, ein „Bädl" und einen mit Planken umgebenen Garten[22].

Im 16. Jahrhundert verfiel die Spitalkirche St. Johann. Das Domkapitel beauftragte den Domherrn und Stadtpfarrer Alexander von Hollenegg mit einer Überprüfung. Die zum Teil eingefallene Kirche sollte auf Kosten des Domkapitels und des Spitalmeisters wiederhergestellt werden. Den Erzbischof bat man um eine Beihilfe[23]. Hans von Kuenburg, Domherr und Senior und als solcher Spitalmeister, ließ schließlich die Kirche auf eigene Kosten von Grund auf neu erbauen[24]. 1564 wurde sie zu Ehren des Hl. Johannes Evangelist vom Bischof von Chiemsee, Christoph II. Schlattl (1558–1589), geweiht[25].

Erzbischof Wolf Dietrich befahl – um Platz für den Ausbau der Residenz zu gewinnen – 1603 die Demolierung des Domkapitelspitals und seine Verlegung nach Nonntal. Den Spitalgarten hatte Wolf Dietrich bereits 1595 zum Bauareal des „Neubaus" (heute Glockenspielgebäude) geschlagen und mit einer großen Mauer umfangen[26]. Der Abbruch der Spitalkirche wurde am 20. Jänner 1603 begonnen[27]. An der Stelle der Kirche ließ Wolf Dietrich den Trakt des „Neubaus" an der Kaigasse errichten. Auf dem übrigen Areal des Spitals entstanden die Domherrenhöfe Kaigasse 8 und 10 sowie Kapitelgasse 5 und 7.

Das Siechenhaus des Klosters Nonnberg bei St. Erhard

Die Stadtansichten von Paulus van Vianen, Salzburg von Süden (1603), und der Stich von Philipp Harpff, Salzburg von Norden (1643), zeigen noch die alte gotische Kapelle mit dem Siechenhaus des Stiftes Nonnberg am Ort des späteren Erhardspitals[28]. An dieser Stelle besaß das Adelsgeschlecht derer von Mitterkirchen ein Haus[29].

Möglicherweise unterhielt das Kloster Nonnberg seit 1310 bei der Kapelle St. Erhard in Nonntal ein Spital für seine Leute[30]. Das Gründungsjahr 1310 ist jedoch nicht beweisbar. Aus dem Jahr 1316 stammt die erste belegbare Nachricht über das Siechenhaus in Nonntal.

In diesem Jahr verliehen Äbtissin und Konvent von Nonnberg ein in ihrer Grundherrschaft gelegenes Haus in Nonntal an Margarete Chelnerinn zu Leibgeding, das diese von dem Mitterkirchner erworben hatte. Nach einer grundlegenden Erneuerung des Hauses übergab sie es gegen die Zusicherung von „Begräbnis mit Gesang" dem Kloster Nonnberg, das es – wie es in der Urkunde heißt – *ze unserm Sichhaus fürbaz immer ine dienen ze pezzerunge und ze hilfe siechen und chranchen vrawen, die in unserm chloster sint,* machen wollte[31].

Das Siechenhaus St. Erhard (heute Nonntaler Hauptstraße 14) wurde Zentrum der Vorstadt im Süden von Salzburg. Hier pflegte man kranke Benediktinerinnen. Die Kapelle findet 1404 und 1412 in Urbarien des Stiftes Nonnberg und 1452 in einem Ablaßbrief Erwähnung[32]. Da das Kloster Nonnberg das Siechenhaus dann nicht mehr benötigte, wurde es 1502 an Rupert Marchel zu Erbrecht verliehen[33]. Später hatte es Rupert Schwaiger zu Leibgeding inne. Dessen Witwe Barbara verkaufte es an Melchior Fleckh. Dieser erhielt Haus und Garten 1591 zu Erbrecht. Dem Kloster Nonnberg waren jährlich drei Gulden drei Pfenning Zins abzuliefern. Am 25. Februar 1603 verkaufte Ursula Fleckhin das Haus an Erzbischof Wolf Dietrich[34]. An das gotische Haus erinnert noch der Kielbogen des Eingangs.

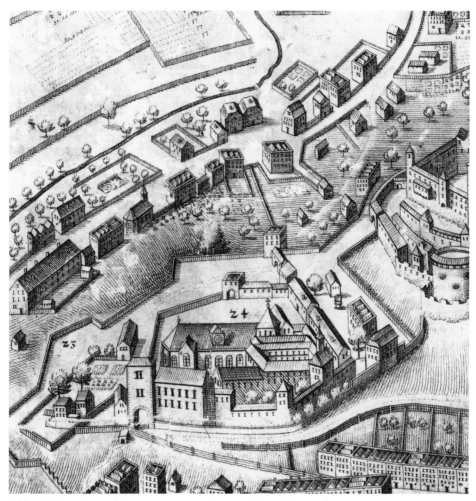

Abb. 14: Der Ausschnitt aus dem Stich von Philipp Harpff, 1643, zeigt am linken Bildrand das langgestreckte Hofkastengebäude, rechts das Khellmüller-Haus (später Männertrakt), die gotische Erhardkapelle und anschließend das „Weiber-Spital".

Die gotische Kapelle deutet Vianen in seiner Federzeichnung als einfachen geosteten Bau mit hohem Satteldach, Westtürmchen mit Spitzhelm und Chor an. Harpff stellt in seiner Stadtansicht von 1643 die Kapelle mit Satteldach und westlichem Dachreiter sowie einen Chor dar. Johann Stainhauser berichtet im Jahr 1594 von einem einzigen Altar aus Holz, und daß die Äbtissin Anna Pütrichin[35] vor kurzem, [...] *weil mehrbemeltes Khirchlein sehr öde vnnd vnzierlich gestanden hat [...] daselbige ein wenig fugen vnnd weissen lassen hat*[36].

Bei der Erhardkapelle bestand eine Armenbruderschaft, die wöchentlich eine Messe vom Kaplan des Klosters Nonnberg lesen ließ[37].

St. Erhard als Spital des Domkapitels

1603 kaufte Erzbischof Wolf Dietrich – wie oben berichtet – das „alte Siechenhaus" in Nonntal von Ursula Fleckhin, um das domkapitlische Spital aus der Kaigasse dorthin verlegen zu können. Er benötigte einen Teil des Areals für den „Neubau". Der Erzbischof übergab dem Domkapitel das Nonntaler Spital gemeinsam mit der Kapelle St. Erhard, die nach wie vor zur Grundherrschaft des Klosters Nonnberg gehörten[38]. Vergeblich hatte zuvor Domdechant Johann Kraft von Weitingen versucht, das alte Domkapitelspital in den näher situierten Lavanterhof an der Kaigasse verlegen zu lassen[39].

Die verbliebenen restlichen Gebäude und Grundfläche des Spitals in der Stadt wurden nach dessen Verlegung nach Nonntal dem eigentlichen Stiftungszweck – der Spitalerhaltung und Armenversorgung – entfremdet und anderweitig genutzt.

Die Verwaltung des Spitals – Stiftungsgrund „Altersvorsorge" als „Nebenzweck"

Im alten Domkapitelspital fanden Fremde (Pilger) für einige Tage Aufnahme und Verpflegung. Einheimische Arme – meist Frauen – konnten entweder dauernd aufgenommen werden oder eine Unterstützung außerhalb des Spitals erhalten. Je nach finanzieller Ausstattung der Fonds wurde die Anzahl der Pfründner bestimmt. 1543 führte das Domkapitel jedoch wieder die alte Regelung ein, die die Anzahl der Pfründplätze mit zwölf festgelegt hatte[40]. 1547 verfügte das Domkapitel, es sollen vor allem „Diener der Domherren in das Spital genommen werden; und dann erst, wenn keine vorhanden, mögen auch andere Dürftige zukommen". Um nicht gerade die Ärmsten auszuschließen, hob das Domkapitel die Bestimmung auf, wonach Pfründner bei der Aufnahme 20 bis 24 Gulden in das Spital mitbringen mußten. Aufgenommen wurden vor allem alte Dienstmägde des Domkapitels. Im Jahr 1548 erhielten die Pfründnerinnen einen Knecht und eine „Dirne" zur Bedienung[41].

Spitalmeister war der jeweilige Senior des Domkapitels. Er hatte die Verwaltung des Spitals, die Gerichtsbarkeit und die Aufsicht über die Sitten der Spitalbewohner inne[42]. Die Überschüsse des Spitals kamen seinem Einkommen zugute.

Auch nach der Übersiedlung des Domkapitelspitals nach Nonntal 1603 verblieb dem Kapitelsenior zunächst der Titel des Spitalmeisters. Die tatsächliche Verwaltung des Spitals übernahm jedoch der Domrichter – später Syndikus genannt. Der Domrichter war ein weltlicher Beamter und als solcher für die Rechtsgeschäfte und andere juristische Angelegenheiten des Domkapitels zuständig. Die Jurisdiktion im Domkapitelspital hatte nun der Domdechant inne.

Um die Geldmittel für den Ausbau und den Unterhalt des Spitals aufbringen zu können, wurde die Spitalverwaltung auf Vorschlag des Domrichters Wolf Bramberger 1604 wieder reorganisiert und mit jener des Domkapitels vereinigt. Anstelle des Amtes des Spitalmeisters schuf man die Spitalinspektion unter der Aufsicht des gesamten Domkapitels. Über die Aufnahme von Pfründnerinnen und Pfründnern entschieden nun Spitalinspektion und Domkapitel gemeinsam. Da durch diese Umstrukturierung der Kapitelsenior sein bisheriges Einkommen als Spitalmeister aus den Überschüssen des Spitals verlor, sollte er mit jährlich 200 Gulden abgefunden werden. Der Senior blieb aber insofern in Verbindung mit dem Domspital als er zum „Ersten Inspektor", während der Domrichter, dem die tatsächliche Verwaltung des Spitals zufiel, zum „Zweiten Inspektor" ernannt wurde[43].

Die ehemaligen Rechte und Einkommen des Kapitelseniors aus seiner Funktion als Spitalmeister waren aber zunächst umstritten[44]. Erst Kapitelsenior Ernst Freiherr von Wolkenstein willigte in die neue Regelung ein und erhielt für den Verzicht des Spitaleinkommens 200 Gulden pro Jahr. Außerdem wurde ihm als Ersatz für den nunmehr verbauten Spitalgarten der Genuß des Frankmannschlößls auf dem Mönchsberg zugestanden[45]. Nach dem Verkauf des Schlößls im Jahr 1678 flossen die Zinsen aus dem Verkaufspreis weiterhin dem Kapitelsenior zu. Auch die jährliche Abfindungssumme für das vormalige Einkommen aus dem Spitalmeisteramt blieb dem Kapitelsenior bis zum Ende des Erzstifts erhalten.

Nach einer anfänglichen Professionalisierung der Spitalverwaltung – der Domkapitelsyndikus hatte zunächst einen akademischen Abschluß – folgte das interessante Phänomen der Bestellung der Syndici aus nur einer Familie. Nachdem die Tochter von Domkapitelsyndikus Dr. Vitus Renner einen Schidenhofen geheiratet hatte, folgten von 1676 bis 1761, also durch fast hundert Jahre, nur Mitglieder Familie Schidenhofen zu Stum als Syndici und damit als Verwalter des Erhardspitals[46]. 1763 verfügte das Domkapitel die Trennung von Spitalverwaltung und Syndikat. Der Syndikus blieb allerdings „Zweiter Inspektor" und wurde zum Hauptrechnungsrevisor erklärt[47].

Das Erhardspital im 17. und 18. Jahrhundert

Zum neuen Spital in Nonntal gehörte auch ein Garten am Berghang (hinter der heutigen Kirche), den das Domkapitel zunächst dem Domrichter zur freien Nutzung überließ. Erzbischof Wolf Dietrich erhob jedoch dagegen Einspruch, da der Garten den „Spitalerinnen" und nicht dem Inspektor zugedacht sei[48]. Daraufhin (1606) verlangte das Domkapitel einen Pachtzins für den Garten von Domrichter Dr. Renner. Die Einnahmen aus der Pacht kam den „Spitalerinnen" zugute[49]. Im 17. Jahrhundert hatten die Bischöfe von Chiemsee den Garten gepachtet und ihn nach ihren Vorstellungen ausgestaltet[50].

1625 ließ das Domkapitel durch den Maurermeister Georg Hamerl und den Zimmermeister Hans Reichl eine neue Sakristei an die gotische St. Erhardkapelle anbauen[51]. Ein Jahr später entstand im Spital ein besonderes Krankenzimmer und ein weiterer Zubau[52]. Spital und Kapelle waren durch einen gedeckten Gang verbunden. 1639 wurde eine Neudeckung des Daches dieses Kirchgangs in den Erhardspitalrechnungen vermerkt[53].

Das Kloster Nonnberg blieb weiterhin Grundherr. Erst 1656 konnten die Eigentumsrechte zugunsten des Domkapitels geregelt werden.

Das Domkapitelspital – das alte an der Kaigasse wie das neue in Nonntal – war vor allem mit weiblichen Pfründnerinnen belegt. Es gab nur wenige männlicher Pfründner. Von 1565 bis 1615 zählte man keinen männlichen Pfründner, von 1615 bis 1678 waren es nur vier[54]. In der zweiten Hälfte des 17. Jahrhunderts schritt das Domkapitel zum Ausbau der Anlage, um auch alte männliche Dienstboten des Kapitels aufnehmen zu können. Dazu kaufte es 1677 das Haus mit Garten der Christina Khellmüller an, welches zwischen der Kirche und dem Hofkasten lag[55]. Zwischen 1677 und 1679 adaptierte man dieses Haus für einen Untermeister und zwölf männliche Pfründner. Diese Adaption dürfte einem Neubau gleichgekommen sein, denn er kostete beachtliche 6265 Gulden[56].

1680 renovierte man auch das Gebäude für die Frauen und ergänzte es durch einen Getreideboden im obersten Stockwerk[57].

1725 und 1726 ließ das Domkapitel neue Krankenzimmer für die eigenen Bediensteten im Männerspital errichten[58]. Finanziert wurde dies durch die „Hofkirchensche Kranken-Anstalt-Stiftung", deren Kapitalzinsen ab 1692 anfielen. Der Fürstbischof von Seckau, Wenzel Wilhelm Graf von Hofkirchen, hatte ein Drittel seines Nachlasses zur Stiftung eines Fonds zur Pflege kranker Diener des Domkapitels hinterlassen. Die Kapitalien wurden bei der Salzburger Landschaft angelegt, der Fonds aber getrennt vom Spital verwaltet[59]. Dem domkapitlischen Spital fiel somit die Aufgabe der Altenversorgung und der Krankenpflege bei leichteren Krankheiten für domkapitlische Dienstboten zu. Seit 1714 gab es einen eigenen Krankenwärter, später noch eine Krankenwärterin und bei Bedarf Gehilfen[60]. Eine eigene Ordnung wurde vom Domkapitel mit 26. September 1758 erlassen. Die ärztliche Leitung hatten ab 1693 Hofmedicus Johann Adam Losbichler, ab 1733 Hofrat und Leibmedicus Peter Anton Agliardi und ab 1749 Hofrat und Leibmedicus Silvester Barisani inne[61].

Eine genaue Beschreibung der Anlage des Erhardspitals liefert Lorenz Hübner 1792[62]. Er schildert das „Weiberspital" an der stadtauswärtigen Seite der Kirche als fünfgeschoßiges Haus mit der Aussicht „nach vorne" auf die Landstraße (heute Nonntaler Hauptstraße) und „nach hinten" in den Spitalgarten. Hübner führt dann weiter aus:

> Im 1sten Geschosse ist ein großes Vorhaus mit Behältnissen für Holz, und dergleichen, im 2ten das gemeine Speise- und Arbeitszimmer, und die gemeinschaftliche Küche, nebst dazu gehörigen Kammern, im 3ten 3 Wohnungen für Pfründnerinnen,

und das Krankenzimmer mit einer eigenen Küche: man kann auch von da in das Kirchenoratorium gehen; im 4ten sind 10 Wohnungen für die übrigen Pfründnerinnen, und ihre Magd; im 5ten ein Getreidekasten mit Aestrichboden, und durchaus eisernen Läden, der aber schon seit langer Zeit leer steht. Rückwärts ist ein ehemahls getheilter, nun auch mit dem Garten des Männerspitals vereinigter Garten.[63]

Das Männerspital, welches vorne und hinten frey steht, und nur rechts nach der Kirche, und links an den Hofkasten mittels einer niedrigen Mauer gelehnt ist, ist ebenfalls 5 Geschosse hoch; im 1sten ist ein Vorhaus nebst einigen Behältnissen für Speise und Trank, im 2ten die Wohnung des Untermeisters, und der Dienstleute; im 3ten sind einige schöne Zimmer für Herrschaften, welche das Spital besuchen, nebst verschiedener Kammern; auch führt ein kleiner Gang in das Oratorium der Kirche, und ein anderer rückwärts durch ein hinten angehängtes schmahles Flügelgebäude in den Garten; im 4ten ist die gemeine Pfründstube zum Essen, und 2 Wohnzimmer für Pfründner auf einer; und auf der anderen Seite 2 Krankenzimmer, wovor das vordere eigentlich für kranke Pfründner gehöret. Auf dem Gang des Flügelgebäudes ist ein Krankenzimmer für das weibliche Geschlecht; im 5ten sind Wohnzimmer für 10 Pfründner, 2 Krankenzimmer, und ein drittes für epidemische Kranke.[64]

Das Wasser aus der Hofbrunnenleitung versorgte die Spitalküche und den Brunnen vor der Kirche[65].

In den Fassaden des Frauen- (Nonntaler Hauptstraße 14) und Männertraktes (Nr. 12) des 18. Jahrhunderts werden nur die Eingänge betont. Den Männertrakt ziert ein Rundbogen mit Bossen und den Frauentrakt ein spätgotischer Kielbogen. Eine Inschriftentafel über dem Portal des Männertraktes verweist auf den Verwendungszweck und den Bauherrn. Obwohl Frauen- und Männerspital innerhalb weniger Jahre zwischen 1677 und 1680 gebaut oder erneuert wurden, folgte der Ausbau keinem einheitlichen Gesamtplan. Noch immer stand die kleine spätgotische Erhardkirche längsgerichtet zwischen beiden Gebäuden.

Aus der Beschreibung Koellerspergers wissen wir auch, daß jede Pfründnerin und jeder Pfründner eine eigene Kammer mit Kasten und Truhe hatte. Frauen mußten bei Aufnahme ins Erhardspital Betten und Gerätschaften mitbringen, Männern wurden sie vom Spital beigestellt. Gegessen und gearbeitet wurde in den Gemeinstuben. Die Frauen kochten für sich selbst, erhielten dafür ein Quatembergeld, Milch und Viktualien vom Kapitelmeier. Die Männer verpflegte der Untermeister gegen ein bestimmtes Wochengeld auf Kosten des Spitals. Sie mußten gemeinschaftlich essen, wobei einer aus der heiligen Schrift vorlas. Seit 1719 erhielten die Männer eine einheitliche Kleidung, u. a. graue Mäntel mit blauen Aufschlägen[66]. Die Frauen hatten keine einheitliche Kleidung. Der Nachlaß der Pfründner wurde nicht zugunsten des Spitals eingezogen, sondern verblieb den Verwandten. Die Kleidung jedoch erhielten die Mitpfründner. Die Kosten für Begräbnis und drei heilige Messen trug das Erhardspital.

Im Jahr 1786 verringerte das Domkapitel wegen finanzieller Probleme des Erhardspitals die Anzahl der männlichen Pfründplätze auf sechs. Die übrigen sechs bisherigen Pfründe wurden in sechs Exspektantenplätze mit einer geringeren monatlichen Unterstützung und einer Brotration umgewandelt. Die anderen Unterstützungen entfielen für die Exspektanten gänzlich[67]. Ab 1787 erschwerte das Domkapitel die Zugangsbedingungen. Als Aufnahmebedingung galt nun eine sechsjährige Dauer in den Diensten des Domkapitels[68].

Abb. 15: St. Erhard mit Erhardspital, Karl Remshard nach Franz Anton Danreiter, Stich um 1735. Links der Kirche das „Weiber-Spital", rechts das „Männer-Spital".

Der Neubau der Kirche St. Erhard

1677 unterrichtete Spitalkaplan Johann Hofer das Domkapitel über die Baufälligkeit der Kirche. Das Domkapitel beschloß am 5. April 1684 und am 31. März 1685 den vollständigen Neubau der Kirche[69].

Im Frühjahr 1685 begann man mit dem Abbruch der Kapelle nach der Feier von zwölf Messen zu Ehren der allerheiligsten Dreifaltigkeit und zum Trost der armen Seelen. Bei diesen Abbrucharbeiten erlitt der bauführende Polier Georg Pfäffl eine schwere Kopfwunde[70], weshalb ihn Lorenz Stumpfegger ablöste[71]. Am 8. Oktober legte man den Grundstein und gab darunter in einer zinnernen Kapsel einen vergoldeten Gedächtnispfennig[72]. Erzbischof Johann Ernst Graf Thun (1687-1709) weihte die Kirche nach vierjähriger Bauzeit am 3. Mai 1689[73].

Planung und Bauleitung für den Kirchenneubau lagen in den Händen von Giovanni Gaspare Zuccalli[74], der bei Beginn der Bauarbeiten erst 18 Jahre alt war. Die „Direktion" für den Kirchenbau besorgten Domdechant Wilhelm Freiherr von Fürstenberg und Domherr Joachim Albrecht Freiherr von Leiblfing[75].

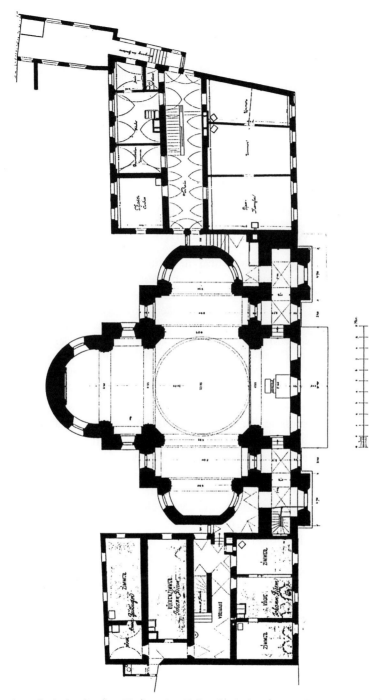

Abb. 16: Grundriß der beiden Trakte des Erhardspitals mit Kirche, 2. OG mit unterschiedlichen Niveaus.

Mit dem Neubau der Kirche St. Erhard von 1685 bis 1689 erhielt die Nordfront des Platzes ihre heutige Ausgestaltung mit dem zentralen Portikus. Die jetzige Form der Turmdächer stammt jedoch erst aus den Jahren 1711/12 nach einem Plan von Sebastian Stumpfegger[76]. Die über Eck angebrachten Turmuhren konnten von der Nonntaler Hauptstraße gut gesehen werden. Trotz der unterschiedlichen Bauniveaus der beiden Spitäler und der Kirche, stellte der Baumeister über kleine Stiegen eine Verbindung zum Oratorium der Kirche her, so daß die Pfründner und Pfründnerinnen der Messe beiwohnen konnten, ohne das Haus verlassen zu müssen.

Zur höheren Ehre des Domkapitels – Statuswettbewerb durch Architektur

Kurat Kajetan Koellersperger führt in seiner Einführung zum zweiten Teil seiner Abhandlung etwa hundert Jahre nach dem Kirchenneubau an:

> Man wird sich aber von der edelsten Absicht, liebevollen Einrichtung und sorgfältigen Erhaltung dieses Pfründ- und Krankenhauses, von der prächtigen Erbauung der Kirchen überzeugen, daß diese zwote Abtheilung der stärkste Beweis über Religion und Menschen-Liebe der edlen Herrn gebe, deren in der ersten Abtheilung gedacht wird. [...] Kaum zahlt das hiesige Spital bey irgend einem Domkapitel ein ähnliches Beyspiel. Soll also ein so ausgezeichnetes Denkmal der rechtschaffenen Gesinnung nicht zum Ruhm des Domkapitels ausgebreitet werden?[77]

Den baubesessenen Klosterprälaten verdankt Österreich eine Vielzahl seiner touristischen Glanzpunkte. Bauen war in der Barockzeit Teil der Selbstinszenierung und der Betonung von Statusunterschieden höfischer, adeliger, kirchlicher sowie bürgerlicher Personen und Institutionen. Das „regierende Domkapitel" betrachtete den Bau der Erhardkirche als Prestigeobjekt und suchte sich gegenüber dem Erzbischof und den landständischen Klöstern auch als Bauherr zu profilieren. Dabei war schon die Auswahl des Architekten wichtig. Das Domkapitel wählte den Neffen des bayerischen Hofbaumeister Enrico Zuccalli, der damals an der Theatinerkirche in München baute. Giovanni Gaspare Zuccalli hatte bei seinem Onkel gelernt und gehörte einer „welschen" Graubündner Familie an, die im Sommer Bautrupps zu den nördlich der Alpen nach italienischen Vorbildern entstehenden barocken Kirchen und Palästen schickte[78].
Eines dieser Vorhaben war der Neubau von Kloster und Kirche der Kajetaner (auch Theatiner genannt) in Salzburg zwischen 1685 und 1700. Der von Erzbischof Max Gandolph von Kuenburg beauftragte junge Baumeister Giovanni Gaspare Zuccalli brachte bis Juli 1688 den Bau unters Dach. Nach dem Tod seines Förderers Max Gandolph 1687 führte die Opposition der Benediktineruniversität gegen ein von den Kajetanern geführtes Priesterseminar zu einer Bauunterbrechung. Zuccalli wurde wegen angeblicher Baumängel 1693 ein Resthonorar verweigert. Darauf zog sich der Salzburger Hofbaumeister (1689

bis 1693) auf sein adeliges Gut Adelholzen zurück. Der neue Erzbischof Johann Ernst Thun ließ seine Bauvorhaben von dem in Rom ausgebildeten und in Wien am Kaiserhof wirkenden Johann Bernhard Fischer von Erlach planen. Erst nach einer Einigung im Jahr 1696 zwischen Erzbischof, Theatinerorden und Lerchenfeldischen Erben als Stifter des Kajetanerklosters erfolgte der Weiterbau auf Kosten des Klosters aber ohne Zuccalli. Die Kirche konnte im Jahr 1700 geweiht werden[79]. Weitere Beispiel für den Bauwettbewerb, der sich auch innerhalb der Stadt Salzburg verfolgen läßt, sind die Pferdeschwemmen, herrschaftliche Gartenhäuser oder die barocken „welschen Hauben" und Zwiebeltürme.

Das St.-Johanns-Spital in Mülln, ein Bau nach Plänen von Fischer von Erlach, ist die bauliche Antwort des Erzbischofes Johann Ernst Thun auf das Erhardspital des Domkapitels. Mit der Benennung der Müllner Krankenanstalt ging auch der Name des alten domkapitlischen St.-Johanns-Spital im öffentlichen Bewußtsein verloren. Mit „St. Johann" wurde nun nur mehr die neue Stiftung des Erzbischofs in Mülln verbunden.

Erhardkirche – Fassade als Zeichen

Ungewöhnliches Charakteristikum der Domkapitelspitalkirche St. Erhard ist ein marmorner Portikus, in dem sich die Treppe zum Kirchenportal befindet. Die Kirchenfassade von St. Erhard wurde zunächst zum Teil aus Konglomerat geplant, da Erzbischof Max Gandolph den wertvollen Marmor verweigerte. Das heißt, es gab eine ursprüngliche Planung, die durch den Mangel an Marmor abgeändert werden mußte. Die Marmorblöcke für die Säulen waren allerdings schon 1685 fertig. Erst als nach Ableben des Kardinals Kuenburg am 3. Mai 1687 das Domkapitel in der Sedisvakanz die Regierungsgeschäfte übernahm, konnte es sich aus den landesfürstlichen Marmorbeständen bedienen[80]. In einem „Wettstreit der Altäre" setzte sich der neue Erzbischof Johann Ernst Graf Thun durch. Sein erzbischöfliches Wappen ziert seit 1692 den Hochaltar, während sich die Domherren mit Seitenaltären „begnügen" mußten[81].

Die Auseinandersetzung des Domkapitels um Marmorfassade und Altäre zeigen in der Hochsprache „Architektur" die Artikulationsformen adeliger kirchlicher Eliten. Peter Burke hat dafür den Begriff des „demonstrativen Konsums" geprägt[82].

Neben diesem allgemeinen Statuswettbewerb war die Sedisvakanz von 1687 nach Franz Martin auch ein Höhepunkt der „angemaßten Ansprüche" des Domkapitels in dessen Verhältnis zum Landesfürsten. „... erstmals tauchte in diesen zwei Monaten der Terminus regierendes Domkapitel auf, die hohe Vorrangstellung als rechter Erbherr wurde auch durch Äußerlichkeiten noch mehr betont, und sogar ein eigenes Wappen legte sich das Kapitel nun zu."[83] Dieses Wappen ist in der Giebelfront des Portikus der Erhardkirche

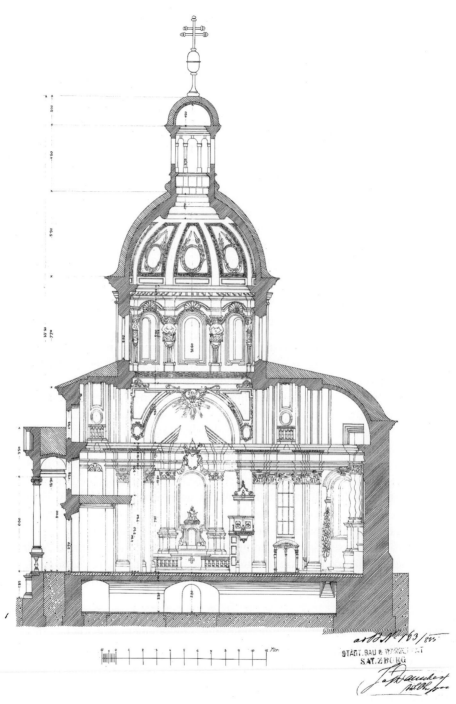

Abb. 17: Längsschnitt durch die Erhardkirche, gez. von Josef Dauscher, 1885.

Abb. 18: Hauptfassade der Erhardkirche, gez. von Josef Dauscher, 1885.

angebracht und von zwei Füllhörnern flankiert. Auf der Symmetrieachse der Fassade liegen unter dem Wappen des Domkapitels die Brunnennische und das Kirchenportal, darüber ein Fenster der Kuppel und über der Laterne das Spanische Kreuz. Dieser senkrechten zentralen Bedeutungsachse entsprachen an den Türmen Nebenachsen mit dem Konglomeratfels des Kellergeschoßes als Basis, zwei Pilaster im Mittelteil, darüber die Glockenstuben der Türme (Schall) und die achtzackigen Sterne.

Um die Bedeutungsebenen an der Fassade abzulesen zu können, muß ein Vergleich das Kircheninnere, das außen nur zum Teil sichtbar wird, einbeziehen.

Geschoß		Bedeutungsebene	Außenbau	Innenraum	
Dachzone, Kuppel und Türme		Überweltlicher Bereich	Kuppel mit Spanischem Kreuz, Türme mit Glocken (Abwehrzeichen)	Hl. Geist (Laterne) Beleuchtung des Innenraums durch Laterne und Kuppel	Überwelt
Erdgeschoß	a	Status des Domkapitels	Portikusgiebel (Wappen des Domkapitels)	Vorläufer und Vorbilder (Hll. Rupert, Virgil, Vitalis u. Martin)	
	b	Meßopfer- oder Kultebene	Portikus, Eingang, Turmuntergeschoß	Kirchenraum mit Altären	
Kellergeschoß		Sockelzone, Zugang zur Kultebene	Säulenpostamente, Treppe, Brunnen, Konglomeratsockel	Keller	
Felsuntergrund		Basis Naturgewalten (Überschwemmungen)	Fundamente, Weihepfennig (Abwehrzeichen)	Felsuntergrund	Diesseits

Tab. 1: St. Erhard – Bedeutungsebenen.

Viele der hier nicht näher auszuführenden Beziehungen, Anspielungen und Andeutungen sind aus dem katholisch gegenreformatorischen Gedankengut geschöpft. Nicht nur bildliche oder plastische Darstellungen tragen zum Aufbau einer Bedeutungsstruktur bei, sondern auch Material und Bauglieder sind mit Inhalten aufgeladen. Es sei nur auf die Verbindung Fels und Kirche, Quelle und Christus, der Türme als Bollwerk, die mit dem Schall ihrer Glocken die bösen Geister und Hexen vertreiben oder auf das Spanische Kreuz als Mittel gegen Gewitter und Blitzschutz hingewiesen. Die Kirche erscheint gleichsam als geheiligter und geschützter Ort in einer von feindlichen Geistern belebten Welt. Diesen Bedeutungen ist der Portikus als Würdeform, die das Domkapitel preist, vorgelagert. Besucher, Kirchgänger wie Pfründner betraten unter dem Schutz des Domkapitels die Kirche oder das Spital, wo sie geistig, seelisch oder materiell gestärkt wurden. Der äußeren Giebelzone entsprachen im Innern der Kirche die Pendentifs mit den Heiligen Rupert, Virgil, Martin und Vitalis als Vorläufer und Vorbilder des Domkapitels.

Erhardplatz – Statussymbol und „Jugendtreff"

1687 versuchte das Domkapitel, einen Garten vis-à-vis der neuen Kirche zu kaufen, um einen Vorplatz schaffen zu können. Die Johann Kurzschen Erben wollten den *vmb vnd vmb mit Mauer vmbfangenen* Garten allerdings nicht alleine veräußern. So mußte das Domkapitel für Haus, Stadl und Garten 1500 Gulden bezahlen[84].

Während des Kirchenbaues sind die Mauern um den neu abgegrabenen Kirchplatz verlängert und Weg und Straße verbessert worden[85]. Es erhebt sich die Frage, was bedeutet nun Kirchplatz? Die Erhardspitalrechnungen geben Aufschluß darüber. Der Kurzsche Garten sollte als [...] *nothwendiger Vorplatz zu bössrer ansechen der Khürchen, auch vmbkherung der Carozen zuegerichtet werden* [...][86]. Ästhetische Überlegungen und die Selbstinszenierung der Domherren, wenn sie mit ihren Pferdegespannen vor der Kirche auffuhren, gaben den Ausschlag zur Anlage dieses Vorplatzes. Beide Argumente fallen ebenfalls unter das Stichwort „demonstrativer Konsum"[87].

Der Platz zum Bach hin war mit einer Mauer umschlossen. Seit 1699 wurden Vorplatz und der Raum hinter der Mauer am Bach während des Sommers zum Bleichen von Wäsche verwendet. Dieser Vorplatz bestand bis 1725[88]. Die repräsentative Funktion des Platzes beschränkte sich auf wenige Tage im Jahr, an denen die Domherrn Messen in dieser Kirche feierten. Die Nutzung des Platzes blieb vorerst den lebenden Nonntalern überlassen. 1725 wurden der Vorplatz und der Platz hinter der Mauer als Friedhof der Vorstadt Nonntal gewidmet.

Eine wesentliche Aufgabe hatte der Platz bei der Weihe der Kirche am 3. Mai 1689. Vor dem Kirchenportal übernahm Domdechant Wilhelm von Fürstenberg in Begleitung des Notars Franz Reiter und zweier Chorvikare im Namen des Domkapitels feierlich die Sorge um die Erhaltung von Kirche und Spital, sowie den Unterhalt von Priester und Benefiziant. Ein Exemplar der in lateinischer Sprache verfaßten Einweihungsurkunde verblieb dem Domkapitel, ein zweites wurde beim Konsistorium hinterlegt[89]. Erzbischof Thun lud übrigens das Domkapitel, Priester und Beamte in den neuerbauten Saal im Schloß Mirabell zur Tafel[90].

Daß die Nutzung dieses architektonische Ensembles nicht immer dem Wunsch der Erbauer entsprach, zeigt die Verwendung des Platzes als Bleichstätte und Treffpunkt der Nonntaler Bevölkerung. 1720 beschwerte sich Kurat Johann Kaspar Riernsankh, daß das Gotteshaus von ledigen jungen Burschen als *wacht-, schlaff- und puellhaus* mißbraucht werde. Der Wäscher Lorenz Lehner hatte den Kirchenplatz gemietet, um dort unter freiem Himmel seine Leinwand und Bleichtücher aufzulegen. Zur Aufsicht hatte er seine Wäscherinnen, „Dienstmenscher", sowie seine beiden Söhne angestellt. Diese hatten vor dem Kirchenportal Schlafbetten aufgestellt. Der Kurat hatte in Erfahrung gebracht, daß die Burschen mit *unehrbaren Mutwillen, verdächtige Zusammenkünfte, unzüchtiger Zotten und Possen* aufführten. Der größere *übel erzogene* Sohn habe sogar den Nachtwächter gebeten, für ihn aufzupassen. In der Zwischenzeit sei er mit zwei ledigen *Weibsbildern* auf das „Gassl" reden gegangen[91]. Vor kurzem hätten die Buben eine Geige zum Portal mitgebracht und *liederliche Leute* beiderlei Geschlechts herbeigelockt[92].

Aus den Akten spricht der Wunsch der Obrigkeit, Unterschichtleute und Jugendliche zu kontrollieren. Schwierigkeiten ergaben sich durch die nicht dem Stadtgericht unterstellten Häuser, Wohnungen und Personen. Dort konnte der städtische Gerichtsdiener nicht einschreiten und diese verbleibenden Freiräume wurden besonders von den Jugendlichen genutzt[93].

Der Beitrag zur Entwicklung der Vorstadt

Der Salzburger Arzt und Stadthistoriker Franz Valentin Zillner beschrieb das mittelalterliche Nonntal als einen im Vorfeld des Frauenstiftes Nonnberg gelegenen und von diesem abhängigen Siedlungsraum[94]. Neben dem Kloster Nonnberg besaßen das Stift St. Peter, das Domkapitel und der Erzbischof Höfe in Nonntal. Die Grundherrschaft als strukturierende Gewalt für den Siedlungsraum ist in Salzburg kaum untersucht. Das Domkapitel besaß mit dem Gut Weingarten am Almkanal ein befestigtes Schloß, später Landsitz im Vorfeld der Burg Hohensalzburg. Jedoch erst mit der Verlegung des domkapitlischen St.-Johanns-Spital und der Gründung des Erhardspitals schuf das Domkapitel eine Zentrum für die sich entwickelnde Vorstadt am Fuße des Nonnbergs. Neben dem Kloster Nonnberg entstand ein weiterer Mittelpunkt an der Nonntaler Hauptstraße, der mit dem Ausbau der Spitalkirche und Verlegung des Sitzes des Kuraten für Nonntal und Morzg 1699 nach St. Erhard, der Anlage eines Friedhofes in den Jahren 1725 bis 1727, der Gründung einer Schule sowie eines Knabenwaisenhauses einen Bedeutungszuwachs erfuhr. Das Domkapitel wurde zum wichtigsten Impulsgeber für das Wachstum der Vorstadt.

Erst im 19. Jahrhundert konnte die Stadtgemeinde Salzburg die bestimmende Rolle in der Entwicklung Nonntals übernehmen. Mit der Auflassung des Nonntaler Friedhofes 1879 und der Übersiedlung des Erhardspitals in die „Vereinigten Versorgungsanstalten" (1898) verlor das alte Zentrum Nonntals an der Nonntaler Hauptstraße einen Teil seiner Funktionen. Der wachsende Stadtteil verlagerte einige zentrale Funktionen zu neuen Gebäuden, dem Zufluchtshaus St. Josef (1882), dem Künstlerhaus (1884), der Volksschule (1905), dem Justizgebäude (1907) und der eigenen Bahnstation Künstlerhaus-Nonntal[95].

Zwischen Bank und Sozialfonds – Die Gelder des Spitals als Manövriermasse des Domkapitels

1604 wurden Teile des Urbars von Domkapitelspital getrennt und das Resturbar dem Domrichter zur Verwaltung überantwortet. Das Spital mußte ohne außerordentliche Zuwendungen der Domherren auskommen. Diese gebrauchten den Fonds als vorteilhaften (zu vier Prozent) Darlehensgeber. Das Vermögen des Erhardspitals entwickelte sich allmählich aus den jährlichen Überschüssen der Gebarung. 1604/05 standen 306 Gulden Einnahmen 182 Gulden Ausgaben gegenüber (ohne die Natural-Getreidemengen)[96].

Die Rechnungen des Erhardspitals, die von 1604 bis 1862 vorliegen, geben uns einen Einblick in die Finanzgebarung des Spitals[97]. Das Rechnungsjahr beginnt mit Herbstruperti, dem 24. September, und gliedert sich in vier Viertel.

Das Vermögen erreichte bis 1676/77 – vor Verlustabschreibung – eine Höhe von 93.854 Gulden[98]. Mit dem Verlust von 8689 Gulden, den der Domkapitelsyndikus Reitter zwischen 1663 und 1676 verursacht hatte, sowie durch die Kosten in der Höhe von 1192 Gulden, die mit dem Kauf des Khellmüllerschen Hauses im Jahre 1677 entstanden waren, sanken erstmals kurzfristig die Fondsmittel. Das Fondsvermögen stieg jedoch kurz darauf wieder von 82.873 auf 89.252 Gulden im Rechnungsjahr 1686/87 an[99]. Dieses Wachstum ist hauptsächlich auf die kleineren Kredite zu fünf Prozent, in der der Großteil des Fondsvermögen angelegt war, zurückzuführen. Selbst den Baukosten und die laufenden Erhaltungskosten für das neuerrichtete Männerspital (1679) war der Fonds gewachsen.

Durch den Neubau der Kirche St. Erhard schrumpfte der Fonds allerdings um mehr als ein Drittel von 102.883 Gulden im Jahr 1684/85 auf 65.161 Gulden im Rechnungsjahr 1687/88[100]. Der von den Aufklärern ein Jahrhundert später gemachte Vorwurf, der Kirchenbau habe den Erhardspitalfonds erschöpft, stimmt jedoch nicht. Da die jährlichen Zinseinnahmen noch immer mit über 3200 Gulden die durchschnittlichen Jahresausgaben von 2400 bis 2500 Gulden übertrafen, war eine Erholung des Fondsvermögens bei prosperierender Wirtschaft zu erwarten. Bereits 1715/16 überschritt das Fondsvermögen wieder 100.000 Gulden[101].

Weiters wurden über den Erhardspitalfonds mehrere Häuser in der Umgebung des Spitals in Nonntal angekauft, 1687 das Khurzsche Haus[102], 1697 das „Fidlersche Grossen-Hauß"[103]. Deren Zinserträge gingen aber in der Folgezeit zurück, da die Wohnungen an Bedienstete des Spitals oder als Gnadengaben ausgegeben wurden. Die Reparaturkosten hatte jedoch weiterhin das Erhardspital zu tragen.

1702/03 sind Bauausgaben für den domkapitlischen Meierhof Weingarten (an der Brunnhausgasse) angeführt, von dem das Spital die tägliche Milchration erhielt[104]. Das Domkapitel legte dem Erhardspital aber auch eine Bausteuer für das abgebrannte Kloster Weyern auf. Damals wurden 2159 Gulden für den Guß neuer Glocken für dieses bayerische, aber von Salzburg gegründete Kloster ausgegeben[105]. Das Domkapitel erweiterte das Urbar des Spitals durch den Kauf der Pergerschen Untertanen im Pinzgau um 9300 Gulden, was sich aber von der Verzinsung des Kapitals her gesehen als schlechte Anlage erwies[106].

Der schleichende Niedergang des Erhardspitalfonds setzte ab 1709/10 ein, als jährlich wachsende Personalausgaben mit wachsenden Ausständen an Kapital zusammentrafen. Das Vermögen wuchs nominell zwar weiterhin an, die Einnahmen aus den Kapitalzinsen sanken jedoch jährlich. 1721/22 erreichte das Erhardspital mit etwa 103.000 Gulden den höchsten Stand. Dieses Kapital wurde verliehen und brachte fünf Prozent Zinsen von den damals etwa 380 Kreditnehmern. Die Höhe der Kredite lag zwischen 100 und 3000 Gulden, meistens aber zwischen 100 und 1000 Gulden[107].

1731 besaß der Fonds nur mehr 92.145 Gulden aufliegende Kapitalien. Dazu kamen 1534 Gulden für nicht verkauftes Mobiliar und 3463 Gulden Außenstände. Beträchtlich ist die Summe von 19.211 Gulden, die das Syndikat aus der Erbmasse des verstorbenen Spitalverwalter Georg Joseph von Schidenhofen forderte[108]. Sein Bruder und Nachfolger als Verwalter konnte diese Forderung jedoch nicht begleichen, weshalb das Domkapitel davon 4736 Gulden erließ. Den Rest brachte Schidenhofen unter anderem durch die Überschreibung von Anteilen am Eisenwerk in der Hammerau in der Höhe von über 8000 Gulden auf[109].

1750/51 erfolgte die Abschreibung längst ausständiger uneinbringlicher Kapitalien[110]. 1755/56 werden in den Erhardspitalrechnungen die vom ehemaligen Mauterndorfer Pfleger sowie vom dortigen Gerichtschreiber veruntreuten Kapitalien im Wert von 3900 Gulden abgeschrieben[111].

Die Spitalverwalter waren dem Domkapitel mehrmals größere Summen schuldig. Auch aus der Joseph Koellerspergerschen Erbmasse mußten 4552 Gulden an das Spital zurückgezahlt werden[112].

Bis zum Rechnungsjahr 1797/98 sank das Vermögen des Erhardspitals auf 66.134 Gulden[113]. Trotz mehrfacher Versuche des Domkapitels, dieser Entwicklung gegenzusteuern, verursachten die eigenen Beschlüsse sowie eine Reihe von Unterschlagungen durch domkapitlische Beamte den Niedergang des Fonds.

Ist es möglich, die Gründung von Stiftungen unter dem Aspekt des demonstrativen Konsums zu interpretieren? Stiftungen brachten „symbolisches Kapital" (Bourdieu), Ruhm und Ehre für den Stifter. Die politischen, religiösen und finanziellen Gründe, die die Errichtung von Stiftungen veranlaßten, sind dabei natürlich nicht zu vernachlässigen. Daß Stiftungen nicht immer für den genannten Zweck verwendet wurden, läßt sich am Erhardspital gut verfolgen. Im 17. Jahrhundert wuchs das Vermögen der Stiftung unaufhaltsam an. Zu Beginn des 18. Jahrhunderts waren Ausgaben und Einnahmen noch ausgeglichen. In der folgenden Zeit fielen jedoch immer höhere Verluste an. Das Domkapitel verwendete Gelder des Erhardspitals für die Errichtung und Instandhaltung anderer Bauten, wie beispielsweise den Meierhof Weingarten, das Kastengebäude oder den Almkanal am Kapitelplatz. Der Stiftungszweck, Unterstützung der Armen und Hilfe für die ehemaligen Bediensteten des Domkapitels, stand nicht mehr im Vordergrund. Der Erhardspitalfonds wurde vom Domkapitel als dessen Sozialfonds angesehen und in die domkapitlische Verwaltung integriert. Die Fondsverwaltung bewies im 18. Jahrhundert nicht gerade Effizienz. Nicht einzubringende Gelder wurden nicht rechtzeitig abgeschrieben, sondern über Jahrzehnte als Forderungen mitgeschleppt. Die Auslagen an Gnadengeldern für Verwalter, Bedienstete und deren Angehörige stiegen. Kurat und Mesner wurde der Hauszins erlassen, erhielten aber weiterhin die Beihilfen. Die ausstehenden Beträge an Kapitalien wurden immer größer. Das heißt, es fielen kaum mehr Zinsen an. Die Wende zum Verlust ist auf ein nicht rechtzeitiges Abschreiben „fauler Kredite" zurückzuführen. Dieser Entwicklung mußte Ende des 18. Jahrhunderts mit einer Verringerung der Pfründnerstellen begegnet werden.

Interessant ist, daß die Kapitalien des Spitals meist an Kreditsuchende aus dem Salzburger Raum, besonders aber im Umkreis der domkapitlischen Untertanen ausgegeben wurden. Der Erhardspitalfonds stellte somit – wie die anderen Stiftungen auch – eine Art von Kreditinstitut dar.

1798 entschloß sich das Domkapitel zu einer grundlegenden Sanierung des Erhardspitalfonds. Mit Bewilligung Erzbischof Hieronymus Colloredos wurden die Naturaldotationen des Spitals um 42.531 Gulden abgelöst[114].

Der Erhardspitalfonds konnte durch diese Kapitalzufuhr des Domkapitels im 19. Jahrhundert eine positive Entwicklung nehmen, auch wenn das Königreich Bayern 14.300 Gulden, die in den Hammerauer Eisenwerken angelegt waren, nach 1817 einbehielt.

1840/41 waren die Kapitalien etwa zur Hälfte in staatlichen und Landesfonds angelegt[115]. Der private Anteil an den veranlagten Kapitalien sank bis 1861/62 auf etwa ein Fünftel[116]. Die Funktion eines örtlichen Kreditgebers ging dem Erhardspitalfonds damit verloren.

Die Spitalordnung von 1805

1805 legte Kapitelsyndikus Johann Anton von Daubrawaick eine neue Spitalordnung vor[117]. Daubrawaick war Mitglied des kurfürstlichen Hofrates, aber als Kapitelsyndikus oberster Verwalter des Erhardspitals und direkter Vorgesetzter des Untermeisters, der die Verwaltung und Betreuung im Spital leitete.

Bereits 1605 wird ein Siechenmeister genannt, der jedoch noch nicht im Spital wohnte, während der mit der Einrichtung des Männerspitals 1679 erstmals bestellte Untermeister dort eine Unterkunft hatte. Die Ordnung von 1805 bestimmte den Untermeister als „Hausvater". Wohlverhalten und Frömmigkeit waren die Grundpfeiler des Lebensstils, zumindest laut Ordnung. Der Untermeister war für die Verpflegung der Pfründner, die Hausgeräte, die Aufsicht, die Krankenversorgung und sittliche das Betragen der Spitalpersonen verantwortlich. Er konnte Bußen und Kerkerstrafen für kleinere Vergehen verhängen. Größere Vergehen hatte er dem Domdechant zu melden[118]. Es müssen also immer wieder Verstöße vorgekommen sein. Die häufigsten dürften Tabakrauchen, Wirtshausbesuche und mangelnde Teilnahme an kirchlichen Feiern gewesen sein. Jeder Pfründner war verpflichtet, zwei Messen zu besuchen, davon eine in der Spitalkirche, eine in der Stadt, weiters dreimal die Woche am Abend Rosenkranz zu beten und zu den Feiertagen die Kreuzgänge mitzugehen.

Der Untermeister überwachte das Aufstehen und Schlafengehen zu gehöriger Zeit und achtete darauf, daß keine Lampen in die Kammern mitgenommen wurden. Aufenthaltsort für die Pfründner war während des Tages die *Gemeinstube*. Den Ausgang bestimmte ebenfalls der Untermeister. Übernachtungen außer Haus mußten vom Kapitelsyndikus genehmigt werden. Die Vorschrift zum Besuch verschiedener kirchlicher Feiern in der Stadt gab den Pfründnern jedoch die Möglichkeit, sich aus der Obhut des Untermeisters zu entfernen.

Ganz aus der Ordnung entfernt erscheint die geistliche Betreuung, die jedoch durch den domkapitlischen Pfarrkuraten von Nonntal gewährleistet war.

Verstaatlichung und Kommunalisierung des Erhardspitals im 19. Jahrhundert

Nach dem Ende des Erzstiftes 1803 und der Auflösung des Domkapitels im Jahre 1806 diente das Erhardspital im 19. Jahrhundert zur Unterbringung armer gebrechlicher und erwerbsunfähiger Bewohner der Stadt ohne Unterschied des Stands und Geschlechts und der vormaligen Beschäftigung[119].

Die kurfürstliche Regierung unterstellte 1805 die geistlichen Stiftungen der Aufsicht des geistlichen Administrations-Rates[120]. Damit hörte auch das Erhardspital auf, ein Spital des Domkapitels zu sein. Die österreichische Regierung inkorporierte das Erhardspital schließlich den landesfürstlichen Stiftungen[121].

Die bayerische Regierung errichtete 1811 eine Stiftungs-Administration zur Verwaltung aller bestehenden landesfürstlichen und Lokalstiftungen. Nach 1816 fanden die österreichischen Gesetze über das Stiftungswesen Anwendung. In der Stadt Salzburg wurde mit „Allerhöchster Entschließung" vom 27. März 1820 eine landesfürstliche und eine städtische Stiftungenverwaltung eingerichtet. Die städtische Stiftungenverwaltung hatte die Lokalstiftungen in der Stadt zu verwalten[122].

Wem letztlich das Eigentum über das Vermögen des Erhardspitalfonds zustand war umstritten. Das wieder errichtete Domkapitel machte weiterhin An-

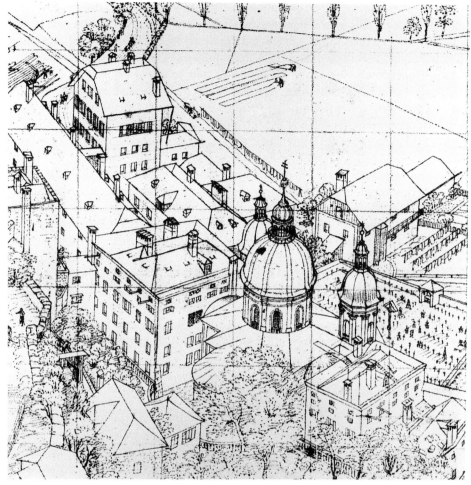

Abb. 19: St. Erhard, Vorzeichnung zum Sattlerpanorama, Bleistift, 1824/25.

sprüche geltend. 1841 entschied allerdings die Hofkanzlei, daß das Erhardspital *ganz selbständig* sei, *und keineswegs als ein Bestandtheil des Vermögens des vormaligen Domkapitels betrachtet werden* könne. Ferner stellte die Hofkanzlei fest, daß der Zweck dieser Stiftung *die Unterstützung der Armen überhaupt, nicht aber der alleinigen Dienerschaft des Domkapitels* gewesen sei. Das Erhardspital sei eine *Lokalwohlthätigkeits-Anstalt* und habe daher *ohne irgend einen Unterschied ihres Standes und Geschlechtes oder ihrer vormaligen Beschäftigung* den *armen gebrechlichen und Erwerbsunfähigen Bewohnern der Stadt Salzburg* eine *Zufluchtsstätte* zu sein[123]. Über die Besetzung der Pfründnerstellen entschied nun das k. k. Kreisamt nach gemeinsamen Vorschlag der landesfürstlichen Stiftungenverwaltung und des Magistrats.

1861 wurden die Landesanstalten und Fonds der Salzburger Landesvertretung unterstellt[124]. Im Zuge der Regulierung der von der landesfürstlichen und städtischen Stiftungenverwaltung gemeinschaftlich verwalteten Fonds und Anstalten in den sechziger Jahren des vorigen Jahrhunderts wurde das Erhardspital und dessen Nebenfonds, die Hofkirchensche Krankenanstalt, mit 1. Mai 1862 von der landesfürstlichen Stiftungenverwaltung der Stadtgemeinde übergeben. Lazareth-, Irrenhaus-, Leprosenhaus-, Incurabilienfonds, Knabenwaisen- und Waisenlehrjungenfonds, ferner das St.-Johanns-Spital-, der Barbara-Bruderschafts- und der Mädchenwaisenfonds wurden dagegen dem Landesausschuß überantwortet[125].

Der nunmehr städtische Erhardspitalfonds blieb als selbständiger Fonds erhalten. Das Erhardspital stand nun unter Aufsicht eines gemeinderätlichen Inspektors. Die Aufnahme der Pfründnerinnen und Pfründner erfolgte über Vorschlag der Armensektion des Gemeinderates. 1872 beschloß der Gemeinderat eine neue Hausordnung für die städtischen Versorgungsanstalten[126]. 1894 wurden die bisherigen 30 Erhardspitalpfründe und 30 Exspektanten-Plätze in 60 neue Pfründe zu 25 Kreuzer pro Tag mit der Bezeichnung „Erhardspitals-Pfründen beim Bruderhaus-Fonds" auf Rechnung des Erhardspitalfonds umgewandelt. Von einer Verschmelzung des Erhardspitalfonds mit dem Bruderhausfonds wurde abgesehen und so blieb auch der Hofkirchenfonds unangetastet. Die Landesregierung genehmigte mit 25. November 1894 diese Beschlüsse[127].

Resümee

Das Erhardspital ist heute nur noch wegen der Pfarrkirche Nonntal in der Erinnerung der Salzburger verblieben. Es hatte zu seiner Zeit nicht nur einen Beitrag zur Alten- und Krankenversorgung geleistet, es diente darüberhinaus als eine der Repräsentationsebenen des Salzburger Domkapitels. Das Erhardspital war auch ein Wirtschaftsfaktor im Salzburger Raum.

Anmerkungen

1 JOHANN ERNEST TETTINEK, Die Armen-Versorgungs- und Heilanstalten im Herzogthume Salzburg, Salzburg 1850; JOHANN ALOIS HOFMANN, Geschichte der Dotation des Domkapitels von Salzburg, in: MGSL 9 (1869), S. 68–228 hier S. 224–228; Hofmann war Weihbischof (1835) und Domdechant (1844) und starb am 24. April 1848. FRANZ VALENTIN ZILLNER, Geschichte der Stadt Salzburg. Bd. 1, Salzburg 1885, Ndr. 1985, S. 225–227; FRIEDRICH PIRCKMAYER, Notizen zur Bau- und Kunstgeschichte Salzburgs, in: MGSL 43 (1903), S. 192–340, hier S. 204–209; HANS TIETZE und FRANZ MARTIN, Die kirchlichen Denkmale der Stadt Salzburg (Österreichische Kunsttopographie 9), Wien 1912, S. 282–296; CHRISTIAN GREINZ, Die fürsterzbischöfliche Kurie und das Stadtdekanat zu Salzburg, Salzburg 1929, S. 312–325; MANFRED GEBHARDT, Die Erhardkirche in Salzburg, in: MGSL 114 (1974), S. 65–78; GEORG STADLER, Kirche und „Spital" St. Erhard im Nonntal. Geschichte und Kunst, in: JOSEF GHEZZI u.a., 300 Jahre Kirche St. Erhard 1689–1989, hg. v. der Landeshauptstadt Salzburg mit der Pfarre St. Erhard, Salzburg [1989], S. 14–53.

2 Vgl. etwa: HERBERT KLEIN und HANS WAGNER, Salzburgs Domherren von 1300 bis 1514, in: MGSL 92 (1952), S. 1–81; HERBERT KLEIN, Die Standesverhältnisse des Salzburger Domkapitels im Mittelalter (bis 1400), Phil. Diss. (masch.), Wien 1923; HANS WAGNER, Das Salzburger Domkapitel in seiner persönlichen Zusammensetzung 1400–1550, Phil. Diss. (masch.), Wien 1949.

3 Carolino Augusteum, Hs. 780, KAJETAN SIEGMUND KOELLERSPERGER, Abhandlung von der Reihe Der Dom-Pröbste, Dom-Dechante, und Dom-Herrn Des Hochen Erzstifts Salzburg; Wie auch Von Ihren Aemtern, und Beschwornen Adels-Proben. Nebst Historischen Nachrichten von dem Domkapitl. Spitale, und der H. Erhards-Kirche In der Salzburg. Vorstadt Nonnthal. 1789. Lebensdaten Koellerspergers siehe ebenda, S. 1040.

4 JOHANN RIEDL, Salzburg's Domherrn. Von 1514–1806, in: MGSL 7 (1867), S. 122–278, hier S. 124.

5 Ebenda, S. 124; SLA, Domkapitelprotokoll, vom 16. 11. 1789; KOELLERSPERGER, Abhandlung (wie Anm. 3), Anhang, unpag., Unthertänigste Gegenbemerkungen Gegen die Anmerkungen Welche dem Verfasser [...] sind übergeben worden.

6 LORENZ HÜBNER, Beschreibung der hochfürstlich-erzbischöflichen Haupt- und Residenzstadt Salzburg. Bd. 1 und 2, Salzburg 1792/93, Ndr. 1982, hier Bd. 1, S. 406 f. Teile der Beschreibung des Erhardspitals übernahm Hübner fast wortwörtlich von Koellersperger.

7 KOELLERSPERGER, Abhandlung (wie Anm. 3), S. 1046, er zitiert Domkapitelprotokoll vom 3. 1. 1770.

8 KAS, Nonntal 5/54, Pastoralia, Schreiben an den Domdechant, 3. 12. 1788.

9 KAS, Nonntal 5/54, Pastoralia, Konsistorium am 9. 1. 1789.

10 KAS, Nonntal 5/54, Pastoralia, Schreiben des Konsistoriums an das Domkapitel 1789; KAS, Nonntal 5/54, Pastoralia, Konsistorium vom 30. 1. 1789 und vom 3. 4. 1789.

11 HÜBNER, Beschreibung (wie Anm. 4). Bd. 1, S. 410. Er erwähnt die Mortabilitätstabellen der Kuratie Nonntal des fleißigen Sammlers Pfarrer Köllersberger zu Siezenheim.

12 HOFMANN, Dotation (wie Anm. 1), S. 225; Encyclica ad Archiepiscopos, in: Monumenta Germaniae Historica. Leges. Bd. 1, Hannover 1835, S. 219–223.

13 Großes vollständiges Universal Lexikon Aller Wissenschafften und Künste. Bd. 13, Halle-Leipzig 1735, Sp. 971.

14 Vgl. die Beiträge von ALFRED STEFAN WEISS und PETER F. KRAMML, Das Bürgerspital. Lebensbedingungen in einem bürgerlichen Versorgungshaus und „Altenheim" sowie von PETER F. KRAMML, Das Bruderhaus zu St. Sebastian. Vom spätmittelalterlichen Armenhaus und Hospital zum Versorgungs- und Altenheim des 19. Jahrhunderts in diesem Band.

15 Universal Lexikon (wie Anm. 13). Bd. 13, Sp. 971.
16 BIRGIT WIEDL, Konrad I. von Abenberg (1106-1147). Reformer im Erzstift, in: Lebensbilder Salzburger Erzbischöfe aus zwölf Jahrhunderten. 1200 Jahre Erzbistum Salzburg. Hg. v. PETER F. KRAMML und ALFRED STEFAN WEISS (Salzburg Archiv 24), Salzburg 1998, S. 63–82, hier S. 76.
17 Der Standort des Spitals ist in der Literatur umstritten und nur durch das Kirchenpatrozinium hl. Johannes zu lokalisieren. Es ist umstritten, ob es sich um die Kapelle an der Kaigasse oder die Johanneskapelle im Hofe am heutigen Residenzplatz handelt. HEINZ DOPSCH, Salzburg im Hochmittelalter, in: DERSELBE und HANS SPATZENEGGER (Hg.), Geschichte Salzburgs. Stadt und Land. Bd. I/1, 2. Aufl., Salzburg 1983, S. 229–436, hier S. 268; ADOLF HAHNL, Die bauliche Entwicklung, in: DOPSCH/SPATZENEGGER, Geschichte Salzburgs. Bd. I/2, S. 836–865, hier S. 845.
18 Salzburger Urkundenbuch, 1. Bd. Traditionscodices, gesammelt u. bearb. v. WILLIBALD HAUTHALER, Salzburg 1898 (künftig SUB I), Nr. 328 Nr. 157; Salzburger Urkundenbuch, 2. Bd. Urkunden von 790–1199, gesammelt u. bearb. v. WILLIBALD HAUTHALER und FRANZ MARTIN, Salzburg 1916 (künftig SUB II), Nr. 117, Nr. 144; ANDREAS VON MEILLER, Regesten zur Geschichte der Salzburger Erzbischöfe Conrad I., Eberhard I., Conrad II., Adalbert, Conrad III. und Eberhard II., Wien 1866, Nr. 17, Nr. 97.
19 SUB I, Nr. 213.
20 KOELLERSPERGER, Abhandlung (wie Anm. 3), S. 872–879.
21 ZILLNER, Geschichte der Stadt Salzburg (wie Anm. 1), S. 226. Zillner führt die Benennung „St. Johann zu Stubenberg" auf den Domherrn und Spitalmeister Caspar von Stubenberg zurück, der 1478 als Dompropst starb.
22 Beschauprotokoll vom 18. 12. 1584, als Beilage in: SLA, Domkapitelprotokoll 1585.
23 KOELLERSPERGER, Abhandlung (wie Anm. 3), S. 872–879; SLA, Domkapitelprotokoll, 9. 5. 1562, 19. 7. 1562, 3. 8. 1562, 24. 10. 1562.
24 JOHANN STAINHAUSER, Das Leben, Regierung und Wandel des Hochwürdigisten in Gott Fürsten und Herrn Wolff Dietrichen, gewesten Erzbischoven zu Salzburg, hg. v. WILLIBALD HAUTHALER, in: MGSL 13 (1873), Anhang, S. 1–140, hier S. 78, Nr. 121.
25 GREINZ, Die fürsterzbischöfliche Kurie (wie Anm. 1), S. 207.
26 HÜBNER, Beschreibung (wie Anm. 4). Bd. 1, S. 165; STAINHAUSER, Leben (wie Anm. 24), S. 68 f., Nr. 93.
27 KOELLERSPERGER, Abhandlung (wie Anm. 3), S. 804.
28 FRANZ FUHRMANN, Salzburg in alten Ansichten. Die Stadt, 3. verb. u. erg. Aufl., Salzburg 1981, Tafel 11, Katalog-Nr. 26, S. 301 f.; Katalog-Nr. 19 (Abb. 12), S. 298 f.
29 KOELLERSPERGER, Abhandlung (wie Anm. 3), S. 828; Leibgedingbrief der Äbtissin Margart und der Gerwich, Dechantin an Margareten der Khelerin *über das von dem Mitterkirchen ledig gewordene Haus unter dem Kloster samt Garten und innerhalb und außerhalb der Mauer.* Ein Friedrich von Mitterkirchen wurde 1287 Domdechant, 1292 Dompropst, 1308 Bischof von Seckau und starb 1318.
30 Dieses Datum ist überliefert bei: F. ESTERL, Chronik des adeligen Benediktiner-Frauenstiftes Nonnberg in Salzburg, Salzburg 1841, S. 37. Die zitierte Urkunde vom August 1310 ist allerdings nicht nachweisbar. Vgl. HEINZ DOPSCH und PETER M. LIPBURGER, Die rechtliche und soziale Entwicklung, in: DOPSCH/SPATZENEGGER, Geschichte Salzburgs (wie Anm. 17). Bd. I/2, S. 675–746, hier S. 722, Anm. 356.
31 KOELLERSPERGER, Abhandlung (wie Anm. 3), S. 833 f.; Nonnberger Urkunde vom 15. 8. 1316, in: Urkunden und Regesten des Benedictinerinnen-Stiftes Nonnberg in Salzburg, nach den Abschriften Adam Doppler's, hg. v. HANS WIDMANN, in: MGSL 36 (1896), Nr. 54, S. 5 (die Schreibweisen weichen geringfügig voneinander ab).

32 Vgl. TIETZE, Kunsttopographie (wie Anm. 1), S. 282; STADLER, St. Erhard (wie Anm. 1), S. 18–22. Der Brand des Klosters Nonnberg 1423 hat vermutlich auch ältere Urkunden zu St. Erhard zerstört.
33 KOELLERSPERGER, Abhandlung (wie Anm. 3), S. 828 u. 834.
34 STADLER, St. Erhard (wie Anm. 1), S. 22; KOELLERSPERGER, Abhandlung (wie Anm. 3), S. 834 ff.
35 Äbtissin Anna VIII. Pütrich von Stegen (1588–1600); Vgl. JOHANN LANGTHALER, Die Abteikirche Nonnberg in Salzburg. Phil. Diss. (masch.), Salzburg 1991, Chronologisches Verzeichnis der Äbtissinnen von Nonnberg, S. 365.
36 Diözesan-Bibliothek Salzburg, ehem. Priesterhaus-Bibliothek, Hs. 438, JOHANN STAINHAUSER, Beschreibung aller khirchen, so in der statt Salzburg zufinden ..., S. 425–427. Beschreibung der Handschrift im Kontext von Stainhausers Werk siehe HANS OSPALD, Johann Stainhauser. Ein Salzburger Historiograph des beginnenden 17. Jahrhunderts (1570–1625), in: MGSL 110/111 (1970/71). S. 87–93.
37 KOELLERSPERGER, Abhandlung (wie Anm. 3), S. 879 f. u. 882–886. Die Bruderschaft sorgte für die Begräbnisse ihrer Mitglieder und für Seelenmessen.
38 STADLER, St. Erhard (wie Anm. 1), S. 22; STAINHAUSER, Leben (wie Anm. 24), S. 78, Nr. 121; HÜBNER, Beschreibung (wie Anm. 4). Bd. 1, S. 406 f. Die Teile des Beitrages über St. Erhard stammen aus: GERHARD PLASSER, Stadt lesen. Salzburger Plätze, Gestalt und Funktion. Phil. Diss. (masch.), Salzburg 1995, S. 302–342.
39 KOELLERSPERGER, Abhandlung (wie Anm. 3), S. 803; SLA, Domkapitelprotokoll, 28. 1. 1603.
40 TETTINEK, Armen-Versorgungs- und Heilanstalten (wie Anm. 1), S. 103.
41 HÜBNER, Beschreibung (wie Anm. 4). Bd. 2, S. 537 f.
42 TETTINEK, Armen-Versorgungs- und Heilanstalten (wie Anm. 1), S. 103.
43 KOELLERSPERGER, Abhandlung (wie Anm. 3), S. 867 f.; SLA, Domkapitelprotokoll vom 17. 7. 1604; 2. 8. 1604; 18. 8.1604; 11. 9. 1604 und 19. 10. 1604.
44 KOELLERSPERGER, Abhandlung (wie Anm. 3), S. 868; SLA, Domkapitelprotokoll vom 10. 11. und 20. 11. 1604. Teile des Protokolles vom 20. 11. 1604 fehlen heute. Die Eintragung Koellerspergers konnte daher nicht überprüft werden.
45 KOELLERSPERGER, Abhandlung (wie Anm. 3), S. 868.
46 SLA, Frank-Beamtenkartei. Er zitiert Domkapitelprotokoll vom 28. 9. 1605.
47 KOELLERSPERGER, Abhandlung (wie Anm. 3), S. 1046. Er zitiert SLA, Domkapitelprotokoll vom 25. 5. 1763.
48 KOELLERSPERGER, Abhandlung (wie Anm. 3), S. 831 u. 837; SLA, Domkapitelprotokoll, 11. 9. 1604.
49 KOELLERSPERGER, Abhandlung (wie Anm. 3), S. 831 u. 837; Er zitiert Domkapitelprotokoll vom 7. 3. 1606.
50 KOELLERSPERGER, Abhandlung (wie Anm. 3), S. 837 u. 840.
51 AStS, St. Erhard-Spital Rechnungen 1624 (künftig Erhardspitalrechnungen). Die Jahreszahl ist 1625, da das Rechnungsjahr mit Herbstruperti begann.
52 HÜBNER, Beschreibung (wie Anm. 4). Bd. 1, S. 407; AStS, Erhardspitalrechnungen, 1626, unpag.
53 AStS, Erhardspitalrechnungen, 1639, unpag.
54 HÜBNER, Beschreibung (wie Anm. 4). Bd. 1, S. 407.
55 STADLER, St. Erhard (wie Anm. 1), S. 23 f.
56 AStS, Erhardspitalrechnungen, 1677–1679, unpag.; HÜBNER, Beschreibung (wie Anm. 4). Bd. 1, S. 408.

57 HÜBNER, Beschreibung (wie Anm. 4). Bd. 1, S. 407; AStS, Erhardspitalrechnungen, 1680, unpag.
58 HÜBNER, Beschreibung (wie Anm. 4). Bd. 2, S. 539 f.; AStS, Erhardspitalrechnungen, 1724/25, unpag.; SLA, Domkapitelprotokoll, 29. 10. 1726; KOELLERSPERGER, Abhandlung (wie Anm. 3), S. 861 u. 865.
59 KOELLERSPERGER, Abhandlung (wie Anm. 3), S. 861.
60 KOELLERSPERGER, Abhandlung (wie Anm. 3), S. 861 u. 865 f.; SLA, Domkapitelprotokoll, 5. 8. 1735.
61 KOELLERSPERGER, Abhandlung (wie Anm. 3), S. 862 u. 866.
62 HÜBNER, Beschreibung (wie Anm. 4). Bd. 1, S. 410–417. Hübner schrieb dabei über weite Strecken von Koellersperger ab, KOELLERSPERGER, Abhandlung (wie Anm. 3), S. 830 ff.
63 HÜBNER, Beschreibung (wie Anm. 4). Bd. 1, S. 410.
64 KOELLERSPERGER, Abhandlung (wie Anm. 3), S. 840; Vgl. HÜBNER, Beschreibung (wie Anm. 4). Bd. 1, S. 411.
65 HÜBNER, Beschreibung (wie Anm. 4). Bd. 1, S. 412.
66 KOELLERSPERGER, Abhandlung (wie Anm. 3), S. 844 u. 848; Er zitiert SLA, Domkapitelprotokoll, 25. 8. 1719.
67 HÜBNER, Beschreibung (wie Anm. 4). Bd. 1, S. 539; KOELLERSPERGER, Abhandlung (wie Anm. 3), S. 846.
68 KOELLERSPERGER, Abhandlung (wie Anm. 3), S. 846; SLA, Domkapitelprotokoll, 22. 9. 1787.
69 KOELLERSPERGER, Abhandlung (wie Anm. 3), S. 887; SLA, Domkapitelprotokoll, 26. 1. 1677; 5. 4. 1684; 31. 3. 1685.
70 PIRCKMAYER, Notizen (wie Anm. 1), S. 207.
71 Lorenz Stumpfegger, Maurermeister (1642–13. 9. 1709). Grab im St. Petersfriedhof. CONRAD DORN und ANDREAS LINDENTHALER, Der Friedhof zu St. Peter in Salzburg, Salzburg 1982.
72 PIRCKMAYER, Notizen (wie Anm. 1), S. 205; SLA, Domkapitelprotokoll vom 5. 5 1685, fol. 76 f.; GERHARD PLASSER, Der vergoldete Gedächtnispfennig zur Grundsteinlegung der St. Erhardkirche in Nonntal im Jahre 1686, in: CHRISTOPH MAYRHOFER und GÜNTHER ROHRER (Hg.), Tausend Jahre Salzburger Münzrecht (Salzburg Archiv 21), Salzburg 1996, S. 153–156.
73 STADLER, St. Erhard (wie Anm. 1), S. 30.
74 Allgemeines Lexikon der bildenden Künstler, hg. v. HANS VOLLMER, gegr. v. ULRICH THIEME und FELIX BECKER. Bd. 36, Leipzig 1947, S. 569; PIRCKMAYER, Notizen (wie Anm. 1), S. 204.
75 PIRCKMAYER, Notizen (wie Anm. 1), S. 204; CHRISTIAN WILLOMITZER, Geschichte des Baudienstes im Land Salzburg (Schriftenreihe des Landespressebüros 53), Salzburg 1985, S. 30.
76 TIETZE, Kunsttopographie (wie Anm. 1), S. 284. Sebastian Stumpfegger, Maurermeister und Steinmetz (gestorben 14. 11. 1749). Grab im St. Petersfriedhof; DORN/LINDENTHALER, Friedhof (wie Anm. 75), S. 74.
77 KOELLERSPERGER, Abhandlung (wie Anm. 3), Einleitung, unpag.
78 THIEME/BECKER (wie Anm. 72), S. 568 f.; STADLER, St. Erhard (wie Anm. 1), S. 41–45.
79 JOHANNES MOY, Die Geschichte des Baues und seiner Vorgänger, in: 50 Jahre Barmherzige Brüder, hg. v. Konvent der Barmherzigen Brüder, Wels 1973, S. 39–41, hier S. 40.
80 PIRCKMAYER, Notizen (wie Anm. 1), S. 204; PLASSER, Stadt lesen (wie Anm. 38), S. 306 u. S. 313.

81 STADLER, St. Erhard (wie Anm. 1), S. 45 u. S. 51 f.
82 Vgl. PETER BURKE, Städtische Kultur in Italien zwischen Hochrenaissance und Barock, Berlin 1988, S. 111–129, Kapitel Glänzende Fassaden – Demonstrativer Konsum im Italien des siebzehnten Jahrhunderts.
83 REINHARD R. HEINISCH, Die Zeit des Absolutismus, in: DOPSCH/SPATZENEGGER, Geschichte Salzburg. Bd II/1, S. 167–244, hier S. 236; Insignia Principum Salzburgensium ab Anno MCDLXXXXV usque ad Annum MDCCCV. Die Wappen der Regenten von Salzburg 1495 bis 1805, eingel. v. FRANZ MARTIN, Wien–Zell am See–St. Gallen 1948, S. 35 f.
84 SLA, Doppler Häuserverzeichnis, Nonntal 76. Doppler exzerpierte aus dem Grundbuch der Stadt Salzburg 1650, fol. 281 b das Haus Nonntaler Hauptstraße 17 betreffend: *H. Khurzen. Ain Behausung und Garten in Nunthall, mit dem vordern orth gegen der Landstraß, mit dem andern orth gegen den Pach, mit der obern seiten gegen der Gassen und mit dem undtern orth gegen den Stadl verts gelegen, massen selbiges mit Mauern umbfamgen, frey ledig aigen und ohne alle bürd ist*; AStS, Erhardspitalrechnungen, 1686/87, Ausgab vmb Erkhaufft Khurzisches Hauß, Stadl vnd Garten herenthalb des Almbpachs im Nonenthall, unpag.
85 PIRCKMAYER, Notizen (wie Anm. 1), S. 204. Pirckmayer zitiert SLA, Domkapitel II 53/ii (heute Domkapitelakten 53/5, Karton 76), Pau-Rechnung uber das Neuerpaute St. Erhardi Spithall-Gottshaus im Nonnthall [...].
86 AStS, Erhardspitalrechnungen, 1686/87, unpag., Ausgab vmb Erkhaufft Khurzisches Hauß, Stadl vnd Garten herenthalb des Almbpachs im Nonenthall.
87 BURKE, Städtische Kultur (wie Anm. 82), S. 111–129.
88 AStS, Erhardspitalrechnungen, 1725, Herbstruperti, Empfang an Hauszinsen: *Mit Hochgenedigen Capitular Consens, ist der Vorplaz der Khürchen, vnd hinter der Mauer Beym Albmpach zu einem Freithoff apliciret worden, dahero khein Zins mehr Zuuerechnen, dis zur nachricht.*
89 Abschr. der Urkunde bei KOELLERSPERGER, Abhandlung (wie Anm. 3), S. 896: *Celsissime ac Reverendissime Princeps, et Pater DD. Clementissime! Nomine Revdime Metropolitici Capituli tamquam fundatoris Ego Guilielmus l. B. de Fürstenberg Decanus ab eodem constitutus Mandatarius ad quaestionem propositam humillime respondeo, Sacerdotem, et Beneficiatum hujus loci, atque hanc ex suis ruinis, reaedificatam Ecclesiam ex redditibus hujus hospitalis alendum, et Ecclesiam deinceps sartam tectam conservandam esse, super quo te Notarium Mandatario Nomine require, vl* [vel?] *unum, vel plura conficias Instrumentum, aut Instrumenta.*
90 KOELLERSPERGER, Abhandlung (wie Anm. 3), S. 891.
91 Deutsches Wörterbuch von JACOB und WILHELM GRIMM, 4. Bd., Leipzig 1878, Ndr. München 1984, Sp. 1443: „Auf die Gasse gehen, junge Burschen, die bei Nacht einen Besuch beim Mädchen machen. Von Mädchen aber im schlimmen Sinne, sich selbst verkaufen."
92 AStS, PA 620, Abschrift eines Berichtes des Kuraten Johann Caspar Riernsankh vom 18. 7. 1720 an das Consistorium, fol. 1–6: Der Kurat berichtet in diese Quelle auch vom „Khimpflerischen Haus" (Erhardgäßchen 2), das ein „lupanar" und „recoptaculum veneris" [Bordell] sei.
93 Vgl. PHILIPPE ARIÈS, Das Kind und die Straße. Von der Stadt zur Anti-Stadt, in: Freibeuter, Nr. 60, Juni 1994; ARLETTE FARGE, Vivre dans la rue à Paris au XVIIIe siècle, Paris, 1979, Neuaufl. 1992.
94 ZILLNER, Geschichte der Stadt Salzburg (wie Anm. 1), S. 111–113.
95 JOSEF LEITINGER, Historisch geographische Entwicklung des Planungsraumes von 1800–1945, in: Städtebauliche Strukturplanung Salzburg Süd, Nonntal, Arbeitsbericht, Salzburg 1978, S. 26–32, hier S. 29.
96 AStS, Erhardspitalrechnungen, 1604/05, unpag.

97 Dieser Abschnitt bezieht sich auf die Erhardspitalrechnungen im AStS von 1604 bis 1862.
98 AStS, Erhardspitalrechnungen, 1676/77, unpag.
99 AStS, Erhardspitalrechnungen, 1686/87, unpag.
100 AStS, Erhardspitalrechnungen, 1687/88, unpag.
101 AStS, Erhardspitalrechnungen, 1715/16, unpag.
102 AStS, Erhardspitalrechnungen, 1686/87, unpag.
103 AStS, Erhardspitalrechnungen, 1697/98, unpag.
104 AStS, Erhardspitalrechnungen, 1702/03, unpag.
105 AStS, Erhardspitalrechnungen, 1706/07, unpag.
106 AStS, Erhardspitalrechnungen, 1709/10 und 1710/11, unpag.
107 AStS, Erhardspitalrechnungen, 1721/22, unpag.
108 AStS, Erhardspitalrechnungen, 1730/31 und 1731/32, unpag.
109 AStS, Erhardspitalrechnungen, 1742/43 und 1743/44, unpag.
110 AStS, Erhardspitalrechnungen, 1750/51, unpag.
111 AStS, Erhardspitalrechnungen, 1755/56, unpag.
112 AStS, Erhardspitalrechnungen, 1769/70, unpag.
113 AStS, Erhardspitalrechnungen, 1797/98, unpag.
114 HOFMANN, Dotation (wie Anm. 1), S. 224. Der Größenunterschied zwischen der Wirtschaftseinheit Domkapitel und Erhardspital ist mitzudenken. Während das Domkapitel 1806 einen Überschuß 72.571 Gulden erwirtschaftete, erbrachte der Erhardspitalfonds einen Ertrag in der Höhe von 2938 Gulden. Vgl. ebenda, S. 76; AStS, Erhardspitalrechnungen, 1806.
115 AStS, Erhardspitalrechnungen, 1840/41, S. 66 f. und 74 f.
116 AStS, Erhardspitalrechnungen, 1861/62, S. 163.
117 Spital-Ordnung 1805, Abdr. in: TETTINEK, Armen-Versorgungs- und Heilanstalten (wie Anm. 1), S. 105–107.
118 KOELLERSPERGER, Abhandlung (wie Anm. 3), S. 869.
119 ALOIS LACKNER, Die ersten vier Jahre der neuen nach Elberfelder Muster eingerichteten Armenpflege in Salzburg, Salzburg 1897, S. 47 f.
120 AStS, Generalia, Allgemeine Verordnung, die Verwaltung des Kirchen- und milder Orte-Vermögens betreffend, welches unter des kurfürstlich-geistlichen Administrations-Rathes Oberadministration stehet, 18. 9. 1805.
121 SLA, Kreisamt Generalia, Öffentliche Bekanntmachung betreffend die Obersinspektion über sämtliche geistliche milde Stiftungen, 6. 12. 1806; Öffentliche Bekanntmachung betreffend die Aufteilung der geistlichen und weltlichen Kompetenzen, 6. 12. 1806.
122 Bericht der Landesregierung ob der Enns vom 30. 8. 1822, Hofkanzleidekret vom 29. Juni 1824, zit. in: 50 Jahre Landtag 1861–1911, hg. v. Landesausschuß des Herzogtums Salzburg, Salzburg 1911, S. 356.
123 Hofkanzleidekret, 2. 4. 1841, Abschr. in: AStS, Resolutionenbuch 1854–1907, S. 10–14.
124 50 Jahre Landtag (wie Anm. 122), S. 356.
125 LUDWIG PEZOLT, Zur Geschichte des Armenwesens der Stadt Salzburg, in: Österreichisches Städtebuch. Statistische Berichte der grösseren österreichischen Städte. Jg. 2, Wien 1888, S. 7, Anm. 3: Gemeinderatsbeschlüsse v. 19. 9. 1864, 8. 1. 1885, Regierungsdekret vom 13. 10. 1866.
126 AStS, Haus-Ordnung für die städtischen Versorgungsanstalten, Salzburg 1872.
127 Salzburger Chronik, 31. 1. 1895, S. 2.

Das Kronhaus – ein vergessenes Salzburger Armenhaus

von Thomas Weidenholzer

Das Kronhaus war von den vier Versorgungshäusern, die 1898 in den „Vereinigten Versorgungsanstalten" aufgingen, dasjenige mit dem schlechtesten Ruf. Wer keinen Anspruch auf eine Pfründe hatte, dem blieb als letzte Bleibe nur das Kronhaus, ein dunkles Hintergebäude zwischen Getreide- und Griesgasse. „Kronhäusler" zu sein war ein soziales Stigma.

Noch im 18. Jahrhundert waren arme und gebrechliche Personen ohne Rechtsanspruch auf eine Pfründe in der Kommunstube des Bürgerspitals untergebracht worden. Im 19. Jahrhundert kamen dann die „Kommunstübler" im Bruderhaus unter[1]. Für die „Kommunstübler" bestanden lediglich bescheidene Stiftungen, ihr Unterhalt wurde aus dem (städtischen) Lokalarmenfonds bestritten.

Das Kronhaus umfaßte ursprünglich die heutigen Objekte Getreidegasse 14 und Griesgasse 15. Die Liegenschaft bestand aus einem Vorder- und einem Hinterhaus sowie einem Durchgang zur Griesgasse. Das „vordere Kronhaus" beherbergte seit dem 17. Jahrhundert das Wirtshaus „Zur Goldenen Krone". 1647 war der gesamte Gebäudekomplex in den Besitz der Stadt übergegangen[2]. Die Gewölbe im Erdgeschoß wurden gewerblich genutzt oder waren als Lagerräume verpachtet. Die Räumlichkeiten der oberen Stockwerke wurden als Wohnungen vermietet. 1814 erbrachte das Kronhaus der Stadt 876 Gulden Einnahmen aus Pacht und Mietzinsen[3].

Das Wirtshaus „Zur Goldenen Krone" übersiedelte zu Anfang des 19. Jahrhunderts in das Haus Getreidegasse 8[4].

Um die Schulden, die die Stadt bei der Wohltätigkeits-Administration hatte, tilgen zu können, erteilte das Bayerische Generalkommissariat der Kommunalverwaltung 1812 den Auftrag, das Kronhaus zu veräußern[5]. 1813 wurde der Gebäudekomplex zu einem Rufpreis von 22.050 Gulden zur Versteigerung ausgeschrieben[6]. Nachdem sich kein Käufer gefunden hatte, wurde das Kronhaus an Zahlungsstatt zu einem Preis von 18.000 Gulden der Wohltätigkeits-Administration überantwortet[7].

Nach der Neuordnung der öffentlichen Verwaltung durch die Österreicher nach 1816 lukrierte zunächst der Bürgerunterstützungsfonds und später der „Armen-Bürgersäckl-Fonds" die Mieteinnahmen aus dem Kronhaus, welche meist etwa 750 Gulden betrugen[8].

Zu Jahresbeginn 1844 wurden die Mieter des hinteren Kronhauses gekündigt[9]. Um im Bruderhaus Platz für die „Lokalversorgungs- und Arbeitsanstalt" zu gewinnen[10], wurden die „Kommunstübler", welche bisher im Neubau des Bruderhauses untergebracht waren, ins Kronhaus „transferiert"[11]. 1850 lebten 69 Personen (27 Männer und 42 Frauen) in der Kommunstube des Kronhauses. Die „Kommunstübler" waren vergleichsweise „jung". Das durchschnittliche Alter der Bewohner des Bürgerspitales lag 1817/18 etwas über 66 Jahre[12]. Auf einen ähnlichen Altersschnitt kamen die Bewohner des Bruderhauses 1814[13]. Das durchschnittliche Alter der „Kronhäusler" betrug dagegen nicht einmal 57 Jahre. Von den 69 „Kronhäuslern" waren lediglich vier Personen älter als 80 Jahre[14].

Die Arbeitsbelastung bei Taglöhnern und Dienstboten, schlechtere Ernährung und ungesündere Wohnverhältnisse trugen wohl zur früheren Invalidität der künftigen „Kronhäusler" bei. Auch, daß von den 65 Personen, die 1857 im Kronhaus lebten, 64 ledigen Standes waren, weist auf eine ausgesprochene Unterschichten-Klientel hin[15].

Entsprechend karg waren auch die 18 Zimmer des Kronhauses möbliert. Für jeden „Kommunstübler" gab es eine Bettstatt, einen Strohsack und einen Strohpolster, ein Ober- und Unterbett, Kissen und ein Leintuch, manchmal auch „Kotzen" (Bettdecken). Jedes Zimmer war mit einem Tisch und ein bis zwei Stühlen ausgestattet. Nicht alle Bewohner hatten einen Sessel. Schränke fehlten gänzlich. Die Habseligkeiten der „Kronhäusler" waren in zwei Kammern im ersten Stock untergebracht. Im ganzen Haus waren nur drei hölzernen Laternen, einige wenige Nachtstühle oder Leibschlüsseln sowie zwei hölzerne Wasserschaffeln vorhanden. Nur wenige Zimmer waren mit Vorhängen ausgestattet, ein paar nur mit Vorhangstangen. Selbst bei den Kruzifixen sparte man, nur in der Totenkammer und im Vorhaus des zweiten Stockwerks war je eines aufgehängt.

In der Totenkammer befanden sich neben dem Kruzifix noch eine Pritsche mit Strohsack, ein Tisch und zwei Stühle und ein Sektionstisch, Weihwasserkessel mit Wedel, ein Schwamm, ein Totentragkreuz, Glockenzug und ein Nachtlichtgefäß.

In der Küche, welche sich im zweiten Stock befand: eine Anrichte mit zwei Schüsselkörben, Feuerzange, Dreifuß, Leuchter und Schaffeln. Eine Depositenkammer beherbergte neben diversen Möbelstücken auch vier „Strafkittel", das Versehzimmer einen Krankensessel[16].

Abb. 20: Fassadenansicht des Kronhauses (Hof des Hauses Griesgasse 15), um 1880.

Eßgeschirr wie auch die Bekleidung mußte offensichtlich von den „Pfleglingen" selbst mitgebracht werden. Leib- und Bettwäsche wurde dagegen vom Lokalarmenfonds beigestellt[17].

Essen erhielten die „Kronhäusler" in Form der Rumforder Suppe, ein Eintopfgericht aus Gerste, Hülsenfrüchten, ausgekochten Knochen und Gemüse[18]. 1851/52 kaufte der Lokalarmenfonds beim Loretokloster 19.000 Suppenbilette zu einem Preis von gut 500 Gulden[19]. Für 55 Klafter Brennholz wendete man 320 Gulden auf. Der Wäscher kostete 43 Gulden, das Bettenstroh 26 Gulden. Für Unschlittkerzen gab man lediglich 13 Gulden aus. Dazu kamen noch diverse kleinere Ausgaben[20].

1851 erhielt die Kommunstube im Kronhaus eine eigene Hausordnung[21]. Das Kronhaus bot jenen Gemeindemitgliedern Unterkunft, *welche wegen Alter, wegen körperlicher Gebrechen oder geistiger Schwachheit sich selbst nicht mehr fortkriegen* konnten und in keiner anderen Anstalt Aufnahme fanden. Über die Aufnahme entschied der Gemeinderat auf Vorschlag der Armenkommission. Besonderen Wert legte man auf einen *anständigen, sittlichen und auferbaulichen* Lebenswandel der Bewohner. Insbesondere sollten sie sich der *Ehrbarkeit und Schamhaftigkeit, Mäßigkeit, Eintracht und Frieden* befleißigen. Die Einhaltung der religiösen Pflichten war selbstverständliches Gebot. Als unmittelbarer Vorgesetzter fungierte der *Hausvater,* dessen Wohnung sich im zweiten Stock des Hauses befand. Seinen Anordnungen war unbedingt Folge zu leisten. Beschwerden über ihn konnten dem gemeinderätlichen Inspektor vorgebracht werden. Der Bettel sowie der *öftere Besuch der Gasthäuser und insbesondere der Branntweinschanken* war den Institutspersonen *strengstens* verboten. Auf Trunkenheit standen Strafen wie etwa das Verbot des Ausgehens oder auch die Entfernung aus dem Hause[22].

Neben dem „Hausvater" waren drei Dienstmägde beschäftigt. Ihnen oblag neben Reinigungsarbeiten die *Verabreichung der Kost an kranke und blödsinnige Individuen*[23].

Das enge Zusammenleben, die einseitige Ernährung und mangelnde Hygiene machten das Kronhaus immer wieder zu einem Krankheitsherd. Nach drei Todesfällen[24] während der Cholera-Epidemie im Sommer 1873 mußte das Kronhaus teilweise evakuiert werden. Die „Kronhäusler" wurden in die ebenfalls geräumte Dienstboten-Anstalt beim Bruderhaus übersiedelt. Stadtarzt Kaspar Faistauer ordnete eine verbesserte Verköstigung und dreimalige Ausspeisung pro Tag an. Als ein Teil des Gemeinderates die sich daraus ergebenden Mehrkosten nicht tragen wollte, erklärte Bürgermeister Ignaz Harrer, die dreimalige Verköstigung sei unbedingt notwendig, da *ja sozusagen die Krankheit in Folge der schlechten Nahrung entstanden* sei[25].

Die Zahl jener Personen, die in der Kommunstube untergebracht waren, nahm ständig zu. Bereits in den fünfziger Jahren wurde der Platz für die „Kommunstübler" im Kronhaus zu klein, sodaß einige im Bruderhaus untergebracht werden mußten. 1850 gab es 69 „Kommunstübler". Ihre Zahl stieg 1863 auf 110 an. Von diesen lebten 76 Personen im Kronhaus und 26 in der Kommunstube des Bruderhauses[26]. 1901 waren im Kommuntrakt des neuen Versorgungshauses in Nonntal 107 Personen untergebracht.

Der Ruf der „Kronhäusler" war denkbar schlecht. Der Sozialreformer Josef Pollak zeigte sich über den Alkoholismus vieler Inwohner des Kronhauses befremdet[27]. *Was dort für Leute sind, wissen wir alle,* meinte ein Leserbriefschreiber 1889[28].

Ins Kronhaus aufgenommen zu werden wurde daher von den wenigsten angestrebt. Eine kränkliche Dienstmagd trat 1895 an den städtischen Armenverwalter mit dem Anliegen heran, *im Falle der Versorgung nicht in das sogenannte „Kronhaus" kommen zu müssen*[29]. Seinem Gesuch, ins Bruderhaus aufgenommen zu werden, setzte 1893 ein gewesener Buchbinder bei: *ins Kronhaus aber auf keinen Fall*[30].

Den schlechten Ruf behielten die „Kommunstübler" auch im neuen Versorgungshaus in Nonntal bei. Hier fanden die sozial schwächsten Personen Unterkunft. Sie erhielten schlechteres Essen und mußten mit weniger Platz auskommen[31].

Die Existenz der früheren Armenversorgungsanstalt im Kronhaus an der Griesgasse ist heute weitgehend vergessen. Sie ist genauso wie die Armut seiner früheren Bewohner aus dem Gedächtnis verdrängt. Auch in den Akten des Stadtarchivs haben die „Kronhäusler" kaum Spuren hinterlassen.

Anmerkungen

1 JOHANN ERNST TETTINEK, Die Armen-Versorgungs- und Heilanstalten im Herzogthume Salzburg, Salzburg 1850, S. 70.
2 FRANZ VALENTIN ZILLNER, Geschichte der Stadt Salzburg. Bd. 1, Geschichtliche Stadtbeschreibung, Salzburg 1885, Ndr. Salzburg 1985, S. 369.
3 AStS, Pezoltakten 226, Bayerische Kommunal-Administration an Generalkommissariat, 18. 6. 1814.
4 AStS, Salzburger Altstadtinformationssystem (SAIS).
5 AStS, Pezoltakten 226, Generalkommissariat an Kommunal-Administration, 29. 11. 1812.
6 Versteigerungs-Edikt [mit genauer Hausbeschreibung], in: Salzburger Zeitung, 23. 4. 1813, S. 330–332.
7 AStS, Pezoltakten 226, Generalkommissariat an Kommunal-Administration, 27. 5. 1813; Vergleichs-Protokoll, 25. 6. 1814; AStS, StStA, Abrechnung zwischen Kommunal-Administration und Wohltätigkeits-Administration, 30. 6. 1814. Die Akten des StStA sind derzeit in Bearbeitung. Es können daher keine Signaturen angegeben werden; SLA, K. Bayerische und k.k. Kreisstiftungs-Adminstration B XII, Nr. 34, Verkauf des Kronhauses, 1812–1814.

8 AStS, Stift 2171–2199, Rechnungen des Lokalarmenfonds und seiner Nebenstiftungen, 1816–1844. Die Annahme, mit der Übernahme des Kronhauses durch die Wohltätigkeits-Admistration im Jahre 1814 sei dieses als Versorgunghaus geführt worden, ist irrig. ZILLNER (wie Anm. 2), S. 369; GEORG STADLER, Das Bürgerspital St. Blasius zu Salzburg, Salzburg 1985, S. 232.
9 AStS, Stift 2199, Rechnung des Armenbürgersäckels 1844, pag. 38.
10 AStS, Ratsprotokoll 1843–1845, 20. 12. 1843; AStS, NStA 26, Beschäftigungsanstalt 1835–1865.
11 Vgl den Beitrag von PETER F. KRAMML, Das Bruderhaus zu St. Sebastian. Vom spätmittelalterlichen Armenhaus und Hospital zum Versorgungs- und Altenheim des 19. Jahrhunderts, in diesem Band.
12 Berechnet nach STADLER (wie Anm. 8), S. 188 f.
13 Vgl KRAMML, Bruderhaus (wie Anm. 11).
14 AStS, BU 1394, Konskriptionsbögen 1830–1850, Aufnahmsbogen 1850 Hausnummer 324.
15 AStS, BU 1399, Volkszählung 1857, Hausnummer 363.
16 AStS, Stift 2207, Rechnungen des Lokalarmenfonds 1852, Inventarium über die dem Armenfonds gehörigen und sich in dem im hinteren Kronhause etablirten Armen-Communstuben vorhandenen Einrichtungsstücke und Gerätschaften mit Ende des Militärjahres 1851/52.
17 1855 gab man dafür 97 Gulden aus. AStS, Gemeinderatsprotokolle, 30. 4. 1855.
18 ALFRED STEFAN WEISS, Das Projekt der Rumfordsuppe in Salzburg. Ein Beitrag zur Geschichte der „naturalen" Armenversorgung, in: MGSL 134 (1994), S. 399–408.
19 AStS, Stift 2207, Rechnungen des Lokalarmenfonds 1852, S. 100.
20 Ebenda, S. 100–103.
21 AStS, Gemeinderatsprotokolle, 6. 3. 1851.
22 AStS, NStA 146, Statuten für die städtische Armen-Communstube im Kronhause 1851.
23 AStS, Gemeinderatsprotokolle, 13. 3. 1854.
24 AStS, Totenbuch 1872–1877, S. 106 f.
25 AStS, Gemeinderatsprotokolle, 1. 9. 1873, S. 787 f.
26 H-z, Salzburger Gemeindeangelegenheiten. [Bericht über das Memorandum von Heinrich Ritter von Mertens], in: Salzburger Zeitung, 29. 9. 1863, S. 3.
27 JOSEF POLLAK, Zur Reform der öffentlichen Armen-Pflege in Salzburg, Salzburg 1891, S. 28.
28 Salzburger Volksblatt, 24. 12. 1889, S. 3.
29 AStS, NStA 250, Elisabeth Vorbichler an Armenverwalter Alois Lackner, 19. 3. 1895.
30 AStS, NStA 250, Gesuch des Josef Furthmoser, 1893.
31 Vgl. dazu die Beiträge von SABINE FALK-VEITS, Alltag im „Versorgungshaus" in den ersten Jahren seines Bestehens. Zwischen Tradition und Fortschritt; und von FRANZ FUXJÄGER, Das „Versorgungshaus" in den zwanziger und dreißiger Jahren. Erinnerungen eines damals Zehnjährigen, in diesem Band.

Die „Vereinigten Versorgungsanstalten" Nonntal

Vom Pfründner-Spital zu den „Vereinigten Versorgungsanstalten"

Aspekte einer Geschichte des Alters in Salzburg im 19. Jahrhundert

von Thomas Weidenholzer

Alter als eigener Lebensabschnitt, als Pension, ist eine Erscheinung der jüngeren Geschichte. Noch im vorigen Jahrhundert mußten die Menschen arbeiten, solange sie konnten. Die kurze Lebensphase zwischen Eintritt der Arbeitsunfähigkeit und Tod wurde häufig zu einem Fall der Armenpflege. Nur wer über den entsprechenden finanziellen Hintergrund verfügte, war in der Lage, den „Ruhestand" zu genießen.

Alter und Armenpflege am Beginn des 19. Jahrhunderts

1820 verkaufte Anton Feyerl seine Seidenhandlung in der Getreidegasse 2[1]. Mit dem Erlös setzte sich Feyerl zur Ruhe. Er war zu diesem Zeitpunkt 34 Jahre alt. Als der *abgetretene Handelsmann* 1844 im Alter von 58 Jahren starb, hinterließ er ein Vermögen von 16.000 Gulden, angelegt in Obligationen und Schuldforderungen[2]. Feyerl hat das Leben eines „Rentiers" geführt. Als *Rente* definierte ein zeitgenössischen Lexikon jenen *Ertrag, welchen man von der Arbeit eines Andern dafür bezieht, daß man ihm eine Sache zur Benützung überlassen hat*[3].

1832 übergab der bürgerliche Bäckermeister Joseph Hofmann die *Bäckersbehausung und Hofstatt samt Gartl* in der Linzer Gasse sowie die Bäckergerechtsame an seinen gleichnamigen Sohn zu einem Übernahmepreis von 6000 Gulden. Aufgebracht wurde der Kaufpreis durch das mütterliche Heiratsgut und die Verpfändung des Restes. Zur Sicherstellung der Eltern wurde der Übergabepreis mit einer vierprozentigen Verzinsung angelegt. Als Gegenleistung garantierte der Sohn die Wohnung über zwei Stiegen in der Linzer Gasse und das nötige Holz zur Beheizung als „Auszug"[4]. Zum Zeitpunkt der Übergabe war der Vater 62 Jahre alt, die Mutter 55. Die Mutter starb 1837, der Vater kurz nach dem Tod seines Sohnes 1844[5].

1831 gab der *abgetretene,* 66 Jahre alte, bürgerliche Schuhmachermeister Heinrich Burgstaller vor der städtischen Stiftungenverwaltung an, daß seine *Augen sehr schlecht* seien, *mein ganzer Körper,* meinte er weiter, *ist so geschwächt, daß ich nicht mehr im Stande bin, mir mit einer wenigen Arbeith etwas zu verdienen*[6].

Die verwitwete 67jährige bürgerliche Metzgermeisterin Veronika Bogenspergerin war aus finanziellen Gründen gezwungen, ihre Metzgergerechtsame zu verkaufen. *Bey gänzlichem Mangel aller Erwerbsfähigkeit* war sie nicht mehr in der Lage, ihre Miete zu bezahlen[7].

Die 67jährige Theresia Hofer, verwitwete Windenmacherin, *stürzten [...] ausgestandene Krankheiten, Kummer und Leiden [...] in die dürftigste Lage.* Anhaltende *grosse Körper-Schwäche* machten es ihr unmöglich, *durch eigene Betriebsamkeit, oder sonstigen Erwerb den nöthigsten Unterhalt zu decken*[8].

1828 bat der aus Wagrain stammende Taglöhner Johann Steiner um ein wöchentliches Almosen. Steiner war *schon wenigstens 77 Jahre alt* und gab an, *die Kräfte verlassen mich, und bei all' meinem Fleiße fand ich aus dieser Ursache, und wegen Arbeitsmangel überhaupt nur äußerst selten auf wenige Tage eine Arbeit.* Dem Ansuchen ist die Bestätigung über den zehnjährigen Aufenthalt in der Stadt Salzburg beigelegt. Verschiedene Arbeitgeber bescheinigten ihm *fleißiges und ordentliches Betragen* und empfahlen Steiner der *Gnade* einer Unterstützung aus dem Armenfonds[9].

Von der Advokatenwitwe Ehrentraud Aschaber wußte die städtische Stiftungenverwaltung, daß ihr Vermögen *nicht unbedeutend war*[10]. Um die Arzneikosten bestreiten zu können, war ihr Ehemann nach längerer Krankheit gezwungen, die teuere Mietwohnung in der Stadt aufzugeben und in die Vorstadt Mülln zu übersiedeln. Abgeschnitten vom städtischen Kundenkreis verhinderten abermalige Krankheiten jegliche Verdienstmöglichkeit. Nach und nach verbrauchte sie ihr nicht unbeträchtliches *Erbsvermögen,* um ihr und ihres *Gemahls Lebensunterhalt* zu sichern. Nach dem Tod ihres Mannes war die Witwe gezwungen, *das Wenige,* was von ihrer *in die Ehe hereingebrachten Haus-Einrichtung noch vorhanden ist, allmählig zu Geld zu machen,* um die *Funeralkosten* bestreiten zu können. Da die Ehe kinderlos geblieben war, sie sich *schon im 56sten Lebensjahr* befand und *ganz entkräftet* war, blieb ihr nur die Bitte um ein wöchentliches Almosen[11].

Staatliche Pensionen für Militärs und Beamte der Zivilverwaltung bildeten sich im Absolutismus heraus. Zunächst als „Gnadengelder" gewährt entwickelten sie sich als Vorläufer und Vorbilder staatlicher Pensionsversicherungssysteme[12]. Zunächst kamen nur wenige Personen in den Genuß einer Beamten-Pension. 1816 bezogen im Gerichtsbezirk Salzburg aber immerhin 390 Personen eine derartige Pension oder eine staatliche Alimentationszahlung[13]. Ziel dieser Zahlungen war nicht nur die Sicherung der Existenzminimums, sondern auch des sozialen Status[14]. Immerhin bezog der pensionierte Hofkammerrat Joseph Graf von Überacker eine jährliche Pension in der Höhe von 1800 Gulden. Bescheiden nehmen sich dagegen etwa die Zahlungen an die Soldatenwitwen aus, die sich auf 25 bis 40 Gulden belaufen, oder an den Nonntaler Fuhrknecht Mayr, der auf 72 Gulden kam. Die staatlichen Pensionen reichten in den wenigsten Fällen zur Bestreitung des Lebensunterhaltes. Die an *Erhärtung des Magens* kränkelnde 50jährige Hofmusikerwitwe Elisabeth Schitter erhielt 1828 monatlich vier Gulden zehn Kreuzer Pension. Die Armenkommission gestand ihr schließlich 15 Kreuzer wöchentliches Almosen zu[15]. Das waren 12 Gulden im Jahr.

Bei der Vergabe von Unterstützungen achtete die Armenkommission darauf, ob nicht Verwandte da waren, die die Pflege übernehmen konnten. So wurde der Witwe des Galanteriewarenhändlers Alexander Zambra das wöchentliche Almosen in der Höhe von 45 Kreuzer wieder aberkannt, weil sie bei ihrem Schwiegersohn volle Verpflegung erhielt[16].

Das Nachlassen der physischen Arbeitsfähigkeit mit zunehmendem Alter verminderte für breite Bevölkerungsschichten die Verdienstmöglichkeiten. Unglücksfälle und Krankheit setzten eine Spirale des sozialen Abstiegs in Gang. Nur wenige waren auf Grund ihrer finanziellen Möglichkeiten in der Lage, sich nach einer Phase der Erwerbstätigkeit „zur Ruhe" zu setzen. Wer nicht mehr arbeiten konnte, war von Verarmung bedroht und fiel *als unnützes Mitglied* (Selbstdefinition eines Gesuchstellers)[17] der Gemeinde zur Last.

Altwerden ist als Prozeß abnehmender Erwerbschancen beschreibbar. Die vertragliche Absicherung von Wohnrecht und Unterstützung sowie die Mithilfe im übergebenen Betrieb des Sohnes ließen diesen Umstand weniger spürbar werden.

Dienstboten wurden bisweilen mit ihren Dienstgebern alt und waren, wenn sie schon nicht Mitglieder der Familie waren, doch Mitglieder des „ganzen Hauses"[18]. Funktionierte das subsidiäre Auffangnetz nicht, mußte das Altwerden als Abnehmen des gewohnten Standards und als zunehmende Marginalisierung erfahren werden.

Geringer werdende Erwerbschancen wurden meist durch verschiedenste Gelegenheits- und Nebenerwerbsmöglichkeiten zu kompensieren versucht. Für Frauen boten Nähen, Stricken, Kinder hüten, Wassertragen und vieles andere mehr bescheidene Einkünfte. Gelegentliches Holzhacken, Brotaustragen, Botendienste, Kistenwaschen waren für Männer typische Gelegenheitsarbeiten[19]. Für Nebenbeschäftigungen wurden auch behördliche Konzessionen vergeben. So hatte Polizeikommissar Joseph Russegger keinen Einwand, einem 63jährigen alten Herrschaftsdiener, der nach einem Leistenbruch seinen Dienst nicht mehr versehen konnte, ein Patent zum Tragen eines Musik- und Schaukastens zu erteilen. Ansonsten würde er nur *dem gemeinen Almosen zur Last* fallen[20].

Erwerbsunfähigkeit infolge hohen Alters ist der häufigste Grund für die Gewährung von Armenunterstützung[21]. In Salzburg waren in den dreißiger Jahren mehr als die Hälfte aller durch den Lokalarmenfonds oder den Bürgersäckelfonds unterstützte Personen auf Grund ihres hohen Alters arbeitsunfähig[22].

Auch gegen Ende des 19. Jahrhunderts war der Zusammenhang zwischen Alter und Armut evident. Der Salzburger Arzt und Sozialreformer Josef Pollak berichtete 1891, daß über 70 Prozent derjenigen, die Armenunterstützung bezogen, älter als 56 Jahre alt waren. Diese Unterstützungen würden in jene Jahre fallen, so Pollak, *in welchen die Arbeitskraft in Folge der vielen Anstrengungen [...] nachläßt* und *in welchen auch die Gelegenheit zum Erwerbe geringer wird, da Niemand mehr gerne einen abgerackerten, 56–70 Jahre alten Arbeiter nimmt*[23].

Auch wenn alte und gebrechliche Menschen die Hauptlast für die Armenkassen bildeten, so gab es das gesamte 19. Jahrhundert über kaum eine Debatte über „Altersarmut".

Obwohl man glaubte, daß im zunehmenden Alter moralische Fehler hervorstechender würden und Greise sich durch *Ehrsucht und Geldgeiz, Neid auf die Vorzüge der Jugend, Tadelsucht, Geschwätzigkeit, Festhangen an vorgefaßten Meinungen, Krittelei und murrköpfiges Wesen* auszeichneten[24], so waren die Alten doch bis zu einem gewissen Grad selbstverständlicher Teil der bürgerlichen Gemeinschaft. Menschen, die ihr Leben lang gearbeiteten hatten, verdienten die Obsorge der kommunalen Gemeinschaft. Die Wertschätzung, die man alten Menschen entgegenbrachte, unterlag dabei durchaus einem historischen Wandel[25].

Noch im 18. Jahrhundert wurde das Alter durchaus hochgeschätzt[26]. Zwar beschwerten sich Pfründnerinnen im Salzburger Bürgerspital darüber, daß sie wegen ihrer Tracht ausgelacht würden[27], doch war den Alten, wenn man ihnen schon nicht mit Ehrfurcht begegnete, die Anerkennung der Gemeinschaft gewiß.

Auch wenn im Laufe des 19. Jahrhunderts alte Menschen zunehmend als Last empfunden wurden[28], funktionierten die sozialen Auffangnetze im wesentlichen noch. Alter galt als „natürliche Verarmungsursache"[29]. Die Unterstützungsbedürftigkeit alter, armer Menschen stand daher außer Zweifel[30]. Erst im ausgehenden 19. und beginnenden 20. Jahrhundert rückte „Alter" in den Blickpunkt wissenschaftlicher und politischer Diskussionen[31].

Kommunale Einrichtungen der Armen- und Altersversorgung im Vormärz

Die Unterstützungen, die man Armen – und damit alten gebrechlichen Menschen – gewährte, erfolgten entweder in Form der „offenen" oder der „geschlossenen" Armenpflege. Die Armenkommission entschied nach Feststellung der Bedürftigkeit und der Erwerbsunfähigkeit über die Vergabe von dauernden, dem „Wochenalmosen", oder von einmaligen Unterstützungen für Arme. Daneben gab es noch unzählige Fonds für verschiedenste Hilfeleistungen, welche von der Gewährung von Stipendien für Studierende über die Unterstützung für Lehrjungen bis zur Heiratsausstattung verarmter Bürgermädchen reichten[32].

Die „geschlossene Armenpflege" bestand demgegenüber in der Aufnahme in eines der städtischen Versorgungshäuser, in eine der Wohltätigkeitsanstalten des Landes, aber auch in der Einweisung in ein Arbeitshaus und bei Kindern in der Unterbringung in einem Waisenhaus.

Die städtischen Versorgungshäuser spiegelten die rechtliche und soziale Differenzierung der städtischen Gesellschaft wider. Die Aufnahme in das Bürgerspital blieb Personen bürgerlicher Herkunft vorbehalten. Die „Expedenten" kamen zunächst auf eine Art Warteliste. Bei Freiwerden einer Pfründe entschied der Magistrat nach Gutachten der Stiftungenverwaltung über die Vergabe einer Pfründe beziehungsweise über die Aufnahme als „Unpfründner" ins Bürgerspital. „Unpfründner" genossen zwar freie Unterkunft, erhielten aber keine Pfründe ausbezahlt und durften lediglich auf kleine Spenden hoffen. Ihnen war eine Anwartschaft auf die nächste freie Pfründe zugesichert. Durch die Stiftung Mathias Bayrhammers wurden die „Unpfründen" in echte Pfründe umgewandelt[33].

Das Bruderhaus in der Linzer Gasse war für verarmte Einwohner sowie für „treue" Dienstboten von Bürgern bestimmt. Im Nonntaler Erhardspital konnten im Verarmungsfall Bewohner der Stadt Salzburg ohne Unterschied ihres Standes und Beschäftigung unterkommen. Am schlechtesten gestellt waren die Kommunstube im Bruderhaus sowie das Kronhaus in der Stadt. Für diese beiden Einrichtungen bestanden nur kleine Stiftungen. Die Unkosten wurden weitgehend aus dem laufenden Haushalt der Stadt gedeckt[34]. Die Kommunstübler hatten einen denkbar schlechten Ruf. Noch 1890 meinte Josef Pollak, die Inwohner des Kronhauses würden betteln, weil sie *Geld auf Schnaps brauchen*[35].

Die sozialen Sicherungen, die die bürgerliche Kommunitas bot, waren an bestimmte Bedingungen geknüpft. Nur Bürger oder Einwohner mit dem Recht des dauernden Aufenthalts in der Stadt konnten in den Genuß von Armenunterstützungen kommen oder in eines der Versorgungshäuser aufgenommen werden. Wer formell das Bürgerrecht erworben oder durch Ausübung eines Gewerbes oder einer Profession *bis zur erfolgten Mühseligkeit die gemeine Last mitzutra-*

gen geholfen hat, hatte Anspruch auf Verpflegung in Spitälern[36]. Das gleiche Recht erlangte man nach zehnjährigem ununterbrochen Aufenthalt in einer Gemeinde[37]. In den sechziger Jahren wurden die heimatrechtlichen Bestimmungen zu Ungunsten der Armen zu verschärft[38].

Ein weiteres Kriterium bildete nachgewiesene Erwerbsunfähigkeit. Wer für seinen Lebensunterhalt noch in irgendeiner Form aufkommen konnte, hatte keinen Anspruch auf Hilfe. Auf *Armuth, Alter, Moralität, geleistete Dienste und unverschuldete Drangsale* wurde bei Beurteilung der Aufnahme ins Bürgerspital Wert gelegt[39]. *Erwerbsunfähigkeit, Unterstandslosigkeit* und zehnjähriger Aufenthalt im Salzburger Stadtgebiet waren die Aufnahmekriterien ins Bruderhaus[40]. Arbeit und Arbeitsbereitschaft schieden „würdige" und „unwürdige" Arme. Aber auch von den Aufgenommenen erwartete man nach Möglichkeit Mithilfe im Haus[41]. Da die Pfründe knapp bemessen waren, war ein Gutteil der Pfründner zusätzlich auf Nebenverdienste angewiesen, die sich von Näh- und Strickarbeiten, dem Reparieren von Schuhen, Brotaustragen, Bedienen bis zum Kistenauswaschen bei Kaufleuten erstreckte. Bisweilen bettelten die Insassen zum Ärger der Aufseher[42]. In den sechziger Jahre versuchte der Gemeinderat vergeblich, den Bettel der Pfründner auf der Straße abzustellen[43].

Unheilbar Kranke oder mit ekelhaften und ansteckenden Krankheiten behaftete Personen fanden im Leprosenhaus Unterkunft[44]. Das Leprosenhaus stand allen im Kronland Salzburg heimatberechtigten Personen offen. Die Verwaltung des Leprosenhauses war zwischen Landesausschuß und Stadtgemeinde umstritten. Ein Vergleich aus dem Jahr 1865 bestimmte das Verhältnis der im Leprosenhaus zu versorgenden Personen zwischen Bewohnern der Stadt und auf dem Land Heimatberechtigten mit 4 zu 1[45]. Bei Platzmangel und bei mangelnder Hoffnung auf Heilung wurden bisweilen Personen aus den städtischen Versorgungshäusern ins Leprosenhaus überstellt[46].

Neben den kommunalen Einrichtungen der Armenpflege gab es eine Vielzahl von Hilfen, die die korporativen Verbände wie Zünfte und Bruderschaften boten. Meister und Gesellen konnten bei Unglücksfällen und Krankheit auf Almosen der Zunftkassen rechnen. Die Zunftordnungen garantierten den Witwen durch ihre Regelungen der Betriebsweitergabe eine gewisse soziale Sicherheit[47].

Der Vorschlag Triendls zur Gründung eines allgemeinen Versorgungshauses 1807

Pauperes semper habetis vobiscum (Ihr werdet immer Arme mit Euch haben) betitelte der Handelsfaktor Sigmund Triendl 1807 eine programmatische Eingabe an den Salzburger Stadtrat für die Errichtung eines allgemeinen Versorgungshauses[48]. Der Wohlhabende war gewarnt, nur allzu schnell konnte ihn von Krankheit und Alter niedergedrückt das Schicksal der Verarmung ereilen. Im mittelalterlich-christlichen Weltbild war Armut Spiegelbild des Reichtums. Armut und Reichtum standen in wechselseitiger Beziehung. Die Gabe von Almosen und die Errichtung wohltätiger Stiftungen folgte dabei weniger der Notwendigkeit individueller Hilfe, sondern dem allgemeinen Gebot christlicher Barmherzigkeit[49].

Sigmund Triendl war Stadtrat, Mitglied der städtischen Armenkommission und als Erbe Sigmund Haffners eine der wohlhabendsten Personen der Stadt. Die Zeitgenossen lobten sein kommunales und soziales Engagement. Hungernde hätten in seiner Küche immer *nährende Speise* gefunden[50].

Spätestens seit der Aufklärung war Armut als gesellschaftliches Problem betrachtet worden[51]. Die vielfältigen staatlichen Versuche, dem „Bettel" Herr zu werden und das „Problem" der Armut zumeist unter polizeilichen Aspekten zu lösen, scheiterten jedoch am wachsenden Pauperismus. Aber auch das tief im Volk verwurzelte Gebot christlicher Barmherzigkeit konterkarierte die Anti-Bettel-Gesetzgebung.

Triendl begründete seine Eingabe mit der Angst um die Sicherheit des Privateigentums, mit der Sorge um die Sittlichkeit sowie der Warnung vor Müßiggang und der *Freyheit des bisherigen Straßenbettels*. Für die arbeitsfähigen Armen schlug er die Errichtung eines freiwilligen und eines Zwangsarbeitshauses[52] vor, für *arme alte, hilflose, Arbeits-Unfähige* aber ein Versorgungshaus[53]. All jene, die keinen Anspruch auf eine Pfründe im Bürgerspital oder einen Platz in einer der anderen Anstalten hatten, sollten Aufnahme in das neue Versorgungshaus finden. Auf *freye Wohnung, Holz, Licht, Nahrung, Kleidung, Medizin, eine wöchentliche Spende [...] muß diese Klasse Menschen den Anspruch machen können*.

Triendl sprach von „Anspruch" der Armen auf Versorgung mit dem Lebensnotwendigen. Das Recht auf „Versorgung" hatte aber nur, wer erwiesenermaßen nicht mehr in der Lage war zu arbeiten. Nur wer gearbeitet hat und bereit ist zu arbeiten, darf mit der Unterstützung der Gemeinschaft rechnen. *Die durch Alter oder andere Gebrechen zur Arbeit Unfähigen* könnten dann, so Triendl, *in Stille und Ruhe ihre Tage zubringen*. Wer noch irgendwie in der Lage sei, werde dagegen *mit Spinnen gegen wöchentlichen Lohn und mit dem Hausdienst beschäftigt*.

Zum anderen sollte dem *ärgerlichen Straßenbettel* mit polizeilichen Zwangsmitteln begegnet werden, an dessen Ende das Zwangsarbeitshaus stand. Aber auch im Versorgungshaus unterlägen die Armen einer *scharfen Aufsicht*, die ein *HausVater, eine HausMutter von bestem conduit* gewährleisten würden. Garantiert war ein „ruhiger Lebensabend" nur bei entsprechender Disziplin und gefälligem Wohlverhalten.

Finanziert wissen wollte Triendl das neue Versorgungshaus durch eine Mischung aus Eigenleistung, kommunaler und staatlicher Unterstützung sowie privater Spendentätigkeit. Jedes aufzunehmende Individuum hätte – wie auch im Bürgerspital üblich – *sein eugenes Beth und einen Stuhl oder Sessel* mitzubringen. Der Staat hätte ein geräumiges Haus bereitzustellen und für dessen Unterhaltung zu sorgen. Zur finanziellen Grundausstattung seien der stadteigene Haffnerfonds und der Armenfonds heranzuziehen. Das Geben von Almosen sollte durch eine *ordentliche Subskribtion*, von der *kein Stand, keine Classe ausgenommen oder verschont* abgelöst werden[54].

Kriegswirren und Herrschaftswechsel in Salzburg verhinderten offensichtlich die Verwirklichung der Vorschläge Triendls.

Vorsorge und Sparkasse

Staatliche Appelle, beizeiten für spätere Notfälle, Krankheiten oder das Alter zu sparen, wiesen über korporative und kommunale soziale Sicherungsnetze hinaus. Sie betonten die Eigenverantwortlichkeit der Menschen. Die Gründung von „Sparkassen" hatte aber zunächst auf Grund der geringen Sparfähigkeit der Bevölkerung wenig Realisierungschancen. Aber auch Vorbehalte aus Glauben und Aberglauben brachten zahlreiche kameralistische Versicherungs- und Vorsorgeprojekte zum Scheitern[55].

Die Linzer Landesregierung propagierte 1820 die Gründung einer Sparkasse in der Kreisstadt Salzburg, um den „unteren Bevölkerungsschichten" die Möglichkeit zur Krankheits- und Altersvorsorge zu geben[56]. Das Magistrat antwortete jedoch lapidar, es habe sich *Niemand zur Errichtung einer solchen Sparkasse hervorgethan*[57]. Immerhin wurde 1826 in Salzburg eine Kommandite[58] der Wiener Sparkasse und der mit ihr verbundenen „Allgemeinen Versorgungs-Anstalt" errichtet. Diese Versorgungsanstalt war eine Art Pensionsversicherung[59]. Ziel war, den Sparern *ein allmählig wachsendes Einkommen* zu sichern und sie in die Lage zu versetzen, sich *nach Verhältniß ihrer Bedürfnisse selbst zu versorgen*[60]. Die Einlagen erreichten 1845 immerhin die Höhe von beinahe einer halben Million Gulden[61]. Von den Kanzeln wurde das Sparen für künftige Notzeiten gepredigt. Den Pfarrern wurde aufgetragen, Spargelder einzusammeln und der Kommandite zu übergeben[62]. Das Verein „Museum" beschaffte „Sparkassenbücheln" für wohltätige Zwecke[63]. 1845 mußte die Kommandite allerdings wieder aufgegeben werden[64].

Zu erwähnen ist in diesem Zusammenhang auch der mögliche Einkauf in den Armenfonds. So erwarb 1833 etwa die 62jährige Dienstmagd Anna Mayr einen Anspruch eines wöchentlichen Almosens in der Höhe von 48 Kreuzer, weil sie ihr Vermögen von hundert Gulden dem Armenfonds zediert hatte. Die ehemalige Dienstmagd Maria Schiller bezog ein wöchentliches Almosen, weil sie ihr Vermögen von 816 Gulden dem Armenfonds vermacht hatte[65]. Diese Art von Altersvorsorge blieb noch im Zusammenhang der traditionalen Gemeinschaft der Stadt verhaftet. Im übrigen wurde die Praxis des Einkaufs 1834 untersagt, da die Armenversorgung nur wirklich Bedürftigen vorbehalten sein sollte[66].

Private Hilfsbereitschaft und öffentlicher Ordnungswille

Die Höhe der Pfründe, die verarmte Bürger erhalten konnten, gereichte zur Ehre des Gemeinwesens. Nicht ohne Stolz rühmten beinahe alle zeitgenössischen Schriften den Reichtum der *herrlichen Stiftungen*[67] Salzburgs und den „Wohltätigkeitssinn" seiner Bevölkerung. Wohltätigkeit erhöhte aber auch die Ehre des Spenders. Noch im ausgehenden 19. Jahrhundert informierten die Zeitungen in langen Listen, wer etwa zu Weihnachten oder Ostern den armen Pfründnern Spenden zukommen ließ. Zu Anlässen wie Taufe, Hochzeit oder Tod war es üblich, zugunsten der Armen zu spenden. Die Gemeinderatssitzungen pflegten meist damit zu beginnen, indem sich die Gemeinderäte zu Ehren edler Spender von ihren Sitzen erhoben.

Aber die Selbstverständlichkeit, mit der man meist in der Reihenfolge der kirchlichen Feiertage Almosen gab, verblaßte allmählich.

War im 18. Jahrhundert der Kontakt zu den Armen noch persönlich und unmittelbar, so versuchten die „aufgeklärten" Initiativen, das Bettler- und Armenwesen dadurch in den Griff zu bekommen, daß sie zwischen Wohlhabenden und Armen bürokratische Vermittlungsinstanzen schoben. Die Etablierung einer Armenkommission, die Anlage von Armenkatastern, die Gründung von freiwilligen und von Zwangsarbeitsanstalten[68] gehören hier genauso her wie die immer wieder unternommenen Versuche, das individuelle Geben von Almosen zu unterbinden und durch förmliche Armenspenden abzulösen. Das christliche Barmherzigkeitsgebot wirkte fort, doch in dem Maß wie sich der Umgang mit Armut bürokratisierte, säkularisierte sich allmählich die religiöse Motivierung von Stiftung und Spende. Nicht, daß das religiöse Moment verschwunden wäre, aber säkulare Motive drängten sich immer mehr in der Vordergrund.

Seit dem 18. Jahrhundert wurden zugunsten der Armen Lotterien und Bälle veranstaltet[69]. Die Wohltätigkeits-Konzerte des Veteranen-Vereines, die seit 1870 im „Österreichischen Hof" veranstalteten Armen-Bälle[70] oder die – allerdings bisweilen schlecht besuchten[71] – vom Vinzenz-Verein organisierten Konzerte für die Salzburger Hausarmen[72], eine Tombola auf dem Residenzplatz zugunsten der Armen[73] erzielten mehr öffentliche Aufmerksamkeit als etwa Spenden anläßlich des Fronleichnamsfestes.

Die Großherzigkeit der Salzburger war ein häufig gebrauchtes Schlagwort. So zahlreich die Versuche der Behörden im 18. und 19. Jahrhundert waren, das Almosen gleichsam zu kommunalisieren, es durch förmliche Armenbeiträge abzulösen, so zahlreich ist das Scheitern dieser Versuche[74].

Auch wenn die Bettelei als lästig, als freche Zumutung empfunden wurde, so war der Arme doch selbstverständlicher Bestandteil der traditionalen Gemeinschaft. Wer ihn zurückwies, versündigte sich. Alle behördlichen Appelle, den

Bettlern das Almosen zu verweigern, blieben weitgehend ungehört[75]. Neuerlich versuchte man 1865[76] und 1867 durch öffentliche Aufrufe, die Salzburger davon zu überzeugen, *den Bettelnden weder an ihrer Thüre noch auf der Gasse mehr etwas zu geben*, sondern ihre Almosen direkt dem öffentlichen Armenfonds zu überweisen und die Bettler an das Amt zu verweisen. Nur die Armenkommission sei in der Lage, zwischen „Würdigen" und „Unwürdigen" zu unterschieden[77].

Die Erträgnisse der freiwilligen Armenbeiträge waren durchaus ergiebig. Die in Gasthäusern aufgestellten Armenbüchsen brachten jedoch beinahe keinen Ertrag. Einen gewissen Erfolg hatte dagegen die vom Gesellgkeitsverein „Museum" 1820 angeregte Ablösung der Neujahrswünsche[78].

Die freiwilligen Armenbeiträge erbrachten 1833 2000 Gulden[79], 1855 2600 Gulden[80], 1874 2500 Gulden[81] und 1890 nur mehr 1200 Gulden[82]. Neu organisiert und öffentlich proklamiert gelang es Josef Pollak 1893[83], die Erträge auf beinahe 6000 Gulden zu steigern[84]. Die Beiträge wurden nun von Beamten des Armenamtes gegen die Aushändigung einer Quittung und einer Bettelverbotstafel eingehoben[85]. Obwohl der traditionelle Freitagsbettel eingedämmt werden konnte[86], war der Erfolg jedoch nur ein kurz andauernder. 1897 betrugen die Erträge nur mehr 3500 Gulden[87]. Man beklagte das Verhalten *eines Theiles der Bevölkerung*, welcher keine freiwilligen Armenbeiträge zeichnete, sondern seine *Gaben den ihnen ganz unbekannten Bettlern [...] selbst verabreicht, ohne Rücksicht darauf, ob dieselben würdig sind oder nicht*[88].

Mit diesen Versuchen sollte der spontane Akt des Gebens durch bürokratische Schranken unterbunden werden[89]. Das Almosen wurde gewissermaßen kommunalisiert. Trotz aller polizeilichen Maßnahmen und bürokratischer Reformversuche funktionierte der öffentliche Appell der Armen an das Mitleid und die Barmherzigkeit der Passanten teilweise noch. Der Arme war noch immer Spiegelbild des Wohlhabenden und konnte so auf Almosen zählen.

Hunderte, ja Tausende seien *an ihm vorbeigegangen*, hieß es noch 1887 in der Salzburger Zeitung *und gar mancher der Passanten betrachtete mit mitleidsvollen Blicken den alten Mann, welcher des Augenlichtes beraubt Tag für Tag vor dem Thore des Bruderhauses in der Linzergasse steht und auf einen Stock gestützt, mit geschlossenen Augen, stille Resignation in den Zügen in das Leben und Treiben der Gassen hinaushorcht [...]*[90]. Der gemeinderätliche Inspektor für das Bruderhaus, Carl Petter, sah sich angegriffen. Der Mann sei *sehr eigensinnig,* verteidigte sich Petter, um schließlich resignierend festzustellen, er *befürchtet eben, daß ihm, wenn er von der Thüre des Bruderhauses weggehen würde, viele Almosen mitleidiger Personen entgehen würden*[91]. Der alte, blinde Mann vor der Tür des Bruderhauses in der Linzer Gasse war noch Teil der bürgerlichen Gemeinschaft. Aber sein „eigensinniger" Appell an das Mitleid kollidierte am Ende des 19. Jahrhunderts mit den Ordnungsvorstellungen der Gesellschaft.

Alter und Vorsorge nach der Jahrhundertmitte

Auf die Veränderungen, die der allmähliche Urbanisierungsprozeß nach der Jahrhundertmitte mit sich brachte, wurde mit unterschiedlichen Konzepten reagiert. Industrialisierung und Gewerbefreiheit bedrohten nicht nur das „alte" Handwerk, sondern veränderten auch das traditionale Gefüge der Stadt. Den zunehmenden Schwund gewohnter Kommunikations- und Sozialstrukturen hat Ferdinand Tönnies als Konflikt zwischen „Gemeinschaft" und „Gesellschaft" beschrieben[92]. Auseinandersetzungen zwischen Konzepten, die auf traditionale Gemeinschaften rekurrierten und jenen, die über die enge Welt der altständischen Stadt hinauswiesen, prägten nun die kommunalen Debatten. Die Antworten, die man auf die Fragen der „neuen Zeit" fand, schwankten zwischen Hoffnung auf Fortschritt und Angst vor Neuerungen, zwischen Sehnsucht nach vergangener Harmonie und selbstbewußtem Wunsch nach Neuordnung der Zukunft.

Kirchliche Armenpflege

Die Normierungsbestrebungen öffentlicher Armenpflege in gewisser Hinsicht konterkarierend entstanden auch in Salzburg seit den fünfziger Jahren katholische Sozialvereine[93]. Sie knüpften an traditionale Wertvorstellungen an und schufen so bewußt Gegenbilder zu „modernistischen" Konzepten liberaler Vereinskultur. Die kirchliche Armenpflege entwickelte sich nach 1848 entlang der Konfliktlinie zwischen katholischer Caritas und öffentlicher Armenpflege. Die katholischen Vereine rückten wieder den „verehrungswürdigen" Armen in den Vordergrund.

Seit 1850 kümmerte sich der „Katholische Frauen-Verein in Salzburg" um das *leibliche und geistige Wohl wahrer Armer und Kranker*. „Mitleid" war eine zentrale Kategorie, und *mit Gottes Hilfe Segen verbreiten* einer der Vereinszwecke[94]. Armut war dabei Anlaß für segenbringende Werke christlicher Barmherzigkeit.

Der 1871 konstituierte Salzburger „St.-Vinzenz-Verein" formulierte in seinen Statuten: *Zweck des Vereines ist die gegenseitige Erbauung zum Seelenheile der Mitglieder*. Mittel, den Vereinszweck zu erreichen, waren neben dem Gebet das *christliche Liebeswerk*[95]. Mit der „Nächstenliebe" blieb untrennbar die *Selbstheiligung* der Mitglieder verbunden[96]. Ablässe waren nicht nur den pflichtbewußten Mitgliedern sicher, sondern auch den beteilten Armen – christlicher Lebenswandel vorausgesetzt[97]. Man zielte auf den „ganzen Menschen". Daher sollten sich die *leiblichen Werke der Barmherzigkeit mit den geistlichen* verbinden[98]. Die Vereinsgenossen würden nicht nur dem kranken Leibe Pflege angedeihen lassen, sondern auch der kranken Seele helfen[99]. Ab 1872 standen die „Schwestern vom Heiligen Kreuze" dem Verein tätig zur Hilfe[100].

Das Betteln war den Mitgliedern des Vinzenz-Vereines dabei durchaus eine *süße Gewohnheit*. Die Hilfe Gottes war gewiß, denn *schickt Gott uns Arme, wird er uns auch die Mittel geben*[101]. Die Finanzen des Vereines waren angesichts zunehmender Armut nicht zum besten bestellt. 1890 beklagte man die völlige Erschöpfung der finanziellen Mittel. Mit dem Versprechen *hoher sicherer Zinsen* hoffte man auf eine Zunahme der Almosen und appellierte an das Publikum: *Ja, machet Euch mit Eurem Reichthume Freunde im Jenseits*[102].

Die Vereinsmitglieder – beider katholischer Wohltätigkeitsvereine – waren Mittler zwischen den Almosengebern und den Armen. Persönlicher Hausbesuch diente nicht nur missionarischen Absichten, sondern sollte auch sicherstellen, daß nur „Würdige" in den Genuß des „christlichen Liebeswerkes" kamen. Die regionale Gliederung des Vereins in „Konferenzen" diente der flächendeckenden Obsorge der anvertrauten Hilfsbedürftigen.

Die organisatorische Struktur des Vereines und die Methode des kontrollierenden Hausbesuchs hatten Vorbildfunktion für das mit Jahresbeginn 1893 in Salzburg eingeführte Elberfelder System der Armenpflege.

Auch wenn sich zwischen der liberalen Stadtverwaltung und der katholischen Kirche über den Einfluß auf die Armenpflege ständig Konflikte auftaten, so hinderte es ihre Repräsentanten nicht, für den Vinzenz-Verein tätig zu werden. So findet man etwa den liberalen „Sozialreformer" Josef Pollak oder den protestantischen Apotheker Gottlieb Bernhold unter den „Wohltätern"[103]. Noch deutlicher ist die selbstverständliche Teilhabe bürgerlicher Kreise an sozialkaritativen Vereinen beim katholischen Frauen-Verein: Die Gattinnen und Töchter von Spängler, Haagn, Höller, Biebl, Scheibl, Ott und vielen anderen (liberalen) Honoratioren, ja selbst die Gattinnen der deutschnationalen Exponenten Sylvester, Stainer und Oedl gehörten dem Katholischen Frauen-Verein an[104].

Unterstützungsvereine und Altersversicherung

An die Stelle der alten Zünfte und Innungen mit ihren sozialen Funktionen traten in der zweiten Hälfte des 19. Jahrhunderts eine Reihe von Vereinen der unterschiedlichsten ideologischen Ausrichtung. Ihr Anhang war zunächst relativ bescheiden, doch bildeten sich in ihnen Vorformen der modernen Sozialversicherung heraus. Eine Unterscheidung zwischen Krankenversicherung und Altersvorsorge ist zunächst nicht möglich.

Noch in den fünfziger Jahren entstanden bewußt in Nachfolge alter ständischer Korporationen eine Reihe katholisch orientierter Vereine. 1852 gründete Josef Schöpf nach dem Vorbild Adolf Kolpings einen katholischen Gesellenverein. Zu den liberalen Prinzipien „Arbeitsamkeit", „Sparsamkeit" und „Fortbildung" traten die christlichen der Gottesfurcht und der Erfüllung religiöser Pflichten. In unserem Zusammenhang von Bedeutung ist die von Schöpf angeregte Gründung einer vereinsinternen Sparkasse im Jahre 1858. Diese Gründung entwickelte sich zu einer regelrechten „Spar- und Krankenunterstützungskasse"[105].

Seit 1857 bestand der „Aloisianische Unterstützungsverein", der gegen monatliche Einzahlungen Dienstboten ab einem Alter von über 55 Jahren eine Unterstützung gewährte. Beim Eintritt durfte man noch nicht 45 Jahre alt sein und mußte als Einstandsgebühr so viele Gulden als man alt war, entrichten[106]. Nach Auflösung des Vereines wurde sein Vermögen dem (katholischen) Dienstbotenheim zugewandt.

Ab 1896 betrieb der Pfarrer der Bürgerspitalpfarre, Alois Kaltenhauser, die Errichtung eines solchen Dienstbotenheimes. Als geeignete Realität erschien das Bürgerspitalgebäude wegen seiner *innigen Verbindung mit der Kirche*[107]. Das Heim sollte *eine Unterstandsstätte für ältere gleichviel ob hier zuständige oder nicht zuständige (zunächst nur weibliche) Dienstboten bilden, die keine fixe Anstellung mehr zu finden vermögen.* Das Komitee dachte daran, die alten Dienstboten *da und dort als Aushilfsköchin, Zugeherin udgl.* zu vermitteln und sie die übrige Zeit mit Handarbeiten zu beschäftigen. Darüber hinaus sollte es auch für junge Mädchen vorübergehend als *Zufluchtsstätte* dienen[108]. Dieses Altersheim für Dienstboten bot ausdrücklich auch jenen Quartier und Verpflegung, die nicht das Heimatrecht der Stadt Salzburg besaßen. Der Versuch, das Bürgerspitalgebäude für diesen Zweck zu erwerben, zerschlug sich am hinhaltenden Widerstand der Stadtgemeinde. Schließlich konnte das Steinmetz Dopplerhaus (Griesgasse 8) erworben werden[109]. 1897 übernahmen die Kreuzschwestern die Führung des Heimes. Über mangelnde Nachfrage an Heimplätzen konnte man sich nicht beklagen[110].

Die auf Gemeindeebene 1887 errichteten Dienstbotenkrankenkassen kamen allerdings in der Stadt Salzburg nicht zustande[111]. Relativ spät entstand 1893 als Pendant zum katholischen Gesellenverein der „Katholische Meisterverein"[112]. Er organisierte die wirtschaftlich bedrängten Handwerker und kleine Gewerbetreibende und diente für kurze Zeit als Plattform des antiliberalen Kartells im Kampf gegen die liberale Stadtherrschaft. Gegenstand seiner Versammlungen waren neben allgemeinen politischen und Standesangelegenheiten auch Fragen der sozialen Vorsorge. Schon kurz nach seiner Gründung beriet man auf Anregung von Gemeinderat Friedrich Jentsch die Errichtung einer „Spar- und Vorschußkasse", sowie Möglichkeiten einer „Altersversorgung"[113].

Der Versorgung im Alter diente auch der 1878 entstandene „Witwenunterstützungsverein unter dem Schutze der heiligen Dreifaltigkeit"[114]. Als Förderer fanden sich sowohl liberale als auch kirchliche Amtsträger. Gegen einen – je nach Alter – zwischen 20 und 55 Kreuzer liegenden monatlichen Mitgliedsbeitrag erhielten die hinterlassenen Witwen vier Gulden pro Monat an Unterstützung ausbezahlt[115]. Der „Witwen-Unterstützungs-Verein" konnte auf regelmäßige Subventionen der Salzburger Sparkasse rechnen[116].

Zu erwähnen ist in diesem Zusammenhang auch das seit 1826 bestehende „Schullehrer-Witwen- und Waisen-Pensionsinstitut". Die Leitung oblag dem fürsterzbischöflichen Konsistorium. Mit einem Jahresbeitrag von 50 Kreuzer erwarb der Beitragszahler für seine nachmalige Witwe einen Anspruch auf eine bescheidene Pension[117].

Nach Berufsgruppen organisiert waren der 1847 gegründete „Kommis-Unterstützungsverein", der „Buchdrucker-Unterstützungsverein" (seit 1849), der „Kellner- und Marqueurverein" (seit 1870). Seit den achtziger Jahren dienten der „Allgemeine Unterstützungs-Verein für pensionierte Beamte"[118] und der „Beamtenhilfsverein Salus" ähnlichen Zwecken. 1898 folgte aus Anlaß des fünfzigjährigen Regierungsjubiläums Kaiser Franz Josefs der Gewerbegenossenschaftsverband mit eine „Meister-Altersversorgungs- und Unterstützungskasse"[119].

Im Sinne der liberalen Ideen der „Selbsthilfe" entstanden ab den sechziger Jahren eine Reihe von weiteren Unterstützungsvereinen. Ihr Ziel war weniger der Ersatz oder die Restaurierung ständischer Korporationen. Sie betonten viel stärker den Versicherungsgedanken und das Prinzip der „Eigenvorsorge". 1870 konstituierte sich der „Allgemeine Kranken-Unterstützungs-Verein für das Kronland Salzburg"[120]. Zu den Förderern des Vereins zählten eine Reihe liberaler Exponenten, unter anderen Josef Pollak. Die finanzielle Unterstützung im Krankheitsfall stand im Vordergrund, doch beschloß die Delegiertenversammlung 1874 immerhin die Einhebung freiwilliger Beiträge für Unterstützungen im Alter[121]. Der Fonds erreichte aber bis 1887 nur die bescheidene Höhe von gut 1000 Gulden[122].

Auch die „Salzburger Handelsgremial-Krankenkasse" führte seit 1889 einen Unterstützungsfonds, dessen Zinsen für Unterstützungen für durch Alter und Gebrechen dienstunfähige Angehörige verwendet wurden[123], die „Baugenossenschaftskrankenkasse Salzburg" einen Fonds der selben Art seit den neunziger Jahren[124]. Der „Allgemeine Arbeiter-Kranken-Unterstützungsverein"[125] sah fallweise Hilfen vor. Andere Krankenkassen wie etwa die Bezirkskrankenkasse waren aus finanziellen Gründen dazu nicht in der Lage.

Diese Unterstützungsvereine – welcher Provenienz auch immer – erfaßten zunächst nur eine bescheidene Anzahl von Mitgliedern. Die Unterstützungen, die diese Vereine für das Alter leisteten, waren bescheiden und kaum in der Lage, vor Verarmung im Alter zu schützen. Sie waren keine Pensionen. Ab den achtziger Jahren wurde jedoch Altersvorsorge angesichts der wachsenden „sozialen Frage" zum Gegenstand öffentlicher Debatten.

Die von der konservativen Regierung Eduard Taaffe durchgeführten Sozialreformen wie z. B. die gesetzliche Unfall- (1887) und die Krankenversicherung (1888)[126] führten zu Diskussionen über Altersversicherungen[127]. Vorbild war dabei die 1889 im Deutschen Reich eingeführte obligatorische Altersversicherung[128].

Es ist hier nicht der Platz, die gesamte Bandbreite sozialpolitischer Vorstellungen zu referieren[129]. Jedenfalls wurden die mehrfach vorgebrachten Vorschläge zur Einführung einer Altersversicherung auch in Salzburg diskutiert.

1895 brachte der katholisch-konservative Reichsratsabgeordnete Alfred Ebenhoch, einen Antrag auf Einführung einer „Altersversorgung" für die industrielle Arbeiterschaft ein. Dieser Antrag führte auch in Salzburg zu heftigen Diskussionen. Die Arbeiter seien nicht in der Lage, *für die Tage des erwerbsunfähigen oder minder erwerbsfähigen Alters namhaftere Ersparnisse [...] zu sammeln. Da die Arbeit im Sinne des Christenthums als öffentliches Amt sich darstellt, hätten die Arbeiter auch Anspruch auf Gegenleistung aus öffentlichen Mitteln*[130]. Die Forderung nach Einführung einer gesetzlichen Altersversicherung wurde auch auf dem Salzburger Katholikentag 1898 erhoben[131].

Trotz ihrer Skepsis gegenüber „Zwangsversicherungen", ihrer Betonung der Eigenverantwortlichkeit und prinzipiellen Bevorzugung einer freiwilligen Altersversicherung akzeptierten die Liberalen angesichts einer wachsenden sozialen Not die Einführung einer obligatorischen Altersversicherung. *Mag es im speciellen Falle Schuld des Einzelnen sein, wenn er sich für das Alter nichts bei Seite legt; die als Massenerscheinung auftretende Armuth der Altersschwachen ist aber gewiß die Folge äußerer Verhältnisse [...]*, schrieb Anton Schalkhamer im liberalen „Salzburger Volksblatt". Das *subjective Versicherungsbedürfniß* sei bei der Arbeiterschaft gar nicht ausgeprägt, da es für sie unmöglich sei, die *Prämien zur Gänze aus ihrem Verdienste zu bestreiten*[132].

Der deutsch-fortschrittliche Wahlausschuß erhob die Forderung nach Schaffung *einer aus öffentlichen Mitteln zu kräftigenden Alters- und Invaliditätsversorgung für alle ihre Arbeitskraft in fremden Diensten verwendende* Menschen. Man dachte diese Versorgung allerdings, um die Steuerkraft zu schonen, nur schrittweise einzuführen[133].

Obwohl die Einführung einer Altersversicherung weitgehend außer Streit stand[134], verlangsamte sich das Tempo der Sozialreformen seit den neunziger Jahren. In diesem Zusammenhang bemerkenswert ist die Einführung des Pensionsgesetzes für Privatbeamte im Jahre 1906[135]. Erst der „Anschluß" Österreichs an das nationalsozialistische Deutschland sollte die gesetzliche Arbeiter-Altersversicherung bringen[136].

Die Salzburger Sparkasse

Die revolutionären Ereignisse 1848/49 brachten auch in Salzburg einen Aufschwung liberaler Ideen, die über das enge Gefüge der gewohnten Gemeinschaft hinauswiesen. 1849 regte Johann Georg Prodinger[137] die Errichtung einer eigenständigen Sparkasse und Versorgungsanstalt in Salzburg an. In einer Denkschrift formulierte Prodinger, die *ärmere Klasse* würde es nur für Zufall halten, wenn sie sich bei niedrigem Verdienst allmählich *zu einer besseren*

Existenz und möglichst nahrungsfreyen Alter emporarbeiten könne. Die Ausdehnung des Sparkassenwesens und insbesondere die Gründung einer Versorgungsanstalt solle dagegen alle Stände und Altersklassen anspornen, durch Einlagen *für das hohere Alter* vorzusorgen. Die Sicherung der Lebensnotwendigkeiten im Alter dürfe nicht dem Zufall überlassen werden.

Prodinger fürchtete nach der Niederlage der Revolution von 1848 offensichtlich ein Wiederaufleben des *alten Zunftgeistes*. Viele Gemeinden würden selbst *den fähigsten und bravsten Personen* aus Angst vor steigenden Armenlasten die Aufnahme in den Gemeindeverband ungemein erschweren. Damit würde aber *die freye Concurrenz nach dem wirklichen Bedarfe der Arbeitskräfte unnatürlich gehemmt*. Zum Nutzen der vaterländischen Industrie sollten aber die Arbeitskräfte *gehörig ausgebildet* und *in ihrer freyen Ausdehnung zum Staatswohle* benutzt werden. Um den Gemeinden die Angst vor einer Erhöhung der Armenlasten zu nehmen, sollte von allen Personen, welche sich neu niederlassen oder verheiraten wollten, eine Einlage in die Versorgungsanstalt verlangt werden. Wenn damit auch nicht das Problem der Verarmung gelöst werden könne, so werde doch die *Versorgung älterer Personen* durch die Gemeinde entbehrlich gemacht. Prodinger erhoffte sich damit den Zuzug sowohl *vermöglicher* als auch *armer geschickter Ausländer,* da ihnen hier *ihre Rente begründet* erscheine.

Prodinger schwebte die Etablierung eines Bankinstituts vor, das die *Merkantilverhältnisse* nachhaltig bessern werde. Zehn Prozent der angesammelten Kapitalien sollten in Risikobereiche, wie Schiffahrt, Eisenbahn oder neue Industrien investiert werden[138]. Prodinger bewegte sich damit auf dem Boden liberaler Ideen wie Freizügigkeit, Eigenverantwortung und Hilfe zur Selbsthilfe.

Weniger an eine Bankanstalt als an eine Wohltätigkeitsstiftung erinnert der Vorschlag zur Gründung einer Sparkasse in der „Salzburger Post". Dem Handwerker, dem Taglöhner, dem Dienstboten, dem Landmann und dem Fabriksarbeiter sollte die Möglichkeit geboten werden, ein kleines Kapital anzusparen, um es später *zur Aussteuer, zur Aushilfe bei Krankheiten, im Alter, oder zur Erreichung irgend eines löblichen Zweckes* zu verwenden. Das nötige Gründungskapital erhoffte man durch unwiderrufliche Gaben und Schenkungen sowie durch den Ankauf von Lotterie-Losen aufzubringen[139].

1853 trat die Stadtgemeinde dem „Verein zur Gründung einer Sparkasse" bei[140]. Am 1. Jänner 1856 nahm schließlich die Salzburger Sparkasse ihre Geschäftstätigkeit auf[141]. Zweck der Sparkasse war, sowohl der *unbemittelten Bevölkerung durch Ansammlung und Vermehrung ihrer Ersparnisse* als auch Gewerbe und Industrie durch die Bereitstellung billigen Kapitals zu dienen[142]. Die von Prodinger angeregte Versorgungsanstalt kam allerdings nicht zustande. Ein 1858 neuerlich gemachter Versuch Prodingers wurde von der Sparkasse als *nicht zeitgemäß und zweckentsprechend* abgelehnt[143]. Bürgermeister Alois Spängler unterband die Bestrebungen Prodingers mit dem Hinweis, er sei ein *Cridater*[144].

Immerhin wurde ab 1861 der Reingewinn der Sparkasse auch für wohltätige und gemeinnützige Zwecke verwendet. Zur Gründung und Dotierung des Fonds für Errichtung der „Vereinigten Versorgungsanstalten in Nonntal" steuerte die Sparkasse dann bedeutende Beträge bei.

Die Barmherzigen Schwestern und das Riedenburger Asyl für alte Leute

Heftig umkämpft war die Einführung der „Barmherzigen Schwestern" in Salzburg. Fürsterzbischof Friedrich Schwarzenberg hatte die Schwestern 1841 zur Führung eines Kranken- und Versorgungshauses in Schwarzach eingeladen[145]. Die Übernahme des Krankendienstes im Salzburger St.-Johanns-Spital wurde zunächst durch Zeitungspolemiken des linksliberalen Arztes Alexander Reyer verhindert[146]. 1851 traten sie ihren Dienst an der privaten Augenheilanstalt des Primars am St.-Johanns-Spital, Anton Hornung, an. 1852 übernahmen die „Barmherzigen Schwestern" die Dienstbotenerziehungsanstalt St. Sebastian an der Linzer Gasse[147]. Zuvor hatte es heftige Auseinandersetzungen zwischen Stadtgemeinde und Konsistorium über den Status der 1844 vom Verein „Museum" gegründeten Anstalt gegeben. Während die Stadt den Standpunkt vertrat, St. Sebastian sei eine weltliche Versorgungsanstalt für erwachsene Arbeitslose, verlangte das Konsistorium seine Umwandlung in eine geistliche Erziehungsanstalt für Kinder und Dienstboten[148]. 1855 übernahmen die „Barmherzigen Schwestern" trotz Widerstandes eines Teils der Ärzte die Krankenpflege und ein Jahr später auch die ökonomische Verwaltung des St.-Johanns-Spitals[149]. 1856 folgten die Landes-Irrenanstalt, 1857 das Leprosenhaus und schließlich 1858 das Mädchen-Waisenhaus. Differenzen ergaben sich über die Berechnung der Verpflegskosten. Primar Leopold Spatzenegger warf dem Orden gar nachträgliche „Fälschung" der Aufnahmszettel vor[150]. Auf einer Wahlveranstaltung verglich Ignaz Harrer das St.-Johanns-Spital mit einem Kloster und die Patientengärten mit einem Zwinger[151]. Der Vorwurf, „klösterlichen Geist" einzuführen, begleitete die Auseinandersetzungen um die Neuverhandlungen der Verträge zwischen Landtag und Orden[152].

Als Einmischung in weltliche Kompetenzen empfand man die Absicht der „Barmherzigen Schwestern", eine Anstalt in der Riedenburg errichten zu wollen, welche geeignet wäre, *einzeln in der Welt dastehenden Persönlichkeiten bei vorgerücktem Alter, gleichwie in Fällen von Kränklichkeit oder angeborner Gebrechlichkeit eine sorgenfreie Existenz darzubieten*[153]. Der Aufruf der Kongregation für die Errichtung eines derartigen Baues, Geld zu spenden, war äußerst erfolgreich. Binnen kurzem waren über 15.000 Gulden gesammelt[154]. Die Stadtgemeinde sah darin wohl ein Konkurrenzunternehmen zu dem von ihr mit 6900 Gulden ausgestatteten Fonds zur Errichtung eines neuen städtischen Versorgungshauses[155]. In einer Eingabe an das Landespräsidium hieß es denn auch, für *verarmte und erwerbsunfähige Angehörige der Stadt Salzburg* würde durch die hiesigen Anstalten und Fonds hinreichend gesorgt sein. Man wies darauf hin, daß das Asyl nicht für ganz mittellose Personen, sondern für Minderbemittelte gegen Bezahlung errichtet werden würde[156]. Der liberal dominierte Landessanitätsrat sprach sich einmütig gegen die Errichtung eines Asyls durch die „Barmherzigen Schwestern" aus. In *sanitätspolizeilicher Hinsicht* gebe es keinen Grund für eine derartige Anstalt[157]. In dem Umstand, daß einigen Personen bereits die Aufnahme zugesagt worden war, vermutete der Primararzt am St.-Johanns-Spital Wenzel Günther, der Orden wolle sich der behördlichen Aufsicht entziehen. Während Stadtarzt Richard Schlegel die Sperrung der Anstalt forderte, wollte der Leiter des St.-Johanns-Spitals Leopold Spatzenegger zumindest die Aufnahme von Kranken sistiert wissen[158].

Die Nachfrage nach Plätzen im Asyl war jedoch bedeutend. Bereits 1877 wurde das Haus erweitert. Spenden und eine „Effecten-Lotterie" brachten das nötige Geld auf. 1886 mußte das Asyl abermals vergrößert werden. Zwischen 1873 und 1882 wurden an die 500 Personen aufgenommen. 1886 kümmerten sich dreißig Schwestern um 161 Pfleglinge[159].

Generell mußte für die Verpflegung im Asyl bezahlt werden, ein wesentlicher Unterschied zu den städtischen Versorgungshäusern. Es gab drei unterschiedliche Verpflegsklassen, für die mindeste mußte für Wohnung und Verpflegung monatlich immerhin noch zwanzig Gulden aufgebracht werden[160].

Ab 1888 betrieb der Orden auch in der Gemeinde Maxglan ein Asyl für alte und gebrechliche Frauen.

Liberale Reformanstrengungen

Die „Soziale Frage" war kein Thema liberaler Politik[161]. Die Beschäftigung mit diesem Thema bewegte sich zwischen Ärger über die „lästige" Bettelei und dem Wunsch nach billigen Arbeitskräften[162]. Nach Beschwerden von Gemeinderat Josef Mayburger über die überhandnehmende Bettelei[163] legte Bürgermeister Heinrich Ritter von Mertens 1863 dem Gemeinderat ein umfangreiches Memorandum zur Reform des Armenwesens vor[164]. Mertens Vortrag beschäftigte sich zunächst mit den verschiedenen Klassen der Armen. Gegen die jugendliche Armut schlug Mertens – neben der gewohnten Hilfe – verstärkte Anstrengungen auf dem Gebiete der „Volksbildung" vor. Das *traurige Loos* der Verarmung infolge vorübergehender Erwerbslosigkeit bei Erwachsenen treffe nur die *Unfähigen und Untäthigen*. Um unvorhergesehenen Unglücksfälle vorzubeugen, schlug Mertens die *zweckmäßige Organisierung der Sparkassen, Impulsgebung und Unterstützung von Gewerbs-Vorschußkassen u. dgl.* vor. Pekuniäre Unterstützungen und Förderung von sozialen Anstalten sollten dazu dienen, daß *der Hilfsbedürftige sich mehr oder minder selbst helfen kann*[165].

Individuelle Tüchtigkeit und die Bereitschaft zur Arbeit waren die Garanten gegen Armut und sozialem Abstieg. Arbeit ist das Mittel gegen Armut. Daß daher die Armut selbst verschuldet sei, lautete daher die generelle Vermutung. Den neuen Phänomen der industriellen Gesellschaft begegnete man mit Ratlosigkeit. Während Bürgermeister Mertens mit kommunaler Beschäftigungspolitik die städtischen Armenkosten reduzieren wollte, lehnte Gemeinderat Josef Mayburger dies als Zumutung für die Gemeinde ab. Rudolf Biebl und andere waren überzeugt, daß es den Arbeitslosen gar nicht darum gehe, Arbeit zu finden. Gemeinderat Franz Fuchs versprach sich durch eine Vorverlegung der polizeilichen Sperrstunde eine Lösung der Arbeitslosenfrage[166].

Liberale Sozialpolitik stützte sich weder auf das christliche Almosen noch auf Modelle der Umverteilung gesellschaftlichen Reichtums. Dagegen setzte man auf Bildung und Ausbildung, auf Sparkassen und Unterstützungsvereine[167]. Eigenvorsorge und Versicherung waren die Leitideen, um unvorhergesehenen Unglücksfällen vorzubeugen.

Die liberalen Prinzipien der Selbstbestimmung und der Freizügigkeit kollidierte jedoch spätestens in der Phase einer expandierenden Wirtschaft während der Gründerzeit mit dem geschlossenen und gewohnten Weltbild der traditionalen bürgerlichen Gemeinschaft. Wer nicht in dieses Schema paßte, dem begegnete man mit polizeilichen Zwangsmittel. Konsequenterweise sah Mertens die Reaktivierung der Arbeitsanstalt vor[168]. Die Kommunalisierung der Polizeidirektion im Jahre 1866[169] gab der Stadt die Möglichkeit zur konsequenten Handhabung des Heimat- und des Schubrechtes[170]. Während der heimische Arme – Arbeitsbereitschaft vorausgesetzt – Bestandteil der „bürgerlichen" Gemeinschaft blieb, begegnete man dem fremden Bettler mit polizeilicher Härte. So wurden allein im ersten Halbjahr 1867 547 *Bettler und Vagabunden theils dem Gerichte zur Abstrafung überstellt, theils über die Grenze gewiesen, theils mit Marschroute, theils mit Schub in die Heimat befördert*[171].

Den heimischen erwerbsunfähigen Alten blieben die geschlossenen Anstalten. In einem beinahe resignierenden Tonfall stellte Mertens fest: *wenn Alter [...] eine bleibende Erwerbsunfähigkeit hervorruft, so erübrigt wohl meistens nur die Unterbringung [...] in Versorgungs-Häusern*. In den Worten von Mertens sind die Alten endgültig zur Last geworden. Das liberale Prinzip „Hilfe zur Selbsthilfe" war in ihrem Fall nicht anzuwenden. Mertens brachte daher die Erbauung eines neuen allgemeinen Versorgungshauses für die Bewohner des Bürgerspitals, des Bruderhauses und des Kronhauses in Anregung[172].

Auch sonst wurden einige Reformschritte unternommen. Die Stiftungenverwaltung wurde mit der Gemeindekasse vereinigt, um eine rationellere Verwaltung der Kapitalien zu erreichen[173]. Die bei den einzelnen Fonds bestehenden Gülten wurden abgelöst und kapitalisiert[174]. Die Zinsen von den bei Privaten angelegten Stiftungskapitalien waren nun im vorhinein zu bezahlen[175]. Die niedrigen Zinsfüße auf Stiftungskapitalien wurden auf fünf Prozent erhöht[176].

Das liberale Gemeinderecht hatte den Gemeinden das Armenwesen ihrem selbständigen Wirkungskreis zugewiesen. Seit 1865 diskutierte der Salzburger Landtag diese Fragen. Das 1874 erlassene Salzburger Armengesetz[177] entzog der Kirche endgültig die Verfügungsgewalt über die Armenstiftungen[178]. In langwierigen Verhandlungen zwischen Stadt und erzbischöflichem Konsistorium wurden die Grenzen zwischen geistlichen und weltlichen Stiftungen neu gezogen[179].

Arme waren nach dem Salzburger Armengesetz von 1874 jene Personen, welche *wegen Mangels eigener Mittel und Kräfte oder in Folge eines besonderen Nothstandes* nicht in der Lage waren, ihren Lebensunterhalt selbst zu bestreiten. Entscheidendes Kriterium war die „Arbeitsfähigkeit". Die Dauer der Erwerbsfähigkeit wurde mit dem vollendeten vierzehnten bis zum zurückgelegten fünfundsechzigsten Lebensjahr gesetzlich normiert. Das Gesetz empfahl liberalen Vorstellungen folgend den Gemeinden, die Förderung von Vereinen und Anstalten, die dazu dienen, die ärmere Bevölkerung erwerbsfähig zu erhalten. Für die Unterstützung *gealteter* Arbeiter und Gewerbsleute hatten die Gemeinden vorzusorgen[180].

Das Heimatrecht aus dem Jahr 1863[181] war eines der wichtigsten armenpolitische Instrumente der Gemeinden. Es regelte den Aufenthalt in einer Gemeinde und den Anspruch auf kommunale Unterstützung im Falle der Erwerbsunfähigkeit[182].

Kommunalpolitische Konstellationen am Ende des Jahrhunderts

Um die Hintergründe der heftigen Auseinandersetzungen um die Errichtung der Versorgungshäuser in Nonntal aufhellen zu können, ist ein kurzer Exkurs in die Kommunalpolitik der neunziger Jahre und eine Vorstellung der beteiligten Akteure notwendig.

Seit den ausgehenden achtziger Jahren und in den neunziger Jahren hatte sich die Politik zusehends radikalisiert und einen allmählichen Niedergang der liberalen Herrschaft eingeleitet. Dem Bündnis zwischen „Klerikalen" und Deutschnationalen gelang es schließlich in den Wahlgängen 1889 bis 1895, eine Mehrheit im Salzburger Gemeinderat zu erlangen. Die gemeinsame Klammer dieses erstaunlichen Bündnisses war zweifellos der Antisemitismus[183]. Anläßlich der Gemeinderatswahl 1889 rief die konservative „Salzburger Chronik" alle nichtliberalen Gruppierungen *zum großen Kampfe gegen den Judenliberalismus* auf[184]. Das Bündnis aus „Klerikalen" und Deutschnationalen brachte zunächst zwei Kandidaten durch: Baumeister Jakob Ceconi und Adolf Stainer. Das Gemeinderatsmandat des Bildhauers und „klerikalen" Parteigängers Johann Piger[185] wurde wegen Unregelmäßigkeiten bei der Wahl aberkannt[186].

Jakob Ceconi besaß das größte Bauunternehmen der Stadt[187]. Er war *nach eigenem Bekenntnis Kerikaler und Antisemit*[188] und verschwägert mit dem späteren Führer der Deutschnationalen, dem Advokaten Karl Povinelli[189]. Ceconi engagierte sich in der antisemitischen Gegengründung zum liberalen „Deutschen Schulverein", im „Schulverein für Deutsche"[190], in dem er die Funktion eines Obmann-Stellvertreters bekleidete[191]. Nach dem Ende der „klerikal"-antisemitischen Koalition geriet Ceconi zusehends wegen der Beschäftigung ausländischer Arbeiter – meist italienischer Abstammung – in die Kritik von Deutschnationalen und Sozialdemokraten.

Der aus Kitzbühel stammende „Produktenhändler" Adolf Stainer galt als *fanatischer Antisemit*[192]. Stainer wurde zum Feindbild schlechthin der liberalen Honoratioren. Die ruhigen Zeiten im Gemeinderat waren vorbei. Der *große Volkstribun* – so das „Salzburger Volksblatt"[193] – Stainer heizte durch seine Agitation die Stimmung permanent an[194]. Die Auftritte Stainers im Gemeinderat füllten die Galerie mit johlendem Publikum. Bürgermeister Franz von Hueber charakterisierte Stainers *Vorgehensweise so frech, daß sie frecher nicht mehr sein* könne. Stainer beherrsche nichts anderes, so Hueber, als die *Dreschflegeltaktik*[195]. Stainers Einfluß reichte weit in das katholische Wählersegment. Spöttisch bemerkte das „Salzburger Volksblatt", die „Klerikalen" würden *in ihrer Herzenseinfalt den Gemeinderath Adolf Stainer für den Herrgott von Salzburg* halten[196].

1894 zog mit dem Anwalt Otto Kilcher ein weiterer deklarierter Vertreter der Antisemiten in den Gemeinderat ein. Kilcher stammte aus dem niederösterreichischen Mistelbach, war Mitglied der Burschenschaft Arminia in Wien. 1893 eröffnete er in Salzburg eine Advokaturskanzlei[197]. Hämisch bemerkte das „Salzburger Volksblatt", Kilcher sei nicht als solcher nach Salzburg gekommen, sondern mit seinem *Geburtsnamen polnischen Klanges*[198], nämlich Lubowienski[199].

Die sich um den Advokaten Julius Sylvester gebildete Gruppe von studentischen und akademischen gebildeten Aktivisten lieferte die ideologischen Konzepte für die Bewegung der ökonomisch bedrängten Kleingewerbetreibenden[200]. Die Rezepte zur Lösung und die Erklärungen der sozialen Misere vieler Kleingewerbetreibender waren so einfach wie massenwirksam: schuld ist die *Judentuberkulose*[201].

Die simple Agitation gegen „die da oben" bot Identifikation für viele vom sozialen Abstieg Bedrohte und mobilisierte die Wähler. Die Angst vor Großprojekten und vor Neuerungen lieferte der Opposition Argumente gegen die liberale Stadtherrschaft. Rhetorisch geschickt wurden Sehnsüchte nach der „guten alten Zeit" mit ihren vorgeblichen sozialen Sicherheiten für politischen Machtgewinn mobilisiert.

Der pauschal geäußerte Verdacht der Korruption und Geheimniskrämerei begleitete viele kommunale Vorhaben. Lohnkutscher und damit in Verbindung stehende Gewerbetreibende wie Riemer, Wagner und Sattler etwa fanden im antisemitischen Kartell Helfer gegen die Einführung der Straßenbahn[202]. Gegen die Veröffentlichung der Schlachtausweise in den Tageszeitungen fanden die Fleischhauer lautstarke Unterstützung bei den Deutschnationalen.

Der rüde Ton dieser Debatte führte schließlich zur Demissionierung des liberalen Vizebürgermeisters Josef Pollak[203]. Der Streit um ein Brückenprojekt in Mülln bot Gelegenheit zur Agitation gegen die „Spekulanten"[204]. „Verschwendungssucht" und mangelnde Sparsamkeit waren ständige Vorwürfe an die liberale Finanzpolitik. Bürokratismus und Überheblichkeit der städtischen Beamtenschaft häufig bemühte Schlagwörter im Kampf gegen die liberale Stadtherrschaft.

Dieses *Schutz- und Trutzbündnis*, so das liberale „Salzburger Volksblatt"[205], aus „Klerikalen" und Deutschnationalen konfrontierte die auf geschäftsordnungsmäßigen Gang der Dinge bedachten Liberalen mit ihren neuen Formen breitenwirksamer Öffentlichkeitsarbeit. Öffentliche Versammlungen, die zwar nicht von Wählern, *dafür von Nichtwahlberechtigten umso stärker besucht waren* – wie die Liberalen erschrocken konstatierten[206] – boten die nötige Aura für Volkstribunen. Während sich die Liberalen in die mondänen Mirabellsäle (an der Stelle des heutigen Marionettentheaters an der Schwarzstraße) zurückzogen, bevorzugten die antiliberalen Parteien die volkstümlichen Mödlhammersäle (Getreidegasse 26).

Mit Flugblättern, Petitionen und Volksversammlungen wurde Druck auf die liberale Honoratioren-Politik gemacht. Öffentliche Wählerversammlungen mit ihren lautstarken Akklamationen und aggressiven Reden verstörten die bislang in geschlossenen Sitzungen beratenden Honoratioren[207].

Von Wahlgang zu Wahlgang schwand die liberale Mehrheit. 1894 konnten die Liberalen Josef Pollaks Wahl zum Vizebürgermeister nur mehr knapp im zweiten Wahlgang durchsetzen. Die Wahl Gustav Zellers zum Bürgermeister gelang nur, indem dieser der Errichtung einer katholischen Universität zustimmte. Zellers politischer Kurswechsel fand jedoch in der Wiener „Neuen Freien Presse" heftigste Kritik. Die wenigen Liberalen im Salzburger Gemeinderat hätten nicht mehr gewagt, gegen Zeller zu stimmen, wurde befremdend konstatiert.

Das „Salzburger Volksblatt" munterte jedoch die Liberalen auf, sich den öffentlichen Debatten zu stellen und das Feld nicht kampflos den Gegnern zu überlassen.

Eine vom liberalen „Deutschen Verein" 1895 einberufene Wählerversammlung beim Mödlhammer geriet zum Debakel. Die von „klerikalen" und deutschnationalen Parteigängern dominierte Versammlung, zu der über 400 Personen gekommen waren, wählte kurzerhand die liberale Versammlungsleitung ab und betraute Julius Sylvester mit der Leitung. Den Liberalen blieb nur der schimpfliche Räumung des Feldes[208].

1896 zählte das „Salzburger Volksblatt" nur mehr sechs verläßliche Liberale im Gemeinderat[209]. Aber immerhin siegte bei den Ergänzungswahlen im ersten Wahlkörper völlig überraschend der Liberale Theodor Rullmann gegen den deutschnationalen Vizebürgermeister Karl Povinelli. Vergeblich hatte die katholisch-konservative „Salzburger Chronik" dem Deutschnationalen Povinelli bescheinigt, er nehme regelmäßig an den öffentlichen Gottesdiensten teil und hatte vor dem Protestanten Rullmann gewarnt[210]. Rullmann sei ein aufbrausender Charakter. Er habe sich vor allem durch *seine Abstimmung für die Erbauung der Versorgungshäuser in Nonnthal keineswegs als Sparer gezeigt*[211].

Einen Achtungserfolg erzielte der neugegründete „Bürgerklub", der in das Vakuum, das die Liberalen hinterlassen hatten, vorstieß. Der „Bürgerklub" war weniger eine politische Gesinnungsgemeinschaft als vielmehr eine wirtschaftliche Interessensvereinigung bürgerlicher Gruppen, wie sein vollständiger Name „Freie Vereinigung der Bürger, Handels- und Gewerbetreibenden der Stadt Salzburg" offen signalisierte[212].

1896 bewarb sich Bürgermeister Gustav Zeller zum Entsetzen des liberalen „Salzburger Volksblattes" als gemeinsamer Kandidat der „klerikalen" und deutschnationalen Koalition um das Landtagsmandat der Landeshauptstadt[213].

Die Auseinandersetzungen um die Badenische Sprachenverordnung 1897 sprengten schließlich auf kommunaler Ebene die „klerikal"-deutschnationale Zusammenarbeit. Die deutsch-bürgerlichen Parteien jeglicher Schattierung und die Sozialdemokraten fanden zu einem Bündnis. Im November demonstrierten tausende gegen Badeni und für die „Obstruktionspolitik" der deutschen Abgeordneten im Reichsrat[214].

Bürgermeister Zeller wagte nicht, der aufgeputschten Massenstimmung entgegenzutreten. Eine außerordentliche Gemeinderatssitzung beschloß einstimmig eine „nationale" Resolution. Lediglich der Domkapitular und spätere Fürsterzbischof Balthasar Kaltner und der altliberale Anwalt Anton Jäger[215] waren nicht zur Sitzung erschienen.

Als sich Bürgermeister Zeller nicht zu einem Protest gegen die Nichtbestätigung des Grazer Bürgermeisters entschließen konnte, war er politisch endgültig isoliert. Die Einleitung eines Untersuchungsausschusses wegen der Finanzgebarung der Stadt veranlaßten ihn schließlich zur Demissionierung[216]. Nicht zuletzt hätten die Kosten für den Bau der Versorgungshäuser in Nonntal zum Finanzdebakel der Stadt beigetragen, weil Zeller aus ihnen einen *Palast* gemacht hätte, kritisierte die katholische „Salzburger Chronik"[217].

Der Bankier Franz Berger folgte Ludwig Zeller als Bürgermeister. Den Gemeinderat dominierte nun der „Bürgerklub". Die Gemeinderatswahlen 1899 isolierten die „Klerikalen"[218]. Den Einzug der Sozialdemokraten in den Gemeinderat verhinderten Wahlabsprachen der bürgerlichen Parteien, die aufgrund des Mehrheitswahlrechtes immer einen der ihren durchbrachten. Sozialdemokratische Kandidaten gingen trotz relativer Mehrheit leer aus.

Josef Pollak und die Reform des Armenwesens in Salzburg

Das wachsende Problem der Armut, die ungelöste „soziale Frage" und die Angst vor dem Erstarken der Sozialdemokratie ließ in den Städten einen steigenden Reformdruck auf die Armenverwaltungen entstehen. Die gestiegenen Kosten für die Armenpflege waren zumeist der Ausgangspunkt der Reformanstrengungen. Die Salzburger Debatten zogen sich lange hin. Bereits 1884 ventilierte Julius Haagn im Gemeinderat die Reform des Armenwesens[219]. 1891 urgierte Anton Jäger auf der Jahresversammlung des „Deutschen Vereines" die Reform. Um die „unwürdigen" von den „würdigen" Armen trennen zu können, sei die Individualisierung der Armenpflege notwendig. Das *Mitleiden* sei der falsche Weg und führe *oft auf bedauerliche Abwege*[220]. Josef Pollak publizierte kurz darauf im „Salzburger Volksblatt" seine Reformvorstellungen[221].

Der aus Wien stammende Arzt Josef Pollak war der hauptverantwortlich für die Sozialpolitik der Stadt am Ende des 19. Jahrhunderts. Pollak war ein typischer Vertreter eines liberalen Honoratioren. Pollak betrieb seit 1873 in Salzburg eine Ordination in der Getreidegasse, später in der Juden- und schließlich in der Brodgasse[222]. 1895 ging Pollak als ärztlicher Leiter des Versorgungshauses nach Linz, kehrte jedoch bald wieder nach Salzburg zurück. Pollak engagierte sich bei einer Reihe von Sozialvereinen. So engagierte er sich im „Allgemeinen Kranken-Unterstützungs-Verein"[223], galt als „Wohltäter" des katholischen Vinzenz-Vereines und erwarb sich Verdienste als ärztlicher Leiter der Kinderkrippe des Vinzenz-Vereines[224]. 1883 trat er mit einer Arbeit über Kindersterblichkeit in Salzburg publizistisch hervor[225]. Eine Reihe von Schriften zur Reform des Salzburger Armenwesen folgten in den neunziger Jahren[226]. Pollak wurde 1882 zum erstenmal als Kandidat der Liberalen in den Salzburger Gemeinderat gewählt und gehörte diesem mit kurzen Unterbrechungen bis zu seinem Rücktritt 1895 an. Von 1894 bis 1895 war er Vizebürgermeister Salzburgs[227]. Nach seinem Ausscheiden aus der Kommunalpolitik publizierte Pollak populärmedizinische Schriften[228]. 1908 erschien anonym eine Art Ratgeber an angehende Ärzte. Neben allgemeinen moralischen Ermahnungen und Erinnerungen an die Pflichten eines Arztes polemisierte Pollak gegen die Krankenkassen, welche nur ein schäbiges Honorar zahlten und gegen die überhandnehmende „Kurpfuscherei"[229]. Gegen Lebensende versuchte sich Pollak mit literarischen Werken im Stile von Heimatromanen[230].

Seit den späten achtziger Jahren betrieb Josef Pollak die Reform des Salzburger Armenwesens. Mit dem sogenannten Elberfelder System hoffte er die sozialen wie die finanziellen Probleme der Stadt in den Griff zu bekommen. Ziel der Reform war, den *Arbeitsfähigen Arbeit, den Nicht-Erwerbsfähigen dauernde oder zeitweilige Unterstützung* zu verschaffen und durch *genaueste Prüfung und Ueberwachung der Armen* sie lediglich *mit dem Nothwendigsten* zu unterstützen[231].

Das in Deutschland weitverbreitete Elberfelder System[232] war ein bemerkenswert konservatives Modell und den Bestrebungen nach obligatorischer Arbeiterversicherung und staatlicher Altersvorsorge entgegengerichtet. Es orientierte sich sowohl an kirchlichen Leitbildern der Barmherzigkeit als auch an paternalistische Vorstellungen der traditionalen Gemeinschaft. Es knüpfte an die karitative Tätigkeit kirchlicher Armenpflege an. Die Vinzenz-Vereine bildeten ein direktes Vorbild[233]. Ziel war die Individualisierung der pfleglichen Fürsorge der Armen. An die Stelle einer *tothen Maschine* sollte die *lebendige Bürgerthätigkeit* treten[234]. Die bürokratische Armenverwaltung wurde durch das ehrenamtliche Engagement der Bürger ersetzt. Als „Armenväter" sollten sie die Armen in ihren Wohnungen aufsuchen, sich um sie kümmern und ihnen beistehen. Der persönliche Kontakt ermöglichte aber auch die moralische Einflußnahme. Nun war es möglich, die „wirklichen" von den „unwürdigen" Armen zu trennen. Während die „Würdigen" in den Genuß geregelter Unterstützung kamen, drohte den *Professionsbettlern* das Arbeitshaus.

Bereits 1889 setzte Pollak dem Gemeinderat auseinander, wer die geplanten neuen Versorgungshäuser sparsam betreiben wolle, müsse erst die dringliche Reform der offenen Armenpflege angehen. Denn die „geschlossene" Armenpflege gehe aus der „offenen" hervor[235].

Im selben Jahr regte Pollak auch die Gründung einer „Alters-Sparkasse" an. Ein Drittel der Zinsen, welche ledige Dienstboten für ihre Ersparnisse bei der Salzburger Sparkasse erhielten, sollte auf ein eigenes „Alters-Sparbuch" gelegt, und von den Überschüssen des Reservefonds der Sparkasse bis zum zehnfachen des Zinsdrittels aufgestockt werden. Ab Vollendung des 60. Lebensjahres konnte dann die „Alters-Spareinlage" ausgefolgt werden. Pollak war überzeugt, damit die Kosten der Stadtgemeinde für das Armenwesen entscheidend verringern zu können[236] Nach der reservierten Aufnahme seines Vorschlages zog Pollak diesen allerdings wieder zurück[237].

Nach längeren Beratungen beschloß der Gemeinderat im Sommer 1892, die neue Armenordnung nach dem Elberfelder System einzuführen[238]. Die Stadt wurde in vier Armenbezirke eingeteilt, denen je ein Inspektor vorstand. 58 Armenräte kümmerten sich jeweils um vier ständig sowie vier bis fünf zeitweilig Unterstützte. Dadurch konnten die Armen aber auch *besser wie bisher controlliert* werden[239]. Nur über Antrag eines Armenrates wurden Unterstützungen gewährt. Ein ständig aktualisiertes Verzeichnis über die *Pfleglinge* gab Auskunft über *ihre Lebensweise, ihr Einkommen und die richtige Verwendung der erhaltenen Unterstützung*[240] Die Armenräte machten auch Vorschläge über die Verleihung von Stipendien an Kinder armer Personen, über die Unterbringung in Erziehungsanstalten oder die Aufnahme alter Menschen in die Versorgungshäuser[241].

Nicht-Heimatberechtigte hatten keinen gesetzlichen Anspruch auf Unterstützung und waren in der Regel von der Betreuung ausgeschlossen. Nur in Ausnahmefällen, wenn für diesen Zweck freiwillige Spenden vorhanden waren, konnten sie von der Armensektion des Gemeinderates unterstützt werden[242].

Der Erfolg war ein durchschlagender. Die Zahl der unterstützten Personen und die der Unterstützungsfälle konnte deutlich verringert werden. Trotz höherer Leistungen an die Armen reduzierten sich die Gesamtausgaben für das Armenwesen[243].

Schwierigkeiten hatte man allerdings bei der Rekrutierung der Armenräte. Die Müllner versuchten geschlossen die Wahl zu Armenräten abzulehnen, weil sie es *nicht nothwendig* fanden, *der Gemeinde für ihre Fürsorge dankbar zu sein*. Erst die Androhung, sie zur Mitarbeit zu zwingen, ließ die Müllner klein beigeben.[244] Gesuche von Armenräten, sie ihrer Funktion zu entbinden, wurde mit dem Hinweis auf Folgewirkungen vom Gemeinderat abgelehnt[245].

Die Wiedereröffnung der städtischen Beschäftigungsanstalt betonte den disziplinierenden Charakter der neuen Armenordnung. Pollak wollte jeden, der um Armenunterstützung bat und arbeiten konnte, an die Beschäftigungsanstalt verweisen. Er dachte sich das Netz der Armenräte als Anmeldestellen für Arbeitsuchende. Die Armenräte waren aber auch angehalten, alle arbeitsunwilligen Arbeitsfähigen *direkt zur Arbeit aufzufordern*[246].

Die städtische Beschäftigungsanstalt war gleichzeitig Arbeitsvermittlungsstelle[247]. Der Erfolg dieser Einrichtung blieb jedoch bescheiden und das Defizit chronisch[248]. Die Forderung nach staatlicher Organisierung des Arbeitsnachweises war die logische Konsequenz[249].

Mit der neuen Armenordnung schien ein lückenloses System der Betreuung, Überwachung und Versorgung geschaffen. Die Salzburger Armenordnung des Jahres 1892 war jedoch zugeschnitten auf die Bedürfnisse der abgeschlossenen Welt einer traditionalen Gemeinschaft. Mit einer Mischung aus fürsorglicher Barmherzigkeit und dem moralischen Impetus nach Arbeitsamkeit versuchte man das Armutsproblem zu lösen. Für die neuartige „soziale Frage" erklärte man sich unzuständig. Die Reform des Heimatrechts 1896 stellte das Armenpflegesystem nach der Jahrhundertwende endgültig vor die Realität des kapitalistischen Industriezeitalters.

Reform der „geschlossenen" Armenpflege – das neue „Versorgungshaus"

Salzburgs Ruf, reich an wohltätigen Stiftungen und Fonds zu sein, bestand auch gegen Ende des 19. Jahrhunderts trotz Kritik an den bestehenden Versorgungshäusern nicht ganz zu Unrecht. Salzburg zählte hinter Vorarlberg zu den am besten mit Versorgungshäusern ausgestatteten Kronländern der Monarchie.

In Salzburg kamen zwischen 1873 und 1877 auf eine in einem Spital verpflegte Person 141 Einwohner, im Jahr 1892 nur mehr 105. Zum Vergleich: in Niederösterreich (mit Wien) kamen zwischen 1873 und 1877 228 Einwohner auf einen „Pflegling", in Galizien 6399[250]. Auch die Ausgaben, die Salzburg pro „versorgter" Person tätigte, konnte sich monarchieweit sehen lassen. Während in Vorarlberg 1892 noch 100 Kreuzer pro „Pflegling" ausgegeben wurden, waren es in Triest 69, in Salzburg 68, in Niederösterreich (mit Wien) 49 und in Galizien nur drei Kreuzer[251].

Finanziert wurden diese Ausgaben durch die Kapitaleinkommen und Renditen der Jahrhunderte alten Stiftungen und Fonds[252] sowie zum geringeren Teil aus der aktuellen Gemeindegebarung.

Grundsätzlich war die Zahl der zu vergebenden Pfründe vom Vermögensstand der Stiftungen abhängig. Die Vergabe einer Pfründe richtete sich also weniger nach dem individuellen Bedarf, als vielmehr nach den finanziellen Möglichkeiten. Daher änderte sich die Zahl der in städtischen Versorgungshäusern Untergebrachten kaum. 1843/44 befanden sich 297 Personen in einem der Versorgungshäuser[253]. 1861 waren es 310[254], 1892 durchschnittlich 347 „Pfleglinge"[255]. Ins neu errichtete Versorgungshaus in Nonntal übersiedelten schließlich 268 Personen[256]. Trotz steigender Einwohnerzahlen blieb der Kreis der Anspruchsberechtigten auf Grund der rigorosen Bestimmungen des Heimatrechtes relativ gleich. Befürchtungen, mit der Reform des Heimatrechtes würde die Zahl der in einem Versorgungshaus unterzubringenden Personen sich auf 600 erhöhen, bewahrheiteten sich nicht. 1907 lebten 275 „Pfleglinge" im Versorgungshaus[257].

Der Zustand der alten Spitäler entsprach um die Mitte des Jahrhunderts nicht mehr den Vorstellungen, die man sich vom „Fortschritt" machte. 1863 zeigte sich Bürgermeister Mertens mit dem Zustand der Salzburger Einrichtungen nicht zufrieden und forderte besondere Aufmerksamkeit für die Leitung dieser Anstalten und die Bauart derselben[258]. Mertens regte den Neubau eines allgemeinen Versorgungshauses an[259].

Die Gründung des Fonds zur Errichtung eines „Allgemeinen Versorgungshauses" 1873

In Zusammenhang mit den Diskussionen um das neue Armengesetz und aus Anlaß des fünfundzwanzigsten Regierungsjubiläums Kaiser Franz Josefs im Jahr 1873 beschloß der Gemeinderat die Gründung eines Fonds zur Errichtung einer „Allgemeinen Versorgungsanstalt für Arme" und dessen Dotierung in der Höhe von 6900 Gulden[260]. Das benötigte Geld wurde durch den Verkauf der städtischen Freibank und des Niederleggewölbes an der Getreidegasse aufgebracht. Die Stadtgemeinde-Vorstehung äußerte dabei die Hoffnung, daß durch das Bestehen eines derartigen Fonds *Wohlhabende und wohlthätige Personen* angeregt würden, diesem Legate und Spenden zukommen zu lassen[261]. Besondere Eile mit der Verwirklichung der Stiftung hatte man aber offenbar nicht. Erst nach Urgenzen der Landesregierung reichte die Stadtgemeinde 1878 den Stiftsbrief zur behördlichen Genehmigung ein[262]. Ursprünglich war der Fonds ausschließlich für verarmte Einwohner bestimmt, also Personen, die zwar das Heimatrecht, nicht aber das Bürgerrecht der Stadt Salzburg besaßen[263].

Das Fondsvermögen vermehrte sich nur allmählich. 1885 war das Vermögen erst auf annähernd 12.000 Gulden angewachsen[264]. Aus Anlaß des vierzigjährigen Regierungsjubiläums des Kaisers im Jahr 1888 stiftete die Stadtgemeinde vergleichsweise bescheidene 10.000 Gulden, zahlbar in fünf Jahresraten zu je 2000 Gulden[265]. Aus patriotischen Gründen erwirkte man nun das Recht, den Fonds „Kaiser Franz Josef-Stiftung" zu nennen[266]. Am Jubiläumstag selbst erhielten die Pfründner der Versorgungshäuser einen Gulden.

Einen bedeutenden Zuwachs erzielte 1889 der Fonds durch das testamentarisch verfügte Legat des Johann Wolf in der Höhe von 37.000 Gulden[267]. Johann Wolf, früherer Besitzer des „Gasthofes zur goldenen Krone" (Getreidegasse 8[268]) und nunmehriger Privatier, war von 1865 bis 1882 Gemeinderat und jahrelang Mitglied des Sparkassenausschusses gewesen[269]. Im gleichen Jahr fielen 10.000 Gulden an Rentenüberschüssen der Salzburger Sparkasse dem Fonds zu. Durch den Anfall dieser doch bedeutenden Summen war das Vermögen des Fonds auf 74.000 Gulden angewachsen, die Realisierung des Projektes damit in den Bereich des Möglichen gerückt. Gemeinderat Karl Petter[270] bemühte sich nun um den Neubau und beantragte schließlich im Gemeinderat die Ausarbeitung von Plänen durch das Stadtbauamt[271].

Gelegentlich wurde in der Öffentlichkeit die Notwendigkeit eines Neubaus ventiliert. *Unser Bürgerspital* sei ein *uraltes Gebäude mit finstern kalten Wohnungen.* Auf den *sehr steilen Stiegen* müßten sich die alten Pfründner *hinaufplagen. Unsere armen Mitbürger* hätten sich ein *würdiges Asyl* verdient, forderte 1888 ein Leserbrief[272].

Befremdlich fand ein weiterer Leserbriefschreiber, daß eine Saisonstadt wie Salzburg nichts für jene tue, welche seinerzeit mitgeholfen hätten, all die Neuerungen und Verschönerungen Salzburgs zu schaffen. Nun gelte es, ein würdiges *Bürger-Asyl* zu schaffen. Die Zustände im Bürgerspital seien untragbar. Es sei schon vorgekommen, *daß verarmte Bürger oder Angehörige eines solchen, wenn im Bürgerspital keine Wohnstelle frei war, im Kronhaus (was dort für Leute sind, wissen wir alle) untergebracht wurden, und daß erkrankte Bürgerspitalpfründner, bei welchen eine längere Krankheitsdauer voraussehbar war (auch wieder aus Raummangel) in das Leprosenhaus transportiert* worden seien[273]. Ein anderer Leserbriefschreiber schilderte, es gebe im Bürgerspital Zimmer, in denen *Fenster im eigentlichen Sinne des Wortes* nicht vorhanden seien; *aus einer vergitterten Oberlichte durch die man sehen konnte, wenn man sich auf den Tisch stellte, erhielt das Zimmer (?) Licht.* Das Bürgerspital sei viel

Abb. 21: Johann Wolf, Gemälde von Valentin Janscheck.

zu klein, daher müsse *jedes Loch* ausgenützt werden, um *die armen Bürger* unterzubringen[274].

Auch in den Wahlkämpfen spielte diese Frage bisweilen eine Rolle. Ein Herr Straßer erkundigte sich auf einer Versammlung des liberalen „Deutschen Vereines" über den Stand der Errichtung des neuen Versorgungshauses. Die Antwort von Vizebürgermeister Rudolf Spängler war eher zurückhaltend. Noch reiche der Fonds nicht aus, man werde aber alles daran setzen, auf die *versorgungsbedürftigen Bewohner* hinreichend Bedacht zu nehmen[275]. Immerhin bekannte sich 1890 Franz von Hueber in seiner Antrittsrede als Bürgermeister zur baldigen Errichtung eines allgemeinen Versorgungshauses[276].

Stiftungsrechtliche Probleme

Im Stiftungsrecht kodifizierte sich sozusagen der Letzte Wille vorangegangener Generationen. In einer sich säkularisierenden Welt mußte diese Unzahl von Bestimmungen und Verfügungen Verstorbener, die unbedingt einzuhalten waren, unüberschaubar werden. Die große Zahl der Stiftungen, die Salzburg besaß, ergaben nicht nur riesiges Vermögen, sondern auch eine Menge von Verpflichtungen. Der Wunsch nach Vereinheitlichung und Überschaubarkeit der Sozialpolitik stieß an die Grenzen des Stiftungsrechtes.

Abb. 22: Karl Höller, Inspektor des Versorgungshauses, Gemälde von Valentin Janscheck.

Die Unübersichtlichkeit des österreichischen Stiftungswesen und die überängstliche Klammerung an den Willen des Stifters wurde des öfteren in der juristischen und staatswissenschaftlichen Diskussion beklagt. Letztlich sei die derzeit geübte Handhabung des Stiftungsrechtes für das Armenwesen kontraproduktiv[277]. Der Anspruch des sich ankündigenden modernen Sozialstaates nach staatsbürgerlicher und rechtlicher Gleichheit aller seiner Mitglieder traf auf ein Weltbild einer in sich ruhenden bürgerlichen Gemeinschaft, die klar zwischen „Bürgern", den Inhabern von Besitz und Gewerbe, bloßen „Angehörigen" und „Fremden" unterschied. Das angehäufte Vermögen der jahrhundertealten wohltätigen Stiftungen wurde als Beitrag vorangegangener Generationen zur sozialen Vorsorge der Mitglieder der „bürgerlichen" Gemeinschaft verstanden. Die unterschiedlichen Stiftungszwecke kollidierten jedoch gleichwohl mit sozialstaatlichen Gleichheits- und Zentralisierungsansprüchen als auch mit der gestiegenen Mobilität der Bevölkerung[278].

Das Stiftungsrecht stellte die Stadtgemeinde bei ihrer Absicht, ein allgemeines Versorgungshaus zu errichten, vor nicht unerhebliche Probleme. Stiftsbriefliche Bestimmungen spielten gelegentlich aber auch in der politischen Auseinandersetzung eine Rolle.

Die beabsichtigte Vereinigung der bestehenden Versorgungseinrichtungen (Bürgerspital, Bruderhaus, Erhardspital und Kronhaus) stellte die Stadtgemeinde nun vor rechtliche Probleme. Da das Vermögen des Bürgerspitals speziell für den Zweck der Versorgung verarmter und erwerbsunfähiger „Bürger" gewidmet worden sei, hätten jene Gemeindeangehörigen, welche das Bürgerrecht nicht besaßen, keinen Anspruch auf Versorgung aus diesem Fonds, formulierte daher der städtische Kommissär Georg Mussoni in einer gedruckten Vorlage an den Gemeinderat[279]. Einer Vereinigung des Bruderhaus- und des Erhardspitalfonds stünde – ohne das Stiftungsrecht zu verletzen – dagegen kein Hindernis entgegen. Die unterschiedliche Höhe der Pfründe in den einzelnen Anstalten könnte dadurch ausgeglichen werden[280]. Mussoni schlug daher dem Gemeinderat die Erbauung je eines Versorgungshauses für verarmte und erwerbsunfähige „Bürger" (Bürgerspitalpfründner), dann für verarmte und erwerbsunfähige „Gemeindeangehörige" (Bruderhaus- und Erhardspitalpfründner) und eines für jene Gemeindeangehörige, die nur Unterkunft erhielten und die bisher im Kronhaus bzw. in der Kommunstube des Bruderhauses untergebracht waren.

Die Aufspaltung in drei verschiedene Häuser spiegelte die rechtliche Aufspaltung der Einwohner Salzburgs wider.

Das Projekt

Als Bauplatz für die drei neuen Versorgungshäuser schlug der städtische Rechtsrat Georg Mussoni 1889 das Gelände hinter dem Hexenturm an der Paris-Lodron- und der Wolf-Dietrich-Straße vor. Mussoni beantragte die Einsetzung eines Spezialkomitees, um diesen Fragen zu beraten.

Gemeinderat Josef Pollak sah allerdings noch nicht die Zeit gekommen, an die Verwirklichung des Projektes zu schreiten. Die Errichtung neuer Versorgungsanstalten würde zu Lasten der allgemeinen Armenversorgung gehen. Die bisher angesammelten Kapitalien des Versorgungshausfonds seien noch nicht ausreichend. Außerdem könne niemand sagen, daß unsere Armen schlecht untergebracht seien, oder daß jemanden, der bedürftig sei, die Aufnahme nicht gewährt worden sei. Diese Frage sei daher nicht so dringend. Viel wichtiger schien Pollak die Reform der offenen Armenpflege, aus der ja die geschlossene (in den Versorgungshäusern) hervorgehe[281]. Seinen Antrag nach Verschiebung der Versorgungshausfrage konnte Pollak zwar nicht durchbringen, doch trat das eingesetzte Komitee in der Folge nicht zusammen. Pollak gelang es schließlich, die Reform der (offenen) Armenpflege anzugehen. Mit der Einführung des Elberfelder Systems ab 1893 kamen diese Bemühungen zum Abschluß.

Was sind die „Pfründner" wert?

Fragen der Organisation, der Verpflegung und Versorgung der Pfründner beschäftigten immer wieder den Gemeinderat.

Gemeinderat Adolf Stainer brachte 1890 seine *innerste Überzeugung* zum Ausdruck, *daß eine Pfründe von täglich 30 x [Kreuzer] ganz unzeitgemäß wäre, da man mit einer solchen wohl in der guten alten Zeit, nicht aber jetzt leben und alle Bedürfnisse bis auf die Wohnung bestreiten könne*[282]. Unterstützung fand Stainer durch die „Klerikalen". Gemeinderat Jakob Ceconi trat ebenfalls für eine Erhöhung der Pfründe ein. Ceconi sah ein Ungleichgewicht zwischen den Unterstützungen, welche Bürgern zugute kamen und solchen, die Nicht-Bürger bezogen. Die Pfründen seien Stiftungen für arme Bürger, *nun könne aber die Gemeindearmenkasse* [als Kasse, in die alle Steuerzahler Beiträge leisteten] *besonders noch beisteuern, da die Bürger als Arme auf dieselbe gerade so gut Anspruch haben, als andere*. Ceconi forderte zur Finanzierung einer verbesserten Bürgerspitalpfründe die Erhöhung der Gemeindeumlage[283]. Diese Forderung erregte den Widerspruch der liberalen Fraktion. Gemeinderat Pollak führte aus, das Gesetz verpflichte die Gemeinde, ihre Armen bis zu einer gewissen Höhe zu unterstützen, was darüber hinausgehe sei freiwillige Angelegenheit der Gemeinde. Der Bürgerspitalfonds sei aber zur Zeit passiv und die Einnahmen desselben ließen sich nicht steigern. Pollak vertrat aber auch die Ansicht, daß es durchaus möglich sei, mit der gewährten Unterstützung zu leben. Als Inspektor des Erhardspitals wisse er, wovon er rede. Salzburg läge bei der Auszahlung von Pfründen an der Spitze der Monarchie, nur in Vorarlberg werde eine höhere Pfründe ausbezahlt. Der Vorwurf, Salzburg kümmere sich nicht um seine armen Bürger, sei unwahr. Außerdem würden viele kleine Spenden an die Pfründner verteilt. Die Pfründner würden aus der Spitalküche für die 30 Kreuzer alles bekommen, was sie brauchten und dann würden noch immer einige Kreuzer täglich für andere Zwecke bleiben[284].

Gemeinderat Ludwig Schmued[285] wies darauf hin, daß ohnehin vor wenigen Jahren, die Pfründe von 24 auf 30 Kreuzer erhöht worden sei. Die Lage sei keine glänzende und nicht mehr so *wie im vorigen Jahrhundert, wo die Vorschrift bestand, daß jeder Pfründner mittags 1 Pfund und abends ein ½ Pfund Fleisch erhalten soll, so daß sie es selbst nicht aufzehren konnten, sondern verkaufen mußten*. Trotzdem sei das Los der Pfründner nicht so beklagenswert, hätten *ja fast alle noch Angehörige in der Stadt, von denen sie in der einen oder anderen Weise unterstützt* würden[286].

Auch Bürgermeister Albert Schumacher sprach sich gegen eine Erhöhung aus, denn die Finanzsektion sei nicht in der Lage, Geld zu machen. Jede Erhöhung der Pfründe könnte nur aus *den Taschen der Steuerzahler* kommen[287]. Die Liberalen setzten sich schließlich mit der Ablehnung der Erhöhung durch.

Bei der Debatte war es ausschließlich um die Verbesserung der Bürgerspitalpfründe gegangen, lediglich Schlossermeister Ignaz Tauscher hatte den Gemeinderat darauf hingewiesen, daß es den Pfründnern des Bruderhauses noch schlechter ginge[288].

Die sich aus den unterschiedlichen Motiven der Stifter ergebenden unterschiedlichen Höhe der Pfründe sollte den Gemeinderat mehrfach beschäftigen. Die Pfründe des Erhardspitals, obwohl für Nicht-Bürger bestimmt, war mit 30½ Kreuzer vergleichsweise hoch[289]. Josef Pollak wollte jedoch nicht einsehen, warum nur ehemalige Dienstboten aber keine sonstigen Armen, die früher einmal zu den öffentlichen Kosten beigetragen hätten, in den Genuß dieser Pfründe kommen sollten[290]. Die Stiftungssektion beantragte daher eine Änderung der Spitalordnung um Personen, *welche ehemals zu den öffentlichen Lasten als Steuer- und Umlagenträger beitragen, oder sich anderweitige Verdienste um die Stadt erworben haben*[291], die Aufnahme ins Erhardspital zu ermöglichen.

Wer nach der nun geänderten Spitalordnung, tatsächlich aufgenommen werden sollte, blieb allerdings weiterhin unklar. Domkapitular Georg Mayr wollte den ursprünglichen Stiftungszweck gewahrt wissen. Das Erhardspital sei eine einstmals domkapitlische Stiftung für dessen gewesene Dienstboten. Im Gemeinderat protestierte er gegen die Verweisung einer „Frauensperson", die Dienstbotin gewesen war, vom Erhardspital ins Kronhaus. Dieser Vorgang sei stiftungswidrig. Pollak erwiderte, die Frau sei aufgrund ihres Standes jetzt Angehörige des Kronhauses, weil aber vor zwei Jahren ein unheizbares Zimmer im Erhardspitals frei gewesen sei, habe man ihr dieses ausnahmsweise überlassen. Nun werde es gebraucht, daher müsse sie wieder in das Kronhaus zurück[292].

Erst eine weitere Zuwendung der Salzburger Sparkasse aus ihren Überschüssen in der Höhe von 10.000 Gulden brachte die Debatte um Verbesserung der Lage der Pfründner in den städtischen Versorgungshäusern wieder in Gang.

„Modernisierung" der Verköstigung

Das System der Eigenverpflegung in den alten Spitälern sollte in den neunziger Jahren „modernisiert" werden. Der Gemeinderat beschloß 1892 nach eingehender Beratung die (Wieder-)Einführung der gemeinschaftlichen Verpflegung in städtischer Eigenregie. Bisher hatten die Bewohner der Versorgungshäuser mit ihrer ausbezahlten Pfründe nach eigenem Gutdünken ein Essen in der Spitalküche einnehmen oder sich selbst verpflegen können. Erst 1815 hatte man die gemeinschaftliche Naturalverpflegung abgeschafft und das Kostgeld eingeführt[293]. Das neue System sah die Verköstigung in städtischer Regie vor. Der zentralisierte Einkauf der Lebensmittel durch die Stadt sollte finanzielle Einsparungen bringen. Die Pfründner waren nun gehalten, das Essen in ihrem jeweiligen Versorgungshaus einzunehmen. Das neue Berechnungsmodell sah vor, den Pfründnern im Bürgerspital für Morgensuppe und Mittagessen 18 Kreuzer zu verrechnen und 13 Kreuzer als Handgeld auszubezahlen (insgesamt 31 Kreuzer); den Pfründnern im Bruderhaus wurden 15½ für Essen und zehn Kreuzer Handgeld, den Erhardspitalpfründnern 18 Kost- sowie 13½ Kreuzer Handgeld berechnet. Die Kronhäusler und die Kommunstübler im Bruderhaus mußten mit 15½ Kreuzer für Kost und ohne Handgeld auskommen[294].

Bei den Pfründnern stieß das neue Verpflegungssystem nicht gerade auf Zustimmung. So mußte Gemeinderat Gottlieb Bernhold eine allgemeine Mißstimmung unter den alten Menschen zugeben[295]. Entgegen den positiven Berichten der gemeinderätlichen Inspektoren der Versorgungshäuser[296] bot die Verpflegung der Pfründner immer wieder Anlaß zur Kritik. So kritisierte Gemeinderat Friedrich Jentsch[297] bereits kurz nach Einführung des neuen Verpflegungssystems, die Bürgerspitalpfründner würden nur gegen Zahlung eines Trinkgeldes eine anständige Verpflegung erhalten[298]. Der Müllner Gemeinderat Karl Brunner[299] deckte auf, daß die ins Kronhaus gelieferten Semmeln neun statt elf Deka wägen[300].

Brunner wußte von weiteren Beschwerden zu berichten. Ein Pfründner im Bürgerspital, welcher am Gründonnerstag bei der Fußwaschung war, und daher nicht am Mittagstisch teilnehmen konnte, habe erst nach Streit das ihm zustehende Kostgeld ausbezahlt bekommen[301]. Pollak, der die Fäden der kommunalen Sozialpolitik zog, wies die Vorwürfe entrüstet zurück. Leute wie Brunner würden die alten Menschen nur aufwiegeln. So sei einmal ein altes Weib zu ihm gekommen und habe ihm in einem *verdreckten Papier eine Speise gezeigt mit den Worten „schöner Gruß vom Brunner"*[302]. Den Vorwurf Brunners, den Pfründnern würde Kostgeld vorenthalten, quittierte der Bürgermeister mit einem deutlichen: *Unverschämtheit*[303].

Heftige Debatten riefen die seit Einführung der Regieverpflegung monatlich dem Gemeinderat in vertraulicher Sitzung vorgelegten Abrechnungen hervor. Gemeinderat Johann Dirnberger konnte sich die Ersparnisse an Lebensmitteln in der Höhe von 90 Gulden im Kronhaus nicht erklären und vermutete, diese seien auf Kosten der „Pfleglinge" gegangen[304].

Auch diese Diskussionen machen den rechtlichen Unterschied zwischen den verschiedenen „Kategorien" von Pfründnern deutlich. Während die Bürgerspitalpfründner einen rechtlichen Anspruch auf eine bestimmter Höhe ihrer Pfründe hatten, war dies bei den Kommunstüblern nicht der Fall. Ihre Verpflegung werde aus dem allgemeinen Armenfonds, mithin mit Steuergeldern, bezahlt. Die Pfründner des Bürgerspitals sollten jedenfalls besser als die anderen verpflegt werden, meinte Gemeinderat Jentsch. Nicht unzynisch formulierte Pollak weiter, wenn eingespart werde, hätten die Pfleglinge keinen Schaden, sondern diese Einsparungen würden zugunsten des ohnehin überlasteten Armenfonds gehen. Im übrigen war die Antwort Pollaks hinhaltend, die Verpflegung sei gut und ausreichend, die Lage der Pfründner habe sich seit Einführung der Regie-Verpflegung verbessert; das gelieferte Weißbrot entspreche durchaus den Normen. Bürgermeister Franz Hueber berichtete, er habe die Speisen selbst gekostet, *es wird viele Geschäftsleute in der Stadt geben, die keine so gute Kost haben, wie die Pfründner in den städtischen Versorgungshäusern*. Im übrigen stammten die Beschwerden von *2 oder 3 Krakelern*. Pfleglinge hätten nach der Hausordnung nicht das Recht, Beschwerde bei irgend jemandem zu führen, sondern sie müßten zuerst zum Inspektor gehen, dann erst könnten sie beim Bürgermeister und in weiterer Instanz an den Gemeinderat interpellieren.

Den Vorschlag Brunners, das Marktkommissariat mit der Kontrolle des Essens in den Versorgungshäusern zu beauftragen, wies der auf die „Würde" des Gemeinderates bedachte Pollak als unziemliche Einmischung zurück. Die Versorgungshäuser seien nicht der Wirkungskreis des Marktkommissariats, sondern Angelegenheit der gemeinderätlichen Inspektoren.

Brunner zeigte sich mit der Antwort nicht zufrieden: Die Kommunstübler im Kronhaus erhielten für ihre 16 Kreuzer zwar gute aber zuwenig Kost. Sie *sind daher auf das Betteln angewiesen*. Damit werde die jüngste Reform des Armenwesens wertlos. Die neue Armenordnung gehöre daher in den *Papierkorb*. Die öffentlichkeitsscheuen Liberalen provozierend erklärte Brunner, sollten ihm weitere Beschwerden zu Ohr kommen, werde er künftig die Sache nicht mehr in vertraulichen, sondern in öffentlichen Sitzungen debattieren. Und Gemeinderat Stainer sekundierte, dann hätten die Inspektoren Gelegenheit, sich in der Öffentlichkeit zu rechtfertigen[305].

Als 1894 die Schlußrechnung der Versorgungshäuser für das Bürgerspital einen Abgang von 93 Gulden und für das Bruderhaus einen von 22 Kreuzern, das Erhardspital dagegen einen Überschuß von fünf Gulden, das Kronhaus sogar einen in der Höhe von 694 Gulden ergab, wollte Brunner nicht einsehen, warum man bei den Armen des Kronhauses zu sparen beginne *und ihnen nicht das gibt, was ihnen zusteht*. Gemeinderat Josef Rotter forderte den Inspektor für das Kronhaus, Berthold, auf, er solle *das Rezept, nach welchem man täglich für 16 Kreuzer Suppe, Fleisch, Gemüse und Brod bekommen und dabei noch jährlich 700 fl [Gulden] erspare,* veröffentlichen. Den Antrag Stainers, die tägliche Ration von 14 Deka Fleisch pro Pflegling auf 17 Deka zu erhöhen, begegnete Pollak mit dem bekannten Hinweis, die Kronhäusler hätten keine Pfründe, es heiße nur, daß *sie den Unterstand und wöchentlich 70 Kreuzer bis einen Gulden bekommen. Diejenigen, welche sich nichts verdienen können, haben den Unterstand und die Kost*. Für Verpflegung sei nun einmal ein Betrag von 16 Kreuzern festgesetzt. *Mit Suppe, 14 Deca Fleisch, Gemüse und Brod habe gewiß jeder Mensch, der keine schwere Arbeit verrichte, und das komme bei den Kronhauskommunstüblern ja nicht vor, genug.*[306]

Katholiken und „A-Katholiken"

Zu Jahresbeginn 1890 beschäftigte das Gesuch des protestantischen bürgerlichen Malermeisters Wilhelm Conrad Balzer[307] um Aufnahme in das Bürgerspital den Gemeinderat. Rechtsrat Anton Neumüller referierte die Schwierigkeiten, die sich aus der Aufnahme von *A-Katholiken* ergäben. Zum einen seien die Pfründner nach den Bestimmungen des Stiftsbriefes bzw. der Hausordnung zur Teilnahme an religiösen Übungen verpflichtet, andererseits könne niemand einen Protestanten zu katholischen Andachten verpflichten. Das Staatsgrundgesetz verbiete die Diskriminierung von Andersgläubigen und gewähre allen gleiche Rechte. Der Gemeinderat entschied schließlich „salomonisch": Der Protestant Balzer erhielt die tägliche Bürgerspitalpfründe in der Höhe von dreißig Kreuzern und ein Quartiergeld von fünf Gulden, zahlbar aus dem Bürgersäckelfonds, zugesprochen. Die Aufnahme in das Bürgerspital wurde jedoch aus Platzgründen abgelehnt.

Gemeinderat Domkapitular Georg Mayr regte in diesem Zusammenhang den Neubau der Versorgungshäuser an, *weil dann durch die Errichtung eigener Abtheilungen für Nichtkatholiker mit einem Schlag allen Schwierigkeiten abgeholfen* wäre[308]. Die Forderung des deutschnationalen Gemeinderates Adolf Stainer nach Ausschluß der Juden erregte dagegen Widerspruch. Stainer meinte, die Aufnahme von Juden in den Gemeindeverband hätte in der Bevölkerung einen Sturm der Entrüstung ausgelöst. *Unsere Armenhäuser seien für alle eine Zufluchtsstätte, nur die Juden sollen davon ausgeschlossen bleiben*. Die Juden hätten noch nie etwas zur Gründung und Ausstattung von Wohltätigkeitsanstalten beigetragen, im Gegenteil sie würden durch ihr *Handel und Wandel* viel dazu betragen, die Versorgungshäuser zu füllen, so Stainer[309]. Noch hatten die Antisemiten keine Mehrheit im Salzburger Gemeinderat, der Antrag Stainers wurde abgelehnt.

Um den Einfluß auf die „Pfleglinge" – Die Barmherzigen Schwestern

Anläßlich der Diskussion um eine Verbesserung der Verpflegung der Heiminsassen, brachte Domkapitular Georg Mayr 1892 den Vorschlag ein, man möge die Barmherzigen Schwestern oder die Kreuzschwestern mit der Pflege der Pfründner in den Versorgungshäusern zu beauftragen[310], ein Vorschlag, der bei den Liberalen auf heftige Ablehnung stoßen mußte. Bei einer Übertragung der Verpflegung an Ordensschwestern würde eine ganze Institution geändert, die gemeinderätlichen Inspektoren könnten nicht mehr direkt mit den Pfründnern verkehren, sie würden zu *Hausadministratoren* degradiert, argumentierte Josef Pollak. Gemeinderat Ludwig Schmued wollte den Ordensschwestern zwar nichts unterstellen, aber mit der Übergabe *der Warte und Verpflegung* an die Ordensschwestern würde der *löbliche G. R. aufhören, Herr über die städtischen Versorgungshäuser zu sein*. Vizebürgermeister Rudolf Spängler[311] erinnerte an die Errungenschaften der Verfassung mit ihrer *Freigebung von der konfessionellen Bevormundung*. Und jetzt, so Spängler, solle *die Gemeinde in die Fußstapfen der Ansprüche des Konkordats treten?* Die Stadt habe sich zur Zeit des Konkordats *der Übergabe ihrer Pflegs-Anstalten an klösterliche Zucht wohl weislich enthalten*[312]. Rechtsrat Georg Mussoni räumte ein, es handle sich um keinen Krankendienst, sondern um eine „Ausspeiserei". Diese wollten die Schwestern nur des Profites wegen führen. Im Riedenburger Asyl könnten die *Pensionäre* jederzeit gehen, wenn ihnen etwas nicht passe. Die städtischen

Pfründner könnten dies nicht. Die Debatte wurde heftig und kontroversiell geführt. Die Abstimmung erbrachte eine interessante Konstellation. Für die Vergabe der Verpflegung an einen Orden stimmten nicht nur die „Klerikalen" und die mit ihnen verbündeten Deutschnationalen, sondern auch liberale Gemeinderäte wie Max Ott und Karl Höller. Trotzdem konnte sich die liberale Mehrheit bei der Abstimmung durchsetzen und lehnte den Vorschlag Mayrs ab[313].

1896 wagte bei veränderter politischer Zusammensetzung des Gemeinderates Domkapitular Georg Mayr abermals einen Vorstoß, einen der Orden in den städtischen Versorgungshäusern zu etablieren[314]. Die Arbeit der Schwestern könne nicht schlecht sein, da das Asyl in der Riedenburg wegen der großen Nachfrage zu klein sei, obwohl es bereits ausgebaut worden sei. Allerdings mußte Mayr einräumen, daß man das Asyl eher als „Pensionat" bezeichnen könne. Als der Antrag 1897 zur Abstimmung stand, verweigerten die Deutschnationalen die Gefolgschaft. Mayrs Antrag blieb mit 19 gegen drei Stimmen in der Minderheit[315].

Die Debatte um den Standort

Zu Jahresbeginn 1895 legte der städtische Rechtsrat Georg Mussoni dem Gemeinderat ein Bau- und Finanzierungsprogramm für die neuen Versorgungsanstalten vor. Der Kauf von Gründen in Nonntal für diesen Zweck wurde zunächst zur Kenntnis genommen[316]. Die Entscheidung, das neue Versorgungshaus in Nonntal und nicht hinter dem Bruderhaus zu errichten, sollte aber in den nächsten Monaten zu einem heftig umstrittenen kommunalpolitischen Thema werden. Die antiliberale Koalition bekämpfte in der Folge mit allen Mitteln das Nonntaler Projekt und zog alle Register der politischen Agitation. Sie erreichte schließlich, daß im Gemeinderat die scheinbar beschlossene Sache unter dem Druck einer großen Volksversammlung noch einmal aufgerollt werden mußte.

Das kommunale Großprojekt des Neubaus der Versorgungsanstalten vereinigte viele Thematiken, die man gegen die Liberalen verwenden konnte. Zum einen war es ein Bauprojekt großen Ausmaßes, an dem sich der Verdacht der Verschleuderung von Steuergeldern unterbringen ließ. Zum anderen thematisierte dieses Projekt das soziale Gefüge einer städtischen Gesellschaft. Die Realisierung dieses Projektes stand am Wendepunkt einer noch weitgehend traditional ausgerichteten Armenpolitik zur modernen staatlichen Sozialpolitik.

Den Anfang in der so simpel scheinenden Debatte über den Standort des neuen Versorgungshauses machte der antisemitische Wortführer im Gemeinderat Rechtsanwalt Otto Kilcher. Er begann seinen Angriff mit der Kritik am Entscheidungsprozeß. Über diese wichtige Angelegenheit habe es nie eine richtige Debatte gegeben. Daß Kilcher bei einer vorberatenden Sektionssitzung gefehlt und bei einer anderen für den Standort Nonntal gestimmt hatte, tat der

Heftigkeit seiner Attacke keinen Abbruch. Adolf Stainer rügte, der Grund in Nonntal sei *nur auf Grund eines legeren Vortrages seitens des Herrn Dr. Mussoni* gekauft worden. Ein so wichtiger Gegenstand dürfe aber nicht so *leichtfertig* behandelt werden[317]. Stainers Vertagungsantrag wurde allerdings abgelehnt.

Generell gingen die Vorwürfe der „Klerikalen" und Deutschnationalen dahin, die liberale Stadtverwaltung und liberale Gemeinderatsmehrheit würden diese Angelegenheit – wie auch andere öffentliche Fragen – nicht ausführlich genug diskutieren und Gemeinderat und Bevölkerung vor vollendete Tatsachen stellen. Nur gar zu gerne hätten die Liberalen diese Sache *geheim behandelt,* um sie *dann Knall und Fall ohne der öffentlichen Meinung „für und wider" zu hören*, in Beschlüsse zu zwängen[318]. Die Liberalen würden sich vom *Wahn der Unfehlbarkeit* leiten lassen[319].

Nach der schweren Niederlage der Liberalen bei den Gemeinderatsergänzungswahlen im Frühjahr 1895 wurde mit Petitionen, Plakaten, ausführlichen Referaten in der „Salzburger Chronik" und einer großen vom katholisch-politischen Volksverein organisierten Volksversammlung im „Mödlhammer" die Versorgungshaus-Frage über den Gemeinderatssitzungssaal hinaus zu einer lebhaft debattierten öffentlichen Angelegenheit gemacht[320]. Diese Art von Politik verunsicherte die Liberalen zutiefst. Advokat Anton Jäger[321] meinte, der Gemeinderat sei dadurch in einer gefährlichen Situation, künftig könne er sich alles von Volksversammlungen sagen lassen und wäre dann überflüssig[322].

Die Gegner der Errichtung des Versorgungshauses in Nonntal führten geringere Baukosten für den Standort an der Linzer Gasse ins Treffen. Baumeister Jakob Ceconi, früher Gemeinderat für die „Klerikalen", entwickelte ein Bauprogramm, welches versprach, um 80.000 Gulden billiger als das Nonntaler Projekt zu sein, da es vor allem den bestehenden Bau des Bruderhauses mit einbezog[323]. Der spätere Landeshauptmann Domkapitular Alois Winkler[324] forderte angesichts maroder Stadtfinanzen und drohender Umlagenerhöhung *Sparsamkeit,* welche nur mit einer Realisierung des Projektes an der Linzer Gasse eingehalten werden könne[325]. Und Ceconi verwahrte sich in der „Salzburger Chronik" *entschieden gegen jeden unnöthigen Aufwand von Baukosten und Verwaltungskosten zu den Versorgungshäusern*[326]. „Verschwendungssucht" war der generelle Vorwurf an die Liberalen. Die Höhe der Baukosten für das Nonntaler Haus sollte schließlich einer der Gründe für die Demissionierung von Bürgermeister Ludwig Zeller sein[327].

Die Kalkulationen Ceconis wurden jedoch vom städtischen Bauamt in Zweifel gezogen. Das bestehende Bruderhausgebäude an der Linzer Gasse sei für eine Adaptierung nur bedingt geeignet und viel zu klein. Ceconis Projekt sei auf den ersten Blick deshalb billiger, weil er sein Gebäude mit vier statt mit nur drei (wie in Nonntal) Geschoßen anlege. Weiters habe Ceconi kein Souterrain und keine Unterkellerung vorgesehen, welche aber für Dienstwohnungen und Wirtschaftsräumlichkeiten notwendig seien. Schließlich habe Ceconi eine Raumhöhe von nur 2,80 anstelle von 3,00 Metern angenommen. Diese größere Raumhöhe sei jedoch aus hygienischen Gründen unabdingbar. Das Projekt Ceconis sei daher einer Revisison zu unterziehen und komme in Wirklichkeit zuzüglich der zu gering geschätzten Grunderwerbskosten auf über 339.000 Gulden, sei also teuerer als das Nonntaler Projekt[328].

Insgesamt vertrat das Bauamt die Ansicht, – dies würden auch die Erfahrungen anderer Städte zeigen – daß Versorgungshäuser nicht in dicht besiedeltem Gebiet gebaut werden sollten. Es wäre schwierig, Gärten anzulegen und es gäbe kaum Erweiterungsmöglichkeiten. Der Bauplatz an der Linzer Gasse sei darüber hinaus viel zu schattig[329]. Die Fachleute des Bauamtes bewegten sich damit auf der Höhe der hygienischen Diskussion.

Ein weiterer Argumentationsstrang betraf das soziale Gefüge der Stadt. Die Nonntaler Gründe lägen *zu weit von der Stadt entfernt. In anderen Städten seien die Versorgungshäuser auch nicht an der Periferie,* so Otto Kilcher[330]. Das Versorgungshaus müsse in der Stadt bleiben, denn nur dort würden die Pfründner *mit ihren Angehörigen, ihren oft verheirateten Kindern in beständiger Fühlung* bleiben, hätten *manches Labsal* und fühlten *sich aus ihrer bisherigen Umgebung nicht hinausgeworfen*[331]. An das Bild eines intakten Systems christlicher Barmherzigkeit appellierend hieß es in der Resolution, die Pfründner seien außerhalb der Stadt von ihren Wohltätern abgeschnitten[332]. *Arme alte Leute,* welche auf *die Privat- und Familien-Wohlthätigkeit* angewiesen sind, würden diese *Verbannung umso schwerer empfinden*[333]. Domkapitular Balthasar Kaltner malte das Gespenst großstädtischer Verhältnisse an die Wand[334]. Der Leitartikler der „Salzburger Chronik" wollte nicht einsehen, warum man die Lichtseiten, welche das Leben in einer mittelgroßen Stadt bietet, preisgeben soll, *bloß damit alles so sei, wie in der Millionenstadt?*[335] Gegen die „großstädtische" Aufspaltung der Gesellschaft appellierten die Redner an ein Salzburger Gemeinschaftsgefühl. Der Führer der katholischen Arbeiterbewegung, Otto Dis, rief in diesem Zusammenhang aus: *Wir sind Salzburger*[336]. Kaltner meinte, er habe in die Betroffenen hineingehört und als Antwort erhalten: *Laßt uns in der Stadt.* Und Kaltner gestand der Versammlung ein, *daraus spricht so recht ein Salzburger Herz, die Leute müßten ihre Vaterstadt nicht lieben, wenn sie nicht so sprachen*[337].

Sorge bereitete den „Klerikalen" aber auch die religiöse Versorgung der Pfründner. Während in Nonntal eine eigene Kirche mit Sakristei, Emporen und Oratorien erst erbaut werden müßte, gäbe es in der Neustadt gleich drei Kirchen *mit feierlichen und oftmaligen Gottesdiensten* und verschiedenen Beichtvätern[338]. Kaltner führte begleitet vom Beifall der Anwesenden aus: *Die Zeit des Alters ist ja die Zeit der religiösen Stimmung; die alten Leute haben in der Regel den Gottesdienst liebgewonnen [...].* Draußen vor der Stadt, in Nonntal, werde es *keinen merklichen Unterschied geben zwischen Advent und Osterzeit, zwischen Fasten und Ostern, zwischen Werktag, Sonn- und Festtagen. Die Inwohner dieses Prachthauses werden abgeschnitten sein vom reichen, mannighaltigen, religiösen Leben in der Stadt* [...] *und beschränkt* sein *auf das kleinste und nüchternste Maß*[339]. Draußen vor der Stadt würden *die Armen zu qualvollster Charfreitagsstille verurtheilt* sein, dazu *Langeweile*[340]. Während in den alten Häusern eine *gewisse Häuslichkeit heimisch* sei und die alten Leute dort finden würden, *was sie zu Hause hatten*, würde *im neuen großartigen Institut* eine *einheitliche Ordnung* herrschen müssen[341]. Überdies hätten Nonntal wie auch Parsch eine andere Zukunft *als die Ablage von Spitälern und Armenhäusern* zu sein. In Nonntal seien die künftigen *Baustellen für Landhäuser, Villen, Schlößchen, Pensionen, Hotels und Sanatorien,* so die deutschnationalen „Salzburger Stimmen"[342].

Abb. 23: Bau der „Vereinigten Versorgungsanstalten" in Nonntal, 1897.

Betont nüchtern wurden in der beschließenden Gemeinderatssitzung die Argumente für den Nonntaler Standort der neuen Versorgungshäuser vorgetragen. Die „Salzburger Stimmen" sahen sich denn auch außerstande, das *langathmige Elaborat* [...] *dieses in echt bureaukratischem Style verfaßte Schriftstück* auch nur im Auszug wiederzugeben[343]. Ein Großteil der Pfründner, führte Mussoni aus, habe gar keine Angehörigen oder Wohltäter, von daher sei gleichgültig, wo das Versorgungshaus stehe. Das gleiche gelte für Nebenverdienste, die Möglichkeit dafür bestehe auch in Nonntal. Der Nebenverdienst bestehe zum überwiegenden Teil aus der Übernahme von Näh- und Strickarbeiten sowie im Reparieren von Schuhen. Nur wenige Pfründner würden ihr Geld durch Brotaustragen, Kistenauswaschen bei Kaufleuten oder durch Bedienen verdienen. Der geplante großen Garten werde für viele neue Verdienstmöglichkeiten bringen. Das Bauamt stellte lapidar fest: *Übrigens beträgt der kürzeste Weg vom Hexenturm bis zum Dom circa 1050 m, vom Neubaue im Nonnthal bis zum Dom 1550 m, also etwa 650 Schritte mehr, dürfte auch für alte Leute kaum eine große Rolle spielen*[344].

Als weitere Argumente brachte Mussoni in der Gemeinderatssitzung zugunsten des Nonntaler Standorts vor, daß dort vorübergehend sowohl Obdachlose und fremde Arme bis zu ihrer Transferierung in ihrer Heimatgemeinde auf deren Rechnung untergebracht werden könnten.

Mussoni machte aber ein weiteren in die Zukunft weisenden Vorschlag: Das Nonntaler Bauareal sei für Erweiterungen groß genug. Im Laufe der Jahre könne man an die Errichtung eines *Asyls* gegen Bezahlung denken, da es viele Leute gebe, welche *für einen selbständigen Haushalt nicht mehr die genügenden Mittel, immerhin aber noch so viele Mittel besitzen, daß sie auf eine Armenversorgung keinen Anspruch haben und bei billigen Preisen den Unterhalt wenigstens noch eine Zeit lang bestreiten*[345]. Das Beispiel des Riedenburger Asyls der Barmherzigen Schwestern ist deutlich.

Das Nonntaler Kleingewerbe, so Pollak, habe richtig die wirtschaftliche Bedeutung des Versorgungshauses erkannt. Es würden aus demselben jährlich mindestens 20.000 Gulden ausgegeben, und zwar *Kreuzerweise, gerade an die kleinen Gewerbetreibenden*. Immerhin 113 Personen hatten eine Petition Nonntaler Gewerbetreibender für die Errichtung des Versorgungshauses in ihrem Einzugsbereich unterschrieben[346].

Das „klerikal"-deutschnationale Bündnis berief sich auf die angeblich mehrheitliche Ablehnung des Nonntaler Projektes durch die Bevölkerung. Wir wissen natürlich heute nicht, wie eine Volksbefragung ausgegangen wäre, aber alle Anzeichen sprechen dafür, daß eine Mehrheit der Salzburger den Bau in Nonntal ablehnte. Letztlich protegierten das Projekt nur die Stadtverwaltung, die liberalen Gemeinderatsmitglieder und die allerdings auflagenstärkste Salzburger Tageszeitung[347] „Salzburger Volksblatt". Jedenfalls quittierten die „Salzburger Stimmen" den Ausruf von Gemeinderat Josef Griesberger, Volksversammlungen könne er nicht als Ausdruck des Volkswillens anerkennen, damit, er möge nur die wahre Stimmung der Bevölkerung prüfen, wenn ihm danach sei[348].

Schon vorher waren die Liberalen, ihren Gegnern entgegengekommen, indem man zugestand, anstatt einer kleinen Kapelle eine Kirche in Nonntal zu errichten.

Trotz aller Agitation und nach langer intensiver Debatte entschied sich der Gemeinderat entgegen den eigentlichen Mehrheitsverhätnissen schließlich mit 13 zu neun Stimmen für das Großbauvorhaben in Nonntal. Beinahe die Hälfte der Mandatare der antiliberalen Koalition war der Abstimmung ferngeblieben, während die Liberalen und etliche Parteilose geschlossen für Nonntal stimmten[349]. Den deutschnationalen „Salzburger Stimmen" blieb nur übrig, die Disziplinlosigkeit der eigenen Reihen zu beklagen[350].

Das Personal – Professionalisierung sozialer Arbeit

Sichtbar wird an diesem Konflikt der Gegensatz zwischen dem „Fortschrittswillen" der liberalen Stadtverwaltung und der Skepsis einer breiten Bevölkerungsschicht gegen Neuerungen. Die „Salzburger Stimmen" warfen denn auch den Liberalen vor, *Schwärmer, Philanthropen und große Hygieniker* zu sein, welche *immer in sophistischer Art* ihre Pläne durchsetzen wollten. Diese Skepsis verband sich mit einer Kritik an einer Bürokratisierung des sozialen Lebens.

Ein ähnlicher Gegensatz zwischen altem und gewohntem Herkommen und moderner, aber nüchterner Verwaltung wurde in der Frage des Personals für die Versorgungshäuser sichtbar. Zunächst wurde der im Amtsvorschlag vorgesehene *Hausverwalter* in *Hausvater* umbenannt. Die konservativen Gemeinderatsfraktion erreichte aber schließlich, daß die Verwalterstelle nicht besetzt wurde, statt dessen das System der *Untermeister,* die sich aus dem Kreis der Pfründner rekrutierten, beibehalten wurde. Die Installierung eines Verwalters hätte die Einführung einer *Beamtenwirthschaft* bedeutet[351].

Ähnlich verlief die Debatte über die Einrichtung der Küche. Die vom Bauamt vorgeschlagene funktionale Zentralküche erregte die heftigsten Bedenken eines Teiles des Gemeinderates. Die Dreiteilung der alten Häuser mache nicht nur eine Dreiteilung des neuen Hauses in Nonntal, sondern auch für jeden Trakt eine eigene Küche notwendig. Bereits ein Jahr nach Eröffnung verlangte jedoch Karl Höller die Erbauung einer Zentralküche, um Verwaltungskosten zu sparen[352].

Die neuen Versorgungshäuser stellen einen wichtigen Markstein auf dem Weg zur Professionalisierung sozialer Arbeit dar.

Die Kosten

Die reinen Baukosten für das neue Versorgungshaus waren zunächst auf 300.000 Gulden beschränkt[353], insgesamt hoffte man inklusive Einrichtung und Grundkauf einen Gesamtkostenrahmen von 330.000 Gulden einhalten zu können, ein Betrag, der letztlich nicht zu halten war. Das zu Jahresbeginn 1896 vorgelegte Projekt des Bauamtes sah einen „E"-förmigen Grundriß mit fünf Abteilungen vor. Die in der Mitte der Hauptfront gelegene Kirche sollte für nicht ganz 400 Personen Platz bieten. Ausgelegt war das Projekt für 76 Bürgerspitalpfründner, 136 Bruderhaus- und Erhardspitalpfründner sowie 150 Kommunstübler[354].

Die Baupläne erarbeitete der städtische Oberingenieur Franz Drobny[355], die Gartengestaltung oblag dem Friedhofsverwalter Johann Kern, die Bauleitung wurde dem städtischen Bauamt übertragen[356].

Trotz einer Reihe von Einsparungen, die ein gemeinderätliches Komitee vornahm, mußten die ursprünglich veranschlagten Baukosten auf 322.000 Gulden erhöht werden[357].

Gänzlich verschätzte man sich bei den Kosten für die Einrichtung des Hauses. Obwohl auch hier etliche Abstriche gemacht wurden, wurde das Präliminare für die Einrichtung schließlich auf 30.000 Gulden angehoben[358]. Um Kosten zu sparen, regte – in bewußter Spitze gegen die „klerikalen" Gemeinderäte – der liberale „Deutsche Verein" an, anstelle der geplanten Kirche nur eine kleine Kapelle zu errichten. Es sei nicht einzusehen, daß man Leuten, die von öffentlichen Mitteln lebten, nur ihrer Bequemlichkeit wegen eine eigene Kirche baue[359].

Der Vorwurf an die liberale Stadtverwaltung, sie lasse in Nonntal einen „Palast" errichten und verschwende unnötig Geld, lag trotzdem ständig in der Luft. So erregte der Antrag des Bauamtes, für die Ausstattung des Hauses mit harten Brettelböden den Voranschlag um 3300 Gulden überziehen zu dürfen, neidische Emotionen. Vizebürgermeister Eligius Scheibl kam sich *spaßig* vor, nachdem nicht einmal *wir Hausbesitzer* solche hätten. Matthäus Engel konnte sich des Eindrucks nicht erwehren, man wolle das Versorgungshaus *immer noch nobler* einrichten. *Die alten Leute* seien doch *überhaupt nicht gewohnt, auf Brettelböden zu gehen. Solche dürften für ein Bergsteiger Clublokal gut sein, aber nicht für ein Versorgungshaus*[360]. Gemeinderat Karl Brunner stieß sich an der Gartenanlage. Diese gleiche eher einem *Herrschaftspark als einem Vorsorgungshausgarten*. Lieber hätte er gesehen, wenn anstelle der Ziersträucher Ribisel gepflanzt worden wären[361].

Den Bau der Versorgungshäuser in Nonntal zählte die „Salzburger Chronik" zum *finanziellen Sündenregister* der Liberalen[362]. Bürgermeister Gustav Zeller wurde vorgeworfen, *daß die Versorgungshäuser eine Ueberschreitung von ungezählten Tausenden* aufwiesen, *weil man aus denselben einen Palast gemacht, weil man sich darauf versteifte dieselben nach Nonnthal, statt nach St. Sebastian zu bauen*[363].

Verdächtigungen der Bildung eines förmlichen Preiskartells trafen den deutschnational gesinnten Gemeinderat und Zimmermeister Josef Annast. Durch Preisabsprachen seien der Gemeinde beim Bau des Versorgungshauses unverschämt hohe Preise diktiert worden[364]. Der Behauptung Annasts, das ganze Bauamt sei von Ceconi *von oben bis unten geschmiert,* brachte ihm eine Ehrenbeleidigungsklage und eine Verurteilung zu einer Woche Arrest ein[365].

Die Kosten beliefen sich schließlich auf insgesamt 405.000 Gulden[366].

Abb. 24 u. 25: Städtisches Versorgungshaus, Postkarten von Gregor Baldi, 1899.

Das „Salzburger Volksblatt" meinte mit Stolz, wer *dieses neue Denkmal der Humanität und des Culturfortschrittes Salzburgs* je betreten habe, werde überzeugt sein, daß es nirgends ein Heim gebe, *in welchem das Alter nach einem Leben voll Arbeit seine letzten Lebenstage so behaglich verbringen* könne. Das „Volksblatt" wollte diese kommunale Investition als Dank für *all' die armen Männlein und Weiblein*, die sich ihr Leben lang *abgerackert* hätten, verstanden wissen. Das *Riesengebäude* sollte aber auch ein *Denkmal edler Opferwilligkeit* sein und dem Wanderer signalisieren: *Hier wohnen gute Menschen!*[367]

Am 29. Oktober 1898 weihte Fürsterzbischof Johannes Kardinal Haller das Haus ein[368]. Das „Salzburger Volksblatt" meldete, die heilige Messe habe *fast vier Stunden* gedauert[369]. Das geplante große Eröffnungsfest mußte allerdings unterbleiben, da Kaiserin Elisabeth kurz zuvor in Genf ermordet worden war. Am 7. November 1898 zogen schließlich die ersten neuen Bewohner ein.

Das Flair des neuen Hauses mit seinen hellen lichten Gängen und vergleichsweise geräumigen Zimmern machte auf die *alten gebrechlichen Leutchen* offenbar einen beängstigenden Eindruck. Nach einer *langen bangen Nacht* hätten sie den alten Häusern *Abschiedsthränen* nachgeweint. Und es sei rührend gewesen, *wie die alten, unbeholfenen Männer und Frauen, mit den von Kummer und Sorgen durchfurchten Antlitz auf der Suche nach ihren Zimmern dahinhumpelten, das Ungewohnte, Neue mit beinahe ängstlichen Blicken betrachtend*[370].

Der Bau der „Vereinigten Versorgungsanstalten" stellte sicherlich eine sozialpolitische Pioniertat dar. Man lag mit diesem Neubau auf der Höhe des diesbezüglichen Fortschritts[371].

Trotzdem konservierte man mit der Dreiteilung des Hauses nach den alten Stiftungen in einem gewissen Maße die altständische Gesellschaft. Die dem Ersten Weltkrieg folgende Inflation vernichtete allerdings binnen kurzem die jahrhundertelang angesammelten Kapitalien der Stiftungen. Die anfallenden Kosten für den Betrieb des Hauses mußten in der Folge aus dem laufenden Budget der Stadtgemeinde gedeckt werden[372]. Die Inflation vernichtete endgültig eine Armenpolitik, die ihre Ressourcen aus den finanziellen Möglichkeiten des alten Stiftungswesens bezog.

Mit der Einführung der fürsorgerechtlichen Bestimmungen des Deutschen Reiches und der deutschen Gemeindeordnung durch die Nationalsozialisten im Jahr 1938 wurde der enge Konnex zwischen Heimatrecht und Armenversorgung aufgelöst. Die Gemeinde wurde aus einem Personenverband zur Aufenthaltsgemeinde[373]. Damit entfiel auch die Kategorisierung in Bürger, Heimatberechtigte und Einwohner[374].

Anmerkungen

1. SLA, Stadt- und Landrecht Salzburg, Urkundenbuch 1819/20, fol. 441–449; AStS, NStA 1820/290, Verkauf der Feyerl'schen Tuch- und Seidenhandlung an Anton Kayser.
2. SLA, Bezirksgericht Salzburg, Verlässe Nr. 10.333/1844.
3. Allgemeine deutsche Real-Encyklopädie für die gebildeten Stände. Conversations-Lexikon [= Brockhaus], 8. Or.-Aufl.. Bd. 9, Leipzig 1836, S. 222, Stichwort: Rente.
4. AStS, NStA 1833/648, Übergabsvertrag des Joseph Hofmann an seinen Sohn 1832.
5. AStS, Totenbuch.
6. AStS, StStA, Heinrich Burgstaller an Stiftungenverwaltung, 24. 3. 1831. Die Akten des StStA sind derzeit in Bearbeitung. Es können daher keine Signaturen angegeben werden.
7. AStS, StStA, Maria Bogensbergerin an Armenverwaltung, 2. 9. 1831.
8. AStS, StStA, Thersia Hofer an Stiftungenverwaltung, 4. 3. 1831.
9. AStS, StStA, Johann Steiner an Magistrat, 11. 2. 1828.
10. AStS, NStA 1825/1377, Stiftungenverwaltung an Magistrat, 18. 6. 1825.
11. AStS, NStA 1825/1377, Ehrentraud Aschaber an Kreisamt, 26. 5. 1825.
12. BERND WUNDER, Die Institutionalisierung der Invaliden-, Alters- und Hinterbliebenenversorgung der Staatsbediensteten in Österreich 1748–1780, in: Mitteilungen des Instituts für österreichische Geschichtsforschung 92 (1984), S. 115–406; siehe auch den Beitrag von PETER GUTSCHNER Von der kommunalen Armenpflege zur staatlichen Versicherung. Altersversorgung im 19. und 20. Jahrhundert in diesem Buch.
13. AStS, StStA, Verzeichniß der sämtlichen im Polizeybezirke Salzburg befindlichen Pensionisten und Quiescenten, welche ihre Pensionen und Quieszenten-Gehalte bisher hier Landes bezogen haben, 1816.
14. JOSEF EHMER, Sozialgeschichte des Alters, Frankfurt/Main 1990, S. 40–43, hier S. 42.
15. AStS, StStA, Elisabeth Schitter an Magistrat, 8. 2. 1828.
16. AStS, StStA, Commissions-Protocoll, welches über die individuelle Revision und Superarbitrirung den aus den städtischen Armenfonds betheilten Individuen aufgenommen wurde, 1833/34, ohne pag.
17. AStS, NStA 1833/662, Rekurs des Johann Besel an die Landesregierung, 22. 3. 1833.
18. Vgl. GUNDA BARTH-SCALMANI, Weibliche Dienstboten in der Stadt des ausgehenden 18. Jahrhunderts. Leopold Mozarts Seccaturen mit den Menschern, in: MGSL 137 (1997), S. 199–218, hier S. 207–211.
19. MICHAEL MITTERAUER, Problemfelder einer Sozialgeschichte des Alters, in: HELMUT KONRAD (Hg.), Der alte Mensch in der Geschichte, Wien 1982, S. 24.
20. SLA, Kreisamt (KA) 297/1, Magistrat an Kreisamt, 28. 11. 1817.
21. SABINE VEITS-FALK, Armut in einer Zeit des Umbruchs und der Stagnation. Das Beispiel Salzburg von der Aufklärung bis zum Liberalismus, GW-Diss., Salzburg 1997, S. 131–134; ALFRED STEFAN WEISS, „Providum imperium felix." Glücklich ist eine voraussehende Regierung. Aspekte der Armen- und Gesundheitsfürsorge im Zeitalter der Aufklärung, dargestellt anhand Salzburger Quellen ca. 1770–1803, Wien 1997, S. 123 f.; GERD GÖCKENJAN, Alter und Armut. Armenpflege für alte Leute im neunzehnten Jahrhundert, in: DERS. (Hg.), Recht auf ein gesichertes Alter? Studien zur Geschichte der Alterssicherung in der Frühzeit der Sozialpolitik (Beiträge zur Sozialpolitik-Forschung 5), Augsburg 1990, S. 105–141, hier S. 107–113.
22. AStS, StStA, Commissions-Protocoll 1833/34 (wie Anm. 16), ohne pag.
23. JOSEF POLLAK, Zur Reform der öffentlichen Armen-Pflege in Salzburg, Salzburg 1891, S. 53.
24. Allgemeine deutsche Real-Encyklopädie (wie Anm. 3). Bd. 1, Leipzig 1833, Stichwort: Alter, S. 218.

25 GERD GÖCKENJAN, Altersbilder als Konzepte sozialer Praxis in deutschen Zeitschriften des 18. und 19. Jahrhunderts, in: Archiv für Kulturgeschichte 75 (1993), S. 395–418.
26 PETER BORSCHEID, Geschichte des Alters, Münster 1987, S. 151.
27 GEORG STADLER, Das Bürgerspital St. Blasius zu Salzburg, Salzburg 1985, S. 177; DERSELBE, Die Generalvisitation des Salzburger Bürgerspitals St. Blasius unter Fürsterzbischof Hieronymus Colloredo 1795, in: MGSL 131 (1991), S. 137–161, hier S. 151 u. 156.
28 HANS-JOACHIM VON KONDRATOWITZ, Das Alter eine Last. Die Geschichte einer Ausgrenzung, dargestellt an der institutionellen Versorgung des Alters 1880–1933, in: Archiv für Sozialgeschichte 30 (1990), S. 105–144.
29 GÖCKENJAN, Alter und Armut (wie Anm. 21), S. 106.
30 VEITS-FALK, Armut (wie Anm. 21), S. 134.
31 Vgl. EHMER, Sozialgeschichte (wie Anm. 14), S. 73–77.
32 Ausführlich: JOHANN ERNST TETTINEK, Die Armen-Versorgungs- und Heilanstalten im Herzogthume Salzburg, Salzburg 1850.
33 TETTINEK, Armen-Versorgungs- und Heilanstalten (wie Anm. 32), S. 42–44; SABINE VEITSFALK, Mathias Bayrhammer. Auf den Spuren eines Wohltäters 150 Jahre nach seinem Tod, in: Salzburg Archiv 20, Salzburg 1995, S. 185–208.
34 GEORG MUSSONI, Fonde und Stiftungen der Landeshauptstadt Salzburg, Salzburg 1890; ANSELM MARTIN, Die Kranken- und Versorgungsanstalten in Wien, Baaden, Linz und Salzburg, München 1832, S. 211–219.
35 POLLAK, Reform (wie Anm. 23), S. 28.
36 JOHANN ERNST TETTINEK, Das Domizil oder Heimathsrecht hinsichtlich der Armenversorgung, Salzburg 1844, S. 7.
37 TETTINEK, Domizil (wie Anm. 36), S. 13; Das Recht auf Versorgung im Verarmungsfall nach zehnjährigem Aufenthalt sah auch die Almosen-Ordnung 1754 vor. AStS, Generalia.
38 Vgl. unten S. 218.
39 TETTINEK, Armen-Versorgungs- und Heilanstalten (wie Anm. 32), S. 44.
40 Ebenda, S. 71.
41 AStS, NStA 246, Haus-Ordnung für die städtischen Versorgungsanstalten, Salzburg 1872, § 7.
42 POLLAK, Reform (wie Anm. 23), S. 28.
43 LUDWIG PEZOLT, Zur Geschichte des Armenwesens der Stadt Salzburg, in: Österreichisches Städtebuch. Statistische Berichte der grösseren österreichischen Städte. Bd. 2, Wien 1888, S. 7–30, hier S. 19.
44 TETTINEK, Armen-Versorgungs- und Heilanstalten (wie Anm. 32), S. 91–100; MARTIN, Kranken- und Versorgungsanstalten (wie Anm. 34), S. 215 f.; Die Wohlthätigkeits-Stiftungen und Fonde im Herzogthume Salzburg, Salzburg 1882, S. 20–23.
45 Fünfzig Jahre Landtag 1861 bis 1911, Salzburg 1911, S. 380–383.
46 AStS, StStA, Verzeichnis der sämtlichen im Bürgerspital zu Salzburg befindlichen Pfründner und Unpfründner nebst dem Dienst-Personale, um 1834. Dieses Verzeichnis gibt mehrere Fälle von Transferierung von Pfründnern ins Leprosenhaus an.
47 Vgl. etwa: BIRGIT WIEDL, Das Goldschmiedehandwerk in der Stadt Salzburg im Spätmittelalter und in der Frühen Neuzeit, in: MGSL 1135 (1995), S. 497–604, hier S. 557–566.
48 AStS, NStA, StStA, SIGMUND TRIENDL [an Stadtrat], 27. 6. 1807. Der Eingabe liegen zwei Entwürfe Triendls bei, aus denen abwechselnd zitiert wird.
49 Vgl. dazu etwa: BRONISLAW GEREMEK, Geschichte der Armut. Elend und Barmherzigkeit in Europa, München–Zürich 1988, S. 27–68; NIKLAS LUHMANN, Formen des Helfens im Wandel gesellschaftlicher Bedingungen, in: DERSELBE, Soziologische Aufklärung 2, Opladen 1975, S. 134–149, hier S. 139.
50 J. TR., Biographische Skizze des bürgerlichen Stadtrathes etc Sigmund Triendl, in: Intellienzblatt von Salzburg, 15. 7. 1809, Sp. 431–437, hier Sp. 435.

51 Für Salzburg ausführlich: WEISS, Providum imperium felix (wie Anm. 21).
52 HANNES STEKL, Österreichs Zucht- und Armenhäuser 1671–1920. Institutionen zwischen Fürsorge und Strafvollzug (Sozial- und wirtschaftshistorische Studien 12), Wien 1978. Für Salzburg: WEISS, Providum imperium felix (wie Anm. 21), S. 69–88; HELMUT BENEDER, Das Salzburger Zucht- und Arbeitshaus in der Zeit von 1754/55–1779, Dipl.-Arb. (masch.), Salzburg 1996.
53 Ein ähnliches Projekt hatte die Armenkommission 1804 erwogen. AStS, BU 1426, Armen-Kommissions-Protocoll vom Jahre 1804, S. 7; VEITS-FALK, Armut (wie Anm. 21), S. 242.
54 TRIENDL (wie Anm. 48).
55 Vgl. GERALD SCHÖPFER, Sozialer Schutz im 16. bis 18. Jahrhundert. Ein Beitrag zur Geschichte der Personenversicherung und der landwirtschaftlichen Versicherung (Grazer rechts- und staatswissenschaftliche Studien 33), Graz 1976.
56 CHRISTIAN DIRNINGER, Die Diffusion der Sparkassenidee in Österreich im 19. Jahrhundert in regionaler Perspektive, in: Vierteljahresschrift für Sozial- und Wirtschaftsgeschichte. Beiheft 103, Stuttgart 1992, S. 207–233, hier S. 216.
57 AStS, BU 196, Magistratisches Geschäfts-Protocoll für das Jahr 1820, Nr. 863.
58 D. i. Filiale.
59 HEDWIG FRITZ, 150 Jahre Sparkassen in Österreich. Bd. 1: Geschichte, Wien 1972, S. 374.
60 SLA, KA 659, Die allgemeine Versorgungs-Anstalt, Druck [1826].
61 SLA, KA 296, Gustav Graf Chorinsky an den Präsidenten der Linzer Sparkasse, Graf Barth-Barthenheim, 7. 3. 1845.
62 Sammlung der an den Säkular- und Regularklerus der Erzdiöcese Salzburg von dem Consistorium erlassenen Verordnungen, 2. Bd. 1824–1834, Salzburg 1841, Die Beförderung der Sparcasse betreffend, Jg. 1830, S. 247 f.
63 FRANZ MARTIN, Die Museums-Gesellschaft. Salzburgs ältester Verein, in: MGSL 75 (1935), S. 119–132, hier S. 127.
64 DIRNINGER, Sparkassenidee (wie Anm. 56), S. 220.
65 AStS, Commissionsprotokoll 1833 (wie Anm. 16), ohne pag.
66 AStS, StStA, Regierungsverordnung, 24. 7. 1834.
67 TETTINEK, Armen-Versorgungs- und Heilanstalten (wie Anm. 32), S. V.
68 Vgl. dazu die ausführlichen und detailreichen Arbeiten: WEISS, Providum imperium felix (wie Anm. 21); VEITS-FALK, Armut (wie Anm. 21).
69 TETTINEK, Armen-Versorgungs- und Heilanstalten (wie Anm. 32), S. 4.
70 AStS, Gemeinderatsprotokolle, 7. 3. 1870, S. 190 und 9. 5. 1870, S. 371.
71 Concert für die Hausarmen, in: Salzburger Zeitung, 8. 1. 1898, S. 6.
72 Concert für die Salzburger Hausarmen, in: Salzburger Zeitung, 21. 1. 1893, S. 2; Salzburger Chronik, 11. 1. 1895, S. 3.
73 [Nekrolog auf Karl Petter], in: MGSL, 30 (1890), S. 275–277; [JOHANN EVANGELIST ENGL], Nachruf. Carl Josef Abelion Petter, in: Jahresbericht der Internationalen Stiftung Mozarteum, 9 (1889), Salzburg 1890, S. 47–51, hier S. 49.
74 WEISS, Providum imperium felix (wie Anm. 21), S. 46–50; VEITS-FALK, Armut (wie Anm. 21), S. 310–328; POLLAK, Reform (wie Anm. 23), S. 20–33.
75 POLLAK, Reform (wie Anm. 23), S. 29; AStS, Generalia, k.k. Armenkommission, Bekanntmachung, 6. 4. 1808, [Aufforderung, den Bettlern keine Almosen zu geben, sondern der Armenkasse zu spenden]; AStS, Generalia, Aufruf an die Bewohner der Landeshauptstadt Salzburg [an die Bettler keine Almosen zu geben], 7. 1. 1850.
76 AStS, Gemeinderatsprotokolle, 24. 7. 1865, o. S.
77 Aufruf an die Bewohner der Stadt, in: Salzburger Zeitung, 13. 7. 1867, S. 3 f.; AStS, Gemeinderatsprotokolle, 15. 7. 1867, S. 343.
78 MARTIN, Museums-Gesellschaft (wie Anm. 63), S. 127.

79 AStS, BU 2211, Rechnungs-Hauptbuch des Localarmenfondes 1833–1835, S. 170.
80 AStS, BU 2210, Localarmenfond mit 4 Nebenfondes 1855, S. 68.
81 IGNAZ HARRER, Die Gemeinde-Verwaltung der Landeshauptstadt Salzburg vom Ende des Jahres 1872 bis dahin 1875, Salzburg 1875, S. 41.
82 POLLAK, Reform (wie Anm. 23), S. 29.
83 AStS, Gemeinderatsprotokolle, 3. 7. 1893, S. 1489 ff.; JOSEF POLLAK, Gegen den Hausbettel, Salzburg 1893.
84 Aufruf [...] betreffend die Zeichnung freiwilliger Armenbeiträge, in: Salzburger Volksblatt, 22. 9. 1894, S. 19.
85 ALOIS LACKNER, Die öffentliche offene Armenpflege der Stadt Salzburg in den Jahren 1897 bis 1903, Salzburg 1904, S. 23.
86 Aufruf an die p. t. Bewohner der Stadt Salzburg, betreffend die Zeichnung freiwilliger Armenbeiträge, in: Salzburger Volksblatt, 22. 9. 1894, S. 19.
87 LACKNER, Armenpflege (wie Anm. 85), S. 24.
88 L., Zur Abwehr des Bettelunfuges in der Stadt Salzburg, in: Salzburger Tagblatt, 23. 2. 1897, S. 5.
89 VEITS-FALK, Armut (wie Anm. 21), S. 179.
90 Ein armer Mann, in: Salzburger Zeitung, 12. 2. 1887, S. 3.
91 AStS, Gemeinderatsprotokolle, 14. 2. 1887, S. 200.
92 FERDINAND TÖNNIES, Gemeinschaft und Gesellschaft. Grundbegriffe der reinen Soziologie. 6. Aufl., Berlin 1926; GEORG VOBRUBA, Gemeinschaft ohne Moral. Theorie und Empirie moralfreier Gemeinschaftskonstruktion, Wien 1994.
93 HANNS HAAS, Der politische Katholizismus in Salzburg, in: Salzburg zur Gründerzeit, hg. v. DEMSELBEN (Salzburg Archiv 17), Salzburg 1994, S. 185–216; SABINE MAIR-GRUBER u. DAGMAR STRANZINGER, Armenpflege und sozial-karitative Vereine in Salzburg im 19. Jahrhundert, in: HAAS, Gründerzeit, ebenda, S. 217–242; CHRISTIAN GREINZ, Das sociale Wirken der katholischen Kirche in Oesterreich. 5. Bd.: Die Erzdiöcese Salzburg, Wien 1898; [ALOIS HAMMERLE], Zur Geschichte der katholischen Vereine respective des St. Rupertus-Vereines in Salzburg, in: Salzburger Chronik, Dezember 1897, Serie; [JOSEF KELDORFER], Der Vincenzius-Verein, in: Salzburger Zeitung, 23. 11. 1880, 24. 11. 1880.
94 Statuten des katholischen Frauen-Vereines in Salzburg, Salzburg 1850, zit. n. MAIR-GRUBER/STRANZINGER, Armenpflege (wie Anm. 93), S. 232.
95 Statuten des Vereines vom heiligen Vincenz von Paul im Lande Salzburg, Salzburg 1871.
96 Verein vom heiligen Vincenz von Paul, Zweiter Rechenschafts-Bericht für den Verwaltungs-Bereich des Herzogthums Salzburg 1892, Salzburg 1893, S. 2.
97 Gedenkbüchlein für die Theilnehmer am St. Vincenz-Verein, Salzburg [1884], S. 16 f.
98 Gedenkbüchlein (wie Anm. 97), S. 2.
99 ALOIS HAUSBACHER, Vortrag in der General-Versammlung des St. Vincenz-Vereines am 4. März 1888 in St. Peter, Salzburg [1888].
100 Chronik des St. Vincenz-Vereines, Conferenz zum hl. Josef in Salzburg, in: Siebenter gedruckter Rechenschaftsbericht der Conferenz zum heil. Josef vom Vereine des hl. Vincenz von Paul in Salzburg 1880/81, Salzburg 1882, S. 3–10.
101 Rechenschafts-Bericht 1892 (wie Anm. 100), S. 3 und S. 5.
102 Hohe sichere Zinsen. [Inserat des Vinzenzius-Vereines], in: Salzburger Zeitung, 25. 10. 1890, S. 5.
103 Vgl. die Rechenschafts-Berichte der Conferenz zum hl. Josef des St. Vincenz-Vereines.
104 Rechnungs-Ausweis des Katholischen Frauen-Wohlthätigkeits-Vereines in Salzburg, verschiedene Jahrgänge.
105 GREINZ, Das sociale Wirken (wie Anm. 93), S. 224; HEINZ OBERHUEMER, Chronik der Kolpingsfamilie Salzburg-Zentral 1852–1982, Salzburg 1982.

106 GREINZ, Das sociale Wirken (wie Anm. 93), S. 86 und S. 232; PEZOLT, Geschichte des Armenwesens (wie Anm. 43), S. 28.
107 AStS, NStA 221, Verkauf des Bürgerspitals, Eingabe von Alois Kaltenhauser für das Dienstbotenheim-Komitee, 27. 11. 1896.
108 AStS, NStA 221, Verkauf des Bürgerspitals, Eingabe des Dienstbotenheim-Komitees an den Magistrat, 6. 2. 1896; Salzburger Chronik, 18. 6. 1896, S. 2. Für das Komitee zeichneten Bürgerspital-Pfarrer Dr. Alois Kaltenhauser, Bäckermeister Franz Würtz, Rechnungsrats-Witwe Albertine Fiala, die Private Louise Gildschwert, Damenkleidermacherin Adele Waschmann (?) und der Leihhaus-Offzial Ludwig Eberl verantwortlich.
109 Das Dienstbotenheim, in: Salzburger Volksblatt, 2. 4. 1897, S. 3.
110 GREINZ, Das sociale Wirken (wie Anm. 93), S. 231.
111 HANNS HAAS, Arbeiterschaft und Arbeiterbewegung, in: HEINZ DOPSCH und HANS SPATZENEGGER (Hg.), Geschichte Salzburgs. Stadt und Land. Bd. II/2, Salzburg 1988, S. 934–990, hier S. 955.
112 GREINZ, Das sociale Wirken (wie Anm. 93), S. 224.
113 Salzburger Chronik, 11. 2. 1895, S. 3; 12. 2. 1895, S. 3; Vgl. dazu auch den Bericht über diese Kasse von Gemeinderat Franz Engl, in: Bericht über die Versammlung der Katholiken des Herzogthumes Salzburg in Salzburg 1898, Salzburg 1899, S. 50–52.
114 FRIEDRICH ENGEL, Die charitativen und humanitären Vereine ÖsterreichS. 4. H.: Herzogtum Salzburg, Linz 1907, S. 51–56.
115 Statuten des Witwen-Unterstützungs-Vereines zu Salzburg unter dem Schutze der heiligen Dreifaltigkeit, 2. Aufl., Salzburg 1886, S. 6 f.
116 Siehe unten S. 215.
117 GREINZ, Das sociale Wirken (wie Anm. 93), S. 112.
118 Vgl. AStS, PA 054, Akten des Allgemeinen Unterstützungsvereines für pensionierte Beamte, Localausschuß Salzburg.
119 Versammlung des Gewerbe-Genossenschafts-Verbandes, in: Salzburger Volksblatt, 5. 10. 1898, S. 4.
120 Ausführlich: THOMAS HELLMUTH, „Alle für Einen, Einer für Alle!". Das liberale Konzept der Selbsthilfe am Beispiel der Salzburger Unterstützungsvereine, in: HAAS, Gründerzeit (wie Anm. 93), S. 139–161, hier S. 148–159.
121 Salzburger Volksblatt, 12. 3. 1874, S. 3.
122 Rechenschafts-Bericht des Allgemeinen Kranken-Unterstützungs-Vereines für das Kronland Salzburg 1886/87, Salzburg 1887, S. 7.
123 LOUIS LINDNER, Centralisation auf dem Gebiete der Krankenversicherung. Ein Beitrag zur Refrom des Krankenversicherungswesen, Wien 1896, S. 14.
124 LINDNER, Krankenversicherung (wie Anm. 123), S. 17 f.; Salzburger Chronik, 11. 3. 1895, S. 3, Inserat.
125 Nicht zu verwechseln mit dem „Allgemeinen Kranken-Unterstützungsverein". Vgl. HELLMUTH, Salzburger Unterstützungsvereine (wie Anm. 120).
126 Ausführlich: EMMERICH TALOS, Staatliche Sozialpolitik in Österreich. Rekonstruktion und Analyse, Wien 1981, S. 41–93.
127 EHMER, Sozialgeschichte (wie Anm. 14), S. 95.
128 Ebenda, S. 92–98.
129 Vgl. dazu: JOSEF WEIDENHOLZER, Der sorgende Staat. Zur Entwicklung der Sozialpolitik von Joseph II. bis Ferdinand Hanusch, Wien–München–Zürich 1985, S. 179–217; ausführlicher auch im vorliegenden Band GUTSCHNER (wie Anm. 12).
130 Antrag auf Altersversorgung der Arbeiterschaft, in: Salzburger Chronik, 8. 6. 1895, S. 1 f.
131 Bericht über die Versammlung der Katholiken (wie Anm. 113), S. 38–45.

132 ANTON SCHALKHAMER, Ist die facultative oder die obligatorische Altersversicherung für Österreich wünschenswerth?, in: Salzburger Volksblatt, 10. 9. 1898, S. 17.
133 An die fortschrittlichen Reichsraths-Wähler in Stadt und Land Salzburg!, in: Salzburger Volksblatt, 13. 3. 1897, Beilage, S. 2.
134 TALOS, Staatliche Sozialpolitik (wie Anm. 126), S. 111.
135 Ebenda, S. 117.
136 EHMER, Sozialgeschichte (wie Anm. 14), S. 95.
137 Zur Person Prodinger vgl. SMCA, Personalia Prodinger; DIRNINGER, Sparkassenidee (wie Anm. 56), S. 223.
138 AStS, Archiv der Salzburger Sparkasse (ASSp), Sparkassenakt, GEORG PRODINGER, Vortrag über die Errichtung einer eigenen Sparcasse und Versorgungs-Anstalt im Kronlande Salzburg, 1849. Kopie aus dem SLA; DIRNINGER, Sparkassenidee (wie Anm. 56), S. 223 f.
139 R. K., Vorschlag zur Gründung einer Sparkasse in Salzburg für das ganze Kronland, in: Salzburger Post, 7. 7. 1851, S. 611 f.
140 AStS, Gemeinderatsprotokolle, 31. 10. 1853, ohne Pag., Tagesordnungspunkt (Top) Nr. 25; 7. 11. 1853, Top 14.
141 Zur Gründungsgeschichte ausführlich: FRANZ RUEDL, Arbeite – Sammle – Vermehre. 1855–1955. Festschrift zur Hundert-Jahr-Feier der Salzburger Sparkasse, Salzburg 1955.
142 Die Sparkasse für das Herzogthum Salzburg in ihrer Entstehung und ihren Folgen gemeinfaßlich geschildert, Salzburg 1855, S. 2.
143 SMCA, Personalia Prodinger, Salzburger Sparkasse an Georg Prodinger, 2. 3. 1858.
144 SMCA, Personalia Prodinger, Marie Prodinger an SMCA, 9. 5. 1904. Prodinger hatte in Oberösterreich im Vormärz mit einer Spezereihandlung und einem Stellwagenunternehmen Konkurs gemacht.
145 ANTON ZDEŠAR, Geschichte der Barmherzigen Schwestern in der Provinz Salzburg, Graz 1906.
146 ALEXANDER REYER, In Betreff der Einführung der Grauen Schwestern im Sankt Johann-Spitale zu Salzburg, in: Salzburger Zeitung, 19. 5. 1848.
147 Hundertfünfzig Jahre Töchter der christlichen Liebe, Provinz Salzburg. Barmherzige Schwestern, Salzburg 1994, S. 18 f.
148 Vgl. dazu: AStS, NStA 26, Beschäftigungsanstalt 1835–1865; JOSEF POLLAK, Zur Errichtung einer Beschäftigungs-Anstalt und einer Arbeits-Vermittlungsstelle in Salzburg (= Sonderdruck aus Salzburger Volksblatt), Salzburg 1894, S. 11; ELISABETH RATH, Caroline Auguste (1792–1873). Kaiserliche Wohltäterin in Salzburg, in: Caroline Auguste (1792–1873). Namenspatronin des Salzburger Museums (Jahresbericht des Salzburger Museums Carolino Augusteum 39), Salzburg 1993, S. 15–161, hier S. 78–81.
149 Hundertfünfzig Jahre Töchter der Liebe (wie Anm. 147), S. 19; CHRISTIAN GREINZ, Das St. Johanns-Spital zu Salzburg. Eine kurze Geschichte und Beschreibung seiner Gründung und Entwicklung, Salzburg 1895, S. 10–12.
150 SLA, Landesausschuß, II, 1 e (Kt. 106), Leopold Spatzenegger an Landesausschuß, 2. 4. 1868.
151 Die liberale Parade im Mirabell, in: Salzburger Chronik, 19. 10. 1896, S. 3.
152 Vgl. etwa: Bericht des Landes-Ausschusses des Herzogthumes Salzburg betreffend die Aufhebung der mit der Kongregation der barmherzigen Schwestern abgeschlossenen Verträge [...], und anschließende Debatte in: Verhandlungen des Salzburger Landtages 1871, S. 335–362, S. 691–710; Bericht des Landes-Ausschusses des Herzogthumes Salzburg betreffend die Vereinbarung und Abschließung neuer Verträge mit der Kongregation der barmherzigen Schwestern [...], in: Verhandlungen des Salzburger Landtages 1872, S. 493 f.
153 SLA, Landesausschuß, II, 1 e (Kt. 106), CONGREGATION DER BARMHERZIGEN SCHWESTERN, Aufruf [zur Gründung eines Asyls für alte und gebrechliche Menschen], Salzburg 1872.

154 SLA, Landesausschuß, II, 1 e (Kt. 106), CONGREGATION DER BARMHERZIGEN SCHWESTERN, Das von den barmherzigen Schwestern in Salzburg angestrebte Versorgungsgaus betreffend, Salzburg 1872.
155 Siehe unten S. 225 f.
156 SLA, Landespräsidium 1872, Nr. 496, Landespräsidium an Kabinettskanzlei Seiner Majestät, 10. 5. 1872.
157 SLA, Landesregierung, 1873 VII D 3, FRANZ VALENTIN ZILLNER, Gutachten, 11. 5. 1873.
158 SLA, Landesregierung, 1873 VII D 3, Protokoll des Landessanitätsrates, 12. 5. 1873.
159 Die Congregation der barmherzigen Schwestern vom hl. Vincenz von Paul in Salzburg. Kurze Geschichte ihrer Einführung und Verbreitung aus Anlaß ihres fünfzigjährigen Bestehens, in: Personalstand der Säcular- und Regular-Geistlichkeit des Erzbisthums Salzburg auf das Jahr 1894, Salzburg 1894, S. 197–217.
160 GREINZ, Das sociale Wirken (wie Anm. 93), S. 198.
161 ANDREAS GRUBER, Große Politik in der kleinen Stadt. Der Salzburger „Liberale Verein", in: HAAS, Gründerzeit (wie Anm. 93), S. 29–78, hier S. 62.
162 Vgl. etwa: Heinrich Ritter von Mertens im Salzburger Landtag 1864, Zit. bei: INGRID BAUER (Hg.), 100 Jahre Sozialdemokratie. Von der alten Solidarität zur neuen sozialen Frage, Wien 1988, S. 27.
163 Salzburger Zeitung, 22. 9. 1863, S. 3.
164 AStS, Gemeinderatsprotokolle, 14. 9. 1863, Top 2; VEITS-FALK, Armut (wie Anm. 21), S. 179–182.
165 H-z, Salzburger Gemeindeangelegenheiten. [Bericht über das Memorandum von Heinrich Ritter von Mertens], in: Salzburger Zeitung, 26. 9. 1863, S. 3.
166 AStS, Gemeinderatsprotokolle, 29. 1. 1866, S. 3.
167 Dazu ausführlich: HELLMUTH, Salzburger Unterstützungsvereine (wie Anm. 120).
168 POLLAK, Beschäftigungs-Anstalt (wie Anm. 148), S. 13–20.
169 AStS, o. Sign., Normalienbuch 1854–1907, S. 60.
170 PEZOLT, Geschichte des Armenwesens (wie Anm. 43), S. 19.
171 Aufruf an die Bewohner der Stadt, in: Salzburger Zeitung, 13. 7. 1867, S. 4.
172 PEZOLT, Geschichte des Armenwesens (wie Anm. 43), S. 19.
173 HEINRICH RITTER VON MERTENS, Bericht des Bürgermeisters der Landeshauptstadt Salzburg über die Ergebnisse der Gemeinde-Verwaltung in den Jahren 1861–1869, Salzburg 1870, S. 21; AStS, NStA 283, Vereinigung der städtischen Stiftungenverwaltung mit der Gemeindekasse.
174 AStS, Normalienbuch (wie Anm. 169), fol. 20.
175 AStS, Normalienbuch (wie Anm. 169), fol. 28 und 78 f.
176 MERTENS, Bericht des Bürgermeisters (wie Anm. 173), S. 21.
177 Armen-Gesetz vom 30. Dezember 1874, in: Gesetze und Verordnungen für das Herzogthum Salzburg, Jahrgang 1875, 3. St.
178 Vgl. HAAS, Arbeiterschaft (wie Anm. 111), S. 957; ELISABETH MAYER, Sozialhilfe in Salzburg. Gesetzgebung und Praxis in der ausgehenden Monarchie, in: Jahrbuch der Universität Salzburg 1979–1981, Salzburg 1982, S. 52–72.
179 AStS, NStA, 245, Extradierung der geistlichen Fonds; AStS, Normalienbuch (wie Anm. 169), S. 12 f und 16 f.
180 Armen-Gesetz (wie Anm. 177), § 9.
181 Heimatgesetz vom 3. 12. 1863, in: In: Reichs-Gesetz-Blatt für das Kaiserthum Oesterreich, 105/1863.
182 Vgl. PETER GUTSCHNER, Von der kommunalen Armenpflege zur staatlichen Versicherung. Altersversorgung im 19. und 20. Jahrhundert, in diesem Band; ERNST EXTERDE, Ueber das Heimatrecht, in: Oesterreichische Zeitschrift für Verwaltung, 1. Jg. (1868), Nr. 1–5; KARL

HUGELMANN, Die Reform des Heimatrechtes, in: Oesterreichische Zeitschrift für Verwaltung, 29. Jg. (1896), Nr. 37–39.
183 Vgl. dazu: HANNS HAAS und MONIKA KOLLER, Jüdisches Gemeinschaftsleben in Salzburg. Von der Neuansiedlung bis zum Ersten Weltkrieg, in: MARKO FEINGOLD (Hg.), Ein ewiges Dennoch. 125 Jahre Juden in Salzburg, Wien Köln Weimar 1993, S. 31–52; RUPERT KLIEBER, Politischer Katholizismus in der Provinz, Wien Salzburg 1994, S. 205–207.
184 Wählet antiliberal!, in: Salzburger Chronik, 24. 3. 1889. S. 1.
185 STEFAN GRÜNER, Der Bildhauer Johann Piger und sein Werk in Salzburg. Dipl.-Arb. (masch.), Salzburg 1993; DERSELBE, Johann Piger (1848–1932). Ein Bildhauer für Salzburg, in: Bastei. Mitteilungs-Blätter des Stadtvereines Salzburg, 1995, Folge 1, S. 5 f. Piger schuf unter anderem die neogotische Altarplastik im Asyl Riedenburg und die Plastiken in den Wandnischen der Universitätskirche.
186 AStS, Gemeinderatsprotokolle, 29. 4. 1889, S. 647 ff.; Salzburger Volksblatt, 30. 4. 1889, S. 3.
187 WALBURG SCHOBESBERGER, Baumeister einer Epoche. Das gründerzeitliche Wirken der Baumeister- und Architektenfamilie Ceconi in Stadt und Land Salzburg, in: MGSL 125 (1985), S. 703–745.
188 Zu den Gemeinderaths-Wahlen, in: Salzburger Volksblatt, 23. 3. 1889, S. 1.
189 AStS, Heimatmatrik.
190 HANNS HAAS, Von liberal zu national. Salzburgs Bürgertum im ausgehenden 19. Jahrhundert, in: Politik und Gesellschaft im alten und neuen Österreich. Festschrift für Rudolf Neck, hg. v. ISABELLA ACKERL, WALTER HUMMELBERGER und HANS MOMMSEN, München 1981, S. 109–132, hier S. 115.
191 Zu den Gemeinderaths-Wahlen, in: Salzburger Volksblatt, 23. 3. 1889, S. 1.
192 Ebenda.
193 Wählerversammlung im Mödlhammer, in: Salzburger Volksblatt, 12. 12. 1891, S. 1 f.
194 Vgl. etwa: Ein Volksgericht, in: Salzburger Chronik, 7. 12. 1891, S. 3; Ein Volksgericht, in: Salzburger Volksblatt, 19. 12. 1891.
195 AStS, Gemeinderatsprotokolle, 14. 11. 1892, S. 2317; Aus der Gemeinderaths-Sitzung, in: Salzburger Zeitung, 15. 11. 1892, S. 3–5.
196 Zu den Gemeindcrathswahlen, in: Salzburger Volksblatt, 21. 3. 1895, S.2 f.
197 Inserat zur Eröffnung der Kanzlei Kilcher, in: Salzburger Zeitung, 14. 4. 1893, S. 17.
198 Zu den Gemeinderaths-Wahlen, in: Salzburger Volksblatt, 7. 4. 1894, S. 1 f.
199 Vgl. zur Namensänderung Otto Lubowienskis: ARTHUR SCHNITZLER, Jugend in Wien. Eine Autobiographie, Wien 1968, S. 50.
200 HAAS, Von liberal zu national (wie Anm. 190), S. 114–119; ROBERT HOFFMANN, Gab es ein „Schönerianisches Milieu"? Versuch einer Kollektivbiographie von Mitgliedern des „Vereines der Salzburger Studenten in Wien", in: Bürgertum in der Habsburgermonarchie, Wien–Köln 1990, S. 275–298.
201 SLA, Landespräsidium 182, 334/1891; HAAS, Von liberal zu national (wie Anm. 190), S. 121.
202 HAAS, Von liberal zu national (wie Anm. 190), S. 120.
203 AStS, Gemeinderatsprotokolle, 11. 2. 1895, S. 291 ff.; Salzburger Volksblatt, 14. 2. 1895, S. 3; Zu den Gemeinderatswahlen, in: Salzburger Volksblatt 16. 3.1895, S. 1.
204 THOMAS WEIDENHOLZER, Der Müllner Brückenstreit. Stadtplanung im Widerstreit unterschiedlicher Interessen, in: Salzburg Archiv 22, Salzburg 1996, S. 107–132.
205 Salzburger Volksblatt, 4. 4. 1896, S. 1.
206 Mittheilungen des Deutschen Vereines für Stadt und Land Salzburg, 10. 12. 1892, S. 1.
207 HANNS HAAS, Vom Liberalismus zum Nationalismus, in: DOPSCH/SPATZENEGGER, Geschichte Salzburgs (wie Anm. 111), S. 833–900, hier S. 852 f.

208 Wählerversammlung, in: Salzburger Volksblatt, 21. 3. 1895, S. 2; Salzburger Chronik, 21. 3. 1895, S. 1 f.
209 Zu den Gemeinderathswahlen, in: Salzburger Volksblatt, 9. 3. 1895, S. 1 f.
210 Der Abschluß der Gemeinderaths-Wahlen, in: Salzburger Chronik, 14. 4. 1896, S. 1.
211 Die Gemeinderathswahlen im ersten Wahlkörper, in: Salzburger Chronik, 11. 4. 1896, S. 1.
212 ROBERT HOFFMANN, Die Ära des „Bürgerklubs", in: ROBERT HOFFMANN und HEINZ DOPSCH, Geschichte der Stadt Salzburg, Salzburg 1996, S. 500–504; HAAS, Von liberal zu national (wie Anm. 190), S. 123.
213 Salzburger Volksblatt, 17. 10. 1896, S. 1; 20. 10. 1896, S. 4; Takt und Anstandsgefühl, in: Salzburger Chronik, 10. 10. 1896, S. 1.
214 HAAS, Vom Liberalismus zum Nationalismus (wie Anm. 207) S. 853–856.
215 [Nekrolog auf] Dr. Anton Jäger, in: MGSL 51 (1911), S. 438.
216 Die Demission des Bürgermeisters, [Schreiben Gustav Zellers an den Gemeinderat, 5. 7. 1898], in: Salzburger Volksblatt, 6. 7. 1898, S. 2.
217 Zur Bürgermeister-Affaire, in: Salzburger Chronik, 9. 7. 1898, S. 1.
218 DOPSCH/HOFFMANN, Geschichte der Stadt Salzburg (wie Anm. 212), S. 500–504.
219 AStS, Gemeinderatsprotokolle, 6. 10. 1884, S. 676 f.
220 Anton Jäger auf der Vollversammlung des Deutschen Vereines am 17. 11. 1891, in: Mittheilungen des Deutschen Vereines für Stadt und Land Salzburg, 25. 11. 1891, S. 2.
221 Als Sonderdruck im Eigenverlag erschienen: POLLAK, Reform (wie Anm. 23).
222 Vgl.; [Nachruf auf] Dr. Josef Pollak, in: Salzburger Volksblatt, 23. 10. 1915, S. 5.
223 Siehe S. 210–213 dieses Beitrages.
224 Rechenschafts-Bericht des Vereines vom hl. Vincenz von Paul 1898, Salzburg 1899, S. 18.
225 JOSEF POLLAK, Ueber Kinder-Sterblichkeit in Salzburg. Eine local-statistische Studie, Salzburg 1883.
226 POLLAK, Reform (wie Anm. 23); DERSELBE, Hausbettel (wie Anm. 83); DERSELBE, Beschäftigungs-Anstalt (wie Anm. 148).
227 Siehe S. 220 dieser Arbeit.
228 JOSEF POLLAK, Dreissig Jahre ärztliche Praxis. Ein therapeutisches Lexikon, Greifswald 1902; DERSELBE, Das Kind bis Ende des vierzehnten Lebensjahres. Ein Lesebuch für Eltern, Langensalza 1903.
229 [JOSEF POLLAK], Ärzte und Patienten mit Röntgenstrahlen durchleuchtet, von einem practischen Arzte, Leipzig 1908.
230 JOSEF RIEDL [JOSEF POLLAK], Geschichten vom Hubinger Pepi, Salzburg [um 1910]; SIXTUS SCHRECKENBAUER [JOSEF POLLAK], Wahrhafte Historie. So sich zugetragen hat anno Domini 1913 auf der Koralpe, Salzburg 1914.
231 POLLAK, Reform (wie Anm. 23), S. 17.
232 Vgl. dazu: CHRISTOPH SACHSSE und FLORIAN TENNSTEDT, Geschichte der Armenfürsorge in Deutschland. Bd. 1: Vom Spätmittelalter bis zum Ersten Weltkrieg, Stuttgart 1980, S. 214–221 und S. 283–289.
233 POLLAK, Reform (wie Anm. 23), S. 16.
234 Das Elberfelder Armenpflege-System, in: Oesterreichische Zeitschrift für Verwaltung, 15. Jg. (1882), Nr. 39, S. 179–181, hier S. 180.
235 AStS, Gemeinderatsprotokolle, 4. 11. 1889, S. 1801 ff.; Salzburger Volksblatt, 7. 11. 1889, S. 3; AStS, NStA 249, Gegenantrag Pollak.
236 AStS, Gemeinderatsprotokolle, 25. 6. 1889, S. 998–1001.
237 AStS, Gemeinderatsprotokolle, 19. 8. 1889, S. 1339.
238 AStS, Gemeinderatsprotokolle, 25. 7. 1892, S. 1513 ff.; 29. 8. 1892, S. 1647 ff.
239 POLLAK, Reform (wie Anm. 23), S. 16.
240 Armen-Ordnung für die Landeshauptstadt Salzburg, Salzburg 1892, S. 19.

241 ALOIS LACKNER, Die ersten vier Jahre der neuen nach Elberfelder Muster eingerichteten Armenpflege in Salzburg, Salzburg 1897, S. 7.
242 Kundmachung betreffend die Durchführung der neuen Armenordnung für die Stadt Salzburg, in: Salzburger Zeitung, 17. 12. 1892, S. 1.
243 JOSEF POLLAK, Das erste Jahr der neuen Armenpflege in Salzburg, Salzburg 1894.
244 AStS, Gemeinderatsprotokolle, 21. 11. 1892, S. 2415 f.
245 AStS, Gemeinderatsprotokolle, 2. 1. 1893, S. 54; 4. 12. 1893, S. 2537 f.
246 POLLAK, Beschäftigungs-Anstalt (wie Anm. 148), S. 24 f.
247 Vgl. dazu: Arbeitslosigkeit und Arbeitsvermittlung, in: Salzburger Volksblatt, 21. 4. 1894, S. 1 f.; 28. 4. 1894, S. 1 f.
248 LACKNER, Armenpflege (wie Anm. 85), S. 40–44; Eine Wohlfahrts-Institution, in: Salzburger Volksblatt, 28. 2. 1896, S. 3.
249 Der Arbeitsnachweis in der Praxis, in: Salzburger Volksblatt, 4. 9. 1896, S. 1.
250 EDUARD BRATASSEVIC, Die öffentliche Armenpflege in Österreich während der letzten zwanzig Jahre, in: Statistische Monatsschrift, 1895, S. 185–190, hier S. 187.
251 Ebenda., S. 189.
252 TETTINEK, Armen-Versorgungs- und Heilanstalten (wie Anm. 32); MUSSONI, Fonde und Stiftungen (wie Anm. 34); PEZOLT, Geschichte des Armenwesens (wie Anm. 43).
253 TETTINEK, Armen-Versorgungs- und Heilanstalten (wie Anm. 32), Anhang.
254 HEINRICH RITTER VON MERTENS, [Bericht], in: Salzburger Zeitung, 29. 9. 1863, S. 3.
255 Salzburg, in: Österreichisches Städtebuch. Statistische Berichte der grösseren österreichischen Städte. 3. Jg., Wien 1893, S. 14.
256 KARL HÖLLER, Das erste Jahr im neuen Versorgungshaus, Salzburg 1900, S. 11.
257 Jahres-Bericht des städtischen Versorgungshauses 1907, Salzburg 1908, S. 21.
258 MERTENS (wie Anm. 165), S. 3.
259 PEZOLT, Geschichte des Armenwesens (wie Anm. 43), S. 19.
260 AStS, Gemeinderatsprotokolle, 10. 11. 1873 S. 937 f.; AStS, NStA 249, Errichtung eines allgemeinen Versorgungshauses in Salzburg, 1873–1909; SLA, Landesregierung XI, K 19, 1878 (Kt. 222), Errichtung eines allgemeinen Versorgungshauses.
261 AStS, NStA 249, Stadtgemeinde-Vorstehung an Landesausschuß, 20. 2. 1876. Die Forderung des Landesausschusses (SLA, XI, K 19, 1878, Erlaß der Landesregierung, 3. 11. 1874), daß mit der Errichtung der Versorgungshaus-Stiftung das Stammvermögen der Stadtgemeinde nicht verringert werden dürfe, wurde durch die Differenz zwischen Inventarwert der veräußerten Objekte und dem Kaufpreis entsprochen.
262 SLA, Landesregierung, XI, K 19, 1878; AStS, NStA 249.
263 AStS, NStA, 266, Stiftsbriefe, Nr. 16: Stiftsbrief zur Errichtung eines Versorgungshauses für arme Inwohner, 15. 4. 1978.
264 AStS, NStA 240,01, Revisionsbefunde.
265 AStS, Gemeinderatsprotokolle, 20. 8. 1888, S. 1309; AStS, NStA 266, Stiftsbriefe, Nr. 16.
266 AStS, Gemeinderatsprotokolle, 5. 11. 1888, S. 1761 ff.; AStS, NStA 249, Landes-Präsidium an Bürgermeister, 5. 12. 1888.
267 AStS, NStA 266, Nr. 16, Testament des Johann Wolf, 15. 1. 1887, Abschrift.
268 AStS, Salzburger Altstadtinformationssystem.
269 AStS, Gemeinderatsprotokolle; Salzburger Volksblatt, 10. 9. 1889, S. 3; Salzburger Zeitung, 17. 9. 1889, S. 2; Salzburger Zeitung, 20. 9. 1889, S. 3.
270 Nekrolog Petter (wie Anm. 73).
271 AStS, Gemeinderatsprotokolle, 14. 10. 1889, S. 1616 f.
272 Salzburger Volksblatt, 27. 12. 1888, S. 4.
273 Salzburger Volksblatt, 24. 12. 1889, S. 3.

274 Salzburger Chronik, 25. 4. 1895, S. 3.
275 Zu den Gemeinderatswahlen. Wählerversammlung des ersten Wahlkörpers, in: Salzburger Volksblatt, 6. 4. 1889, S. 1.
276 Rede des Bürgermeisters bei seiner Installation, in: Salzburger Zeitung, 3. 12. 1890.
277 Vgl. etwa: FERDINAND SCHMID, Über Statistik und Verwaltungsrecht der Stiftungen. Separatabdruck aus: Statistische Monatsschrift, 16. Jg., Wien 1896, S. 20 f.
278 HEINRICH RAUCHBERG, Zur Kritik des österreichischen Heimatrechts, in: Zeitschrift für Volkswirtschaft, Socialpolitik und Verwaltung 2 (1893), S. 59–99, hier 89 f.; FRANZ MEISEL, Ueber Statistik und Verwaltungsrecht der Stiftungen, in: Oesterreichische Zeitschrift für Verwaltung 25 (1892), S. 47–49, hier S. 48.
279 GEORG MUSSONI, Amtsvortrag betreffend die Beschaffung neuer Versorgungshäuser an Stelle der bisherigen, Salzburg 1889; MUSSONI, Fonde und Stiftungen (wie Anm. 34), S. 79 ff.; AStS, Gemeinderatsprotokolle, 4. 11. 1889, S. 1801 ff.
280 Die Änderung der Höhe einer Pfründe stellte keine Änderung des Stiftungszweckes dar, sondern war lediglich ein Verwaltungsakt einer Stiftung. Vgl. dazu: RUDOLF HERMANN VON HERRNRITT, Das österreichische Stiftungsrecht, Wien 1896, S. 201 ff.
281 AStS, Gemeinderatsprotokolle, 4. 11. 1889, S. 1818; Salzburger Volksblatt, 7. 11. 1889, S. 3.
282 AStS, Gemeinderatsprotokolle, 17. 11. 1890, S. 1842 f.
283 AStS, Gemeinderatsprotokolle, 17. 11. 1890, S. 1847.
284 AStS, Gemeinderatsprotokolle, 17. 11. 1890, S. 1842 ff.
285 EBERHARD FUGGER, Ludwig Schmued. [Nekrolog], in: MGSL 39 (1899), S. 279–282.
286 AStS, Gemeinderatsprotokolle, 17. 11. 1890, S. 1844 f.
287 AStS, Gemeinderatsprotokolle, 17. 11. 1890, S. 1850.
288 AStS, Gemeinderatsprotokolle, 17. 11. 1890, S. 1848.
289 MUSSONI, Fonde und Stiftungen (wie Anm. 34), S. 22.
290 AStS, Gemeinderatsprotokolle, 12. 1. 1891, S. 36 f.
291 AStS, Gemeinderatsprotokolle, 3. 2. 1891, S. 174 ff.
292 AStS, Gemeinderatsprotokolle, 11. 7. 1892, S. 1409 f.; Salzburger Zeitung, 12. 7. 1892, S. 4.
293 STADLER, Bürgerspital (wie Anm. 27), S. 262.
294 AStS, Gemeinderatsprotokolle, 17. 10. 1892, S. 2057 ff:
295 AStS, Gemeinderatsprotokolle, 2. 1. 1893, S. 34 ff..
296 AStS, Gemeinderatsprotokolle, 15. 5. 1893, S. 1068–1069; AStS, Gemeinderatsprotokolle, 12. 6. 1893, S. 1323, Bericht des Bürgermeisters über die Visitation der Versorgungshäuser.
297 Jentsch konvertierte 1841 vom evangelischen zum katholischen Glauben und war ab 1874 Mitglied des katholisch-politischen Volksvereines. Vgl. HANS WIDMANN, Friedrich Gustav Jentsch. [Nekrolog], in: MGSL 39 (1899), S. 283–285.
298 AStS, Gemeinderatsprotokolle, 14. 11. 1892, S. 2381.
299 Zu Karl Brunner vgl. WEIDENHOLZER, Müllner Brückenstreit (wie Anm. 204).
300 AStS, Gemeinderatsprotokolle, 18. 9. 1893, S. 1962; AStS, Gemeinderatsprotokolle, 25. 9. 1893, S. 2013 f.
301 AStS, Gemeinderatsprotokolle, 11. 4. 1893, S. 843 ff.
302 AStS, Gemeinderatsprotokolle, 23. 10. 1893, S. 2203.
303 AStS, Gemeinderatsprotokolle, 11. 4. 1893, S. 843 ff.
304 AStS, Gemeinderatsprotokolle, 21. 8. 1893, S. 1817:
305 AStS, Gemeinderatsprotokolle, 25. 9. 1893, S. 2013 ff.
306 AStS, Gemeinderatsprotokolle, 23. 7. 1894, S. 1492 f.
307 Wilhelm Balzer, 1809 in Hamburg geboren, war 1829 nach Salzburg gekommen, machte sich 1831 selbständig und erhielt im selben Jahr das Salzburger Bürgerrecht. Balzer war –

gemeinsam mit den späteren liberalen Gemeinderäten Gottlieb Bernhold und Theodor Rullmann – Gründungsmitglied der evangelischen Kirche in Salzburg. Als achtzigjähriger beendete er 1889 seine Erwerbstätigkeit und bezog seitdem von der Stadtgemeinde eine Unterstützung. Vgl. Zum 86. Namensfeste des ältesten activen freiwilligen Feuerwehrmannes Salzburgs Herrn Wilhelm Balzer, in: Salzburger Stimmen, 25. 5. 1895, S. 1; Festschrift der Evangelischen Gemeinde Salzburg anläßlich der Feier der 25jährigen Amtsthätigkeit des Herrn Pfarrers Heinrich Aumüller, Salzburg 1888, S. 5.

308 AStS, Gemeinderatsprotokolle, 3. 2. 1890, S. 189 ff.
309 AStS, Gemeinderatsprotokolle, 3. 2. 1890, S. 201 ff., Debattenbeitrag von Adolf Stainer.
310 AStS, Gemeinderatsprotokolle, 5. 12. 1892, S. 2484 ff.
311 [Nekrolog auf] Dr. Rudolf Spängler, in: MGSL 36 (1896), S. 412–420.
312 AStS, Gemeinderatsprotokolle, 2. 1. 1893, S. 46.
313 AStS, Gemeinderatsprotokolle, 2. 1. 1893, S. 34 ff.
314 AStS, Gemeinderatsprotokolle, 14. 4. 1896, S. 645 f., Beilage; Salzburger Chronik 12. 3. 1897, S. 2.
315 AStS, Gemeinderatsprotokolle, 10. 3. 1897, S. 427 ff.
316 AStS, Gemeinderatsprotokolle, 28. 1. 1895, S. 185.
317 Salzburger Volksblatt, 14. 2. 1895; AStS, Gemeinderatsprotokolle, 11. 2. 1895, S. 284. Der Ausdruck „leichtfertig" fehlt im Gemeinderatsprotokoll. Die Berichte über die Gemeinderatssitzungen in den Tageszeitungen und das offizielle Gemeinderatsprotokoll sind nicht immer wortident, da es sich bei beiden um resümierende Protokolle handelt.
318 Appell an die Gemeinderäthe, in: Salzburger Chronik, 28. 6. 1895, S. 1.
319 Noch einmal die Versorgungshäuser, in: Salzburger Stimmen, 20. 7. 1895, S. 4.
320 Das neue Bürgerheim, in: Salzburger Chronik, 20. 4. 1895, S. 1; Die Versorgungshaus-Frage, in: Salzburger Volksblatt, 8. 7. 1895, S. 2.
321 [Nekrolog auf] Dr. Anton Jäger, in: MGSL 1911, S. 438.
322 AStS, Gemeinderatsprotokolle, 1. 7. 1895, S. 1274.
323 Die Darlegungen des Architecten Ceconi, in: Salzburger Chronik, 27. 4. 1895, S. 1 f.
324 [Nekrolog auf] Alois Winkler, in: Salzburger Chronik, 12. 6. 1925.
325 Die Versammlung wegen des Versorgungshauses, in: Salzburger Chronik, 26. 4. 1895, S. 1.
326 JAKOB CECONI, Zur Anlage des neuen Versorgungshauses, in: Salzburger Chronik, 12. 6. 1895, S. 2.
327 Zur Bürgermeister-Affaire, in: Salzburger Chronik, 9. 7. 1898, S. 1 f.
328 Bauamtsbericht vom 2. 5. 1895, in: Salzburger Volksblatt, 2. 7. 1895, S. 2 f.
329 AStS, Gemeinderatsprotokolle, 1. 7. 1895, S. 1227 ff., Georg Mussoni über die Erhebungen des Bauamtes.
330 AStS, Gemeinderatsprotokolle, 11. 2. 1895, S. 279.
331 Das neue Bürgerheim, in: Salzburger Chronik, 20. 4. 1895, S. 1.
332 Resolution der öffentlichen Versammlung des katholisch-politischen Volksvereines vom 22. 4. 1895, in: Salzburger Volksblatt, 8. 7. 1895, S. 2.
333 Jakob Ceconi auf der Versammlung, Salzburger Chronik, 27. 4. 1895, S. 1.
334 Balthasar Kaltner auf der Versammlung, Salzburger Chronik, 24. 4.1895, S. 1.
335 Das neue Bürgerheim, in: Salzburger Chronik, 20. 4. 1895, S. 1.
336 Otto Dis auf der Versammlung, Salzburger Chronik, 30. 4. 1895, S. 1.
337 Balthasar Kaltner auf der Versammlung, Salzburger Chronik, 24. 4.1895, S. 1.
338 Das neue Bürgerheim, in: Salzburger Chronik, 20. 4. 1895, S. 1.
339 Balthasar Kaltner auf der Versammlung, Salzburger Chronik, 24. 4.1895, S. 1.
340 Vor der Entscheidung, in: Salzburger Chronik, 4, 5, 1895, S. 1.
341 Kaltner in der Gemeinderatssitzung vom 10. 3. 1897, Salzburger Chronik, 13. 3. 1897, S. 2.

342 Die Zukunft des schönen Nonnthals, in: Salzburger Stimmen, 27. 4. 1895, S. 1.
343 Salzburger Stimmen, 19. 7. 1895, S. 3.
344 HANS MÜLLER, [Bericht des Bauamtes], 2. 5. 1895, in: Zur Versorgungshaus-Frage, Salzburger Volksblatt, 9. 7. 1895, S. 2 f., hier S. 2.
345 AStS, Gemeinderatsprotokolle, 1. 7. 1895, S. 1252 f.
346 Petition Nonntaler Gewerbetreibender, in: Salzburger Volksblatt, 8. 7. 1895, S. 2.
347 SLA, Geheime Präsidialakten 23/4 (Kt. 60).
348 Noch einmal die Versorgungshäuser, in: Salzburger Stimmen, 20. 7. 1895, S. 4.
349 AStS, Gemeinderatsprotokolle, 1. 7. 1895, S. 1285 f.
350 Salzburger Stimmen, 20. 7. 1895, S. 4; dazu auch: Salzburger Chronik, 2. 7. 1895, S. 1.
351 Karl Brunner in der Gemeinderatssitzung vom 14. 2. 1898, Salzburger Chronik, 18. 2. 1898, S. 2.
352 HÖLLER, Versorgungshaus (wie Anm. 256).
353 AStS, Gemeinderatsprotokolle, 2. 4. 1895, S. 665; Vgl. auch: Bau- und Finanzprogramm für die neuen Versorgungshäuser, in: Salzburger Chronik, 4. 4. 1895, S. 2; 5. 4. 1895, S. 2 f.
354 Salzburger Volksblatt, 27. 2. 1896, S. 2 f. Das genaue Bauprogramm referiert GERHARD PLASSER, Zur Baugeschichte der „Vereinigten Versorgungsanstalten", in diesem Band.
355 [Nekrolog auf] Franz Drobny, in: Neues Grazer Tagblatt, 10. 12. 1924, S. 6.
356 Vgl. dazu GERHARD PLASSER, Zur Baugeschichte der „Vereinigten Versorgungsanstalten", in diesem Band.
357 AStS, Gemeinderatsprotokolle, 24. 2. 1896, S. 320 ff.; 31. 3. 1896, S. 593.
358 AStS, Gemeinderatsprotokolle, 17. 5. 1897, S. 863 ff.
359 Noch eine neue Kirche, in: Salzburger Volksblatt, 28. 2. 1896, S. 2.
360 AStS, Gemeinderatsprotokolle, 20. 9. 1897; Salzburger Chronik, 25. 9. 1897, S. 3.
361 AStS, Gemeinderatsprotokolle, 31. 5. 1897, S. 953.
362 Die Gemeinderathswahlen im ersten Wahlkörper, in: Salzburger Chronik, 11. 4. 1896, S. 1.
363 Zur Bürgermeister-Affaire, in: Salzburger Chronik, 9. 7. 1898, S. 1.
364 Salzburger Volksblatt, 18. 5. 1896, S. 3; 23. 5. 1896, S. 2; 2. 6. 1896, S. 2; 6. 6. 1896, S. 1 f.; Ehrenerklärung Josef Annast, 22. 10. 1896, S. 5.
365 Ein verurtheilter Gemeinderat, in: Salzburger Volksblatt, 20. 6. 1896, S. 3; 23. 6. 1896, S. 2.
366 AStS, NStA 252, Versorgungshaus 1898–1919, Bericht Karl Höller. Abrechnung wegen der Vergleichbarkeit in Gulden und nicht in Kronen; AStS, NStA 271-2, Versorgungshaus-Schlußrechnung.
367 Zur Eröffnung des neuen Versorgungshauses, in: Salzburger Volksblatt 28. 10. 1898, S. 2.
368 Die Weihe der Versorgungshaus-Kirche, in: Salzburger Chronik, 29. 10. 1898, Beilage.
369 Das städtische Versorgungshaus, in: Salzburger Volksblatt, 29. 10. 1898, S. 2.
370 Der Einzug in das neue Versorgungshaus, in: Salzburger Volksblatt, 7. 11. 1898, S. 2 f.
371 PETER BORSCHEID, Vom Spital zum Altersheim. Der Wandel der stationären Altenhilfe im Kaiserreich, in: JÜRGEN REULECKE (Hg.), Die Stadt als Dienstleistungszentrum, St. Katharinen 1995, S. 259–279, hier S. 263.
372 Das städtische Versorgungshaus, in: Salzburger Chronik, 20. 11. 1928.
373 Das neue Fürsorgerecht für Österreich, Berlin 1938.
374 Aufnahmsbestimmungen und Haus- und Zimmerordnung für das städtische Altersheim, Salzburg 1938; Mit handschriftlichen Korrekturen nach den neuen reichsdeutschen Bestimmungen.

Zur Baugeschichte der „Vereinigten Versorgungsanstalten"

von Gerhard Plasser

Prolog

Auf besonders anerkennenswerter Höhe steht die Altersfürsorge der Stadt. In wundervoller Lage steht ein imposanter Zweckbau, die vereinigten Versorgungsanstalten der Stadt Salzburg. Sie bieten Unterkunft für 380 Pfleglinge, 70 Betten stehen in einer eigenen Krankenabteilung zur Verfügung. Gute Unterkunft in zwei- bis achtbettigen Zimmern, eine reichliche und schmackhafte Verpflegung wird dort den Arbeitsveteranen geboten, während ihnen auf der anderen Seite große Freizügigkeit gewährt wird. Die Krankenabteilung ist so eingerichtet, daß sie auch verwöhnten Ansprüchen gerecht wird.[1]

So schilderte der Salzburger Stadtphysikus Theodor Gmachl 1932 die damals schon über dreißig Jahre bestehenden Versorgungsanstalten in Nonntal. Der Stolz auf diese soziale Einrichtung ist unverkennbar, der patriarchalische Führungsstil heute schon auffällig.

Überlegungen zum Wohnen

Wohnen ist einer der elementaren Bestandteile des selbstorganisierten Lebens. Wohnraum ermöglicht die individuelle Gestaltung des Tagesablaufes, die Vollziehung von Intimität. Wohngestaltung ist abhängig vom Lebensalter und Lebensform. Das Einbettzimmer für eine Person ist eine Erfindung des Fremdenverkehrs der beginnenden Freizeitgesellschaft, der Single-Haushalt eine Lebensform der Jetztzeit. Bei der Analyse und Bewertung von Architektur, die vor einem Jahrhundert für alte Bewohner und Bewohnerinnen dieser Stadt geplant und gebaut wurde, müssen die veränderten Ausgangsbedingungen berücksichtigt werden. Die Veränderungen an Lebensstandard, Hygiene und individuellen Gestaltungsmöglichkeiten der Lebensformen sind beträchtlich.

Neben Wohnformen für begrenzte und überschaubare Zeitspannen, wie Urlaub, Kuraufenthalt, Armeedienst, Internat, Wohnbaracken auf Großbaustellen gab es auch solche für zeitlich nicht bestimmbare Lebensabschnitte wie Altersheime oder Klöster. Diese beiden Gruppen waren durch ein nicht selbstbestimmtes oder nur eingeschränkt selbstbestimmtes Wohnen, durch eine standardisierte Form des Wohnens in Großgemeinschaften gekennzeichnet. Viele dieser Wohnformen besaßen einen eigenen Verwalter, vom „Feldwebel" über den Abt bis zum Portier eines Hotels und zum „Hausvater". Kleinster gemeinsamer Nenner waren die Verfügungsgewalt über zwei Objekte: Bett und versperrbarer Kasten. In mondänen Hotels gab es natürlich einen Schlafraum mit Vorzimmer und einen Safe. Dies sind Wohnformen von Besitzenden oder Pfründnern.

Darunter lag bis ins 20. Jahrhundert die Ebene der Bettgeher und vieler Dienstboten die mit einer Matratze in der Küche vorlieb nehmen mußten, von den ungeheizten Dienstbotenkammern in Bauernhäusern einmal ganz abgesehen. Für sogenannte Einleger, alte arbeitsunfähige vermögenslose Menschen, die ihre alten Tage jeweils einige Tage oder Wochen auf einem Bauernhof ihres Heimatdorfes mitgefüttert und dann an den nächsten Bauern weitergereicht wurden, wäre schon ein eigenes Bett ein Fortschritt gewesen.

Diesen Wohnformen entsprachen bestimmte „Familienmodelle", von der Großfamilie bis zum Waisenkind und zur alleinstehenden Witwe.

Die „Vereinigten Versorgungsanstalten"

Die „Vereinigten Versorgungsanstalten" entstanden aus den früher selbständigen Einrichtungen Bürgerspital, Erhardspital, Bruderhaus St. Sebastian und der Armenkommunanstalt im Kronhaus. Aus Anlaß der 25jährigen Gedächtnisfeier der Thronbesteigung Kaiser Franz Josefs I. beschloß der Gemeinderat 1873 die Dotierung eines Fonds mit 6900 Gulden zur Erbauung einer allgemeinen Versorgungsanstalt. Diese „Kaiser Franz-Josef-Stiftung" erhielt Zuschüsse aus den Rentenerträgen der Salzburger Sparkasse und wurde durch die Erbschaft des Gasthofbesitzers Johann Wolf wesentlich erhöht. Durch weitere Zuschüsse der Stadtgemeinde, einzelner Fonds und dem Verkauf der Realitäten der beteiligten Fonds konnte die Bausumme aufgebracht werden[2].

Fünfundzwanzig Jahre später zum fünfzigjährigen Regierungsjubiläum Kaiser Franz Josefs im Jahr 1898 konnten die „Vereinigten Versorgungsanstalten" ihrer Bestimmung übergeben werden.

Die auf dem alten Salzachuferrain gebaute Anlage ist Richtung Ostsüdost orientiert. Die Hauptfront schaut ins Salzachtal und bietet einen Panoramablick vom Festungsberg über Kapuzinerberg, Gaisberg und Tennengebirge bis zum Untersberg. Die Hauptfront der Versorgungsanstalt ist somit nicht auf die Stadt, sondern auf das Umland ausgerichtet.

Abb. 26: Die „Vereinigten Versorgungsanstalten" kurz nach Fertigstellung, um 1900.

Das Versorgungshaus erinnert mit seiner mittig angeordneten Kirche an alte barocke Spitalsbauten mit der typischen Geschlechtertrennung, rechts die Männer, links die Frauen. Doch dieser erste Eindruck täuscht, die Trakte bilden hier soziale Schichten und deren Institution für die Altersversorgung ab.

Die Versorgungsanstalten waren nicht nur Wohngebäude mit Kirche, Schlafzellen, Wohngängen und Park, sondern sie waren auch ein Wirtschaftsbetrieb mit eigener landwirtschaftlicher Produktion.

Baugeschichte und Bauprogramm des „Versorgungshauses" und seiner Kirche

Zu Jahresbeginn 1895 genehmigte der Gemeinderat das Ergebnis der Kaufverhandlungen zwischen Stadtgemeinde und den Schmidhuberschen Eheleuten, Besitzern des benachbarten Kapitelmeiergutes in Nonntal[3]. Die Stadt erwarb für die Fonds ein mehr als acht Joch (ca. viereinhalb Hektar) großes Grundstück südöstlich der St.-Peter-Weiher. Der Kaufschilling betrug einen Gulden 70 Kreuzer per Quadratklafter, insgesamt etwas mehr als 22.000 Gulden[4]. Durch Kauf- beziehungsweise Tauschverträge wurde das Areal arrondiert[5].

Das neuerworbene Gelände lag weit außerhalb der Stadt in einem damals noch weitgehend unverbauten Gebiet. Im Nordwesten war es durch den Almkanal begrenzt, im Südwesten durch eine leicht sumpfige Wiese. Das Grundstück war abschüssig, in der Mitte durch eine markante Geländekante strukturiert. Erschlossen wurde das geplante Versorgungshaus lediglich im Süden durch die wenig befahrene Fürstenallee und im Nordwesten durch einen Feldweg, der die Leopoldskroner Allee mit der Brunnhausgasse verband.

Wie auch in vielen anderen europäischen Städten wurden die „unproduktiven" Altersheime aus den Zentren der Städte, deren Grundstücke exorbitante Wertzuwächse verzeichneten, an die Peripherie verlegt. Dadurch erhielten die Stadtverwaltungen die Verfügungsgewalt über interessante innerstädtische Entwicklungsgebiete.

Die „Auslagerung" der Alten vor die Städte ins Grüne wurde mit deren Ruhebedürftigkeit und mit hygienischen Vorteilen begründet. Daneben sind jedoch auch die Aussonderungstendenzen von Randgruppen zu bedenken. Arme alte Leute paßten nur noch bedingt in moderne geschäftige Städte[6]. Die Heiminsassen waren dagegen oft nicht erbaut, aus den Innenstädten verbannt zu werden. Sie verloren dadurch den Rückhalt ihrer sozialen Netze[7].

Zu Jahresbeginn 1895 legte der städtische Rechtsrat Georg Mussoni ein Bau- und Finanzprogramm für die neuen Versorgungshäuser vor[8]. Der geplante Gebäudekomplex sollte für die Pfründner des Bürgerspital-, des Bruderhaus- und des Erhardspitalfonds sowie die „Kommunstübler", für insgesamt 360 Personen Platz bieten. In der Mitte der Anlage war eine Kapelle beziehungsweise ein „Betsaal" vorgesehen.

Das Gebäude wurde in der Mitte des Grundstückes, in eine parkähnliche Anlage situiert, und nicht etwa an der Straße (der heutigen Fürstenallee) wie bei zeitgleichen Kasernen- und Schulbauten üblich. Nahe der Geländestufe war es von weitem gut sichtbar. Eine neue Straße – die spätere Karl-Höller-Straße – verband die Fürstenallee mit der Leopoldskroner Allee und führte an der Hauptfront des Versorgungshauses vorbei.

Der Park wurde nach den vier alten Versorgungshäusern geteilt. Zur Straße Richtung Nonntal – vor der repräsentativen Fassade – lag der Garten der Bürgerspitalpfründner, der hintere Baublock enthielt einen großen Gemüsegarten und wurde zur einen Hälfte als Garten für die auch im Wohntrakt zusammengelegten Erhardspital- und Bruderhauspfründner und zur anderen für die „Kommunstübler" bestimmt.

Der Bauplan sah je einen eigenen Trakt für die 75 Pfründner des Bürgerspitals, für die 135 Pfründner des Bruderhauses und des Erhardspitals und für 150 „Kommunstübler" vor. Jeder Trakt sollte in sich abgeschlossen und mit einem eigenem Eingang sowie eigener Stiege ausgestattet sein. Gemeinsam genutzte Einrichtungen waren die Krankenzimmer, die Kapelle und die Verwaltungsräume.

Vergleicht man die Raumangebote für die Pfründner der einzelnen Versorgungsanstalten, so zeigen sich Unterschiede.

Tabelle 1: Raumangebot nach Bettenanzahl und Quadratmetern

Bürgerspitaltrakt	
3 Vierbettzimmer zu 28 m²	12 Pfründner
31 Zweibettzimmer zu 17–18 m²	62 Pfründner
1 Einbettzimmer zu 17–18 m²	1 Pfründner

Bruderhaus- und Erhardspitaltrakt	
30 Vierbettzimmer zu 28 m²	120 Pfründner
8 Zweibettzimmer zu 17–18 m²	16 Pfründner

Trakt der Kommunstübler	
18 Sechsbettzimmer zu 33 m²	120 Pfründner
6 Vierbettzimmer zu 25–28 m²	24 Pfründner
9 Zweibettzimmer zu 17–18 m²	18 Pfründner

Fast 90 Prozent der Bürgerspitaler waren in Zweibettzimmern zu 17 bis 18 Quadratmeter, gut 80 Prozent der Pfründner des Bruderhauses und des Erhardspitals in Vierbettzimmern zu 28 Quadratmeter und etwas mehr als 60 Prozent der „Kommunstübler" in Sechsbettzimmern zu 28 Quadratmeter untergebracht. Durchschnittlich kamen auf einen Bürgerspitalpfründner ca. zehn Quadratmeter, auf einen Bruderhaus- und Erhardspitalpfründner etwas mehr als sieben Quadratmeter und auf einen „Kommunstübler" kaum mehr als sechs Quadratmeter Wohnfläche.

Alle Trakte hatten je ein Bad und eine Abortgruppe für Männer und Frauen pro Stockwerk und einen breiten als Tagesraum gedachten Korridor. In den beiden Seitentrakten waren in jedem Stockwerk zwei Wärterzimmer vorgesehen. Die Wohnungen der Bediensteten lagen im Souterrain, ebenso die Magazine für die Küchen und die Heizung.

Im Frühjahr 1895 einigte sich der Gemeinderat auf Einsparungen beim Bauprogramm[9]. Die Kosten wurden mit 300.000 Gulden präliminiert. Aus stiftungsrechtlichen Gründen mußte auf die Errichtung einer Zentralküche verzichtet werden. An ihrer Stelle wurden nun drei getrennte Küchen für die ehemaligen Bewohner des Bürgerspitals, jene des Bruderhauses und Erhardspitals sowie für die vormaligen „Kommunstübler" errichtet.

Die Größe der Kapelle war politisch umstritten. Entgegen allen Sparabsichten wurde die Hauskapelle, die ursprünglich lediglich durch den 1. und 2. Stock des Bürgerspitaltrakts reichen sollte, nun größer geplant. Verwirklicht wurde eine selbständige Kapelle, die vom Erdgeschoß aufwärts über alle drei Stockwerke reichte.

Vorschlag Ceconi

Gegen die Verlegung des Versorgungshauses aus die Stadt hinaus formierte sich Widerstand. Die neue katholisch-deutschnationale Mehrheit im Gemeinderat unterstützte Bestrebungen von Pfründnern nach Verbleib der Versorgungshäuser in der Stadt. Der dem „klerikalen" Lager zurechenbare Baumeister und Gemeinderat Jakob Ceconi fertigte ein Alternativprojekt für die ursprünglich auch vorgesehenen Gründe beim Sebastiansfriedhof entlang der Wolf-Dietrich-Straße zwischen Hexenturm und Linzer Gasse an. Sein Projekt schien kostengünstiger als das Nonntaler Projekt zu sein.

Ceconi plante das Versorgungshaus ohne Kellergeschoß. Er sah aber Verkaufsgewölbe an den zur Straße vorspringenden Risaliten vor. Verwaltungs- und Wirtschaftsräume siedelte er in den rückwärtigen Gebäudeteilen an. Durch die geringe Raumhöhe von 2,8 Meter wäre der viergeschoßige Bau nicht höher als das dreigeschoßige Versorgungshaus in Nonntal gewesen. Der Grundriß sollte aus einer Kombination von Seitengang-, Mittelgang-, und Quertrakten bestehen. Den kasernenartigen Eindruck – man vergleiche nur die schräg vis-à-vis liegende Franz-Josef-Kaserne – gedachte Ceconi durch sechs Meter breite Vorgärten zwischen den Risaliten und den Verbindungstrakten zu mildern. Das Äußere sollte einfach, nur durch Portale gegliedert sein.

Interessant sind die Ausführungen Ceconis über die erwarteten Auswirkungen eines Versorgungshausbaues beim Bruderhaus auf die Stadterweiterung. *Die Frage der Stadtregulirung zwischen Linzerthor und Hexenthurm wäre zugleich gut und rasch gelöst,* argumentierte Ceconi, es wären, *zwei Fliegen mit einem Schlage gewonnen und die spätere sichere Einlösung der Objekte in der Nähe des Hexenthurmes erspart, welcher ruinöse Anblick doch einen Schandfleck im Stadterweiterungsgebiet Salzburgs bildet, der baldigst verschwinden soll*[10].

Wenn man weiß, wie ungern der Gemeinderat für die Stadterweiterung profitable Grundstücke für nicht-gewinnbringende Zwecke – etwa zur Anlage eines Platzes – zur Verfügung stellte, so können hinter der Ablehnung des Ceconischen Projektes durch die Stadtverwaltung nur stadtplanerische und bodenpolitische Überlegungen gestanden haben.

Gewitzt durch ihre schlechten Erfahrungen bei den Anfängen der städtischen Stadterweiterung bemühte sich der Gemeinderat um innerstädtische Baureserven (wie Giselakai, Rudolfskai). Durch den Wertzuwachs des Bodens ergab sich für die Kommune dabei ein budgetschonender Nebeneffekt. Die Stadtgemeinde nahm aktiv am Grundstücksgeschäft teil. Sie lag damit aber auch in Konkurrenz mit anderen privaten Grundstückaufschließern, zu denen auch Jakob Ceconi gehörte, der damals größte Salzburger Bauunternehmer. Dieser hatte in den neunziger Jahren die Bebauung der Eislaufplatzgründe an der Schallmooser Hauptstraße zwischen Arnogasse, Rupertgasse und Vogelweiderstraße begonnen.

Ceconis Vorschläge lösten eine umfangreiches Medienecho aus. Das städtische Bauamt ermittelte jedoch einen höheren Gestehungspreis für den Vorschlag von Ceconi. Dessen Berechnung der Pro-Kopf-Zimmerfläche beruhte auf Beispielen von Sozialbauten aus Wien, Dresden, Leipzig und aus Frankreich. Diese verfügten über Zimmerflächen von 5,4 bis neun Quadratmeter pro Bewohner.

Hans Müller, Chef des städtischen Bauamtes, verwies darauf, daß der Bauamtsvorschlag ähnliche Maße enthalte: Bürgerspital bei Zweibettzimmern 8,25 bis 8,8 Quadratmeter, für das Bruderhaus bei Vierbettzimmern 6,8 Quadratmeter, für die Kommunstübler in Sechsbettzimmern 5,5 Quadratmeter je Pfründner[11].

Im Sommer 1895 beschloß der Gemeinderat nach heftigen Debatten das Nonntaler Projekt mit einem vom Parterre zugänglichen Kirchenbau. Er beauftragte das städtische Bauamt mit der Detailplanung und der Ausarbeitung des Kostenvoranschlages. Die ersten erhaltenen Pläne des Architekten Franz Drobny datieren vom November 1895[12].

Zu Jahresbeginn 1896 legte das Bauamt einen Bericht über Pläne und veranschlagte Kosten für den Bau der neuen Versorgungshäuser vor. Unter Vorsitz von Bürgermeister Gustav Zeller berieten die Fachleute des Bauamtes über weitere Einsparungen. Durch eine einfachere Gestaltung der Hoffassaden, eine bescheidene Verfliesung der Küchen, das Weglassen der Gehsteige, den Wegfall der Gasbeleuchtung für Krankenzimmer und Kirche, durch einen gemauerten statt eines steinernen Gebäudesockels sollten die Kosten drastisch reduziert werden. Bei der Kirche war geplant, das Marmorspeisgitter durch ein hölzernes zu ersetzen und weiters bei den Bildhauerarbeiten, Stiegen und Gittern sowie beim figuralen Dekor der Kirchenfassade zu sparen. Den Vorschlag, den Glockenturm nicht zu bauen, ließ der Gemeinderat allerdings fallen[13].

Im Herbst 1896 wurde schließlich der Grundstein für das neue Versorgungshaus gelegt[14]. Nach zwei Jahren und einem Monat Bauzeit konnte dieses *neue Denkmal der Humanität und des Culturfortschrittes* am 28. Oktober 1898 fertiggestellt werden. Nach der Einweihung durch Kardinal Fürsterzbischof Johannes Haller am folgenden Tag übernahm Bürgermeister Eligius Scheibl von Bauamtsleiter Baurat Hans Müller die Schlüssel des Hauses. Anschließend besichtigten die Ehrengäste die neue Anlage[15].

Kurz darauf zogen die ersten Pfründner ein. Zuerst übersiedelten jene aus dem Bürgerspital, dann die Bruderhaus- und Erhardspitalpfründner, zuletzt die „Kommunstübler" aus dem Kronhaus in ihr neues Heim[16]. Entsprechend der unterschiedlichen sozialen Schichtung bezogen die Bürgerspitalpfründner den Mitteltrakt, den linken Trakt erhielten die Pfründner des Bruderhauses und des Erhardspitals, den rechten Trakt die bisherigen Insassen des Kronhauses. Der finanzielle Aufwand war für die Bürger um etwa ein Sechstel höher als für die anderen Gruppen.

Jedem Trakt war eine eigene Küche zugewiesen. Die Küchen für den Bruderhaustrakt und den Kommuntrakt lagen im jeweiligen Hochparterre. Die Küche für die Bürgerspitalpfründner erhielt im Hof einen eigenen Anbau. An die Küchen schlossen Anrichteräume und „Speisezimmer mit Volksküchencharakter" an. Ein Lastenaufzug vermittelte den Verkehr mit 1. und 2. Stock des Traktes. Die im Souterrain untergebrachte Kantine war vormittags von ½10 bis ½11 Uhr und nachmittags von 4 bis 7 Uhr geöffnet[17].

Die Einrichtung von Zimmern des Bürgerspitaltrakts wurde als einfach aber nett beschrieben. Neben Eisenbetten der Firma „Trakl & Comp." waren sie mit Doppelwandkästen, einem Tisch mit Holzsesseln und einem Waschtisch ausgestattet. In den Zweibettzimmern wurden Ehepaare oder je zwei Frauen bzw. Männer untergebracht. An der Hofseite befanden sich die Aborte und Reinigungszimmer. In die Gangwände waren versperrbare Kästchen zur Aufbewahrung von Speisen eingelassen. Das Badezimmer besaß eine vernickelte Badewanne der Firma „Stanko & Felber". Die Niederdruckdampfheizung baute die Firma „Novelly & Zelle" aus Wien[18].

Im Souterrain waren Wohnungen und Zimmer für das Personal untergebracht. Der rechtsseitige Trakt für die „Kommunstübler" enthielt auch die Krankenabteilung an der Nordostseite im Hochparterre.

Die Uhr des Kirchturmes stammt von der Salzburger Firma „Ladstätter & Comp." Die Gartenanlagen gestaltete der Friedhofsverwalter Johann Kern[19].

Zur Bestreitung der Kosten der Hausseelsorge errichtete die Stadtgemeinde ein Kuratbenefizium in der neuen Kirche. Der Jahresbezug des Kaplans, der als städtischer Beamter dem Bürgermeister unterstellt war, belief sich auf 800 Gulden. Für den Genuß des Freiquartiers wurden 200 Gulden abgezogen[20].

Im ersten Jahresbericht gab der gemeinderätliche Inspektor des Versorgungshauses, Karl Höller, erste Erfahrungen kund und bemängelte, *daß es im Kommunaltrakt zu wenig Zwei- bis Dreibettzimmer gäbe, wodurch mehrere Ehepaare getrennt größeren Zimmern zugewiesen werden mußten. Dieser Mangel werde sich nach Inkrafttreten des neuen Heimatgesetzes noch verstärken, weil es demnach in Salzburg mehr Heimatberechtigte und folglich auch mehr Aufnahmeberechtigte geben wird.* Höller vertrat die Ansicht, es wäre besser gewesen, *bei der Fassade, den vielen und unnützen Portalen, beim Wäscheabwurf und beim großen Gartenzaun zu sparen als bei den Zimmern.*[21]

Altersheimbauten in der Architekturliteratur

In Architekturbüchern und -zeitschriften des 19. Jahrhunderts werden auch Armen- und Versorgungshäuser erörtert und Idealmodelle vorgeschlagen. Die Bibliographie zur Architektur des 19. Jahrhunderts führt unter Versorgungshäuser das Asylhaus des Vereins für Obdachlose in Budapest (1890) und unter Altersheime, das Wiener Versorgungshaus im 13. Bezirk (1904), die städtischen Altersversorgungshäuser in der Loretogasse zu Bozen (1913 erschienen), das Bürger-Versorgungshaus für Friesach (1913) an. Das Salzburger Versorgungshaus wird nicht debattiert, ist jedoch ein frühes Beispiel in Österreich-Ungarn. Es folgt der deutschen Entwicklung. Das Handbuch der Architektur widmete 1903 den Versorgungs- Pflege- und Zufluchtshäusern ein schmales Kapitel[22]. Karl Henrici geht bei den Schlafsälen der „Greisenasyle" von einem Raumbedarf von sechs Quadratmetern pro Bett und einer lichten Geschoßhöhe von vier Metern aus, da die Hälfte der „Pfleglinge" in der Regel bettlägerig sei und deshalb die allgemein für Krankenhäuser geltenden Vorschriften zur Anwendung kommen sollten. Henrici bevorzugte das Pavillonsystem. Aus gesundheitlichen Überlegungen sollten nicht mehr als zwei Obergeschoße geplant werden. Vor der Jahrhundertwende waren meist große Gemeinschaftsschlafsäle mit 20 Betten üblich. Für die Kommunen bedeutete dies eine kostengünstige Unterbringung von „Pfleglingen". Anstalten, die von einer wohltätigen Stiftung unterhalten wurden, oder wo die „Pfleglinge" Beiträge aus ihrem Einkommen oder Pensionen leisteten, hatten eine größere „Bequemlichkeit" aufzuweisen. Hier legte man je zwei oder drei „Pfleglinge" in einem Raum zusammen. Für alte Ehepaare wurden besondere Zimmer geplant[23].

Von den angeführten Beispielen kommen die Grundrisse des St. Gertraudt-Stiftes in Berlin von Architekt Koch (1873 geplant und 1884 erweitert) dem Salzburger Beispiel am nächsten. Auch bei diesem Bau war im 1. und 2. Geschoß des Mitteltraktes eine zweigeschoßige Kapelle untergebracht[24]. Ein städtisches Pfründnerhaus in Darmstadt, 1889 von Architekt Braden erbaut, hatte die Wirtschaftsräume im Kellergeschoß, die Verwaltungs- und Aufenthaltsräume im Erdgeschoß und die Zimmer der Pfleglinge im den beiden Obergeschoßen untergebracht. Die Baukosten beliefen sich dort pro Bett auf 1650 Mark[25]. Das städtische Siechenhaus in Leipzig zeigt einen E-förmigen Grundriß, wie ihn auch das Salzburger Versorgungshaus aufweist[26].

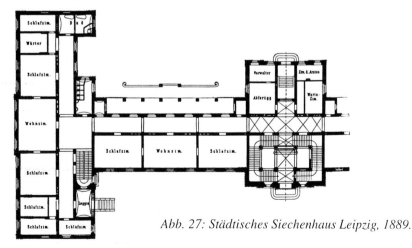

Abb. 27: Städtisches Siechenhaus Leipzig, 1889.

Aus dem zuvor Geschilderten wird deutlich, daß die Architektur des Salzburger Versorgungshauses den damaligen Standard rezipierte, aber keine besondere Innovationen zeigte. Von der Form, alle Bereiche unter einem Dach unterzubringen, gehört es sogar einer damals – außer im dicht verbauten Stadtbereich – nicht mehr aktuellen Variante an. Das offene Pavillonsystem – in der auch die im selben Jahr eröffnete Nervenklinik erbaut worden war – stellte zur Jahrhundertwende die neueste Entwicklung im Spitalbau dar.

Der Bautyp in der Salzburger Bautradition

Die Formensprache des neuen Versorgungshauses in Nonntal knüpft an lokale Salzburger Vorbilder an, wie sie soziale Einrichtungen mit Kirche oder Kapelle, Alters- oder Pflegeheime und Erziehungsanstalten bieten.

Das St.-Johanns-Spital als örtliches Vorbild

Das St.-Johanns-Spital wurde auf dem Boden des alten Grimmingschen Landsitzes Müllegg an der Landstraße nach Innsbruck und München erbaut. Erzbischof Johann Ernst Graf Thun hatte das Schloß 1688 erworben, um hier eine „milde Anstalt" für Pilger, arme kranke Studenten der Salzburger Universität sowie für andere Kranke, ausgenommen an unheilbaren Krankheiten Leidende, zu errichten[27].

Die Oberleitung des Baues hatte Johann Bernhard Fischer von Erlach inne. Fischer von Erlach entwickelte über einem E-förmigen Grundriß eine symmetrische Anlage. Die Mitte bildete die St.-Johanns-Kirche, im Osten schloß der Frauentrakt, im Westen der Männertrakt an. Im Hof befand sich das sogenannte Verwalterstöckl. Der Ostflügel wurde 1695 vollendet, Westflügel und Kirche zwischen 1699 und 1703 erbaut. Die Kirche wurde 1704 geweiht[28]. Das ältere, unter Erzbischof Wolf Dietrich errichtete Müllegger Tor schloß den Straßenraum gegen den Vorort Lehen ab. Außerhalb des Tores lag der Friedhof des St.-Johanns-Spitals[29]. Erzbischof Thun dotierte das Spital reichlich.

Von der Straße aus gesehen war das Gebäude nur in starker Seitenansicht zu betrachten. Von Mülln und vom Mönchsberg bot die Anlage die turmgekrönte Hauptfront dar. Es gab aber keine achsialen Bezüge, etwa Straßen oder Alleen, die auf die Kirche zuführten. So bot sich die Anlage als vor der Vorstadt Mülln gelegen dar, begrenzte diese aber auch gleichzeitig. Von der Augustinergasse aus gesehen zeigte sich das Bild einer breit gelagerten Front über einem Wiesengrund. Diese Doppelansicht unterscheidet sie von ähnlich strukturierten Gebäuden wie dem Kajetanerkloster und der Dreifaltigkeitskirche mit Priesterhaus und Virgilianum, die ebenfalls seitliche Nahansichtigkeit, aber eine auf die Kuppel beschränkte Fernansichtigkeit aufweisen.

Die dreiteilige Struktur mit mittiger Kirche tritt in Salzburg das erste Mal mit Fischers St.-Johanns-Spital auf. Eine noch nicht einheitliche Ausführung dieses

Abb.: 28: St.-Johanns-Spital, Stich von Karl Schneeweis, um 1800.

Baugedankens stellt das Erhardspital in Nonntal dar. Dieser auf Fern- und Nahsicht berechnete Gebäudekomplex ist an einer Hauptachse aufgereiht und mit der Kirche zentriert.

In der zweiten Hälfte des 19. Jahrhundert griffen die Erbauer des Mutterhauses der Barmherzigen Schwestern in Mülln, 1862 bis 1863 errichtet, des Asyls in der Riedenburg (1872–1878), des Zufluchtshauses St. Josef an der Hellbrunner Straße (1884), und des städtischen Versorgungshauses (1896–1898) diesen Baugedanken auf. Im Unterschied dazu wies das fürsterzbischöfliche Borromäum eine in den Baukomplex integrierte Kapelle, aber keine monumentale Kirche auf.

Die Dreiteilung der Außenfassade ist auch an den Kasernenbauten und am Bahnhof feststellbar. Nur fehlt hier das kirchliche Zentrum und ist durch den Stiegenhaustrakt beziehungsweise die Schalterhalle ersetzt.

Zur selben Zeit war aber bereits ein alternatives System für Großanlagen entwickelt worden. Das Pavillonsystem verteilte einzelne Baukörper in einer parkartigen Landschaft. Diese Form ermöglichte kleinere überschau- und kontrollierbare Einheiten. Die einzelnen Gebäude ließen sich auf ihre Funktionen hin planen, ohne in das Korsett eines übergeordneten Baukörpers gezwängt werden zu müssen. Salzburger Beispiele dafür sind die Landesheilanstalt für Geisteskranke in Lehen (eigentlich Maxglan). sowie der zum Teil einem Pavillonsystem nahekommende Ausbau der Landeskrankenanstalten[30].

Abb. 29: St.-Johanns-Spital im Pavillonsystem, um 1910.

Auf diese Entwicklung der Architektur bezieht sich ein Leserbriefschreiber in der katholischen „Salzburger Chronik" aus dem Jahr 1895 in seiner Ablehnung der Planungen für das städtische Versorgungshaus. *Wenn statt des einfachen Kastenstyls, von dem Salzburg schon drei Exemplare besitzt, eine Kombination von Kasten- und Villenstyl gewählt würde, gewiß würden sich dann auch besser situirte Bürger diesem Heim zuwenden, um für ihre alten Tage einen Landaufenthalt zu genießen*[31]. Welche drei im „einfachen Kastenstil" errichteten Gebäude Salzburg schon besäße, ist allerdings nicht bekannt.

Das Versorgungshaus – Ein Beitrag zur bürgerlichen Selbstinszenierung

Hier wohnen gute Menschen! signalisiert nach Meinung des „Salzburger Volksblattes" das neue Versorgungshaus in Nonntal. Es würde *den Wanderern durch zukünftige Jahrhunderte ein Denkmal der Opferwilligkeit der Bürger und Bewohner Salzburgs* sein[32]. Der Spruch „Hier wohnen gute Menschen" bezieht sich nicht auf die Bewohner des Versorgungshauses, sondern auf die Stadt Salzburg, insbesondere auf die Erbauer dieser sozialen Einrichtung.

Der Gemeindeverwaltung des ausgehenden 19. Jahrhunderts diente das Versorgungshaus in Nonntal, von dem manche Touristen glaubten konnten, es sei ein Schloß[33], auch zu Zwecken der Selbstinszenierung und Repräsentation. Es stellt sich nun die Frage, inwieweit am Bau Strategien der kommunalen Selbstdarstellung abgelesen werden können.

Abb. 30: Mutterhaus der Barmherzigen Schwestern, um 1870.
Abb. 31: Asyl der Barmherzigen Schwestern in der Riedenburg, um 1890.
Abb. 32: Zufluchtshaus St. Josef, um 1900.
Abb. 33: F. e. Borromäum, um 1950.
Abb. 34: Franz-Josef-Kaserne an der Paris-Lodron-Straße, um 1900.
Abb. 35: Riedenburger Kaserne, um 1900.
Abb. 36: Hellbrunner Kaserne, um 1900.
Abb. 37: Lehener Kaserne, um 1900.

Lage zur Stadt

Im oben zitierten Leserbrief über die Wahl des Standortes des Versorgungshauses wurden die funktionalen Negativseiten hervorgehoben. *Das Terrain liegt hart am alten Salzachufer, zu welchem das ganze durchsickernde Wasser des dahinterliegenden Plateaus* [Leopoldskroner Moos], *des vorbeifließenden etwas höher gelegenen Almkanals und des Leopoldskronteiches hindrängt. Am Anfang und am Ende des Terrains sind zwei tiefere Einrisse, in welchen zwei starke Quellen hervorbrechen, welche auch im Winter reichlich fließen; vor demselben sind die weiten Gründe gänzlich versumpft, auch die Almgasse hat im Sommer an der oberen Seite hie und hie ihre ständigen Lachen. Eingekeilt zwischen Sumpf und Almkanal und ohne Zufuhrstraße, bietet es allerdings den großen Vortheil, daß es dem Friedhofe nahe gerückt ist* [...][34]. Die hier als negativ empfundene Entwicklung, Altersheime aus den Stadtzentren hinauszuverlegen und sie nicht sehr weit vom Friedhof anzulegen, scheint ein allgemeine Entwicklung in der zweite Hälfte des 19. Jahrhunderts gewesen zu sein[35].

Der in der Hitze der politischen Auseinandersetzung unterschwellig unterstellte Bedeutungsreihe „Versorgungshaus Nonntal – Sumpf – Friedhof" steht die positiv besetzte Reihe „Riesengebäude – grüne Fluren – Kranz mächtiger Berge – majestätischer Bau" gegenüber. Dazwischen liegen nur drei Jahre und zwei Weltanschauungen. Drei Jahre später wird nämlich das liberale „Salzburger Volksblatt" anläßlich der Eröffnung schreiben: *Schon die dominierende Lage des Riesengebäudes inmitten grüner Fluren, umrahmt von einem Kranze mächtiger Berge, den Ausblick auf die Festung, den Kapuziner- und Gaisberg u. s. w. gestattend, ist eine wunderschöne und bildet die denkbar herrlichste Folie für den majestätischen Bau*[36].

Abb. 38: Versorgungshaus Nonntal, Postkarte von Würthle und Sohn, um 1900. Die Randlage des Versorgungshauses ist auf diesem Bild gut zu erkennen.

Aus dem Artikel wird die intendierte Bedeutung der Landschaft, der Natur und der Kulturlandschaft für die Erbauer des Versorgungshauses klar. Der freie Blick von und zum Objekt, seien es nun Kirchen, Schlösser, Kasernen, Sozial- und Schulbauten ist mit sozialen und kulturellen Prestige verbunden. Hier widerspiegelt sich etwas von der neuen Wahrnehmung des Landes durch den Städter. Tourismus und Alpinismus haben neue Sichtweisen auf das Ländliche hervorgebracht. Die Besetzung „hervorragender" Orte vermittelte den Institutionen einen Bedeutungszuwachs.

Der Hang vor dem Versorgungshaus wurde vom Friedhofsgärtner Johann Kern als bürgerlicher Park (heute Donnenbergpark) mit blühenden Bäumen und Sträuchern in harmonischen Gruppen, verbunden durch die sich hindurchschlängelnden Wege, ausgestaltet. Diesem bürgerlichen Park für die Bewohner des Bürgerspitaltraktes vor einer repräsentativen Neobarockfassade stand auf der Rückseite die äußerst reduzierte Fassade mit den beiden Nutzgärten für Erhardspital- und Bruderhauspfründner sowie „Kommunstübler" gegenüber.

Die These „Typologie vor Topologie" als Grundzug der Architektur der Gründerzeit bestätigt sich beim Versorgungshaus auf dem ersten Blick. Wie aber doch Einpassungen in die Landschaft erfolgten, ja zum Erscheinungsbild aller „Kästen" der Gründerzeit gehörten, zeigt sich bei einem zweiten Blick auf die Situation. Nur wenigen Salzburgern wird aufgefallen sein, daß die Petersbrunnstraße im Zwiebelturm des Versorgungshauses fast exakt fluchtet. Das mag ein nachträglicher Bedeutungszuwachs sein, aber sicher kein zufälliger.

Die Grünanlage im Vorfeld von Großbauten dient nicht nur dazu, einen Abstand zwischen profanem Treiben und „Sakralbauten" herzustellen. Nicht umsonst spricht man vom „Abstandsgrün". Diese Grünräume sind meistens nicht oder nur eingeschränkt begehbar. Die Fassade des Gebäudes wird somit nicht als Szene oder Bühnenbild mit einem davor spielenden Stück wahrgenommen. Im Fall der Versorgungsanstalten dreht sich die Wahrnehmungsrichtung um. Anstatt flanierender Passanten oder Touristen, die ein Altersheim bestaunen, sind es die Senioren, die am Geschehen auf der Straße vor ihrem Fenster interessiert sind. Dieser reale Perspektivenwechsel schlägt sich in der ursprünglichen Planung nicht nieder. Die Besucher oder die vorübereilenden Salzburger nehmen höchstens die herrliche Lage im Grünen und die fantastische Aussicht auf Festung und Gebirge wahr. Die Bewohner müssen sich mit einem Straßenstück ohne Handlung zufrieden geben.

Die vorgartenähnliche Gestaltung mit Wegen und Bänken diente auch dazu, die plastischen Qualitäten der Architektur hervorzuheben. Geht der Besucher nahe an das Gebäude heran, so kann er wegen der großen Gebäudedimensionen nur mehr kleine Ausschnitte erfassen. Diese Sehausschnitte werden von den kleineren Fassadenelementen wie Fensterrahmungen, Giebeln, Pilaster und Portalen strukturiert. In der Besucherperspektive entsteht so in der Nahsicht ein Relief, das nach der Architekturtradition das Tragen und Lasten versinnbildlicht.

Erst wenn die historistischen Gebäude in der sie umgebenden Bebauung aufgehen, fehlt ihnen die Wirkung der großen Baumassen, dann zählt nur mehr das Dekor der Fassade.

Bereits im Mittelalter gab es die Vorstellung, daß die Höhe von Türmen dem sozialen Stellenwert der versinnbildlichten Institution entspricht. In den zeitgenössischen Fachdiskussionen um die Jahrhundertwende sprach man von „Stadtsilhouetten" und „Stadtkronen". Jedem Stadtwachstum entsprachen auch neue Stufen des Höhenwachstums einer Stadt. In der Gründerzeit konnte durch die neue Baugesetzgebung, die Baufluchten normierte und Höhen begrenzte, nur mehr vereinzelt über die Gebäudehöhe Bedeutung vermittelt werden. Damals gelang es Städteplanern und Architekten mittels besonderer Straßen- oder Platzsituationen und der dadurch strukturierten Sichtachsen, die Bedeutung von Gebäuden hervorzuheben. Diese Situationen ergeben aber in den seltensten Fällen ein zusammenhängendes Konzept für die gesamte Stadt.

Die Möglichkeit, Gebäude durch Sichtachsen hervorzuheben, ist natürlich keine Erfindung des Historismus. Auch früher wurden Straßen etwa auf Kirchtürme hin ausgerichtet. Man denke nur an die alte Salzachbrücke an der Klampferergasse, die auf den Franziskanerkirchturm zusteuert.

Baustil

Von weitem könnte der Salzburg-Besucher das Versorgungshaus für eine Klosteranlage oder einen Schulbau eines katholischen Ordens halten. Die zusammengestellten Trakte und die harte kantige Ausformung der Mansarddächer verweisen darauf, daß trotz „barockem" Dekor und „Zwiebelturm" ein Bau des 19. Jahrhunderts vorliegt. Seitentrakte und Hauptfront umfangen eine Gartenanlage. Wesentliche Elemente der Hauptfront sind ein schmaler Mittelrisalit, ein mit einem Zwiebelhelm bekrönter Dachreiter, die Dreiecksgiebel über korinthisierenden Pilastern an den Mittel- und Eckrisaliten und die Betonung der Eckrisalite durch Mansarddächer.

Der Baustil rezipiert Formen des Spätbarock. Insgesamt erscheint der Entwurf eine Komposition aus Elementen eines Baukastens zu sein. Betrachtet man aber die einzelnen architektonischen Würdeformen und ihre Salzburger Vorläufer, so kann man mehrfach Verweise auf das Schloß Mirabell feststellen. Hier ist aber nicht der klassizistische Umbau nach den Stadtbrand von 1818 Vorbild, sondern das spätbarocke Schloß nach den Umbauten durch Johann Lukas von Hildebrandt (1721 bis 1727)[37].

Franz Drobny – Ein Salzburger Stadtarchitekt

Verantwortlicher Architekt des Stadtbauamtes war Franz Drobny. Er wurde am 1. Dezember 1863 in Wien geboren und studierte von 1880 bis 1885 an der Wiener Technischen Hochschule. Seine ersten Sporen als Architekt verdiente er sich im Atelier von Professor Wirst beim Bau der Technischen Hochschule in Graz. Von 1889 bis 1902 war er im Stadtbauamt in Salzburg als „entwerfender" Architekt tätig. Er leitete große öffentliche Bauten wie Schulen (St. Andrä und Mülln) und das Versorgungshaus. Privat entwarf er in Salzburg auch Hotels und Villen. Von 1902 bis 1913 wirkte er als Stadtbaudirektor in Karlsbad in Böhmen, wo er die neue Markthalle und das Elisabethbad entwarf. 1913 wurde er zum Professor für Hochbaukonstruktion an die Technische Hochschule in Graz berufen. 1922 erhielt er dort die Professur für Städtebau. Er starb am 9. Dezember 1924 im Alter von 62 Jahren[38].

Verfolgt man die stilistische Entwicklung der Architektur Drobnys, so wandelt er sich vom strengen Historisten zum Späthistoristen. Seine Salzburger Bauten sind vom Späthistorismus geprägt. In seiner Grazer Zeit rezipierte er schließlich das Formengut der „Heimatschutzbewegung".

Barock am Versorgungshaus ist nicht der Grundriß, sondern die Fassade. Drobny zitiert Elemente der spätbarocken Fassade des Schlosses Mirabell. Man braucht nur die giebelbekrönten Risalte des Altersheimes mit den Seitenrisaliten des Schlosses vergleichen. Bei den Bauornamenten nimmt er ebenfalls auf Hildebrandtsche Vorlagen Bezug. Seine Zusammenstellung der Ornamente weist jedoch immer wieder Brüche, einen Zug zum Manierismus auf.

Die zeitgenössische Presse warf den späthistoristischen Drobny-Bauten Kostspieligkeit vor[39].

Die Kirche zur schmerzhaften Gottesmutter im städtischen Versorgungshaus

Alle städtischen Armenhäuser besaßen ein eigenes Kirchlein. Lediglich das Kronhaus, in dem die Ärmsten untergebracht waren, hatte keine Kapelle. Für die religiösen Bedürfnisse der „Vereinigten Versorgungsanstalten" wurde nun eine gemeinsame Kirche errichtet. Die im Haupttrakt als kräftiger Mittelrisalit vorspringende Kirche wird durch den turmartigen Dachreiter als Kultusbau kenntlich gemacht. Der Zentralbau mit zweigeschoßigen seitlichen Emporen und einer Empore über der Vorhalle besitzt nur einen kurzen Altarraum. Den quadratische Mittelraum überwölbt eine Flachkuppel. Die Stukkaturen rezipieren das Spätbarock (Bandelwerk). Im Zentrum des Kuppelgemäldes befindet sich ein vom Salzburger Maler Jakob Forster 1900 ausgeführtes „Lamm Gottes", umgeben von den vier Evangelistensymbolen[40].

In den Pendentifs verweisen die Heiligen auf die vier Vorläufer des Versorgungshauses: St. Blasius für das Bürgerspital, St. Sebastian für das Bruderhaus, St. Erhard für das Nonntaler Erhardspital und St. Corona für das Kronhaus. Wie letzteres zur Hl. Corona kommt, ist nicht geklärt. Der viel beschäftigte Salzburger Maler Josef Gold schuf 1899 das Altarbild „Beweinung Christi" und im Giebelfeld des Altars „Hl. Josef"[41].

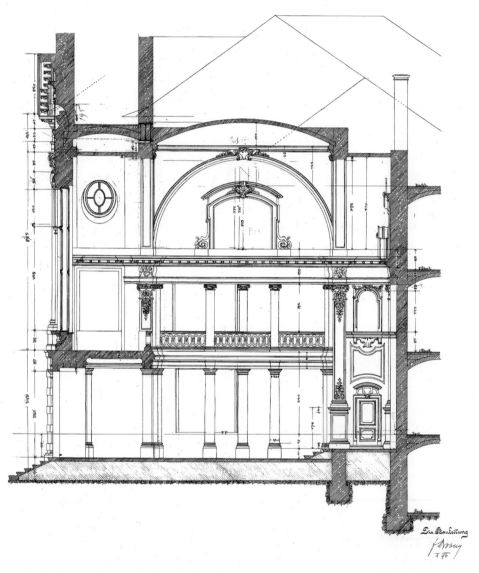

Abb. 39: Schnitt durch die Kirche der „Vereinigten Versorgungsanstalten", 1896, gez. von Franz Drobny.

Durch den Einbau der Emporen wird der Endruck eines Zentralbaues verwischt. Ähnlich wie bei der Fassade des Versorgungshauses entsprechen einander Raumform (Zentralbau mit Flachkuppel) und architektonische Details nicht. Die Kirche hinterläßt einen reichen „barocken" Gesamteindruck, viele Details verweisen aber auf eine Herkunft aus der „Neo-Renaissance". Der Architekt hat die architektonische Struktur des Kirchenraumes bebildert. Der Altarraum erscheint barock, die Kuppel und die Pendentifs rezipieren frühchristliche Kunst. Große leere Wandflächen zeigen den Untergrund, die Grenzen der Raumstruktur.

Der Fassadendekor des Versorgungshauses

Engelköpfe, Köpfe junger Frauen bevölkern ebenso die Fassade des Versorgungshauses wie die Häupter von Greisen und Greisinnen. Die ersteren wurden von den Zeitgenossen ohne weiteres angenommen. Auf Ablehnung stießen dagegen die Köpfe der Alten. Der deutschnationale Gemeinderat Wenzel Dick, Professor an der Staatsgewerbeschule, versuchte die von ihm als *alte, abgemagerte Männer und Frauen* bezeichneten Figuren wieder abnehmen zu lassen. Der Gemeinderat lehnte dieses Ansinnen allerdings mit dem Hinweis auf die Kosten ab[42].

Je ein männlicher und ein weiblicher Greisenkopf in einer Muschel bilden den unteren Teil der aus Voluten gebildeten Konsolen, die als Basis der Pilaster dienen. Über einem System von lastenden und tragenden Teilen befindet sich

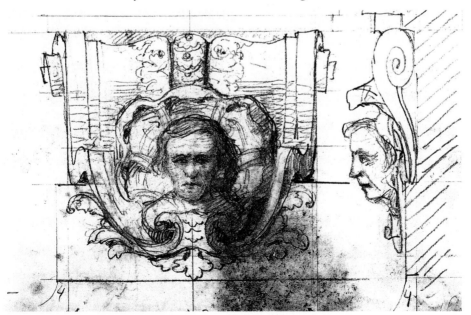

Abb. 40: Entwurfszeichnung für die figurale Fassadendekoration, 1896.

Abb. 41: Figurale Dekoration an der Fassade des Versorgungshauses.

das reich quellende Ornament im Giebelfeld, das in einem Frauenkopf gipfelt. Dieser Kopf kann als Versinnbildlichung der Stadt, die für ihre alten Menschen sorgt, aber auch als Symbol der Fürsorge wie der Fruchtbarkeit interpretiert werden. Der Frauenkopf ist allein schon durch die Höhe, in der er angebracht ist, der Erdnähe und den realistischen Symbolen der Greise und des Stadtwappens entrückt. Auch die Putti in den Kapitellen deuten an, daß es sich um eine Personifikation oder Göttin handeln muß. Allein durch die große Höhe entzieht sich die Figur (bewußt ?) einer Identifizierung. Die den strengen architektonischen Rahmen überspielende Ornamente wie die mit Akanthusblätter belegten Voluten weisen auf die Grundthematik des Werden und Vergehens hin.

Würdigung

Das Salzburger Versorgungshaus steht von der Bauaufgabe her gesehen auf der Höhe seiner Zeit. Die Lösung als Monumentalbau zeigt – im Vergleich zum damals bereits geschätzten Pavillonsystem – das Beharren auf eine große repräsentative Lösung der Bauaufgabe. Die Fassaden- und Kirchenraumgestaltung versucht bewußt, das Gebäude zum Sprechen zu bringen. Neben der Verwendung von Schrift, Wappen und Bauplastik soll die Rezeption des Barockstils als Verweis auf die barocke Tradition Salzburgs gelesen werden.

Die vier Schutzpatrone der alten Versorgungshäuser in der Kirche des Seniorenheimes Nonntal

Abb. 42: Hl. Blasius (für das Bürgerspital) von Leo Reiffenstein, 1900.

Abb. 13: Hl. Sebastian (für das Bruderhaus) von Leo Reiffenstein, 1900.

Abb. 44: Hl. Erhard (für das Erhardspital) von Leo Reiffenstein, 1900.

Abb. 45: Hl. Corona (für das Kronhaus) von Leo Reiffenstein, 1900.

Anmerkungen

1 THEODOR GMACHL, Soziale Fürsorge und Fürsorgeeinrichtungen, in: ERWIN STEIN (Hg.), Die Städte Deutschösterreichs. Bd. VIII: Salzburg, Berlin–Friedenau 1932, S. 174.
2 Das städtische Versorgungshaus, in: Salzburger Volksblatt, 29. 10. 1898, S. 2 f.
3 AStS, Gemeinderatsprotokolle, 11. 2. 1895, S. 268 ff.
4 AStS, Urkundensammlung 238, Kaufvertrag zwischen Stadtgemeindvorstehung Salzburg in Vetretung des Bürgerspitals-, des Bruderhaus-, des Erhardspital-, des Bürgersäckel- sowie des Armenfondes und Ferdinand und Johanna Schmidhuber, 16. 3. 1895.
5 AStS, Urkundensammlung 251, Tauschvertrag mit Sankt Peter, 9. 11. 1895; AStS, Urkundensammlung 261, Kaufvertrag mit Frauenstift Nonnberg, 7. 2. 1896; AStS, Urkundensammlung 263, Kaufvertrag mit Josef und Anna Greisberger, 26. 4. 1896.
6 PETER BORSCHEID, Vom Spital zum Altersheim. Der Wandel der stationären Altenhilfe im Kaiserreich, in: JÜRGEN REULECKE (Hg.), Die Stadt als Dienstleistungszentrum, St. Katharinen 1995, S. 259–279, hier S. 273.
7 BORSCHEID, Vom Spital zum Altersheim (wie Anm. 6), S. 275.
8 AStS, Gemeinderatsprotokolle, 28. 1. 1895, S. 185 ff.; GEORG MUSSONI, Amtsvortrag betreffend das Bau- und Finanz-Programm für die neuen Versorgungshäuser, Salzburg 1895. Der Gemeinderatsbeschluß ist in diesem Druck irrtümlich mit 20. 1. 1895 angegeben.
9 AStS, Gemeinderatsprotkolle, 2. 4. 1895, S. 648 ff.
10 Die Versammlung wegen des Versorgungshauses, in: Salzburger Chronik, 17. 4. 1895, S. 1 f. Darlegungen von Jakob Ceconi.
11 Die Versorgungshaus-Frage, in: Salzburger Volksblatt, 9. 7. 1895, S. 2 f., Bericht des Bauamtes.
12 AStS, Plansammlung 2417, Städtisches Versorgungshaus.
13 AStS, Gemeinderatsprotokolle, 24. 2. 1896, S. 302 ff.
14 CHRISTIAN GREINZ, Die fürsterzbischöfliche Kurie und das Stadtdekanat zu Salzburg. Ein Beitrag zur historisch-statistischen Beschreibung der Erzdiözese Salzburg, Salzburg 1929, S. 335 f.
15 Ebenda.
16 Der Einzug in das neue Versorgungshaus, in: Salzburger Volksblatt, 7. 11. 1898, S. 2; Vereinigte Versorgungsanstalten, in: Salzburger Volksblatt, 15. 11. 1898, S. 3.
17 AStS, Bauakten CO 128 Nonntal.
18 AStS, Bauakten CO 128 Nonntal.
19 Zur Eröffnung des neuen Versorgungshauses, in: Salzburger Volksblatt, 28. 10. 1898, S. 2 f.; Das städtische Versorgungshaus, in: Salzburger Volksblatt, 29. 10. 1898, S. 2 f.
20 GREINZ, Stadtdekanat (wie Anm. 14), S. 327 f.
21 Zit. n. GEORG STADLER, Das Bürgerspital St. Blasius zu Salzburg, Salzburg 1985, S. 234.
22 KARL HENRICI, Versorgungs-, Pflege- und Zufluchtshäuser, in: Handbuch der Architektur, hg. von EDUARD SCHMIDT, JOSEF DURM und HERMANN ENDE. 4. Teil, 5. Halbband, 2. Heft, 2. Aufl., Stuttgart 1903, S. 264–285.
23 Ebenda, S. 265.
24 Ebenda, S. 265 f.
25 Ebenda, S. 267.
26 Ebenda, S. 268; erbaut im Jahre 1889 von Hugo Licht.
27 CHRISTIAN GREINZ, Das St. Johanns-Spital zu Salzburg, Salzburg 1895, S. 35; JOSEF BRETTENTHALER und VOLKMAR FEURSTEIN, Drei Jahrhunderte St.-Johanns-Spital, Landeskrankenhaus Salzburg, Salzburg 1986, S. 80 f.
28 HANS SEDLMAYR, Johann Bernhard Fischer von Erlach, 2. neubearb. u. erw. Aufl., Wien 1976, S. 108 und S. 256.

29 HANS TIETZE und FRANZ MARTIN, Die kirchlichen Denkmale der Stadt Salzburg. Mit Ausnahme von Nonnberg und St. Peter (Österreichische Kunsttopographie 9), Wien 1912, S. 256–271; Die Kunstdenkmäler Österreichs. Salzburg Stadt und Land (Dehio-Handbuch der Kunstdenkmäler Österreichs), Wien 1986, S. 642 f.
30 HARALD WAITZBAUER (Hg.), Nervensache. 100 Jahre Salzburger Nervenklinik. Erscheint Herbst 1998.
31 Für das neue Bürgerheim. [Leserbrief], in: Salzburger Chronik, 6. 4. 1895, S. 3.
32 Zur Eröffnung des neuen Versorgungshauses, in: Salzburger Volksblatt, 18. 10. 1898, S. 2 f.
33 SIGMUND BEINSTEINER, Ein „Schloß" für alte Leute, in: Salzburger Volksblatt, 18. 7. 1967; vgl. auch den Beitrag von FRANZ FUXJÄGER im vorliegenden Band.
34 Für das neue Bürgerheim, in: Salzburger Chronik, 6. 10. 1895, S. 3.
35 BORSCHEID, Vom Spital zum Altersheim (wie Anm. 6), S. 274.
36 Zur Eröffnung des neuen Versorgungshauses, in: Salzburger Volksblatt, 18. 10. 1898, S. 2 f.
37 HANS TIETZE und FRANZ MARTIN, Die profanen Denkmale der Stadt Salzburg (Österreichische Kunsttopographie 13), Wien 1914, S. 159–211, hier S. 164.
38 [Nekrolog auf] Franz Drobny, in: Salzburger Volksblatt, 10. 12. 1924, S. 5; Nachruf Oberbaurat Drobny, in: Neues Grazer Tagbatt, 10. 12. 1924, S. 6.
39 Zur Bürgermeister-Affaire, in: Salzburger Chronik, 9. 7. 1898, S. 2.
40 Dehio Salzburg (wie Anm. 29), S. 652. Der Vorname von Forster ist im Dehio falsch angegeben.
41 Ebenda.
42 AStS, Gemeinderatsprotokolle, 25. 10. 1897, S. 1864.

Alltag im „Versorgungshaus" in den ersten Jahren seines Bestehens

Zwischen Tradition und Fortschritt

von Sabine Falk-Veits

Die vereinigten Versorgungsanstalten bestehen aus dem Bürgertrakte, dem Bruderhaustrakte und dem Comuntrakte. Die vereinigten Versorgungsanstalten führen auch die Bezeichnung „städt[isches] Versorgungshaus" und werden in dasselbe nur erwerbsunfähige mittellose, nach Salzburg zuständige Personen, welche in der Regel das 60te Lebensjahr überschritten haben müssen, aufgenommen.[1]

Bereits der erste Paragraph der „Hausordnung für die Pfleglinge in den vereinigten Versorgungs-Anstalten" aus dem Jahr 1904 beinhaltet eine wichtige Aussage über die Struktur dieser Fürsorgeanstalt. Ein „Versorgungshaus" als eine singuläre soziale Einrichtung existierte zum Zeitpunkt der Gründung nicht, sondern drei verschiedene Anstalten waren in drei Trakten unter einem Dach untergebracht. Je ein Trakt beherbergte die schon bestehenden Einrichtungen des Bürgerspitals, des Bruderhauses und des Erhardspitals sowie des Kronhauses bzw. der Kommunstube. Der Gemeinderat hatte sich zu dieser Dreiteilung entschlossen, da das Bürgerspital, das Bruderhaus und das Erhardspital über eigene Stiftungen verfügten und die Tradierung der jeweiligen Stiftungsrechte aufrecht erhalten werden mußte. Mit dem Bau der „Vereinigten Versorgungsanstalten" setzte die Stadtgemeinde aber gleichzeitig auch einen Schritt in Richtung Modernität, indem sie durch die Zusammenlegung der vorhandenen Fürsorgeeinrichtungen den Anforderungen des im Aufbau begriffenen, zentralistisch ausgerichteten Sozialstaates gerecht werden wollte. Bestehende Traditionen wurden aber vorerst nur in ein neues Gewand verpackt. In diesem Spannungsfeld zwischen Althergebrachtem und Fortschritt spielte sich auch das Alltagsleben in den „Vereinigten Versorgungsanstalten" in Nonntal ab, das in den ersten Jahren von der stiftungsbedingten Kategorisierung in drei „Klassen von Pfleglingen" dominiert war.

Die „Pfleglinge" des „Versorgungshauses"

In den Bürgertrakt konnten nur arme Bürger der Stadt Salzburg aufgenommen werden. Die Anzahl der ursprünglich für das Bürgerspital gestifteten Pfründe erhöhte sich in den ersten Jahren von 34 (23 Plätze für Frauen und 11 für Männer) im Jahr 1900 auf 52 im Jahr 1908[2]. Eine Pfründe war 1900 72 Heller „wert" und setzte sich aus freier Unterkunft in Zimmern mit zwei oder drei Personen – dafür gingen 38 Heller an die Stadtkasse – und 34 Heller Handgeld zusammen[3]. Neben diesen gestifteten Pfründen existierten auch noch alte, nicht gestiftete Pfründe, die nicht mehr nachbesetzt wurden und Plätze, deren Kosten aus dem Bürgersäckelfonds bestritten wurden. Insgesamt war der Bürgerspitaltrakt 1900 mit 60 Personen besetzt.

Verarmte und erwerbsunfähige Gemeindeangehörige hatten die Möglichkeit, im Bruderhaustrakt unterzukommen und eine Bruderhaus- bzw. Erhardspitalpfründe zu beziehen. Der Bruderhaus- und der Erhardspitalfonds waren vereinigt worden, da hier keine stiftungsrechtlichen Schwierigkeiten vorhanden waren. Für das Bruderhaus standen im Jahr 1900 insgesamt 29 gestiftete Pfründe zu je 50 Heller pro Tag zur Verfügung[4]. Aus dem ehemaligen Erhardspital bestanden noch 13 alte Pfründe. 47 neue Plätze wurden von der Landesregierung bewilligt[5]. Die neuen Erhardspitalpfründen wurden den Bruderhauspfründen gleichgesetzt. Für die Verpflegung der Bewohner des Bruderhaustraktes wurden 32 Heller berechnet[6] – also sechs Heller weniger als für die Bezieher einer Bürgerspitalpfründe[7] – und die restlichen 18 Heller ausbezahlt[8].

Die Kommunstube, der dritten Trakt des Hauses, war ebenfalls für arme, Gemeindeangehörige eingerichtet worden. Über die Aufnahme in diesen Trakt bestimmte die Stadtarmenkommission, während für den Bürgerspitaltrakt oder das Bruderhaus der Gemeinderat zuständig war[9]. Die „Pfleglinge" des Kommuntraktes erhielten keine Pfründe, da keine eigenen Stiftungen bestanden, sondern nur Unterkunft und Verpflegung, die aus dem allgemeinen Armenfonds beglichen wurden. In *würdigen Fällen* bekamen die Kommunstübler eine *temporäre Unterstützung* von der Stadtarmenkommission[10]. 1901 betrugen diese Ausgaben für 88 Personen 1088 Kronen, also durchschnittlich 12,3 Kronen pro Jahr[11]. In der Praxis variierten die Beteilungen der einzelnen Armen zwischen zwei und 28 Kronen im Jahr.

Die Tatsache, daß die Kommunstübler kein Handgeld bezogen, kommentierte die sozialdemokratische Zeitung „Salzburger Wacht" 1900 mit der Frage, ob es nicht an der Zeit wäre, eine 100 Jahre alte Verordnung zugunsten einer *zeitgemäßeren* und *humaneren* zu ersetzen[12]. Aus Anlaß ihres 50jährigen Bestehens errichtete die Salzburger Sparkasse 1906 eine Stiftung von 10.000 Kronen, mit der Bestimmung, daß die jährlichen Zinsen an diese *ärmsten der armen Pfleglinge* zweimal im Jahr ausgeteilt werden sollten, ein regelmäßiger Geldbezug konnte den Kommunstüblern aber auch damit nicht gewährt werden[13].

Abb. 46 u. 47: Bewohner im Garten des Versorgungshauses, 1908.

268 Frauen und Männer bezogen im ersten Jahr die „Vereinigten Versorgungsanstalten". Die Bewohnerzahl stieg in den folgenden Jahren kontinuierlich an. Nach dem Ende des Ersten Weltkriegs lebten über 300 Menschen in der Anstalt. Die meisten verbrachten ihren Lebensabend im Kommuntrakt (1901: 102 Personen, rund 40 Prozent), etwas weniger Personen (1901: 97 Personen, rund 38 Prozent) befanden sich im Bruderhaustrakt und etwas mehr als die Hälfte der Kommunstübler lebte im Bürgertrakt (1901: 58 Personen, rund 22 Prozent). 1908 bewohnten zum Beispiel von insgesamt 282 Personen 55 den Bürgertrakt, 96 den Bruderhaustrakt und den 131 Kommuntrakt. Die Zahlenverhältnisse und auch das Ansteigen der Kommunstübler sind mit der Anzahl der gestifteten Plätze im Bürgerspital- und Bruderhaustrakt zu erklären, deren Kapazitäten wie auch in anderen traditionellen Sozialeinrichtungen nicht bedarfsorientiert, sondern nur nach den vorhandenen finanziellen Mitteln ausgerichtet waren. Da die Ausgaben für den Kommuntrakt ohnehin aus dem allgemeinen Armenfonds beglichen wurden, war hier ein größerer Spielraum bei der Aufnahme von neuen Bewohnern vorhanden.

Das geschlechtsspezifische Verhältnis der Pfleglinge bewegte sich in den auch für gegenwärtige Sozialfürsorgeeinrichtungen üblichen Dimensionen und betrug etwa zwei Männer zu mindestens drei Frauen in den jeweiligen Häusern, im ganzen Versorgungshaus lebten fast doppelt soviel Frauen wie Männer[14]. Seit dem 19. Jahrhundert hatte die frühere „Übersterblichkeit" der Frauen nachgelassen und ihre Lebenserwartung begann die der Männer zu übersteigen[15]. Die meisten Insassen waren über 70 Jahre alt, der älteste Bewohner zählte 1908 92 Jahre[16].

Während die Verteilung von Frauen und Männern in den einzelnen Trakten des Versorgungshauses annähernd gleich war, bestand eine kleine Auffälligkeit bei der Aufnahme von jüngeren Menschen in das Versorgungshaus, in das laut Statuten vor allem Personen über 60 Jahre eintreten sollten. Von den am 31. Dezember 1902 im Heim lebenden Menschen, 88 Männern und 171 Frauen, betrug das Durchschnittsalter der Männer, die zum Zeitpunkt ihrer Aufnahme über 50 Jahre alt waren, rund 68 Jahre, das der Frauen rund 65 Jahre.

Es bestanden bei den über 50jährigen nur geringe Altersunterschiede nach den drei Trakten, jedoch wurden mehr jüngere Menschen in die Kommunstube als in den Bruderhaus- oder Bürgerspitaltrakt aufgenommen. Im Bürgertrakt waren 1902 zwei Frauen bei ihrem Eintritt 48 und 37 Jahre alt, im Bruderhaus war nur ein Mann jünger als 50. 10 von 65 Frauen und 8 von 32 Männern waren jedoch unter 50, als sie in den Kommuntrakt aufgenommen wurden[17]. Eine Tabelle im Jahresbericht von 1907 zeigt eine ähnliche Altersstruktur der im Heim lebenden Menschen[18].

Die Kommunstube wurde offensichtlich viel häufiger als die anderen beiden Häuser als Fürsorgeeinrichtung für jüngere, pflegebedürftige, behinderte oder auch durch Arbeitsunfälle invalide Menschen herangezogen. Damit stand der

Kommuntrakt sogar noch stärker in der Tradition der multifunktionalen Spitäler spätmittelalterlichen Ursprungs als die anderen beiden Häuser.

Die meisten Kommunstübler waren ledige Menschen, denen im Alter die Arbeitskraft versagte und die auf keine Familien zurückgreifen konnten, die sie unterstützten[19]. Nachdem in fast allen Fällen zuerst ihre persönlichen Daten erhoben und ein ärztliches Attest verlangt wurde, erhielten sie zuerst einige Jahre eine monatliche Unterstützung und wurden erst später in das Versorgungshaus aufgenommen. Die typische „Kommunstüblerin" war vor ihrem Eintritt Dienstmagd, Bedienerin, Näherin, Büglerin, Wäscherin oder Kinderfrau gewesen, viele Männer hatten den Beruf eines Tagelöhners, Dienstmanns, städtischen Arbeiters, Hausmeisters etc. ausgeübt[20].

Unter den Bewohnern des Bürgertrakts befanden sich hingegen auch zahlreiche Meister und viele Angehörige des handwerklichen Gewerbes sowie deren Witwen. Die Pfründner des Bruderhauses bewegten sich in ihrer beruflichen Zuordnung zwischen den für die zwei genannten Trakte typischen Berufsgruppen[21].

Gebrechlichkeit und Krankheit

Für sehr alte, kranke, gebrechliche und blinde Frauen und Männer, die einer besonderen Pflege bedurften, war der Krankentrakt vorgesehen. 1903 befanden sich 30 Patienten in der Fürsorge von zwei weltlichen „Krankenwärterinnen", 1907 mußte der Krankentrakt auf 40 Betten vergrößert werden, da die Anzahl der hochbetagten und pflegebedürftigen Heimbewohner zugenommen hatte, und die Sterblichkeit laut Jahresbericht relativ niedrig war[22].

Der Krankentrakt war im Hochparterre des Bürgerspitaltrakts untergebracht und verfügte anfangs über 13 Zimmer mit 36 Betten, eine Hausapotheke und ein Badezimmer. Der Hausarzt besuchte die Kranken täglich, mittags und abends erhielten die Patienten auch gesondertes Essen[23]. Nur in besonderen Fällen wurden die Kranken in das St.-Johanns-Spital überstellt.

Der Alltag

Die Haus- und Zimmerordnung, die den „Pfleglingen" gleich bei ihrem Eintritt vorgelesen wurde und an gut sichtbarer Stelle im Haus angeschlagen war, sollte einen reibungslosen Ablauf des Gemeinschaftslebens sichern[24]. Hausordnungen wollen „klare Verhältnisse" schaffen, sie setzten Hierarchien und Strukturen fest, und werden von denjenigen gemacht, die in der Verwaltung oder politisch tätig sind.

An der Spitze des Heims in Nonntal stand die *Versorgungshaus-Kommission*, die sich aus fünf Gemeinderäten zusammensetzte und alle Jahre neu gewählt wurde. Obmann des Komitees und zugleich Inspektor war Karl Höller, der diese ehrenamtliche Position von 1898 bis 1911 innehatte. Für jeden Trakt wurde ein eigener *Untermeister* angestellt. Dem Untermeister des Bürgerspitaltraktes unterstand das gesamte Dienstpersonal, er war außerdem auch für den Krankentrakt und die Verwaltung des Lebensmittelmagazins verantwortlich[25]. Da die Anstalt über drei getrennte Küchen verfügte, waren in jeder eine Köchin und eine Küchenmagd beschäftigt. Das gesamte Personal umfaßte 1908 für 282 „Pfleglinge" 23 Personen (drei Untermeister, drei Köchinnen, drei Küchenmägde, sechs Hausmägde, zwei Wäscherinnen, ein Gärtner oder eine Gärtnerin, ein Heizer, ein Hausmeister, eine Stallmagd, zwei weltliche Krankenschwestern)[26].

In den ersten „Vorschriften für das städtische Versorgungshaus" (1898) dominierten die Anweisungen für das Personal (26 Seiten von 32 Seiten), den Heimbewohnern kam in der gesamten Schrift eine passive Rolle zu. Die darin enthaltene Hausordnung ist eine adaptierte Version der 1872 vom Gemeinderat erlassenen „Haus-Ordnung für die städtischen Versorgungsanstalten"[27]. Nach fünf Jahren Betrieb der Anstalt erließ man 1904 eine neue, umfang- und detailreichere Haus- und Zimmerordnung, die auch Bestimmungen enthielt, die als Reaktion auf Vorkommnisse im Haus zu interpretieren sind[28].

Bemerkenswert ist in der Hausordnung aus dem Jahre 1872 ein Paragraph, der in die Bestimmungen für das neue Versorgungshaus in Nonntal übernommen wurde: *Die sämtlichen Anstalts-Pfleglinge haben die gleichen Rechte und Pflichten, es darf sich daher kein Pflegling ein Anrecht vor dem anderen anmaßen*[29]. Während dieser „Gleichheitsgrundsatz" 1872 für alle Bewohner einer bestimmten Anstalt galt, bedeutete er nun für die „Vereinigten Versorgungsanstalten", daß trotz der in so vielen Lebensbereichen durchgezogenen Drei-Klassen-Teilung, der Bezieher einer gut dotierten Bürgerspitalpfründe rechtlich dem Kommunstübler ohne Handgeld gleichgestellt war. Demokratisches Gedankengut kündigte sich im Versorgungshaus hier zumindest auf dem Papier an.

Ordnung und Sauberkeit

Wie ein roter Faden ziehen sich in den Verordnungen von 1898 und 1904 die Anweisungen durch, auf Ordnung, Reinlichkeit und eine *anständige, nüchterne* Lebensweise zu achten. Mittels der Betonung von Sauberkeit und Hygiene versuchte die Anstaltsleitung und der Gemeinderat die moderne und fortschrittliche Ausrichtung des Hauses zu unterstreichen.

Ein neuer Bewohner mußte bei seinem Eintritt zuerst seine *Effekten* vorzeigen, die dann einer genauen Untersuchung unterzogen wurden. *Unreine oder besonders schadhafte Gegenstände* durften nicht mitgenommen werden[30].

Wenn die Kleidung des Neuaufgenommenen zu schmutzig oder zerrissen war, wurde er neu eingekleidet.

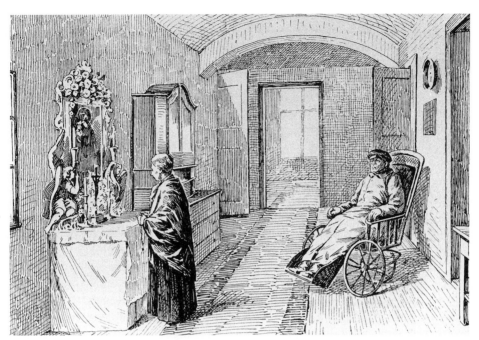

Abb. 48: Krankentrakt, Radierung von Valentin Janscheck, um 1908.

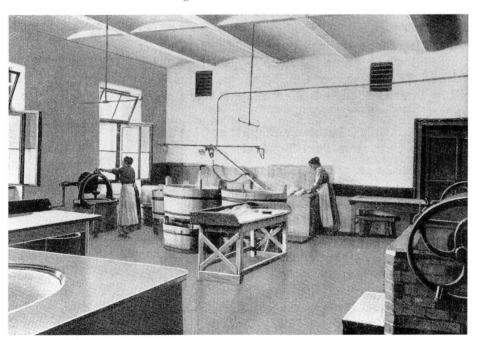

Abb. 49: Waschküche, 1908.

Für die Reinhaltung der Zimmer und des Mobiliars, besonders der Waschtische samt Geschirr, der Nachtkästen und der Betten, hatten die „Pfleglinge" selbst zu sorgen. Samstags mußten sie auch die Fenster und Türbeschläge putzen[31]. Auf *peinlichste Reinlichkeit* war in allen Gemeinschaftsräumen zu achten, vor allem bei den Wasserabläufen und in den Aborten[32]. Da es den Heimbewohnern untersagt war, Essen in die Zimmer mitzunehmen, mußten sie ihre privaten Lebensmittel in auf den Gängen befindlichen Wandkästen aufbewahren[33].

Die aufgenommenen Frauen und Männer hatten ihre Kleider und Schuhe entweder vor dem Schlafengehen oder nach dem Aufstehen in einem eigens dafür bestimmten Raum selbst zu säubern[34]. Die *Leibwäsche* mußte jeden Samstag nach dem Aufstehen gewechselt und die Betten jede vierte Woche frisch bezogen werden. Im Bedarfsfall war auf Anweisung des Untermeisters auch ein häufigerer Wäschewechsel möglich. Die Frauen tauschten die Bettwäsche selbst aus, für die Männer und die gebrechlichen alten Frauen erledigten dies die Hausmägde. Bettenüberziehen wurde demnach als eine ausgesprochen weibliche Tätigkeit angesehen, denn beim Reinigen der Kleider und Schuhe gab es keine geschlechtsspezifischen Unterschiede.

Eine eigene, vom Inspektor erlassene Badevorschrift ordnete regelmäßige Körperreinigung an und bestimmte über die Häufigkeit des Badens: *Pfleglinge, welche glauben, daß ihnen das Baden nicht zuträglich sei, haben sich vom Hausarzt untersuchen zu lassen. Pfleglinge, welche sich ohne Zeugnis des Hausarztes dem Baden entziehen, sind straffällig*[35]. Über das Verhalten bei Ungezieferbefall gab es eigene Bestimmungen[36].

Kleider, Schuhe und Gebrauchsgegenstände durften nicht im Zimmer herumliegen. Wenn der Untermeister bei der *täglich zu haltenden Nachschau* – ursprünglich sollte nur einmal im Monat eine Zimmervisite durchgeführt werden[37] – solche Gegenstände fand, durfte er diejenigen, welche nicht zum unbedingten täglichen Gebrauch notwendig waren, entfernen[38]. Aus heutiger Sicht stellt dieses Recht des Untermeisters einen enormen Eingriff in die individuelle Privatsphäre dar. Ebenso war auch die Vergabe, der Tausch oder Verkauf von im Besitz eines Heimbewohners befindlichen Gegenständen *strengstens untersagt*[39].

Der Tagesablauf

Die reglementierte Zeiteinteilung war ein allgemeines Merkmal von Armenhäusern, Zwangsanstalten und Fürsorgeeinrichtungen und sollte auch als *Wegweiser zur geregelten Lebensführung* dienen[40]. Um 6 Uhr früh mußten die „Pfleglinge" aufstehen[41], ihre Betten *schön gleichmässig und ordentlich* machen, die Zimmer auskehren, aufräumen und nach Instruktion des Inspektors (!) lüften[42].

Abb. 50: Gebet im Versorgungshaus-Garten, 1908.

Hausbewohner katholischen Glaubens waren verpflichtet, sich zu den vorgeschriebenen Andachten in der Anstaltskirche einzufinden. Davon befreit waren nur gebrechliche Personen oder solche, die um ausdrückliche Erlaubnis angesucht hatten[43]. Der Dienstvorschrift für den Geistlichen aus dem Jahr 1898 ist zu entnehmen, daß dieser täglich eine hl. Messe zu der von der Versorgungshaus-Kommission bestimmten Uhrzeit zu lesen hatte, an Sonn- und Feiertagen um 1 Uhr und an dem vorhergehenden Abend einen Rosenkranz sowie zwei wöchentliche Maiandachten im Monat Mai und eine Kreuzwegandacht pro Woche in der Fastenzeit abhalten mußte[44]. Diese Verpflichtung zum Gottesdienst kritisierten die Sozialdemokraten heftig: Unter Androhung von verschiedensten Strafen zwinge Inspektor Höller die *armen Teufel* zum Kirchenbesuch und Rosenkranzbeten. Höller hätte keine Ahnung, *dass laut Staatsgrundgesetz, in Oesterreich niemand zu einer religiösen Handlung gezwungen werden darf*[45].

Die vorgeschriebene Teilnahme an Gottesdienst und Rosenkranzgebet ist aber auch Ausdruck einer Geisteshaltung, die Religion als Angelegenheit für Kinder und Alte betrachtete, wofür der tätige Bürger nur an hohen Feiertagen Zeit hatte[46].

Die Einteilung der Bewohner des Versorgungshauses in drei Klassen offenbarte sich täglich markant beim Essen. Während als Frühstück für alle Frauen und Männer ein halber Liter Milch und Bohnenkaffee und eine zehn Deka schwere Semmel im Gesamtwert von zehn Heller vorgesehen war und am Abend verschiedene Suppen auf dem Speiseplan standen, die mit einem Kostenaufwand von vier Heller berechnet wurden, gab es große Unterschiede in der Qualität des Mittagessens.

Die Kosten für ein Mittagessen im Bürgertrakt betrugen in den ersten Jahren 24 Heller[47], der finanzielle Aufwand für ein Mittagessen für den Bruderhaus- und Kommuntrakt machte allerdings nur 18 Heller aus[48]. Sämtliche Jahresberichte des Versorgungshauses enthalten eine genaue Auflistung, welche Speisen im Laufe eines Jahres in den drei Trakten gekocht wurden. Im Jahr 1900 kamen nach diesen Aufstellungen zum Beispiel im Bürgertrakt an 242 Tagen des Jahres Fleischspeisen auf den Mittagstisch[49]. Rechnet man die Fasttage und das freitägliche Verbot des Fleischessens mit ein, so kamen diese Bewohner fast täglich in den Genuß von Rindfleisch (123 Tage), Kalbsbraten (19 Tage), Schweinsbraten (20 Tage) etc. Die übrige Zeit verköstigte man sie mit verschiedenen Knödelgerichte und Mehlspeisen.

Die Frauen und Männer aus dem Bruderhaus und die Kommunstübler erhielten hingegen nach den offiziellen Tabellen nur an 167 Tagen im Jahr Fleisch zu Mittag, dafür entsprechend mehr Knödel und Mehlspeisen[50]. Die „Salzburger Wacht" berichtete allerdings, daß die Pfründner des Kommuntrakts nur einmal in der Woche Fleisch zu essen bekämen und sich die restliche Zeit mit Mehlspeisen begnügen mußten und bezweifelten, ob *Mehlspeisen und Rosenkranzbeten als Gipfelpunkt der Humanität* anzusehen wären[51]. Die Wahrheit lag vermutlich zwischen den Angaben in den Rechenschaftsberichten der Versorgungshaus-Verwaltung und der Kritik der Sozialdemokraten.

Den „Pfleglingen" des Bürgertraktes wurde das Mittagessen im Speisesaal auf den ihnen zugewiesenen Plätzen serviert, die anderen Hausbewohner mußten sich ihre Speisen selbst holen: *Die Pfleglinge des Bruderhaus und Comuntraktes haben sich zur bestimmten Stunde einzeln hintereinander u. zw. zuerst die Männer, dann die Frauen auf der Stiege und im Vorhause aufzustellen. Beim ersten Glockenzeichen gehen die Männer, beim zweiten die Frauen in die im Souterrain befindliche Küche, um die Speisen zu holen*[52].

Nach dem Essen wurde in allen Trakten Milch- und Bohnenkaffee um vier Heller verkauft[53]. Diesen „Luxus" konnten sich aber auch nur diejenigen regelmäßig leisten, die auch ein Handgeld bezogen.

Modern, erfolgreich und viel gepriesen war die sogenannte Verpflegung in Eigenregie des Versorgungshauses. Das gesamte Gemüse für den Hausbedarf wurde in den eigenen Gärten angebaut und an die Küchen um die Hälfte des Marktpreises und darunter abgegeben; die in der *Oeconomie-Stallung* befindlichen Rinder und Schweine dienten zur hauseigenen Fleischversorgung[54]. 1908 besaß das Altersheim in Nonntal drei Ochsen und 50 bis 60 Schweine, der Obstgarten umfaßte rund 600 Bäume. Große und kostengünstige Einkäufe wurden für das Zentralmagazin getätigt – die Dreiteilung des Hauses wurde hier zugunsten einer besseren Wirtschaftlichkeit aufgegeben – und auch die Abfälle wiederverwertet, was eine weitere Einsparung bewirkte[55].

Abb. 51 u. 52: Küche im Versorgungshaus, 1908.

Für die Gartenarbeiten waren auch keine eigenen Kosten aufzuwenden, denn die noch arbeitsfähigen Hausbewohner waren verpflichtet, leichte Dienste für das Versorgungshaus zu verrichten. Wenn die zugewiesene Beschäftigung länger als einen halben Tag in Anspruch nahm oder dauerhaft ausgeübt wurde, erhielten sie vom Inspektor eine Bezahlung[56].

Die Verwaltung zog die „Pfleglinge" auch zur Erhaltung und Beschotterung der Wege, zum Abladen von Kohle, zur Entfernung der Asche aus der Heizanlage, zum Holzzerkleinern und zu Schuhreparaturen heran. Frauen wurden auch im Krankentrakt und in der Küche eingesetzt, sie verrichteten Reinigungsarbeiten in den Gebäuden und besserten die Wäsche aus[57]. 1901 betrugen die Ausgaben für die *Entlohnung der Pfleglinge* 1395 Kronen. 790 Kronen bezahlte man den Bewohnern für Gartenarbeit, 224 Kronen für die Arbeiten in der hauseigenen *Ökonomie*, 200 Kronen für Dienste im Krankentrakt und 116 Kronen für die Gebäudereinigung[58].

Bis 1. November 1900 durften die Pfründner auch Arbeit von auswärts annehmen, dann wurde diese Möglichkeit der Geldbeschaffung verboten. Die Sozialdemokraten verurteilten dieses Verbot scharf, denn, so argumentierten sie, unter den Bewohnern des Kommuntrakts befänden sich viele Schuster und Schneider, denen beim Eintritt in das Versorgungshaus gestattet wurde, Arbeit außer Haus anzunehmen, da sie kein Handgeld wie die Bewohner des Bürgerspitals oder des Bruderhauses erhielten. Nun dürften sie nur mehr die Kleider und Schuhe der Pfründner zu einem Niedrigstlohn flicken[59].

In ihrer „Freizeit" war den „Pfleglingen" vormittags nach beendetem Gottesdienst bis zum Mittagstisch und nachmittags nach dem Rosenkranz bis zur Torsperre das Verlassen des Hauses gestattet. Über Nacht durften die Bewohner nur in begründeten Fällen nach Rücksprache mit dem Inspektor ausbleiben.

Beim Verlassen der Anstalt waren die Pfründner verpflichtet, sämtliche Gegenstände, die sie aus dem Haus trugen oder bei ihrer Rückkehr mitbrachten, dem Portier vorzuzeigen. Gegenstände, *deren Weg- oder Einbringung aus irgend einem Grunde zu beanstanden* war, mußte vom Portier in der Kanzlei abgegeben werden.

Der Pförtner war auch für das „Ansehen" der „Pfleglinge" außerhalb der Tore verantwortlich: *Der Portier hat ferner die Pflicht, solche Pfleglinge, welche das Haus in einem für die Gasse ungehörigen Zustande /: schmutzige Kleider u. dgl. :/ verlassen wollen, zurückzuweisen*[60].

Während in der ersten Hausordnung noch Zusammenkünfte und wechselseitige Besuche von männlichen und weiblichen „Pfleglingen" verboten waren[61], durften sich nach der Hausordnung von 1904 die Bewohner wochentags zwischen 2 und 4 Uhr sowie an Sonn- und Feiertagen von 2 bis 5 Uhr gegenseitig besuchen. Spiele um Geld waren bei diesen Zusammenkünften strengstens untersagt[62]. Während dieser Zeit waren auch Besuche von Bekannten und Verwandten – allerdings ohne Hunde – gestattet.

Abb. 53: Die Ökonomie im Versorgungshaus, 1908.

Im Souterrain des Bürgertakts befand sich auch eine Kantine, in der Getränke und Eßwaren nur für „Pfleglinge" und das Dienstpersonal, jedoch nicht für Fremde, gegen sofortige Bezahlung erhältlich waren. Ausgeschenkt wurden Höllbräubier (der halbe Liter im Jahr 1900 zu zehn Heller) und Wein (das Viertel zu 16 und 18 Heller), selbstgeselchtes Schweinefleisch (zehn Deka zu 14 Heller), Quargel (zwei Stück zu sechs Heller) und Eier (zwei Stück zu zehn Heller) waren ebenfalls erhältlich. Branntwein durfte nicht verabreicht werden[63].

Das Versorgungshaus besaß auch eine eigene Bibliothek, deren Bestände von der Salzburger Bevölkerung gespendet wurden[64], und die sich großer Beliebtheit erfreute[65]. 1901 umfaßte sie 1005 Bücher und Zeitschriften, 1908 hatte sich der Bestand schon mehr als verdoppelt[66].

Zu Bett gehen mußten die Versorgungshaus-„Pfleglinge" eine halbe Stunde nach Torschluß[67], das war von 1. Mai bis 31. August um halb 10 Uhr und von 1. September bis zum 30. April um halb 9 Uhr abends[68].

Feste

Feste brachten Abwechslung in den Alltag – und in die Kost. Im Fasching, zu Ostern, Pfingsten und Weihnachten und zu Kaisers Geburtstag gab es immer besonderes Essen, häufig Bier, Wein und Würstl. Die Salzburger spendeten auch anläßlich der hohen kirchlichen Festtage Getränke und ausgewählte Lebensmittel wie zum Beispiel zu Weihnachten 1898 Bier, Wein, Kümmelschnaps, Rum, Tee, Gugelhupf, Schokolade, Christbrote, Orangen, Zwetschken, Äpfel, Eier, Schinken, Geselchtes, Käse, Schmalz, Tabak, Christbaumkerzen und Geld[69].

Im Jahre 1904 wurde im Versorgungshaus die „Goldene Hochzeit" eines im Bürgertrakt wohnenden Schneiderehepaares gebührlich gefeiert. Jeder Bürgertraktbewohner trug ein Hochzeitsbukett und die Braut ein von der Friedhofsverwaltung in künstlerischer Weise hergestelltes Brautbukett (das war keine makabere Anspielung auf das Lebensalter der Brautleute, sondern der für die Pflege der Grünanlagen des Versorgungshauses zuständige Gärtner unterstand dem städtischen Friedhofsverwalter). In der blumengeschmückten und mit Teppichen verschönerten Anstaltskirche fand ein Gottesdienst mit einer *ergreifenden Ansprache* des Priesters statt. Die Jubilare erhielten fünf Dukaten als Geschenk[70].

Ab und zu kamen die Bewohner des Versorgungshauses auch in den Genuß von besonderen Gerichten und Delikatessen, wenn bei diversen Festbanketts oder Diners Speisen übrig blieben und diese von den Veranstaltern in das Heim in Nonntal gebracht wurden[71].

Verbote und Konflikte

In einer Anstalt, in der beinahe 300 in drei Klassen eingeteilte Menschen und rund 25 Hausangestellte zusammenlebten, waren Meinungsverschiedenheiten alltäglich und Konflikte vorprogrammiert.

Die Hausordnung setzte sich mit dem Verhalten der Heimbewohner zu ihren *Vorgesetzten* auseinander, ordnete aber auch umgekehrt an, wie das Hauspersonal mit den Pfründnern umgehen sollte: *Die Pfleglinge haben dem Inspektor, dem Hausarzte und den Untermeistern mit Anstand und gebührender Achtung zu begegnen sowie den Weisungen derselben unbedingt und bereitwilligst nachzukommen*[72]. Der Untermeister war seinerseits verpflichtet, sich den „Pfleglingen" gegenüber *mit Anstand zu benehmen*, gerecht zu sein und weder eine *unnöthige Strenge noch eine unzuläßliche Vertraulichkeit* an den Tag zu legen[73].

Es stand zwar jedem Hausbewohner frei, Wünsche, Bitten und Klagen dem Inspektor in der Kanzlei vorzubringen, *grundlose Verdächtigungen, mutwillige, boshafte oder lügenhafte Beschwerden* waren aber, *weil hiedurch der Hausfrieden gestört* wurde, strafbar[74].

Dieser Passus war in der Praxis wohl sehr folgenreich, denn wenn eine angeblich *grundlose Beschwerde* strafbar war, konnte man nur bei offensichtlichen Unzulänglichkeiten und guter „Beweislage" eine solche wagen.

Interessant sind die in der Zimmerordnung von 1904 aufgelisteten *besonderen Verbote*, welche als Reaktion auf übliche Verhaltensweisen anzusehen sind.
Es war verboten:

a) irgendwelche Gegenstände /: Kleider, Wäsche u. dgl. :/ bei den Fenstern herauszuhängen

b) Brod oder andere Eßwaren zum Füttern der Thiere bei den Fenstern hinauszuwerfen

c) auf den Boden oder aus den Fenstern zu spucken

d) Wäsche in den Zimmern zu reinigen

e) irgend welche Lampen zu brennen

f) Gegenstände, welche nicht zum notwendigen bzw. täglichen Gebrauch gehören in den Zimmern aufzubewahren

g) Spiegel, Bilder u. dgl. in den Zimmern aufzuhängen, Nägel in die Wände oder Kästen einzuschlagen

h) irgend welche Haustiere zu halten[75].

Hart erscheint das neuerlich ausgesprochene Verbot, nicht zum täglichen Gebrauch notwendige Gegenstände aufzubewahren, dessen Umgehung nur allzu menschlich erscheint, genauso wie das Verbot, Bilder in den Zimmern aufzuhängen. Frauen und Männer, die den Großteil ihres Lebens hinter sich hatten und nun mit ein bis fünf anderen Personen ein Zimmer teilen mußten, verspürten gewiß das Bedürfnis, ein Erinnerungsstücke aus einer vertrauten Umgebung oder ein Andenken an eine nahestehende Person im engsten „privaten" Bereich aufzustellen.

Bei Zuwiderhandeln gegen die Hausordnung oder bei anderen Vergehen drohten Strafen, deren Art und Ausmaß ebenfalls festgelegt waren. Die geringste Strafe war der Verweis, darauf folgte die Einstellung des Ausganges für höchstens zwei Wochen. Als nächste Strafe war der Arrest auf die Dauer von höchstens drei Tagen vorgesehen. Ein unglaubliches Strafmittel für eine Fürsorgeanstalt, die sich mit Fortschrittlichkeit brüstete. Nach dem Einsperren in den Karzer wurden besonders unbeugsame „Pfleglinge" mit einer zeitweisen Minderung des Pfründnerbezugs auf die Dauer von höchstens zwei Monaten oder mit der Versetzung von einer besseren Pfründe auf eine schlechtere bestraft. Die Entlassung aus der Versorgungsanstalt galt als „Höchststrafe", für die aber ein Beschluß der Stadtarmenkommission notwendig war[76].

Wie autoritär die Haltung der Leitung gegenüber den Hausbewohnern war, zeigt nicht nur das Vorhandensein einer Arrestzelle, sondern auch die Bestimmung, daß eine Berufung gegen verhängte Strafverfügungen ausgeschlossen war[77].

Der Untermeister war verpflichtet, ein Journal zu führen, in das er die Ergebnisse der Zimmervisiten eintragen mußte und das dann dem Obmann wöchentlich vorzulegen war. Zusätzlich hatte er alle Begebenheiten oder Veränderungen im Haus in einem Tagesjournal festzuhalten[78]. Leider sind diese Tagebücher nicht mehr vorhanden, daher kann man nur über Umwege auf häufige Konfliktthemen schließen. Das Essen war zum Beispiel wie in allen vergleichbaren Anstalten ein immerwährendes, heikles Thema. Im Versorgungshaus kamen noch die drei separaten Küchen als besonderes Problem dazu. Der ursprünglich vom Bauamt beabsichtigte Bau einer Zentralküche war ja aufgrund stiftungsrechtlicher Bedenken nicht realisiert worden, daher verfügte jeder Trakt über eine eigene Küche[79].

Aus den Jahren 1907 bis 1908 sind Briefe und ein Manuskript der ehemaligen Krankenschwester Anna B. vorhanden, welche die Versorgungshaus-Leitung, konkret Inspektor Höller, mit einer Fülle von angeblichen oder tatsächlichen Mißständen konfrontierten.

Anna B. war in der Zeit von 1903 bis 1905 im Versorgungshaus als zweite Krankenpflegerin angestellt und erhielt aufgrund ihrer Tüchtigkeit sogar den gleichen Lohn wie die erste Pflegerin. Da sie aber *hysterisch veranlagt* sei, wie Inspektor Höller – typisch männlich – diagnostizierte, kam es zwischen ihr und anderen Bediensteten wiederholt zu heftigen Streitigkeiten, so daß einige Angestellte mit dem Austritt drohten, wenn Anna B. die Anstalt nicht verließe. Karl Höller erteilte ihr darauf hin einen schweren Verweis und Anna B. kündigte[80].

In einem nach Beendigung ihres Dienstverhältnisses verfaßten Manuskript berichtet sie von Speisen wie Knödel, Schmarrn und faschierten Laibchen, die nicht vollständig gekocht waren, von verdorbenem Essen und drei Tage alten Suppen, die zusammengegossen und dann den Hausbewohnern vorgesetzt wurden. Eine Köchin und anderen Dienstboten sollen Essen für ihre Familien mit nach Hause genommen haben. Außerdem sei ihr zu Ohren gekommen, daß zur Weihnachtszeit aus dem Fenster der Bruderhausköchin bei Mondschein ein Sack (mit Lebensmittel?) herabgelassen worden war. Sie wollte Inspektor Höller, der sich ihren Angaben nach immer in einem *sehr gehetzten Zustand* befand, auf diese Ereignisse aufmerksam machen. Höller ignorierte jedoch ihren Vorschlag, *eine ruhige und unauffällige Inspektion* durchzuführen.

Schließlich drohte sie, das Manuskript der Redaktion einer Salzburger Zeitung zukommen zu lassen, sollte der Inspektor des Versorgungshauses keine Untersuchung vornehmen und ihren Hinweisen nicht nachgehen[81]. Weder das „Salzburger Volksblatt" noch die „Salzburger Wacht", die sicherlich einen Artikel über Mißstände in den „Vereinigten Versorgungsanstalten" mit Genugtuung aufgenommen hätte, berichteten davon. Dafür sind aber eine Reihe von Briefen der ehemaligen Krankenpflegerin an die Stadtgemeinde, an den Polizeisekretär, an den Bürgermeister und an Karl Höller vorhanden, die mit der Veröffentlichung ihrer Niederschrift drohen[82]. Inspektor Höller gegenüber schlug sie einen scharfen Ton an und meinte 1908: *Aus Ihrem Freundeskreis erhielt ich die Mittheilung, daß Sie mit Ende des Jahres Ihre Stelle zurücklegen wollen. Die Zeit was Sie noch dort zu bleiben gedenken, könnte in einer weit ruhigeren Weise verlaufen, wenn Sie über die ganzen Vorgänge eine ruhige genaue Untersuchung einleiten würden, damit Sie erkennen, was sich alles ereignete.*

Man fragt sich nun, was Anna B. mit ihren Drohungen bezweckte? Sie betonte in ihren Briefen immer wieder: *Ich selbst will nichts.* Sie wollte von Höller weder Geld erpressen, noch eine neuerliche Anstellung erreichen. Sie wollte auf sich aufmerksam machen, Macht demonstrieren, Höller in die Enge zu treiben, vielleicht auch tatsächlich auf Begebenheiten und Vorgänge hinweisen, die nicht immer so verliefen, wie sie eigentlich sollten. Erstaunlich ist ihre selbstbewußte Vorgangsweise und der Mut – oder die Unverfrorenheit -, mit der sie ihre Anliegen vorbrachte. Den von ihr angekündigten letzten Schritt der Veröffentlichung ihrer Anklage machte sie allerdings nicht.

Im September 1907 führte Höller auch tatsächlich eine Zeugeneinvernahme im Versorgungshaus durch, in der sowohl Angestellte als auch „Pfleglinge" zu Wort kamen, und Anna B. kein gutes Zeugnis ausstellten, wie im Protokoll festgehalten wurde[83].

Alle befragten Personen berichteten, daß Anna B. leicht reizbar war, schnell in Zorn geriet, *die wüstesten Schimpfwörter gebrauchte* und ihre *Grobheit von allen Hausleuten gefürchtet* war.

Der Untermeister des Bürgerspitals und eine Bewohnerin des Bruderhaustrakts, die aushilfsweise als Hilfsschwester arbeitete, gaben an, beobachtet zu haben, wie Anna B. von den Fleischportionen, die sie für die Kranken zerkleinerte, die *schönsten Stücke weggeschnitten* und *auf einem eigens hiezu bereitgestellten Teller gesammelt und beiseite gelegt* habe. Mit den Fleischstücken soll sie *verschwenderisch* ihre Bekannten und Verwandten versorgt haben – ein Vergehen, das sie selbst anderen Hausangestellten vorwarf, das vermutlich nicht jeder Grundlage entbehrte, aber noch innerhalb eines weit gesteckten Toleranzrahmens entschuldbar war.

Zwei auf der Krankenstation untergebrachte Frauen berichteten aber auch von Schlägen, die Anna B. *alten Pfleglingen* verabreicht haben soll und absichtlichen bzw. mutwilligen Vernachlässigungen von Kranken. Man kann heute nicht mehr nachprüfen, inwieweit diese Anschuldigungen auf Tatsachen beruhen, interessant ist aber ihre „A-Historizität", wenn man an in jüngster Vergangenheit bekannt gewordene Fälle von Mißhandlungen alter Menschen durch das Betreuungspersonal von Altenpflegeheimen – wie jenen in Lainz – denkt.

Es herrschten offensichtlich Spannungen zwischen der möglicherweise überforderten und leicht reizbaren Krankenschwester Anna B. und den Patienten, die sicherlich auch oft unverträgliches Verhalten an den Tag legten. Machtgefühle gegenüber den hilflosen Kranken dürften aber auch im Spiel gewesen sein, denn andere Hausbewohner berichten von Trinkgeldern, die Anna B. eingefordert hätte, wenn sie eine anständige Behandlung wünschten. Das Verabreichen und das Annehmen von Trinkgeldern war aber laut Hausordnung strengstens untersagt[84]. Anna B. beschrieb ihr Verhältnis zu den Kranken des Versorgungshauses als nicht *besonders*. Manche hätten sie gehaßt, manche verehrt[85].

Ab Sommer 1908 sind keine Briefe von Anna B. mehr vorhanden, im August gab man dem k.k. Landesgendarmeriekommando lediglich bekannt. In der Angelegenheit eines anonymen Schreibens über das Versorgungshaus werde nicht eingeschritten, *da es wie eine Anzahl anderer hier eingelangter offenbar von einer im Versorgungshaus beschäftigten Person stammt*[86].

Konfliktreich war auch das Verhältnis Karl Höllers zum Geistlichen der Anstalt. Auf Veranlassung der Stadtgemeinde wurde an der Kirche der „Vereinigten Versorgungsanstalten" ein sogenanntes *Curat-Beneficium* errichtet und der dort eingesetzte Priester stand damit im Rang eines städtischen Beamten[87]. Von Anfang an gab es daher auch Unstimmigkeiten zwischen der Stadt und dem Ordinariat bezüglich der Naturalverpflegung des Priesters und der Frage einer späteren Pension[88]. Nach vierjähriger „Amtszeit" begannen erste Auseinandersetzungen des Kuratbeneficiaten Wilhelm Schenkelberg mit Inspektor Höller, bei denen es um die Abgrenzung der jeweiligen Kompetenzen ging. Höller hatte zum Beispiel anläßlich des Begräbnisses eines Gemeinderates die Glocken der Versorgungshaus-Kirche läuten lassen, ohne den Priester davon zu informieren. Der Versorgungshaus-Inspektor ordnete auch die Schließung der zur Straße führenden Kirchentür an und händigte dem Priester den Schlüssel nicht aus, der von der Sakristei in die Kirche führte. Schenkelberg soll andererseits ohne Rücksprache mit Höller seine Meßgewänder in Reparatur gegeben und Unmengen an Kerzen verbraucht haben. *Nicht einmal im Dome brennen bei einem Rosenkranz 26 bis 28 Kerzen wie es hier der Fall ist*, meinte Höller dazu.

Für Konfliktpotential zwischen der Versorgungshaus-Leitung und dem Geistlichen mögen vordergründig kleine Vorfälle gesorgt haben, es bestand aber zu dieser Zeit ein generell gespanntes Verhältnis zwischen Kirche und Stadtgemeinde in Sachen Fürsorgewesen. In diesem Sinne schrieb auch die Versorgungshaus-Kommission in einer deutlichen Sprache an die Stadtgemeinde: *Es dürfte der löbl[ichen]en Stadtgemeinde Vorstehung nicht unbekannt gewesen sein, das von kirchlicher Seite immer das Streben dahin gehe, die Versorgungshaus Kirche sei eine öffentliche und keine Anstaltskirche, das daher nicht die Stadtgemeinde Herr über die Kirche sein soll, sondern das Bestreben gehe dahin, sowohl die Kirche als auch die ganze Anstalt an sich zu bringen, um dann Herr über das ganze Versorgungshaus zu sein. Von diesem clericalen Größenwahn beseelt, kommt es auch her, daß die Dienstes-Instruktion sammt dem Inspector einfach ignorirt wird.*[89]

Aufgrund dieser Haltung war auch 1892 Domkapitular Georg Mayr mit seinem Vorschlag, den Barmherzigen Schwestern oder den Kreuzschwestern die Betreuung der alten Menschen im Versorgungshaus zu übertragen, auf heftige

Ablehnung gestoßen[90]. Noch im Jahresbericht von 1903 verabsäumte es die Versorgungshaus-Leitung zum Beispiel nicht, herauszustreichen, daß bei einer Verpachtung der Küche an *Trakteure oder Ordensschwestern* die Hausbewohner gewiß nicht in den Genuß von den in der Anstalt üblichen abwechslungsreichen, kräftigen *und genügend großen* Essensportionen kämen, denn die geistlichen Schwestern oder andere Pächter wären auf Kosten der „Pfleglinge" nur auf ihren eigenen Vorteil bedacht[91].

Wie „modern" war das „Versorgungshaus" zur Zeit seiner Gründung?

Zahlreiche Besuche von an Fürsorgeeinrichtungen interessierten Personen aus dem In- und Ausland, von denen in den Jahresberichten immer mit großem Stolz berichtet wurde, beweisen, daß das Salzburger Versorgungshaus bekannt war und als modern angesehen wurde.

1904 besichtigte zum Beispiel der Oberbezirksarzt aus Baden das Versorgungshaus, das für einen Neubau als Vorbild dienen sollte[92]. Am 4. Juni 1906 stattete das *englische Komitee für das Studium ausländischer Gemeinde-Einrichtungen* bestehend aus insgesamt 35 Herren, Mitglieder des englischen Parlaments sowie Bürgermeister aus verschiedenen Städten Englands, dem Haus einen Besuch ab. Sie sprachen der Anstalt höchste Anerkennung aus und bezeichneten sie als vorbildlich[93]. 1907 ließ sich ein Benediktinerpater und Ost-Afrika-Missionar durch das Haus führen[94]. Im selben Jahr kommentierte eine bekannte Berliner Schriftstellerin auf dem Gebiet für das Armen- und Schulwesen ihren Besuch folgendermaßen: [...] *nicht nur der gewaltige Bau, nein, noch mehr die innere Leitung, die ganze Organisation und Disziplin, die fabelhafte Ordnung, Reinlichkeit erscheint mir mustergiltig*[95].

Modern war sicherlich der Schritt, den die Stadtgemeinde mit der Zentralisierung der alten, bestehenden Fürsorgeeinrichtungen gemacht hatte, der jedoch zum Zeitpunkt der Gründung sehr vorsichtig gesetzt wurde, denn über die alte ständische Gliederung der Gesellschaft, die sich in den Stiftungen manifestierte, wagte sich auch im letzten Jahrzehnt des 19. Jahrhunderts noch keiner hinwegzusetzen. Das Drei-Klassen-Prinzip der „Vereinigten Versorgungsanstalten" war in manchen Bereichen bis ins kleinste Detail geregelt. Es gab zum Beispiel für jeden Trakt eigene, verschiedenfärbige Rezeptvordrucke, die der Hausarzt beachten mußte, wenn er einem Kranken ein Medikament verschrieb[96].

Die Architektur der Anlage und die Ausstattung des Hauses waren ebenfalls der Zeit entsprechend, wenn auch andere Institutionen dieser Art nach allerneuester Bauweise im Pavillonsystem errichtet wurden[97].

Fortschrittlich war die in den offiziellen Jahresberichten immer hervorgehobene *eigene Regie-Verpflegung*. Im Jahresbericht für das Jahr 1903 heißt es selbstbewußt: *Der freihändige und direkte Einkauf im Großen, die richtige Verwertung unter fachmännischer, zielbewußter Leitung sind die großen Vorteile der eigenen Regie einer Anstalt. In dieser Richtung dürfte unser Versorgungshaus unter den heimischen und auswärtigen Anstalten vereinzelt dastehen. Direktoren, Armen- und Pflegschaftsräte aus Graz, München Aachen, Königsberg i. P. u.s.w., welche im Begriffe sind, derartige Anstalten zu bauen und unser Versorgungshaus zum Studium besuchten, interessierten sich sehr für diese vorteilhafte Einrichtung und staunten über die geringen Verwaltungs-Auslagen der Anstalt.*[98]

Seit der Aufklärung wurden Hygiene und Moral in einem engen Zusammenhang gesehen. Ordnung und Sauberkeit wurden gefordert. Der menschliche Körper, die Kleidung, die Gegenstände und das Gebäude sollten „rein" sein, denn eine saubere Hülle schuf nach dieser Ansicht eine wesentliche Voraussetzung für einen tugendhaften Kern. Die Sauberkeit der Armen galt als Gewähr für ihre Sittlichkeit[99].

Daß die im Zuge der Dreiteilung des Hauses entstandenen drei separaten Küchen nicht gerade von Fortschrittlichkeit zeugten, dessen war sich auch Karl Höller bewußt.

Höller bezeichnete in seinem ersten Rechenschaftsbericht des Versorgungshauses diese Aufteilung als einen *Uebelstand*, der Mehrkosten verursache und in anderen gleich großen Fürsorgeanstalten nicht eingeführt worden sei. Die „Salzburger Wacht" kommentierte dieses Eingeständnis Höllers damit, daß *Vernunft und Sparsamkeit über Bord geworfen wurden, nur um den borniert engherzigen Standpunkt gegenüber dem Arbeiter demonstrativ zum Ausdruck zu bringen, unbekümmert darum, dass der Gemeinderath sich dadurch zum Gespötte der ganzen Bevölkerung mache*[100].

Zahlreiche Passagen der Hausordnung, wie der verpflichtende Kirchenbesuch und allen voran die Strafen, die autoritären Disziplinierungsmöglichkeiten und die de facto kaum vorhandene Möglichkeit der Pfründner, irgend etwas zu beanstanden, zählten zu den rückständigen Elementen der inneren Organisation der Anstalt.

Charakteristisch für andere Fürsorgeeinrichtungen war die Entindividualisierung des „Pfleglings" – wie ein im Versorgungshaus lebender Mensch geschlechtsneutral genannt wurde –, dem so gut wie keine Privatsphäre zugebilligt wurde, und für den der Eintritt in die Versorgungsanstalt einen scharfen Bruch mit seiner bisherigen Biographie darstellen mußte.

Die Verpflichtung der alten, noch arbeitsfähigen Menschen zu angemessenen Arbeiten mutet auf den ersten Blick vielleicht hart an, sie mußte es aber nicht sein, denn sie gab ihnen das Gefühl, noch immer nützlich zu sein und einen Beitrag für die Gemeinschaft zu leisten – was sie ja auch tatsächlich taten, denn sonst wäre das Versorgungshaus nicht mit einem so geringen Personalstand ausgekommen.

Für den Bruch der Dreiteilung des Hauses, und damit mit einem Stück Tradition, sorgte die große Inflation nach dem Ersten Weltkrieg, der auch das Stiftungsvermögen zum Opfer fiel. Die Kosten für die „Pfleglinge" mußten nun aus dem laufenden Budget der Stadt für alle gleich bestritten werden. Erst die Wirtschaftskrise ermöglichte den notwendigen Modernisierungsschub im Salzburger Fürsorgewesen.

Anmerkungen

1 AStS, NStA 252, Hausordnung für die Pfleglinge der vereinigten Versorgungs-Anstalten der Landeshauptstadt Salzburg, 1904, § 1.
2 Zehn Jahre städtisches Versorgungshaus. Festschrift zum zehnjährigen Bestande der „Vereinigten Versorgungs-Anstalten" in Salzburg, zugleich Jahresbericht pro 1907, Salzburg 1908, S. 40; zu den alten Pfründen vgl. den Beitrag von ALFRED STEFAN WEISS und PETER F. KRAMML in diesem Buch; GEORG STADLER, Das Bürgerspital St. Blasius zu Salzburg, Salzburg 1985; SABINE FALK-VEITS, Mathias Bayrhammer. Auf den Spuren eines Wohltäters 150 Jahre nach seinem Tod, in: Salzburg Archiv 20 (1995), S. 185–201, hier S. 191; JOHANN ERNST TETTINEK, Die Armen-Versorgungsanstalten im Herzogthum Salzburg, Salzburg 1850, S. 42–44; GÜNTER, Heil- und Wohltätigkeitsanstalten, in: Beiträge zur Kenntniss von Stadt und Land Salzburg. Ein Gedenkbuch an die 54. Versammlung deutscher Naturforscher und Aerzte, Salzburg 1881, S. 248–288, hier S. 274 f.
3 Jahres-Bericht des städtischen Versorgungshauses in Salzburg, Salzburg 1901, S. 2.
4 Ebenda, S. 9; zu den alten Pfründen vgl. den Beitrag von PETER F. KRAMML in diesem Buch; FALK-VEITS, Bayrhammer (wie Anm. 2), S. 192; TETTINEK, Armen-Versorgungs- und Heilanstalten (wie Anm. 2), S. 68–70; STADLER, Bürgerspital (wie Anm. 2), S. 236; GÜNTER, Heil- und Wohltätigkeitsanstalten (wie Anm. 2), S. 281.
5 Jahresbericht 1901 (wie Anm. 3), S. 14.
6 1908 wurden beispielsweise 35 Heller Kostgeld festgesetzt. Vgl. Zehn Jahre städtisches Versorgungshaus (wie Anm. 2), S. 40.
7 1908 erhielten die Bürgerspitalpfründner 40 Heller Kostgeld. Vgl. ebenda.
8 Jahresbericht 1901 (wie Anm. 3), S. 9.
9 Hausordnung 1904 (wie Anm. 1), § 1.
10 Zehn Jahre städtisches Versorgungshaus (wie Anm. 2), S. 40; Jahresbericht, 1901 (wie Anm. 3), S. 17. Zur Geschichte der Armenkommission vgl. auch SABINE VEITS-FALK, Armut in einer Zeit des Umbruchs und der Stagnation. Das Beispiel Salzburg von der Aufklärung bis zum Liberalismus, GW-Diss., Salzburg 1997, S. 228–270.
11 Jahres-Bericht des städtischen Versorgungshauses in Salzburg, Salzburg 1903, S. 21.
12 Salzburger Wacht, 2. 11. 1900, S. 3.
13 Jahres-Bericht des städtischen Versorgungshauses in Salzburg, Salzburg 1907, S. 2.
14 Vgl. beispielsweise Jahresbericht, 1903 (wie Anm. 11), S. 18. Am 31. Dezember 1901 bewohnten 257 Personen, 89 Männer und 168 Frauen, am 31. Dezember 1902 259, 88 Männer und 171 Frauen das Haus; Walter Vogl stellt ebenfalls – allerdings anhand von anderen Zahlenangaben – fest, daß rund doppelt so viele Frauen als Männer im Heim lebten: WALTER W. VOGL, Die Entwicklung des Sozialwesens im Land Salzburg, in: Altsein –

Altwerden in Salzburg. X. Landes-Symposion am 21. Okrober 1989 (Schriftenreihe des Landespressebüros. Serie „Salzburg Diskussionen" 12), Salzburg 1990, S. 13–65.

15 WOLFRAM FISCHER, Armut in der Geschichte. Erscheinungsformen und Lösungsversuche der „Sozialen Frage" in Europa seit dem Mittelalter, Göttingen 1982, S. 89; zum Problem der Übersterblichkeit vgl. auch ARTHUR E. IMHOF, Die gewonnenen Jahre. Von der Zunahme unserer Lebensspanne seit 300 Jahren oder der Notwendigkeit einer neuen Einstellung zu Leben und Sterben. Ein historischer Essay, München 1981, S. 144 f.; GENEVIÈVE HELLER und ARTHUR E. IMHOF, Körperliche Überbelastung von Frauen im 19. Jahrhundert, in: ARTHUR E. IMHOF (Hg.), Der Mensch und sein Körper. Von der Antike bis heute, München 1983, S. 137–156.

16 Zehn Jahre städtisches Versorgungshaus (wie Anm. 2), S. 40

17 Berechnet nach: Liste der Pfleglinge, in: Jahresbericht, 1903 (wie Anm. 11), S. 23–29.

18 Jahresbericht 1907 (wie Anm. 13), S. 21.

19 Zum Problem der Altersarmut von ledigen Menschen vgl. VEITS-FALK, Armut (wie Anm. 10), S. 101–120.

20 AStS, NStA 251, Aufnahme in das Versorgungshaus.

21 Vgl. dazu z. B. Liste der „Pfleglinge" in: Jahresbericht 1903 (wie Anm. 11), S. 23–29.

22 Jahres-Bericht des städtischen Versorgungshauses in Salzburg, Salzburg 1908, S. 11.

23 Jahres-Bericht des städtischen Versorgungshauses in Salzburg, Salzburg 1904, S. 7; vgl. auch Jahres-Bericht des städtischen Versorgungshauses in Salzburg, Salzburg 1905, S. 9.

24 Hausordnung 1904 (wie Anm. 1), § 19.

25 AStS, NStA 252, Instruktion für den Untermeister, S. 16.

26 Zehn Jahre städtisches Versorgungshaus (wie Anm. 2), S. 38.

27 AStS, Haus-Ordnung für die städtischen Versorgungsanstalten, 1872; vgl. auch LUDWIG PEZOLT, Salzburg. Statistischer Bericht über die wichtigsten demographischen Verhältnisse, Wien 1888, S. 1–30, hier S. 21.

28 Hausordnung 1904 (wie Anm. 1); AStS, NStA 252, Zimmer-Ordnung für die Pfleglinge, 1904.

29 AStS, NStA 246, Haus-Ordnung für die städtischen Versorgungs-Anstalten, 1872, § 2; NStA 252, Hausordnung-Ordnung für die vereinigten Versorgungs-Anstalten der Landeshauptstadt Salzburg 1899, S. 1–3, § 2; Hausordnung 1904 (wie Anm.1), § 3.

30 Hausordnung 1904 (wie Anm. 1), § 2.

31 Zimmerordnung 1904 (wie Anm. 28), § 5.

32 Hausordnung 1904 (wie Anm. 1), § 14.

33 Zimmerordnung 1904 (wie Anm. 28), § 9.

34 Ebenda, § 3.

35 Hausordnung 1904 (wie Anm. 1), § 13.

36 Zimmerordnung 1904 (wie Anm. 28), § 7.

37 Ebenda, § 8.

38 Ebenda, § 8.

39 Hausordnung 1904 (wie Anm. 1), § 8.

40 Vgl. dazu HANNES STEKL, „Labore et fame" – Sozialdisziplinierung in Zucht- und Arbeitshäusern des 17. und 18. Jahrhunderts, in: CHRISTOPH SACHSSE und FLORIAN TENNSTEDT (Hg.), Soziale Sicherheit und soziale Disziplinierung. Beiträge zu einer historischen Theorie der Sozialpolitik, Frankfurt 1986, S. 119–147, hier S. 119–125.

41 Zimmerordnung 1904 (wie Anm. 28), § 1.

42 Ebenda, § 2.

43 Hausordnung 1904 (wie Anm. 1), § 5.

44 AStS, NStA 252, Instruktion für den Geistlichen, S. 6–9, § 3.

45 Salzburger Wacht, 2. 2. 1900, S. 1.

46 ERNST HANISCH und ULRIKE FLEISCHER, Im Schatten berühmter Zeiten. Salzburg in den Jahren Georg Trakls 1887–1914 (Trakl Studien 12), Salzburg 1986, S. 187; vgl. auch HANNS HAAS, Arbeiterschaft und Arbeiterbewegung, in: HEINZ DOPSCH und HANS SPATZENEGGER (Hg.), Geschichte Salzburgs. Stadt und Land. Bd. II/2, Salzburg 1988, S. 934–990, hier S. 958.
47 Jahresbericht, 1901 (wie Anm. 3), S. 3 f.
48 Ebenda, S. 10.
49 Ebenda, S. 4–6.
50 Ebenda, S. 10–13.
51 Salzburger Wacht, 2. 2. 1900, S. 1.
52 Hausordnung 1904 (wie Anm. 1), § 9.
53 Jahresbericht, 1901 (wie Anm. 3), S. 10; Jahresbericht, 1903 (wie Anm. 11), S. 11.
54 Jahresbericht, 1901 (wie Anm. 3), S. 22.
55 Zehn Jahre städtisches Versorgungshaus (wie Anm. 2), S. 38.
56 Hausordnung 1904 (wie Anm. 1), § 9.
57 Jahresbericht, 1901 (wie Anm. 3), S. 21.
58 Jahresbericht, 1903 (wie Anm. 11), S. 18; vgl. auch Jahresbericht, 1904 (wie Anm. 23), S. 21: 1903 betrugen die Gesamtausgaben 1736,70 Kronen; Jahresbericht 1907 (wie Anm. 13), S. 24: 1906 beliefen sich die Pfleglingslöhne auf 1967,76 Kronen.
59 Salzburger Wacht, 19. 10. 1900, S. 3.
60 Hausordnung 1904 (wie Anm. 1), § 7.
61 Ebenda, § 6.
62 Ebenda, § 10.
63 Jahresbericht, 1901 (wie Anm. 3), S. 24.
64 Vgl. AStS, NStA 252, Aufruf betreffend die Beschaffung einer Bibliothek für die neuen Versorgungshäuser, März 1898.
65 Jahresbericht, 1901 (wie Anm. 3), S. 20.
66 1908 befanden sich 2764 Bücher und Zeitschriften in der Bibliothek, vgl. Zehn Jahre städtisches Versorgungshaus (wie Anm. 2), S. 41.
67 Zimmer-Ordnung 1904 (wie Anm. 1), § 1.
68 Hausordnung 1904 (wie Anm. 1), § 7.
69 AStS, NStA 252, Verzeichnis der Weihnachts-Spenden für das städtische Versorgungshaus im Jahre 1898.
70 Jahresbericht, 1905 (wie Anm. 13), S. 3.
71 Vgl. ebenda, S. 2.
72 Hausordnung 1904 (wie Anm. 1), § 16.
73 Instruktion für den Untermeister, in: Vorschriften (wie Anm. 25), S. 11 f.
74 Hausordnung 1904 (wie Anm. 1), § 17.
75 Zimmer-Ordnung 1904 (wie Anm. 28), § 12.
76 Hausordnung 1904 (wie Anm. 1), § 18.
77 Ebenda.
78 Instruktion für den Untermeister (wie Anm. 25) S. 12 u. S. 14.
79 Vgl. dazu den Beitrag von THOMAS WEIDENHOLZER, Vom „Versorgungshaus" zur Seniorenbetreuung, in diesem Buch.
80 AStS, NStA 252, Protokoll vom 4. 9. 1907.
81 AStS, NStA 252, Manuskript vom 14. 7. 1907.
82 AStS, NStA 252.
83 AStS, NStA 252, Protokoll vom 4. 9. 1907.
84 Hausordnung 1904 (wie Anm. 1), § 15.

85 AStS, NStA 252, Manuskript vom 14. 7. 1907.
86 AStS, NStA 252, Schreiben an das k. k. Landesgendarmeriekommando vom 26. 8. 1908.
87 Instruktion für den Geistlichen, in: Vorschriften (wie Anm. 44), S. 6–9.
88 AStS, NStA 252.
89 AStS, NStA 252, Schreiben an die Stadtgemeinde-Vorstehung vom 3. 7. 1902.
90 Vgl. dazu den Beitrag von THOMAS WEIDENHOLZER, Vom Pfründner-Spital zu den „Vereinigten Versorgungsanstalten". Aspekte einer Geschichte des Alters in Salzburg im 19. Jahrhundert, in diesem Buch.
91 Jahresbericht 1904 (wie Anm. 23), S. 15.
92 Jahresbericht 1905 (wie Anm. 13), S. 2.
93 Jahresbericht 1907 (wie Anm. 13), S. 2.
94 Jahresbericht 1908 (wie Anm. 22), S. 4.
95 Ebenda, S. 5 f.
96 AStS, NStA 252, Instruktion für den Hausarzt, S. 8 f.
97 Vgl. dazu den Beitrag von GERHARD PLASSER, Zur Baugeschichte der „Vereinigten Versorgungsanstalten", in diesem Buch.
98 Jahresbericht 1904 (wie Anm. 23), S. 15.
99 Vgl. dazu u. a. GEORGE VIGARELLO, Wasser und Seife, Puder und Parfüm. Geschichte der Körperhygiene seit dem Mittelalter, Frankfurt 1988, S. 227–238; ALFONS LABISCH, „Hygiene ist Moral – Moral ist Hygiene" – Soziale Disziplinierung durch Ärzte und Medizin, in: SACHSSE/TENNSTEDT, Soziale Sicherheit (wie Anm. 40), S. 265–285; ALFRED STEFAN WEISS, „Providum imperium felix." Glücklich ist eine vorausgehende Regierung. Aspekte der Sozialfürsorge im Zeitalter der Aufklärung dargestellt anhand Salzburger Quellen ca. 1770–1803 (Dissertationen der Universität Salzburg 54), Salzburg 1997, S. 33–42; SABINE FALK-VEITS, Die Bayrhammerstiftung in Seekirchen. Nur für „sittlich würdige Arme, nicht aber für alre Lumpen und unverbesserliche Säufer", in: ELISABETH und HEINZ DOPSCH (Hg.), 1300 Jahre Seekirchen. Geschichte und Kultur einer Salzburger Marktgemeinde, Seekirchen 1996, S. 705–714, hier S. 712.
100 Salzburger Wacht, 29. 6. 1900, S. 3.

Das „Versorgungshaus" in den zwanziger und dreißiger Jahren

Erinnerungen eines damals Zehnjährigen

von Franz Fuxjäger

Die ersten zehn Jahre meines Lebens, von 1924 bis 1934, verbrachte ich im Pensionistenheim Nonntal.

Obwohl der Name „Versorgungshaus" heute längst der vornehmeren und zeitgemäßen Bezeichnung „Pensionistenheim" weichen mußte, ziert noch immer die Aufschrift die zwei Giebel beiderseits des Kirchenrisalites. (Es ist zu hoffen, daß diese schon historische Bezeichnung nicht einmal einem Reformwunsch geopfert wird). Das imposante Gebäude war für die damalige Zeit ein großzügiger, hochmoderner Bau. Oft fragten vorbeikommende Fremde uns Kinder, ob dies das Schloß Hellbrunn sei? Wir waren darauf sehr stolz.

Die Heimverwaltung

Die Verwaltung lag in den Händen von fünf Magistratsbeamten. Mein Vater war ab 1921 dessen Leiter. Ihm zu Seite standen als stellvertretender Leiter Rechnungsrat Josef Donnenberg (ein Bruder des nachmaligen Vizebürgermeisters Hans Donnenberg) und als Organisationsbeamter Rechnungsoffizial Otto Sorger. Erster Untermeister Karl Hörzing und zweiter Untermeister Josef Westreicher hatten für die Ruhe und innere Ordnung im Haus zu sorgen.

Der Magistrat legte großen Wert auf weitgehende autonome Selbstversorgung des Hauses, das in seiner damaligen Struktur richtiger als Betrieb bezeichnet werden muß. Die Stadt hatte in den Jahren nach dem Ersten Weltkrieg und während der großen Wirtschaftskrise sehr sparsam zu wirtschaften und war daher an einem Selbstversorgungsbetrieb äußerst interessiert. Der Heimverwaltung oblag deshalb nicht nur der Betrieb des Hauses, sondern auch die Ökonomie und die Gärtnerei.

Ökonomie und Gärtnerei

Für die Instandhaltung waren alle notwendigen Handwerksbetriebe vorhanden. Eine Haustischlerei (Tischler Suck), eine Spenglerei und Schmiede (Karl), Zimmerei (Stegbuchner), Werkstätten für Sanitäranlagen (Xandl Eibl und Franz Brandauer). Daneben gab es noch eine Nähstube (Frau Rosa) eine eigene Fleischhauerei (Sigmund Beinsteiner) und nicht zuletzt eine weitläufige Gärtnerei, gegliedert in Gemüsebau (Siegl Linortner) und Obstbau (Rupert Weiß).

Zum Betrieb gehörte eine voll funktionsfähige Ökonomie mit mindestens 100 Schweinen, zahlreichen Hühnern, drei Ackerpferden und etwa 30 Milchkühen, die in der zum „Versorgungshaus" gehörenden Meierei Hellbrunn (im heutigen Tendlstall) mustergültig untergebracht waren. Täglich fuhr der „Millikutscher" mit leichtem „Zeugl", gezogen vom „Millirößl" die Hellbrunner Allee hinauf und brachte die benötigte Milch und Butter.

Den „Pfleglingen" war es möglich, für entsprechenden Lohn in den einzelnen Betriebssparten mitzuarbeiten, um so ihr Salär aufzubessern. Die Frauen halfen beim Jäten in der Gärtnerei, bei Diensten in der Küche und Abwäsche, die Männer ebenfalls im Garten, bei der Heizung oder im „Saustall", dessen oberster Boß der „Saubua", ein gebürtiger Italiener namens Posatti, war. Ihm oblagen die schwereren Arbeiten. Eine eigene „Saudirn" (Fanny und später Dori) sorgte für das Wohlergehen der Ferkel.

Es war keine Seltenheit, daß mein Vater mitten in der Nacht abberufen wurde, weil eine hochträchtige Sau „fackeln" mußte. Am Morgen durften wir Kinder dann die rosigen kleinen, quietschenden Ferkel besichtigen, oft deren 12 oder gar 14 an der Zahl, die aber so rein und rosig aussahen, als wären sie aus Marzipan geformt. Die Ökonomie des „Versorgungshauses" war nämlich wegen der Schweinezucht im ganzen Land bestens bekannt, von allen Gauen, bis zum Lungau, kamen die Bauern um ihre Jungschweine zu kaufen, was gar nicht so unbeträchtliche Einnahmen brachte.

So war das „Versorgungshaus" – wie ein kleines Bauerndorf – ganz auf Selbstversorgung ausgerichtet. Selbst der Fleischbedarf für die Hausküche konnte zum Großteil aus den eigenen Stallungen gedeckt werden. Zugekauft wurden nur wenige Lebensmittel, wie Brot, Zucker und Mehl.

Erneuerungen Ende der zwanziger Jahre

Ende der zwanziger Jahre begann für das Haus eine große Erneuerungsphase, die jene zur Zeit hochmodernen technischen Errungenschaften nutzte. Bürgermeister der Stadt war damals Max Ott, ein wohlwollender Förderer des Hauses, der alle Neuerungen und Verbesserungen kräftig unterstützte. Bis dahin befand sich die Hauptküche im Keller des Nordwestflügels. Schon 1929 begannen die Planungsarbeiten unter eifriger Mitarbeit der damaligen Hausköchin, Frau

Wendelmaier, so daß 1930 die für diese Zeit einmalig moderne Küche eröffnet werden konnte. Chromblitzende Dampfkessel, ein gasbetriebener Hauptherd und Backofen, modernste Abwäschen waren u. a. Prunkstücke, die gerne mit Stolz vorgeführt wurden. Die Essensausgabe war zwischen Küche und Speisesaal untergebracht.

So vornehm wie heute, wo den Insassen ihr Essen auf das Zimmer serviert wird, ging es damals nicht zu. Es fehlte am notwendigen Personal. Punkt 12 Uhr mittags begann die Essensausgabe. Jeder „Pflegling" besaß ein dreistöckiges Eßgeschirr und mußte sich in der Reihe anstellen. Gegessen wurde im allgemeinen im großen Speisesaal, aber auch nach Belieben im eigenen Zimmer. Gehbehinderte oder Kranke erhielten ihr Essen auf das Zimmer serviert.

Bereits 1927 ging der Ausbau des Krankentraktes und der Behandlungsräume nach dem neuesten Stand der Hygiene, vonstatten. Die Waschküche, bis dahin im Keller untergebracht, ersetzte ein neugebautes Waschhaus mit einem „Wanzenkrematorium" im Hausgarten. In den dreißiger Jahren war nämlich das DDT-Laus- und Wanzenpulver noch nicht über das große Wasser importiert worden, aber Neuankömmlinge brachten immer wieder solche Tierchen ins sonst wanzenfreie Haus.

Es gab in diesen Jahren noch keine Bäder oder auch nur Wachbecken in den Zimmern. Für die Reinlichkeit derer, die danach Bedürfnis verspürten, war aber im Keller ein „Hausbad" mit zehn Badekabinen und Kupferwannen installiert. Jeden Freitag konnten die „Pfleglinge" dort ein heißes Wannenbad nehmen. Zwang dazu bestand aber nicht. Mit dieser generellen Erneuerung war das Haus auf den neuesten, komfortablen Stand gebracht und als Herzeigeobjekt zum Aushängeschild für die Stadtgemeinde geworden.

Soziale Differenzen

Dennoch gab es aber auch soziale Unterschiede, obwohl alle Insassen (360 bis 380) ein gleiches Essen bekamen und ihnen auch sonst gleiche Rechte eingeräumt waren. Für den Wohnbereich bestanden nämlich drei qualitativ unterschiedliche „Trakte": Der „Bürgertrakt", öffnete sich nach Ostsüdost zum heutigen Donnenberg-Park: Er bot für zahlungsfähigere Insassen Zweibettzimmer, die auch Ehepaaren zustanden.

Der „Bruderhaustrakt" war nach Südsüdwest mit Aussicht auf den Untersberg orientiert, er stand den geringer Bemittelten, weniger Zahlungskräftigen zur Verfügung, während der „Kommuntrakt", nach Westnordwest orientiert, die unbemittelten, zahlungsunfähigen und sozial schwächsten Bürger aufnahm, die aber in Fünf- bis Sechsbettzimmern logieren mußten. Diese Zimmer enthielten keine Kleiderschränke, lediglich im Gang waren für jeden Bewohner versperrbare Wandnischen eingelassen, in denen die Leute ihre Habseligkeiten aufbewahren konnten.

Unter den Insassen kam es nicht nur zu kleinen Streitigkeiten, sondern mitunter auch zu handfesten Auseinandersetzungen aggressiver Zimmergenossen. Meistens waren die Rauflustigen weiblichen Geschlechts und es handelte sich fast immer um dieselben Personen. Da flogen schon manchmal die Haare büschelweise. Ein eigens dafür eingerichteter „Hauskotter" nahm dann für den Rest des Tages die renitente Zimmergenossin auf. Man war da nicht so zimperlich. Der Untermeister packte bisweilen die rauflustige Person und ab ging es in die Arrestzelle. Dem Hausfrieden nützte es jedenfalls. Ich kann mich nicht erinnern, daß an höherer Stelle einmal darüber Klage geführt worden wäre. (Heute eine Undenkbarkeit).

Medizinische Betreuung

Die ärztliche Betreuung lag in den Händen von Stadtphysikus Dr. Theodor Gmachl, dem mehrere Rotkreuzschwestern unter der Führung der äußerst tüchtigen Oberschwester Cölestine zur Seite standen. Cölestine war ein Phänomen, ihr muß eine besondere Würdigung zuteil werden. Sie konnte schlechthin alles, was einen wirklich guten Mediziner auszeichnet. Man sagte ihr nach, sie sei erfahrener und besser als so mancher Arzt gewesen. Sie war auch zur Ersten Hilfe immer einsatzbereit. Nicht nur alle Arbeitsunfälle wurden von ihr unverzüglich und fachkundig versorgt, auch wir „Hauskinder" (12 an der Zahl) nahmen ihre ärztliche Hilfe des öfteren in Anspruch. Von der gewöhnlichen Jod-Versorgung der Knieabschürfungen (tägliche Rollerunfälle), Extrahieren von Milchzähnen, Warzenentfernung bis zum Verarzten eines Loches im Schädel, alles meisterte Cölestine. Ein Riesenkater war ihr zu eigen, der so intelligent war, daß er seine Verrichtungen auf der Klomuschel tätigte, was zu ihrem Glauben führte, dies sei der Geist ihrer verstorbenen Tante. Dem Alkohol war Cölestine kein Feind.

Leben mit dem Tod

Heute makaber erscheinende Gepflogenheiten bedeuteten damals nichts Ungewöhnliches. Bei 360 bis 380 Insassen war es nahezu an der Tagesordnung, daß die eine oder der andere von ihnen verstarb. Im Keller befand sich das „Totenkammerl", in dem die Verstorbenen offen aufgebahrt wurden. Kerzen und Blumenschmuck gaben einen würdigen Rahmen und alle Freunde und Bekannten der Toten konnten sich verabschieden. Meine alte, sehr fromme Kinderfrau Marie, selbst eine Insassin, die mich mit aller Liebe betreute, führte mich immer zum „Toten-Schauen". Da wurden ein oder zwei „Vaterunser" gebetet und Weihwasser gesprengt. Von Kindheit an bin ich dadurch an wachsbleiche Totengesichter gewöhnt und hatte jegliche Angst vor einem Toten verloren.

Der Misthaufen

Die Segnungen der Verpackungsindustrie waren damals noch unbekannt. Es fiel daher auch relativ wenig Müll an. Ein „Mistfahrer" aus dem Pfleglingsstand (Josef Ebner), der täglich mit einem Zweiradkarren den Hausmüll abfuhr und auf die steil abfallende Halde (in der Nähe des alten Soldatenfriedhofes) kippte, genügte. Der Misthaufen stank und gloste oft tagelang. Keine Umweltbehörde nahm daran Anstoß.

Belustigungen für die Heimbewohner

Unterhaltungsvorführungen waren sehr beliebt. Das Fernsehen war in unseren Breiten noch nicht erfunden, Radios gab es kaum, erste Versuche mit Detektoren brachten noch zu wenig, aber einmal im Monat gab es einen Kinoabend, der bei den „Pfleglingen" äußerst beliebt war. Im großen Speisesaal, bei solchen Veranstaltungen stets überfüllt, stand die Apparatur. Stummfilme mit Untertiteln zeigten Charlie Chaplin, Henny Porten und – ähnlich unserem heutigen „Kommissar Rex" – den Wunderhund Rintintin. Zum Gaudium der Insassen drehte ein Filmteam einen Hausfilm, der alles zeigte, was im Haus interessant war. Viele Einzelpersonen, die gefilmt werden wollten, konnten sich dann auf der Leinwand sehen. Eine wahre Attraktion! Die Vorführung dieses Filmes wurde immer wieder vehement gefordert. Der Hausschuster, der Schmied, der Tischler, der Fleischer, die Krankenschwestern, die Oberköchin und noch viele andere konnten sich bei ihren Tätigkeiten bewundern. Bedauerlicherweise ist die letzte Kopie des Filmes so brüchig geworden, daß sie nicht mehr reproduzierbar war. Aber auch schon damals kamen Spiel- und Gesangsgruppen ins Haus, wie die Nonntaler Pfadfinder, und führten Theaterstücke in erstaunlicher Inszenierung auf. Auch solche Darbietungen besuchte man gerne.

Die hauseigene Mosterzeugung lieferte ein wunderbares Getränk, das den Knechten und Mägden bei ihrer schweren Sommerarbeit, beim Heueinführen, Kornschneiden und Dreschen verabreicht wurde. Eine ganze Menge von Mostäpfeln (wir nannten sie wegen ihrer Form „Spitzäpfel") ernteten die Gärtner jährlich. Sie wurden in großen Pressen zum begehrten Trunk verarbeitet und zahlreiche Fässer randvoll gefüllt. Natürlich war der frisch von der Presse laufende Apfelsaft besonders begehrt, trotz des todsicheren Bauchwehs nach dem Genuß.

Alljährliche Feiern

Höhepunkte von ganz besonderer Art waren die Feste wie Nikolaus, Weihnachten, Ostern aber auch Fronleichnam und nicht zuletzt der Fasching. Da hatten jene, die aktiv mitmachen wollten – und es waren viele – alle Hände voll zu tun. Diese Feste erwartete man sehnsüchtig und jeder, der nur irgendeine Begabung für besondere Attraktionen hatte, werkte emsig am Gemeinschaftswerk mit.

Kam der Nikolaustag heran, merkte man schon Tage zuvor die Erregung. Dann erschien der prächtige, würdevolle Nikolaus viele Jahre in der Person von Rechnungsrat Josef Donnenberg, (in Sprache und Gestik unvergessen!), angetan mit den Meßgewändern aus der Haussakristei (natürlich in vollem Einverständnis mit dem „Geistlichen Rat" Ignaz Oberndorfer). In Begleitung von einem grauslichen, bepelzten Krampus – einem Gärtnerburschen aus der Hausgärtnerei – waren die beiden Freunde der Guten und Schrecken der Bösen und Sündhaften. Besonders die Hausmädchen durften sich auf unzarte Rutenstrafen des wilden Gesellen gefaßt machen.

Weihnachten kündigte sich schon mit der Anlieferung der Christbäume an. Den Aufputz besorgten der Rechnungsoffizial Sorger und der Untermeister Westreicher. Im großen Speisesaal schmückten die beiden den bis an die Decke reichenden Prachtbaum mit allen damals als nobel befundenen Schmuckstücken und Schleckereien. Wir Hauskinder waren da allemal zugegen und achteten mit Spannung darauf, ob nicht doch vielleicht eine der Süßigkeiten den Händen der Aufputzer entgleiten mochte und am Boden zerbrach, denn diese lädierten Stücke waren zum Vernaschen freigegeben. Wenn dann der Abend des 24. Dezembers herannahte, war neben der Spannung, was das Christkind denn diesmal bringen würde, für Vollbeschäftigung gesorgt. Wir Kinder erlebten nicht nur einmal, sondern dreimal die Bescherung. Um 5 Uhr nachmittag kam zuerst der Krankentrakt daran. Um halb sieben Uhr wurden die Lichter des großen Baumes im Speisesaal entzündet. Dort fand nämlich die Hauptfeier für die gesunden „Pfleglinge" statt. Zum Glück gab es damals noch keine elektrische Baumbeleuchtung, so daß die Wachskerzen den großen Raum mit den wohlriechenden Duft von Wachs und Tanne erfüllten. Wenn dann die feierlichen Reden und die Bescherung der „Pfleglinge" (jeder Hausinsasse bekam einen Teller voll Bäckereien und Früchten) vorbei war und es bereits gegen 8 oder ½9 Uhr ging, dann wußten wir, das Christkind kommt ein drittes Mal, jetzt aber in unserem privaten Wohnzimmer.

Das Vorspiel zu Ostern begann ebenfalls schon vier bis fünf Tage davor. Die Schmückung des Heiligen Grabes bedurfte besonders fachkundiger Kenntnisse. Mindestens 100 Glaskugeln mußten mit farbigem Wasser gefüllt werden. Der Spezialist für diesen Kunstaufputz war wieder Untermeister Westreicher. Er hatte enorme Erfahrung darin. Eine Messerspitze von Anilinfarbe in Pulverform (ich erinnere mich, daß der Vorrat für viele Jahre reichte) war genug um die prächtigsten Farbeffekte zu erzielen. Diese Glaskugeln plazierte er mit viel Geschmack vor und neben dem Hl. Grab und hinter den transparenten Farbkugeln wurden Kerzenlichter entzündet. Dieses Heilige Grab mußte eines der schönsten in Salzburg gewesen sein, denn von weither kamen die Bewunderer.

Abb. 54: Josef Donnenberg als Hl. Nikolaus, der Autor dieses Beitrages davor, 1931.

Eine Station der Nonntaler Fronleichnamsprozession war vor dem Hauptportal der Hauskirche. Dort befand sich ein mit reichlichem Blumenschmuck aus der Hausgärtnerei versehener Altar. Das ganze Portal war mit einer Eichenlaubbekränzung eingerahmt. Hier ließ es sich Frau Kotschi nicht nehmen, das alle Jahre wieder verwendete Holzgestell mit Eichenlaubsträußchen zu umwinden. Natürlich waren wir Kinder jedesmal dabei und Frau Kotschi erteilte uns stets fachkundigen Unterricht wie solche Geflechte, Buketts und die Kunstblumen anzufertigen seien. Hierin war sie unumstrittene Meisterin, hütete aber ihr Monopol gegen jeden allenfalls konkurrierenden Stümper.

Alljährlich erfaßte das Faschingsfieber das gesamte Haus. Ich erinnere mich gut daran, wie ein ebenfalls fachkundiger Meister die Herstellung der Dekorationen und Masken, den Kopfschmuck und die Kreppapierkleider künstlerisch leitete. Jeder, der daran Interesse zeigte, durfte aktiv mitmachen und sein Faschingskostüm unter der Leitung des Meisters selbst entwerfen und anfertigen. Auch diese erregenden Vorarbeiten begannen schon Wochen vor dem Faschingssonntag.

Abb. 55: Die „Hauskinder" vor dem Altersheim Nonntal.

Dienstwohnungen werden aufgelassen

Parteipolitik und politischer Hader waren bis zum Jahre 1934 im Hause fremd. 1934 wurden die Dienstwohnungen aufgelassen. Wir mußten ausziehen. Die Kinderjahre im „Versorgungshaus" haben sich unauslöschlich in mir eingeprägt. Das „Versorgungshaus" mit all seinen Attraktionen und Erlebniswerten bedeutete für mich das reinste Eldorado.

Heute, nahezu 65 Jahre später, ist es mir klar, daß es nicht für alle Insassen – wie uns Kindern schien – so unbeschwerte Jahre sein konnten. Sicherlich hat es Kummer und Leid über Krankheit, Altersschwäche, Einsamkeit oder Trennung von der Familie bei den „Pfleglingen" gegeben. Im allgemeinen aber fühlten sich die Leute wohl, waren meist zufrieden, trotz des damals noch weit geringeren Komforts im Vergleich zu den heutigen Verhältnissen.

Vom „Versorgungshaus" zur Seniorenbetreuung

von Thomas Weidenholzer

Der Stolz, mit dem die Stadtgemeinde Salzburg den Neubau der „Vereinigten Versorgungsanstalten" in Nonntal präsentierte, war unübersehbar. Der Konsens darüber, Großartiges geschaffen zu haben, war allgemein. Wohl *jeder Salzburger* blicke *mit Stolz auf jenen monumentalen Bau*, hieß es 1908. Nur *wenige Provinzialhauptstädte* könnten eine *ähnliche, so mustergiltig eingerichtete Humanitätsanstalt ihr Eigen* nennen[1]. Selbst die oppositionellen und nicht im Gemeinderat vertretenen Sozialdemokraten zeigten ihre Befriedigung darüber, daß *manch' armer Teufel, welcher* bisher *in feuchter Kellerwohnung seine Ruhestunden verbringen* mußte, nun in den *großartigen, herrlichen Bau* einziehen konnte[2]. Allerdings bemängelten sie die schlechte bauliche Ausführung des Versorgungshauses. Überdies funktioniere die Luftheizung nicht[3] und aus Sparsamkeit würde auf die Beleuchtung der Korridore verzichtet[4].

Daß man beim Bau der „Vereinigten Versorgungsanstalten" (umgangssprachlich meist nur als „Versorgungshaus" bezeichnet) für die drei unterschiedlichen Gebäudekomplexe – Bürgerspitaltrakt, Bruderhaus- und Erhardspitaltrakt sowie der Trakt für die ehemaligen „Kommunstübler"[5] – drei verschiedene Küchen und keine Zentralküche errichtet hatte, wurde auch vom Versorgungshaus-Inspektor Karl Höller kritisiert[6]. Die Anregung, eine zentrale Küche zu errichten, war an den Bestimmungen der verschiedenen Stiftsbriefe gescheitert[7]. Erst 1922 wurde die einheitliche Verköstigung aller Bewohner eingeführt.

Zwischen 1904 und 1912 wurden ein Stall und das Glashaus errichtet sowie die Küchen adaptiert[8]. 1908 regte Karl Höller den Bau eines eigenen Krankentraktes an. Die Salzburger Sparkasse widmete zu diesem Zweck 20.000 Kronen. 1912 beschloß schließlich der Gemeinderat, einen einstöckigen Krankenhaustrakt im Hofraum zu errichten. Aus Kostengründen wurde zunächst auf die Einleitung des elektrischen Lichtes und auf den Bau eines Personenaufzuges verzichtet[9]. Der 1913 begonnene Bau konnte im Frühjahr 1914 seiner Bestimmung übergeben werden[10].

Abb. 56 u. 57: Bau des Krankentraktes im Versorgungshaus Nonntal 1913/14.

Karl Höller, dem gemäßigt liberalen bis „unpolitischen" Bürgerklub angehörend, war der „Hausvater", der sich um alles kümmerte und ohne den nichts lief. Seine ehrenamtlich ausgeübte Funktion als Versorgungshaus-Inspektor gereichte ihm zur persönlichen Ehre. Als Höller 1911 starb, wurden Sonderzüge der Lokalbahn zum Kommunalfriedhof geführt[11]. Sein Sarg wurde von *einem schier endlosen Zug* von Trauernden begleitet, angeführt von den *Zöglingen* der Versorgungshäuser, die vom *verblichenen Inspektor den letzten Abschied* nahmen[12]. Höller habe *für seine zahlreichen Pfleglinge wie ein Vater gesorgt,* hieß es im „Salzburger Volksblatt". Er habe sich *persönlich* um Spenden und Almosen bemüht, um *seinen Schutzbefohlenen* an Feiertagen *Braten, Wein und Bier* zu verschaffen. *Seiner Aufmerksamkeit entging nichts, er kümmerte sich um alles, überwachte namentlich auch die Zubereitung der Speisen und hielt auf strenge Zucht und Ordnung in dem weitläufigen Gebäude.*[13]

Im Vergleich zu heute war die personelle Ausstattung des Versorgungshauses in den ersten Jahren bescheiden: Dem Versorgungshaus stand das aus fünf Gemeinderäten bestehende Versorgungshaus-Komitee vor. Hauptverantwortlich war der Versorgungshaus-Inspektor. Der bestbezahlte Bedienstete war ein Geistlicher. Ein Arzt besorgte regelmäßige Ordinationen. Ein Heizer, ein Gärtner, der auch den Mesnerdienst versah, zwei „Krankenwärterinnen", zwei Wäscherinnen, für jeden der drei Trakte je ein Hausmeister, je eine Köchin, die auch die Wäsche zu verwahren hatten, je eine Küchenmagd und schließlich neun Hausmägde, insgesamt (ohne Arzt) 24 Personen[14]. 1955 beschäftigte das Altersheim Nonntal 39[15] Personen, heute sind es 108 Personen.

Kosten und Finanzen

Bis 1918 waren die Fonds der Versorgungshäuser im wesentlichen imstande, die Kosten für den Unterhalt und die Verpflegung der Heimbewohner aus eigenem zu bestreiten. Lediglich der Bürgerspitalfonds verzeichnete in den Jahren 1889 bis 1896 Verluste. Zu seiner Sanierung mußte die Gemeindekasse über 16.000 Kronen zuschießen[16]. Die unaufhaltsame Geldentwertung nach dem Ersten Weltkrieg vernichtete schließlich das über Jahrhunderte angesammelte Vermögen der Stiftungen. Ab 1920 war die Stadtgemeinde gezwungen, die Betriebskosten des Versorgungshauses aus dem laufenden Budget zu decken[17].

1920 betrugen die täglichen Kosten für einen „Bürgerspitaler" 27 Kronen, für einen „Pflegling" des Bruderhauses und des Erhardspitales rund 17 Kronen 50 Heller sowie für einen des Kommuntraktes 14 Kronen 50 Heller. Die beteiligten Fonds hätten für den Betrieb des Versorgungshauses 1,803.000 Kronen aufbringen müssen. An Zinsen lukrierten diese jedoch nur mehr 350.000 Kronen. 1922 wurde die Auszahlung der Barpfründe eingestellt, da diese nur mehr eine bescheidene Höhe erreichten. Die „Pfleglinge" erhielten nun – für alle gleich – 1000 Kronen monatliches Handgeld.

Abb. 58: Skizze auf Foto zu einer Erweiterung des Versorgungshauses, 1922.

Die Zahl der „Pfleglinge" stieg konstant. Waren im Jahr der Eröffnung, 1898, 268 Personen in das Versorgungshaus eingezogen, so lebten nach Ende des Ersten Weltkriegs mehr als 300 Personen im Heim. 1923 war die Zahl bereits auf über 350 Personen gestiegen[18]. 1920 schlug der Versorgungshaus-Inspektor Alois Molterer daher den Ausbau des Dachbodens der beiden Mitteltrakte links und rechts der Kirche zu Mansardenwohnungen vor[19]. Aus dem Jahr 1922 stammt der Plan, den rückwärtigen Hofraum zu verbauen[20]. Obwohl für die Vergrößerung des Versorgungshauses Geld gesammelt wurde[21], zerschlugen sich die Pläne wegen zu hoher Kosten. Es wurden lediglich kleinere Adaptierungen vorgenommen[22].

Die finanzielle Lage des Versorgungshauses verschlechterte sich zusehends. 1925 mußte die Verwaltung des Versorgungshauses einer Reihe von Geschäftsleuten die Bezahlung von Rechnungen schuldig bleiben. Es konnte nicht mehr alle Tage geheizt werden[23]. Der Gemeinderat beschloß daher, zur Deckung der wichtigsten Abgänge bei der Sparkasse einen Kredit in der Höhe von 600 Millionen Kronen aufzunehmen[24].

Die Landwirtschaft

Für den Betrieb des Versorgungshauses hatte die hauseigene Landwirtschaft besondere Bedeutung. Nach Kriegsende wurde die Militär-Gemüsebauanlage in Nonntal (heute Stadtgärtnerei) kostenlos der Stadtgemeinde überlassen, welche diese zunächst als Schrebergärten vermietete. Erst nach und nach wurden diese Gärten dem Betrieb des Versorgungshauses angegliedert[25]. Auch die vorhandenen Stallungen wurden lediglich als Depots für das Bauamt und das Gartenamt genutzt[26].

Die städtische Buchhaltung regte daher – auch angesichts der katastrophalen Ernährungssituation nach dem Ersten Weltkrieg – die Reorganisierung der Landwirtschaft und die Bestellung eines verantwortlichen Verwalters an. Die breite Öffentlichkeit neige ohnehin dazu, durch *Nörgeleien* die Versorgungsanstalt in Mißkredit zu bringen[27]. 1921 wurde Franz Fuxjäger zum ersten hauptamtlichen Verwalter der Versorgungshäuser bestellt[28].

Nach der Erwerbung von Schloß Hellbrunn durch die Stadtgemeinde Salzburg im Jahr 1922 übernahm das Versorgungshaus die dortige Landwirtschaft. Damit war das Versorgungshaus in der Lage, sich selbst mit Milch zu versorgen[29]. Die über 30 Kühe deckten nicht nur den eigenen Bedarf an Milch, sondern ermöglichten auch die Produktion von Butter und Yoghurt in der hauseigenen Molkerei. Der Plan, mit den hauseigenen Molkereiprodukten auch die Stadt zu beliefern, scheiterte jedoch. Zur rationelleren Wirtschaftsführung errichtete man 1926 im Nonntaler Haus eine Kühlanlage[30]. 1927 wurde ein Schweinestall gebaut[31]. Die Schweinezucht ermöglichte die Versorgung der „Pfleglinge" mit einem Schweinsbraten pro Monat[32]. 1928 hielt man 30 Zucht- und mehr als 40 Mastschweine. Die Geflügelanstalt lieferte 1927 10.000 Eier an die Küche. 4000 Kilo Äpfel und über 5000 Kilo Gemüse erbrachten die hauseigenen Garten- und Obstplantagen[33].

Der Ausbau in den zwanziger Jahren

Trotz der angespannten finanziellen Situation entschloß sich die Stadtgemeinde 1927/28 zum Ausbau und zur Modernisierung der Versorgungshäuser[34]. 1922 war die getrennte, unterschiedliche Verpflegung aufgehoben und die einheitliche Kost für alle „Pfleglinge" eingeführt worden, gekocht wurde aber nach wie vor in den drei verschiedenen Küchen. Der Bau einer zentralen Küche lag daher schon aus wirtschaftlichen Überlegungen nahe. Die früheren Küchenräumlichkeiten fanden als Speisesäle Verwendung. Die „Pfleglinge" brauchten nun ihre Speisen nicht mehr in die Wohnräume mitzunehmen. Auch der „Küchenzettel" verbesserte sich. Nun gab es in der Woche viermal Fleischspeisen, einmal Knödel und einmal Milchreis, am Abend Suppe[35].

Mit dem Ausbau des Krankentraktes wurde ein großer und ein kleinerer Aufenthaltsraum geschaffen[36]. Nun konnten die alten Männer des Krankentraktes auch *im Genusse ihres Pfeifchens schwelgen*[37]. Im Krankentrakt genossen die Patienten die Segnungen des neuen Jahrhunderts. Eine *Reihe von Lautsprechern* sorgte *für Unterhaltung. Überall saßen in den Gängen Gruppen von 3 bis 5 und mehr alten Leuten* und lauschten *vergnügt den Klängen der Musik, wel-*

che die Aetherwellen aus Wien, München, Frankfurt, Leipzig usw nach Salzburg getragen haben.[38]

Mit der Errichtung eines freistehenden Waschhauses und eines Desinfektionshäuschens wurde der hygienische Standard gehoben[39]. Mit der „Dampfwasch-Anlage" war es nun möglich, an nur drei Waschtagen pro Woche die gesamte Wäsche des Versorgungshauses zu reinigen[40].

Der Vorschlag, beim Versorgungshaus eine Kegelbahn zu errichten, wurde mit Hinweis auf die hohen Kosten erst später realisiert[41].

Abb. 59: Um- und Ausbau des Krankentraktes, 1928.

Projekt eines neuen Altersheimes im Jahr 1929

1929 trat eine „Gesellschaft für Altersfreunde" mit dem Vorschlag an die Öffentlichkeit, ein Altersheim für alte, nicht mehr erwerbsfähige Salzburger Landesbürger im Weichbild der Stadt zu gründen. Vorsitzende des Proponentenkomitees waren Landesamtsdirektor Karl Hiller-Schönaich und Hofrat Hermann Gehmacher[42]. Die Baukosten, welche mit 100.000 Schilling geschätzt wurden, gedachte man durch Subventionen der öffentlichen Hand, Spenden, eine Lotterie und durch Mitgliedsbeiträge aufzubringen[43]. „Ordentliche Mitglieder" zahlten 50, „Stifter" 300 Schilling. „Gründungsmitglieder" hätten nach Zahlung von 3000 Schilling einen Anspruch auf einen Heimplatz gehabt. Für juristische Personen sah man einen Betrag von 5000 Schilling vor[44]. Gegen die Entrichtung eines höheren Beitrages wollte man auf Wunsch auch Kleinwohnungen errichten. Die Heimbewohner sollten monatlich 100 bis 200 Schilling zahlen. Auch die Idee von Vereinsmitglied Carl Spängler, Unternehmen könnten für alte Angestellte Stiftplätze erwerben, brachte keinen Erfolg[45]. Das Projekt zerschlug sich letztlich an den für damalige Zeiten enorm hohen Beiträgen.

Die Entwicklung bis 1945

Bedeutung für den Alltag der „Insassen" des Versorgungshauses kam den Werkstätten der diversen Professionisten im Souterrain des Hauses zu[46]. Sie ermöglichten wohl ein langsames Hinübergleiten in den Ruhestand. Während die katholische „Salzburger Chronik" die Werkstatt des alten Schmied *romantisch* fand[47], beobachtete die sozialdemokratische „Salzburger Wacht" mit Genugtuung, daß jener Schmied die Parteizeitung las und *rüstig den schweren Hammer* bediente[48].

Trotz sozialen Fortschritts und hygienischen Verbesserungen blieb der Anstalt jahrzehntelang das Odium, ein „Armenhaus" zu sein. Das Verhältnis zwischen Verwaltung und „Pfleglingen" war auch nicht immer reibungslos. 1926 beklagte sich Gemeinderat Hans Meindel über die zunehmenden *Übelstände seitens der Inwohner*. Diese Probleme glaubte der Gemeinderat durch *die Bereitstellung von mindestens 2 Räumen für einen Hausarrest bez. Isolierraum für renitente Pfleglinge unter Beachtung der nötigen Vorsichtsmaßregeln* lösen zu können[49].

1935 wurden die „Vereinigten Versorgungsanstalten" in „Städtisches Altersheim" umbenannt[50]. Die Aufschrift am Haus blieb allerdings.

Mit Einführung des deutschen Fürsorgerechts im Jahr 1938 durch die Nationalsozialisten wurde das alte österreichische Heimatrecht abgelöst. Damit fiel endgültig die rechtliche Unterscheidung der Bewohner des Altersheimes in Bürger und Nicht-Bürger weg.

1944 wurde das Wirtschaftsgebäude durch Bomben getroffen[51]. Auch das Haupthaus wurde in Mitleidenschaft gezogen.

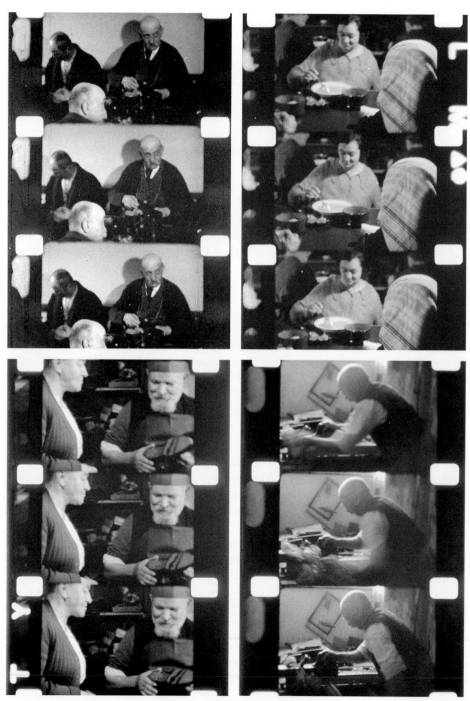

Abb. 60 bis 63: Fotos aus einem Film über das Versorgungshaus, gedreht 1931.

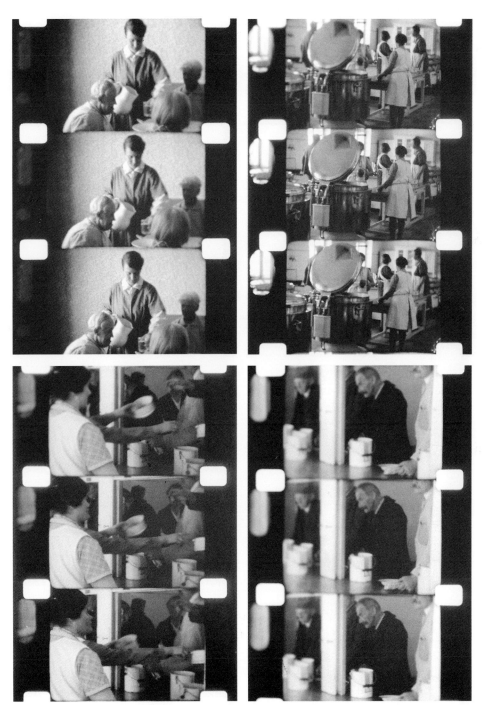

Abb. 64 bis 67: Fotos aus einem Film über das Versorgungshaus, gedreht 1931.

Abb. 68 bis 71: Fotos aus einem Film über das Versorgungshaus, gedreht 1931.

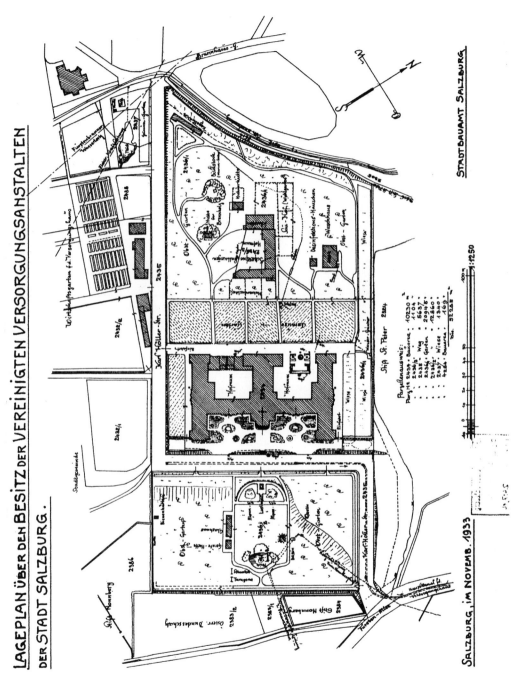

Abb. 72: Lageplan der „Vereinigten Versorgungsanstalten", 1933.

Das Nonntaler Altersheim nach 1945

Die Bombenschäden konnten noch 1945 beseitigt werden[52]. Über 1200 Fenster mußten neu eingeglast, Wände im Krankentrakt und der beschädigte Schweinestall erneuert werden[53]. Obwohl alte und kranke Menschen bevorzugt mit Lebensmitteln beteilt wurden, war die Ernährung auch für die Heimbewohner nach dem Krieg kritisch. Die eigene Landwirtschaft und amerikanische Hilfslieferungen halfen einigermaßen über die schwierige Lage hinweg. Die Lieferung vorgeblich verfaulter Orangen für die Schweinezucht durch die Amerikaner geriet zur kulinarischen Sensation[54].

Die Nachkriegsjahre brachten zunächst bescheidene Verbesserungen. 1951 wurde die Heizungsanlage vollkommen erneuert[55]. 1955 konnten die ersten alten Ehepaare in ein neuerrichtetes Gebäude im hinteren Teil des Geländes einziehen. Der Neubau enthielt zwölf Kleinwohnungen und 16 Küchenzimmer[56]. 1959 erhielt das Haupthaus einen Aufzug[57]. 1962 wurde ein sogenanntes Römisches Bad errichtet, um für gebrechliche Personen ein gefahrloses Baden zu ermöglichen[58].

1964 regte der ärztliche Leiter des Nonntaler Altersheimes, Helmut Strnad, die Aufstockung des Krankentraktes des Hauses an. Der Bedarf nach einer „Pflegeabteilung" sei groß. Derzeit müßten zahlreiche Anträge der Krankenhäuser, pflegebedürftige Personen im Altersheim aufzunehmen, aus Platzgründen abgelehnt werden[59]. 1965/66 wurde der Krankentrakt schließlich aufgestockt. Der Neubau konnte im Winter 1966 eröffnet werden[60].

Verschiedenste Veranstaltungen lockerten den Alltag im Altersheim auf. Muttertags- und Geburtstagsfeiern, Weihnachten, und ein Ball im Fasching strukturierten den Jahresablauf. Wöchentliche Veranstaltungen wie Fachvorträge, Konzerte, Theateraufführungen und Ausflüge gehörten zum Programm. In den sechziger Jahren bot das Maxglaner Kino den „Pfleglingen" wöchentlich einmal einen Gratisbesuch an[61]. Besonderer Beliebtheit erfreuten sich die Auftritte der „Essl-Bühne". Radio Salzburg organisierte in den fünfziger und sechziger Jahren sogenannte „Fahrten in Blaue". Der seit 1962 im Land Salzburg begangene „Tag der Alten" war auch für die Bewohner des Nonntaler Altersheimes ein Höhepunkt[62].

Der „Landesaltenplan" 1963

Der vom Land Salzburg erarbeitete „Landesaltenplan" formulierte zu Beginn der sechziger Jahre neue Ziele der Altenpolitik[63]. Der Plan forderte die Einrichtung von Alterszentren, von Lese- und Beschäftigungsstellen und von kleinen lokalen Pflegeeinheiten[64]. Im Sinne des „Landesaltenplanes" führte die Stadt Salzburg 1965 die Aktion „Essen auf Rädern" ein[65]. 1966 wurde mit dem Aufbau einer „Altersfürsorge" begonnen. Insbesondere neu in die Altersheime aufgenommene Personen wurden von „Fürsorgerinnen" besucht.

Abb. 73: „Frühlingsfahrt der Alten" nach St. Wolfgang, 14. Mai 1960.

Abb. 74 u. 75: Der Krankentrakt im Jahr 1964 bzw. nach der Aufstockung für den neuen Pflegetrakt (1966).

Abb. 76 u. 77: Ein Mehrbettzimmer (Bild oben) und Sanitäranlagen (unten) im neuen Pflegetrakt (1966).

Auch außerhalb der Heime wurde eine Anzahl von alten Menschen betreut[66]. Seit 1956 gab es „Altenerholungsaktionen"[67]. Um die Betreuung alter Menschen, die in ihrer gewohnten Wohnung bleiben wollten, machte sich die 1967 aus der ÖVP-nahen „Frauenhilfe" entstandene „Salzburger Hauskrankenpflege" verdient[68].

Die Stadtgemeinde präsentierte 1969 unter dem Titel „Pro senectute" eine Ausstellung, die sich mit Fragen einer künftigen Altenpolitik auseinandersetzte. Das Versorgungshaus in seiner bisherigen Form habe ausgedient. Die Zukunft verlange Altenpensionen. Der alte Mensch habe ein Recht auf Privatsphäre. In den Heimen müßten daher die Mehrbettzimmer in Einzelzimmer umgewandelt werden. Um alte Menschen nicht vorzeitig aus ihrer gewohnten Umgebung herauszureißen und sie in eine ihnen völlig fremde Sphäre zu zwingen, müßten spezielle „Altenwohnungen" geschaffen und die Hauskrankenpflege sowie die Aktion „Essen auf Rädern" ausgeweitet werden[69].

Die Forderung nach verstärkter Betreuung der Pensionisten außerhalb der Heime war dabei politisch weitgehend unumstritten. Diese Einigkeit entsprang der generellen Einsicht, daß die ambulante Betreuung von alten Menschen kostengünstiger sei als deren vorzeitige Aufnahme in geschlossene Anstalten. Die Förderung und Sicherstellung ambulanter Pflegedienste wurde daher auch 1974 im „Salzburger Sozialhilfegesetz" festgeschrieben[70]. Die Ausgaben für diese Dienste haben sich seither vervielfacht[71]. Heute betreuen 239 Beschäftigte bei elf Vereinen mehr als 1200 Personen[72].

Modernisierungen in den siebziger Jahren

Der Plan, den Verkehr, der über die Karl-Höller-Straße an der Hauptfront des Altersheimes vorbeifloß, durch den Bau einer direkten Straßenverbindung zwischen Fürstenallee und Sinnhubstraße umzuleiten, erregte 1971 die Gemüter. Bewohner des Altersheimes starteten eine Unterschriftenaktion gegen das Projekt. Der Blick aus dem Fenster auf das Straßengeschehen war für viele alte Menschen oft der einzige Kontakt zur Außenwelt.

Der Beschluß, die Straße auf die Nordseite des Heimes zu verlegen und die Karl-Höller-Straße für den allgemeinen Verkehr zu sperren, erfolgte schließlich gegen die Stimme von Stadträtin Martha Weiser[73].

Der Betrieb der hauseigenen Landwirtschaft wurde 1967 eingestellt[74].

Ende der sechziger Jahre entsprach das Nonntaler Altersheim nicht mehr den sozialpolitischen Vorstellungen und den gestiegenen Ansprüchen. Die ressortzuständige Stadträtin Martha Weiser regte 1968 eine grundlegende Modernisierung des Hauses an. *Nach einem Leben der Arbeit, der Entbehrungen in Kriegs- und Hungersjahren*, sei einem alten Menschen *das enge Zusammenleben mit 3, 4 und 5 Menschen, die ihm bis dahin fremd waren, nicht mehr zuzumuten*, so Weiser[75].

Abb. 78 u. 79: Toiletten- und Sanitäranlagen, 1968.

Abb. 80: Küche im Pensionistenheim Nonntal, 1967.

Abb. 81: Die ressortzuständige Stadträtin Martha Weiser besucht Bewohner des Pensionistenheimes Nonntal, 1969.

Zunächst wurde in den städtischen Altersheimen mit der vereinzelten Auflassung von Mehrbettzimmern in einem sogenannten „Auflockerungsprogramm" begonnen[76].

Eine Generalsanierung in Nonntal war jedoch unumgänglich. In den Zimmern gab es keine Waschbecken, lediglich Bassenas auf den Gängen. Die WC-Anlagen lagen bis zu dreißig Meter von den Zimmern der „Pfleglinge" entfernt. Die Bäder waren im Keller situiert und deren Schmutzwasser wurde im offenen Gerinne abgeleitet. Noch immer waren „Pfleglinge" *in feuchten, schlecht belichteten und belüfteten Kellerräumen* untergebracht. Die überalterte Waschanlage setzte das Altersheim an Waschtagen *wie im Ruhrgebiet* unter eine *schwarze Rauchglocke*[77]. Das Gesundheitsamt forderte den Einbau von Toiletten in jedes Zimmer[78].

Obwohl sich die Wohlfahrtsabteilung des Magistrats für eine umfassende Modernisierung und für die Auflassung der Mehrbettzimmer aussprach, gab es aus finanziellen Gründen zunächst Vorbehalte[79]. Im gemeinderätlichen Wohlfahrts-

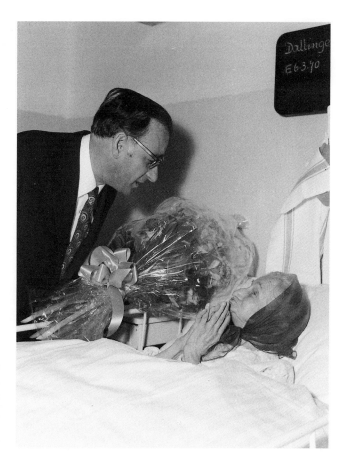

Abb. 82: Bürgermeister Heinrich Salfenauer besucht die hundertjährige Eugenie Dallinger im Pensionistenheim Nonntal, 1972.

ausschuß hieß es, das Heim sei *für ärmere Schichten der Bevölkerung bestimmt, die nicht in der Lage seien, nach Kahlsperg zu gehen*[80].

1972 beschloß der Gemeinderat schließlich doch einstimmig die grundlegende Sanierung und Modernisierung des Altersheimes Nonntal[81]. Die Bauarbeiten wurden in mehreren Etappen durchgeführt und konnten 1980 abgeschlossen werden.

Im Zuge der Arbeiten wurde die Wäscherei im Keller neu eingerichtet, in allen Zimmern Duschen und Toiletten errichtet sowie Fließwasser eingeleitet, die Mehrbettzimmer aufgelassen und in Einzel- oder Zweibettzimmer umgewandelt, die Dachböden zum Teil ausgebaut, ein Küchenneubau errichtet, die Heizungs- und Sanitäranlagen erneuert, Gesellschaftsräume geschaffen sowie die Kirche saniert. Die Gesamtkosten beliefen sich auf beinahe 80 Millionen Schilling[82]. Weiterer Verbesserungen wie die Errichtung einer Kneippanlage und der Einbau modernster Bäder wurden in den folgenden Jahren durchgeführt. Seit 1971 wird Physiotherapie angeboten[83].

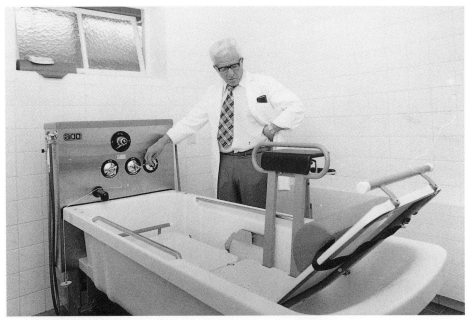

Abb. 83: Der ärztliche Leiter des Pensionistenheimes Nonntal, Dr. Helmut Strnad, zeigt eine neue Hebebadewanne, 1975.

Neue Pensionistenheime und Seniorenwohnungen

Die steigenden Einwohnerzahlen der Stadt Salzburg sowie der gestiegene Anteil alter Menschen an der Bevölkerung erhöhten auch den Bedarf an Altersheimplätzen. 1945 lebten im Nonntaler Altersheim 286 „Pfleglinge"[84]. Die Zahl der verpflegten Personen stieg kontinuierlich. 1951 waren es 356 Personen. Seit Mitte der fünfziger Jahre pendelte die Zahl bei 400 Personen[85]. Die Eröffnung neuer Pensionistenheime und die seit den Ende der sechziger Jahre anlaufenden Sanierungen verringerte wiederum die Zahl der im Nonntaler Haus wohnenden Personen. 1998 leben im Seniorenheim Nonntal 246 Personen.

Das Altersheim an der Hellbrunner Straße war die zweite städtische Anstalt. Das Gebäude war 1898 – im selben Jahr wie die „Vereinigten Versorgungsanstalten" in Nonntal – von der Stadtgemeinde Salzburg als Kaserne errichtet worden[86]. Nach dem Ersten Weltkrieg wurde das Gebäude für Wohnzwecke genutzt. 1935 vom österreichischen Bundesheer requiriert diente es bis 1945 militärischen Zwecken[87]. Nach dem Zweiten Weltkrieg wurde es zunächst als Flüchtlings-Altersheim von der IRO (International Refugee Organisation) geführt. 1951 kam es in österreichische Verwaltung[88]. Nach einem Umbau wurde es zu Jahresbeginn 1961 in städtische Verwaltung übernommen. 269 Bewohner fanden eine Unterkunft[89].

Abb. 84: Faschingsfest im Pensionistenheim Nonntal, 1981.

Abb. 85: „Würstl-Otto" stellt sich anläßlich des Muttertages 1981 mit Gratis-Würstel im Pensionistenheim Nonntal ein.

Auch die politischen Parteien entdeckten die „Pensionisten" als Klientel. 1966 mietete sich die Stadt in das Hotel Ebner an der Hans-Prodinger-Straße ein und schuf für 40 alte Personen einen Heimplatz. Das Altenheim wurde der freiheitlichen Gemeinderätin Thilde Rybak-Erlach zur selbständigen Führung übergeben[90]. Um dem Odium einer Versorgungshaus-Unterbringung zu entgehen, strebte Rybak-Erlach möglichst individuelle Betreuung der Bewohner an[91]. 1969 wurde die mit städtischen Mitteln adaptierte Altenpension Radauer mit 33 Einzelzimmer und vier Zweibettzimmer eröffnet[92]. Die Altenpension Radauer wurde genauso zur sozialistischen Einflußsphäre gerechnet wie das seit 1971 vom sozialistischen Pensionistenverband als Pensionistenheim geführte ehemalige Gasthaus „Torwirt" an der Glockengasse (mittlerweile in eine Sozialstation umgewandelt). Das 1970 eingerichtete Altersheim St. Elisabeth an der Plainstraße wurde vom Pensionistenbund der ÖVP betrieben.

1970 gab es in der Stadt Salzburg folgende Altersheime: Städtisches Altersheim Nonntal, Städtisches Altersheim Hellbrunnerstraße, Altersheim St. Elisabeth an der Plainstraße, Altenpension Ebner, Altenpflegeheim Haunsberger an der Saalachstraße, das Asyl Riedenburg der Barmherzigen Schwestern, das Altenheim der Dominikanerinnen an der Wolf-Dietrich-Straße, das Heim der Volksmission an der Bräuhausstraße und das Josefsheim der Dominikanerinnen an der Gaisbergstraße[93].

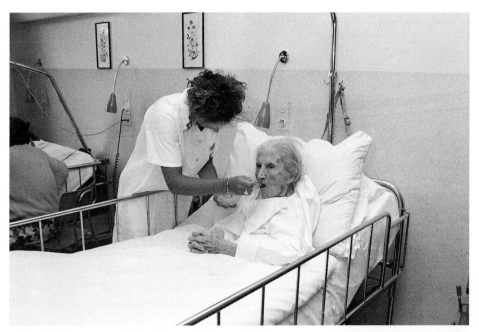

Abb. 86: Betreuung in der Pflegeabteilung, 1990.

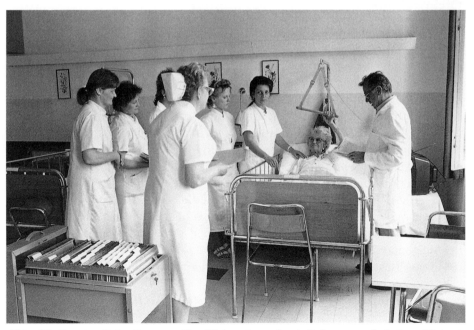

Abb. 87: Der ärztliche Betreuer Dr. Walter Jentsch mit Schwestern bei einer Visite in der Pflegeabteilung des Seniorenheimes Nonntal, 1990.

In den siebziger Jahren wurden dann eine Reihe weiterer Pensionistenheime ihrer Bestimmung übergeben. 1971 eröffnete das städtische Pensionistenheim Itzling an der Schopperstraße. Bei dessen Einweihung forderte Stadträtin Martha Weiser den rascheren Bau von weiteren Pensionistenheimen. Jeder Stadtteil müsse ein eigenes Heim erhalten[94]. Im Dezember 1977 folgte das Pensionistenheim Liefering[95]. Das Pensionistenheim Taxham eröffnete Anfang 1982[96]. Von den Parteien unterschiedlichster Couleur geforderte Pensionistenheime in Lehen, Maxglan, Gnigl, Aigen und in der Altstadt wurden nicht realisiert.

Zu erwähnen sind die seit den siebziger Jahren entstandenen Seniorenwohnanlagen. Als erstes wurde 1972 das Seniorenwohnheim Itzling an der Schopperstraße seiner Bestimmung übergeben. 1975 folgte das Seniorenwohnhaus der Dominikanerinnen an der Gaisbergstraße, 1979 das Warfieldhaus in der Riedenburg[97]. Seither sind eine Reihe weiterer derartiger Anlagen entstanden.

Gescheitert ist jedoch das aus kommerziellen Überlegungen betriebene Projekt eines luxuriösen Seniorenwohnheimes im Stadtteil Parsch. Hans Zyla, Chef der „WEB-Bautreuhand", hatte mit dem zu diesem Zwecke gegründeten Verein „Altenheim Drittes Leben" versucht, vermögende Pensionisten zu gewinnen[98]. Der Gebäudekomplex wurde dann mangels interessierter Senioren einige Jahre lang als „Hotel Cottage" genutzt.

Diskussionen in den achtziger Jahren

Seit den achtziger Jahren rückte das Thema „Altern" in den Mittelpunkt öffentlicher Diskussionen. Die demographische Entwicklung mit der stetigen Zunahme von Menschen über 60 Jahren[99] und die wachsenden Finanzierungsprobleme des Gesundheits- und Sozialsystems forderten und fordern die Politik. Bei dieser Diskussion rückten auch die Altersheime wieder in den Blickpunkt der Öffentlichkeit. „Öffnung der Altenheime" wurde zum politischen Schlagwort[100]. Die Heimordnungen wurden als zu streng kritisiert[101]. Neue Wege in der Pensionistenbetreuung wurden angekündigt[102]. 1988 schuf die Stadt ein eigenes Amt für Seniorenbetreuung. Erklärtes Ziel war der Auf- und Ausbau dezentraler ambulanter Dienste[103]. Seit 1991 berät ein Seniorenbeirat bei anstehenden Entscheidungen in Seniorenfragen die Politik[104].

Vor allem der Pflegedienst in den Heimen wurde zum Gegenstand politischen Streits, der monatelang die Öffentlichkeit und den Gemeinderat beschäftigte. Bei steigender Nachfrage nach Pflegebetten herrschte akuter Mangel an qualifiziertem Pflegepersonal[105]. Die Stadt legte einen „Altenplan" vor, der eine Abkehr von der bisherigen Seniorenheimpolitik forderte. Mehr als achtzig Prozent der über 65jährigen wollten nie in ein Altersheim übersiedeln. Salzburg habe aber mehr Heimplätze als jede andere Stadt Europas. Dagegen ortete man einen steigenden Bedarf an weiteren Pflegebetten. Der „Altenplan" forderte daher eine Reform der Pflegeabteilungen, die Errichtung stadtteilbezogener Sozialstationen sowie den Ausbau der „sozialen Dienste"[106]. 1992 wurde die Sozialstation Rauchgründe an der Innsbrucker Bundesstraße eröffnet[107]. Noch im selben Jahr folgte das Sozial- und Gesundheitszentrum Gnigl und 1995 das Tageszentrum im Haus der Senioren der Diakonie in Aigen.

Die öffentlich geäußerte Kritik an den Pflegestationen und das Engagement einer Mandatarin der Bürgerliste, die freiwillig auf einer Pflegeabteilung arbeitete, veranlaßte schließlich die Stadt zur Erarbeitung einer „Heimreform"[108]. Im Pensionistenheim Hellbrunn begann man mit dem Aufbau einer „Modellpflegestation"[109]. 1992 wurde eine solche im Nonntaler Pensionistenheim eingerichtet. „Aktivierende Pflege" mit Ergotherapie, Sprachtherapie und Animation bildeten die Neuerungen. Selbsttätigkeit der pflegebedürftigen Menschen sollte soweit als möglich gefördert und ermöglicht werden. Die Bettenanzahl in den Pflegezimmern wurde reduziert, das Personal aufgestockt[110].

Abb. 88: Ergotherapie im Pensionistenheim Nonntal, 1992.

Abb. 89: Ergotherapie im Pensionistenheim Nonntal, 1986.

Noch 1993 kritisierte ein Kontrollamtsbericht das Fehlen eines Gesamtkonzeptes zur Heimreform[111]. Mit der Etablierung einer selbständigen Magistratsabteilung „Seniorenheimverwaltung" im Jahr 1994[112] wurde eine grundlegende Reorganisierung der Seniorenheime eingeleitet.

In einem langfristigen Sanierungsprogramm sollen die Häuser bis 2004 dem steigenden Pflegebedarf angepaßt werden. Sämtliche Zimmer im Wohnbereich der Heime werden für einen möglichen Pflegefall eingerichtet. Kurzzeitpflegebetten ermöglichen seit 1996 pflegenden Angehörigen „Urlaub von der Pflege"[113]. Seit 1990 wurden mehr als 100 neue Dienstposten geschaffen. Heute arbeiten 420 Personen – vom medizinischen Personal bis zu den Hilfskräften – in den städtischen Pensionistenheimen. Ein Rechnungshofbericht bescheinigte zuletzt der wirtschaftlichen Führung der Pensionistenheime ein gutes Zeugnis.

Die Anforderungen an das soziale System unserer Gesellschaft werden in Zukunft weiter steigen. Aber gerade am Umgang mit den alten Menschen wird sich die Zivilisiertheit unserer Gesellschaft messen lassen müssen.

Anmerkungen

1 Zehnjähriger Bestand des städtischen Versorgungshauses, in: Salzburger Volksblatt, 11. 11. 1908, S. 1 f.
2 Unsere städtischen Versorgungshäuser, in: Salzburger Wacht, 8. 9. 1899, S. 3.
3 Salzburger Wacht, 27. 10. 1899, S. 3.
4 Unser neues Versorgungshaus, in: Salzburger Wacht, 26. 6. 1900, S. 3.
5 Die drei Trakte mit ihren drei Küchen entsprachen einer sozialen Gliederung der städtischen Gesellschaft. Vgl. dazu SABINE FALK-VEITS, Alltag im „Versorgungshaus" in den ersten Jahren seines Bestehens. Zwischen Tradition und Fortschritt, in diesem Buch.
6 AStS, NStA 271.
7 Vgl. dazu S. 227–229.
8 MAX OTT, Bericht über die Tätigkeit des Gemeinderates der Landeshauptstadt Salzburg und des Bürgermeisters Max Ott vom Jahre 1892 bis Ende 1918, Salzburg [1919], S. 29. AStS, NStA 271, Beschluß der Versorgungshaus-Kommission, 10. 10. 1904.
9 AStS, Gemeinderatsprotokolle, 19. 12. 1912, S. 400.
10 AStS, NStA 271, Schlußrechnung des Krankenhaus-Zubaues, 1915.
11 Parte für Karl Höller, in: Salzburger Volksblatt, 30. 8. 1911, S.5.
12 Leichenbegängnis Höller, in: Salzburger Wacht, 30. 8. 1911, S. 4.
13 Karl Höller. [Nekrolog], in: Salzburger Volksblatt, 28. 8. 1911, S. 6.
14 Salzburger Volksblatt, 4. 2. 1898, S. 3.
15 Tätigkeitsbericht des Bürgermeisters an den Gemeinderat über das Verwaltungsjahr 1955, S. 26 (künftig: Tätigkeitsbericht).
16 AStS, Gemeinderatsprotokolle, 4. 1. 1897, S. 9; OTT (wie Anm. 8), S. 32.
17 Fünfundzwanzig Jahre vereinigte Versorgungsanstalten, in: Salzburger Wacht, 9. 11. 1923, S. 5 f.
18 Ebenda.
19 AStS, Bauakten, CO Nonntal 128, Alois Molterer an Bauamt, 30. 6. 1920.
20 AStS, Bauakten, CO Nonntal 128, Stadtbauamt an Magistrat, 2. 1. 1922.
21 Aufruf, in: Salzburger Volksblatt, 6. 11. 1923, S. 4.
22 AStS, Bauakten, CO Nonntal 128, Bericht des Bauamtes, 21. 12. 1923; AStS, Gemeinderatsprotokolle, 18. 2. 1924, S. 19.
23 AStS, Gemeinderatsprotokolle, 21. 12. 1925, S. 195.
24 AStS, Gemeinderatsprotokolle, 9. 2. 1925, S. 28 f.
25 Fünfundzwanzig Jahre vereinigte Versorgungsanstalten, in: Salzburger Wacht, 7. 11. 1923, S. 5.
26 Ebenda.
27 AStS, NStA 271, Städtische Buchhaltung an den gemeinderätlichen Ausschuß für das Versorgungshaus, 16. 10. 1920.
28 AStS, Gemeinderatsprotokolle, 29. 12. 1921, S. 409; AStS, NStA o. Sign., Statut für die Verwaltung des städtischen Versorgungshauses, 29. 12. 1921.
29 AStS, Gemeinderatsprotokolle, 17. 7. 1922, S. 178.
30 AStS, Gemeinderatsprotokolle, 19. 7. 1926, S. 171.
31 AStS, Bauakten, CO 128 Nonntal, Bericht des Bauamtes, 24. 5. 1927.
32 AStS, Gemeinderatsprotokolle, 16. 4. 1927, S. 110.
33 Das Asyl der Greise, in: Salzburger Volksblatt, 20. 11. 1928; Das städtische Versorgungshaus, in: Salzburger Wacht, 20. 11. 1928.
34 AStS, Bauakten, CO Nonntal 128, Finanzausschuß an Bauamt, 23. 11. 1927; AStS, Gemeinderatsprotokolle, 25. 6. 1928, S. 193.

[35] Das städtische Versorgungshaus, in: Salzburger Wacht, 20. 11. 1928.
[36] AStS, Bauakten, CO Nonntal 128, Verwaltung des städtischen Versorgungshauses an Magistrat, 6. 10. 1928.
[37] Das städtische Versorgungshaus, in: Salzburger Wacht, 20. 11. 1928.
[38] Ebenda.
[39] AStS, Bauakten, CO Nonntal 128, Protokoll, 15. 12. 1928
[40] Das städtische Versorgungshaus, in: Salzburger Wacht, 20. 11. 1928.
[41] AStS, Bauakten, CO Nonntal 128, Amtsbericht, 2. 7. 1926; AStS, Bauakten, CO Nonntal 128, Bauamt, Bericht über Versorgungshaus-Ausbau, 2. 2. 1929.
[42] Für ein Salzburger Altersheim, in: Salzburger Volksblatt, 20. 3. 1929, S. 7; Errichtung eines Salzburger Altersheimes, in: Salzburger Chronik, 20. 3. 1929, S. 4.
[43] Ein Altersheim in Salzburg, in: Salzburger Volksblatt, 27. 4. 1929, S. 6.
[44] Das Salzburger Altersheim, in: Salzburger Chronik, 18. 5. 1929, S. 6.
[45] Ein Altersheim in Salzburg, in: Salzburger Chronik, 25. 3. 1929, S. 5.
[46] AStS, Bibliothek, Entstehung und Aufbau des städtischen Altersheimes, Hektograph 1952.
[47] Das städtische Versorgungshaus, in: Salzburger Chronik, 20. 11. 1928.
[48] Das städtische Versorgungshaus, in: Salzburger Wacht, 20. 11. 1928.
[49] AStS, Gemeinderatsprotokolle, 19. 7. 1926, S. 181.
[50] AStS, Bibliothek, RICHARD HILDMANN, Ansprache des Bürgermeisters bei der Eröffnungssitzung des neuen Gemeindetages am 11. Juli 1935, S. 9 f.
[51] ERICH MARX (Hg.), Bomben auf Salzburg. Die „Gauhauptstadt" im „Totalen Krieg" (Schriftenreihe des Archivs der Stadt Salzburg 6), Salzburg 1995, S. 326.
[52] AStS, Bibliothek, Entstehung und Aufbau des städtischen Altersheimes, Manus. 1952.
[53] AStS, Gemeinderatsprotokolle 1946, RICHARD HILDMANN, [Bericht über die Amtstätigkeit 1945–1946], 1946, S. 10.
[54] SIEGMUND BEINSTEINER, Erinnerungen an Kindertage im Altersheim, Manus. 1997.
[55] AStS, Akten des Altersheimes Nonntal, Maschinenamt an Magistratsdirektion, 12. 3. 1951.
[56] Wohnhaus Altersheim im Rohbau fertig, in: Amtsblatt der Landeshauptstadt Salzburg, 10. 2. 1955, S. 38; Neubau neben dem Altersheim Nonntal, in: Amtsblatt der Landeshauptstadt Salzburg, 30. 6. 1956, S. 229.
[57] AStS, Bauakten, CO Nonntal 128.
[58] Tätigkeitsbericht 1962, S. 74.
[59] AStS, Akten des Altersheimes Nonntal, Helmut Strnad an Josef Donnenberg, 20. 1. 1964.
[60] Tätigkeitsbericht 1966, S. 87.
[61] Tätigkeitsbericht 1961, S. 55.
[62] FRIEDRICH STEINKELLNER, Wohlfahrts- und Gesundheitswesen in Salzburg 1960–1980. Politik für Arme und Schwache, in: Die Ära Lechner. Das Land Salzburg in den sechziger und siebziger Jahren (Schriftenreihe des Landespressebüros. Sonderpublikationen 71), Salzburg 1988, S. 123–152, hier S. 130.
[63] Spezielle Aufgaben des Landesaltenplanes, in: Salzburger Landeszeitung, 21. 5. 1963, S. 1; SEPP WEIßKIND, Landesaltenplan, in: Sepp Weißkind – 20 Jahre Landesrat (Dokumentationen unserer Zeit), Salzburg [1969], S. 65–71; STEINKELLNER (wie Anm. 62), S. 130 f.
[64] STEINKELLNER (wie Anm. 62), S. 130.
[65] „Essen auf Rädern" für hilflose Mitbürger, in: Salzburger Nachrichten, 2. 2. 1965, S. 5; Tätigkeitsbericht 1965, S. 99.
[66] Tätigkeitsbericht 1966, S. 86.
[67] STEINKELLNER (wie Anm. 62), S. 130.
[68] Zehn Jahre Hauskrankenpflege Salzburg, in: Amtsblatt der Landeshauptstadt Salzburg, 1. 6. 1978, S. 9 f.; Zwanzig Jahre Hauskrankenpflege Salzburg-Stadt, Salzburg 1988.

[69] Pro senectute, in: Amtsblatt der Landeshauptstadt Salzburg, 1. 11. 1969, S. 5 f.
[70] Salzburger Sozialhilfegesetz § 22 und 23; Vgl.: Sozialhilfe im Land Salzburg. Salzburger Sozialhilfegesetz (Schriftenreihe des Landespressebüros 6), Salzburg 1975, S. 17 f.
[71] Amt der Salzburger Landesregierung, 10 Jahre Sozialhilfe, Salzburg [1986], S. 49–51; Alter und Pflege in Salzburg. Bestandsaufnahme und Prognose, Salzburg 1989, S. 59–75.
[72] Magistrat Salzburg, Amt für Statistik, Das Wohlfahrtswesen im Jahre 1997 (Salzburg in Zahlen 2/1998), Salzburg 1998, S. 76.
[73] Nach Protestaktion eine Gegenstimme, in: Salzburger Nachrichten, 2. 3. 1971, S. 5.
[74] Tätigkeitsbericht 1967, S. 82.
[75] MARTHA WEISER, 70 Jahre Altersheim Nonntal. [Rede], in: AStS, Archiv nach 1945, Box 7709.
[76] Tätigkeitsbericht 1966, S. 86.
[77] AStS, Hochbauamt, Amtsbericht des Gebäudeamts, 10. 9. 1970.
[78] AStS, Hochbauamt, Gesundheitsamt an Magistrat, 4. 11. 1971.
[79] AStS, Hochbauamt, Äußerung der Finanzabteilung, 30. 9. 1970; vgl. auch: „Bassena-Dasein" im Altersheim, in: Salzburger Nachrichten, 20. 10. 1971, S. 3.
[80] AStS, Protokoll des Wohlfahrtsausschusses, 12. 2. 1971, S. 2 f.; Salzburger Nachrichten, 17. 2. 1971, S. 3.
[81] AStS, Gemeinderatsprotokolle, 14. 3. 1972, S. 13.
[82] AStS, Hochbauamt, Bauendabrechnung, 24. 6. 1982.
[83] AStS, Rathauskorrespondenz, Nr. 125/1971.
[84] HILDMANN, Bericht (wie Anm. 53), S. 10.
[85] Tätigkeitsbericht 1955, S. 26; vgl. weitere Tätigkeitsberichte.
[86] FRIEDRICH SCHMIED, Ehemalige Kasernen in Salzburg, Salzburg 1985, S. 32–36.
[87] Räumung der Hellbrunner Kaserne, in: Salzburger Chronik, 19. 4. 1935, S. 7.
[88] Salzburger Nachrichten, 2. 8. 1951, S. 5.
[89] Tätigkeitsbericht 1960, S. 56.
[90] Tätigkeitsbericht 1966, S. 83.
[91] Ein Jahr Altenpension der Stadt Salzburg. Der richtige Weg zu individueller Altenbetreuung, in: Amtsblatt der Landeshauptstadt Salzburg, 31. 12. 1967, S. 4 f.
[92] Neues Heim für alte Mitbürger eingeweiht, in: Amtsblatt der Landeshauptstadt Salzburg, 1. 7. 1969, S. 3 f.; Tätigkeitsbericht 1969, S. 88.
[93] Statistisches Jahrbuch der Landeshauptstadt Salzburg 1970, Salzburg 1971, S. 37.
[94] Erhöhtes Tempo für Altenheimbau gefordert, in: Salzburger Nachrichten, 20. 11. 1971, S. 8.
[95] Pensionistenheim Liefering eröffnet, in: Salzburger Nachrichten, 16. 9. 1977, S. 5.
[96] AStS, Tätigkeitsbericht der Wohlfahrtsabteilung 1982, S. 12.
[97] ERICH MARX und THOMAS WEIDENHOLZER, Chronik der Stadt Salzburg 1970–1979 (Schriftenreihe des Archivs der Stadt Salzburg 5), Salzburg 1993, S. 147 und 227.
[98] Verein Altenheim Drittes Leben, Senioren-Wohnheim Parsch-Süd, Salzburg [1970]; Altenheim Drittes Leben, in: Salzburger Nachrichten, 2. 10. 1970, S. 5.
[99] Vgl. etwa: Alter und Pflege (wie Anm. 71), S. 59–75; JOSEF RAOS, Die demographische Entwicklung im Bundesland Salzburg, in: Altsein – Altwerden in Salzburg. 10. Landes-Symposion 1989 (Salzburg Diskusionen 12), Salzburg 1990, S. 67–82.
[100] Vgl etwa: KONRAD HUMMEL, Öffnet die Altersheime! Gemeinwesenorientierte ganzheitliche Sozialarbeit mit alten Menschen, Weinheim 1982.
[101] Salzburger Nachrichten, 10. 12. 1986, S. 6.
[102] Neue Wege in der Pensionistenbetreuung, in: Informationszeitung der Landeshauptstadt Salzburg, 2. 5. 1985, S. 4.
[103] AStS, Gemeinderatsprotokolle, 27. 11. 1987.

[104] CHRISTIANE BAHR, KAI LEICHSENRING, und CHARLOTTE STRÜMPEL, Mitsprache. Bedarfsfelder für politische Mitsprache älterer Menschen in Österreich (Forschungsberichte aus Sozial- und Arbeitsmarktpolitik 58), Wien 1996, S. 47 f.

[105] Prekäre Situation in den Heimen, in: Salzburger Nachrichten, 5. 8. 1989, S. 23; Mangel an Personal und Pflegebetten, in: Salzburger Nachrichten, 5. 7. 1990, S. 21.

[106] Seniorenplan Salzburg. Erstellt im Auftrag der Wohlfahrtsabteilung, Magistrat Salzburg vom Ludwig Boltzmann-Institut für Altersforschung, Salzburg 1989; Altenplan für Salzburg erstellt, in: Salzburger Nachrichten, 3. 8. 1989, S. 13; Seniorenplan für Salzburg, in: Salzburger Nachrichten, 8. 9. 1989, S. 17.

[107] Fünf Jahre Sozialstation Rauchgründe, in: Salzburger Fenster, 27. 8. 1997, S. 12.

[108] Salzburger Altenplan, in: Kurier, 21. 3. 1990, S. 22.

[109] Modellpflegestation im Pensionistenheim Hellbrunn, in: Salzburger Nachrichten, 10. 2. 1990, S. 19; Modellpflegestation, in: Salzburger Volkszeitung, 13. 3. 1990, S. 6.

[110] Im Pensionistenheim Nonntal soll Modellstation entstehen, in: Salzburger Nachrichten, 31. 1. 1992, S. 15.

[111] Auch nach vier Jahren fehlt ein Gesamtkonzept, in: Salzburger Nachrichten, 11. 1. 1993, S. 3.

[112] AStS, Gemeinderatsprotokolle, Amtsbericht der Magistratsdirektion., 9. 8. 1983.

[113] Stadt Salzburg, Amt für Seniorenbetreuung, Ratgeber 1997 für Salzburgs Senioren, Salzburg [1997], S. 12 f.

Aktuelle Situation und Perspektiven

Das Leben der Bella G. im Heim

Ein Fallbeispiel

von Christiane Bahr

Leben vor dem Eintritt ins Heim, Biographie

Bella G. wurde 1910 als eines von zehn Bauernkindern geboren. Der Hof ihrer Eltern war ziemlich groß und so gab es immer viel zu tun. Ihre Mutter, eine *bescheidene, liebe und tüchtige* Frau, *sah man immer bei der Arbeit*, wozu sie auch ihre Kinder anhielt. Gearbeitet wurde auch samstags und sonntags. Nicht zuletzt deshalb war es für Bella G. zeit ihres Lebens immer wichtig gewesen, Arbeit zu haben.

Als sie noch klein waren, saßen sie im Winter um den Kachelofen und die Mutter erzählte ihnen Geschichten. Ihr Vater diente im Krieg, welcher begann, als Bella G. vier Jahre alt war. Er tat dies als Offizierskoch, und bereitete ihnen, *wenn immer er nach Hause kam, ganz ungewohnt Gutes zu essen*. Die Beziehung zu Vater und Mutter bezeichnet Bella G. als *sehr gut*. Die Mutter war *streng aber nett, und dem Wort des Vaters wurde gehorcht*. Schläge oder Ohrfeigen bekam sie nie.

Sie erinnert sich, gemeinsam mit ihren Geschwistern und zwei Nachbarsmädchen, mit selbstgemachten Puppen, einem alten Kinderwagen und einer Puppenküche gespielt zu haben.

Trotz der vielen Arbeit war es für sie eine glückliche Jugend. Noch bevor sie über eine Stunde in die Schule gingen, wurde zu Hause gearbeitet, und wenn sie abends in der Dunkelheit wieder kamen, mußten sie noch die Hausaufgaben machen.

Bella G. besuchte nur die Volksschule, absolvierte keinerlei andere Ausbildungen, sondern begann gleich zu arbeiten. 1925 starb ihr Vater. Der Mann ihrer Schwester, *mit dem sich kaum jemand verstand*, übernahm den Hof. Bella G. suchte sich daraufhin ihren ersten Posten, und kam so mit 15 zu einem Bauern mit angeschlossenem Gasthof. Doch auch das war nicht leicht: Um drei Uhr morgens stand sie auf, wusch sich – auch im Winter – am Brunnen vor dem Haus. *Durch die harte Erziehung*, die sie genossen hatte, schadete ihr das nicht. Sie wurde nie krank. Allerdings litt Bella G. fast täglich an Nasenbluten, wozu es wohl angesichts ihrer zarten und dürren Gestalt infolge der schweren Arbeit kam. Doch dem maß damals niemand Beachtung bei. Mit 15 hatte sie kaum Freizeit und wenn, so bestand sie darin, *der Kellnerin beim Servieren helfen zu dürfen oder es zu genießen, einfach einmal nichts zu tun*. Des öfteren ging sie auch tanzen.

Eines ihrer nächsten Beschäftigungsverhältnisse führte sie als Kellnerin zu einem größeren Gasthof, wo es für sie zufriedenstellender Weise sehr viel Arbeit gab. Außerdem hatte sie hier erstmals eine Zimmerstunde, in der sie vorwiegend persönliche Arbeiten verrichten konnte. Verblieb einmal etwas Zeit, so traf sie sich zum Plaudern. War sie alleine, so beschäftigte sie sich mit Handarbeiten, Sticken und Stricken – und hätte oft am liebsten die halbe Nacht so verbracht.

Mit 22 Jahren kam sie schließlich in eine Großküche, wo sie *gemeinsam mit anderen Angestellten sehr schwer arbeiten mußte*. Man begann um sieben Uhr morgens (bei Frühdienst schon um sechs) und arbeitete bis halb sieben Uhr abends. Auch hier gab es mittags eine Zimmerstunde, doch anstatt sich auszuruhen, bevorzugte es Bella G. zu handarbeiten. Abends saß sie mit anderen zusammen, ging mit ihnen spazieren, stickte, strickte oder traf sich mit ihrem Freund, mit dem sie fünf Jahre verlobt war. Es bereitete ihr damals *großes Vergnügen, die Aussteuer selbst anzufertigen.*

Ende 1938 heiratete Bella G. im Alter von 29 Jahren, bekam zwei Kinder und gab ihren Beruf auf. Während der kurzen Zeit ihrer einzigen Ehe verstand sie sich mit ihrem Mann *recht gut, es gab nie Schwierigkeiten*. Schon bald nach der Hochzeit mußte er in den Krieg, kam nur mehr zweimal auf Urlaub und fiel 1943, als ihre Tochter zweieinhalb, ihr Sohn ein Jahr alt waren. Den Verlust ihres Mannes konnte Bella G. nur sehr schwer bewältigen. Sieben Jahre lang ging sie nirgendwo hin; nur ihre Geschwister kamen hin und wieder zu Besuch.

Mit *Ach und Krach* überredeten ihre Nachbarn sie schließlich, mit in den Sparverein zu gehen, um hinaus zu kommen und ihre Trauer zu überwinden. Schön langsam fand sie sich mit der Situation ab, *es half ja doch nichts*.

Es war eine tragische Zeit. Auch die Rente reichte nicht zum Leben, und sie hatte niemanden für die Kinder. So entschloß sie sich, um ein wenig dazu zu verdienen, Heimarbeit anzunehmen: Handarbeiten für andere. Eine auswärtige Stellung wollte sie wegen der Kinder nicht in Betracht ziehen. Erst als diese in die Schule kamen, nahm sie zwei Bedienungsposten an. Und an Samstagen und Sonntagen traf sie sich mit Bekannten und Verwandten. Sie hätte schon hin und wieder wohin gehen können, aber das *Herumbummeln* lag ihr nicht. Das Schönste war es für sie, wenn die Kinder abends im Bett lagen, und daraufhin entweder gar nichts zu tun oder zu lesen, denn dazu blieb sonst kaum Zeit.

Die Freizeit war sowieso nur der Samstag vielleicht, und der Sonntag. Unter der Woche hat man ja zu tun gehabt.
Die Freizeit, die war ja sowie so nicht so wie heute. Ich habe das eigentlich nicht so gekannt. Aber ich erinnere mich schon, daß es immer das Schönste war – als die Kinder herangewachsen sind und noch kleiner waren – wenn sie ins Bett gegangen sind, also das war für mich eine schöne Freizeit. Da habe ich mich einmal hingesetzt, und da habe ich tun und lassen können, was ich wollen habe. Und da hat bei den Kindern nichts mehr passieren können, weil sie ja im Bett waren. Das war eigentlich für mich immer die schönste Zeit.
Und was haben Sie in dieser Zeit dann gemacht?
In dieser Zeit habe ich eigentlich gar nichts gemacht. Da habe ich mich so richtig ausgerastet. Und gelesen habe ich sehr gerne. Gelesen, weil unter Tags habe ich ja sowieso nie Zeit gehabt.

Bella G. verfügte über das Talent zu nähen. Und sie tat dies nicht nur für sich selbst, sondern auch für ihre Tochter, Bekannte und Verwandte nach Schnitten aus Modeheften; wenngleich sie nie einen Nähkurs besucht hatte. Im Alter von 20 Jahren begann ihre Tochter damit, die Kleidung selbst zu kaufen, woraufhin Bella G. auch mit dem Nähen für andere langsam aufhörte.

Die Kinder hatten ihren Beruf, und für sie *begann nun eine etwas schönere Zeit*; obwohl sie *immer etwas arbeitete*. Da war ja ihre nette Wohnung, es gab zu waschen und zu putzen, und hin und wieder wurde trotzdem eine Näharbeit für eine Bekannte oder Verwandte angefertigt.

Auch mit Freundinnen traf sie sich. Darunter waren und sind selbst Jugendfreundinnen, mit denen sie sich noch heute – wie früher – ausspricht.

Im Alter von 60 Jahren mußte sich Bella G. wegen Krebsgefahr einer Totaloperation am Unterleib unterziehen. Darauf folgte eine weitere Operation am Dickdarm. Nach einigen Jahren der Nachkontrolle war aber wieder alles in Ordnung.

Vom Spital wieder zu Hause, kam des öfteren ihre Tochter, um nach ihr zu sehen. Für die Arbeit hatte sie aber niemand, sondern machte alles selbst. *Schön langsam.*

Abgesehen von diesen Krankenhausaufenthalten war Bella G. nie krank. Sie fühlte sich immer *pumperlg'sund*, weshalb sie auch nicht auf ihre Gesundheit achtete. Sah sie Leute im Rollstuhl, so hätte sie *nie daran gedacht*, daß ihr *das auch selbst einmal zustoßen könnte*.

Aber dann sollte es doch so kommen.

1982 „traf" sie über Nacht ein *leichtes Schlagerl*, und nach zehn Tagen im Krankenhaus, wo man aber nichts weiter fand, widerfuhr ihr *das große Schlagerl*, an dessen Auswirkungen sie noch jetzt leidet. Für sie war es entsetzlich. Es folgten vier Monate in der Geriatrie, eine *häßliche Zeit*. Denn damals konnte sie nicht mehr aufstehen und hätte nie gedacht, daß sie *wieder einmal so herumgehen werde können* wie dies heute der Fall sei. Doch Bella G. weiß auch, daß sie *nie wieder ganz gesund* werden wird.

Eintritt ins Pensionistenheim

Beim Eintritt ins Heim war Bella G. 72 Jahre alt und lebt dort zum Zeitpunkt des Interviews das fünfte Jahr.

Ich habe früher, wie ich noch gesund war, wenn viele gesagt haben, sie gehen ins Pensionistenheim und so, da habe ich immer gesagt: „Ja, eigentlich möchte ich auch einmal ins Pensionistenheim gehen." Und dann habe ich zu den Kindern gesagt: „Also, wenn ich einmal alt bin, und ich nicht mehr so kann, so daß ich schon eine Hilfe brauche, dann möchte ich ins Heim gehen." Und da haben die Kinder gesagt: „Um Gottes willen, Mutti! Du wirst doch nicht denken, daß Du ins Pensionistenheim kommst!" – „No, na", habe ich gesagt, „da ist doch gar nichts dabei! – Weil die alten Leute, erstens einmal, Alt und Jung – das paßt ja sowieso nicht zusammen; und ich werde dann auch ekelhaft werden und mir wird das und das nicht passen, wenn ich es bei euch sehe. Und eins muß ja dann bei mir sein, wenn ich schon ganz alt bin und so." – Na, und das hat sich eigentlich keines vorstellen können, und wie dann eben das „Schlagerl" bei mir war, da haben meine Kinder ja gesehen, daß das einfach nur so nicht geht. Ich muß ja wen haben. Und da haben sie zuerst auch geschaut, daß ich irgend jemanden kriege, so für mich, so für den ganzen Tag. Aber – das wäre unmöglich gewesen. Und so habe ich dann eben dieses Zimmer da gekriegt.
Ich kann mich genau erinnern. – Wie ich mit meiner Tochter das erste Mal hergekommen bin, da habe ich so, so geweint! Ich habe überhaupt gar nichts gesehen. Damals war ich noch sehr schlecht beisammen. Aber ich bin trotzdem da herauf gekommen. (Anm.: Bella G. hätte in den Krankentrakt sollen, ihre Kinder bestanden aber darauf, daß sie ein Zimmer im sogenannten „Normaltrakt" erhält.) Und zuerst war es schon ein bisserl tragisch, aber dann habe ich mich eigentlich gut eingewöhnt. Eigentlich habe ich mir gar nicht vorgestellt, daß das so geht. Aber mir hat die Ruhe dann so getaugt, und es ist so gemütlich. Ich bin dann eigentlich ganz gern da gewesen. Ich habe es mir auch aufgeschrieben: Die erste Nacht, da habe ich ganz gut geschlafen. Und dann habe ich sowieso einmal die Kinder jeden Tag angerufen; sie sind auch sehr viel gekommen, die erste Zeit überhaupt. – Heute bin ich das fünfte Jahr da und alles ist schon selbstverständlich. – Ich möchte nicht mehr daheim sein, weil ich die Arbeit gar nicht mehr alleine machen könnte; da müßte ich mir immer jemanden anstellen. Und nur für so kurze Zeit? – Ich weiß nicht. – Ich brauche ja jemanden! – Da hier habe ich das wenigstens. – Ich bin auch froh, wenn ich allein bin. Und wenn es mich einmal nicht mehr interessiert, dann gehe ich hinunter. Da sitzen mehr Leute drunten, und da kann man sich dann wieder unterhalten. Heute bin ich wirklich froh, daß ich da bin. Und es geht – geht mir auch gut.

Bella G. erzählt weiters, daß sie allerdings nie in ein Heim gegangen wäre, wenn sie kein „Schlagerl" bekommen hätte. Das Stadtviertel, in dem das Heim steht, war ihr zudem immer unsympathisch. Allerdings verfügt dieses Heim über einen Speisesaal, was für sie von großer Bedeutung war. Wegen ihres schlechten Gesundheitszustandes hätte man Bella G. die Mahlzeiten im Zimmer serviert. Doch davon wollte sie – das Frühstück ausgenommen – gar nichts wissen. Sie fürchtete, *einen ganzen Tag allein* im Zimmer nicht heil zu überstehen und bevorzugte es daher, die anderen beiden Mahlzeiten im Speisesaal zu sich zu nehmen. Sie plagt sich sehr, um nach unten zu gelangen. Selbst jetzt ist es noch anstrengend für sie. Doch ihre Parole lautet: *Das schadet mir nicht. Ich muß viel gehen, damit sich mein gesundheitlicher Zustand nicht verschlechtert.* Aus diesem Grund „arbeitet" sie auch in der Ergotherapie.

Gesundheitssituation und Mobilitätseinschränkung

Bella G. fühlt sich wohl und glaubt organisch gesund zu sein. Sie sagt, daß bei ihr keine Krankheiten oder Leiden bekannt seien. „Nur" ihre Behinderung mache ihr zu schaffen; das sei für sie das Schwerste. Daß sie auch an einem kranken Fuß leidet, erwähnt sie nicht.

Es schmerzt sie, mit ansehen zu müssen, wie andere weggehen können. Sie selbst wird zwar oft von ihren Kindern abgeholt, ist aber eben nicht mehr selbständig, kann nicht mehr alleine mit dem Obus fahren, sondern ist immer auf ihre Kinder oder Verwandte angewiesen.

Durch das „Schlagerl" hat sich ihr Lebensstil sehr verändert. Besonders am Anfang hatte das Leben gar keinen Sinn mehr, sie war total am Ende. Konnte sie zunächst nicht einmal alleine frei stehen, so lernte sie allmählich doch wieder zu gehen, vor allem weil ihr Bruder und die Schwägerin drei- bis viermal pro Woche zu ihr in die Geriatrie gekommen waren, um mit ihr zu üben. Zum Geburtstag bekam sie von ihrem Sohn einen elektrischen Rollstuhl, mit dem sie im Sommer im Garten herumfährt.

Ihrer Gesundheit zuliebe turnt Bella G. sehr viel. Außerdem war sie im Kurhaus zu Massagen, bekam Akupunktur und eine Sauerstoffkur, worum sich ihr Sohn bemühte. Das alles wäre freilich zu wenig gewesen, meint Bella G., wenn sie selbst gar nichts getan hätte. Sie kennt etliche Frauen im Haus, die ebenfalls ein „Schlagerl" hatten, aber nichts für eine Besserung taten. Auch deren Angehörige üben nicht mit ihnen, was körperlichen und geistigen Abbau zur Folge habe: *Da muß hart gearbeitet werden. Hätte ich nichts getan, wäre ich genauso unten.* Atembeschwerden hat Bella G. keine; das Fenster ist meist geöffnet, weil sie frische Luft gewöhnt ist.

Bella G. ist nicht mehr gut zu Fuß. Es ist ihr unmöglich, eine Viertelstunde ohne Unterbrechung zu gehen, wobei sie außerdem eine Krücke verwendet.

In den letzten drei Monaten war sie durchschnittlich ca. viermal bei dem ins Heim kommenden Arzt, um sich Tabletten und Salben verschreiben zu lassen. Wegen ihres schlechten Fußes geht sie in halbjährlichem Rhythmus zum Arzt.

Wird man plötzlich krank, besteht in diesem Heim die Möglichkeit, in den Krankentrakt zu läuten, wovon sie erst kürzlich Gebrauch machte. Da kam auch sofort jemand zu ihr. Ansonsten braucht Bella G. nur ihre Tochter anzurufen, die dann kommt und alles erledigt. Sie fände es gut, wenn es hier im Normaltrakt auch eine Krankenschwester gäbe. *Denn der Krankentrakt ist ja das Letzte, auch wenn er sauber und ordentlich ist; es ist die letzte Station.*

Wird man bettlägerig, so haben die Schwestern und Pfleger für gewöhnlich nicht genügend Zeit, um jemanden hier im Normaltrakt zu pflegen. Auch ihre Tochter könnte das ihrer Arbeit wegen nicht tun. Da wäre es schon gut, wenn es auch im Normaltrakt permanent verfügbares Krankenpflegepersonal gäbe. Im Wohntrakt möchte ja jeder bleiben. *Ich war bisher aber noch nie bettlägerig, hatte nur Kleinigkeiten.*

Sollte es nicht anders gehen, wäre sie bereit, sich an den entstehenden Kosten für eine Pflegekraft im Wohntrakt zu beteiligen, möchte aber nur zahlen, wenn sie *die Schwester selbst benötige.* Sonst nicht.

Aussprachemöglichkeit

Bella G. zählt ca. fünf, sechs Personen in ihrem Bekanntenkreis, mit denen sie *über wirklich alles* reden kann. Und wenn eine aus ihrer Runde Geburtstag hat, wird bei Bella G. gefeiert. Das ist dann sehr lustig und nett.

Alter – Pläne – Ziele

Bella G. fühlt sich nicht alt. Sie denkt auch nicht an ihr Alter: *Es geht so automatisch, daß man das überhaupt nicht spürt. Ich habe ja eigentlich keine Schmerzen. Nur das Gehen strengt mich schrecklich an.* Eigentlich ist es ihr noch nie so gut gegangen wie heute, nur die Arbeit von einst fehlt ihr sehr. Aber das sei eben nicht mehr so wie früher möglich. *Dafür gehe ich ja zur Therapie, kann dort handarbeiten und meine Hände bekommen wieder eine gewisse Fertigkeit.* Bella G. meint, daß sie sich vom Leben nichts mehr erwarte. Hier sei es schön. Auch wenn sie nie gedacht hätte, daß sie einmal in ein Heim käme und krank werden würde. Und sie darf gar nicht daran denken, wie das sein würde, wenn einmal die Schmerzen begännen, sie nicht mehr weiter könne, bettlägerig werde und in den Krankentrakt müsse. Sie könne keine Pläne mehr schmieden, meint sie, weil sie zu gebrechlich sei. Sie müsse froh sein, den Alltag zu schaffen. Ihr Wunsch sei es, daß ihre Kinder immer zu ihr stehen mögen. Und ihr Ziel bestünde darin, zu erreichen, daß sich ihr Gesundheitszustand nicht noch verschlechtere. Außerdem wolle sie dem Ende mit Gelassenheit entgegen gehen, in Ruhe sterben können. Sie denkt oft über das Sterben nach.

Kontakte

Bella G. steht mit einigen der Heimbewohnerinnen in Kontakt. Sie kennt welche im Speisesaal und sitzt auch davor in der Halle immer mit den gleichen Frauen zusammen, wo sie sich mittags mit diesen ein bis eineinhalb Stunden unterhält.

Ihre Kinder und Enkelkinder wohnen im Zentrum der Stadt. Ihre Tochter kommt jeden Samstag, bringt ihr Mineralwasser und die Wäsche. Ihr Sohn besucht sie meist am Samstag, Sonntag oder manchmal während der Woche, sicher aber einmal pro Woche, und ruft sie außerdem ein bis zweimal pro Woche an. Besuch erhält sie auch von den Enkelkindern, zu denen sie ein sehr gutes Verhältnis hat. Ihre anderen Verwandten kommen nicht so oft, sie stehen mit ihr aber in telefonischer Verbindung.

Bella G. ist froh darüber, immer Leute um sich zu haben, sich eigentlich nie alleine zu fühlen. An manchen Tagen bekommt sie drei Anrufe, dann wieder drei, vier Tage lang keinen. Aber das macht ihr nichts, da sie ohnehin beschäftigt sei. Es ist alles eingeteilt. Die Woche zuvor bekam sie jeden Tag einen Besuch, was sie reichlich anstrengend erlebte. Es ging ihr dann auch richtig ab, nicht in die Ergotherapie gehen zu können.

Ihre Bekannten kommen alle 14 Tage bis drei Wochen, weshalb Bella G. nicht das Gefühl hat, von jemandem vergessen zu werden. Sie sitzen dann stundenlang, d. h. bis zu vier Stunden, zusammen, plaudern, trinken Kaffee. Die Leute wissen schon, daß sie es nicht mag, wenn es jemand eilig hat und immer auf die Uhr sieht.

Bella G. ist nicht in der Lage, vollkommen selbständig Besuche zu machen, sondern kann dies nur, wenn Sohn oder Tochter sie zu Bekannten bringen, was selten der Fall ist (ca. dreimal im Jahr). Am liebsten ist es Bella G., besucht zu werden. Abgesehen von ein paar anderen Bewohnerinnen, mit denen sie sich sehr gut versteht, per „Du" ist, und die sich um sie kümmern, hat sie keine neuen Bekanntschaften geschlossen. Bella G. ist in keinem wie auch immer orientierten Verein Mitglied.

Alltag

Bella G. steht jeden Tag um sechs Uhr auf, macht das Fenster auf, lüftet das Bett und geht sich waschen. Danach räumt sie auf. Obwohl sie auch am Abend Ordnung schafft – man weiß ja nie, was passiert. Sie gießt die Blumen, staubt ab, macht die ganze Wohneinheit sauber, soweit es ihr möglich ist. Danach geht sie zum Frühstück, das etwa eine halbe Stunde dauert, geht wieder hinauf, um sich die Zähne zu putzen, dann wieder hinunter um am Turnen oder der Physiotherapie teilzunehmen oder auch um den Friseur aufzusuchen. Um elf Uhr macht sie sich auf, um zum Mittagessen zu gehen. Es beginnt zwar erst um 11.30 Uhr, aber sie benötigt ja eine Weile, um nach unten zu kommen. Nach dem Mittagessen sitzt sie mit anderen in der Halle zusammen, geht dann wieder in ihr Zimmer, und hört um ein Uhr die Radio-Nachrichten. Manchmal legt sie sich auch ein wenig hin. Danach geht sie für gewöhnlich in die Räumlichkeiten der Ergotherapie, wo sie handarbeitend den Nachmittag verbringt. Um halb fünf bzw. fünf Uhr ist es dann Zeit für das Abendessen, nach welchem sie mit anderen erneut in der Halle – bis ca. halb sieben Uhr – zusammen sitzt. Viele gehen nach dem Abendessen gleich ins Zimmer, aber sie findet es lustiger, noch unten zu bleiben. Danach sieht Bella G. bis neun oder zehn Uhr fern und geht ins Bett. Bis sie einschläft vergeht etwa eine halbe Stunde. Manchmal dauert es auch länger – das hängt bei ihr immer vom Wetter und dem Mond ab. Da denkt sie sich nichts dabei.

Früher hätte sie es sich absolut nicht vorstellen können, ohne zu lesen einzuschlafen. Doch jetzt muß es einfach gehen, weil sie das Buch oder die Zeitung kaum noch zu halten vermag.

Wochenenden unterscheiden sich bei Bella G. von den Wochentagen insofern, als sie unter der Woche die Therapie und dergleichen in Anspruch nimmt, während sie an den Wochenenden Besuch bekommt. Allerdings ist sie auch heute noch stets froh, wenn die Woche und damit auch ihre „Arbeit" wieder beginnt.

Allgemeine Freizeit

„Freizeit" – das ist für sie jetzt jene Zeit, in der sie in ihr Zimmer geht, sich hinsetzt und ein Buch oder eine Zeitung liest. *Die richtige Freizeit, wenn ich mir einmal denke: So, und jetzt bleibe ich einmal eine Stunde sitzen, jetzt ist mir ganz egal, was jetzt ist.*

Im Winter liest Bella G. in ihrer freien Zeit, löst Kreuzworträtsel oder handarbeitet in der Ergotherapie. Im Sommer fährt sie auch im Rollstuhl spazieren.

Es ist schrecklich für sie, nicht mehr so sticken und stricken zu können wie früher. Durch das „Schlagerl" ist ihr rechter Arm gelähmt, und so ist sie gezwungen, fast alles mit dem linken auszuführen, wenn es schnell und relativ einfach gehen soll.

Doch auch jetzt hat Bella G. ein Hobby: Es ist für sie die Ergotherapie. Dort werden Taschen, Körbe und Bilder angefertigt. Darauf freut sie sich jeden Tag: Sie weiß, daß es ein ausgefüllter Tag sein und sie zu arbeiten haben werde, nicht allein herumzusitzen brauche. Sie beteiligt sich daran, seit es die Ergotherapie im Haus gibt. Die durch die Behinderung beeinträchtigte Gelenkigkeit ihrer Hände wurde dadurch wesentlich verbessert. Außerdem fordern sie ergotherapeutische Übungen geistig heraus. Und überhaupt! Sie könne hier einfach etwas arbeiten, und das sei doch etwas ganz anderes, als alleine im Zimmer zu sitzen. Ein andermal ist Bella G. wiederum gern allein und übt dann in ihrer „Wohnung" das Schreiben, um ihre Hand zu *trainieren*.

Hin und wieder würde sie gerne in die Stadt gehen, um sich Auslagen und neue Kleider anzusehen, vielleicht zu kaufen. Doch ihre Kinder, die sie dazu bräuchte, haben aufgrund ihrer Berufstätigkeit keine Zeit hiefür. So muß sie darauf verzichten.

Bella G. sieht jeden Abend, täglich ca. drei Stunden, fern. Sie hört auch täglich ca. drei Stunden Radio, hauptsächlich aber am Wochenende oder während sie leichter Arbeit nachgeht. Sie liest im Laufe eines Tages – und dies täglich – mindestens eine halbe bis eine ganze Stunde und geht dann wieder auf und ab, um nicht zu steif zu werden. Als Lektüre dienen ihr in erster Linie Zeitschriften, da ihr das Halten von Büchern zu schwer fällt.

Im Sommer fährt Bella G. mit dem Rollstuhl im Garten oder geht dort zu Fuß spazieren. Den ganzen Winter über wagt sie sich hingegen aus Angst zu stürzen nicht hinaus. Verreist ist sie schon viele Jahre nicht mehr, unternimmt aber mit ihren Kindern Ausflüge.

Freizeitangebote

Nach den Veranstaltungen befragt, nennt Bella G. den Heimball, an dem sie sich prächtig amüsierte und mit ihrem Sohn bis spät in die Morgenstunden blieb; weiters Feste, Filme und Vorträge, Veranstaltungen, die hier von Zeit zu Zeit stattfinden. Sie erfährt davon, weil dies im Speisesaal verlautbart wird. Stets pflegt sie an diesen Veranstaltungen teilzunehmen, da sie der Ansicht ist, daß man *den Anstand haben sollte, hinzugehen, wenn die Verwaltung sich schon so viel Mühe macht.*

Bella G. findet es sehr gut, daß es in diesem Heim die Möglichkeit zur E r gotherapie gibt. Fast täglich, und auf alle Fälle regelmäßig, ist sie dort anzutreffen, *um zu arbeiten*. Nicht selten ist ihr die Zeit zu kurz, sodaß sie gerne weiterwerken würde, die Ergotherapeutin aber zusperren müsse. Früher, als es dieses Therapieangebot noch nicht gab, saß sie im Zimmer oder ging im Sommer im Garten spazieren. Aber gerade im Winter sei es sehr praktisch und interessant.

Zu Beginn mußte sie alles von Grund auf erlernen, da sie davon keine Ahnung hatte und mit ihrer rechten, gelähmten Hand nichts tun konnte. Während sie von ihrem ersten selber gemachten Körbchen spricht, beginnt Bella G. zu weinen. Es geht ihr sehr nahe, daß sie trotz der Lähmung wieder erlernte, schöne Handarbeiten anzufertigen. Inzwischen schuf sie schon viele Handarbeiten verschiedenster Art, schenkte sie Leuten, die sie sich wünschten, und auch ihre *kaputte Hand* kann jetzt schon ein wenig mithelfen. Sogar einen Knopf vermag sie mit ihr mittlerweile – unter Mithilfe der linken Hand – anzunähen, was sie zu Beginn nie fertig gebracht hätte.

Auch die G y m n a s t i k s t u n d e findet Bella G. sehr gut, denn Bewegung hält sie für überaus wichtig: *wer rastet, der rostet!* Selbst wenn sie sich dabei sehr plagen muß, geht sie hin. Immer. Das sei ja der Zweck der Übung! Sie merkt jedes Mal, daß sie sich danach wieder leichter tut. Bella G. glaubt nicht, schon einmal eine Stunde ausgelassen zu haben. Ihr gefällt es, weil sie untereinander bekannt sind, die Turnlehrerin freundlich ist und das Ganze, auch wenn es anstrengend ist, eine nette Unterhaltung darstellt. Zu Beginn hatte sie von alledem überhaupt keine Ahnung, erlernte es jedoch allmählich, was recht schwer war. Nun geht sie seit fünf Jahren hin und merkt dabei unwillkürlich, wie sie älter wurde, und ihre Kraft mit der Zeit nachließ. Abgesehen davon, daß

Bella G. zusätzlich auch auf einer Matte in ihrem Zimmer turnt, geht sie unter der Woche, außerhalb der Gymnastikstunde, hin und wieder in den Turnsaal um zu üben.

Der Besuch der H e i l g y m n a s t i k erfolgt für Bella G. schon völlig automatisch. Sie erhält vom Arzt den dafür erforderlichen Krankenschein und macht mit der Physiotherapeutin in erster Linie Gehübungen. Gerade für die Auswirkungen des Schlaganfalls ist Bewegung sehr wichtig. Sie ist überzeugt davon, daß sie schon lange nicht mehr gehen könnte, würde sie nicht immer wieder diese physiotherapeutischen Behandlungen in Anspruch nehmen. Jede Übung empfindet Bella G. als *100prozentig wichtig*, auch wenn sie diese manchmal als sehr anstrengend erlebt.

Ein Freund ihres Sohnes schenkte ihr seinerzeit einen Blutdruckmesser, weshalb sie an dem im Heim stattfindenden B l u t d r u c k m e s s e n nicht interessiert ist. Trotzdem findet sie es gut, daß es dieses Angebot im Haus gibt, da *viele etwas darauf halten*. Sie selbst hat davon aber noch nie sehr viel gehalten und erklärt dies damit, daß sie *nicht so ängstlich* sei, obwohl sie zuweilen etwas spüre. Doch dann sei sie gegenüber sich selbst *einfach recht streng*.

Jeden Samstag kommt die Tochter von Bella G., um sie zu baden und zu maniküren. Aus diesem Grund interessiert sich Bella G. für die F u ß p f l e g e hier im Heim *nicht im geringsten*. Hinzu kommt, daß sie, seitdem sie wegen des „Schlagerls" nur mehr bequeme Schuhe trägt, nicht mehr an Hühneraugen und dergleichen leidet. Außerdem badet Bella G. ihre Füße abends des öfteren. Dennoch findet sie es sehr gut, daß es die Fußpflege hier im Heim gibt, da viele Leute über Fußbeschwerden klagen und die Fußpflege kaum erwarten können.

Die Einrichtung des F r i s e u r s findet sie sehr wichtig und sehr gut, denn *man möchte ja ein bisserl gepflegt sein!* Sie sucht ihn alle 14 Tage auf. *Man ist ja genauso ein Mensch, auch wenn man im Heim ist!* Auch die Friseurin findet Bella G. sehr nett. Man könne ihr genau sagen, wie man es haben wolle. Gestört hat Bella G. nur, was sie bei jedem Friseur störe: Daß sie gesagt bekomme, *was für das Haar so alles gut wäre*. Sie läßt sich dennoch *keine Extrasafterln drauf geben*, da dies zusätzliches Geld koste.

Von der B i b l i o t h e k nahm Bella G. noch nie Gebrauch. Sie hat ja ihre Zeitschriften und verfügt andererseits nicht über genügend Zeit, um ein Buch zu lesen, das sie mit ihrem Arm ohnehin nicht halten könne. Hinzu kommt, daß Bella G. nicht allzu lange sitzen soll. Es ist ihr wichtiger, auf und ab zu gehen, zwischendurch zu rasten, und dann wiederum etwas schreiben zu üben, um die Geläufigkeit ihrer rechten Hand zu trainieren. Trotzdem findet sie die Existenz dieser Bibliothek durchaus gut, da sich auf diese Weise jene, die daran interessiert seien, etwas Spannendes zum Lesen holen könnten. Und sie sieht auch immer wieder Bewohnerinnen und Bewohner, die das tun.

Daß im Heim wochentags auch G o t t e s d i e n s t e abgehalten werden, findet sie *ganz richtig*. Doch sie selbst sei häufig zu müde, um sich dafür hinunter zu bemühen. Statt dessen geht sie jeden Sonntag nach dem Frühstück in die Kapelle des Heimes. Sie ist dann zwar alleine, aber beten könne sie ja auch so. Früher ging sie immer sonntags in die Kirche.

An den hier stattfindenden Gottesdiensten ist Bella G. interessiert, weil sie selbst nicht mehr in die nahegelegene Kirche gelangen könne, *und man manchmal ja doch das Verlangen hat, andächtig zu sein.* Schon des öfteren nahm sie an Gottesdiensten teil.

Immer wieder betont Bella G. schließlich, wie überaus nett sie es fände, daß es im Heim F e s t e , F e i e r n u n d b u n t e N a c h m i t t a g e gäbe, weil das alles *ein bißchen verbindet* und man sich *mehr daheim fühlt.* Es geht lustig zu, und natürlich ist es nett, ein paar Stunden so vergnügt zu sein. Bella G. ist bei jeder solchen Feierlichkeit mit dabei und sitzt dort mit lauter lustigen Personen zusammen und nicht mit jenen von den zahlreichen Anwesenden, *die überhaupt nicht lachen können.* Nicht nur vom Buffet ist Bella G. begeistert, sondern auch von der Musik, sowie von der Tatsache, daß man sich hinsetzten könne, wo man möchte, und daß es locker und lustig zugehe. Nicht zuletzt ist es für sie auch deshalb interessant, weil sie nicht – wie manche anderen – einfach in ein Kaffeehaus oder sonst wohin gehen könne.

Auch das „ K i n o " – Filmvorführungen im Haus – findet Bella G. *sehr nett,* weil sie alte Filme überaus gerne sieht, lieber als *die von heute.* Besonders für jene Bewohnerinnen und Bewohner, die kaum mehr aus dem Heim hinaus kämen, und zu jenen zählt auch sie sich, ist es ein wichtiges Vergnügen. Außerdem interessiert es sie, jene Schauspieler in jugendlicher Frische zu sehen, deren Gestalt im Alter sie kennt. Wann immer ein Film vorgeführt wird, geht sie hinunter, weil es sie interessiert und *zum guten Ton gehört, zu kommen, wenn sich jemand so viel Mühe macht.* Sie empfände es als *eine Gemeinheit, nicht zu erscheinen.*

Die A u s f l ü g e , an denen sich Bella G. seit vier Jahren jedes Mal beteiligt, hebt sie ebenso lobend hervor. Gemeinsam mit einer anderen, auch behinderten Bewohnerin, spaziert sie, am Ausflugsziel angelangt, nur um das Gasthaus herum. Mehr schafft sie nicht mehr und setzt sich dann hinein, um etwas zu sich zu nehmen und auf die anderen zu warten. Sie findet die Ausflüge deshalb aufregend, da es *ganz lustig zugeht*: Im Bus hört man Radio, Witze werden erzählt, man kommt in die frische Luft und entrinnt kurzfristig den eigenen vier Wänden, erlebt wieder etwas Schönes.

Sinnvoll findet Bella G auch die V o r t r ä g e im Heim. *Es ist ja toll, daß hier so etwas überhaupt gemacht wird!* Vor allem für Leute, die aufgrund ihrer Gebrechlichkeit nicht mehr aus dem Haus kämen, seien solche Veranstaltungen wichtig, da sie sonst *immer nur auf ihrem Zimmer wären. So aber erhält man das Gefühl, nicht vergessen zu werden.* Und Bella G. interessiert es auch, Neues zu sehen, etwas ganz anderes. Am Ende empfindet sie es dann wieder angenehm, in ihr Zimmer zu kommen, wo völlige Ruhe herrsche.

Freizeitangebote außerhalb des Heimes

Bella G. weiß von häufig stattfindenden Veranstaltungen, die im Pfarrhof dieses Stadtteils abgehalten werden. Sie war aber noch nie dort, weil sie nicht in der Lage ist, selbst dorthin zu gelangen. Bestimmte Leute aus dem Heim gehen jedoch hin und *sind dort auch immer schwer beschäftigt*. Diese noch gesunden Leute *haben eigentlich das schönste Leben*, meint Bella G., weil sie *einmal hier hin, einmal dahin gehen können*.

Essen

Das Essen nimmt Bella G. immer im Speisesaal zu sich. Es gibt keine Mahlzeit, die sie dort abhole und im Zimmer verzehre, da es ihr in der Gemeinschaft mit anderen viel besser schmecke. Kurz nach ihrem Heimeintritt bekam sie ihr Frühstück eine Zeit lang auf das Zimmer, was ihr aber überhaupt nicht behagte, da sie *die ganzen Sachen dann wieder wegräumen mußte*, wozu sie damals kaum in der Lage war. Ein weiterer Grund, warum sie lieber im Speisesaal ißt, besteht darin, daß das ins Zimmer gebrachte Essen oft nicht mehr so heiß sei, wie sie sich das ihrem Geschmack nach wünschen würde. Ins Zimmer *bekommt es ohnehin nicht jeder*, sondern nur jene Personen, *die wirklich nicht hinunter gehen können*. Bella G. spricht sich überaus positiv darüber aus, daß vorgegebene Essenszeiten eingehalten würden, und daß das Essen im Speisesaal eingenommen werde. So bleibe das Zimmer sauber, und sie brauche weder aufzudecken noch abzuwaschen, denn dabei tue sie sich schwer. Außerdem komme man bei dieser Gelegenheit unter die Leute. Daß es in diesem Heim derzeit an drei Abenden pro Woche kaltes Essen gibt, das man sich zu Mittag mitnimmt, findet sie *selbstverständlich*, da das Personal ja auch einmal frei haben wolle. Die Möglichkeit, sich das Essen außertourlich am Buffet abholen zu können, sofern man einmal zur üblichen Essenszeit verhindert sei, bezeichnet sie als *ganz richtig*.

Öffnung des Heimes

Sollte genügend Personal vorhanden sein und für die Bewohnerinnen und Bewohner selbst noch genügend Platz zur Verfügung stehen, wäre es Bella G. durchaus recht, wenn auch ältere Leute aus der Umgebung die Erlaubnis erhielten, hier im Heim zu essen. Sie meint aber, daß dies auf eine gewisse Anzahl beschränkt sein müsse, da vorauszusehen wäre, daß sehr viele kommen möchten, sobald sie erfahren, wie günstig sie hier essen könnten. Vereinzelt, z. B. bei über Mittag bleibenden Besuchen, komme dies ja schon jetzt vor. Bella G. ist allerdings der Ansicht, daß ihre Meinung diesbezüglich *ohnehin nicht wichtig sei*, da dies *allein von der Verwaltung ausgeht und von dieser beschlossen wird*.

Positiv spricht sie sich gegenüber der Idee aus, älteren Leuten aus der Umgebung zu gestatten, sich an den im Heim stattfindenden Veranstaltungsangeboten zu beteiligen.

Ein Kaffeehaus im Heim fände Bella G. sehr angenehm, da man sich dann am Nachmittag zusammen setzen könnte, um zu plaudern. Auch die Möglichkeit, hier u. U. Zeitschriften und Briefmarken oder auch Arzneimittel kaufen zu können, wäre sehr günstig, da sie dann niemanden mehr bitten müsse, ihr diese Dinge mitzubringen. Die Einrichtung einer Arztpraxis empfände sie als *sehr richtig, da auf diese Weise häufiger ein Arzt im Haus wäre.* Den Vorschlag, eine Mutterberatungsstelle zu etablieren, lehnt Bella G. jedoch ab, da sie dies für ein Altersheim als unpassend empfindet und vor dem dadurch möglicherweise entstehenden Wirbel zurückschreckt. Den Gedanken, einen Augen- und Ohrenarzt im Heim zu haben, fände sie aber *wieder richtig*, weil danach im Heim große Nachfrage bestehe. Bella G. wäre auch damit einverstanden, wenn Leute von auswärts von diesen Angeboten Gebrauch machen würden; da *eine Arztpraxis für die ja auch sehr praktisch* sei. Größere fremde Veranstaltungen für jedermann sollten im Heim aber nicht stattfinden.

Soziale Lage

Bella G. bezahlt ihren Heimaufenthalt selbst, wobei ihr monatlich weniger als 2000 Schilling verbleiben. Zusätzlich dazu verfügt sie über ein wenig Erspartes. Davon abgesehen sind ihre Kinder in jeder Weise für sie da, so daß es ihr finanziell *nie schlecht gehen könnte*.

Religiöse Bindung – Gedanken an den Tod

Von diesem ganzen Tamtam, Rosenkranz beten und so weiter, hält Bella G. nicht viel. Dennoch glaubt sie *an etwas Höheres*, und findet es richtig, sonntags in die Kirche zu gehen. Doch sie kann *auch ohne Religion glücklich leben*, ist zwar katholisch, *aber nicht fanatisch*, sondern lebt vielmehr nach ihrem *eigenen Schema*.

Bella G. denkt manchmal, jedoch *nicht mit Entsetzen*, an den Tod. Im Heim ist man *oft sehr traurig darüber, daß hier so viele Leute sterben*. Andererseits sei es ja das Beste, wenn Menschen, die schwer krank sind, sterben und nicht allzu lange leiden müßten. Wenngleich sie nicht weiß, wie es sein werde, wenn es wirklich einmal soweit ist, fürchtet sie sich derzeit nicht vor dem Sterben, sondern ist *jederzeit dazu bereit*. Bella G. meint, daß der Gedanke an den Tod sie kaum in ihren Aktivitäten beeinflusse. Sie betet allerdings jeden Morgen darum, daß es ihr wieder gut gehe und daß ihr *nicht etwas passiert*, denn in den Krankentrakt möchte sie nicht kommen. Dort habe man es *nicht mehr so wie hier heroben*.

Aspekte der „Institutionalisierung" älterer Menschen im ausgehenden Jahrtausend

von Christiane Bahr

Einleitung

Dem Thema „Altersheim und alter Mensch" wurde in der Literatur bislang intensives Interesse zuteil. Waren es in den sechziger Jahren, nicht zuletzt infolge Erving Goffmans „Asyle"[1], großteils Studien über die Lebensqualität älterer Menschen in Institutionen, so lag der Schwerpunkt in den siebziger Jahren infolge der Diskussion um Kompetenzen und verbliebene Restkapazitäten älterer Menschen bei zahlreichen Interventionsstudien. In den achtziger Jahren rückten diese Themen zugunsten einer stärkeren Erforschung dementer alter Menschen in Privathaushalten ein wenig in den Hintergrund, um in der Folge durch Erkenntnisse über Förderungsmöglichkeiten im Alter und gerontopsychiatrische Ergebnisse bereichert zu werden.

Bedingungen der „Institutionalisierung" älterer Menschen

Untersuchungen, die sich mit Auswirkungen des Heimaufenthaltes auf die Bewohnerinnen und Bewohner auseinandersetzen, konzentrieren sich nach Ursula Lehr auf vier Schwerpunkte[2]:

1. Das „Selbstwertgefühl" des alten Menschen werde durch den Aufenthalt im Heim beeinträchtigt und führe zu einer negativen Selbsteinschätzung.
2. Das mit dem Eintritt ins Heim verbundene Aufgeben bestimmter sozialer Rollen und somit eines gewissen Funktionsverlustes bewirke ein Nachlassen der „Anpassungsfähigkeit".
3. „Sozialkontakte" und „das Ausmaß der generellen Aktivität" nehmen mit der Übersiedlung ins Heim merkbar ab; dies führe in der Folge zu einem deutlichen Abbau der Persönlichkeit.

4. Weiters ändere sich der individuelle „Zeitbezug". Demnach verändere sich mit dem Heimeintritt nicht nur die subjektive Perspektive der Vergangenheit, sondern auch die Zukunftsorientierung erfahre eine Begrenzung.

Diese Ergebnisse dürfen jedoch keineswegs vorschnell als „Institutionalisierungseffekte" bezeichnet werden, da *solche Verhaltensweisen nicht ausschließlich Folgen des Heimaufenthaltes sind, sondern in den Ursachen, in den Gründen, die zum Heimaufenthalt führen, mit verankert sind*[3].

Beweggründe für eine Übersiedlung ins Heim

Der häufigste Grund für einen Eintritt ins Heim ist die Verschlechterung des Gesundheitszustandes[4], gefolgt von Ursachen wie Wohnungsproblemen, schlechten Einkommensverhältnissen, Isolation, Einsamkeit, aber auch familiären Gründen, sowie dem Wunsch, versorgt zu werden. Da ein Grund allein nicht unmittelbar zu einer Übersiedlung ins Heim führt, gilt zu betonen, daß letztendlich eine Kombination der verschiedenen, interaktiv und additiv wirkenden Ursachen zu diesem Wohnungswechsel führt:

> Neuere epidemiologische Studien aus den achtziger Jahren unterstreichen die Bedeutung der diesbezüglich immer wieder genannten objektiven Gründe für eine Heimübersiedlung, insbesondere der Variablen Alter, Familienstand, Geschlecht, Rüstigkeit (Activities of Daily Living – ADL), soziales Netzwerk, kognitive Leistungsfähigkeit und Aufenthaltsort vor der Heimübersiedlung. Statistisch betrachtet, ist die Heimübersiedlung dann wahrscheinlich, wenn bereits ein hohes Alter (jenseits von 80 Jahren) erreicht worden ist, wenn der alte Mensch verwitwet, ledig oder geschieden und weiblichen Geschlechts ist, in der Durchführung der Aktivitäten des täglichen Lebens beeinträchtigt ist und Unterstützungsmöglichkeiten im sozialen Netzwerk[5].

Als weiterer „Risikofaktor" ist die *vor der Heimübersiedlung bestehende Hospitalisierung in Akuteinrichtungen der Krankenversorgung, insbesondere im Allgemeinkrankenhaus* zu nennen[6].

Während nach Lehr und Tews bei der Übersiedlung ins Heim auch die positive Einstellung gegenüber dem Heim eine wesentliche Rolle spiele[7], führt Michelbach[8] überwiegend negative Beweggründe zum Heimeintritt an, was mit einem niederen Zufriedenheitsgrad der neu ins Heim eingezogenen Bewohnerinnen und Bewohner in Verbindung gebracht werden könne. Bestätigt wird dies durch zahlreiche Aussagen, die von Älteren gegen einen Eintritt ins Heim artikuliert werden. Alteninstitutionen werden in diesem Zusammenhang als „Wartesäle auf den Tod"[9] betrachtet, eine Unterbringung im Heim als etwas „Endgültiges und Unwiderrufliches"[10] erlebt oder als Eingeständnis, jetzt erst richtig zu den Alten zu gehören[11].

Dies dürfte in erster Linie auf das auch heute noch bei weiten Teilen der Bevölkerung bestehende negative Image von Altersheimen zurückzuführen sein.

Negative Vorbehalte gegenüber einem Leben im Altersheim schwächen sich jedoch mit zunehmendem Alter ab[12]. Der subjektive Eindruck Betroffener, daß die Unterstützungen, die die sozialen Netzwerke gewähren, zurückgingen und sich gleichzeitig ihr Gesundheitszustand verschlechtere[13], ist von entscheidender Bedeutung für den Entschluß, in ein Heim zu übersiedeln. Dieser Entschluß wird häufig nicht aus Gründen für ein Leben im Altersheim getroffen, sondern vielmehr aus Ursachen, die ein weiteres Verbleiben zu Hause unmöglich erscheinen lassen.

Die umfassende gerontologische Literatur zur „Institutionalisierung" älterer Menschen hat auf die vorausgehenden, häufig mehrfach belasteten biographischen Situationen der künftigen Bewohnerinnen und Bewohner hingewiesen, welche nach dem Eintritt ins Heim fortbestehen und den sozialen Umgang nicht zuletzt konfliktfördernd prägen.

Subjekt- oder Objektförderung?

Negative Befunde über das Erleben der Heimsituation sind stets nach persönlichen, ökonomischen, ökologischen, sowie institutionellen und sozialen Variablen zu differenzieren und zu hinterfragen. In diesem Sinne ist weder eine Infragestellung institutioneller Rahmenbedingungen für die Betreuung älterer Menschen per se angebracht, noch deren generalisierende Verdammung indiziert, als vielmehr das bewußte Achten auf Modi des Agierens im Zuge des Betreuungs- und Versorgungsgeschehens geboten. Ein gegebenenfalls erstarrtes Übergehen von Bedürfnissen im Rahmen einer Institution verdient hellhörige Aufmerksamkeit, um in der Folge anstatt des beobachteten Geschehens würdigere Formen der Begegnung und Unterstützung älterer Menschen zu ermöglichen.

Solange ein ausschließlich ordnungsgemäßer, kostensparender und möglichst reibungsloser Ablauf des Heimbetriebes[14] – als Gruppeninteresse einer fiktiven Heimgesellschaft bezeichnet – das Hauptinteresse einer Institution für ältere Menschen darstellt, besteht wenig Hoffnung auf Entgegenkommen bei autonomen und individuellen Bedürfnissen der Bewohnerinnen und Bewohner. Vielmehr handelt es sich dann um Bedingungen, die eher an die Beschreibung totaler Institutionen im Sinne Erving Goffmans erinnern als an Einrichtungen zum Wohlergehen hilfesuchender Menschen.

Ebenso bedeutend und prägend für Prozesse innerhalb eines Heimes ist darüber hinaus die zuweilen gesellschaftlich intendierte Ausgrenzung älterer Menschen und die daraus resultierenden Attribuierungen. Unser Umgang mit diesen Einrichtungen und ihren Strukturen, ihren und unseren „Regeln", und darauf zurückführbare Spannungen oder Freuden, bestimmen die Lebensqualität in einem Altersheim maßgeblich mit.

Personalbezogene Perspektiven

Die Fähigkeit, Restkapazitäten bei älteren Menschen wahrzunehmen und sie zu fördern, anstatt deren Verkümmerung oder gar Ersticken zugunsten favorisierter Reinlichkeitsrituale zu forcieren, erfordert – neben der Gewährleistung entsprechender systemischer Bedingungen – die Bereitschaft zur Auseinandersetzung mit eben dieser Lebens- und Arbeitssituation seitens der hilfeleistenden Personen selbst. Es bedarf ihrer individuellen Aufgeschlossenheit, sich mit fremden und eigenen Unfähigkeiten auseinanderzusetzen, Schwächen und Fehlern mit Toleranz zu begegnen, und die Möglichkeit wahrzunehmen, aus unzureichenden Situationen etwas Neues entstehen zu lassen.

Verunsicherungen, die durch diese mannigfaltige Dynamik entstehen, bewirken bei Bediensteten von Altersheimen nicht selten Unmut und zuweilen das Entstehen vielschichtiger Befürchtungen. Daraufhin versuchen Betroffene zumeist, sich vor aufbrechenden Gefühlen der Angst zu schützen, was jedoch nicht selten in Verdrängungsmechanismen mündet, und den Kreislauf der Ablehnung von Gebrechlichkeit im Alter, Leid und Tod schließt. Konkrete Unterstützung, etwa durch gesellschaftlich solidarisierende Supervision, bewährt sich in diesem Prozeß der Wahrnehmung und Modifikation von Arbeitsbedingungen und Versorgungsmaßnahmen.

Voraussetzungen für subjektfördernde Modifikationsprozesse im Heim

Es gilt, sozialpsychologische Aspekte der bei Interventionen entstehenden Dynamik zu beleuchten, Verständnis für das Festhalten an Strukturen und (Ohn-)Machtpositionen zu vertiefen, und an konkreten Beispielen aus der Praxis gemeinsam zu lernen.

Geronotologisches „know-how" allein ist dabei nicht genug. Ebenso wesentlich ist die Berücksichtigung der individuellen Sozialisation einzelner im Rahmen unterschiedlicher sozialer Systeme.

Aufgeschlossenheit gegenüber neuen Wegen im Heim bedingt die Bereitschaft zu psychologischer, sozialer, ökologischer, politischer und insbesondere die Mechanismen institutioneller Sozialisation berücksichtigender Auseinandersetzung, die bei gezielter Unterstützung der Selbständigkeit und Achtung vor der Würde älterer Menschen – unter selbstverständlicher Einbeziehung von Hochbetagtheit, Pflegebedürftigkeit und Armut – unabdingbar ist.

Gelingt dies, ist ein optimaler Boden für die aufgrund des demographischen Wandels gebotene Umstrukturierung von Heimen bereitet: Die Individualisierung möglicher Leistungen im Heim in Form einer Differenzierung von beispielsweise selbständigem Wohnen bis hin zur Beanspruchung von Betreuung und Pflege für chronisch erkrankte alte Menschen und Schwerstpflegebedürftige, die Bekräftigung erhaltungstherapeutischer Maßnahmen, die gezielte Vernetzung von Versorgungslücken, eine optimale Abstimmung diverser intra- und extramuraler Kapazitäten, die Öffnung kultureller Spielräume, sowie eine gezielte Qualifikation des Heimpersonals.

Gemeinwesenorientierte Öffnung von Heimen

Es gilt, der gegenwärtigen Problemsituation im Bereich der Altenversorgung dringlicher denn je Rechnung zu tragen: dem Aspekt der sozialen Ungleichheit, der Unterversorgung im stationären, teilstationären, offenen, bildungspolitischen und versicherungspolitischen Bereich, dem Aspekt der Öffnung von Dienstleistungen, sowie der darüber hinaus reichenden Notwendigkeit, diese unterschiedlichen Bereiche, wenn möglich, zusammen zu führen. Gettos für dermaßen große Bevölkerungsgruppen kann sich kein demokratischer Staat leisten[15].

Exemplarisch sei hierbei auf Konrad Hummel verwiesen, der 1977 mit der Entwicklung von Veränderungen eines Wohn-, Alten- und Pflegeheimes in Fellbach, Deutschland, begann[16]. Seine „Öffnung des Heimes" und die „Einführung aktivierender Maßnahmen und Methoden" für Bewohnerinnen und Bewohner[17] führte zu zahlreichen intra- und extramuralen Impulsen sowie zur fachlichen Anregung und Herausforderung ähnlich gesinnter Experten im Bereich der Altenarbeit.

Bereits 1982 sahen die Mitwirkenden dieses Projektes ihre Ziele differenzierter: Aktivierende Altenpflege wurde in einem größeren Zusammenhang des gesellschaftlichen Umganges mit Betagten eingeordnet.

„Öffnung eines Heimes bedeutet deshalb nicht Einzelmaßnahmen zum besseren Kontakt nach draußen, sondern die Orientierung aller Maßnahmen in problem- und generationenübergreifendem Sinn auf einen lebendigen Austausch möglichst vieler gesellschaftlicher Gruppen."[18]

Hummel bekannte sich zu einer ganzheitlichen Betreuung alter Menschen und verstand darunter die lebendige Einheit von Körper, Seele und Geist, sowie deren Wechselwirkungen, sowohl untereinander als auch gegenüber einem sozialen Umfeld, was jedwede Einseitigkeit im Betreuungsgeschehen vermeiden sollte[19]. Er stellte den alten Menschen historisch als Subjekt und Teil des Gemeinwesens dar, und betonte dessen politische und handelnd praktische Relevanz. Das von Hummel vertretene gemeinwesenorientierte und ganzheitliche Handlungskonzept von Altenarbeit unterstreicht die Selbständigkeit des alten Menschen, ohne diesem das Angebot von Hilfeleistungen zu entziehen.

Das 1986 von ihm veröffentlichte Buch „Wege aus der Zitadelle" geht schließlich auf Erfahrungen der vorhergehenden Jahre ein und zieht eine Zwischenbilanz über Altenbildung, generationenübergreifende Selbsthilfe, gemeinwesenorientierte Tagespflege, Milieutherapie etc.: Aus einem dreigliedrigen Heim war ein *Wohn- und Begegnungsort als vielgliedriges Dienstleistungszentrum [...] mit Verein, Sozial- und Kulturbereich, Mittagstisch, betreuten Wohnungen, Tages- und Kurzzeitpflege, Wohn-, Alten- und Pflegeheim in milieutherapeutischer Gruppenform* geworden[20]. Trotz erfolgreicher Arbeit erlebte Hummel die Heimumwelt, das Gemeinwesen und herrschende Normen zunehmend bedrohlicher: „Jede Idee und Verbesserung mußte selbst erarbeitet und meist ohne Arbeitserleichterungen noch ‚draufgesattelt' werden. Jede neue Dienstleistung mußte erstritten, erfeilscht werden. Jede integrative Bemühung um sterbende und verwirrte Menschen im Heim stieß auf mehr gekränkte, in ihren Autoritäten und Normen in Frage gestellte Menschen, als ich dachte. Jede generationenübergreifende kulturelle Arbeit fiel zwischen alle Zuschußrichtlinien und wurde kaum finanzierbar. Jede Dezentralisierung und Demokratisierung der Personalstruktur führte neben der erwünschten Wirkung in gleicher Weise zu unerwarteten Reaktionen. [...] Es wurde offenkundig: Das Bild vom Dornröschenschloß war einseitig und naiv. Die Gesellschaft hat offenkundig sehr viele offene und versteckte Notwendigkeiten und Strukturen, solche ‚Schlösser', solche Heime zu bauen, zu unterhalten, ausgegrenzt zu belassen und nur widerstrebend zu öffnen"[21].

Angesichts dieses Doppelcharakters von Institutionen im Sozialstaat zog Hummel den Schluß, daß unsere in hohem Ausmaß arbeitsteilige und mit abgesicherten Rollen funktionierende Gesellschaft bedroht reagiert, wenn aus gesichert wirkenden Institutionen andere Lebensformen und Normen auf sie zu kommen. Dabei wird in einfacher Weise verständlich, daß eine Öffnung von Heimen nicht nur Ansprüche an Gettos und Asyle darstellt, sondern auch an die Gesellschaft selbst[22]. Klar wird auch, daß das Bemühen um eine Integration altensspezifischer Themen und dazu passender versorgungstechnischer Problembereiche im alltäglichen Lebenskontext schwieriger ist, als eine bequeme Verlagerung dessen in begrenzte und zuweilen (ungewollt) isolierte Lebensräume.

Zukunktsperspektiven

Gemeinwesenorientiertes Arbeiten mit und zugunsten älterer Menschen, das erweiternde Verfügbar-Machen von Institutionen mit herkömmlicher Versorgungsqualität hin zu offenen Begegnungsstätten, will keineswegs herkömmliche Konzepte der Altenbetreuung generalisierend als falsch, hinfällig und überflüssig deklassieren. Vielmehr geht es in einer Gesellschaft, die noch nie so viele ältere Menschen zählte wie die heutige, um die Entwicklung möglichst vieler, effizienter Wege und die optimale Nutzung vorhandener Ressourcen im Bereich der Altenhilfe. Wir können uns eine ausschließliche Entledigungsfunktion dieser Institutionen aus Gründen der sozialen Gerechtigkeit, sowohl innerhalb als auch außerhalb der Heime, nicht leisten. Mancherorts erfolgreich durchgeführte Projekte wie Mittagstisch, Mitentscheidung, vorübergehende Unterbringung, generationenübergreifende Maßnahmen, Beteiligung Auswärtswohnender am Freizeitangebot im Heim usw. könnten wechselwirkend inspirierend zu entschlossenerem Umdenken und Handeln bewegen. Eine Öffnung von Heimen zugunsten der Bewohnerinnen und Bewohner sowie kommunale Aktivitäten – sei es durch Stadtteilarbeit, Kurzzeitpflege oder Altenbildung – darf aber nicht als pure Rationalisierung zum angeblichen Nutzen aller betrachtet werden.

Es ist wesentlich, klar zu deklarieren, daß bei solchen Entwicklungen Konfrontationen zwischen verunsicherten Interessensgruppen offener Heime einerseits, und Lobbies etablierter Macht andererseits, oder auch Rivalisierungen ökonomischer und privater Gruppen, unvermeidbar sind. Unterschiedlichst motivierte Interessensgruppen nehmen somit wahr, daß Altersheime mehr sind als Orte professioneller Betreuung – eben auch Betriebe und Räumlichkeiten, deren Nutzwert für mehrere Generationen und „die Nachbarschaft" entfaltet werden könnte.

Schluß

Heute gibt es eine breite Palette an unterschiedlich geführten Altersheimen. Ihre Bandbreite reicht von streng reglementierten Heimen bis hin zu offen konzipierten, beziehungsorientierten Einrichtungen, wobei aktuelle Trends klar und deutlich in eine dem Gemeinwesen zugute kommende Richtung weisen. Viele Führungskräfte von Heimen für ältere Menschen beschreiten in diesem ausgehenden Jahrtausend mit großem Engagement innovative Wege. Sie verabschieden sich in der Formulierung ihres Leitbildes für die Betreuung und Pflege älterer Menschen von einseitigen Glorifizierungen der drei großen „R's" (Ruhe, Regelmäßigkeit und Reinlichkeit), um statt dessen kreativitätsfördernden Impulsen Raum zu schaffen. Eine damit häufig verbundene Öffnung des Heimes und Integration von Initiativen initiiert gleichzeitig die Möglichkeit, Vorurteile gegenüber solchen Institutionen abzubauen und dem negativen Altersstigma schrittweise entgegenzuwirken. Unterschwellig wirksame Mechanismen der Ablehnung des Alter(n)s, rigide Systeme und widersprüchliche Rollenerwartungen weichen dem Bemühen um einen „sanften" Weg im Umgang mit hilfsbedürftigen alten Menschen.

Anmerkungen

1 ERVING GOFFMAN, Asyle. Über die soziale Situation psychiatrischer Patienten und anderer Insassen. 3. Aufl., Frankfurt/Main 1977.
2 URSULA LEHR, Psychologie des Alterns. 5. Aufl., Heidelberg 1984, S. 270 und S. 171.
3 Ebenda, S. 271.
4 JOSEF BÖGER und SIEGFRIED KANOWSKI, Gerontologie und Geriatrie, Stuttgart–New York 1980; HANS PETER TEWS, Soziologie des Alterns. 3. Aufl., Heidelberg 1979.
5 HANS-WERNER WAHL und MONIKA REICHERT, Psychologische Forschung in Alten- und Altenpflegeheimen in den achtiger Jahren. Teil I: Forschungszugänge zu den Heimbewohnern, in: Zeitschrift für Gerontopsychologie und -psychiatrie 1991, S. 233–255, hier S. 235.
6 Ebenda.
7 LEHR, Psychologie des Alterns (wie Anm. 2); TEWS, Soziologie des Alterns (wie Anm. 4).
8 B. MICHELBACH, Motivation und Verhalten alter Menschen im Altenheim, Würzburg 1984.
9 BÖGER/KANOWKSI, Gerontologie und Geriatrie (wie Anm. 4), S. 71.
10 I. SCHICK, Alte Menschen in Heimen. Eine empirische Untersuchung zu Korrelaten des psychischen und sozialen Wohlbefindens von Heimbewohnern (Kölner wirtschafts- und sozialwissenschaftliche Abhandlungen 30), Köln–Hanstein 1978, S. 38.
11 TEWS, Soziologie des Alterns (wie Anm. 4).
12 Ebenda.
13 F. BÉLAND, The decision of elderly persons to leave their homes, in: The Gerontologist 24 (1984), S. 179–185.
14 JOCHEN ANTHES, Zur Organisationsstruktur des Altenheims. Ergebnisse einer Inhaltsanalyse der Hausordnungen von Altenheimen in Nordrhein-Westfalen und in Bayern, in: Zeitschrift für Gerontologie 8 (1975), S. 433–450, hier S. 435.
15 KONRAD HUMMEL, Das gemeinwesenorientierte Konzept der Altenarbeit, in: DERSELBE und IRENE STEINER-HUMMEL (Hg.), Wege aus der Zitadelle, Hannover 1986, S. 1–72, hier S. 6 f.
16 KONRAD HUMMEL, Öffnet die Altersheime!, Weinheim–Basel 1982.
17 Ebenda, S. 9.
18 Ebenda, S. 11.
19 Ebenda, S. 11–15.
20 STEINER-HUMMEL, Wege aus der Zitadelle (wie Anm. 15), S. VII.
21 Ebenda, S. IX.
22 Ebenda, S. 9.

Der Blick ins nächste Jahrtausend

Demographische Alterung und absehbare Konsequenzen

von Josef Kytir

Einleitung

Der Titel des vorliegenden Beitrags, der „Blick ins nächste Jahrtausend", mag bei einigen Lesern übertriebene Erwartungen, bei anderen dagegen große Skepsis hervorrufen. Ziel meiner Ausführungen über die demographische Alterung und ihre Konsequenzen wird es sein, einen Mittelweg zu finden zwischen dem Anspruch, „gesicherte" Aussagen über gesellschaftliche Verhältnisse und Bedingungen kommender Jahrzehnte zu treffen, sowie einer Haltung, die solchen langfristigen Zukunftsszenarien prinzipiell ablehnend gegenübersteht[1]. Dieser Mittelweg soll den Leserinnen und Leser vor allem bewußt machen, daß wir auf der einen Seite zwar relativ sichere Aussagen über die demographische Entwicklung und hier insbesondere über die zukünftigen Veränderungen der Altersstruktur der Bevölkerung treffen können, daß man aber auf der anderen Seite vorsichtig und abwägend sein sollte, wenn es darum geht, auf konkrete gesellschaftliche Folgen dieser „Revolution auf leisen Sohlen"[2] zu schließen.

Der langfristige Wandel der Altersstruktur der Bevölkerung in den Industriestaaten und seine tatsächlichen oder möglichen Folgen sind seit nunmehr rund 15 Jahren Inhalt sowohl wissenschaftlicher Analysen als auch Ziel medialen Interesses. Die Zahl einschlägiger Bücher ist mittlerweile beinahe unüberschaubar geworden[3]. Wie der Schweizer Soziologe und Demograph François Höpflinger treffend anmerkt, leidet die gesellschaftstheoretische und gesellschaftspolitische Aufarbeitung demographischer Entwicklungen generell unter ihrer Einbettung in kultur- und strukturpessimistische Traditionen[4]. Dies zeigt sich insbesondere beim Phänomen der demographischen Alterung. Zum weitaus überwiegenden Teil sind sowohl die wissenschaftlichen, insbesondere aber die öffentlichen Auseinandersetzungen mit diesem Thema von negativen, pessimistischen gesellschaftlichen Perspektiven geprägt. Begriffe wie „Überalterung" und „Vergreisung" prägen die Diskussionen, die Unfinanzierbarkeit und damit der Zusammenbruch des Wohlfahrtsstaates, der Pensions- und Gesundheitsversorgungssysteme wird ebenso voraus gesagt wie der Krieg der Generationen und der Zerfall familialer Unterstützungsnetzwerke. Umfragen zeigen uns, daß auch eine überwiegende Mehrheit der Bevölkerung die Verschiebungen der Altersstruktur als problematisch einschätzt[5].

Die gesellschaftliche Perzeption einer alternden Gesellschaft steht mit ihren negativen Konnotationen im klaren Gegensatz zur individuellen Perspektive eines langen Lebens, dessen „späte Freiheiten"[6] positiv bewertet und hoch geschätzt werden. Diese Zwiespältigkeit ließe sich in Abwandlung des bekannten Satzes „Fast alle wollen alt werden, aber niemand will alt sein" in pointierter Form mit den Worten charakterisieren: „Fast alle wollen alt werden, aber niemand in einer alternden Gesellschaft."

Mein Beitrag versucht, das Phänomen der demographischen Alterung in seinen Ursachen und in seinem konkreten Verlauf für die Stadt Salzburg darzustellen (Abschnitt 2) und im Anschluß daran, gesellschaftliche Implikationen des Altersstrukturwandels in thesenhafter Form zu skizzieren (Abschnitt 3).

Die demographischen Fakten

Warum altern Bevölkerungen?

Demographisch gesehen beruht jede Veränderung von Größe und Struktur einer Bevölkerung auf drei Komponenten, nämlich

1. der Fertilität (Geburten),
2. der Mortalität (Sterbefälle) sowie
3. der Migration (Zu- und Abwanderung).

Dies gilt auch für den Alterungsprozeß einer Bevölkerung. Die wichtigste und primäre Ursache für das Altern einer Bevölkerung ist dabei n i c h t der Rückgang der Sterblichkeit, also die steigende Lebenserwartung, sondern der Rückgang der Fertilität, also der durchschnittlichen Kinderzahl pro Frau. Bildhaft läßt sich dieser Vorgang als „Alterung von unten", von der Basis der Bevölkerungspyramide her, beschreiben. Der Anstieg der Lebenserwartung trägt erst in zweiter Linie zur demographischen Alterung bei, nämlich dann, wenn die Sterberaten im mittleren und höheren Erwachsenenalter nachhaltig zurückgehen. Zusätzlich zur „Alterung von unten" altert eine Bevölkerung dann „von oben", von der Spitze der Bevölkerungspyramide aus.

Komplex ist der Einfluß der Migration auf den Alterungsprozeß. Hier spielt die Altersstruktur der Migranten eine wichtige Rolle, wenngleich aus bevölkerungsmathematischer Sicht die permanente Zuwanderung jüngerer Menschen den durch sinkende Fertilität verursachten Alterungsprozeß über einen langen Zeitraum hinweg betrachtet nur wenig beeinflussen kann.

Im 19. und frühen 20. Jahrhundert entwickelten sich aus den vormodernen Agrargesellschaften Mitteleuropas moderne Industriegesellschaften mit arbeitsteiligen Produktionsformen, massenhafter Verbreitung lohnabhängiger Erwerbsformen außerhalb der Landwirtschaft sowie weitgehend säkularisierten Lebenswelten. Demographisch bewirkten diese gesellschaftlichen Veränderungen das säkulare, also unumkehrbare Sinken der Sterbe- und in weiterer Folge der Geburtenraten. Die Bevölkerungswissenschaft bezeichnet dieses Phänomen als den „demographischen Übergang". Das Altern einer Bevölkerung ist daher eine zeitlich verschobene, insgesamt aber nicht vermeidbare Folge dieses „demographischen Übergangs".

Für eine Bevölkerung mit hoher Lebenserwartung besteht demographisch gesehen nur eine einzige (theoretische) Möglichkeit, dem Alterungsprozeß zu entkommen: sehr hohe Fertilität, was allerdings ein kontinuierliches, ständig an Dynamik gewinnendes Bevölkerungswachstums nach sich ziehen würde. Entsprechende Modellrechnungen ergeben in diesem Fall für Österreich eine Verdoppelung der Einwohnerzahl innerhalb weniger Jahrzehnte[7].

Zur historische Entwicklung der Altersstruktur in der Stadt Salzburg

Vorindustrielle Gesellschaften mit ihrer hohen Fertilität und Mortalität waren demographisch gesehen junge Bevölkerungen. Der Anteil ältere Menschen über 60 Jahre schwankte zwischen fünf und maximal zehn Prozent[8]. Der Altenanteil Österreichs (in den Grenzen der Republik) lag im letzten Drittel des vorigen und am Beginn des 20. Jahrhunderts gleichfalls unter der zehn Prozentmarke. Erst in den dreißiger Jahren, also etwa 50 Jahre nach dem Beginn des Sterblichkeitsrückgangs und 20 Jahre nach dem Beginn des Fertilitätsrückgangs, wurde dieser Anteilswert in nennenswerter Weise überschritten[9].

Kleinräumige regionale Unterschiede in der Altersstruktur der Bevölkerung sind vor dem Beginn bzw. in der ersten Phase des „demographischen Übergangs" verhältnismäßig gering. So lag der Altenanteil in Österreich 1869, dem Jahr der ersten „modernen" Volkszählung, bei 8,6 Prozent und im Kronland Salzburg bei 10,3 Prozent. Mit 5,6 Prozent lebten damals deutlich weniger ältere Menschen im von der Zuwanderung junger Menschen und immer noch hoher Fertilität geprägten Wien.

Bis zum Jahr 1880 stieg der Anteil der über 60jährigen Bevölkerung in Österreich geringfügig an, nämlich auf 9,3 Prozent, wobei sich der Wert für die Reichshauptstadt Wien auf 6,5 Prozent, jener der Kronländer in Summe auf

10,1 Prozent erhöhte. Der entsprechende Wert für das Kronland Salzburg lautete 11,1 Prozent. Für die Stadt Salzburg weist die Volkszählung von 1880 insgesamt rund 2600 Personen im Alter von 60 und mehr Jahren aus (Tab. 1). Das entspricht einem Anteilswert von 10,5 Prozent. Die Stadt Salzburg war damit demographisch gesehen geringfügig „jünger" als die Landbezirke, für die sich in Summe ein Altenanteil von 11,2 Prozent errechnen läßt (Tab. 2). Wie ein Blick auf die Bevölkerungspyramiden für das Jahr 1880 zeigt (Graphik 1), läßt sich dies vor allem damit erklären, daß die Volkszählungen der Monarchie die zum Stichtag anwesende Bevölkerung in einer Gemeinde erfaßten und nicht nach dem heute üblichen Prinzip des Wohnortes vorgingen. Die vielen der 20- bis 23jährigen Männer in der Stadt Salzburg waren offensichtlich Rekruten, die als „Salzburger" gezählt wurden. Die entsprechenden Altersjahre „fehlen" umgekehrt in der Alterspyramide der übrigen Salzburger Bezirke.

Tabelle 1: Bevölkerung der Stadt Salzburg (in damaligen Grenzen) nach breiten Altersgruppen 1880 bis 1910

Jahr	absolut				in Prozent		
	0–14	15–59	60+	insg.	0–14	15–59	60+
1880	5.475	16.863	2.614	24.952	21,9	67,6	10,5
1890	5.908	18.743	2.593	27.244	21,7	68,8	9,5
1900	7.063	22.898	3.106	33.067	21,4	69,2	9,4
1910*	6.981	25.417	3.790	36.188	19,3	70,2	10,5

* 0–13 J. / 14–59 J.

Tabelle 2: Anteil der Bevölkerung über 60 Jahre 1880 bis 1910: Kronland Salzburg, Stadt Salzburg, übrige Bezirke (Prozentwerte)

Jahr	Stadt Salzburg	Kronland Salzburg ohne Stadt Salzburg	Kronland Salzburg
1880	10,5	11,2	11,1
1890	9,5	9,6	9,6
1900	9,4	8,5	8,7
1910	10,5	9,2	9,4

Quellen für Tabelle 1 u. 2.: eigene Berechnungen nach den Ergebnissen der Volkszählungen vom 31. Dezember 1880 (Österreichische Statistik, Bd. 2, Heft 1), vom 31. Dezember 1890 (Österreichische Statistik, Bd. 32, Heft 3, Tabelle VII), vom 31. Dezember 1900 (Österreichische Statistik, Bd. 63, Heft 3, Tabelle III) und vom 31. Dezember1910 (Österreichische Statistik, Bd. 1 N.F., Heft 3, Tabelle III).

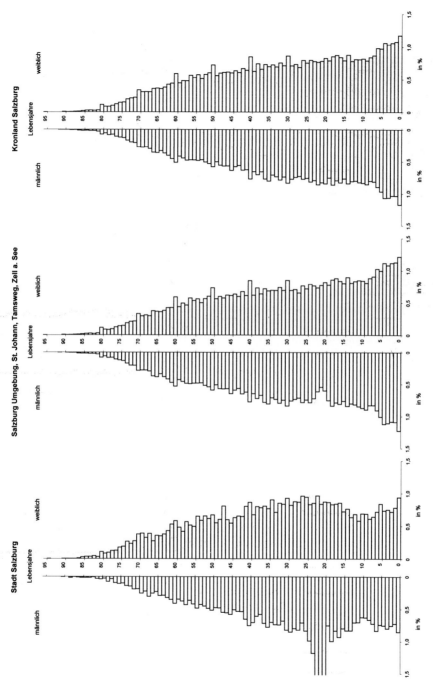

Graphik 1: Bevölkerungspyramiden 1880: Stadt Salzburg, übrige Salzburger Bezirke, Kronland Salzburg.

In den folgenden beiden Jahrzehnten, also bis zur Volkszählung von 1900, wurde die Salzburger Bevölkerung demographisch gesehen „jünger" (Tab. 1). Ein sinkender Anteil älterer Menschen ist dabei typisch für die erste Phase des demographischen Übergangs. Denn die Überlebenschancen im Säuglings- und Kleinkindalter erhöhten sich damals rasch, während der Rückgang der Kinderzahlen durch sinkende Fertilität noch relativ bescheiden blieb. Der Sterblichkeitsrückgang bei den Kindern verringerte damit tendenziell das demographische Gewicht der älteren Menschen. So fiel der Altenanteil in der Stadt Salzburg von 10,5 auf 9,4 Prozent, in den übrigen Bezirken von 11,2 auf 8,5 Prozent und im Bundesland Salzburg von 11,1 auf 8,7 Prozent. In Wien lag der Anteil älterer Menschen am Beginn des 20. Jahrhunderts zum Vergleich bei 6,7 Prozent, in den übrigen Kronländern (einschließlich Salzburgs) im Durchschnitt bei 10,1 Prozent.

Auch unmittelbar nach der Jahrhundertwende blieb der Anteil älterer Menschen über 60 Jahre trotz eines geringfügigen Anstiegs ungefähr auf dem Niveau von 1880. Zwischen den Volkszählungen von 1880 und 1910 war die Zahl älterer Menschen in der Stadt Salzburg in Summe um rund 1200 Personen gestiegen, was ungefähr dem relativen Wachstum der Gesamtbevölkerung entsprach (1880: 25.000; 1910: 36.000). Damit waren 1910 genauso wie 30 Jahre zuvor 10,5 Prozent der Einwohner älter als 60 Jahre. In den übrigen Salzburger Bezirken betrug der Altenanteil 1910 im Durchschnitt 9,2 Prozent, im Kronland Salzburg 9,4 Prozent.

Tabelle 3: Bevölkerung der Landeshauptstadt Salzburg nach breiten Altersgruppen 1961 bis 1996

Jahr	absolut				in Prozent		
	0–14	15–59	60+	insg	0–14	15–59	60+
1961	17.361	71.444	19.309	108.114	16,1	66,1	17,9
1971	26.169	78.218	25.532	129.919	20,1	60,2	19,7
1981	23.393	87.892	28.141	139.426	16,8	63,0	20,2
1991	20.264	93.447	30.267	143.978	14,1	64,9	21,0
1996	20.625	96.581	30.351	147.557	14,0	65,5	20,6

Quellen: Ergebnisse der Volkszählungen 1961, 1971, 1981 und 1991; für das Jahr 1996 siehe Anm. 10.

Nach dem Ende der Monarchie begann auch in der Stadt Salzburg der langfristige Prozeß des „demographic aging". Zwischen 1910 und 1961 verfünffachte sich die Zahl der über 60jährigen Einwohner, ihr Anteil an der Gesamtbevölkerung stieg von 10,5 auf 18 Prozent. Die Landeshauptstadt war damit am Beginn der sechziger Jahre demographisch gesehen deutlich älter als die übrigen Salzburger Bezirke, denn im Bundesland Salzburg waren zum gleichen Zeitpunkt lediglich 14,5 Prozent der Bevölkerung älter als 60 Jahre. Wien hatte im Vergleich dazu zum Zeitpunkt der Volkszählung 1961 bereits einen Altenanteil von 25 Prozent.

In den sechziger, siebziger und achtziger Jahren stieg die Zahl ältere Menschen in der Landeshauptstadt weiter an (Tab. 3). Lebten 1961 rund 19.000 Menschen über 60 Jahre in Salzburg, so waren es zehn Jahre später bereits 25.500, 1981 mehr als 28.000 und 1991 über 30.000. In Summe bedeutet dies einen relativen Zuwachs von beinahe 60 Prozent. In den letzten Jahren, also zwischen 1991 und 1996, hat sich die Zahl älterer Salzburgerinnen und Salzburger dagegen nicht mehr weiter erhöht.

Im Vergleich zum starken Anstieg der absoluten Zahl älterer Menschen fiel der relative Bedeutungsgewinn in den vergangenen Jahrzehnten verhältnismäßig bescheiden aus. Insbesondere der „Baby-Boom" der frühen sechziger Jahre ließ zunächst die Zahl der Kinder und Jugendlichen, in weiterer Folge die Zahl der jungen Erwachsenen in gleicher Weise ansteigen. Der Altenanteil erhöhte sich damit lediglich um rund drei Prozentpunkte und erreichte 1991 mit 21 Prozent ein vorläufiges Maximum (1996: 20,6 Prozent). Der entsprechende Wert für das Bundesland Salzburg liegt bei 17 Prozent, jener für Österreich bei rund 20 Prozent.

Demographische Prognosen für die kommenden Jahrzehnte

Durch das Nachrücken der geburtenstarken „Anschluß"-Jahrgänge 1939 bis 1941 ins Pensionsalter wird die momentane Zäsur im Prozeß der demographischen Alterung unmittelbar nach der Jahrtausendwende zu Ende gehen. Dies gilt für die österreichische Bevölkerung in gleicher Weise wie für die Bevölkerung der Landeshauptstadt. Wie uns Bevölkerungsmodellrechnungen[10] zeigen, wird die Zahl älterer Menschen in den kommenden Jahrzehnten bei einer insgesamt stagnierenden bzw. gering wachsenden Einwohnerzahl von derzeit rund 30.000 auf über 50.000 Personen ansteigen. In Salzburg werden dann nicht wie heute rund 21 Prozent der Bevölkerung im Pensionsalter stehen, sondern ein Drittel bis 36 Prozent.

Einen optisch guten Überblick über den demographischen Alterungsprozeß der Salzburger Bevölkerung erhält man durch den Vergleich der Bevölkerungspyramiden der Jahre 1971, 1996 und 2021 (Graphik 2). Eine detaillierte Darstellung, wie sich die zahlenmäßige Bedeutung bestimmter Lebensphasen im Verlauf der kommenden Jahrzehnte in der Stadt Salzburg verändern werden, bietet Tabelle 4:

Tabelle 4: Bevölkerung der Landeshauptstadt Salzburg nach breiten Altersgruppen 1991 bis 2031: drei Prognose-Szenarien (Anteilswerte in Prozent)

Jahr	0–14	15–59	60+	75+	85+	insg.
1991	14,1	64,9	21,0	7,5	1,6	100,0
Basisszenario						
1996	14,0	65,5	20,6	7,6	2,0	100,0
2001	13,7	64,3	22,1	8,4	2,3	100,0
2006	13,2	62,8	24,0	8,5	2,3	100,0
2011	12,8	61,2	26,0	8,4	2,8	100,0
2016	12,3	60,4	27,3	9,5	2,8	100,0
2021	12,0	58,6	29,4	11,0	2,7	100,0
2026	11,8	56,0	32,3	12,4	3,4	100,0
2031	11,6	53,6	34,9	13,2	4,1	100,0
Fertilitätsszenario						
1996	14,0	65,5	20,6	7,6	2,0	100,0
2001	14,0	64,0	22,0	8,4	2,3	100,0
2006	14,0	62,2	23,7	8,5	2,3	100,0
2011	14,3	60,2	25,5	8,2	2,7	100,0
2016	14,1	59,2	26,7	9,3	2,7	100,0
2021	14,0	57,6	28,4	10,6	2,6	100,0
2026	13,7	55,4	30,9	11,9	3,2	100,0
2031	13,6	53,3	33,1	12,5	3,9	100,0
Lebenserwartungsszenario						
1996	14,0	65,4	20,7	7,7	2,1	100,0
2001	13,6	64,1	22,3	8,6	2,4	100,0
2006	13,1	62,5	24,4	8,9	2,5	100,0
2011	12,7	60,7	26,6	8,9	3,0	100,0
2016	12,2	59,7	28,2	10,2	3,1	100,0
2021	11,8	57,7	30,4	11,9	3,1	100,0
2026	11,5	54,9	33,6	13,6	4,0	100,0
2031	11,3	52,4	36,4	14,7	5,0	100,0

Quelle: siehe Anm. 10.

- Gegenwärtig sind 14 Prozent der Einwohner der Landeshauptstadt jünger als 15 Jahre. Bis zum Jahr 2021 wird der Anteil der Kinder und Jugendlichen auf 12 Prozent zurückgehen (Basisszenario). Nur wenn die durchschnittliche Kinderzahl pro Frau nachhaltig anstiege (im österreichischen Durchschnitt von derzeit rund 1,4 auf 1,8 Kinder pro Frau; Fertilitätsszenario) bliebe der Anteilswerte dieser Altersgruppe in Salzburg in den nächsten Jahrzehnten nahezu unverändert.
- Ein relativer Bedeutungsverlust läßt sich für die Bevölkerung im Erwerbsalter voraussehen. So sind derzeit über 65 Prozent der Salzburger Bevölkerung zwischen 15 und 59 Jahre alt. Den Prognosen zufolge wird dieser Anteilswert kontinuierlich zurückgehen. Im Jahr 2031 werden weniger als 54 Prozent der Einwohner Salzburgs im Erwerbsalter sein.
- Die älteren Menschen über 60 Jahre werden als einzige Bevölkerungsgruppe in den kommenden Dekaden an demographischem Gewicht gewinnen. Der Anteil älterer Menschen an der Gesamtbevölkerung erhöht sich dabei pro Jahrzehnt um rund 5 Prozentpunkte. Bis zum Jahr 2006 steigt der Anteilswert den Annahmen des Basisszenarios zufolge von 20,6 auf 24 Prozent, bis 2021 auf 29,4 Prozent und bis zum Jahr 2031 auf beinahe 35 Prozent. Steigt die Lebenserwartung künftig noch etwas stärker an (Lebenserwartungsszenario), so wären bereits im Jahr 2021 mehr als 30 Prozent der Einwohner der Stadt Salzburg 60 Jahre oder älter. Für das Jahr 2031 ergebe sich unter diesen Annahmen ein wert von 36,4 Prozent.

Die steigenden Anteilswerte älterer Menschen stehen für den generellen Bedeutungsgewinn dieser Lebensphase. Für zahlreiche Herausforderungen, die der Gesellschaft daraus erwachsen, so etwa den Bedarf an Infrastruktureinrichtungen im Gesundheits- und Sozialbereich, sind aber nicht die Anteilswerte, sondern die steigenden Besetzungszahlen in den höheren Altersgruppen von entscheidender Bedeutung. Einen Überblick über die Besetzungszahlen breiter Altersgruppen für die Landeshauptstadt kann Tabelle 5 entnommen werden:

- Die Zahl der Kinder und Jugendlichen geht im Basisszenario von derzeit rund 21.000 bis zum Jahr 2016 auf 18.500 zurück und sinkt in weiterer Folge auf knapp 17.000 (2031). Dies entspricht – bezogen auf das Jahr 1991 – einem Rückgang von insgesamt 14 Prozent. Bei steigender Fertilität wäre dagegen in Salzburg mit einem geringfügigen Wachstum dieser Altersgruppe im Ausmaß von sechs Prozent zu rechnen (Fertilitätsszenario).
- Unabhängig von den hier gewählten Prognoseannahmen geht die absolute Zahl der Bevölkerung im Erwerbsalter deutlich zurück, im Basisszenario um insgesamt 16.000 Personen (1996: 96.000; 2031: 80.000).
- Der Rückgang der unter 60jährigen Bevölkerung wird durch den starken Anstieg der Zahl der über 60jährigen mehr als kompensiert. Bis zum Jahr

Tabelle 5: Bevölkerung der Landeshauptstadt Salzburg nach breiten Altersgruppen 1991 bis 2031: drei Prognoseszenarien (Absolutwerte und Indexwerte)

	Altersgruppe											
	0–14		15–59		60+		75+		85+		insgesamt	
Jahr	(1)	(2)	(1)	(2)	(1)	(2)	(1)	(2)	(1)	(2)	(1)	(2)
1991	20.264	100	93.447	100	30.267	100	10.833	100	2.267	100	143.978	100
Basisszenario												
1996	20.625	102	96.581	103	30.351	100	11.246	104	3.009	133	147.557	102
2001	20.304	100	95.295	102	32.700	108	12.523	116	3.454	152	148.299	103
2006	19.721	97	93.605	100	35.719	118	12.739	118	3.465	153	149.045	104
2011	19.173	95	91.781	98	38.903	129	12.525	116	4.122	182	149.857	104
2016	18.548	92	90.839	97	41.107	136	14.316	132	4.142	183	150.494	105
2021	18.133	89	88.435	95	44.319	146	16.573	153	4.040	178	150.887	105
2026	17.736	88	84.401	90	48.673	161	18.731	173	5.068	224	150.810	105
2031	17.353	86	80.483	86	52.354	173	19.817	183	6.139	271	150.190	104
Fertilitätsszenario												
1996	20.625	102	96.581	103	30.351	100	11.246	104	3.009	133	147.557	102
2001	20.797	103	95.295	102	32.700	108	12.523	116	3.454	152	148.792	103
2006	21.086	104	93.605	100	35.719	118	12.739	118	3.465	153	150.410	104
2011	21.746	107	91.781	98	38.903	129	12.525	116	4.122	182	152.430	106
2016	21.820	108	91.310	98	41.107	136	14.316	132	4.142	183	154.237	107
2021	21.772	107	89.807	96	44.319	146	16.573	153	4.040	178	155.898	108
2026	21.543	106	87.075	93	48.673	161	18.731	173	5.068	224	157.291	109
2031	21.570	106	84.465	90	52.354	173	19.817	183	6.139	271	158.389	110
Lebenserwartungsszenario												
1996	20.627	102	96.612	103	30.534	101	11.361	105	3.054	135	147.773	103
2001	20.311	100	95.376	102	33.195	110	12.853	119	3.591	158	148.882	103
2006	19.731	97	93.742	100	36.608	121	13.337	123	3.715	164	150.081	104
2011	19.189	95	91.973	98	40.264	133	13.413	124	4.554	201	151.426	105
2016	18.568	92	91.092	97	42.983	142	15.594	144	4.746	209	152.643	106
2021	18.158	90	88.740	95	46.796	155	18.349	169	4.812	212	153.694	107
2026	17.766	88	84.728	91	51.799	171	21.060	194	6.164	272	154.293	107
2031	17.387	86	80.818	86	56.171	186	22.690	209	7.657	338	154.376	107

(1) absolut (2) Indexwert (1991=100)

Quellen: siehe Anm. 10.

2031 erhöht sich die Zahl älterer Menschen in der Stadt Salzburg um insgesamt 22.000. Das entspricht einem Zuwachs von 73 Prozent. Steigt die Lebenserwartung noch etwas stärker an als unter den Annahmen des Basisszenarios, so würde der Zuwachs 26.000 Personen, also 86 Prozent betragen (Lebenserwartungsszenario).

- Ein wichtiger Aspekt der demographischen Alterung liegt im überproportionalen Zuwachs der sehr alten und hochbetagten Menschen. Dieses „doppelte Altern" zeigt sich auch in der Bevölkerungsentwicklung der Stadt Salzburg. So wird die Zahl der über 75jährigen Bevölkerung bis zum Jahr 2031 um 83 Prozent anwachsen, jene der Hochbetagten über 85jährigen Bevölkerung wird sich innerhalb der selben Zeitspanne mehr als verdoppeln. Das heißt, in Salzburg leben dann nicht wie derzeit rund 3000 Hochbetagte, sondern mehr als 6000. Unter der Annahme einer noch stärker steigenden Lebenserwartung läßt sich sogar eine Zahl von beinahe 7700 über 85jährigen Salzburgern und Salzburgerinnen prognostizieren.

Wie ein Blick auf die Prognoseergebnisse für andere Städte zeigt (Graphik 3), sind die großen österreichischen Landeshauptstädte (Graz, Linz, Innsbruck) sowie Wien in den kommenden Jahrzehnten von der demographischen Alterung in ähnlicher Weise betroffen wie Salzburg. Hinsichtlich des Zuwachses der Zahl alter und hochbetagter Menschen nimmt Salzburg allerdings eine Spitzenposition ein. Allerdings wird im Umland der großen Städte die Zahl älterer, insbesondere aber hochbetagter Menschen noch deutlich stärker wachsen. Dies gilt im besonderen Maße für das Salzburger Stadtumland (siehe Tab. 6 und 7).

- Im Politischen Bezirk Salzburg Umgebung verdreifacht sich bis zum Jahr 2031 die Zahl der über 60jährigen, jene der über 75jährigen steigt auf den 3,5fachen Wert und die Gruppe der Hochbetagten über 85jährigen wird dann der Zahl nach fünfmal größer sein als heute.

- Steigt die Lebenserwartung stärker als im Basisszenario angenommen, so fällt der quantitative Zuwachs älterer Menschen im Umland der Stadt Salzburg noch akzentuierter aus. Lebten zum Zeitpunkt der letzten Volkszählung (1991) weniger als 1000 Personen über 85 Jahre im Bezirk Salzburg Umgebung, so werden es dem „Lebenserwartungsszenario" zufolge 40 Jahre später (2031) bereits 6000 sein.

- Trotz des enormen Anstiegs der absoluten Zahl älterer Menschen bleibt das Umland der Landeshauptstadt aber auch in Zukunft demographisch gesehen „jünger" als die Stadt Salzburg. Derzeit sind im Bezirk Salzburg Umgebung lediglich knapp 15 Prozent der Bevölkerung älter als 60 Jahre (Salzburg Stadt: 21 Prozent), österreichweit einer der niedrigsten Werte. Bis zum Jahr 2031 wird sich der Altenanteil hier zwar mehr als verdoppeln (2031: 31 Prozent), es werden dann aber anteilsmäßig immer noch weniger alte Menschen leben als in der Stadt Salzburg (2031: 35 Prozent).

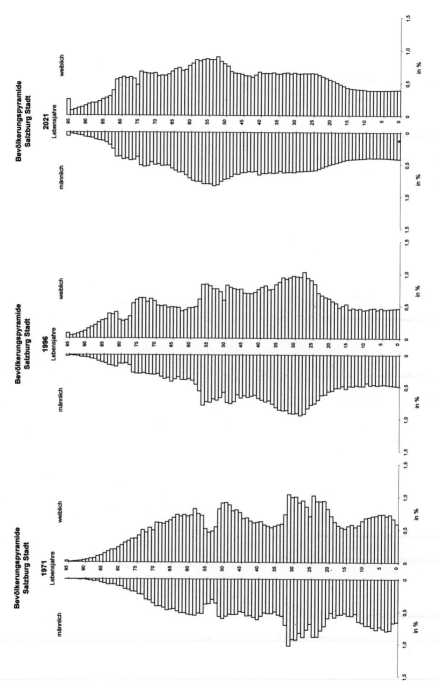

Graphik 2: Bevölkerungspyramiden der Stadt Salzburg für die Jahre 1971 und 1996 sowie für das Jahr 2021 (Basisszenario).

Tabelle 6: Bevölkerung des politischen Bezirks Salzburg Umgebung nach breiten Altersgruppen 1991 bis 2031: drei Prognose-Szenarien (Anteilswerte in Prozent)

Jahr	0–14	15–59	60+	75+	85+	insg.
1991	21,5	63,9	14,6	4,3	0,8	100,0
Basisszenario						
1996	20,2	64,9	14,8	4,3	0,9	100,0
2001	18,4	65,4	16,2	4,9	1,1	100,0
2006	17,1	65,2	17,7	5,4	1,1	100,0
2011	16,2	64,0	19,8	5,7	1,5	100,0
2016	15,5	62,7	21,8	6,7	1,6	100,0
2021	14,9	60,5	24,6	7,7	1,8	100,0
2026	14,4	57,7	28,0	9,1	2,3	100,0
2031	13,9	55,3	30,9	10,3	2,7	100,0
Fertilitätsszenario						
1996	20,2	64,9	14,8	4,3	0,9	100,0
2001	18,7	65,1	16,1	4,9	1,1	100,0
2006	18,0	64,5	17,5	5,3	1,1	100,0
2011	18,0	62,7	19,3	5,6	1,4	100,0
2016	17,7	61,2	21,2	6,5	1,6	100,0
2021	17,2	59,1	23,6	7,4	1,7	100,0
2026	16,7	56,7	26,6	8,6	2,2	100,0
2031	16,3	54,6	29,0	9,7	2,6	100,0
Lebenserwartungsszenario						
1996	20,2	64,9	14,9	4,4	1,0	100,0
2001	18,3	65,3	16,4	5,1	1,2	100,0
2006	17,0	65,0	18,0	5,6	1,2	100,0
2011	16,1	63,6	20,2	6,1	1,6	100,0
2016	15,3	62,2	22,5	7,2	1,9	100,0
2021	14,7	59,9	25,5	8,4	2,1	100,0
2026	14,1	56,9	29,0	10,0	2,7	100,0
2031	13,6	54,2	32,2	11,5	3,4	100,0

Quelle: siehe Anm. 10.

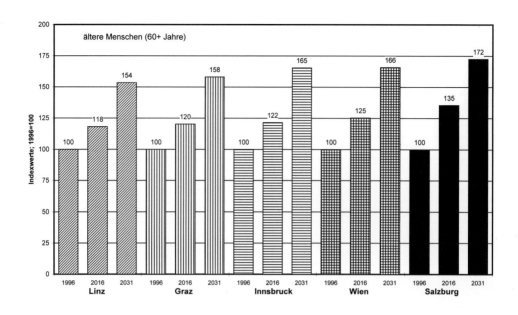
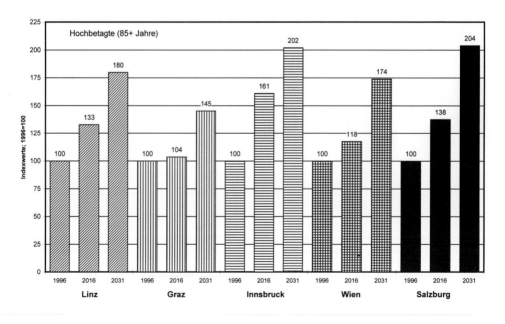

Graphik 3: Entwicklung der Zahl älterer Menschen und Hochbetagter in den großen Landeshauptstädten und in Wien 1996 bis 2031 (Indexwerte; 1996=100).

Tabelle 7: Bevölkerung des politischen Bezirks Salzburg Umgebung nach breiten Altersgruppen 1991 bis 2031: drei Prognose-Szenarien (Absolutwerte und Indexwerte)

Jahr	Altersgruppe										
	0–14		15–59		60+		75+		85+		insgesamt	
	(1)	(2)	(1)	(2)	(1)	(2)	(1)	(2)	(1)	(2)	(1)	(2)
1991	25.406	100	75.451	100	17.280	100	5.138	100	896	100	118.137	100
Basisszenario												
1996	26.144	103	84.030	100	19.212	111	5.599	109	1.214	135	129.386	110
2001	25.458	100	90.525	100	22.441	130	6.831	133	1.546	173	138.424	117
2006	25.065	99	95.436	100	25.880	150	7.835	152	1.672	187	146.381	124
2011	24.903	98	98.222	100	30.323	175	8.745	170	2.239	250	153.448	130
2016	24.707	97	100.176	100	34.843	202	10.696	208	2.599	290	159.726	135
2021	24.585	97	99.955	100	40.607	235	12.712	247	2.946	329	165.147	140
2026	24.344	96	97.832	100	47.402	274	15.367	299	3.872	432	169.578	144
2031	23.987	94	95.583	100	53.410	309	17.897	348	4.750	530	172.980	146
Fertilitätsszenario												
1996	26.144	103	84.030	100	19.212	111	5.599	109	1.214	135	129.386	110
2001	26.004	102	90.525	100	22.441	130	6.831	133	1.546	173	138.970	118
2006	26.697	105	95.436	100	25.880	150	7.835	152	1.672	187	148.013	125
2011	28.172	111	98.222	100	30.323	175	8.745	170	2.239	250	156.717	133
2016	29.067	114	100.749	100	34.843	202	10.696	208	2.599	290	164.659	139
2021	29.588	116	101.628	100	40.607	235	12.712	247	2.946	329	171.823	145
2026	29.691	117	101.134	100	47.402	274	15.367	299	3.872	432	178.227	151
2031	30.029	118	100.526	100	53.410	309	17.897	348	4.750	530	183.965	156
Lebenserwartungsszenario												
1996	26.147	103	84.053	100	19.320	112	5.659	110	1.234	138	129.520	110
2001	25.467	100	90.591	100	22.752	132	7.019	137	1.615	180	138.810	117
2006	25.079	99	95.559	100	26.484	153	8.214	160	1.806	202	147.122	125
2011	24.923	98	98.413	100	31.311	181	9.365	182	2.494	278	154.647	131
2016	24.734	97	100.443	100	36.304	210	11.653	227	3.001	335	161.481	137
2021	24.617	97	100.292	100	42.651	247	14.089	274	3.521	393	167.560	142
2026	24.384	96	98.211	100	50.144	290	17.274	336	4.736	529	172.739	146
2031	24.035	95	95.995	100	56.939	330	20.402	397	5.955	665	176.969	150

(1) absolut   (2) Indexwert (1991=100)

Quellen: siehe Anm. 10.

Konsequenzen – Herausforderungen – Perspektiven

Zahl und Anteil älterer Menschen werden in der Landeshauptstadt Salzburg in Zukunft beträchtlich größer sein als heute. Dies kann aufgrund der „Trägheit" demographischer Strukturen und Prozesse selbst für einen Prognosehorizont von mehreren Jahrzehnten als eine „sichere" Aussage gelten. Was aber birgt dieser quantitative Bedeutungsgewinn des Alters an gesellschaftlichen Folgen in sich?

Ganz allgemein lassen sich sowohl in der wissenschaftlichen wie in der öffentlichen Diskussion um den demographischen Strukturwandel zwei widersprüchliche, polarisierende Perspektiven erkennen[11]: zum einen eine Sichtweise, die den Belastungsaspekt dieser Entwicklung für die Gesellschaft in den Mittelpunkt stellt und zum anderen ein Standpunkt, der auf die potentiellen Ressourcen und Chancen der demographischen Entwicklung hinweist. Was hingegen fehlt, aber dringend notwendig erscheint, ist eine ausgewogene, die Risiken und Chancen der demographischen Alterung vorsichtig abwägende Beurteilung. Dies soll im folgenden schlaglichtartig versucht werden.

(a) Das sogenannte „dritte Lebensalter"[12], jene materiell abgesicherte Lebensphase ohne Erwerbszwang, stellt eine der größten sozialen Errungenschaften des 20. Jahrhunderts dar. Die Ausformung wohlfahrtsstaatlicher Sicherungssysteme und der Wandel von der „unsicheren" zur „sicheren" Lebenszeit[13] läßt uns das historische Privileg eines über mehrere Lebensjahrzehnte andauernden „dritten" Lebensabschnitts als selbstverständlich erscheinen. Im Gegensatz zur steigenden biographischen Bedeutung die der nachberuflichen Lebensphase zukommt, ist es uns bislang nicht gelungen, den gesellschaftlichen Stellenwert, die Aufgaben und Funktionen eines „dritten" Alters zu bestimmen. Sein Beginn ist nach wie vor lediglich negativ definiert, als (erzwungenes) Ausscheiden aus dem Erwerbsleben. Die Frage nach dem gesellschaftlichen Stellenwert abseits von Konsum und Reisen bleibt unbeantwortet.

Diese Fragen werden in Zukunft stark an Gewicht gewinnen. Nicht nur, weil dann mehr als ein Drittel der Menschen in den Industrieländern im „dritten Alter" stehen werden. Für die alten Menschen des 21. Jahrhunderts wird die Erfüllung von lebenslang zurückgestellten Konsum- und Reisewünschen immer weniger die zentralen sinnstiftenden Elemente dieser Lebensphase bilden können.

Ob die Diskussionen darüber, das „entpflichtete Alter" mit neuen „Verpflichtungen" zu versehen[14] hier zielführend sind, bleibt fraglich. Vielversprechender erscheinen die Debatten um „neue" Lebensstile und die Notwendigkeit einer neuen „Kultur des Dritten Lebensalters"[15].

(b) Wird mit dem „dritten Alter" das Bild des rüstigen, körperlich und geistig aktiven älteren Menschen assoziiert, so zielt der Begriff des „vierten Alters" auf die negativen Elemente der Hochaltrigkeit bzw. des von Multimorbidität, Hilfs- und Pflegebedürftigkeit geprägten Lebensabschnitts vor dem Tod ab[16].

Gerade für eine Kommune wird diese „Belastungsperspektive" von Bedeutung sein. Mehr alte Menschen, insbesondere mehr Hochbetagte, suggerieren einen im gleichen Ausmaß steigenden Bedarf an ambulanten und stationären Gesundheitseinrichtungen, eine wachsende Zahl Hilfs- und Pflegebedürftiger, mehr Betten in Alten- und Pflegeheimen und mehr mobile Betreuungsdienste. Ganz allgemein läßt sich dieser Aspekt den seit vielen Jahren geführten Debatten um die zukünftige Ausgestaltung und Finanzierung des Wohlfahrtsstaates europäischer Prägung zuordnen.

Bei der sicherlich notwendigen Infragestellung und Modernisierung historisch gewachsener sozialstaatlicher Strukturen und Leistungen, gilt es aber zwei Aspekte zu berücksichtigen. Zum einen wird in dieser Debatte die demographische Entwicklung oftmals nur als „billiges" Argument zur Durchsetzung spezifischer Interessen eingesetzt[17]. Zum anderen zeigen empirische Analysen, daß die direkten Folgen der demographischen Entwicklungen für die Kostenentwicklung im Gesundheits- und Pensionssystem oftmals überschätzt werden[18], bzw. daß die vielfältigen und komplexen Einflußfaktoren, denen unsere sozialen Sicherungssysteme unterworfen sind, nicht genügend Berücksichtigung finden[19]. Auf der anderen Seite böten demographische „Sachzwänge" die Gelegenheit, über grundlegende Probleme etwa im Gesundheitssystem nachzudenken, uns etwa mit der demographisch bedingten *erzwungenen Besinnung auf das wesentliche der Medizin*[20] zu beschäftigen.

Ein zentraler Aspekt dieser in jedem Fall notwendigen Auseinandersetzung läßt sich unter dem Begriff der „Würde des (hohen) Alters" subsumieren[21]. Wichtige Erkenntnisse über das hohe Alter verdanken wir dabei der „Berliner Altersstudie", in der es resümierend heißt:

> Es gilt hier (im vierten Lebensalter, Anm. J. K.), neue Formen des Lebens in und mit dem sehr hohen Alter, das stark durch Gebrechlichkeit und Pflegebedürftigkeit bestimmt ist, zu finden. Denn in Zukunft ist der Entwicklungsstand einer modernen Gesellschaft auch daran zu messen, ob sie neben der Erweiterung und Sicherung von Gestaltungsmöglichkeiten des dritten Lebensalters auch menschenwürdige Formen des Lebensendes entwickelt und stützt. Im sehr hohen Alter, etwa jenseits des 85. Lebensjahres, ist in der allerletzten Phase des Lebens die persönliche, familiäre und gesellschaftliche Not am größten, und in dieser Altersgruppe geschieht es am häufigsten, daß die Probleme der alten Menschen und derjenigen, die sie betreuen, verdrängt und vergessen werden.[22]

Gerade auf kommunaler Ebene werden diese Forderungen nach Entwicklung und Stützung menschenwürdiger Formen des Lebensendes in eine gelebte Praxis umzusetzen sein.

(c) Als dritter, vielschichtiger Aspekt, sollen hier die wichtigen „Solidaritäten zwischen den Generationen", also die vielfältigen und wechselseitigen Beziehungen zwischen Alt und Jung angesprochen werden. Die öffentliche, staatliche Dimension des Begriffs „Generationensolidarität", der sogenannte „Generationenvertrag" im Rahmen der Pensionsversicherung wurde bereits erwähnt. Auf kommunaler Ebene kommt dazu die Aufgabe, geeignete Rahmenbedingungen zu schaffen, die Begegnungen zwischen Generationen zulassen, bzw. eine Segregation der Generationen im öffentlichen Raum verhindern. Generationensolidarität besitzt aber auch eine wichtige private, nichtstaatliche, familiale Sphäre.

Die Analyse dieses dichten, generationenübergreifenden familiaren Netzwerkes älterer Menschen liefert insgesamt ein sehr differenziertes Bild[23]. Die ältere Generation lebt mehrheitlich keineswegs isoliert von den Jüngeren, im Gegenteil, das Zusammenleben mit bzw. die enge räumliche Nähe zu den eigenen Kindern ist bezogen auf alle über 60jährigen sowohl für Männer als auch für Frauen die weitaus häufigste familiare Lebensform im Alter. Die unterschiedlichen Kinderzahlen der Vergangenheit und die Siedlungsstruktur sorgen dafür, daß zwischen städtischen und ländlichen Gebieten erhebliche Differenzen in der Dichte familiarer Netzwerke älterer Menschen bestehen. Insbesondere in Wien, aber auch in den großen Landeshauptstädten haben sehr viele ältere Menschen ein eher kleines familiales Netzwerk und leben in größerer räumlicher Distanz zu ihren Kindern.

Was wird sich hier in Zukunft verändern? Unter einer demographischen Perspektive erscheint der Zeithorizont entscheidend, über den dazu eine Aussage getroffen werden soll. Denn in den kommenden 20 Jahren werden die Eltern des „Baby-Booms" der frühen sechziger Jahre nach und nach das Bild der älteren Menschen in Österreich prägen. Damit rückt die kinderreichste Generation des 20. Jahrhunderts ins Pensionsalter vor. Bis 2020 wird sich daher die Dichte des potentiellen familiaren Unterstützungsnetzwerks kaum verändern.

Empirisch nachweisen läßt sich das durch die Berechnung sogenannter „intergenerationeller Unterstützungsraten" (Graphik 4). Das zahlenmäßige Verhältnis der in hohem Maße auf Unterstützung angewiesenen über 80jährigen Bevölkerung zur Zahl der 50- bis 64jährigen, also ihrer „Kindergeneration", ist seit dem Beginn der siebziger Jahre in der Stadt Salzburg so wie in Österreich insgesamt stark angestiegen. Den demographischen Prognosen zufolge bleibt das zahlenmäßige Verhältnis dieser Altersgruppen aber in den kommenden Jahrzehnten konstant. Da die Wiener Bevölkerung tendenziell „jünger" wird, wird die Stadt Salzburg schon in wenigen Jahren einen höheren Quotienten zwischen der Zahl Hochaltriger und ihrer Kindergeneration aufweisen als die Bundeshauptstadt.

Erst nach dem Jahr 2020, wenn die „Eltern" des Geburtenrückgangs der späten sechziger und siebziger Jahre in die Altersphase eintreten, wird sich die „intergenerationelle Unterstützungsrate" österreichweit (mit Ausnahme Wiens)

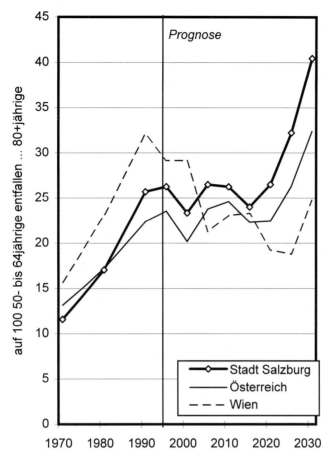

Graphik 4: Intergenerationelle Unterstützungsrate (parent support ratio) 1970 bis 2030: Stadt Salzburg, Österreich, Wien.

und auch in der Stadt Salzburg weiter erhöhen. Gleichzeitig wird es zu diesem Zeitpunkt auch immer weniger ältere Männer und Frauen geben, die eine für die fünfziger und sechziger Jahre typische, demographische „Normalbiographie" durchlaufen haben. Die demographischen Trends der letzten 25 Jahre (weniger Heiraten und mehr Lebensgemeinschaften, mehr Scheidungen und Wiederverheiratungen, mehr Kinderlose und Alleinerziehende etc.) werden daher erst nach 2015 in ihren Konsequenzen für die Altersphase spürbar werden.

Für die kommunale Sozialpolitik wird diese Entwicklung sicher mit neuen Herausforderungen verbunden sein. Es gilt einerseits die vorhandenen Solidarbeziehungen innerhalb der Familie zu stützen, andererseits aber auch Rahmenbedingungen für das Entstehen neuer Solidarbeziehungen zwischen und innerhalb der Generationen jenseits von Familie zu schaffen. Dafür werden abseits finanzieller Belastungen vor allem Phantasie und Mut für neue Wege notwendig sein. Denn ob wir in einer „grauen" Gesellschaft leben werden oder uns zu einer „altersbunten" Gesellschaft[24] entwickeln, unterliegt keiner demographischen Automatik, sondern bleibt in hohem Maße dem Gestaltungswillen der heute jüngeren Generationen, also den alten Menschen von morgen, unterworfen.

Anmerkungen

1 Daß gegenüber gesellschaftlichen Langfristszenarien durchaus große Skepsis angebracht ist, zeigen uns nicht zuletzt die im Rahmen des Club of Rome in den frühen siebziger Jahren veröffentlichen Entwicklungsmodelle mit ihren Aussagen über die „Limits to Growth". Vgl. dazu JÜRG A. HAUSER, Bevölkerungs- und Umweltprobleme der Dritten Welt. Bd. 1, Bern–Stuttgart 1990, S. 277 ff.
2 HANS-ULRICH KLOSE (Hg.), Altern der Gesellschaft. Antworten auf den demographischen Wandel, Köln 1993, S. 7.
3 Für den deutschen Sprachraum seien neben dem bereits zitierten Sammelband von Klose beispielhaft die folgenden Werke angeführt: LEOPOLD ROSENMAYR, Die späte Freiheit. Das Alter – ein Stück bewußt gelebtes Leben, Berlin 1983; ANTON AMANN, Die vielen Gesichter des Alters, Wien 1989; LEOPOLD ROSENMAYR, Die Kräfte des Alters, Wien 1990; PAUL B. BALTES und JOSEF MITTELSTRASS (Hg.), Zukunft des Alterns und gesellschaftliche Entwicklung, Berlin–New York 1992; GERHARD NAEGELE und HANS PETER TEWS (Hg.), Lebenslagen im Strukturwandel des Alters. Alternde Gesellschaft – Folgen für die Politik, Opladen 1993; MATHIS BRAUCHBAR und HEINZ HEER, Zukunft Alter. Herausforderung und Chance, Reinbek bei Hamburg 1996; WOLFGANG CLEMENS und GERTRUD M. BACKES (Hg.), Altern und Gesellschaft. Gesellschaftliche Modernisierung durch Altersstrukturwandel, Opladen 1998.
4 FRANÇOIS HÖPFLINGER, Bevölkerungssoziologie. Eine Einführung in bevölkerungssoziologische und demographische Prozesse, München–Weinheim 1997. Auf S. 206 heißt es hier: „Rasch wachsende Bevölkerung, aber auch der gegenteilige Prozess einer schrumpfender Bevölkerung wurden und werden vielfach von vornherein negativ beurteilt. Ein- oder Auswanderung werden beide gleichermaßen als grundsätzlich problematische Prozesse betrachtet. Sowohl hohe Sterblichkeit als auch Hochaltrigkeit sind Anlaß für pessimistische Zukunftsbetrachtungen. Was auch immer demographisch geschieht, scheint gesellschaftspolitisch zu ‚sozialen Problemen' bzw. zum ‚gesellschaftlichen Niedergang' zu führen."
5 RICHARD GISSER, WERNER HOLZER, RAINER MÜNZ und EVA NEBENFÜHR, Familie und Familienpolitik in Österreich. Wissen, Einstellungen, offene Wünsche, internationaler Vergleich, Wien 1995.
6 ROSENMAYR, Die späte Freiheit (wie Anm. 3).
7 JOSEF KYTIR, Das demographische Altern der österreichischen Bevölkerung. Zum langfristigen Wandel der Altersstruktur in Österreich, in: Demographische Informationen 1995/96, S. 107–119.
8 Siehe z. B. die Zusammenstellung bei JOSEF EHMER, Sozialgeschichte des Alters, Frankfurt a. M. 1990, S. 206.

9 Siehe dazu Kytir, Das demographische Altern (wie Anm. 6), S. 110 f.
10 Die folgenden Ausführungen über die zukünftige Entwicklung der Bevölkerung in der Landeshauptstadt Salzburg beruhen auf den Ergebnissen der im Auftrag der Österreichischen Raumordnungskonferenz an der Österreichischen Akademie der Wissenschaften (Institut für Stadt- und Regionalforschung, Institut für Demographie) erstellten regionalisierten „Bevölkerungsprognose für Österreich 1991 bis 2021". Eine Darstellung der Methoden, Annahmensetzungen und wichtiger Ergebnisse finden sich in: Heinz Fassmann, Josef Kytir und Rainer Münz, Bevölkerungsprognose für Österreich 1991 bis 2021. Szenarien der räumlichen Entwicklung von Wohn- und Erwerbsbevölkerung (Österreichische Raumordnungskonferenz, Schriftenreihe Nr. 126), Wien 1996. Als zeitlicher Prognosehorizont war seitens des Auftraggebers das Jahr 2021 vorgegeben. Intern wurde die Prognose jedoch bis zum Jahr 2031 gerechnet. Die Ergebnisse für die Jahre 2021 bis 2031 beruhen auf diesen unveröffentlichten Modellrechnungen.
11 Gertrud M. Backes, Alter(n) als ‚gesellschaftliches Problem'? Zur Vergesellschaftung des Alter(n)s im Kontext der Modernisierung, Opladen 1997.
12 Peter Laslett, A fresh map of life. The Emergence of the Third Age, Cambridge 1991. Zur Neustrukturierung von Biographie und Lebenslauf im Zuge der gesellschaftlichen Modernisierung siehe auch: Martin Kohli, Die Institutionalisierung des Lebenslaufs. Historische Befunde und theoretische Argumente, in: Kölner Zeitschrift für Soziologie und Sozialpsychologie 37 (1985), S. 1–29.
13 Eine Vielzahl von Veröffentlichungen zur großen Bedeutung des säkularen Sterblichkeitsrückgangs verdanken wir dem Historiker und Demographen Arthur E. Imhof, so z. B. sein bereits Anfang der achtziger Jahre erschienenes Buch „Die gewonnenen Jahre. Von der Zunahme unserer Lebensspanne seit dreihundert Jahren oder von der Notwendigkeit einer neuen Einstellung zu Leben und Sterben", München 1981.
14 Zur Debatte um diesen Begriff siehe Hans Peter Tews, Alter zwischen Entpflichtung, Belastung und Verpflichtung, in: Günter Verheugen (Hg.), 60plus. Die wachsende Macht der Älteren, Köln 1994, S. 51–60.
15 Siehe dazu auch die Beiträge zu den neuen Lebensstilen im Alter, so z. B. Walter Tokarski, Alterswandel und veränderte Lebensstile, in: Clemens/Backes (Hg.), Altern und Gesellschaft (wie Anm. 3), S. 109–119.
16 Josef Kytir und Rainer Münz, Hilfs- und Pflegebedürftigkeit im Alter. Eine österreichische Untersuchung, in: Arthur E. Imhof (Hg.), Leben wir zu lange? Die Zunahme unserer Lebensspanne seit 300 Jahren – und die Folgen, Köln 1992, S. 81–102.
17 Gertrud M. Backes, Alternde Gesellschaft und gesellschaftliche Entwicklung des Sozialstaates, in: Clemens/Backes (Hg.), Altern und Gesellschaft (wie Anm. 3), S. 257–286.
18 Zum Effekt der demographischen Alterung auf die Entwicklung der Gesundheitskosten in Österreich siehe etwa Josef Kytir, Bevölkerungsalterung und Gesundheitsausgaben. Herausforderungen für die Soziale Krankenversicherung, in: Soziale Sicherheit 1 (1997), S. 5–11. Für die Relativierung demographischer Effekte auf das Pensionssicherungssystem siehe Bert Rürup, Perspektiven der Pensionsversicherung in Österreich, Darmstadt 1997, S. 219 ff.
19 So finden sich z. B. Berechnungen zum zukünftigen Bedarf an Spitalsbetten im Bundesland Salzburg einschließlich einer kritischen Relativierung dieser Ergebnisse bei Josef Kytir und Christian Köck, Gesund und krank in Salzburg. Gesundheitsvorsorge, Morbidität, Mortalität und die Inanspruchnahme von Gesundheitseinrichtungen heute und Szenarien für die Zukunft, Salzburg 1994.
20 Walter Krämer, Altern und Gesundheitswesen: Probleme und Lösungen aus der Sicht der Gesundheitsökonomie, in: Baltes/Mittelstrass (Hg.), Zukunft des Alters (wie Anm. 3), S. 562–580.

21 PAUL B. BALTES, Über die Zukunft des Alterns: Hoffnung mit Trauerflor, in: MARGRET M. BALTES und L. MONTADA (Hg.), Produktives Leben im Alter, Frankfurt a. M. 1996, S. 29–68.
22 KARL ULRICH MAYER und PAUL B. BALTES (Hg.), Die Berliner Altersstudie, Berlin 1996, S. 631.
23 JOSEF KYTIR, Familiennetzwerke und familiare Lebensformen älterer Menschen: ausgewählte Aspekte für Österreich, in: JOSEF EHMER und PETER GUTSCHNER (Hg.), Alter und Generationenbeziehungen in Österreich und Deutschland. Historische und sozialwissenschaftliche Perspektiven, Wien–Köln–Weimar 1998 (in Druck).
24 LEOPOLD ROSENMAYR, Altersgesellschaft – bunte Gesellschaft? Soziologische Analysen als Beitrag zur politischen Orientierung, in: Journal für Sozialforschung 2 (1994), S. 145–172.

Abbildungsnachweis

Altstadtamt 4
Archiv der Stadt Salzburg
  Bauakten 20
  Fotosammlung 27, 33, 40–45 (Helpferer), 46–53, 58, 59, 73–82, 83–84
    (Tautscher), 85, 86–89 (Helpferer)
  Plansammlung 16 (Montage Plasser), 17, 18, 39, 40, 72
  Stiftungsarchiv 1, 9
Fuxjäger 54, 55, 62–71
Niedermayr 23
Carolino Augusteum. Salzburger Museum für Kunst und Kultur 2, 3, 5–8,
  10–15, 19, 24–26, 30–32, 34–38, 56, 57
Seniorenheim Nonntal 21–22 (Helpferer)

Abkürzungsverzeichnis

Abb.	Abbildung
Abdr.	Abdruck
Abschr.	Abschrift
Anm.	Anmerkung
AStS	Archiv der Stadt Salzburg
Aufl.	Auflage
bearb.	bearbeitet
CW	Conventional-Münze
BU	Buchförmige Archivalien
bzw.	beziehungsweise
d	denarius (Pfennig)
Dipl.-Arb.	Diplomarbeit
ehem.	ehemalig
erg.	ergänzt
fl	Florinus (Gulden)
fol.	Folio (Blatt)
gegr.	gegründet
gez.	gezeichnet
GW-Diss.	Geisteswissenschaftliche Dissertation
h	Heller
Hg.	Herausgeber
hl.	heilig
Hl(l).	Heiliger, Heilige
Hs.	Handschrift
KA	Kreisamt
KAS	Konsistorialarchiv Salzburg
k. k.	kaiserlich-königlich
kr	Kreuzer
Kt.	Karton
masch.	maschinschriftlich
MGSL	Mitteilungen der Gesellschaft für Salzburger Landeskunde
Ndr.	Nachdruck
Nr.	Nummer
NStA	Neuere Städtische Akten
Or.	Original
PA	Privatarchive
pag.	Pagina (Seite)
Perg.	Pergament
RW	Reichswährung

Phil. Diss.	Philosophische Dissertation
S.	Seite
Sign.	Signatur
Sp.	Spalte
SLA	Salzburger Landesarchiv
SMCA	Salzburger Museum Carolino Augusteum
ß	Schilling
St.	Sankt
Stif	Städtisches Stiftungsarchiv, buchförmige
StStA	Städtisches Stiftungsarchiv
u.	und
unpag.	unpaginiert
v.	von
verb.	verbessert
zit. n.	zitiert nach

Autorenverzeichnis

CHRISTIANE BAHR, Dr., Gerontologin am Sozial- und Gesundheitszentrum Gnigl, Salzburg.

JOSEF EHMER, Dr. phil., Univ.-Prof. am Institut für Geschichte der Universität Salzburg.

SABINE FALK-VEITS, Mag. Dr. phil., Wissenschaftliche Mitarbeiterin am Institut für Geschichte der Universität Salzburg.

FRANZ FUXJÄGER, Dipl.-Ing., Wirkl. Hofrat i. R., Ehemaliger Leiter der Raumplanungsabteilung beim Amt der Salzburger Landesregierung, Salzburg.

PETER GUTSCHNER, Mag. phil., Assistent am Institut für Geschichte der Universität Salzburg.

PETER F. KRAMML, Dr. phil., Archivar am Archiv der Stadt Salzburg.

JOSEF KYTIR, Dr., Univ.-Doz., Institut für Demographie der Österreichischen Akademie der Wissenschaften, Wien.

GERHARD PLASSER, Dr. phil., Kunsthistoriker, Salzburg.

THOMAS WEIDENHOLZER, Mag. phil., Archivar am Archiv der Stadt Salzburg.

ALFRED STEFAN WEISS, Mag. Dr. phil., Universitätsassistent am Institut für Geschichte der Universität Salzburg.

Schriftenreihe des Archivs der Stadt Salzburg

Nr. 1: **Wohnen in Salzburg. Geschichte und Perspektiven.** Mit Beiträgen von Ingrid Bauer, Robert Hoffmann, Erich Marx, Heinrich Medicus, Bruno Oberläuter, Josef Reschen, Wilfried Schaber, Rudolf Strasser, Peter Weichhart, Thomas Weidenholzer, Barbara Wicha. Salzburg 1989, 172 Seiten, Paperb. 16,5 x 23,5 cm, Preis: öS 108.
ISBN 3-901014-00-4

Nr. 2: Erich Marx und Thomas Weidenholzer, **Chronik der Stadt Salzburg 1980–1989.** Salzburg 1990, 252 Seiten, Paperb. 16,5 x 23,5 cm, Preis: öS 108.
ISBN 3-901014-06-03

Nr. 3: **Stadt im Umbruch. Salzburg 1980 bis 1990.** Mit Beiträgen von Ingrid Bauer, Herbert Dachs, Gerald Gröchenig, Winfried Herbst, Adrienne Kloss-Elthes, Walter Penker, Gerhard Pichler, Josef Riedl, Karl Heinz Ritschel, Fritz Rücker, Rudolf Strasser, Siegbert Stronegger, Ernst Wachalovsky. Salzburg 1991, 288 Seiten, Paperb. 16,5 x 23,5 cm, Preis: öS 108.
ISBN 3-901014-11-X

Nr. 4: **Das „Höllbräu" zu Salzburg. Geschichte eines Braugasthofes.** Mit Beiträgen von Robert Ebner, Erio K. Hofmann, Wilfried K. Kovacsovics, Erich Marx, Thomas Weidenholzer. Salzburg 1992, 198 Seiten, Hardcover 17 x 24 cm, Preis: öS 132.
ISBN 3-901014-21-7

Nr. 5: Erich Marx und Thomas Weidenholzer, **Chronik der Stadt Salzburg 1970–1979.** Salzburg 1993, 288 Seiten, Hardcover, 17 x 24 cm, Preis: öS 132.
ISBN 3-901014-32-2

Nr. 6: **Bomben auf Salzburg. Die „Gauhauptstadt" im „Totalen Krieg".** Mit Beiträgen von Reinhard Rudolf Heinisch, Erich Marx, Harald Waitzbauer. 3. erw. u. verb. Auflage. **Verlag Anton Pustet**, Salzburg 1995, 384 Seiten, Hardcover, 17 x 24 cm, Preis: öS 248.
ISBN 3-7025-0339-0

Nr. 7: **Befreit und besetzt. Stadt Salzburg 1945–1955.** Mit Beiträgen von Ingrid Bauer, Christoph Braumann, Christian Dirninger, Marko Feingold, Karl Handl, Hildemar Holl, Gert Kerschbaumer, Peter F. Kramml, Ilse Lackerbauer, Walter Leitner, Gunter Mackinger, Erich Marx, Gerhard Plasser, Margit Roth, Helmut Schliesselberger, Hans Spatzenegger, Harald Starke, Reinhold Wagnleitner, Harald Waitzbauer, Thomas Weidenholzer. Chronik der Stadt Salzburg von Mai 1945 bis Ende 1955. **Verlag Anton Pustet**, Salzburg 1996, 544 Seiten, Efalin-Hardcover mit Schutzumschlag, 17 x 24 cm, Preis: öS 398.
ISBN 3-7025-0344-7

Nr. 8: Heimo Greisl und Erich Marx, **Salzburger Photographien 1900–1950 des Josef Kettenhuemer.** Stadt Salzburg und Umland, Salzburg 1997, 240 Seiten, Efalin-Hardcover, 30,5 x 24 cm, Preis: öS 330.
ISBN 3-901014-52-7

1998 erscheint

Band 10 der Schriftenreihe des Archivs

Salzburger Photographien 1900–1950 des Josef Kettenhuemer

Inner Gebirg

Der frühere Gendarm Josef Kettenhuemer hat um die Jahrhundertwende zu photographieren begonnen und rund 2000 hervorragende Glasplattennegative hinterlassen. Nach dem ersten Bildband mit 300 Aufnahmen aus der Stadt Salzburg und dem Umland, der auf reges Interesse beim Publikum gestoßen ist, wird das Archiv der Stadt Salzburg in bewährter Zusammenarbeit mit dem Raiffeisenverband Salzburg noch 1998 den zweiten Teil mit einzigartigen Aufnahmen aus den Gebirgsgauen herausbringen.

Der Band im Format 30,5 x 24 cm wird rund 250 Seiten mit mehr als 300 Bildern aufweisen und ca. öS 360 kosten.

1999 erscheint

Band 11 der Schriftenreihe des Archivs

Die „Gelbe Elektrische"
Salzburger Stadtbahn 1909–1940

von Gunter Mackinger und Gerhard Mayr

Am 4. Mai 1909 nahm die elektrische Stadtbahn ihren Betrieb auf der Strecke vom Lokalbahnhof über die Rainerstraße–Mirabellplatz–Dreifaltigkeitsgasse bis zum Platzl auf. Später wurde die Linie über die Staatsbrücke und den Rathausbogen zum Alten Markt verlängert und ab 1916 durch das Neutor bis in die Riedenburg geführt. Mit dem Abbruch der Staatsbrücke 1940 mußte die „Gelbe Elektrische" ihren Betrieb einstellen und das Fahrpublikum an den neuen O-Bus abgeben.

Gunter Mackinger und Gerhard Mayr stellen in diesem Buch nicht nur die Entwicklung des Stadtbahnverkehrs in der Stadt dar, sondern bringen auch viele liebevolle Details zum Leben mit und zur Technik der „Gelben Elektrischen". Ein Buch, das Tramway-Freaks ebenso begeistern wird, wie alle an der lokalen Geschichte der Stadt Interessierte.

1999 erscheint

Historischer Atlas der Stadt Salzburg

herausgegeben von der Landesinnung der Baugewerbe Salzburg und
der Stadtgemeinde Salzburg – Archiv der Stadt Salzburg und Altstadtamt,
gefördert vom Raiffeisenverband Salzburg

Der „Historische Atlas der Stadt Salzburg" bietet erstmals in bildhafter Form einen Überblick über die Entwicklung der Stadt Salzburg von der Antike bis zur Gegenwart. Der aktuelle Wissensstand zur Stadtgeschichte ist allgemein verständlich zusammengefaßt. Viele der gebotenen Detailinformationen sind Ergebnisse neuester Forschungen oder waren bislang nur in schwer zugänglichen Spezialwerken vorhanden. Das neue Werk stellt daher für alle an der Geschichte Salzburgs Interessierte ein informatives und zugleich repräsentatives Nachschlagewerk dar.

Der Stadtatlas enthält zahlreiche speziell für dieses Werk angefertigte thematische Plandarstellungen und bietet überdies seltene, zum Teil bislang unveröffentlichte historische Ansichten und Pläne in qualitätsvollem Faksimiledruck. Planlegenden sowie kurze, informative Erläuterungen samt ergänzenden Fotos und Zeichnungen runden das Informationsangebot ab.

Die einzelnen Blätter (54 Stück, Format A2, gefaltet auf A3), die in einer repräsentativen Mappe erscheinen, sind in fünf Themenbereiche gegliedert:
    1. Die Entwicklung der Stadt Salzburg,
    2. Stadtteile und ehemalige Vororte,
    3. Ausgewählte Gebäude und Haustypen,
    4. Öffentliche und kirchliche Einrichtungen,
    5. Handel, Gewerbe und Verkehr.

Das inhaltliche Konzept wurde vom Archiv der Stadt Salzburg gemeinsam mit dem Altstadtamt erarbeitet. Zudem wirken das Museum Carolino Augusteum, das Salzburger Landesarchiv sowie einzelne WissenschafterInnen an diesem Projekt mit. Die grafische Gestaltung obliegt Friedrich Pürstinger.